KB139513

# 6.25 한국전쟁

## 국군은 왜 막지 못했을까!

# 6.25 한국전쟁 (국군은 왜 막지 못했을까!)

- 지 은 이 | 이 선 교
- 펴 낸 이 | 이 선 교
- 펴 낸 곳 | 도서출판 현대사포럼
- 초판인쇄 | 2007년 5월 22일
- 수 정 판 | 2016년 11월 15일
- 등     록 | 제7-340호 (2007년 5월 14일)
- 주     소 | 01037 서울시 강북구 삼양로 486 (수유동)
- 전     화 | 010-5320-2019
- E-mail | adsunlight@hanmail.net

---

- 총     판 | 영상복음 (사무장 최득원)
- 주     소 | 04549 서울시 중구 을지로 18길 12
- 전     화 | 02-730-7673/010-3949-0209
- 팩     스 | 02-730-7675
- E-mail | oyh0419@naver.com
- http://www.media153.kr
- 입 금 처 | 국민은행 009-01-0678-428
          우리은행 1002-433-077709

※ 절찬리에 전국서점 판매중. 잘못 만들어진 책은 교환해 드립니다.

ISBN 978-89-94096-04-9        정가 38,000원

# 6.25 한국전쟁

## 국군은 왜 막지 못했을까!

### (증보판)

이 선 교 저

**6.25 때 국군의 참패는
채병덕 육군 참모총장의
간첩행위가 아니었을까?**

도서출판 **현대사포럼**

# 머 리 말

　북한의 핵과 대포동2호(은하수) 미사일 문제는 미국과 한국뿐만 아니라 일본, 중국, 러시아 더 나아가 세계적인 문제로 대두되고 있고, 한반도의 불안은 한국전이 끝난 후부터 지금까지 계속되고 있다. 우리들은 한국전의 결과인 천만 이산가족들의 고통을 KBS 남북의 창을 통해 잘 알고 있다. 그리고 요즈음 맥아더 장군과 미군이 아니었으면 한반도는 통일되었을 것이라고 하면서 인천의 맥아더 장군 동상을 철거해야 한다고 시위를 벌이고 있고, 강정구 교수의 "6.25는 통일 인민해방전쟁이었다."라는 발언으로 물의를 빚어 처벌 방법을 가지고 김종민 검찰총장이 사임을 할 정도가 되었다. 또한 제주도 4.3폭동을 제주 민중봉기라고 가짜보고서를 작성하여 국민과 국회를 기만하여 노무현 대통령은 제주도 4.3폭동을 제주4.3항쟁이라고 하면서 제주도민에게 두 번이나 사과를 하였고, 인민군의 남침인 6.25 한국전을 좌파들이 그동안 주장한 대로 내전이라 하고 있다. 조정래의 태백산맥은 "14연대 반란은 미군의 무력탄압에 방어적 폭력이었다."라고 하면서 14연대 반란을 여·순 항쟁이라 하고 있다.

　80년 5.18 후 전두환 군사독재에 항의하면서 '우리는 둘이 될 수 없다' 라는 단행본을 통해 6.25는 미국의 대리전쟁이었다고 하는 주사파 전대협 학생들이 성장하여 60여 명이 17대 국회의원이 되어 국정에 영향력을 행사하고 있고, 사립학교 법은 전교조 일부가 각 학교를 장악하여 대한민국을 부정하고 주체사상을 학생들에게 교육시키려하고 있어 사학재단은 반대하고 있다. 좌파 출신들이 사회 곳곳에서 영향력을 행사하면서 반미 친북세력이 급성장 하였다. 이 모든 것은 좌파들

이 6.25 한국전에 대해 왜곡하여 학생들을 선동하는 데 있다. 역사를
모르면 현재를 알 수 없고 미래가 보이지 않는다. 한국전이 휴전된 지
도 66년이 지났지만 우리는 한국전쟁에 대해서 정확히 알 수 있는 내
용을 접하기가 어려웠다. 수정주의 학자들이 특히 커밍스나 굽타와 같
은 외국 교수들이 한국전 연구 단행본을 냈으나 정통주의 학자들, 특
히 국내에서는 전사(戰史)만 있는 실정이 오늘에 이런 결과를 가져왔
다고 본다.

왜 한국전이 발발하였을까?

왜 한국전을 미연에 막지 못하였을까?

왜 한국전 초전 채병덕 장군은 인민군 공격을 막지 못하고 국군은
대패하여 미군을 한국전에 개입하게 하였을까?

왜 김일성은 11만 대병과 240대의 전차를 가지고 38선을 넘어 남한
을 공격하였을 때 50년 7월 10일까지 부산을 완전히 점령하고 대승하
여 적화 통일할 수 있었는데 마산 앞 진동까지 점령해놓고 대패하였을
까? 그리고 김일성은 맥아더 장군의 인천상륙을 충분히 막을 수 있었
는데 왜 막지 못하고 참패하였을까?

왜 맥아더 장군은 미군과 국군 23만 명과 650대의 전차와 항공기와
함포를 가지고 세계 최강 국가가 북진하여 압록강 초산과 혜산진을 탈
환하고 대승하여 통일할 수 있었는데 중공군에 대패하여 다시 38선을
고착시켰을까?

왜 박헌영은 북한에서 비참하게 죽게 되었을까?

필자는 이상의 문제를 가지고 1963년부터 2003년까지 40년 동안 연
구하여 90년 [한국전, 다시 써야 한다]와 2003년 [제2차 한국전쟁 1]을
저술하고, 더 연구를 거듭하여 『6.25 한국전쟁, 막을 수 있었다』 상 하
권을 합본하여 1권으로 하였고, 보강하여 『6.25 한국전쟁 국군은 왜

막지 못했을까?』를 저술하게 되었다.

　[제2차 한국전쟁 2]를 출판하려 하였으나 출판사가 1권을 출판한 후 출판사 부도로 2권을 출판하지 못하였고, 원래는 5권으로 원고를 마쳤으나 내용이 너무 복잡해서 읽을 수가 없다고 하여 5권을 줄여서 2권으로 계획하여 50년 8월 국군의 위기였던 마산, 영산, 현풍, 다부동, 영천, 안강, 포항의 혈전을 자세하게 저술하지 못하였고, 51년 4월 중공군 대공세와 휴전회담 중 김일성고지, 백마고지, 현리전투 등의 혈전에 대해서도 자세히 기록하지 못한 점이 아쉬움으로 남는다.

　『6.25 한국전쟁, 막을 수 있었다!』상·하권을 합본하여 한 권으로 하였고, 내용을 보강하여 『6.25 한국전쟁 국군은 왜 막지 못하였을까?』를 다시 출판하게 되었다.

　저술함에 있어 북한의 자료를 구하기 어려운 점과 남로당 공작원이 국군 수뇌를 공작한 내용과 인민군 김일성, 김책, 김웅, 이영호, 이권무 등의 초전 작전에 대해서 좀 더 구체적인 증언을 들었으면 좋았을 텐데 그런 내용이 없이 북한의 조선전사의 내용만 참고로 하여 저술한 점이 아쉬움으로 남는다. 그러나 오제도 검사와 빈철현 대위와 홍민표와 박갑동 씨의 증언으로 남로당의 공작을 보충하였고, 1사단장 백선엽 장군, 7연대장 임부택 중령, 25연대 2대대장 라희필 대위, 육사 5기와 8기생들의 증언록을 참고하였다. 전사는 69년도 출간된 한국 전쟁사를 참고하였고, 중공군의 참전에 대해서는 홍학지 저「중국이 본 한국전」을 참고하였다.

　이제는 한국전쟁 참전자들이 60년이라는 세월이 지나 고인이 된 분들이 많으며, 또 생존해 계시더라도 건강이 좋지 않아 기억력이 없는 점과, 도로확장과 건설로 지형이 변하여 전투지역을 연구하는 것이 심히 어려워져 한국전 연구에 더욱더 어려움이 많다.

　　남로당과 한국전쟁사는 너무도 광범위하여 일개인이 연구해서 단
행본을 출판한다는 것은 참으로 한계점이 있으며 어려운 점이 많으나,
그동안 1963년부터 2003년까지 40년 동안 평생 연구한 것을 이제 저
자도 나이가 듦에 따라 자료로 남겨야 하겠다는 사명으로 부족하지만
용기를 내서 출판하게 되었고, 국군과 인민군의 전투를 편견 없이 사
실에 입각하여 저술하려고 노력하였다. 이 작은 정성이 남북통일이 되
는데 조금이나마 도움이 되었으면 하는 마음과 전후 젊은 세대들이 한
국전과 한국 현대사에 대해 다소나마 이해가 되는데 도움이 되었으면
한다. 각주가 너무 많아 생략하고 중요한 부분만 넣었고, 참고문헌을
뒤에 기록하였다. 독자 여러분들의 협력과 이해를 바랍니다.

　　이 책이 나오기까지 수고해주신 임부택 연대장과, 빈철현 대위, 이대
용 대위, 라희필 대위, 오제도 검사, 홍민표 등 많은 분들과 기꺼이 인터
뷰에 참여해 주신 한국전 참전자 여러분들과 한국전 때 혈전을 벌인
UN군과 미군과 국군 장병 여러분과 지금도 보훈병원에서 치료받고 계
시는 환자 여러분에게 감사드리며, 좌익과 우익을 통해 죄 없이 억울하
게 죽은 수많은 양민들의 명복을 빌며, 출판에 수고해주신 최득원 장로
와 원고 정리와 편집의 수고를 해 준 아내에게 감사를 드립니다.

2016년 11월 15일

이 선 교

# 목  차

머리말 -------------------------------------------------- 4

## 제1장 조선공산당 창건 ------------------------------- 27
1. 초기 공산당과 박헌영 ------------------------------- 29
2. 공산당 급성장 ------------------------------------- 30
3. 공산당의 시련 ------------------------------------- 30

## 제2장 해방과 분단과 조선공산당 재건 ------------------ 33
1. 조선총독부와 여운형의 회담 ------------------------- 35
2. 한반도 38선 분단의 원인 --------------------------- 36
3. 조선공산당 재건 ----------------------------------- 39
4. 조선인민공화국 ------------------------------------ 41
5. 미군 한반도 상륙과 일본의 항복 조인 ---------------- 43

## 제3장 좌 · 우 분열 --------------------------------- 47
1. 이승만의 귀국 ------------------------------------- 49
2. 상해 임시정부 김구 주석 귀국 ---------------------- 50
3. 좌 · 우 분열 -------------------------------------- 52
4. 신탁통치 찬 · 반 분열 ----------------------------- 54
5. 반탁과 찬탁의 치열한 싸움 ------------------------- 59

## 제4장 한반도 비극의 원인 --------------------------- 61
1. 조선공산당 위조지폐사건 --------------------------- 63

2. 장안파, 박헌영을 집중 공격 ------------------------------ 64

3. 박헌영 북으로 탈출 ------------------------------------ 66

4. 박헌영의 투쟁노선 신전술로 변경과 노동자 파업 ---------- 67

   1) 노동자 파업 ------------------------------------ 67


**제5장 대구 폭동** ------------------------------------ 71

1. 대구 폭동의 원인 ------------------------------------ 73

2. 공산당원들에 의해 대구경찰서 점령되다 ------------------ 74

3. 대구 폭동 경북 전역으로 번짐 ------------------------ 77

4. 대구 폭동의 진압과 결과 ------------------------------ 78


**제6장 좌파 3당 합당과 개혁** ------------------------- 81

1. 좌파 3당 합당 -------------------------------------- 83

2. 여운형의 죽음 -------------------------------------- 84

3. 한심한 개혁 ---------------------------------------- 86

   1) 친일파 등용 ------------------------------------ 86

   2) 토지개혁 -------------------------------------- 87

4. 한민당의 역할 -------------------------------------- 89


**제7장 6.25 한국전 발발의 원인 제주남로당 4.3폭동** ----- 91

1. 3.1발포사건 ---------------------------------------- 93

   1) 3.1사건 개요 ---------------------------------- 93

   2) 남로당(공산당) 제주도당 제주도민을 선동하다 --------- 94

   3) 파업철회 -------------------------------------- 94

   4) 결과 ------------------------------------------ 94

2. 남로당 5.10선거 반대 2.7폭동 ---------------------------- 95

　1) 한반도 통일선거 북한 반대 --------------------------- 95

　2) 남로당 5.10선거 반대 2.7폭동 ------------------------ 95

　3) 제주도 5.10선거 반대 2.9폭동 ------------------------ 97

3. 남로당(공산당) 제주도당 5.10선거 반대 4.3폭동 준비 ------- 98

　1) 제주 4.3폭동 결정 ---------------------------------- 98

　2) 남로당 제주도당 4.3폭동 결정 배경 ------------------- 99

　3) 제주 4.3폭동 준비와 목적 --------------------------- 99

　4) 제주 4.3폭동의 작전과 확인 ------------------------- 99

4. 남로당 제주도당 5.10선거 반대 4.3폭동 ------------------- 104

　1) 제주 인민유격대 12개 지서와 우익인사 학살 ----------- 104

　2) 제주 4.3 폭도들의 구호 ---------------------------- 106

　3) 제주 4.3 폭도들 선거사무소 기습 -------------------- 107

5. 제주 9연대장 김익렬 제주 4.3폭동 진압 미온적 태도 ------- 109

6. 김익렬과 김달삼의 평화협상 ---------------------------- 110

　1) 평화협상 맺다 ------------------------------------- 110

2) 폭도에 의해 평화협상 깨지다 -------------------------- 110

7. 남로당이 5.10선거에 참여하였으면 김삼룡이 대통령이 될 수 있었다 112

　1) 김구 선생과 박헌영의 5.10선거 불참의 결과 ----------- 113

8. 박진경 9연대장의 군·경 합동 진압작전 ------------------- 117

9. 박진경 9연대장의 진압 때 인민유격대의 공격 ------------- 119

　1) 함덕지서 공격 ------------------------------------- 119

　2) 저지리마을 공격 ----------------------------------- 120

　3) 한림지서 공격 ------------------------------------- 120

　4) 금악마을 공격 ------------------------------------- 120

    5) 도두리마을 공격 ------------------------------------ 121

    6) 송당마을 공격 ------------------------------------- 121

    7) 영락마을 공격 ------------------------------------- 121

    8) 무릉마을 공격 ------------------------------------- 122

    9) 하귀리마을 공격 ----------------------------------- 122

    10) 서홍리마을 공격 ---------------------------------- 122

    11) 상예리마을 공격 ---------------------------------- 123

    12) 하도마을 공격 ------------------------------------ 123

    13) 장전마을 공격 ------------------------------------ 123

    14) 경찰 2명 피살 ------------------------------------ 124

10. 9연대 장병 탈영과 박진경 연대장의 피살 -------------- 124

    1) 9연대 장병 41명 탈영 ------------------------------ 125

    2) 박진경 연대장 피살 -------------------------------- 126

    3) 11연대장에 최경록 중령 임명 ----------------------- 127

11. 제주도민 북한의 8.25선거 참여 --------------------- 128

    1) 북한의 8.25선거 ----------------------------------- 128

12. 제2대 폭도사령관 이덕구의 9.15사건 ------------------ 129

    1) 이덕구 인민유격대 사령관이 되다 -------------------- 129

    2) 폭도(내란군) 사령관 이덕구의 공격 개시 -------------- 131

13. 제주도 경비사령부 신설 --------------------------- 132

14. 제주 인민(내란)군 사령관 이덕구 대한민국에 선전포고 ---- 133

15. 제주도 공산화 음모사건 --------------------------- 134

    1) 9연대 안의 남로당원 강의현 소위 반란 실패 ----------- 135

    2) 제주경찰 공산화 음모사건 -------------------------- 135

    3) 제주인민군 국군 9연대 3대대, 6중대 공격 ------------- 136

16. 계엄령 선포 ------------------------------------------- 138

17. 9연대, 2연대로 교체 --------------------------------- 141

　　1) 폭도(내란군) 사령관 이덕구 다시 공격 시작 ------------ 141

18. 북촌마을 사건 ---------------------------------------- 144

　　1) 북촌마을의 피해 ------------------------------------ 144

19. 진압군 총동원 ---------------------------------------- 145

20. 폭도들의 몰락 ---------------------------------------- 146

21. 제주도 진압사령부 보강 ------------------------------ 147

22. 제주도 인민군(폭도) 사령관 이덕구의 죽음-------------- 147

23. 제주남로당 4.3폭동의 결과 --------------------------- 148


제8장 국방경비대 창설 --------------------------------- 153

1. 해방과 군사단체 --------------------------------------- 155

2. 군사단체 해산 ----------------------------------------- 156

3. 남로당의 군부 공작 ------------------------------------ 156

4. 경비대 창설 ------------------------------------------- 157


제9장 한국전 발발 원인 여수 14연대 반란 -------------- 167

1. 14연대 반란의 원인 ------------------------------------ 169

2. 14연대 반란군 여수 점령 ------------------------------ 173

3. 14연대 반란군 순천 점령 ------------------------------ 173

4. 14연대 반란군 작전 ------------------------------------ 175

5. 14연대 반란 진압작전 ---------------------------------- 176

　　1) 10월 20일 ----------------------------------------- 176

　　2) 10월 21일 ----------------------------------------- 176

3) 10월 22일(순천 탈환, 계엄령 선포) ------------------ 182

4) 10월 23일 ------------------------------------- 182

5) 10월 24일(여수 탈환 실패) --------------------- 183

6) 10월 27일(여수 탈환) ------------------------- 184

7) 10월 28일 ------------------------------------- 185

6. 진압군 12연대 대패 ------------------------------- 186

7. 반란군 대패 -------------------------------------- 187

8. 국군 연속 반란, 국가 위기에 처함 ----------------- 190

1) 4연대 반란 ------------------------------------- 190

2) 남로당원 15연대장 최남근 처형 ------------------ 190

3) 6연대 반란 ------------------------------------- 191

4) 대구 6연대 2차 반란 --------------------------- 192

5) 대구 6연대 3차 반란 --------------------------- 192

9. 국군 안의 남로당원 숙청 ------------------------- 193

10. 춘천의 8연대 2개 대대 월북 --------------------- 196

11. 14연대 반란군 사령관 김지회의 죽음 ------------- 199

1) 진압군의 추격 --------------------------------- 199

2) 개관산 전투 ----------------------------------- 202

3) 김지회의 죽음 --------------------------------- 202

12. 14연대 반란의 피해와 결과 ---------------------- 204


제10장 서울시 인민위원장 홍민표 전향 ---------------- 211

1. 좌파 남로당 대표 박헌영의 서울 무장폭동 지령과 남조선 접수지령  213

1) 김삼룡의 준비 --------------------------------- 214

2) 무장폭동 실패 --------------------------------- 216

　　3) 서울시 인민위원장 홍민표와 남로당원 33만 명 전향 후 보도연맹에 가입　217

2. 해주 남로당 인민유격대 10차에 걸쳐 남파 ---------------- 220

3. 지리산 남로당 인민유격대 활동 ------------------------ 222

　　1) 지리산지구 제2병단 진압 ------------------------ 222

4. 남로당 간부 김삼룡, 이주하, 김수임, 정백, 간첩 성시백 체포 --- 223

　　1) 김수임 체포 -------------------------------- 223

　　2) 김삼룡 · 이주하 체포 ------------------------- 223

　　3) 성시백 및 남로당 간부 체포 -------------------- 225


제11장 김일성의 대남 공격 준비 ---------------------- 231

1. 김일성의 남침 노선 ------------------------------- 233

2. 김일성 소련 스탈린에게 남침 군원지원 요청 -------------- 234

3. 중공 모택동에게 남침 인력 요청 ---------------------- 235

4. 소련에 남침 군원지원 재차 요청 ---------------------- 236

5. 북한에 유리한 정세 ------------------------------- 239

6. 대남 공격, 스탈린의 동의 -------------------------- 240

7. 모택동의 동의 ----------------------------------- 241

8. 남한 적화통일 계획서 ----------------------------- 242

　　1) 대남 공격작전 계획 -------------------------- 243

　　2) 대남 공격 작전계획 약점 ---------------------- 244


제12장 이승만 대통령의 북진통일 -------------------- 245

1. 이승만 대통령의 북진통일 ------------------------- 247

2. 미군 철수 후 한반도 정책 ------------------------- 248

3. 북한의 남침 정보 묵살 ---------------------------- 250

## 제13장 김일성 대남 공격준비 완료 ------------------- 253

1. 모란봉회의 --------------------------------- 255
2. 북한의 위장 평화통일 주장 ----------------------- 257
3. 조선인민군 대남 공격을 위한 부대이동 -------------- 258
4. 인민군 남침 1차 작전계획 ----------------------- 260

## 제14장 육군참모총장 채병덕 소장의 간첩행위 --------- 267

1. 신성모와 채병덕 소장의 인민군 남침의 정보 묵살 --------- 269
2. 채병덕 참모총장의 간첩행위 ------------------------ 271
  1) 차량 중화기 후송 ------------------------------ 271
  2) 50년 6월 10일 군 인사이동(6.25 15일 전) -------------- 271
  3) 50년 6월 10일 군부대 이동(6.25 15일 전) ------------- 272
  4) 채병덕 총장 전방 연대장의 숨 가쁜 인민군 남침정보 묵살 273
  5) 인민군 남침의 다급한 전화 ------------------------ 277
  6) 6월 25일 오전 9시 30분 인민군 남침 확인 -------------- 277

## 제15장 조선인민군 남침 1차 작전(서울 점령 목표) ---- 281

1. 조선인민군 38선을 넘어 전면남침 ------------------- 283
2. 잘 방어한 강릉 국군 8사단 ------------------------ 283
  1) 잘 방어한 국군 10연대 -------------------------- 285
  2) 혼성부대로 인한 작전에 실패한 이성가 8사단장 -------- 288
  3) 국군 8사단 대관령으로 후퇴 ---------------------- 289
3. 잘 방어 중인 원주 국군 6사단 --------------------- 290
  1) 인민군의 공격 --------------------------------- 290
  2) 국군 16포병대의 위력 --------------------------- 291

3) 홍천 북방에서 전차를 파괴한 강승호 소위 -------------- 293

4) 춘천과 홍천의 6월 26일 격전 ------------------------- 294

5) 인민군 2군단의 작전 변경 ---------------------------- 295

6) 6월 27일 철수 --------------------------------------- 295

4. 6월 25일 옹진반도에서 철수한 국군 17연대 -------------- 300

5. 문산 국군 1사단 ------------------------------------- 302

1) 개성의 국군 12연대 참패 -------------------------- 302

2) 국군 13연대 대승 --------------------------------- 304

3) 50년 6월 26일 문산의 격전 ------------------------ 307

4) 반석고개 뚫려 문산 위기 -------------------------- 308

5) 50년 6월 27일 국군 1사단 위전리에서 방어 ------------ 309

6) 50년 6월 28일 국군 1사단 봉일천에서 역습 ------------ 312

7) 50년 6월 28일 국군 1사단 봉일천에서 역습 중 붕괴 ------ 313

6. 잘 방어한 동두천 국군 7사단 1연대 --------------------- 318

1) 25일 국군 7사단 1연대 동두천 전투 -------------------- 318

7. 국군 붕괴의 원인 포천 9연대 ------------------------- 323

1) 6월 25일 참패한 포천 9연대 ------------------------ 323

2) 윤춘근 9연대장 전선을 무단이탈하여 광능 내로 철수 ---- 325

3) 수도사단 3연대 송우리에서 참패 ---------------------- 326

4) 축석령에서 전선을 무단이탈한 3연대장 이상근 중령 ----- 328

5) 한심한 수뇌들 ----------------------------------- 329

8. 6월 26일 아침 채병덕 총장의 반격 명령 3개사단 붕괴 ------- 332

1) 6월 26일 금오리에서 국군 16연대와 5연대 실탄이 없어 대패함 333

2) 6월 26일 오후 1시 인민군 3사단 의정부 점령 ----------- 337

9. 의정부 호원동 백석천교에서 국군 25연대 대승 ----------- 340

   1) 6월 26일 정부에서 한 일 ------------------------------ 342

10. 6월 27일 인민군 창동 점령 ------------------------------ 347

   1) 6월 27일 아침 국군 25연대 의정부 밑 호원동에서 탄 약이 없어 후퇴 ---- 347

   2) 6월 27일 미국 한국전 개입 결정 ---------------------- 349

   3) 6월 27일 창동전투 ------------------------------------ 350

   4) 6월 27일 미아삼거리 전투 ---------------------------- 353

   5) 6월 27일 정부와 육본에서 한 일 --------------------- 354

11. 6월 28일 미아리고개 전투 ---------------------------- 357

   1) 6월 28일 새벽 2시 인민군 창경궁 도착 ----------------- 358

   2) 6월 28일 새벽 2시 30분 한강교 폭파 -------------------- 358

   3) 한강교 폭파로 국군 6개 사단 붕괴 --------------------- 360

   4) 6월 28일 11시 30분 인민군에 점령된 처참한 서울 -------- 361

   5) 6월 28일 서울을 점령한 인민군 한강을 건너지 않음 ------ 364

   6) 6월 28일 인민군 한강을 건넜으면 대승할 수 있었다 ------ 366

12. 육군참모총장 채병덕의 간첩행위 ------------------------ 367

13. 50년 6월 28일 오후 3시 유엔 안보리회의 제2차 회의에서 16개국 참가 결정 373

14. 인민군 서울점령 3일 동안 남로당 폭동을 기다림 --------- 374


제16장 조선인민군 2차 작전(한강 도강 목표) ----------- 385

1. 50년 7월 1일 인민군 한강 도강 전투 --------------------- 387

2. 7월 2일 채병덕의 역습 명령으로 노량진전투 참패 ---------- 388

3. 7월 3일 인민군 4사단 한강 도강 ------------------------ 389

4. 6월 30일 대전형무소 사건 ----------------------------- 390

5. 6월 30일 국군 6사단 원주 철수 ------------------------- 394

6. 국군 8사단 대관령 철수 ------------------------------- 395

7. 국군 3사단 23연대 삼척 방어 ------------------------------ 396

8. 7월 4일 인민군 안양, 수원 점령 ------------------------ 397

9. 7월 5일 오산 죽미령에서 인민군과 미군 첫 전투 ---------- 400

10. 7월 6일 인민군 4사단 평택 점령 ---------------------- 403

11. 7월 7일 인민군 4사단 천안 점령 ---------------------- 403

12. 7월 9일 인민군 4사단 전의 점령 ---------------------- 405

13. 7월 12일 인민군 3사단 조치원 점령 ------------------ 405

14. 7월 14일 인민군 4사단 공주 점령 -------------------- 406

15. 7월 16일 인민군 3사단 대평리 점령 ------------------ 408


제17장 조선인민군 3차 작전(대전 점령 목표) ----------- 411

1. 7월 20일 인민군 3, 4사단 대전 점령 --------------------- 413

2. 미 24사단장 딘 소장 포로가 되다 ---------------------- 415

3. 7월 11일 인민군 진천 점령 --------------------------- 417

4. 7월 16일 수도사단 청주 밑 문의에서 철수 -------------- 419

5. 7월 7일 인민군 15사단 48연대 무극리에서 참패 ----------- 421

6. 7월 10일 인민군 15사단 음성 점령 -------------------- 423

7. 7월 12일 인민군 15사단 괴산 점령 -------------------- 425

8. 7월 4일 어이없는 국군 8사단 충주 후퇴 명령 -------------- 425

9. 7월 8일 인민군 12사단 충주 점령 --------------------- 428

10. 7월 13일 인민군 1사단과 국군 6사단 2연대 이화령에서 혈전 --- 429

11. 7월 13일 인민군 8사단 단양 점령 -------------------- 430

12. 7월 18일 인민군 8사단 풍기에서 참패 ------------------ 431

13. 7월 9일 인민군 춘양 공격 --------------------------- 434

14. 7월 17일 인민군 5사단 영덕 점령, 국군위기에 처함 ------- 435

15. 국군 성환에서 재편성 ------------------------------ 436

16. 국군 후방 지원문제 -------------------------------- 437

17. 이승만 대통령 국군 지휘권 미군 맥아더 장군에게 이양 ---- 437

18. 정부기관 대구로 이동과 점령지의 고통 ---------------- 439

제18장 조선 인민군 4차 작전(8월 15일까지 부산점령 목표) --- 442

1. 7월 25일 인민군 3사단 영동 점령 --------------------- 444

2. 7월 25일 인민군 2사단 황간 전투에서 대패함 ------------- 446

3. 7월 25일 인민군 3사단 김천 점령 --------------------- 448

4. 7월 17일 인민군 6사단 충남 무혈 점령 ------------------ 449

5. 7월 23일 인민군 6사단 호남 무혈 점령 ------------------ 450

6. 7월 25일 인민군 6사단 하동 점령 --------------------- 451

7. 7월 31일 인민군 6사단 진주 점령, 국군 위기에 처함 -------- 451

8. 7월 21일 인민군 15사단 45연대 화녕장에서 참패 ---------- 456

9. 7월 31일 인민군 1사단 점촌 점령 --------------------- 458

10. 8월 1일 인민군 12사단 안동 점령 -------------------- 460

11. 8월 5일 인민군 12사단 청송 점령 -------------------- 463

12. 8월 13일 인민군 8사단 의성 점령 -------------------- 464

13. 8월 3일 인민군 15사단 상주 옆 낙정동 점령 ------------- 465

제19장 국군의 위기 -------------------------------- 467

1. 50년 8월 1일 마산의 위기 ------------------------- 469

2. 8월 11일 영산의 위기 ---------------------------- 472

3. 8월 12일 현풍의 위기 ---------------------------- 474

4. 8월 21일 다부동의 국군 1사단 위기 ------------------- 476

　　1) 칠곡방면의 위기 ----------------------------------- 477
　　2) 다부동 방면 ------------------------------------- 478
5. 9월 4일 영천의 국군 8사단 위기 ------------------- 481
6. 9월 4일 안강 수도사단의 위기 -------------------- 485
7. 8월 11일 국군 3사단 포항위기 -------------------- 487


제20장 인천상륙작전 -------------------------------- 489
1. 인천상륙작전 계획 --------------------------------- 491
2. 인천상륙작전 준비 --------------------------------- 493
3. 김일성 인천 방어 방심 ----------------------------- 494
4. 맥아더 장군 인천상륙작전 성공 --------------------- 495
5. 9월 16일 미 10군단 인천 탈환 ---------------------- 497
6. 김일성의 판단 잘못 -------------------------------- 498
7. 9월 17일 미 10군단 김포 탈환 ---------------------- 498
8. 9월 22일 미 10군단 영등포 탈환 -------------------- 499
9. 9월 28일 미 10군단 서울 탈환 ---------------------- 500
10. 9월 29일 미 10군단 서울 환도식 ------------------- 503
11. 서울 잔류파와 도강파의 싸움 --------------------- 503
12. 미 10군단 인천상륙작전 완료 --------------------- 505


제21장 9월 23일 인민군 낙동강에서 총 퇴각 ---------- 507
1. 9월 22일 미 10군단 영등포역 점령 후 인민군 낙동강 전투 무너지기 시작 --- 509
2. 국군 3사단 포항에서 반격 ------------------------- 511
3. 국군 수도사단 안강에서 반격 ---------------------- 512
4. 국군 8사단 영천에서 반격 ------------------------- 513

5. 미 제1기병사단 왜관에서 반격 ------------------------- 514

6. 미 25사단 마산에서 반격 ------------------------------ 517


제22장 38선 돌파 주장 ------------------------------- 519

1. 중국의 입장 ------------------------------------- 521

2. 미국의 입장 ------------------------------------- 521

3. 한국의 입장 ------------------------------------- 523

4. 트루먼 미 대통령 맥아더 원수에게 38선북진 권한 부여 ----- 524


제23장 유엔군 38선 북진 ----------------------------- 525

1. 중공군의 움직임 --------------------------------- 527

2. 웨이크 섬에서 트루먼 대통령과 맥아더 사령관의 회담 ------ 530

3. 국방부장관 신성모의 중공군 동향 정보수집 묵살 ---------- 531

4. 유엔군의 보급문제 ------------------------------- 532

5. 10월 1일 국군 3사단 38선을 넘어 원산을 향해 진격 --------- 533

6. 수도사단 원산을 향해 진격 ------------------------- 534

7. 10월 11일 국군 3사단, 수도사단 원산 도착 -------------- 534

8. 10월 15일 국군 6사단 성천에 도착, 평양 북쪽에서 포위 ----- 535

9. 10월 14일 국군 8사단 평양 북쪽 강동에 도착 -------------- 536

10. 10월 19일 국군 1사단 평양 탈환 ---------------------- 536

11. 미 기병사단과 24사단 진격 ------------------------- 539

12. 김일성의 피난 ---------------------------------- 540

13. 이승만 대통령의 평양 방문 ------------------------- 541

14. 미 공수부대 순천에 투하 -------------------------- 543

## 제24장 중공군 한국전 참전 ---------------------------- 545

1. 모택동의 한국전 참전 결정 과정 --------------------- 547

2. 스탈린의 고민 -------------------------------------- 552

3. 모택동이 한국전 참전 결정 이유 --------------------- 554

4. 10월 19일 중공군 압록강 도강 ---------------------- 556


## 제25장 맥아더 장군 중공군 참전 전방지휘관들의 보고 묵살

- 맥아더 장군의 참패의 원인 - ------------------------ 563

1. 유엔군 동부전선 북진 ------------------------------ 565

   1) 미 10군단 원산 상륙작전 실패 ----------------- 565

   2) 11월 21일 미 7사단 17연대 혜산진 도착 --------- 566

2. 유엔군 압록강을 향해 총 추격함 ------------------- 568

   1) 10월 26일 국군 6사단 압록강 초산에 도착 ------ 568

3. 50년 10월 29일 압록강 초산에서 국군 7연대 중공군에 의해 포위됨 ---- 570

4. 50년 10월 26일 온정리에서 국군 2연대 중공군에 의해 포위됨 --- 576

5. 50년 10월 27일 운산에서 국군 1사단 중공군에 참패 -------- 580

6. 50년 10월 30일 미 기병사단 8연대 중공군에 참패 --------- 585

7. 국군 7사단 개천 비호산에서 중공군 격퇴 --------------- 588

8. 50년 11월 5일 중공군 1차 작전 중지와 잠적 이유 ---------- 592

9. 50년 11월 맥아더 장군 이때 대승할 수 있었다 ------------ 599


## 제26장 유엔군 11월 24일 종전 총진격 6일만에 11월 29일 총퇴각

- 맥아더 장군의 참패 - ------------------------------- 601

1. 11월 24일 맥아더 장군 종전 총 진격 명령 -------------- 603

2. 팽덕회, 맥아더의 종전 총 진격을 그물망작전으로 기다리고 있음 ----- 611

3. 50년 11월 26일 영원에서 국군 8사단 중공군에 참패 -------- 613

4. 덕천에서 국군 7사단 중공군에 참패 ---------------------- 616

5. 50년 11월 25일 미 9군단 개천에서 중공군에 참패 --------- 620

6. 50년 11월 29일 미 2사단 삼소리에서 중공군에게 처절하게 참패함 --- 628

7. 50년 11월 29일 국군 1사단 태천과 박천에서 후퇴 ---------- 634

8. 맥아더 장군의 50년 11월 29일 공격 6일 만에 총 후퇴명령 ------ 635

9. 미 10군단 철수 -------------------------------------- 639

   1) 국군 수도사단과 3사단 철수 ------------------------ 639

   2) 미 10군단의 위기 -------------------------------- 642

   3) 장진호 미 해병대의 철수 -------------------------- 643

   4) 하갈우리 미 해병대의 후퇴 ------------------------ 656

   5) 고토리 후퇴 ------------------------------------ 659

   6) 흥남 철수 -------------------------------------- 668

10. 51년 1월 4일 유엔군 서울 철수 ------------------------ 677

11. 51년 1월 8일 팽덕회 남진을 중지함 -------------------- 682


제27장 미8군 사령관 리지웨이 장군 오산에서 반격 ----- 687

1. 51년 1월 31일 미군 오산에서 반격 ---------------------- 689

2. 팽덕회, 리지웨이 장군의 반격저지 실패 -------------------- 691

3. 51년 2월 10일 양평 옆 지평리에서 미 23연대 대승 --------- 697

4. 리지웨이 장군 중공군의 전략을 파악하고 반격 전략을 세움 ----- 699

5. 51년 2월 21일 국군과 미군의 총 반격 -------------------- 702


제28장 휴전회담 ------------------------------------- 705

1. 맥아더 장군의 휴전회담 제의 ------------------------- 707

2. 맥아더 장군의 해임 ----------------------------------------- 707

3. 미국의 휴전회담 논의 -------------------------------------- 708

4. 소련의 휴전회담 제의 -------------------------------------- 708

5. 한국 정부의 입장 ------------------------------------------ 710

6. 비밀리에 북한과 미군 연락장교 만남 -------------------- 711

7. 휴전회담의 어려운 문제와 합의 -------------------------- 713

8. 휴전회담 중 전투지역 ------------------------------------- 714

9. 휴전회담과 포로문제 -------------------------------------- 716

10. 한국 휴전문제를 이슈로 아이크 미국 대통령이 되다 ------ 719

11. 스탈린의 죽음 ------------------------------------------- 721

12. 거제도 포로수용소장 도드 준장 포로가 되다 ------------ 722

13. 반공포로 석방 ------------------------------------------- 723

　　1) 반공청년단 조직 ------------------------------------- 723

　　2) 반공포로 석방 동기 --------------------------------- 725

　　3) 이승만 대통령의 반공포로 석방 명령 ----------------- 727

　　4) 반공포로 수용소 탈출 ------------------------------- 730

14. 이승만 대통령의 휴전 반대 ----------------------------- 735

15. 휴전조인식 --------------------------------------------- 739


제29장 한국전쟁의 결과 ----------------------------------- 743

1. 한국전 피해와 전쟁 후 군사력 증강 --------------------- 745

2. 일본의 경제부흥 ----------------------------------------- 749

3. 미국과 세계의 군사력 증강 ------------------------------ 749

## 제30장 한국전 패전의 책임을 박헌영이 지다 ----------- 751

1. 50년 11월 7일 만포진에서 김일성과 박헌영 패전 책임 문제로 다툼 ---- 753
2. 김일성 패전 책임을 묻다 ------------------------------- 756
3. 박헌영의 휴전반대 ---------------------------------- 758
4. 김일성 남로당원 체포 ------------------------------- 761
5. 남로당의 최후 ------------------------------------- 763
6. 박헌영과 이현상의 최후 ----------------------------- 769

## 제31장 북한은 남한 좌파들을 선동 남한을 점령하려 하고 있다 --- 779

1. 남로당의 부활(조선공산당의 부활) ----------------------- 780
2. 좌파정부의 결과 ----------------------------------- 798
3. 좌파가 대한민국을 장악하고 있다 ----------------------- 814

## 참고문헌 --------------------------------------- 839

# 제1장
## 조선공산당 창건

# 제1장 조선공산당 창건

## 1. 초기 공산당과 박헌영

박헌영은 1900년 5월 1일 충남 예산군 신양면 산양리 333번지에서 박현주의 둘째 부인 이 씨와의 사이에서 출생하였다. 1912년 예산 대흥보통학교를 졸업하고, 1919년 3월 경성고보를 15회로 졸업하였으며, 1920년 미국 유학이 좌절되자 일본을 거쳐 9월에 상해에 도착하였다. 박헌영은 영어강습소에서 경기도 개성에 사는 임원근을 알게 되었다. 임원근은 선린상고를 졸업하고 일본 경응대학을 다니다 상해로 온 사람으로 박헌영과는 동 연배였다. 임원근이 박헌영에게 이르크츠크 고려공산당 상해지부에 가자고 권하여 김만겸을 만나 공산당에 가입하여 사상교육을 받았으며, 여운형의 영향도 많이 받았다.

1921년 함흥 출신의 주세죽을 만나 고향 충남 예산에서 결혼식을 올렸다. 같은 해 박헌영은 상해 고려공산당 청년동맹을 조직하여 책임비서가 되었다.

1922년 1월 제1차 극동 인민대표자회의가 모스크바에서 개최될 때 박헌영은 공청(공산당 청년동맹) 대표로 참석하였다. 이때 한국대표는 23개 사회단체에서 52명이 선출되어 참석, 동 대회 총수 144명 중 28%를 차지할 정도로 조선의 공산당은 확대되었다. 이때 이동휘, 박진순, 여운형, 김봉식 등이 참석하였다.

1922년 3월 25일 박헌영은 김만겸으로부터 300원의 지원을 받아 국내에 공산당을 확대 조직하려고 김단야, 임원근과 함께 국내에 잠입하였다. 그들은 신의주를 거쳐 경성으로 가려다 신의주경찰서에 체포되어 1년 6개월의 징역을 선고받고 복역하였다. 그 후 1924년 1월 18일 출옥하여 1월 20일 서울에 도착했다. 그리하여 그의 이름이 처음으로 동아일보에 오르게 되었다. 1924년 2월 11일 김단야, 임원근과 함께 신흥청년동맹에 가입하여 강연 등을 하였다.

## 2. 조선공산당 급성장

1919년 3.1운동 때 3월-4월 1,214회 모임을 갖고 340회 만세를 불렀다. 이때 200만여 명이 3.1운동에 가담하였다. 이중 사망자 7,509명, 부상 1,591명, 검거된 자 46,948명, 기소 자 26,000여 명, 실형 542명이었다.

만세를 부르면 미국과 강대국이 협력하여 일본의 침략에서 한국이 해방될 줄만 알았는데 수많은 희생자만 있었지 독립의 가능성은 전혀 보이지 않자 국민들은 절망하였다. 민족주의자들은 해외로 탈출하든지 숨든지 감옥살이를 해야 했다. 이 공백 기간을 통해 공산주의자들은 "미국은 우리를 돕지 않는다. 그러나 소련의 도움으로 우리가 독립이 될 수 있다"는것과 무상몰수 무상분배와 평등사상을 선동하여 국민들과 청년들에게 파고들었다. 그리하여 절망적이던 국민들에게 희망을 갖게 하여 많은 호응을 얻은 공산주의는 기하급수적으로 성장하였다.

1920년 조선노동공제회, 1924년 조선노동총연맹, 1927년 조선농민총동맹 등이 조직되었고, 1928년까지 총350개 노동조직과 166개의 농민조직이 조직돼 그 세력은 점점 확대되어 국민들에게 뿌리를 내리고 있었다. 이대로 가면 공산주의가 한국을 완전히 장악할 수 있었다.

1925년 4월 17일 오후 1시 서울 을지로 1가 아서원 중국집 2층에서 김재봉, 윤병덕, 김약수, 박헌영 등 20여 명이 조선공산당 결성식을 가졌다. 이때 김재봉이 책임비서가 되었다. 당칙은 전문 95개 조였고, 당 최고기관은 당 대회이며, 중앙집행위원은 당 대회에서 선출하며, 당의 기본 조직은 세포(야체이카)로 하였다. 기본기관은 공장, 농민, 학교, 군대, 관청 등에서 집중 조직하고, 3명의 세포가 있을 때 조직되고, 군 당 간부가 관리한다고 하였다.

1925년 5월 18일 종로의 박헌영 집에서 공산당 기관대표와 청년 18 명이 모여 고려 공산청년회를 조직하였고, 박헌영이 책임비서가 되어 이때부터 박헌영이 실권자가 되었다. 이때 박헌영의 나이 25세였다. 선전부: 임원근, 연락부: 김단야, 조사부: 홍증식, 국제부: 조봉암이 선 출되었다.

## 3. 조선공산당의 시련

1925년 11월 22일 밤 10시경 신의주 노송동 11번지 경성식당 2층에 서 신의주 공청단체인 신만청년회 집행 위원장 김득린 외 29명이 결혼 피로연을 하고 있었다. 아래층에서는 박유정 변호사 개업 축하연으로 송계하, 최치호, 일본인 경찰, 한국인 보조경찰 김운섭 등도 술을 마시 고 있었다. 그때 2층에 있던 김경서가 아래층의 박유정이 친일 반역자 라고 규탄하면서 싸움이 벌어져 2층에 있던 20여 명이 아래층에서 술 을 먹고 있던 사람들을 폭행하였고, 일본인 경찰까지 두들겨 팼다. 일 본인 경찰은 폭행을 당하면서 폭행한 사람들의 팔에 차고 있는 붉은 완장을 보았다.

일본인 경찰은 즉시 붉은 완장을 찬 집행위원장 김득린을 체포 조사 하였다. 고문에 의해 김득린이 자백하여 김경서의 집을 수색하여 고려 공산청년회 중앙집행위원회 회원자격심사 표를 발견하고 김경서에게 서류 출처를 추궁하였다. 김경서는 "이 표는 박헌영이 임형관에게 주어 본인이 소지하고 있었다."고 자백하였다. 조선총독부 경무부에서는 전국 공산주의자 일제검거령을 내렸다. 허헌, 임원근, 허정숙, 권오직, 유진희, 홍증식, 김약수, 박헌영, 주세죽 등이 경찰에 연행되었고, 이 사건으로 총66명이 연행되어 6명이 기소되었고, 37명이 수배를 받게 되었다. 박헌영은 서대문형무소에 수감되었다. 이 일은 공산당 세력 확장에 어려움을 주었다.

1939년 서울 콤 클럽 이관술, 이순금, 장순명, 정태식, 권오직, 김섬, 김삼룡, 이현상, 이인동 등이 조선공산당 재건을 위해 조직되었다. 이들은 박헌영을 책임비서로 하였다. 그러나 1940년-41년 모두 검거되었고, 지하로 숨고, 박헌영은 광주 벽돌공장 노동자로 위장하여 숨어 있었고, 나머지는 여운형의 건국동맹에 가입하여 보호를 받고 있었다. 그러나 공산당 확장은 계속 진행되고 있었다.

# 제2장
# 해방과 분단과 조선공산당 재건

# 제2장 해방과 분단과 조선공산당 재건

## 1. 조선총독부와 여운형의 회담

조선총독 아베는 일본이 곧 항복할 것을 알고 일본인들을 안전하게 일본으로 철수시키기 위해 보안과장 이소자끼, 조선군사령관 가미사를 보내 충무로에서 송진우 선생을 만나 협상을 하려 하였다. 그러나 송진우 선생은 한 마디로 거절하였다. 경무부장이 만나서 애원을 하고, 아베가「조선총독부의 모든 권력을 줄 테니 우리를 안전하게 귀국할 수 있게만 보호해 달라」고 요청해도 송진우 선생은 여전히 거절하였다. 송진우 선생은 "나는 중국의 왕조명 같이 일본의 앞잡이가 되고 싶지 않고, 프랑스의 패당 같이 독일의 앞잡이가 되고 싶지 않고, 필리핀의 라우엘 같이 되고 싶지 않다." 하며 거절하였다.

45년 8월 15일 오전 8시 여운형은 엔도 정무총감이 만나자고 간청을 하여 그의 사무실에 갔다. 엔도는 "여 선생님, 조선의 치안을 맡아 주시오. 이제부터는 우리의 생명이 여 선생에게 달려 있소!" 하였다. 여운형은 치안유지 조건으로

첫째, 전 조선인의 정치, 경제범을 즉시 석방해 주시오.

둘째, 경성에 3개월분의 식량을 확보해 주시오.

셋째, 치안 유지와 건설 사업에 아무런 간섭도 하지 마시오.

넷째, 학생과 청년의 훈련 조직에 간섭하지 마시오. 조선 내의 각 사업장에 있는 일본 노무자들을 우리의 건설 사업에 협력하게 해 주시오.

이와 같은 요구조건에 엔도는 모두 수락하여 협상이 되었다.

여운형은 협상 후 즉시 계동의 임상용 집에 건국준비위원회 본부 사무실을 준비하고 안재홍을 불러 정무총감을 만나 협상한 이야기를 하고 건국동맹 임원들을 소집하여 건국준비위원회를 조직하였다.

여운형이 송진우 선생에게 건준(건국준비위원회의 약자)에서 같이 일하자고 제의하자 송진우 선생은 한마디로 거절하였다.

"우리는 임정이 있으니 임정이 올 때까지 기다려야 한다."

하며 송진우 선생은 어떤 조직도 원하지 않았다.

45년 8월 15일 정오, 일본 천황은 "일본은 무조건 항복한다."고 라디오 방송을 하였다.

여운형은 이강국, 최용달, 백윤화 검사와 함께 서대문형무소에 도착하여 수감자들을 석방시켰다. 전국에는 3만여 명이 수감되어 있었고, 남한에만 1만6천여 명, 서울에만 1만여 명 정도였는데 이들이 석방된 것이다.

45년 8월 17일 건국준비위원회를 결성하였다.

위원장: 여운형, 부위원장: 안재홍, 총무부장: 정백,

선전부장: 조동우 · 최용달, 문경부장: 권태석, 재정부장: 이규갑

## 2. 한반도 38선 분단의 원인

1945년 7월 16일 포츠담회의 도중 뉴-멕시코 알몬드에서 미국이 세계 최초로 핵폭탄실험에 성공하였다. 그런데도 미국은 독일이 45년 5월 8일 항복을 하자 소련에게 극동에서 일본군을 공격해 달라고 요청하였다. 특히 맥아더 장군이 소련의 참전을 원하였다. 이에 소련은 1945년 6월부터 대일 참전계획에 따라 1945년 7월 6일 하바로프스크에 있는 극동사령부 사령관 바실리에프 원수의 소속 제25군 사령관 치

스차코프 대장과 군사위원 레베데프 소장, 1극동전선 군사위원 스티코프 상장의 지휘아래 독일에서 만주 근방으로 병력을 이동하였다.

1945년 8월 6일 미국의 티베쯔 대령은 B29 7대에 5톤짜리 원자폭탄을 사이판에서 싣고 오전 8시 일본의 군수기지 히로시마에 투하하였다. 히로시마는 순식간에 초토화 되면서 20만 명이 죽었다. 원자폭탄의 위력에 세계는 놀랐다. 이 엄청난 사실에 대해 전 세계는 미국을 규탄하지 않았다. 그 이유는 일본군이 유황도, 사이판 섬, 필리핀에서 수십만 명이 죽어 점령되어도 항복을 하지 않는데 있었다. 미군이 일본 본토를 공격하면 일본군 500만이 죽어도 항복하지 않을 것이며, 완전히 패전시키는 데는 46년 11월로 볼 정도로 일본군이 지독하기 때문에 "왜 이런 살상무기 핵폭탄을 사용했느냐?"고 하는 나라가 없었던 것이다. 미국은 하루 이틀이 지나도 일본이 항복을 하지 않자, 8월 9일 오전 11시 나가사키에 또 핵폭탄을 투하하였다. 나가사키는 순식간에 초토화 되어 35,000여 명이 죽고 6만여 명의 부상자가 발생하자 드디어 일본은 무조건 항복을 하였다.

소련은 45년 8월 11일 만주를 공격하려고 모든 준비를 다하였다. 그런데 미군이 일본에 핵공격을 하자, 만일 소련이 공격하기 전 일본이 항복하면 그 동안의 수고가 헛되기 때문에 서둘러 2일 앞당겨 45년 8월 9일 자정을 기해 육군 150만, 항공기 5,600대, 전차 3,000대, 자주포 55,000대를 동원하여 3개 방면에서 만주의 일본군을 공격하였다.

일본군은 만주 관동군 30개 사단과 만주군 20개 사단, 조선주둔 35만이 있었으나 소련군의 적수가 되지 못하고 쉽게 무너지고 있었다.

소련이 공격 하루 만에 만주와 두만강 근처의 일본군을 괴멸시켰다는 정보를 입수한 미군은 당황하였다. 만주와 한반도의 일본군을 괴멸시키려면 몇 개월이 걸릴 것으로 판단하고 소련에 참전을 요청하였는데, 하루 만에 일본군 일부가 붕괴되는 것을 보고 놀라지 않을 수 없었다. 그래서 미국은 허둥지둥 한반도만이라도 건져야 한다고 판단하고,

미국 루즈벨트 대통령은 소련 스탈린에게 45년 8월 10일 한반도 38선 이남으로는 내려오지 말라고 요청하여 소련은 38선 이남으로 내려오지 않았다.

소련은 8월 13일 청진, 21일 원산, 23일 개성, 24일 평양을 점령하였고, 미군은 오끼나와에 있었다. 만일 소련이 일본군을 소탕해야 한다는 명분으로 부산까지 내려갔으면 한반도는 완전히 공산화 되었을 것이다. 또 한편 일본이 8월 6일 전에 항복하였으면 한반도는 분단되지 않았을 것이다. 분단은 전적으로 상해 임시정부의 무능이요, 우리가 힘이 없어 미군과 연합하여 이 땅에서 일본군의 항복을 받지 못하였기 때문이며, 일본이 한국을 침략하여 점령하지 않았으면 분단도 없었다. 그리고 한반도에 일본군이 없었으면 미군이 한반도에 상륙할 필요도 없었다.

38선의 분단의 원인은 일본이며, 임시정부의 무능에서이지 미국과 소련 등 열강에 의해서 분단된 것이 아니다. 미·소 강국에 의해서 분단되었다는 말은 참으로 부끄러운 말이다. 이유는 미군이 일본과 싸울 때 우리는 무엇을 하였는가? 우리는 20만 명 이상이 일본의 앞잡이 군인이 되어 미군에게 총을 겨누었는데 무슨 할 말이 있겠는가!

(그런데 강정구 교수는 "결론적으로 미국의 개입이 없었더라면 우리의 조국은 결코 지리적 분단이라는 민족 분단의 출발점으로 내 딛지 않았을 것이다." 라고「분단과 전쟁의 한국현대사」192쪽, 193쪽에서 주장하고 있으나, 미군이 아니었으면 우리는 해방도 안 되었을 것이다.

이이화, 강정구, 이영일, 김동춘, 이령경, 이창수, 장석규, 강창일 등이 공저한「죽여라! 다 쓸어버려라!」의 41쪽에 보면 "만약 미국이 강제적으로 조선을 38선으로 분단시키지 않았다면 한국전쟁이 일어났을까?' 하며 6.25 한국전쟁이 미국 때문이라고 도저히 있을 수 없는 주장을 하고 있다.

전대협 통학추 편저 「우리는 결코 둘이 될 수 없다」23쪽에 "한국의 장래를 이끌어 가자고 하는 미국의 대 한반도 전략이 민족의 분단을 낳게 된 시발이 되었던 것이다."라고 허위주장을 하고 있다.

## 3. 조선공산당 재건

45년 8월 16일 서울 종로 장안빌딩 2층에서 조선공산당 재건을 위하여
서울계 : 이영, 정백,
화요계 : 이승엽, 조동우, 조두원, 상해파 서중석
ML계 : 최익한, 이우적, 하필원 등
박헌영을 반대하는 20여 명이 장안파를 조직하여 책임비서에 이영이 되었다.

45년 8월 20일 낙원동 안중빌딩 2층에서 조선공산당 재건위원회가 조직되었다. 위원에는 박헌영, 이재우, 김형선, 이주하, 이관술, 김치준, 김삼룡 등이었다. 여기에서 '현 정세와 우리들의 임무' 라는 태제를 정식으로 발표하여 잠정적 정치노선을 채택하였다. 즉 조선공산당 활동 지침서이다. 이 8월 태제는 이강국이 초안을 잡았다. 이 모임을 재건파라고 한다.

박헌영의 8월 태제 중심 내용은,

조선 해방은 소·미·영·중의 연합국에 의해서 실현되었다고 평가하였다. 따라서 우리의 힘으로 조선을 해방시키지 못한 점을 비판해야 하며, 특히 일본의 앞잡이 노릇을 한 친일반역자와 변절자에 대해서는 이유를 막론하고 처벌이 있어야 한다고 강조하였다. 그리고 근로인민의 생활의 급진적 개선을 위하고 완전한 해방 인민정부 확립, 착취와 압박이 없는 공산주의 사회의 건설을 위해 투쟁한다. 현재 조선에서 가장 적합한 정치노선이 자본주의냐? 공산주의냐? 파시즘이냐?

민주주의냐? 어느 노선이 가장 합당한 정치노선이냐? 할 때 공산주의라고 결론을 내렸다. 박헌영은 좌 아니면 우였지 여운형과 김구 같이 좌도 좋고 우도 좋다가 아니었다. 조선혁명의 현 단계를 부르조아 민주주의로 보았다. 그는 조선의 완전 독립, 토지문제 해결, 8시간 노동문제 해결 등 정치노선만을 제시하였지 정치 투쟁의 목표인 정권 쟁취 방법에 대해서는 전혀 언급이 없는 것이 문제가 되었다.

태제가 발표되자 장안파에는 변절자가 많아 술렁거리기 시작하였다. 그것은 변절자를 친일반역자와 같이 절대 용서해서는 안 되며, 당의 중심인물이 되어서는 안 된다고 했기 때문이었다.

45년 9월 3일 홍증식의 집에서 장안파와 재건파가 모였다. 박헌영이 지금은 부르조아 민주주의 혁명 단계라고 주장하자, 장안파 정백은 현재는 플로레타리아 혁명 단계라고 주장하여 설전이 계속되었다. 결과를 투표로 결정하여 장안파가 패배하고 재건파가 공산당을 장악하였다. 박헌영은 즉시 조직에 들어갔다.

45년 9월 8일 정치국 : 박헌영, 김일성, 이주하, 김무정, 강진, 최창익, 이승엽, 권오직, 이정윤.

서기국 : 박헌영, 이주하, 허성택, 김태준, 이순금, 강문석(제주 김달삼 장인).

조직국 : 박헌영, 김삼룡, 이현상, 김형선.

책임비서 : 박헌영, 제2비서 : 이승엽, 제3비서 : 이주하

45년 9월 11일 공산당은 재건을 선포하였다. 장안파 중심인물인 이영, 최익한, 이정윤, 정백의 이름이 없었다. 이들은 당 중심에서 밀려난 것이다.

조선공산당은 소련의 88사단파 : 김일성, 연안파 : 김무정 · 최창익, 소련파 : 허가이, 국내파 : 이주하, ML파 : 강진, 장안파 : 정백, 재건파 : 박헌영으로 파벌이 형성되었다.

박헌영은 공산당원들을 여운형의 건국준비위원회에 많이 들어가게

하여 건준을 장악하고 건준의 전국 조직을 이용하였다. 공산당원들은 건준 안에서 여운형의 인사정책에 대해 계속 압력을 넣어 45년 8월 22일 여운형은 건준 조직을 개편하지 않을 수 없었다.

건준은 여운형의 건국동맹 사회주의 세력, 안재홍의 민족주의 세력, 이영 최익한 정백 등 장안파 공산주의 세력, 박헌영, 이강국, 최영달 등 공산당 재건파 세력 등으로 연합전선의 정치단체가 되었다. 건준은 전국에 145개 지방조직까지 끝내 해방 후 가장 큰 정치단체였다. 국민들도 이에 호응이 컸고 기대도 컸다. 우익진영은 정치에 대해 아직 준비도 하지 않고 있을 때 공산주의자들은 전국 조직을 끝냈다.


## 4. 조선인민공화국

박헌영(45세)이 여운형과 허헌과 정백에게 "미군이 왔을 때 건준으로 한반도를 대표하는 것보다 정부로서 한반도를 대표하여 자주국가의 체제를 갖추어 미군을 맞이하자"고 제의하자 모두 동의하였다.

45년 9월 6일 오후 7시, 경기여고 강당에서 800여 명이 모인 가운데 전국 인민대표자대회가 열렸다. 회의 진행은 짜인 순서대로 부르고, 박수치고 하여 일사천리로 〈조선 인민공화국 창건〉을 선언하여 정치단체가 아니라 국가인 〈인민공화국〉을 선포하였다. 그리고 서울시 곳곳에 〈조선 인민공화국 창건 조각 명단〉을 벽에 붙였다.

이승만, 여운형, 허헌, 김규식, 이관술, 김구, 김성수, 김원봉, 이용설, 홍남표, 김병로, 신익희 등 인민위원 55명, 후보위원 20명, 고문 12명을 선출하였다. 민족진영과 공산진영은 16:39로 민족진영이 열세였다. 이 명단은 본인의 허락도 받지 않고 발표하였고, 아직 귀국하지 않은 인사도 있었다.

45년 9월 12일 안국동에 서울시 조선인민위원회 간판을 걸고 최원

택이 위원장이 되었고, 500여 명이 인민위원회를 지지하는 시가행진을 하였다. 조선 인민공화국은 미군정에 [자주적으로 시정을 펴나가려는 성의 표현입니다. 서울 시정은 시 인민위원회에 이관토록 해 주십시오.]라고 요청을 하면서 미군정 철폐를 요구하였다.

45년 9월 14일 조선 인민공화국 각료 명단

주석 : 이승만

부주석 : 여운형

국무총리 : 허헌

내무부장 : 김 구,  외교부장 : 김규식,  재정부장 : 조만식

군사부장 : 김원봉,  경제부장 : 하필원,  농림부장 : 강기덕

보건부장 : 이만규,  교통부장 : 홍남표,  보안부장 : 최용달

사법부장 : 김병로,  문교부장 : 김성수,  선전부장 : 이관술

체신부장 : 신익희,  노동부장 : 이위상,  서 기 장 : 이강국

법제국장 : 최익한,  기획부장 : 정백

인민공화국은 27개의 시정 방침을 세우고 이중 식민지시대의 법률제도를 즉시 폐지, 토지개혁, 중요 산업 국유화, 기본적 인권과 자유보장 등 개혁 내용이 포함되어 있다.

45년 10월 7일 전국의 건국준비위원회는 인민위원회로 간판을 바꾸어 달았다. 군· 면까지 인민위원회를 조직하여 13개 도, 25개 시, 175개의 군과 면까지 조직을 마쳐 남한은 조선 인민공화국 같았다.

공산계열에서 조직을 마치고 잇달아 발표를 하자 우익에서는 깜짝 놀라 조직을 서둘렀다.

9월 1일 안재홍은 건준을 탈퇴하고 '조선국민당'을 창당하였다.

9월 4일 백남훈, 김도연, 허정, 장덕수, 윤보선이 중심이 되어 '한국국민당'을 창당하였다.

9월 7일 김준연, 서상일, 장덕수 등 이천여 명이 모여 조선 인민공화국 타도를 외치며 '임정을 절대 지지한다.'는 성명을 발표하여 공산당

과 정면대결에 나섰다. 이때 일본인들은 조선인들이 3.1운동 때와 같이 전국적으로 일어나 보복을 하면 어떻게 하나 걱정을 하고 있었다. 그런데 이들이 일본인들에게는 관심도 없고 좌·우 싸움, 당 조직, 어디 한 자리에 끼어들려고 정신이 없는 것을 보고 안도하였다.

## 5. 미군 한반도 상륙과 일본의 항복 조인

45년 8월 10일 38선 이북의 일본군은 소련에, 이남의 일본군은 미군에 항복을 받기로 미·소가 합의를 보았다. 이 결정이 맥아더 사령부 1호로 예하부대에 시달되어 45년 8월 15일 히로히토의 항복방송 후 미군은 오끼나와에서 한반도 상륙을 서둘렀다.

하지 장군은 한국 상륙선발대 해리스 준장에게 「한국은 일본제국의 일부로서 우리의 적이다. 따라서 항복 조건들을 준수해야 하며, 우리 군대는 이런 조건들을 준수하기 위하여 한국에 상륙한다.」고 하였다. 이 시각은 한국인 홍사익 중장이 남양군도 포로수용소 소장인 것도 원인이었다.

45년 9월 8일 오후 1시 미 제24군단 병력이 완전무장하고 적진에 상륙하듯 인천 앞 월미도에 항공기의 엄호를 받으며 상륙하였다.

45년 9월 9일 오전 8시 미 7사단 소속 11대의 장갑차를 앞세운 미군은 서울을 향해 진격하여 9시에 선발부대 500여 명이 중앙청에 도착하였다. 이어 6사단, 40사단, 합 3개 사단 77,643명이 도착하였다. 이때 일본군은 한강 이남으로 물러가 있었다.

45년 9월 9일 킹케이트 7함대 사령관, 조오스끼 조선주둔 일본군 사령관, 야마구찌 진해 경비부사령관, 아베 총독이 참석하여 일본의 항복문서에 조인을 하였다. 그런데 이 항복 조인식에는 건국준비위원장 여운형, 상해 임시정부 김구 주석 등은 참석하지 못하였다.

45년 9월 8일 오전 10시 해리스 준장은 "현행 관청에 집무중인 관리 및 관청의 건물 설비를 계속해서 사용한다."고 하여 친일 반역자들이 그대로 눌러앉아 근무하게 되었다.

미군이 일본과 싸울 때 한국인은 미군을 돕지 않고 한국인 21만 명이 일본군의 앞잡이가 되어 미군을 적으로 상대하여 총질을 했기 때문에 미군이 우리를 적으로 상대한다 해도 우리는 할 말이 없었다. 그리고 한국인이 일본을 조국이라 외쳤고, 성도 말도 바꾸었기 때문에 미군은 한국을 일본의 연방으로 판단하여 정책을 펴나간다고 해도 할 말이 없었던 것이다. 친일 민족반역자들은 조국을 팔아먹고 일본의 앞잡이가 되어 자기 민족을 탄압하고 적 일본과 싸우는 미군을 돕지 않고 적인 일본을 도왔다. 따라서 이 해방은 일본 항복조인식에 한국 대표자가 참석하지 못하게 된 부끄러운 해방이요, 분단의 해방이 되었던 것이다. 그리고 국기 대에서 일장기가 내려지고 성조기가 올라가도 누구 하나 항의하는 사람이 없었다.

45년 10월 10일 미 군정장관 아놀드 소장이 처음으로 성명을 발표하였다.

"북위 38선 이남의 조선 안에는 오직 하나의 정부가 있을 뿐이다. 이 정부는 맥아더 장군의 포고와 하지 장군의 발령, 그리고 군정장관과 군정장관으로 조직된 정부에서 이외의 절대의 지배력과 권위를 가졌다고 자칭하는 관리나 경찰, 국민 전체를 대표한다고 자칭하는 대소의 화합이나 조선 인민공화국 내각 등은 권위와 세력과 책임이 전혀 없다."

45년 10월 13일 하지 장군은 성명을 발표하였다.

"내가 거느린 미군이 이 땅에 진주하기 전에 '조선 인민공화국'이라는 괴 단체가 조직되어 일방적으로 선포된 줄 안다. 이 단체의 명칭이나 행동이 표시하는 바와 같이 이 단체는 한 정당이라기보다 오히려 정부로 조직된 것이다. 그리고 이 단체의 지도자들도 조선인에게 이것이 새로운 정부라고 선전하고 있는 줄 안다. 그래서 결과적으로 조선인에게 많은 오해를 낳았고, 이 땅의 완전한 자주독립을 지원하려는 내 노력에 큰 지장을 주었다. 이 단체의 실체는 일부 좌익세력의 터무니없는 정치적 조작이었다. 미군정이 이 조선 인민공화국을 반대하기 위하여 설립된 것 같은 착각을 낳게 하였다. 뿐만 아니라 미군정의 선의에 찬 행정을 마치 이 땅을 식민지화 하려는 것으로 선전, 오도하고 있는 것이다. 나는 이와 같은 행동을 규탄하는 바이다. 나아가 좌익세력의 선동적인 행동 내지는 모의가 장차 이 땅에 불행한 사태를 야기시키지 않을까 심히 우려되며 만일 이와 같은 사태가 발발했을 때 여러분은 스스로 감당할 수 없는 엄청난 시련을 겪게 되리라 생각한다. 나는 조선 인민공화국을 인정할 수도 없으며 어떠한 행동이 있다면 이것을 위법적인 움직임으로 간주하도록 주둔군과 군 정부에 명령을 내렸다.”

위와 같은 하지 장군의 성명에 조선 인민공화국 측에서는 즉각 반박성명을 발표하였다. 그러자 미군정은 ‘국’ 자 대신 ‘당’ 자로 사용할 것을 요구하였다.

45년 11월 20일 이 명칭 문제로 천도교 강당에서 600여 명의 ‘조선 인민공화국’ 대표가 모여 제1차 전국 인민위원회 대표자회의가 열렸다. 여기에서 “국” 자를 “당” 자로 바꾸자는 안건이 부결되어 여전히 ‘조선 인민공화국’을 쓰기로 하였다.

※ 전대협 통학추 편저 『우리는 결코 둘이 될 수 없다.』 60쪽 “선배 역사들의 헌신적 희생의 대가로 찾은 해방은 외세의 간섭이 없이 우리 민족의 운명을 우리 민족 스스로 책임지는 자주 독립국가의 건설을 요구한다. 그러나

해방군의 탈을 쓰고 점령군으로 한반도에 진주한 미국은 또다시 한반도를 식민지로 전락시키려 하였다" 고 좌파들이 터무니없는 억지 주장을 하고 있다. 84쪽에서는 "미군정은 일제하에 친일 매국적 행위를 자행하였던 민족 반역자 및 우익 보수 세력과의 야합을 통해 민중을 때려잡는 경찰기구를 조직 한다" 라고 억지주장을 하고 있다.

# 제3장
## 좌·우 분열

# 제3장 좌·우 분열

## 1. 이승만의 귀국

45년 10월 16일 오후 5시 이승만이 김포공항에 도착하였으나 환영 나온 사람은 한 사람도 없었다. 그것은 미군정에서 비밀로 하였기 때문이었다.

45년 10월 17일 귀국 후 처음으로 이승만 박사가 한국에 왔다는 방송을 하였고, 하지 장군이 소개하였다. 이승만 박사는 "나는 평민의 자격으로 왔습니다. 나는 개인자격으로 왔습니다."고 하면서 "우리 과거를 묻지 말고 대동단결 합시다."고 하였다. 미군정이 개인 자격으로 오는 조건으로 이승만 박사에게 비행기를 내주었기 때문이다.

45년 10월 23일 조선호텔에서 한민당, 국민당, 공산당 등 대표 200여 명이 모인 자리에서 이승만은 연설을 하였다. 그리고 독립촉성회 중앙협의회를 조직하고 회장에 이승만을 추대하였다. 여기에서 결의문 내용 중 "친일파를 통일 후에 처벌하자"고 한 내용에 대해서 박헌영이 "통일도 중요하지만 친일파 숙청은 그보다 더 급하고 중요하다"고 주장하자 장내는 "옳소!" 하며 소란해졌다. 여운형의 설득으로 장내가 조용해지자 결의문 내용의 수정을 결의하여 여운형, 안재홍, 박헌영, 이갑성이 수정위원으로 선출되었다.

45년 10월 31일 박헌영은 이강국과 이현상을 데리고 이승만 박사를 찾아갔다. 그들은 새벽 2시까지 이승만 박사가 '조선 인민공화국' 주석이 되어 달라는 것과, 과거를 묻지 말고 무조건 뭉쳐야 한다는 주장을 버리고 친일파를 처단하는데 동의해 달라고 설득하였다. 그러나 이승만이 이들의 요구를 끝까지 거절하자 박헌영은 다시는 이승만을 만나지 않을 것을 결심하였다.

결의문 수정 전형위원인 백남훈, 안재홍, 정로재, 장덕수, 손재기, 임영신, 이승만, 박헌영이 모였다. 여기에서 이승만이 "과거를 따지지 말고 대동단결해야 합니다." 라고 먼저 입을 열었다. 그러자 박헌영이 일어나 "어째서 임정은 인정하고, 인공(인민공화국)은 인정하지 않고, 주석도 수락하지 않고, 친일파를 처단한다 하지 않습니까? 앞으로 이런 반동분자들이 모이는 데는 더 이상 나오지 않을 것입니다."하고 고함을 지르고 나가버리자 회의장이 썰렁하였다. 남아 있던 사람들은 아무 말 없이 헤어졌다. 반동분자라는 말은 공산당에서는 적으로 본다는 말이다.

1945년 11월 16일 박헌영은 정당 통합운동 즉 독립촉성회를 탈퇴한다고 선언하였다. 그리고 전력을 다해 공산당 세 확장에 들어갔다.

이 내용이 전국에 퍼지자 친일파들은 박헌영이 철천지원수였고, 이승만이 구세주가 되어 슬금슬금 이승만에게 모이기 시작하였다.


## 2. 상해 임시정부 김구 주석 귀국

1945년 11월 23일 오후 1시 중국 상해 강만비행장에서 미 군용중형기에 상해임시정부 요원 김구 주석 이하 15명이 탑승하였다. 27년 만에 조국에 오는 것이다. 오후 4시 김포비행장에 도착하자 송진우 선생 중심의 환영준비 위원회에서 환영을 하였다. 4대의 승용차에 분승하여 서대문 경교장에 도착하였다. 최창학 씨 집인 경교장을 임정 사무실로 쓰기로 송진우 선생이 주선하였다.

45년 11월 24일 오전 8시 김구 주석은 중앙방송을 통해 귀국 인사말을 하였다.

"나와 나의 각료 일동은 평민 자격으로 왔습니다."

미군정은 임시정부를 해체하고 개인 자격으로 귀국할 때 비행기를 내주겠다고 하여 김구의 임시정부는 독립은 그만두고 귀국하기 위하여 임시정부 해체를 선언하고 미군정에서 내준 비행기를 타고 올 정도로 무능하였다.

45년 12월 2일 나머지 임정요인 20명도 귀국하였다.

1933년 일본군의 추격을 견디지 못한 이청천, 조경환, 오광선 등 독립군들은 만주의 한인들을 뒤로 하고 임시정부가 있는 상해로 발길을 돌려야 했고, 유동열, 최동오, 이응, 김학규 등은 화북지방으로 이동하였다.

1938년 10월 김원봉의 조선혁명당에서 조선의용대를 조직하여 군사 활동을 개시하고 중국 정부의 승인을 받았다. 이에 당황한 임시정부도 1939년 9월 광복군 창군에 대한 중국 정부의 승인을 받았다.

1940년 9월 17일 중국 가능관에서 한국 광복군이 창설되었다.

사령관 : 이청천, 참모장 : 이범석, 총무처장 : 최용덕, 참모처장 : 채형세, 부관처장 : 황학수, 경리처장 : 안훈, 훈련처장 : 송호, 1지대장 : 이준식 · 김약산, 2지대장 : 김학규 · 이범석, 3지대장 : 공진원, 5지대장 : 나월환 등이었고, 장교는 12명으로 창설하였으나 운영비가 없어 제대로 활동을 못하였다.

1944년 8월 중국 군사위원회 하응흠이 행동준승을 3년 만에 폐기하였으나 군사협정을 다시 맺어 중국 군사위원회 지휘를 받고 있어 실은 아무것도 할 수 없었다. 다만 광복군이 중국군 참모장의 지휘 아래 있던 통수권이 임시정부로 이양된 것뿐이었다. 독립군도 해체되어 개인 자격으로 입국하였다.

1943년 2월부터 이승만의 주선으로 한 · 미 합작 군사행동 계획이 체결되어 OSS작전이 추진되고 있었다.

45년 3월 15일 한 · 미 양군의 합의에 의해 루즈벨트 대통령 직속 하에 OSS의 정보사령부가 설치되었다. 미국 책임자는 도너번 육군 소장이었고, 이 부대는 유격대였다. 일본군에서 탈출한 학병 50여 명이 기간이 되어 45년 7월 훈련을 마쳤다. 이들은 45년 8월 20일 황해도 구월산을 근거지로 전국에 침투하기 위하여 준비 중이었고, 병력은 600여 명이었다. 그러나 이 계획은 45년 8월 15일 일본이 무조건 항복함으로 물거품이 되고 말았다. 임정에서는 1941년 일본이 진주만을 공격할 때 한`미 연합사령부를 준비했어야 했는데 이때는 너무 늦게 시작하였던 것이다.

45년 8월 18일 C46수송기로 미국 특공대 연락단장인 버튼 대령과 세겐 박사, 이범석, 안춘생, 장준하, 노능서, 김준엽 등 18명이 여의도 비행장에 도착하였으나 일본군에 의해 27시간 만에 쫓겨났다.


3. 좌 · 우 분열

1940년 10월 광복군이 창설되었으나 운영자금 문제로 심히 어려움을 당하고 있을 때, 김구 임시정부 주석은 미국에 있는 동지회, 국민회, 독립단, 중한 동맹당, 부인 구제회 등 각 단체 대표들에게 지원을 호소하였다. 이들 대표들은 호놀로우에 모여 임정 지지를 결의하였다. 이들 중 종래 개별적으로 송금하던 독립자금을 보내는 과정에서 문제가 발생하였다. 그것은 연합회 회원 임성우가 "이승만이 인구세를 받을 수 있는가? 그리고 일반 공전을 스스로 장악하겠다는 것인지 이유를 알 수 없다."라고 임시정부 주석 김구에게 서한을 올렸다. 그러자 1943년 12월 이승만 계열의 동지회가 마침내 연합회를 탈퇴하였다. 이렇게 되자 독립운동과 광복군 운영에 엄청난 차질이 오게 되었다. 이승만은 1925년 탄핵 사건 후 임시정부나 독립군에 대해 좋게 생각하지 않았을 뿐더러, 해방 후도 같은 생각을 하고 있어 푸대접을 하며 과거를 묻지 말고 뭉치자고만 하였다.

임시정부는 '원조 한국광복군 병법'에 따라 중국으로부터 1941년 11월 19일부터 20만원의 군사원조를 받고 있었다. 이 원조에는 한국광복군 행동준승 9개 항이 있어 한국광복군은 중국군 참모장의 명령과 지휘를 받아야 하며, 임시정부는 단지 명의상 광복군의 통수권을 갖게 되어 광복군은 중국군의 일부로 편입된 상황이었다. 광복군 사령부 소속 장교 56명 중 43명이 중국인 장교였고, 한국인 장교는 13명뿐으로 광복군을 살리려고 원조를 받다가 광복군을 죽이는 꼴이 되었다. 광복군 군부차장 윤기섭은 "광복군은 중국군의 노예다!"고 탄식하였다.

1942년 영국 수상 처칠은 "극동에서 일본 세력을 견제하기 위하여 한국과 제휴하는 것이 좋으니 중국 정부에서도 가급적 속히 임시정부를 승인하면 연합국 측에서도 승인하겠다."라고 영국 주재 중국대사 곽태기에게 요구하였다. 이 요구를 접한 장개석 정부가 한국 임시정부를 승인하려 할 때 좌익계 김원봉 일파가 장개석 정부를 찾아가 "임시정부가 정부로서 인정받기는 시기상조이다. 모든 세력이 고루 참가하여 명실공이 민족 정부가 될 때 이를 승인해 달라"고 요청하여 승인을 연기하였다. 이에 임시정부는 "민족을 총 단결하자"는 좌익 측의 제의에 휘말려 42년 5월부터 임시정부 자리를 가지고 끝없는 좌·우 대립을 하였다. 이후 44년 2월 헌법이 개정되어 좌·우 임시정부가 조각(組閣)되었으나 연합국 측은 임시정부의 분열을 보고 임시정부를 승인하지 않았다.

임시정부는 이승만을 주미 외교위원 부위원장으로 임명하였다. 1941년 이승만 대통령은 미국 루즈벨트 대통령에게 임정의 승인을 요청하면서 연합국 측에 가담하게 해 달라고 여러 번 요청하였다. 그러나 미국 정부로부터 승인을 받지 못하였다. 이유는 임시정부와 재미 한국인들 사이의 끝없는 분쟁을 본 미국인들은 "나라가 일본에 의해 침략 당했는데 외국까지 와서 자기들끼리 싸우다니 어떻게 정부를 세우겠는가?"라고 하면서 국가를 이끌어 갈 능력을 인정할 수 없다고 판단했기 때문이다. 끝없는 싸움의 주역은 좌익 한길수와 이승만이었다. 그래서 연합국의 정부 승인을 받지 못해 미국이 일본에게 항복을 받을 때 한국 대표도 같이 받아야 하는데 항복을 받지 못하였고, 45년 11월 23일 임시정부가 해체되었다. 또한 46년 6월 광복군도 해체되어 대한민국의 정통성이 없게 되었고 분단의 원인이 되었다.

1943년 4월 미국 루즈벨트 대통령은 영국 외상 이든이 워싱턴에 왔을 때 "조선은 승전 후 신탁통치를 할 수밖에 없다"라고 했을 때 이든도 이에 "동감입니다"라고 동의하였다.

1943년 12월 1일 미 · 영 · 중 수뇌가 카이로에 모여 회담할 때 미 국무성 극동국장 부이센트가 "한국은 신탁통치를 해야 한다"라는 안을 내놓았다. 1945년 2월 얄타회담 때 루즈벨트는 스탈린에게 "전후 한국은 신탁통치를 해야 한다"라고 거론하였다.

1945년 5월 트루먼은 홉킨스를 특사로 소련에 파견하였다. 회담 때 스탈린은

① 1945년 8월 8일 대일전에 참전하겠다. ② 아시아에서 미군의 주도권을 인정한다.

③ 한반도에서 신탁통치를 지지하겠다. 는 회담의 결과를 얻어냈다. 그러나 구체적인 실행방침이 없이 한반도의 신탁통치 안은 6월 중 국의 동의를 얻었다.


## 4. 신탁통치 찬 · 반 좌 · 우분열

1945년 9월 미국정부에서는 한반도의 38선 문제를 지연시킬 경우

분단이 고착화 될 것을 우려하여 하지 장군에게 평양의 치스챠스코프와 직접 교섭하도록 지시하였다. 하지 장군은 소련에 접촉을 시도하였으나 아무런 효과가 없자 45년 9월 24일 본국에 보고하였다.

1945년 10월 13일 미국의 3부 조정위원회는 초기 기본훈령을 작성하였다. 이 훈령에 의해 45년 10월 18일 미 국무부는 두 개의 초안을 작성하였다. 이 초안의 핵심은 3항으로, 군사 점령을 통합한다는 것과 단일 행정기구를 설치한다는 내용이다. 이 초안은 미국이 남한에 단독 정부를 세울 계획이라면 애초에 내놓지도 않을 안이었다. 그래서 미국은 공산주의도 민주주의도 아닌 중립적 입장에서 공산주의를 합법적으로 인정하며 상해 임시정부도 인정하지 않아 남한에 혼란이 가중되게 하였다. 즉 미국은 한반도에 통일정부를 세우려고 이러한 조치를 취한 것이다. 그러나 소련은 한반도에서 공산주의 이외에는 인정하지 않고 북한에서 인민위원회를 앞세워 공산국가를 세우고자 전력을 다해 하지 장군의 신탁통치 협상을 거절하였다.

1945년 11월 18일 미국 정부는 소련 주재 미국 대사 해리만을 통해 소련 외상 몰르토프에게 서한을 보내 교섭을 요청하였으나 소련의 반응은 없었다. 이유는 신탁통치가 되면 영국과 중국이 미국 편을 들어 소련의 발언권이 약해지고 회담할 때마다 미국의 계획대로 진행될 것을 우려해서였다.

45년 12월 16일~26일 소련에서 미 · 영 · 소 3국 외상회담을 가졌다. 그 내용은,

① 임시 조선민주주의의 정부를 수립한다.

② 미 · 소 공동위원회를 설치하여 한반도의 정당 사회단체와 협의한다.

③ 미 · 소 · 영 · 중 4개국이 5년 동안 신탁통치에 관한 협상을 한다.

45년 12월 27일 위의 내용이 AP합동에서 "조선은 신탁통치가 설치된다. 신탁은 5년으로 한다."라고 보도되자 한국의 중앙신문들은 "신

탁통치는 위임통치의 대명사이다. 연합국의 배신적 음모를 폭로한
다.”라고 국민을 선동하였고, 45년 12월 27일 한민당과 조선일보와 동
아일보는 “전 생명을 걸고 신탁통치를 배격한다. 이는 조선에 대한 모
독이다.”라고 국민을 흥분시켜 반탁운동을 하도록 선동하였다.

45년 12월 28일 오후 4시 김구 중심의 임시정부요원들은 긴급회의
를 열어 ‘신탁통치 반대 국민총동원위원회’를 결성하고 반탁에 나섰
다. 반탁위원회 대표는 김구 선생이었고, 위원은 76명이 선정되어 국
민운동이 전개되었다.

45년 12월 31일 임정 내무장관 신익희 씨는 포고문을 발표하였다.

## 국자1호

1. 현재 전국 행정청 소속의 경찰 기구급 한인 직원은 전부 본 임시
정부 지휘 하에 예속케 함.

2. 신탁 반대 시위운동은 계통적 질서 적으로 행할 것. 등등이었다.

## 국자2호

차 운동은 반드시 우리의 최후 승리를 취득하기까지 계속함을 요하
며 일반 국민은 금후 우리 정부 지도하에 제반 사업을 부응하기를 요
망한다.

이상의 포고문이 나가고 신문을 본 국민들은 반탁을 외쳤고, 미군정
은 깜짝 놀랐다.

45년 12월 31일 신익희선생은 “미 군정청 소속의 경찰기구와 한인
직원 전원은 오늘부터 임정 지도하에 예속시킨다.” 하고 계속 포고문
을 발표하였다. 31일 오후부터 반탁시위가 열렸고, 관공서, 회사, 상가
들의 파업이 시작되었다. 미 군정청에 근무하는 한인들이 총 사직을
결의하였고, 서울시 직원과 경찰들도 임정의 결의에 따르겠다고 결의

하였다.

하지 장군은 김구 선생이 미군정에 정면으로 도전한다고 판단하고 제재(制裁)할 것을 결심하였다. 그리고 김구 선생에게 "반탁의 의사표시면 몰라도 관공서, 회사, 점포, 상인까지 파업을 시키고 반대하면 국민들에게 피해가 가는데 그런 파업을 선동하면 되겠습니까?' 하면서 항의하였다. 그러면서 "남북한이 갈라졌고, 남한에는 조선 인민공화국과 상해임시정부가 있고, 150여개의 정당단체가 있는데 어떻게 한 반도를 통일하겠습니까? 그동안 미국에서는 가장 좋은 방법이라고 방안을 내놓았는데, 그 내용을 깊이 알아보지도 않고 언론과 김구 선생이 무조건 반대하니 이게 되겠습니까?' 라고 항의하자 김구 선생은 46일 1월 1일 밤 8시 방송에서 반탁운동을 평화적으로 해야 한다고 호소하였다.

하지 장군도 "탁치는 조선인민이 생각하는 바와 같이 식민지화가 아닌 원조와 협조를 의미하며 미·소공위에서 탁치를 않을 가능성을 발견할 지도 모른다. 나도 신탁을 반대한다. 나는 조선의 완전한 독립을 주장해 왔다."고 성명을 발표하였다.

45년 12월 30일 조선공산당은 "반파쇼 공동투쟁위원회를 조직하고 신탁통치 철폐를 요구한다."라고 성명을 발표하였으나 대중을 선동하지는 않았다.

조선공산당 김삼룡은 "탁치의 규정 여하를 막론하고 조선의 현실을 무시한 조처이다. 모욕적인 탁치는 단연 훼손하는 것이 민족의 염원이다." 라고 정태식 대변인을 통해 조선공산당 입장을 발표하였다.

46년 1월 2일 서울시내 11개 전문대학교 대표들이 '반탁 전국학생운동 준비 위원회'를 결성하고 이철승이 대표로 선출되어 반탁운동에 나섰다.

46년 1월 이승만은 돈암장에서 "신탁통치를 계속 거부해야 한다." 라고 반대성명만 발표하고 적극적으로 반탁운동은 하지 않았다. 미국은 "신탁통치만이 북한에 주둔한 소련군을 추방시키고 소련의 야심을 막을 수 있는 유일한 길"이라고 판단하고 소련에 사정을 해서 협상을 하였는데, 의외로 북한보다 남한에서 반대하자 미국은 당황하면서 이해할 수 없었다.

45년 12월 28일 임시정부 요인과 한민당이 반탁에 대해서 연석회의를 할 때 한민당 수석총무 송진우는 회의 자리에서

"신탁통치는 민족의 자존심이 있어 신탁통치를 수용하기는 곤란하나 현실이 이러한데 우리가 어떻게 할 것인가? 북한과 남한이 합하여 임시정부를 세워 미·소의 협조를 얻은 후 5년만 지나면 정식 정부가 탄생하고 미·소는 물러가고 남북이 통일되는 유일한 길은 이 길밖에 없습니다. 우리는 먼 장래를 보고 우리는 삼상회의를 받아들여야 합니다. 우리가 힘이 없어 일본을 패망시키지 못하고 미·소에 의해서 해방되어 공짜로 해방된 대가입니다. 저들이 5년 후에는 물러간다고 하니 소박한 민족의 감정으로만 반대한다면 분단은 영원히 막을 길이 없고 남북전쟁은 피할 길이 없습니다. 현재 북한은 벌써 김일성을 중심으로 한 공산주의가 세력을 잡고 있고, 남한은 조선 인민공화국과 150개의 정당이 있어 혼란한 상태에 있습니다. 김구 주석님, 그리고 여기에 계신 여러분, 우리는 현재 삼상문제에 대해 결정을 잘 해야 합니다. 한반도의 100년 앞을 바라보고 결정해야 합니다. 우리는 여기에서 삼상회의 결정을 지지하여 국민들을 설득해야 합니다. 여기에서 지지결의를 해 주십시오."라고 설득하였다.

그러나 김구 선생 이하 임정요인과 한민당 간부들은 이 말이 무슨 말인지도 몰랐다. 이들은 감정이 앞서 오히려 "아니 저럴 수가 세상에 송진우 입에서 저런 말이?"하면서 송진우의 의견을 반대하고 나섰다. 이 말이 외부로 나가자 "매국노 송진우를 죽이자!"고 규탄하였다.

45년 12월 30일 새벽 5시 서울시 종로구 원서동 74번지 송진우 자택

에 괴한이 들어 잠자고 있던 송진우 얼굴에 한 발, 복부에 3발, 하관절에 3발의 총을 쏘아 그 자리에서 암살하였다. 그의 나이 50세였다. 범인은 평북 장진 출생으로 월남한 한현우 청년이었다. 한현우가 사용한 권총은 영화기업사 사장 전백의 것이었다. 한현우와 전백은 체포되어 한현우 무기, 전백 7년의 실형을 선고받고 미군정이 끝나고 이승만 대통령의 특별사면으로 이들은 풀려났다. 이 일로 한민당과 경교장이 멀어졌고, 친일파들은 이승만에게 더욱더 몰려 반공을 외치며 자기들의 잘못을 반공으로 은폐하고 있었다.

※ 해방 전후사의 인식 4권 22쪽에 최장집과 정해구는 "미국은 공식적으로는 미·소 공위의 합의에 의한 통일정부의 수립을 표명했으나 실제적으로는 시종일관 친미적인 분단정권을 수립하고자 하는 이중적인 전략을 사용하였다"고 허위주장을 하고 있다.


## 5. 반탁과 찬탁의 좌·우 치열한 싸움

45년 12월 27일 신탁이 발표되자 박헌영은 공산당 중앙위원 강진을 소련 영사관에 파견하여 영사 싸부씽과 회담하게 하여 소련의 의중을 탐색하였다. 그리고 즉시 평양에 도착하여 모스크바 삼상회의 내용을 정확히 파악하고 소련의 의중도 파악하여 신탁을 반대하다 찬탁으로 당 노선을 변경하였다. 이것은 박헌영이 조선공산당 대표로서 독자노선의 길을 가는 것이 아니라 북한과 소련을 의지하고 있음을 알 수 있다.

46년 1월 2일 평양에서 급히 서울에 도착한 박헌영은 안국동 나동욱 집에서 조선공산당 중앙위원을 소집하여 당 노선을 반탁에서 찬탁으로 결의하였다.

한편 같은 날 서울운동장에서는 전 국민 신탁통치 반대 범국민대회가 열려 수만 명이 "민중은 죽음으로 탁치를 거부하자!' 하였다.

46년 1월 3일 조선공산당 주체로 서울운동장에서 좌파 수만 명이 모여 "모스크바 삼상회의 결정을 지지한다."라고 궐기대회를 열었다. 이제는 반탁은 우익이고 반공이요, 찬탁은 좌익이고 용공이었다.

45년 12월 31일 조선 인민공화국 대표 홍남표, 홍증식, 이강국, 정백 등과 임정의 성주식, 장건상, 최동오 등이 모여 인공과 임정을 해체하고 통일위원회를 조직하자고 제의하였으나 임정은 이를 거절하였다. 친일파들은 우익과 뭉쳐 반탁에 선봉이 되었고, 좌파는 찬탁에 선봉을 서 좌우 싸움은 47년 중순까지 계속되었다. 미국과 소련도 협상을 할 수 없었다. 결국 신탁통치는 이루지도 못하면서 좌 · 우 싸움만 하게 되어 좌 · 우 감정만 낳게 되었고 친일파만 살길을 열어주었다.

※ 전대협 통학추 편저 「우리는 결코 둘이 될 수 없다」 34쪽에 "한반도를 분단해서라도 자본주의 체제를 세우고자 온갖 학살과 만행을 서슴지 않았던 미국의 태도 또한 당사자로서는 유일하게 독립할 수 있는 길이었던 미 · 소 공위의 결정을 일방적으로 파탄시킨 미국의 본질이 이제 명백히 규명되지 않으면 안 된다." 39쪽에는 "가공할 사실은 협상할 단체의 수를 늘리려고 조직원도 없는 수많은 우익 진영의 유령단체들이 생겨나 속속 등록하였다는 사실이다. 결국 애초부터 합의할 의사가 거의 없었던 미국 측은 47년 10월 20일 일방적으로 퇴장, 2차 미 · 소 공위를 결렬시킴으로써 민족 분단의 주범이 될 책임을 피할 수 없게 되었다." 라고 미국을 규탄하며 허위주장을 하면서 전국 대학생들에게 사상교육을 시켜 좌파가 되게 하고 있다.

# 제4장

# 한반도 비극의 원인

# 제4장 한반도 비극의 원인

## 1. 조선공산당 위조지폐사건

45년 10월 15일 서울시 소공동 74번지 근택빌딩 정판사 사무실 2층에서 조선공산당 중앙당 재정부장 이관술이 정판사 사장 박낙종에게 "정판사에서 돈을 찍어내자"고 요청하였다.

정판사는 일본 강점 때 조폐공사로, 일본이 철수하면서 파괴하고 갔으나 9개의 징크판을 파괴하지 않고 기술자도 그대로 있어 돈을 얼마든지 찍어낼 수 있었다. 이관술의 요청에 따라 정판사 사장 박낙종(50세)은 기술자들을 동원하여 45년 10월 22일 오후 7시부터 새벽 4시까지, 12월 5일 오후 7시부터 다음날 새벽 4시까지 돈을 찍었고, 공장장 김창선(36세)이 주동이 되어 46년 2월 12일 오후 10시부터 다음날 새벽 4시까지, 46년 3월 25일 오후 7시부터 다음날 새벽 4시까지 4회에 걸쳐 1,500만원을 인쇄하고 중단하였다. 이들은 4억을 목표로 하였으나 이미 이북에서도 돈을 새로 찍어 조선은행권 화폐를 쓰지 않자 이 돈을 남쪽 조선공산당에 주어 조선공산당에서는 위조지폐를 더 이상 찍을 필요가 없었다. 남쪽은 통화량이 팽창되어 경제적 어려움이 많았다.

46년 5월 14일 수도청장 장택상은 제1관구 경찰 청장실에서 기자회견을 갖고 〈위조지폐범 14명을 체포 조사 중이며, 공산당 간부 재정부장 이관술과 해방일보 사장 권오직 등 2명을 수배중이다. 송필언(47세)외 14명은 모두 공산당원으로 위조지폐는 조선공산당 중앙당이 개입하였다.〉고 발표하였다.

　미군 헌병과 경찰은 정판사가 있는 근택빌딩을 포위 경계하고 있었다. 이때부터 공산당은 정판사에 있는 최신식 인쇄기를 잃게 되었고, 해방일보사(주필 박헌영), 중앙일보(주간 여운형), 인민일보(주간 이영수 장안파) 등 좌파 3개 신문이 폐간을 당하여 좌익들의 입이 막혔다. 조선공산당 중앙당 사무실 출입을 통제하자 조선공산당 중앙당은 남대문 옆 일화빌딩으로 이사를 해야 했고, 해방일보만 아지트를 구해 비밀리에 '노력인민' 으로 바꾸어 발행을 계속하였다.

　위조지폐 사건이 신문에 보도되자 "세상에 이럴 수가!' 하면서 온 국민이 조선공산당을 규탄하였다. 장안파는 '변절자' 라며 박헌영에게 수모를 당하였는데 "때는 왔다" 하고 공격하였고, 우익도 "찬탁을 하다니 때는 왔다!' 하고 박헌영을 공격하였다. "북한이 조선공산당 분국이라니?' 하며 김일성도 기회가 왔다고 생각하고 박헌영에 대해 공작을 하였다. 박헌영은 사면에서 공격을 받아 헤어날 방법이 없었다.


## 2. 장안파, 박헌영을 집중 공격

　조선공산당 재정부장 이관술, 정판사 사장 박낙종, 해방일보사 사장 권오직, 전 조폐공사 공장장 김창선 등 14명이 체포되어 조재천 검사가 이들을 조사하여 기소하였다. 그리고 권오직은 북으로 도망쳤다. 위조지폐 공판이 계속되어 재판 때마다 신문에 내용이 실리자 박헌영은 견딜 수 없었다.

　남조선 공산당원 중에서 박헌영을 반대하는 자는 고경흠, 최석환, 이영, 정백, 최익한, 이청원 등 주로 장안파였다. 이들은 박헌영을 집중 공격하고 있었다. 이 보고를 받은 김일성도 박헌영을 공작하기 위해 북한에서 쓰지 못하는 조선은행권 화폐를 총동원하여 남한으로 내려 보냈고, 최창익을 남조선 공산당 교란책임자로 임명하였다. 최창익은 조선공산당 구ML파의 중심인물이었고, 경남 출신의 공산주의자들은 거의 ML파였다. 박용선 · 한인식(남해), 윤일(거제), 강철 · 강병도(진주), 정희영 · 하필원(하동), 이우적(산청) 등이다.

박헌영은 이들의 공격을 피하기 위하여 타협을 하지 않을 수 없었다. 그래서 조선공산당 중앙위원을 개편하여 박헌영을 반대하는 사람들을 기용하여 반대를 무마해야 했다.

정치국 : 강진, 조직국 : 김근 · 이문홍, 서기국 : 이정윤 · 문갑송 · 서중석,

중앙선전부 : 이우적 등을 인선에 포함시킬 것을 제의하였다. 그러나 박헌영 반대파들은 박헌영의 제안을 거절하고 박헌영 독재 배제, 종파분자인 이현상 · 김삼룡 · 이주하 등을 당 요직에서 축출할 것, 광범위한 인사 등용, 특히 김철수 · 이우적 · 구소현 · 이문홍 · 문갑송 등을 등용할 것, 전당대회를 속히 개최할 것 등을 요구하였다. 이를 대회파라 한다.

이러한 요구를 다 들어주면 조선공상당은 장안파가 장악하게 되고, 박헌영의 팔 다리를 잘라 버리기 때문에 박헌영은 이 제의를 거절하였다. 장안파는 여세를 몰아 박헌영을 집중 공격하였다. 영등포 공장지대의 조직임무를 맡고 있던 이재철, 구소현, 이은우 등은 영등포지구를 둘로 쪼개어 반당공작을 하고 있었다.

1946년 7월 김일성은 '박헌영을 격하시켜 조선공산당을 장악할 때가 왔다' 고 판단, 북조선이 조선공산당 분국이라는 것을 면하기 위하여 인민당의 여운형과 신민당의 백남운을 조종하여 공산당을 합당하게 하여 북조선에서는 북로당, 남조선에서는 남로당을 만들어 김일성이 북로당 책임자가 되고, 박헌영을 일선에서 밀어내려고 하였다.

신민당은 해방 전 연안에 망명한 조선공산당 최창익, 한빈, 김두봉이 해방과 함께 평양에 돌아와 조직한 단체로, 신민당은 1945년 12월경 구재수 · 고찬보 등을 서울로 밀파하여 남조선 신민당을 조직한 후

연희전문학교 교수 백남운을 위원장으로 선출하여 김일성은 백남운과 최창익을 앞장세워 신민당을 조종하였고, 여운형을 조종하여 합당하게 하였다.

박헌영은 여운형과 백남운이 공산당을 합당하자고 제의하는 것을 거절할 수 없는 형편이었다.

46년 9월 4일 신민당 당사에서 3당 합당 준비위원회 연석회의를 열고 준비위원회를 구성하였다. 3당 합당 문제로 소집된 중앙위원인 강진, 서중석, 문갑송, 김근, 나정윤, 김철수 등 이상 6명에게 합당 문제를 위임해 달라고 요구하였다. 그러나 박헌영은 허락할 수 없었다. 이유는 6명 모두가 박헌영 반대자들이기 때문이었다. 박헌영으로부터 이 문제가 거절당하자 이상 6명은 기관지와 입을 통해 집중적으로 박헌영을 성토하였다. 합당 때 위원장에는 여운형, 부위원장에 박헌영과 백남운을 하자고 합의를 보았다. 그러나 박헌영은 부위원장에 이주하를 넣어달라고 요구하였다. 이 요구에 여운형과 백남운이 거절하였다. 이들은 박헌영에게 "전당대회를 빨리 열자" 고 요구하였다. 그러나 박헌영은 "당원 중에 수배 내려진 사람이 많이 있어 현재로서는 할 수 없다."라고 거절하였다. 박헌영은 대회파들의 끈질긴 요구를 묵살하고 3당을 합당하여 주도권을 잡기 위하여 10월에 하려던 전국 노동자파업을 9월로 앞당겨 10월 대구 폭동을 일으켰다. 이때 당세는 공산당 당원 60만 명, 인민당 1만 명(90%가 공산당 프락치), 신민당 7천명(95% 공산당 프락치) 이었다. 결국 인민당이나 신민당은 조선공산당 프락치 당이었다.

## 3. 박헌영 북으로 탈출

46년 9월 4일 미군정이 위조지폐사건으로 박헌영, 이주하, 이강국을 곧 체포할 것이라는 미군정 특급비밀을 박헌영이 알게 되었다. 이 정보는 미 헌병사령관 베어드를 통해 김수임이 알아내어 애인 이강국에게 알려준 것으로 추정하고 있다.

46년 9월 5일 아침 8시 이동수 외 5명의 청년들의 경호를 받으며 관속에 들어가 장례차로 위장한 박헌영은 의정부와 포천을 거쳐 38선 양문에서 이북으로 탈출하였다.

박헌영은 관속에서 "안전한 북한에 잠시 동안 있으면서 사건을 마무리 짓고 남조선으로 내려와야지"하고 생각하였다. 특히 여운형, 백남운, 김일성 등이 합당하여 자기를 몰아내려고 하는 것을 박살내고 큰 사건을 벌인 후 미군정과 협상을 한 후 남조선으로 내려오려고 하였다. 이 큰 사건이 바로 9월 노동자파업이며, 10월 대구 폭동이다. 그래서 박헌영은 평양으로 가지 않고 공작하기 쉬운 해주에 있었고, 해주에서 '제일인쇄소'라는 가짜 간판을 달고 사무실을 꾸미며 여기에서 '박헌영 서한'이라는 지령문으로 남조선공산당을 지도하였다. 이강국은 김수임의 도움으로 38선을 넘어 북으로 탈출하는데 성공하였다. 이주하는 남한에 숨어 있으면서 끝까지 북으로 가지 않았다.

미 군정청에서 박헌영, 이강국, 이주하의 체포령을 내린 것은 46년 9월 6일이었다. 북으로 탈출한 박헌영은 완전히 김일성 손 안에 들어가게 되어 김일성은 한없이 기뻤다. 미 군정청에서는 특급비밀이 어떻게 새어나가 박헌영이 북으로 탈출하였는지 기가 막혔다. '박헌영이 북으로 탈출하였다'는 신문보도가 나가자 우익에서는 박수를 쳤고, 좌익은 두고 보자하며 벼르고 있었다.


## 4. 박헌영의 투쟁노선 신전술로 변경과 노동자 파업

### 1) 노동자 파업

해주에서 박헌영은 그동안 38선 이북으로 탈출한 당원들을 뭉치게 하였다. 그리고 이 위기를 한 번에 해결하는 방법으로 전국노동자파업을 해서 미군정과 협상을 하려고 하였다. 그리고 당의 노선을 피는 피, 테러는 테러, 정당방위의 공세라는 폭력투쟁의 신 전술로 바꾸었다.

46년 7월 10일 오전 10시 전평위원장 허성택이 서울 을지로 5가에 있는 조선화물 자동차주식회사 노조위원장 김경덕에게 노동파업을 선동하여 노동자들이 총파업을 하였다. 그러자 쌀과 그 밖의 생필품 수송에 차질이 발생하여 많은 어려움을 겪자 서울시민의 불평이 많아졌다. 10일을 기다려도 해결의 기미가 보이지 않자, 수도경찰청장 장택상은 46년 7월 20일 경찰 500명을 동원하여 100여 명을 연행하였고, 연행과정에서 60여 명이 부상을 당하였다. 그리고 추가로 연행하여 200여 명을 구속하자 노동자들의 원성이 커졌다.

일제가 운영하다 버리고 간 공장에 대하여 노동자들은 공장을 접수하고 자신들이 직접 운영하겠다고 미군정에 요구하고 나왔다. 노동자들은 '자주관리 투쟁위원회'를 조직하여 동료들을 선동하였다. 여기에 주도적으로 선동한 사람이 함북 성진 출신으로 14년간 감옥에 있다가 출옥한 조선공산당 서기국원인 허성택 전평위원장이다.

미군정은 46년 9월 13일부터 10월 9일까지 공장 42개를 접수하고 노동자들의 요구를 거절하자 이들의 투쟁은 더욱더 강력하였다.

46년 초부터 전국적으로 쌀이 모자라 배급제를 실시하였으나 오히려 쌀 구하기가 더 어렵게 되었다. 46년 3월 경성공장 분회, 경성기관구 분회 등 15개 단체가 군정청 운수국장 고문 민휘식에게 쌀 문제와 관련하여 진정서를 제출하였다. 그런데 민 고문이 진정서를 접수하지도 않고 되돌려 보내자 이들은 이 진정서를 미 군정장관에게 보내고 전국에 격문을 보냈다.

46년 7월 26일 부산 체신국 산하 종업원들은 체신부장관에게 진정서를 제출하였다. 이에 답변이 없자 46년 7월 28일 '쌀 획득 투쟁'이

전국 각지에서 벌어졌고, 서울 철도국 경성공장 노동자들은 쌀 배급 및 임금인상을 요구하는 투쟁을 벌이자 미군정은 오히려 25% 감원하고 월급제로 바꾸었다.

46년 9월 23일 부산 철도노동자 7,000여 명이 파업에 들어갔다. 46년 9월 24일 서울철도국 산하 15,000여 명도 파업에 들어갔다. 이들의 구호를 보면,

① 가족수당을 지급하라!
② 물가수당을 지급하라!
③ 종업원 처우를 개선하라!
④ 구속된 애국자 박낙종과 이관술을 석방하라! 였으며,

① 박헌영 선생과 이강국 동무의 체포령을 해제하라!
② 폐간 조치한 조선인민일보, 현대일보, 중앙일보를 즉시 복간하라!
③ 남조선 공산당 경성대회를 허가하라! 우리는 이 요구가 관철될 때까지 파업을 계속한다!

라고 구호를 외쳤다. 이 구호를 보아서 노동자들의 파업은 박헌영, 이주하, 허성택의 선동으로 진행되고 있음을 알 수 있다.

서울과 부산에서 노동자 파업으로 전국 철도 운행이 전면 중단되었다. 그래서 대구철도노동자 1,100명도 파업에 들어갔다. 전국 4만여 명의 철도노동자 파업은 박헌영의 위력이 얼마나 대단한가를 보여주었다.

전평 허성택 위원장은 남조선 총파업 투쟁위원회를 조직하고 9월 26일 "조국의 완전한 자주독립을 위한 남조선 4만 철도노동자를 선두로 사생존망의 일대 민족투쟁을 개시 한다"라는 파업투쟁 선언서를 발표하였다. 서울에서만 295개 기업의 3만여 명이 파업에 들어갔고, 16,000여 명의 학생들이 동맹휴학을 하였으며, 남조선 25만여 명의 노동자가 파업에 가담하였다. 조선공산당과 전평은 박헌영 체포령에 대

해 미군정에 정면으로 대결하여 전국에 큰 어려움이 왔다. 이에 미군
정도 정면 반격으로 나왔다.

46년 9월 24일 이승만을 대한노총 위원장으로 추대하고, 40여 개 우
익청년단체가 가담하여 파업노동자들 설득에 나섰고, 안 되면 물리적
으로 해결하였다. 장택상 수도경찰청장도 2,100여 명의 경찰을 동원하
여 노동자파업 장에 투입하여 주동자들을 연행하였다. 파업노동자
1,400여 명이 연행되었고, 이중 150여 명이 기소되고 나머지는 석방되
었다. 김두한이 이끄는 대한청년단이 전평 산하 임원 및 회원 2,000여
명을 창고에 몰아넣고 위협을 하였다. 김두환은 전평 간부 파업선동자
8명을 사살하였다. 이렇게 되어 46년 10월 1일부터 전국 열차가 운행
되었다.

※ 최장집과 정해구는 『해방 전후사의 인식』 4권 23쪽에 "미군정의 좌·우
　합작 공작과 직접적인 탄압의 양면적 공세와 우익세력의 테러적 공격이
　강화되자 좌익세력은 새로운 대응책을 마련하지 않을 수 없었다. 7월 말
　에 채택된 신전술(정당방위 역공세)은 그러한 요구에 부응하는 전술 변화
　로서, 이는 미·소 공위 속개나 미군정의 탄압에 대한 정면대응의 성격을
　지닌다."라고 주장하고 있는데 이는 위에서 보는 바와 같이 좌익들이 주장
　하는 것으로 허위주장이다.

# 제 5 장
## 대구 폭동

# 제5장 대구 폭동

## 1. 대구 폭동의 원인

46년 9월 24일 대구철도노조 1,100여 명이 파업에 들어가 열차 운행이 마비되었다. 46년 9월 26일 대구우체국 460여 명의 노동자들이 파업에 들어가 우체국 업무가 마비되었고, 경북 내 모든 우체국이 마비되었다.

46년 9월 26일 대구중공업 노동자 130여 명이 파업에 들어갔다.

46년 9월 27일 신흥제사 노동자 700여 명, 평창제사 노동자 300여 명 등 공장 노동자 5,500여 명이 파업에 들어갔다.

대구시는 모든 것이 마비되었고, 시가지 상가가 문을 닫아 썰렁하여 공포분위기였다. 또한 대구, 경북 각 신문도 파업에 들어가 유언비어가 돌아 인심이 심히 불안하였다. 파업을 한 노동자들은 구호를 외치며 '적기가' '해방의노래' '농민의노래' '인터네셜가' '나아가자 조선' 등의 노래를 합창하였다.

46년 10월 1일 오전 부녀동맹 대구시 위원장 정규약 등이 중심이 되어 부녀자들 천여 명이 모여 "우리도 쌀을 달라"하며 시청으로 몰려갔다가 도청으로 옮겨 시위를 하였다. 대구역 서쪽 태평로 2가 금정동 금정운수 노조사무실 2층에 전평사무실과 노평 산하 시투사무실이 있었다. 여기에는 노평위원장 윤장혁, 부위원장 서혁수, 선전부장 염필수, 섬유노조위원장 이동희 등이 있었다. 사무실 주위에는 운수, 화학, 섬유노조 등 수천 명의 노동자들이 모여 ① 쌀을 배급하라! ② 일급제를 폐지하라! ③ 박헌영 선생 체포령을 취소하라! 등의 구호를 외치며 시위를 하였다. 이러한 구호로 보건데 박헌영이 해주에서 대구 폭동을 선동하여 자기의 돌파구를 모색하고자 했음을 알 수 있다. 전평사무실에 150여 명의 경찰이 만일의 사태에 대비 경계를 하고 있었다.

46년 10월 1일 오후 6시 노평 사무실 2층에서 갑자기 "경찰 저놈들 죽여라!'라는 고함소리와 함께 경계를 서고 있는 경찰에게 돌을 사정없이 던졌다. 돌에 맞은 경찰이 깜짝 놀라 2층과 노동자들을 향하여 사격하였다. 경찰의 갑작스런 총격에 서로 도망치느라 노동자들은 삽시간에 아비규환이 되었다. 이때 사격으로 대팔연탄공장 노동자 황필용을 비롯해 여러 명이 쓰러졌다. "사람이 죽었다"는 소문이 삽시간에 대구 전역으로 퍼졌고, 경찰은 밤 11시 시위자들을 완전히 해산시켰다.

46년 10월 1일 밤 8시 성북1가 민전사무실에 좌파간부들이 긴급 비상 소집되어 비상대책회의를 가졌다. 공산당, 인민당, 민전, 민청, 부녀동맹, 농민조합, 학생연맹 대표들이 모였다. 여기에서 대구역 사건에 대해 공산당 도당 책임자 장적우, 시당 책임자 손기채, 김일식 등이 모여 10월 2일 노동자들을 총동원하여 시위를 하기로 하였다.


## 2. 공산당원들에 의해 대구경찰서가 점령되다.


46년 10월 2일 아침 9시 조선공산당 대구시 당 학생담당 비밀당원인 대구의과대학생 최무학은 병원에서 콜레라로 죽은 시체 4구에 시트를 덮고 4명의 학생들이 어제 대구역에서 죽은 시체라고 거짓말을 하며 학생들을 선동하였다. 경찰이 시민을 죽였다고 분개한 150여 명의 학생들이 합세하였고, 소식을 듣고 사범학교 학생 300여 명도 시체 뒤를 따랐다. 이들은 도청을 지나 10시반경 대구경찰서에 도착하였다. 시민과 노동자들도 대구경찰서 앞으로 모이기 시작하였다. 학생들과 시민들은 "살인경찰 처단하라! 경찰은 무장을 해제하라!'고 구호를 외쳤

다. 학생대표들은 이성옥 대구서장과 담판을 하기 위해 서장실로 갔
다. 경계를 서고 있는 50여 명의 경찰은 시위 군중에 포위되어 경찰서
안에서 밖으로 나오지 못하고 있었다. 10시 10분경 권영석 도경국장,
경북 미군정 경찰부장 플레지어 소령, 대구경찰서 담당 존슨 대위가
대구경찰서에 모였다. 공산당 경북도당 책임자 장적우, 대구시당 책임
자 손기채, 경북도 인민위원장 이상훈, 그리고 이선장, 이재복, 최문
식, 이응수 변호사 등도 대구경찰서에 모였다.

　도경국장 권영석이 경찰서 2층 베란다에서 "해산하라!"고 요청하자
군중들은 듣지도 않고 오히려 권영석을 "처단하라!"고 외쳤다. 대구경
찰서 외근주임 신재석 경위가 2층 베란다에서 경찰 제복을 벗어던진
후 "인민공화국 만세!"를 부르고 시위대와 합세하였다. 경찰들은 이에
충격을 받았다. "총을 쏘아 진압하여 대구시민에게 천추의 한을 남기
느냐? 아니면 인민의 참된 일꾼으로 거듭나느냐? 는 지금 이 순간 결정
에 달렸습니다. 위대한 용단을 내리십시오!" 하면서 장적우가 이성옥
서장에게 경찰 무장을 해제하라고 압력을 넣고 있었다.

　"무장해제 시키면 저 군중을 책임지고 해산시켜 집으로 돌려보내겠
습니까?"

　"예, 걱정 마십시오!"

　장적우가 대답을 하였다. 그래서 이들의 말을 믿고 이성옥 서장은
경찰들에게 "모든 총기를 무기고에 넣고 특경대들에게도 무장해제하
라!"고 명령하였다. 이때가 46년 10월 2일 11시 30분이었다.

　장적우가 경찰이 무장해제 하였으니 집으로 돌아가라고 설득해도
시위대들은 집으로 가려하지 않고 12시경 학생대표들은 "경찰은 사죄
하라! 발포 자를 처단하라!" 하면서 경찰서 안으로 진입하여 유리창을
부수고 100여 명의 죄수를 석방시켰다. 이렇게 되자 경찰은 담을 넘어
도망치기 시작하였다. 시위대들은 도망치는 경찰을 잡으려고 추격하
였고, 경찰서 안에는 이성옥 서장과 간부 5명만 시위대에 포위되어 있

었다. 대구경찰서는 시위대가 장악하였다. 인민보안대장 나윤출이 시위대를 100명씩 묶어 조를 짜서 시내에 배치하였다. 이들은 시내에 있는 경찰과 경찰의 집에 들어가 경찰 가족들을 폭행하고 집기를 파괴하여 대구시내는 순식간에 공포의 도시가 되었다. 경찰은 도경으로 모였다. 시위대는 도경을 포위하고 "경찰은 투항하라!" 하고 외쳤다. 일부 경찰은 경찰복을 벗고 사복으로 갈아입고 도망치기 시작하였다.

대구시내 파출소에서 근무하는 경찰들도 모두 도망쳐 숨었다. 달성군 화원지서장 김현대 경사(43세)와 정남수, 현무기, 윤삼문 등에게 시위대들이 달려들어 현장에서 죽였다. 칠곡 경찰서장 윤상탕은 황점암 일행에 의해 죽창과 낫 등으로 비참하게 죽었다. 이렇게 폭도들은 경찰, 우익 할 것 없이 학살하였다.

46년 10월 2일 오전 11시 대구 역전 시투사무실 근처에 시위 군중들이 모여 "발포한 경찰 처단하라!"고 외치며 시위를 하자 경찰이 해산하라! 고 해도 3,000여 명의 시위대들이 한 걸음, 한 걸음 경찰을 향해 좁혀오자 지휘자가 사격명령을 내려 경찰들은 일제히 총을 쏘았다. 순식간에 17명이 사망하고 시위자들은 순식간에 흩어졌다.

미군정은 급보를 받고 미 2연대를 출동시켰으나 2연대는 대구경찰서로 진격하지 않고 복내정에 진을 치고 계엄령을 내릴 때까지 기다렸다.

10월 2일 오후 3시 미 2연대장 포츠 대령의 전차 출동 명령으로 4대의 전차가 대구경찰서에 도착하자 시위 군중들이 모두 도망쳐 대구경찰서를 되찾을 수 있었다.

46년 10월 2일 오후 5시 계엄령이 선포되었다. 밤 7시부터 통행금지가 되고 곳곳이 미 전차와 미군이 시가지를 경계하였다.

## 3. 대구 폭동 경북 전역으로 번짐

조선공산당 시위대들은 50˜100여 명씩 조를 짜 조장을 뽑은 후 조장의 지시에 따라 환이자동차 회사에 가서 자동차를 탈취하여 수십 명씩 승차하고 경북도내 22개 군청 소재지로 출발하였다. 이들은 "인민공화국만세!'를 외치고 적기가를 부르며 목적지를 향해 가면서 곧 인민공화국 세상이 오는 줄 알았다. 경북도내의 좌익세력들인 인민위원회, 농민조합, 민주청년동맹 등은 핵심 간부들이 모여 시위를 하자는데 의견을 모으고 인원동원을 하려던 차에 시위대들이 도착하자 이들을 열렬히 환영하였다.

46년 10월 2일 오후 100여 명의 시위대가 김동림의 지휘로 옥포지서에 들어가자 경찰은 모두 도망치고 지서장 혼자 있었다. 시위대들은 무기고에서 무기와 실탄을 지급받고 월배지서로 가서 도망가지 않고 지서를 지키고 있던 세 명의 경찰을 묶어 차에 태웠다.

이날 달성경찰서 관내 경찰관 사망 6명, 중경상 17명, 가옥파괴 107건 등이었다.

시위대 2,000여 명이 3일 새벽 2시 칠곡, 인동, 석적, 북삼 등에 낫, 도끼, 죽창을 들고 몰려가 기습 파괴하였다. 그리고 아침 6시 왜관경찰서를 기습하였다. 왜관경찰서는 경찰들이 다 도망치고 서장 장석한과 과장 4명만 남아 있었다. 시위대는 5명의 경찰을 기둥에 묶고 서장의 혀를 자르고 나머지 경찰들을 도끼로 난자하여 죽였다.

영천경찰서에 1만여 명이 손에 죽창, 낫, 도끼 등을 들고 가서 경찰서를 포위하고 투항을 요구하였다. 영천경찰서 안에는 서장 정하용 외 50여 명이 경찰서를 지키고 있었다. 시위대가 경찰서를 공격하여 총격전이 벌어졌다. 한 시간 정도 지나자 경찰서를 시위대가 점령하였다. 이때 시위대 15명이 죽고 경찰도 15명이 죽었다. 그리고 수많은 부상자가 발생하였다. 시위대는 무기고에서 무기를 탈취하고 경찰서에 불을 질렀다. 그리고 공공기관 및 주택 100여 채에 불을 질렀다. 시위대는 이태수 영천군수를 잡아 거꾸로 매달고 도끼와 죽창, 낫 등으로 난도질하여 죽이고 군청에 불을 질렀다. 이때 5만여명이 시위에 참가하였다. 공무원 15명이 이들에게 죽었고, 가옥 200여 호가 불에 탔다. 19명이 중경상을 입었으며, 우익 24명이 사망하고 20여 명이 중상을 입었다.

10월 3일 오전 9시 선산군 좌익들이 모이기 시작하였다. 이재복과 친한 고 박정희 형인 박상희는 선산군 민전 사무국장이며 선산인민위원회 내정부장으로 민청간부 김정수와 선산군 좌익 2,000여 명을 선동하여 구미경찰서에 진입하여 배상철 서장에게 경찰의 권한을 인민위원회로 넘기라고 위협을 하였다. 그리고 경찰서 안에 있던 경찰들을 모두 유치장에 감금하였다. 경북 22개 군청과 경찰서는 시위대에 이렇게 점령되었다. 박상희는 진압군에 사살 되었고, 이재복은 장례식에서 박정희를 만나 설득하여 남로당에 가입시키고 국군 총책이 되게 하여 군사부장 이재복의 직속이 되게 하였다.


## 4. 대구 폭동의 진압과 결과

10월 3일 충남경찰 400명, 충북경찰 300명. 10월 4일 경기도 경찰 400명

10월 5일 김두한이 이끄는 우익청년 3,000명.

10월 6일 수도경찰 80명, 경북경찰 3,300명, 대전 2연대 1개 중대, 미2연대가 총출동하여 대구 폭동을 진압하였다.

46년 대구 10월 폭동 주동자 윤장혁, 최문식, 김일식 외 7,400여 명이 검거되어 6,580여 명은 석방되고 나머지는 기소되었다.

최문학, 이광열, 이삼택, 박학구, 이재희 등은 경찰을 살해한 죄로

교수형에 처하고, 달성군 하빈면 지서장을 살해한 9명도 교수형에 처하였다. 영천군수 외 우익살해범 김양성, 김성필, 김춘생, 신범이, 정원택, 이원만도 교수형에 처하였으며, 달성군 김춘규, 이항국, 왜관의 박명희도 교수형에 처하였고, 박정희 형인 박상희는 진압도중 총살을 당하였다. 이 일로 인하여 박정희는 남로당에 가입하여 좌익이 되었다. 밤낮 없는 경찰의 수색에 가담자들은 북한으로 탈출하든가 야산대·가 되어 산에 숨어 지내든가 하였다. 또 이들은 대구 6연대 경비대에 입대하여 경비대가 좌익 소굴이 되었고, 나머지는 전국으로 흩어져 시위를 선동하였다. 좌·우의 갈등과 좌익과 경찰은 적과 적이 되었다.

경북 미군정지사 헤론 대령과 경찰부장 풀레이겨 소령이 해임되었고, 경북도경국장 권영석, 대구서장 이성옥, 경산서장 장한우, 영천서장 정하용, 성주서장 윤운섭 등이 해직되었다.

이 사건으로 경북 공산당은 뿌리가 뽑혔고, 해방 후 사회가 혼란한 틈을 타 공산당이 얼마나 급성장 하였는지 알 수 있었으며, 공산당이 얼마나 잔인한가도 알게 되어 공산당은 얻은 것보다 잃은 것이 많았다.

대구 10월 폭동사건으로 경찰 38명, 공무원 163명, 일반인 73명이 사망하였고, 부상 1,000명, 행방불명 30명, 시위혐의자 7,400여 명, 776동의 건물이 파괴되었다. 시위자가 대구 국방경비대 6연대에 입대하여 경비대 안에 좌익이 많아 48년 11월 3차에 걸쳐 좌익 반란이 일어나게 되었다. 공산당에서는 대구 폭동을 '인민항쟁' 으로 규정하고,

『① 조선인민의 투쟁 역량을 역사적으로 증명하였다.

② 인민은 당의 지도아래 어떤 투쟁도 할 수 있다.

③ 당은 인민의 전위로서 항상 선두에서 싸워왔다.

④ 이 항쟁은 인민의 전위인 남로당을 탄생하였다.

앞으로 남로당은 계속하여 투쟁할 것을 전 당원들에게 전달한다.』고 하였다.

현재 좌파들은 대구 폭동을 인민항쟁이라 하고 있다.

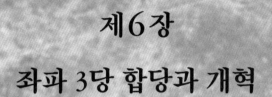

# 제6장
# 좌파 3당 합당과 개혁

# 제6장 좌파 3당 합당과 개혁

## 1. 좌파 3당 합당

46년 9월 노동자 총파업과 10월 대구 폭동으로 미군정과 경찰은 혼이 났고 경비대는 좌익들 때문에 걱정이 태산 같았다. 공산당, 신민당, 인민당 간부들은 지하에 숨어버려 당 대회를 열자고 고함치는 대회파를 박헌영은 한 순간에 잠재워 버렸다. 김일성도, 미군정도, 박헌영의 공산당 세력에 크게 놀랐다. 전국적인 노동자 파업과 대구 폭동으로 세를 과시한 박헌영은 이제 3당 합당에 주도권을 잡았다. 인민당이나 신민당은 9월 노동자 파업이나 10월 대구 폭동을 반대하였으나 수가 적어 저지하지 못하여 이제 완전히 박헌영에게 밀리고 있었다.

하지 장군은 이번 사건으로 해직 될 번하여 46년 대구사건 전에는 조선공산당의 당 대회를 허락하지 않았으나 대구사건으로 혼이 난 후, 46년 11월 23일 조선공산당 당 대회를 허락하여 이들은 서울 견지동 서천강당에서 좌파 3당 합당 결당식을 가졌다. 627명의 대의원 중 558명이 참석하여 이걸소의 사회로 개회되었다. 허헌의 개회사, 여운형, 허헌, 이승엽 등 14명을 의장으로 선출하였고, 당명은 '조선공산당'에서 '조선 노동당'으로 바꾸어 남한은 '남로당'으로, 북한은 '북로당'이라는 약칭을 쓰게 되었다. 이때 여운형은 참석하지 않았다.

46년 12월 10일 남로당은 중앙위원 29명, 감찰위원 12명을 선출하고 신민당계의 허헌(변호사)을 위원장에, 부위원장에 박헌영과 인민당의 이기석을 선출하였다. 중앙위원 29명 중 공산당계 14명, 인민당계 9명, 신민당계 6명 등 계파를 배려하였다. 허헌은 박헌영과도 사이가 좋고 하지 장군과도 친하여 박헌영은 허헌을 통해 미군정과 문제를 해결하려 하였다.

북한에는 북조선 노동당, 약칭 북로당이라고 하여 김일성이 위원장이 되었다. 원래 공산국가에서는 1국 1당이나 김일성이 북한에서 책임비서가 되기 위해 여운형을 조종하여 위조지폐로 몰린 박헌영을 압박하여 3당을 합당하도록 하고, 분국에서 북한노동당 책임비서가 됨으로서 남과 북의 2개의 당이 된 것이다. 북한의 조선공산당 분국에서 북한 노동당으로 승격시켜 김일성이 북한 노동당의 책임비서가 되어 1946년 2월 북조선 임시 인민위원회의 '임시' 자를 빼버렸고, 48년 2월 6일 '북조선 인민위원회'를 '북조선 민주주의 인민공화국'으로 바꾸고 헌법을 채택, '이 헌법은 전조선이 통일될 때까지 북조선에 실시한다.'라고 헌법을 공포하여 김일성이 북한을 완전 장악하였다. 헌법을 공포하고 46년 3월부터 지폐를 발행한 것은 바로 정부가 하는 일로서 사실상 북한 정부가 탄생한 것이다.


## 2. 여운형의 죽음

여운형은 해방 후 건국준비위원회를 조직하여 민족진영으로부터 규탄을 받았다. 그것은 「왜 상해 임시정부가 있는데 건국준비위원회를 조직하여 나중에 인민위원회를 조직하고 인민공화국이 되도록 공산당을 이롭게 하여 국가에 혼란을 야기 시키느냐? 왜 찬탁을 하느냐?」는 것이다. 그래서 민족진영에서는,

"여운형을 먼저 죽여야 한다."고 하며 일곱 번이나 테러를 감행하였다. 좌익진영에서는 "여운형은 특히 미군의 앞잡이로 기회주의자이다. 우리들의 정보를 모두 빼내어 미군정에 제공하는 자이다. 그러므로 먼저 죽여야 한다."라고 하면서 두 번 테러를 하였다. 여운형은

이렇게 좌·우익의 공격을 받고 실의에 빠진 때가 한 두 번이 아니었다. 그는 "미군을 배격하고, 소련도 배격하고, 민족진영도 배격하고, 박헌영도 배격한다면 어떻게 통일할 수 있는가?"라고 하면서 "정치는 현실을 인정하지 않을 수 없다"라고 강조하였다. 그러나 박헌영과 이승만과 김일성은 "좌면 좌, 우면 우지 이것도 좋고 저것도 좋다는 것은 안 된다."고 하였고, 김구는 "통일을 위해서라면 38선을 베개 삼겠다"고 하여 미군정에 대해서는 하는 일마다 반대하여도 김일성에 대하여는 "만나서 의논해야 한다."고 하면서 좌도 좋고 우도 좋다고 하였다.

47년 7월까지 여운형은 김일성을 여러 번 만났고, 지원도 받았다. 여운형은 46년 11월 3당 합당 때 박헌영 조선공산당에 의해 허수아비가 되어 46년 12월 4일 결국 정계 은퇴를 선언하였다. 그 때 박헌영은 여운형에게 "김일성의 앞잡이다!"라고 맹공격을 하자 그는 견딜 수 없었고, 우익에서는 "박헌영과 합당한 공산주의자이며 조선 인민공화국을 만든 좌익이다!"라고 공격하였다.

박헌영의 조선공산당 때문에 여운형이 허수아비가 된 것을 안 김일성은 이제는 여운형이 이용 가치가 없다고 판단하고 그동안 지원해준 보조금을 감소하고 여운형을 멀리하였다. 그러자 여운형은 "김일성이 나한테 이럴 수가" 하였고, 김일성은 공작의 정보가 미군에 알려질까봐 걱정이었다. 여운형은 정치적으로 살아나기 위하여 47년 4월 12일 근로인민당을 창당하였다. 그리고 미군정은 극우와 극좌를 배제하고 온건 좌파인 여운형과 온건 우파인 김규식의 좌·우 합작을 계속 진행하였다.

47년 7월 19일 오후 1시 10분경 여운형은 명륜동 18번지에 사는 친척 정무훈 씨 집에 가서 점심식사를 하려고 경비원과 같이 차를 타고 혜화동 로터리를 도는 순간 세 발의 권총 공격을 받고 치명상을 입어 그 자리에서 숨졌다. 그의 60평생 영광과 치욕과 꿈이 순간에 끝나고 말았다. 그의 나이 61세였다. 범인은 평안북도 영변출신 19세 한지근이었다. 한지근은 47년 6월 22일 38선을 넘었다고 하였다. 담당검사인 조재천 검사는 조사와 현장 검증을 한 후 "한지근은 북의 지령을 받은 것이 확실하다"고 조사 결과를 발표하였다.

47년 10월 21일 한지근은 사형선고를 받고 11월 4일 무기로 감형되어 개성소년원에 수감되었다가 50년 6월 25일 개성을 점령한 인민군에 의해 사살되었다.

제2차 신탁통치를 위한 협상도 실패하고 좌·우합작도 여운형의 죽음으로 실패하자 미국은 한국 문제를 더 이상 어떻게 할 수 없어 47년 10월 유엔에 상정하였다.


## 3. 한심한 개혁

### 1) 친일파 등용

해방이 되자 국민들이 "친일파를 때려죽이자" 하고 몽둥이를 들고 다니자 친일파들은 깊숙이 숨어 버렸다.

45년 9월 미군이 한반도에 상륙하였다. 9월 12일 아놀드 소장이 군정장관에 임명되었다. 미군은 한반도를 일본의 한 지역으로 보고 있어서 친일파에 대해서는 전혀 알지 못하였다. 그래서 미 군정장관은

포고 1호 제2조에

《정부 공공단체 및 그 밖의 명예직원과 고용된 공익사업 공중위생을 포함하는 모든 공공사업에 종사하는 직원 및 고용인은 유급이나 무급이나 불문하고 별명이 없는 한 종래의 직무에 종사한다.》라고 발표하였다.

45년 10월 21일 미 군정청 경무국이 발족되면서 《전직 경찰은 우대한다.》라고 발표하였다. 그러자 친일파들과 친일 경찰들은 쌍수를 들고 환영하였다. 친일파들은 미군정이 어떻게 나오나하고 숨죽이고 있

다가 미군정에서 이상과 같이 발표하자 '이제는 살았다' 하면서 슬슬 나서기 시작하였고, 이승만을 중심해서 뭉치기 시작하였다. 반탁을 하여 뭉쳤고, 반공으로 뭉쳤다. 조선공산당에서 9월 노동자 파업을 하고 대구 폭동을 유발하자 친일파들은 조선공산당과 싸우는데 정신이 없었다. 특히 한민당의 추천으로 수도청장이 된 장택상, 박천경찰서장이었던 이익흥이 수도경찰청장으로, 경기도 형사과장 최연이 종로경찰서장으로, 평남도경 보안과장 고문기술자 노덕술이 수도청 형사과장이 되었다.

1945년 8월 15일 해방 당시 친일파 경찰은 80%를 차지하고 있었다. 친일파 경찰들은 국민들의 보복이 두려워 옷을 벗고 숨어버렸는데 슬금슬금 모두 경찰에 다시 들어갔다. 일본 육사를 졸업한 자들이 중심이 된 국방경비대는 95%가 친일파였다. 그리고 종교인, 학계, 정치인, 행정, 경제 할 것 없이 각계에서 활약하다 숨어 있던 친일파들이 모두 슬금슬금 기어 나와 친일파 천국이 되었다.

2) 토지개혁

1945년 8월 15일 부끄러운 해방과 함께 급히 해야 할 일은

① 어떻게 국가를 건설할 것인가?

② 어떤 사상의 국가를 건설할 것인가?

③ 어떤 인물과 단체를 중심해서 정부를 세울 것인가?

④ 친일파를 어떻게 숙청할 것인가?

⑤ 토지문제를 어떻게 해야 할 것인가?

⑥ 좌·우를 어떻게 할 것인가?

일제 때 조선의 농민과 노동자들은 착취를 당하여 생활고가 극심하였다. 그런데 한국이 해방되어 착취자 일본이 철수하게 되자 한국 사회는 새로운 상황에 접하게 되었다. 농민과 노동자들은 침략국이 소유하였던 토지와 공장의 분배를 기대하게 되었다. 이러한 일환으로 지방

에서는 농민들이 일본인들의 재산과 토지를 몰수하기 시작하였고, 노동자들은 공장을 접수하여 관리하기도 하였다. 이렇게 되자 재산을 유지하기 위해 수단과 방법을 가리지 않았다.

1945년 8월 15일 현재 남한 총219만 가구 중 완전 소작농 100만여 호, 반 소작농 71만호, 완전 자작농 28만호, 총면적의 48%가 소작, 34%가 반소작, 13%가 자작으로 80%가 농민이었다. 그러므로 토지개혁은 친일파 숙청과 함께 해결해야 할 급선무였다.

46년 2월 21일 좌파단체인 전평 2차 대회에서 토지개혁안 전문 18조 2항으로 전농의 토지개혁 골자는,

《전 일본인 소지 토지와 친일파 토지는 물론 일제의 조선인 지주 소유의 경작지를 무상 몰수하여 경작자에게 무상 분배한다.》

는 안을 미군정에 건의하였다. 이 방안은 북한 토지개혁법과 같았다. 분양받을 농가는 171만호로 남한 인구의 70%이었다. 이 소식을 들은 소작인들은 만세를 부르며 적극적으로 환영하며 전농에 적극 협조하였고, 전농에 가입하여 1,745개 지부에 3,322,937명이 가입하였다. 즉 공산당에 협조하였다. 전평은 553,408명이었다.

미군정도 들불처럼 번져가는 전농 토지개혁법안에 대해서 서두르지 않을 수 없어 47년 9월 남한 토지개혁 법안 초안을 4차례 수정하여 47년 12월 23일 전문 27조의 법안을 마련하였다. 48년 3월 22일 미군정 법령 제173호에 의거 신한공사를 해체하고 새로 창립된 '중앙 토지행정처'가 귀속 농지처분에 관한 사무를 관장하게 되었다. 귀속농지 분배 신청 건수는 72만 7천6백 건으로 면적 24만 5천 정보였다.

1948년 8월 15일 대한민국 정부가 수립되면서 헌법 제87조 농지개혁 법안을 49년 1월24일 국회에 상정하여 49년 4월 27일 전문 6장 28조의 「농지개혁법」이 국회를 통과하였다. 50년 5월 농민의 요구사항이 반영되지 않은 농지개혁법이 실시되기 시작하였으나 이것마저도 한국전쟁으로 무산되었다. 그로 인해 친일파들의 엄청난 토지를 몰수

하지 못하고 그대로 보장되어 이완용, 송병준 등이 조국을 매도하고 하사받은 땅을 그대로 소유하게 되어 자손만대까지 잘 살게 되었다. (2006년 최근에 들어 법이 바뀜)

## 4. 한민당의 역할

45년 9월 4일 김성수, 송진우, 원세훈, 김병로, 조병옥 등이 중심이 되어 '한국 민주당'(한민당)을 창당하였다.

45년 9월 9일 하지사령관은 한국에 상륙하여 제일 먼저 송진우를 만나 한국 정세에 대해 의견을 교환하였다. 송진우는 이 자리에서 미군정에 적극 협력하겠다고 하였다. 하지 장군이하 장교들은 5년 동안 일본군과 치열한 싸움만 하였지 신문 한 장 제대로 보지 못한 군인들이었다. 그래서 어떻게 한국을 이끌어가야 할 지 막막하였다. 그리고 한국에 상륙하고 보니 북한과 남한으로 갈려졌고, 상해 임시정부와 조선인민공화국이 있고, 국민들도 좌·우로 갈려 있었고 한국에 대해서는 아는 것이 없는 군인들이었다. 군사단체가 30개, 일반 정당 150개였으며, 친일파 처단문제까지 있어서 하지 장군은 고민이 많았다. 행정에서 일본인들이 모두 철수하고 나자 그 자리를 한국인으로 채워야 하는데 행정 경험이 있는 자들이 많지 않아 고민이었다. 또한 김구 임시정부와 박헌영 조선 인민공화국이 사사건건 정권을 자기들에게 넘기라고 고함을 치는 것도 골치였다.

하지 중장은 한국에 대해서 배우고 행정과 정치를 의논하기 위해서 미군정장관 고문을 한국 사람으로 위촉하였다. 여기 고문에는 많은 한국 민주당원이(이후 한민당) 위촉되어 행정과 인사를 자문해 주었다. 그렇게 되어 일본인이 빠져나간 자리에 자연스럽게 한민당원이 들어가 일을 하게 되어 우익으로는 가장 큰 단체가 되었고, 실권을 쥐게 되었다. 46년 10월 대구 폭동으로 인하여 하지 장군이 사임될 위기에 처했을 때 한민당에서 미 대통령과 참모총장에게 적극 설명을 하여 해임이 안 될 정도였다.

48년 8월 15일 이승만 대통령 때도 내무부장관 윤치영, 법무 이인, 재무 김도연, 외무 장택상, 경무부장 조병옥 등이 한민당원으로, 한민당은 미군정에 이어 이승만 정권 때도 막강한 영향력을 행사하다 이승만이 한민당원들을 요직에서 하나씩 하나씩 밀어내기 시작하면서 자유당을 만들자 야당이 되었다. 한민당은 현 한국 야당의 뿌리가 될 정도로 조선공산당 다음으로 한국에 영향을 준 당이었다.

# 제7장

## 6.25 한국전 발발의 원인
## 제주 남로당 4.3폭동

# 제7장 6.25 한국전 발발의 원인
# 제주 남로당 4.3폭동

## 1. 3.1발포사건

### 1) 3.1사건 개요

1947년 3월 1일 제주북초등학교에서 3만여 명이 모여 3.1절 행사를 마치고 군중들이 관덕정을 거의 빠져나갈 즈음, 기마경찰관 임영관이 제1구 경찰서로 가기 위하여 커브를 돌 때 갑자기 6살의 어린이가 뛰어나와 말발굽에 채여 쓰러졌다. 기마경찰은 어린이가 말에 채인 줄 모르고 그냥 가자 사고현장을 목격한 군중들이 기마경찰을 향해 "저 놈 잡아라!" 하면서 돌을 던지고 들고 있던 나무로 말을 찌르자 말이 갑자기 뛰기 시작하였다. 기마경찰은 당황하여 군중들에게 쫓겨 경찰서로 급히 도망쳤다. 이때 경찰서 앞에서 경계를 서고 있던 응원 나온 육지 경찰들은 대구사건을 겪었던 경찰들로, 갑자기 기마경찰이 경찰서 안으로 뛰어 들어오면서 군중들이 몰려오자 46년 10월 1일 대구에서와 같이 군중들이 경찰서를 습격하는 줄 알고 겁이 나서 군중들을 향해 총을 쏘아 6명이 즉사하고 6명이 중상을 입었다.

제주 도립병원에는 육지 응원경찰이 교통사고로 입원하여 응원경찰 2명이 경호하고 있었다. 그런데 갑자기 경찰서 근방에서 총성이 나고 피투성이가 된 6명을 군중들이 들것에 들거나 부축하여 도립병원으로 들어오자 대구사건에서 경찰이 시위 군중에게 비참하게 죽은 것을 목격한 응원경찰 중 하나인 이문규 순경이 군중들이 도립병원을 습격하는 줄 알고 공포감에 총을 쏘아 행인 2명이 중상을 입었다. 이것이 3.1발포사건의 전말이다. 이것은 개인의 판단착오로 돌발적인 사건이지 경찰이 계획적으로 지휘관이 시위 군중에게 발포명령에 의한 총격사건이 아니었다.

2) 남로당(공산당) 제주도당 제주도민을 선동하다.

3.1발포사건이 벌어지자 제주남로당에서는 "때가 왔다" 판단하고 제주도민을 최대한 선동하여 당세 확장에 이용하였고, 남로당원을 선동하여 도내 전 지역에서 3월 10일을 기하여 파업을 선동하였다. 3월 10일 제주도청 직원 140여 명이 3.1발포사건을 항의하면서 총파업에 들어갔고, 북제주군청, 제주읍사무소, 학교 등 156개 단체 41,211명이 파업에 동참하였다. 심지어 모슬포, 중문, 애월파출소 경찰까지 파업에 동참하였고, 3월13일 중문지서 경찰 6명이 아예 사직서를 제출할 정도였다.

3) 파업철회

3월 18일 56개 단체가 파업을 해제하였고, 한 달 동안 3.1발포사건에 대하여 항의하다 3월말에는 전원 파업을 해제하고 직장에 복귀하였다.

4) 결과

47년 3월 말까지 3.1사건으로 파업에 가담자 300여 명이 경찰에 연행되었고, 4월 10일까지 500여 명이 연행되었다. 500여 명 중 260여 명이 재판을 받았고, 이중 52명이 실형을 선고받았다. 또 52명이 집행유예, 56명이 벌금, 168명이 기소유예, 나머지는 훈방조치 하였다.

미군정에서는 발포사건의 장본인인 도립병원 앞에서 총질을 한 이문규 순경을 파면하였고, 파업에 가담한 경찰 66명에 대해서는 직장이탈사태로 파면하였다.

47년 3월 31일 제주감찰청장 강인수를 해임하고 김영배로 교체하였고, 4월 2일 제주도 군정장관 스타우드 소령이 해임되고 베로스 중령으로 교체되었으며, 4월 10일 제주도지사 박경훈이 자의 반 타의 반으로 사임하여 유해진으로 교체되었다. 강동효 경찰서장은 다른 비리와 함께 책임을 물어 파면시켰다. 경찰 고문관 패트릿지 대위도 레데루 대위로 교체하였다. 군정이나 경찰이나 똑같이 발포사건에 대해 책임을 통감한 조치였다. 이것으로 3.1발포사건은 매듭을 지었다.

## 2. 남로당 5.10선거 반대 2.7폭동

### 1) 한반도 통일선거 북한 반대

1947년 10월 28일 미국은 한국 국민이 신탁통치를 반대하자 한국 문제를 유엔에 상정하여 선 통일정부수립 후 외국군 철수를 만장일치로 결의하였다. 유엔의 결의에 따라 유엔은 한반도에 48년 3월 31일 안에 남북한 통일선거를 실시하여 한반도에 통일합법정부를 세우기로 하였다.

48년 1월 8일 유엔 선거감시위원단이 서울에 도착하여 활동을 개시하였다. 유엔 선거감시위원단이 서울에 도착하여 북조선에 가려고 하자 소련과 북조선에서는 유엔 선거감시위원단이 오는 것을 반대하고 남·북한 통일선거도 반대하였다. 북한이 선거를 통하여 남한을 점령할 수 있는 좋은 기회를 포기한 것이다. 그러자 미국은 다시 유엔에 한국 문제를 상정하여 유엔에서는 통일정부 통일선거를 하지 못하면 선거가 가능한 남한만의 선거를 48년 5월 10일 하기로 결의하여 미군정은 이를 공고하였다.

### 2) 남로당 5.10선거 반대 2.7폭동

5월 10일에 남한에서만이라도 선거를 한다고 공고하자 박헌영, 김구, 김규식 등과 남로당이 반대하고 나왔다. 이렇게 되자 미군정은 곤란하였다. 특히 김구는 신탁도 반대하고 남한만의 선거도 반대해서 남북한이 공산주의로 통일되는 것을 원하는 것 같아 참으로 골치가 아팠다.

48년 2월 7일 남로당 중앙당은 당원 30만 명을 총동원하여 대한민국을 건국하기 위한 5.10선거를 반대하기 위하여 총파업을 하면서 "조선민주주의 인민공화국 만세!"를 부르며 폭동을 일으켜 전국에 대 혼란이 왔다. 경찰은 대구사건을 경험으로 하루 만에 진압하였으나 피해는 너무 컸다.

사망: 경찰 5명, 공무원 1명, 우익 5명, 시위자 28명,

부상: 경찰 23명, 공무원 12명, 우익 63명, 시위자 35명,

경찰피습 26건, 무기약탈 12건, 동맹휴교 60건, 파업 12건, 검거인원 8,479건, 참가인원 30만여 명으로 전쟁을 방불케 하였다.

시위에 참가하고 검거되지 않은 자들은 38선을 넘든가, 경비대에 입대하든가, 산에 들어가 야산대가 되었다.

남로당 중앙당에서는 경찰이 전국 폭동을 하루 만에 진압하자 경찰의 빠른 진압에 깜짝 놀라 다음 5.10선거 반대투쟁은 제주도로 선정하였다. 그 이유는, 제주도가

① 당세가 좋고

② 한라산 등 산이 많으며,

③ 제주남로당은 2.7폭동에 가담하지 않아 수배자가 없었고,

④ 제주도에는 일본군이 버리고 간 총이 있었으며, 방공호도 많이 있어 숨기가 좋았고,

⑤ 육지에서 멀리 떨어져 있어 진압이 어렵다고 판단되었기 때문이었다.

3) 제주도 5.10선거 반대 2.9폭동

48년 1월 22일 남로당 제주도당 간부들은 조천면 신촌리에서 남로당 중앙당의 지령인 5.10선거 반대 2.7폭동을 준비하기 위해 모였다. 그런데 남로당에서 전향한 김석천이 이 내용을 경찰에 신고하여 106명을 연행하였다. 1월 26일 또 2.7폭동을 준비하기 위해 남로당 제주도당 간부들이 모였다. 이 내용도 김석천이 신고하여 115명이 경찰에 연행되어 총221명이 연행되었다. 연행자들 중에는 남로당 제주도당 책임자 안세훈, 김유환, 김용관, 이좌구, 이덕구 등 간부들이 있었고, 김달삼은 연행 도중 도망쳤다. 경찰은 조사 후 63명을 훈방조치 하였고, 나머지는 48년 3월 15일 모두 석방되었다. 경찰은 이들을 석방시키지 않으려고 조사를 끌고 있었는데, 특별한 죄가 없고, 또 남로당이 이때까지만 해도 합법정당이었기 때문에 구속시킬 수도 없을 뿐더러, 이들을 미군정에서 풀어주도록 하여 3월 15일에 모두 석방하였다. 그런데 이 일로 인하여 제주남로당이 2.7폭동에 가담하지 못하게 되어 남로당 제주도당이 건재하여 제주 4.3폭동을 일으킨 것이다.

48년 2월 9일-11일 제주남로당원들은 6개의 경찰지서 습격, 삐라살포, 칼과 곤봉으로 무장한 폭도들의 시위 등 17건의 시위가 있어 경찰은 시위자 290명을 연행하였다.

48년 2월 29일 안덕면 사계리 마을 청년 이양호(25세), 임창범(28세)은 5.10선거 반대시위를 하려고 하는데 전날부터 육지에서 파견된 최(崔) 안덕지서(支署) 주임과 제주출신 오 순경이 마을에 있자 청년들을 동원하여 경찰의 칼빈 총을 빼앗고 죽음 직전까지 구타하였다. 두 경찰은 마을 사람의 신고를 받고 출동한 경찰들에 의해 겨우 목숨을 건질 수 있었으나 경찰들은 이 일로 분노하였다.

48년 3월 경찰은 5.10선거 반대 시위자들을 연행하여 조천중학교 2학년 김용철(21세)이 조사를 받던 중 고문으로 3월 6일 사망하였고, 3월 14일 대정면 영락리 양은하(27세)가 모슬포지서에서 조사받던 중

고문으로 사망하였다. 또 3월말 한림면 금릉리 박행구(22세)가 서청과 경찰관에게 곤봉으로 맞고 총살을 당하여 경찰과 남로당원(공산주의자) 간에는 험악한 분위기가 조성되었다.

※ 이상의 사건은 3.1발포사건 때문에 발생한 것이 아니라 5.10선거 반대 때문에 발생하였다. 그런데 2003년 국무총리가 조사위원장인 제주4.3사건 진상조사보고서 128쪽에서 1947년 3.1사건 이후 1948년 4.3발발 직전까지 1년 동안 2,500여명이 검속되었다고 작성함으로, 3.1발포사건으로 2,500여명이 검거되어 결국 3.1 발포사건 때문에 4.3폭동이 발생하였다고 하기 위한 거짓으로 보고서를 작성하였다. 실제 3.1사건으로 검거된 인원은 500여명이다. 진상조사보고서에 작성된 48년 1월 22일부터 검거된 인원은 3.1사건과는 관련 없는 2.7폭동 때문에 검거된 것이다. 진상조사보고서에는 3.1발포사건 때문에 경찰과 서청에 항거한 무장봉기라고 좌편향적인 보고서를 작성하였다. 이는 거짓주장이나 보고서 148쪽에는 이상의 17건을 2.9폭동이라고 하였으면 당연히 4.3사건도 폭동이다. 그런데 4.3보고서는 4.3사건은 무장봉기라고 허위주장을 하고 있다.

## 3. 남로당(공산당) 제주도당 5.10선거 반대 4.3폭동 준비

### 1) 제주 4.3폭동 결정

48년 2월 중순에 조천면 신촌리에서 조몽구, 이종우, 강대석, 김달삼, 이삼룡, 김두봉, 고칠종, 김양근 등 남로당 제주도당 간부와 면당 간부 19명이 모였다. 김달삼이 5.10선거 반대를 무력으로 저지투쟁을 하자고 주장하자 조몽구 등은 무력투쟁은 신중을 기해야 한다고 하여 표결하여 무력투쟁을 하자고 하는 자 12명, 신중론자 7명으로 무력투쟁을 결정하였다.

2) 남로당 제주도당 4.3폭동 결정 배경

① 5.10선거 반대를 무력으로 투쟁하면 기폭제가 되어 전국에서 호
   응이 있을 것이다.

② 경비대는 진압에 가담하지 않을 것이다.

③ 미군과 소련이 곧 철수하면 북한의 김일성과 남로당의 박헌영의
   세력이 강하고 머지않아 49년도에는 인민군이 38선을 넘을 것이
   라는 판단이었다.

3) 제주 4.3폭동 준비와 목적

48년 3월 15일 제주남로당은 전남도당에서 파견한 올그(조직 지도
위원) 이명장의 중심으로 회의를 하였다.

가. 목적

① 조직수호와 방어 수단으로

② 조국통일과 독립

③ 반미투쟁

④ 단선 단정 반대 투쟁의 방법으로 적당한 시간에 전 도민을 총궐
   기시키는 무장반격전을 결정한다.

나. 조직

① 당 조직을 투쟁위원회로 개편하고 중앙당과 같이 군사부를 신설
   한다.

② 군사부 밑에는 군사위원회를 조직하여 군사위원장에 김달삼이
   취임한다.

③ 인민해방군 조직은 유격대 자위대 특경대로 조직한다.

④ 제주도 13개 읍과 면 중 제주, 조천, 애월, 한림, 대정, 중문, 남
   원, 포선 등 8개 읍과 면에서 유격대 100명, 자위대 200명, 특경

대 20명, 계 320명을 3월 28일까지 편성 훈련한다.(훈련장소: 현재 폭도(평화)공원이 있는 봉개)

⑤ 무기는 99식 소총 27정, 권총3정, 수류탄 25발, 연막탄 7발, 죽창, 철창을 준비하였다.

⑥ 마을마다 자위대를 조직하여 정보를 수집하였다.

다. 제주인민군 조직

① 각 면에서 혁명정신과 전투 경험의 소유자 30명 씩 선발하여 인민유격대를 조직하였다.

② 제1연대: 조천 제주 구좌면 - 3.1지대(이덕구)
   제2연대: 애월 한림 대정 안덕 중문 - 2.7지대(김봉천)
   제3연대: 서귀 남원 성산 포선면 - 4.3지대(?)

③ 특공대: 정찰임무

④ 특경대: 반동들의 동정 감시

⑤ 정치소조원: 유격대 사상교육

⑥ 자위대: 각 읍 면과 행정단위로 10명씩 조직.

연대 조직은 48년 4월 15일 하였고, 4.3 전에는 각 면에 1개 중대씩 조직하였다.

4) 제주 4.3폭동의 작전과 확인

① 확인과 중앙당의 지령

남로당 제주도당은 제주 9연대 안에 남로당 프락치인 대정출신 고승옥, 문덕오, 정두만, 유경대 등이 있었는데, 정두만은 일본으로 도망치고 유경대는 군기대로 전근되었으나 고승옥을 통해 '9연대 병력 800명 중 400명은 확실성이 있으며, 200명은 마음대로 할 수 있고, 반동은 장교, 하사관을 합하여 18명만 숙청하면 9연대를 마음대로 할 수 있다'는 내용을 파악하였다.

고승옥이 9연대 중대장 문상길에게 "앞으로 무장투쟁이 있을 것이니 경비대도 호응 궐기해야 된다."고 투쟁 참가를 권유했던 바, 문상길 중대장은 "중앙 지시가 없으니 할 수 없다"고 거절한 것을 가지고 제주 4.3사건 진상조사보고서 165쪽에서는 "남로당 중앙당이 제주도 무장투쟁에 직접 개입하지 않았다"는 단서가 되었다고 주장하나 이는 허위주장이다. 그 증거는,

㉠ 남로당은 하사관은 도당에서 관리하고 장교는 중앙당에서 관리함.(『조선사회주의 운동사 사전』 김남식 저, 남로당 연구 380쪽)

㉡ 하사관이 반란에 성공하면 중앙당은 반란 성공 후 장교에게 지령을 내려 반란에 참여하게 함.

㉢ 이는 장교를 보호하기 위한 것으로, 14연대 반란 때도 48년 10월 19일 하사관 지창수 상사가 반란에 성공했을 때 장교 김지회 중위가 지창수를 찾아가 "반란의 시기가 아니다"라고 했다가 지창수에게 죽을 번 한 일이 있을 정도로, 김지회는 중앙당에서 지령이 없어 몰랐다가 48년 10월 20일 중앙당의 지령을 받고 14연대 반란군 사령관이 된 것이 가장 좋은 증거이다.

㉣ 제주 4.3폭동에 참여한 김봉현은 1988년 5월 제주4.3폭동 40주년을 맞아 일본의 문예지 민도 기자와 인터뷰 하였는데, 그는 자연스러운 분위기에서 소상하게 이야기 하였다. 그는 "중앙당 파견 오르그 천검산을 통해 지시를 받았다" 하고 있다. 지금도 김봉현의 영향이 크다.

중앙당의 지령은 극도의 보안유지상 서면으로 한다 해도 전달 즉시 폐기하고 오르그나 연락책을 통해 지시하는 것이 원칙이다.

전남도당의 조창구 · 이창욱 오르그 및 당 중앙의 이두옥 오르그가 1948년 2월 25일 제주도에 도착, 제주남로당을 구국투쟁으로 개편하였다.

1948년 5월 7일 중앙당 오르그가 제주도에 파견되었고, 48년 10월

24일 혁명투쟁위원회로 개편 시 중앙당 오르그 김서옥과 전남도당 오르그 이창욱이 제주도에 도착, 무장폭동을 지도하였다.

이상으로 보아 제주남로당은 전남도당과 중앙당의 지시를 받고 제주 4.3폭동을 일으켰다. 제주 4.3폭동을 지도한 자들은 남로당 제주도당 위원장 김용관이나 김달삼이나 이덕구가 아니다. 천검산이라는 코드명으로 통하는 자였다. 천검산은 누구도 그 정체를 알 수 없고 육지나 제주도 이외의 곳에서 파견 나온 외지인이다. 천검산은 제주도 남로당과 군 안에 남로당을 조직 지휘하였고 보급과 정보까지 장악하였다.

㉲ 대한민국 국방부 전사편찬위원회 편 「한국전쟁사 Ⅰ권 해방과 건국. 1968년」에서 "남로당 특별공작책임자이며 군내 적화 총책임자인 이재복(1949.1.19 체포. 46세. 평양신학교 32회 졸업. 영천제일교회 목사. 46년 10.1 대구 폭동 가담. 49년 12월 처형)은 제주도 폭동에 이어 본토 내에서 반란을 야기 시킴으로서 국군의 토벌병력을 단절 또는 분산시켜 우선 제주도의 위기를 감소시키려 하였고, 본토 내에서 제2전선을 형성하여 전군인적인 호응을 기대하였다. 그러나 국군의 전격적인 토벌작전으로 제14연대의 반란군은 조기에 각개격파 당하여 입산 공비화 하였고, 뒤따라 전군적인 대 숙군이 단행되어 그들의 군내조직이 발본됨으로서 남로당이 3년간에 걸쳐 대한민국 정부를 전복하려는 반란사건"이라고 기록하고 있다. 이 근거는 14연대 반란사건을 김창룡이하 수사관들이 이재복을 조사한 과정에서 드러난 내용을 기술한 것이다.

㉳ 제주인민유격대 투쟁보고서 10쪽에 【1948년 3월 중순경 전라남도 당부에서 제주도 당부로 "오르그" 이 동무를 파견 무장반격 지령과 함께 도당부상위에서는 이상 도당부의 지령을 받고 같은 해 3월 15일 도 파견 "올그"를 중심으로 화합하여

첫째, 당의 조직 수호와 방어 수단으로,

둘째, 단선 단정 반대 구국투쟁의 방법으로 전 도민을 궐기시켜 무장반격을 전개하기로 하고 그 준비 및 실행계획을 다음과 같이 결정하였다.

준비기간

48년 3월 15일부터 3월 25일까지.】

위의 내용으로 볼 때 제주 인민유격대 폭동을 3월 25일까지 하기로 하였는데 준비 부족으로 4월 2일까지 자동 연장되어 48년 4월 3일 폭동을 일으킨 것이다. 남로당 중앙당의 지령에 의해서 폭동을 하였다는 유력한 증거는 위의 ⒝와 같이 '제주인민유격대 투쟁보고서'에 기술하고 있다.

② 작전

"1단계 작전이 성공하면 조직을 개편하고 전열을 정비하여 점령지역을 난공불락인 성을 만들고, 무기 탄약 피복 식량 등을 충분히 비축한 후 경찰의 최후 거점인 제주도 경찰국을 향해 경찰 안의 남로당 세포원과 함께 총공격을 한다. 육지의 반란을 조정하여 응원부대를 파견하지 못하게 한다. 3년만 버티면 주변 정세는 남로당에 유리하다. 북조선 인민군의 남하와 원조는 필연적이다. 공격 날짜는 4월 3일 새벽 2시, 암호는 콩과 팥이다."

남로당 중앙당 조직책 천검산이 합류하여 작전을 세웠고, 남로당 중앙당에서는 이재욱을 파견하여 계속 지도하였다. 이재복은 전남도립병원 간호사 조경순을 통해 김달삼에게 지령하였다. 이들은 남로당원 3만 명이 협력하고 있을 뿐만 아니라, 9연대도 남로당원이 장악하고 있고 경찰 안에도 남로당원이 있어 제주도 적화는 문제가 아니라고 판단하였다.

③ 목표

ㄱ. 인민공화국을 절대 사수한다.

ㄴ. 5.10선거 음모 분쇄

ㄷ. 미군 즉시 철수

ㄹ. 경찰의 일체 무장해제

ㅁ. 타협은 절대 불허한다.

제주인민유격대 사령관: 김달삼, 부사령관: 조노구, 지대장: 김대진, 김의봉, 이덕구, 김성규였고, 김달삼은 마을의 민애청과 남로당 열성 당원을 입산시켜 유격대에 합류하게 하였다. 입산할 때 암호는 흰 수 건으로 얼굴을 세 번 닦는 것이었다.


④ 제주인민유격대(일명 해방군) 폭도들의 근거지는 애월면 어도지 경 샛별오름, 애월면 어음지경 바리악, 조천면 선흘지경 거문오 름 등이었다. (제주 인민유격대 투쟁보고서 참조)


## 4. 제주남로당 5.10선거 반대 4.3폭동

1) 제주 인민유격대 12개 지서 경찰과 우익인사 학살

제주인민유격대는 24개 지서 중 12개 지서를 골라 400명을 배치하였고, 제주시의 우익단체 대표들을 공격하기 위해 죽창부대 등 협조자 1,000명 정도를 별도로 배치하였다.

48년 4월 3일 제주인민유격대는 김달삼이 사령관이 되어 자정을 기해 한라산 중턱의 수산봉, 고내봉, 파군봉 등 오름마다 봉화를 올려 이 것을 신호로 새벽 2시 일제히 공격하여 4.3폭동이 일어났다.


① 신엄지서 송원화 순경이 폭도들의 칼과 죽창에 여덟 군데나 찔

렸으나 구사일생으로 구출되었다. 그러나 그의 부친은 폭도들의 공격을 받고 사망하였다. 남원지서 협조원 방성화는 폭도들의 공격으로 즉사하였다. 김석훈은 도끼에 맞아 팔이 잘렸고, 고일수 순경은 칼로 목이 잘렸으며, 방성언은 부상을 당하였다. 폭도들은 무기고에서 총과 실탄을 탈취하였다.

세화지서는 황 순경과 김 순경이 부상을 당하였고,

대정지서는 경찰관 이무웅 순경이 중상을 입었으며,

조천지서는 양창국과 유 순경이 부상을 당하고

화북지서는 협조원 이시성이 불에 타 죽었으며, 폭도들이 경찰 김장하 부부를 대창으로 찔러 죽이고 지서에 불을 질렀다.

외도지서는 선우중태 순경이 총에 맞아 즉사하였다.

② 48년 4월 3일 자정 후 애월면 구엄마을 우익인사 문영백의 집을 폭도 100여 명이 습격하였는데 문영백이 도망치고 없자 큰딸 숙자(14세), 둘째딸 정자(10세)가 살려달라고 애원하는데도 잠옷차림의 두 소녀를 폭도들은 죽창으로 찔러 죽였다. 같은 마을에 사는 문기찬(33세)도 죽창으로 찔러 죽었고, 문용준도 죽창에 찔려 며칠 후 죽었다. 임신 중이던 고칠군의 처는 폭도들의 몽둥이에 맞아 중상을 입었고, 문창순(34세)은 죽창에 찔려 죽었다.

③ 새벽 2시 한림면 한림리 서청원들이 숙식하고 있는 한림여관 경찰숙소를 40여명의 폭도들이 기습하여 이북출신 김록만 순경이 죽고, 경찰 2명이 중상을 당하고, 제주 9연대장 김익렬 외 9명이 기적적으로 도망쳐 살았다

④ 제주 감찰위원장 현주선(46세)은 폭도들의 칼에 세 군데나 찔렸으나 기적적으로 살아났고, 총무 강한봉, 간부 김창우, 박창희도 같은 시간에 기습을 받아 부상을 당하였으나 목숨만은 구했다.

⑤ 48년 4월 4일 폭도들은 연평리 대청단원 오승조(36세)를 대창으로 찔러 죽였고, 4월 6일 이호리 대청총무 이도연(37세), 단원 양

남호(32세)를 대청 간판과 사무실을 부수며 "대청 활동과 5.10선
거에서 손을 떼라" 하며 죽였다. 4월 7일 한림면 저지마을 대청
단원 김구원, 김태춘, 고창윤 등이 폭도들에 의해 죽었고, 4월 13
일 제주읍 화북지서 임선길 순경이 폭도들의 총에 맞아 즉사하
였고, 4월 17일 조천면 선흘리의 대청단원 부동선, 부용하, 고평
지 등을 죽였고, 4월 18일 신촌에서 경찰관 김성호 부친 김문봉
(64세)은 폭도들의 칼에 살해 당하였다. 폭도들은 밤마다 마을을
다니며 적기가를 부르고, 5.10선거 반대를 외치고 선거관리위원
과 우익을 골라 죽였다. 그래도 경찰이 제주 읍이나 서귀포 읍은
지키고 있었으나 그 외 지역의 면이나 리 단위 마을은 사건이 벌
어져도 언제 기습을 받을지 몰라 진압을 못하였다.

ⓒ 5.10선거에 국회의원 후보 등록이 48년 3월 21일 마감이었다. 폭
도들은 국회의원 입후보자에게 사퇴하라고 협박하고, 선거인 명
부도 탈취하고, 선거에 참여하지 못하게 저지하고 남로당원들을
동원하여 악선전을 하고 다녔다.

### 2) 제주 4.3 폭도들의 구호

제주 4.3사건 진상조사보고서 168쪽에 "우리 강토를 짓밟는 외적을
(미국:저자 주) 물리쳐야 한다. 나라와 인민을 팔아먹고 애국자들을 학
살하는 매국 배족노들을 거구려 뜨려야 한다. 경찰원들이여 총부리란
놈들에게 돌려라! 당신들의 부모 형제들에게 총부리란 돌리지 말라!
양심적인 경찰원 청년 민주인사들이여! 어서 빨리 인민의 편에 서라!
반미 구국투쟁에 호응 궐기하라 ....... 매국 단선 단정을 결사적으
로 반대하고 조국의 통일 독립과 완전한 민족해방을 위하여(공산화통
일: 저자 주) 당신들의 고난과 불행을 강요하는 미제 식인종과 주구들
의 학살 만행을 제거하기 위하여! 오늘 당신님들의 뼈에 사무친 원한
을 풀기 위하여! 우리들은 무기를 들고 궐기하였습니다." 하였다.

제주 4.3사건 진상조사보고서 574쪽 "3.1사건이 4.3사건을 촉발하는 도화선이 되었다"라고 하였고, 577쪽 "47.3.1 경찰의 발포사건을 기점으로 하여 경찰·서청의 탄압에 대한 저항과 단선·단정 반대를 기치로 48년 4월 3일 남로당 제주도당 무장대가 무장봉기를 하였다"라고 작성되었고, 경찰과 서청에 항거한 민중봉기라고 주장하는데, 민중봉기라면 왜 14살 문숙자와 10살의 문정자와 선거관리위원들을 위와 같이 학살하였는가? 또한 3.1사건은 사건이 수습된 지 이미 1년이 지났다.

대한민국 탄생을 반대하고 위의 구호와 같이 공산주의로 한반도를 통일하기 위하여 5.10선거를 반대하기 위한 제주남로당 공산주의자들의 4.3 무장폭동을 제주 4.3사건 진상조사보고서는 민중봉기라고 허위 보고서 및 좌편향 보고서를 작성하였다. 제주대학 고창훈 교수는 『해방 전후사의 인식』 제4권 308쪽에서 "제주 4.3폭동의 원인은 미 제국주의 한반도 전략과 민중에 대한 억압에 있다"고 주장하고 있으나 미군정은 민중을 억압한 일이 없다.

3) 제주4.3 폭도들 선거사무소 기습.
제주 4.3사건 진상조사보고서 206쪽에서 210쪽까지 보면
4월 18일 새벽 제주읍 도평리 투표소 습격당해 선거기록을 빼앗김.
4월 19일 조천면 신촌리 투표소가 피습, 화재로 선거기록 소실.
4월 21일~22일 이호리 선거사무소 피습, 선거기록 탈취 당함.
4월 21일~22일 내포리 선거사무소 피습, 선거기록 탈취 당함.
4월 21일 동일리 선거사무소 피습, 선거기록 탈취 당함.
4월 21일 모슬포 면사무소 피습.
4월 22일 대정 선거사무소 기습하여 위원장을 죽이고 선거기록
　　　탈취.
4월 30일 새벽 대정면 신평리 선거관리위원 피살.

5월 1일 제주읍 도평리에서 마을 선거관리위원장 피살.

5월 5일 화북리 선거관리위원장 피살.

5월 3일 조천면 조천리 선거관리위원들 전원 사퇴.

5월 5일부터 폭도들은 주민들을 산으로 안내, 선거에 참여치
  못하게 함.

5월 10일 중문면 투표소 기습당함.

- 성산면 투표소 60명(폭도:저자 주) 집단에 의해 방화.
- 제주읍 다이나마이트 2개 폭발.
- 제주공항 300여명(폭도:저자 주) 총격전.
- 표선면 투표소 기습, 2명 피살, 투표용지 파손.
- 구좌면 송달리 투표소 피습, 2명 피살, 1명 부상, 가옥 7채 불.
- 조천면 14곳 투표소 제 기능 못함.
- 조천면 북촌리 투표소 불에 탐.
- 표선면 가시리 투표소 피습, 이장과 학교장 피살.
- 성산면 투표소 피습, 4명 피살.

제주도 3개 선거구 총유권자 85,517명 중 53,690명 62.8%가 참여함.
남제주군 선거구는 86.6%가 참여하여 무소속 오용국이 당선되었으나
북제주군 갑구는 43%, 북제주군 을구 46.5%로 2개 선거구가 무효가
되었다.

※ 이상의 사건은 민중봉기가 아니라 5.10선거를 저지하기 위한 폭동인 것을
  증명하였다. 그런데 제주4.3사건 진상조사보고서는 제주 4.3폭동을 민중
  봉기라 하고 있다. 1948년 4월 3일부터 7월 20일까지 경찰 56명, 우익
  235명이 폭도들에게 학살당할 때 폭도는 15명밖에 죽지 않았다. 제주도
  는 폭도들이 완전히 장악하였다. 그리고 제주도 주둔 11연대는 진압부대
  로서 제주도 양민을 한 명도 죽인 일이 없다.

## 5. 제주 9연대장 김익렬 제주 4.3폭동 진압 미온적 태도

48년 4월 5일 제주도 폭동을 보고받은 조병옥 경무부장은 제주도 경비사령부를 신설하고 사령관에 김정호를 임명하였다. 그리고 8개 중대 1,700여 명을 제주도에 급파하고, 서청 500명도 제주도폭동 진압에 증원하였다.

경찰의 진압작전은 경찰 안의 남로당 프락치가 있어 즉시 김달삼에게 보고되어 작전할 때마다 폭도들의 매복에 걸려 큰 피해를 보게 되어 경찰이 많이 전사하게 되어 수치심과 분노를 참을 수 없었다. 또 한편으로 경찰들은 폭도들의 치밀한 준비와 세력이 큰 데 놀라 진압을 하러 나갈 수가 없었다. 마을마다 폭도들의 정보원이 있어 경찰서에서 경찰이 출발할 때부터 경찰의 행동을 김달삼에게 보고하여 김달삼은 경찰이 지나갈 만한 곳에 폭도들을 매복시켜 경찰들을 죽였다. 그의 매복 작전은 신기할 정도였다. 4월 10일 미군정에서는 제주도 폭동을 진압하기 위하여 부산의 5연대 2대대를 제주에 급파하였는데 2대대장 오일균 소령은 불행하게도 남로당원 이었다. 이 소식은 폭도들에게 즉시 알려져 사기가 충천하였다.

48년 4월 10일 제주감찰청장이 9연대장 김익렬 연대장에게 폭도들을 속히 진압해 달라고 요청해도 김 연대장은 "훈련이 부족하여 진압할 수 없다"고 거절하여 경찰은 난감하였다. 이 소식은 즉시 김달삼에게 보고되었다. 그러자 폭도들은 거칠 것 없이 마을마다 다니며 적기가를 부르고, 인민공화국 만세를 부르고, 우익과 선거관리위원을 죽이면서 5.10선거에 참여하지 못하게 하여 제주도는 인민공화국 세상이 된 것 같았다.

김정호 경비사령관이 경찰과 합동으로 폭도를 진압하자고 해도 김익렬 9연대장은 훈련이 부족하다고 하면서 진압에 나서지 않았다. 그러자 경찰들은 김익렬이 좌익이 아닌가 의심하였다. 실은 9연대 2대대

장 오일균 소령과 문상길 중대장과 남로당원의 하사관들이 진압에 적
극 반대하여 김익렬도 마음대로 부대를 움직일 수 없었다.

48년 5월 3일까지 한 달 동안의 피해상황은 경찰 12명 사망, 부상 21
명, 공무원 사망 5명, 우익 · 양민 사망 35명, 방화 45건이었으나 폭도
들의 피해는 적었다.

## 6. 김익렬과 김달삼의 평화협상

### 1) 평화협상 맺다.

48년 4월 28일 오전 11시 김익렬 연대장은 정보장교 이윤락 중위와
전 제주지사 박경훈과 같이 대정면 구억리 구억초등학교로 가서 김달
삼을 만났다. 김달삼은 김익렬의 협상조건이 현실적이라 판단하고 폭
도들을 귀순시키기로 합의하였고, 귀순은 4월 29일 12시부터 하기로
합의하였다. 김익렬 연대장은 회담 결과를 대대장과 미 제59군정 중대
장 맨스필드 중령에게도 보고하였다. 그리고 서귀포와 성산포에 수용
소 건립을 지시하였다.

### 2) 폭도에 의해 평화협상 깨지다.

제주읍 남동쪽 2㎞ 지점에 오라리 마을이 있다. 오라리 마을은 5개
마을로 되어 있고 주민은 600여 호 3,000여 명이 살고 있었다. 이 마을
에는 일제 때부터 좌익 활동을 했던 고사규, 박기만, 오팽윤, 송삼백,
이순정 등이 있어 주민들에게 영향을 주어 좌익사상이 강하였다.

48년 4월 29일 평화협상을 한 지 하루가 지난 후 폭도들은 오라리
연미마을 대청 부단장 고석종과 대청단장 박두인을 끌고 가서 민오름
나무에 묶었다.

48년 4월 30일 대청단원 부인인 강공부(23세), 임갑생(23세) 등이 폭

도들에게 끌려 가 민오름 나무에 묶였으나 임갑생은 기적적으로 끈을 풀고 구사일생으로 도망쳐 살았다.

경찰이 신고를 받고 민오름을 뒤지니 임신부 강공부는 죽어 있었고, 폭도들이 박두인과 고석종은 다른 곳으로 끌고 가서 죽였다. 경찰 수사관과 미군정 방첩대는 출동한 경찰과 임갑생을 통해 사건 전반에 대해 조사한 결과 "김익렬과 김달삼의 4.28 평화협상은 폭도들에 의해 깨졌고, 김달삼이 김익렬을 이용하고 있다"고 결론을 내렸다. 이렇게 되어 평화협상은 깨졌다.

5월 1일 오전 9시 전날 폭도들에게 비참하게 죽은 임신부 강공부의 장례식이 있었고, 여기에는 대청과 서청원 30여명이 참석하였다. 장례식을 마친 청년들이 폭도로 의심되는 집 6세대 12채에 불을 지르고 이들은 제주 읍으로 갔다. 멀리 떨어진 오름에서 폭도들은 연미마을에서 연기가 나는 것을 보고 5월 1일 12시가 지나서 20여 명이 연미마을에 도착하고 보니 대청 청년들은 없고 집 12채가 불타고 있었다. 그러자 폭도들은 순경 김규찬 어머니를 아들이 순경이라는 이유로 죽창으로 찔러 죽였다. 이 일을 신고 받은 경찰 2개 소대가 연미마을에 도착하여 폭도들에게 총을 쏘자 폭도들이 도망을 쳤다. 그런데 고무생(41세)이라는 여자가 경찰이 정지하라고 고함을 치는 데도 도망치자 총을 쏘아 고무생을 죽였다.

우익 청년들이 불을 질러서 4.28 평화협상이 깨졌다는 진상조사보고서 주장은 허위주장이다. 이유는 위와 같이 48년 4월 28일 협상을 한 후 폭도들이 4월 29일 우익청년 2명, 30일 우익청년 부인 2명을 끌고 가 3명을 죽인 데서 4.28 평화협상이 깨진 것이다.

제주 인민유격대 투쟁보고서에는 국방경비대와의 관계에서 폭도와 9연대 문상길 소위와 만나 협의한 내용 중,

"인민군(폭도:저자 주) 원조부대로서의 탈출병 추진, 교양자료의 배포 등의 문제에 의견 일치를 보았고, 더욱이 최후 단계에는 총궐기하

여 (9연대를 반란부대로:저자 주) 인민과 더불어 싸우겠다고 약속하였음. 또 9연대장 김익렬이가 사건을 평화적으로 수습하기 위하여 인민군 대표와 회담하여야 하겠다고 사방으로 노력 중이니 이것을 교묘히 이용하면 국경(국방경비대:저자 주)의 산 토벌을 억제할 수 있다는 결론을 얻어 4월 하순에 이르기까지 2회에 걸쳐 군책과 김 연대장과 면담하여" 라고 기록되어 있어 김달삼은 김익렬을 이용하고 있음을 알 수 있다.(문갑송 저, 인민유격대 투쟁보고서 78쪽) 또 김익렬 연대장은 칼빈 총 탄환 15발을 폭도에게 제공할 정도로 가까웠다.

※ 2003년 양조훈이 팀장으로 작성한 제주4.3사건 진상조사보고서 198쪽에는 "5월 1일 대청 청년들에 의해 평화협상이 파기되어 4.3사건이 확대되었다" 고 허위 및 좌편향적인 보고서를 작성하였다. 제주대학 고창훈 교수는『해방 전후사의 인식』4권 285쪽에서 "미군정이 5월 1일 오라리사건을 조작하여 4.28 평화회담의 합의를 깨버렸다" 고 거짓주장을 하고 있다. 제주4.3사건 진상조사보고서는 고창훈 교수의 책을 복사한 것 같다.


## 7. 남로당이 5.10선거에 참여하였으면
### 김삼룡이 대통령이 될 수 있었다.

제주도에는 169개 리가 있다. 마을마다 좌·우로 갈라졌고, 어느 마을은 좌가 우세하였다. 금악, 북촌, 오라리, 도두리는 좌익이 90% 이상이었다. 제주 4.3폭동 후 우익은 숨어서 지내야 했고, 좌익이 완전히 장악하였다. 마을마다 좌익들은 전단지를 뿌려 5.10선거에 참여하지 못하게 하였고, 투표를 못하게 하기 위하여 산으로 끌고 갔다. 그래서 산사람이 많아지게 되었다.

미군정이 5.10선거에 국회의원 198명을 선출한다고 공고하자 937명이 후보등록을 마쳤다. 이 선거에 김구 선생은 박헌영과 같이 참여하지 않았고, 이승만 박사는 선거에 참여하였다. 대통령은 국회에서 선출하는 간접선거였다.

제주도는 3개 선거구 중 폭도들의 반대로 2개 선거구가 무효가 되고 1개 선거구만 당선을 발표하였다. 제주 오라리마을 3,000여 명 중 2,000여 명이 투표를 하지 않을 정도였다. 전국에서 남로당의 5.10선거 반대가 엄청나 선거공무원 사망 18명, 부상 54명, 입후보자 사망 2명, 부상 4명, 경찰사망 4명, 부상 64명, 일반 공무원 사망 145명, 부상 25명, 양민 150명 사망, 부상 42명, 폭도 330명 사망, 131명 부상을 당해 전쟁을 방불케 하였다. 제주도 2개 선거구와 남로당은 대한민국 정부 건국을 반대하고 있었다.

1) 김구 선생과 박헌영의 5.10선거 불참의 결과

박헌영의 남로당은 450개의 사회단체와 정당에 프락치를 심어 5.10선거를 반대하게 하여 이승만을 고립시키는 정책을 썼다. 또한 5.10선거 저지와 남북협상을 위해 각 당에 프락치를 심어 일제히 이를 주장하게 하였다. 김구 선생도 「남한 만의 총선거를 반대한다.」고 성명을 발표하자 이승만은 「북한이 반대해서 통일선거를 못하는데 어떻게 하라는 말인가 용서할 수 없다!」라고 규탄하였고, 김준연은 「김구는 크레물린의 신자다.」 라고 규탄하였다. 48년 2월 10일 김구 선생도 「3천만 동포에게 읍고 함」이라는 성명을 발표하였다.

2월 10일 김구, 김규식 등이 김일성과 협상하자고 제의하였다. 김일성과 박헌영도 5.10선거를 반대하기 위해 남북 협상을 환영하였고 이를 최대한 이용하려 하였다. 그리고 김일성은 간첩 성시백을 통해 공작에 들어갔다.

48년 4월 14일 김일성은 평양에서 남북협상을 한다고 발표하였다. 3월 29일 김일성은 간첩 성시백을 통해 김구에게 초청장을 보내고 김규식, 조소앙, 김봉준, 백남운, 홍명희, 김일청, 이극로, 허헌, 유영준, 허성택, 김원봉, 송을수, 김창준 목사 등 좌익계에 초청장을 보냈다. 미군정은 "김구와 김규식 등이 북행을 해서는 안 된다"라고 반대성명을 발표하였다.

48년 4월 19일 60여 명의 청년과 유림 선생이 "김구 선생의 북행을 취소하십시오!" 하고 간곡히 요청하였다. 그러자 김구 선생은 "나는 38선을 베개 삼고 자결할 것이오!" 하면서 반대하고 38선을 넘어 평양을 가자 우익과 미군정에서는 "저럴 수가" 하면서 김구를 규탄하였다. 미군정은 김구 선생이 신탁통치나 5.10 선거, 또 미군정 하는 일마다 반대하고, 이제는 반대하는 것을 넘어서 김일성을 만나러 간다고 하면서 김일성과 똑같은 주장을 하여 큰 골칫거리였다.

48년 4월 19일 김구 선생은 아들 김신, 비서 선우진과 같이 경교장 뒷문을 통해 6시 45분 38선을 넘었다. 평양에서 4월 26일 회의도 하고 협상도 했지만 아무 성과 없이 이용만 당하고 5월 9일 김구 선생과 김규식 선생은 서울로 돌아왔다. 김규식 박사는 아예 정계에서 은퇴하였다.

김구 선생은 5.10선거에 적극 참여하여 국회의원에 당선되어 국회 안에서 모든 문제를 풀어가야 하는데, 국회의원이 되지 못하여 정치에 치명적인 타격을 받아 정치일선에서 뒤로 밀려나 있어야 했다. 박헌영의 남로당도 5.10선거를 반대하지 말고 선거에 참여하였다면 100석 가까이 국회의원을 당선시킬 수 있어 무소속과 손을 잡고 김삼룡을 대통령으로 밀었다면 김삼룡이 대통령이 되어 국회와 정권을 장악, 조선인민공화국을 합법적으로 탄생시켜 김일성과 협력하였다면 합법적으로 남북한 적화통일을 하여 그들의 뜻대로 할 수 있는 가능성이 있었다.

| 정 당 | 입후보자 수 | 당선자 수 |
|---|---|---|
| 대한독립촉성국민회의 | 230명 | 55명(이승만 계) |
| 한 민 당 | 90명 | 29명(김성수, 장택상, 조병옥계) |
| 대동청년 당 | 78명 | 12명 |
| 민족청년 당 | 21명 | 6명 |
| 대한노동총연맹 | 22명 | 0명 |
| 한국독립 당 | 9명 | 0명(김구 계) |
| 여자국민 당 | 2명 | 0명 |
| 무 소 속 | 415명 | 85명 |

1946년 2월 조선공산당 외곽단체인 허성택이 위원장인 13개도의 전평이 57만 명이며, 전농이 330만, 조선공산당 60만 명(박갑동 150만 명 주장)이었고, 남한의 76%가 남로당을 지지하였다.

5.10선거 총 유권자 860만 명중 560만 명인 78%가 북한의 조선공산당의 지하선거에 참여할 정도였다. 그러므로 5.10선거를 폭력으로 반대하지 않고 조선공산당이 5.10선거에 적극적으로 참여하였다면 100석 이상이 당선되어 압승할 수 있었다. 그리고 제주에서도 원세훈이나 조몽구, 김달삼, 이덕구가 5.10선거를 반대하지 않고 국회의원에 출마하였으면 제주도에서 2명은 당선되었을 것이다. 당선된 국회의원들이 합법적으로 남로당을 보호하고 정치에 참여하여 자기들 뜻대로 할 가능성이 있었다. 그러나 5.10 선거를 무조건 반대하여 심각한 좌우 갈등을 불러일으켰으며, 귀한 생명이 희생되고, 제주도 사람 13,000여 명이 죽는 결과를 낳았다. 그로인해 14연대 반란을 불러 일으켜 남로당이 뿌리가 뽑히는 결과를 가져왔고 6.25한국전쟁의 원인도 되었다. 제주 4.3폭동은 현재까지도 어려움을 겪고 있다.

※ 강정구 전 동국대 교수는 "1948년의 상황에서도 외세(미국)의 개입이 없
이 민족 자주적으로 5.10선거가 남쪽에서 치러졌더라면 한민당과 이승만
의 극우 · 분단세력이 아니라 좌익 · 중도세력이 권력을 장악하였을 것이
다."라고 분단과 전쟁의 한국현대사 200쪽에서 주장하고 있으나, 미군정
은 남로당이 5.10선거에 참여하는 것을 절대 저지하지 않았다. 또 38쪽에
서는 "미군정이 남한 만의 단독정권을 창출하여 조선을 분할 지배하기 위
한 목적의 선거였고, 조선인의 주도가 아니라 미군정에 의해 치러진 선거
였고, 민전 인민당 등 전체 좌익과 상해 임정계의 한독당, 김규식 계열의
민족자주연맹 등 대부분의 우익세력들로 이루어진 각 정당 · 사회단체들
은 남북협상에 의해 민족 자주 통일정부를 수립하려는 투쟁에 들어가
5.10선거를 보이코트 하여 . . . .중략. . . . .정통성을 전혀 인정하지 않았
고. . . . . 이승만 권력 창출의 형식요건에 불과하였다." 라고 거짓주장을
하고 있다. 39쪽에는 "5.10선거에서 극우 분단세력 외에 다른 세력들이
의회에 진출할 가능성은 원칙적으로 배제 되었고, 선거 결과는 유권자의
의사와는 전혀 무관한 것 이었다" 고 거짓주장을 하고 있다. 40쪽에 "5.10
선거는 민주성을 완전히 상실한 허구적 선거로 귀착되었다" 고 허위주장
을 하고 있다. 좌파들은 거짓의 전문가들이다.

48년 5월 31일 초대 국회를 개원하였다. 여기서 의장에 이승만, 부
의장에 신익희와 김동권이 선출되었다. 6월 3일 헌법과 정부 조직법의
조정 작업에 들어갔으며, 국호를 대한민국이라고 7월 1일 공포하였다.
7월 17일 헌법을 공포하였고, 7월 20일 국회에서 이승만을 대통령에,
이시영을 부통령에 선출하였다. 이승만은 7월 24일 대통령에 취임하
였고, 8월 15일 하지 사령관은 미군정이 끝나고 대한민국이 건국되었
다고 공포하였다. 그리고 한반도에서 미군이 떠나기 위해 준비를 서둘
렀다.

## 8. 박진경 9연대장의 군 · 경 합동 진압작전

김익렬 연대장은 4월 3일 폭동이 일어나자 경찰이 합동작전을 하자고 애원해도 훈련이 부족하다는 이유로 4월 24일까지 20일 동안 진압에 나서지 않아 사건이 확대 되었다. 또 4월 28일 평화협상도 깨져 김달삼에게 이용당하여 폭도들에게 더 유리하게 하였다고 조사를 받았다. 그리고 5월 6일 연대장 직에서 해임되고 박진경 중령이 9연대장에 취임하였다.

박진경 연대장은 부대 상황을 보고받고 폭동의 원인과 진압 방법에 대해서 전략을 세웠다. 먼저 정보담당에 김종면 중령, 인사 최갑종 소령, 작전 임부택 소령, 군수 백석진 소령을 임명하여 참모진부터 강화하였다. 5월 15일 부대를 재편하고 제주, 모슬포, 한림, 서귀포, 성산포에 병력을 분산 배치하여 출동을 신속하게 하였다. 그리고 경찰과 합동하여 폭도를 진압하기로 합의하여 김정호 경찰 사령관은 적극 환영하였다. 이렇게 되자 9연대 안의 남로당원들이 당황하였고, 특히 2대대장 오일균 소령과 남로당원 문상길 중위가 폭도 진압에 못 가겠다는 이유를 댈 수가 없어 당황하였다. 박진경 연대장은 1차로 김달삼에게 접근하여 자수하면 모두 살려주겠다고 권하였으나 김달삼은 자수를 거절하였다. 박진경 연대장은 수원의 11연대 1대대를 증원받아 3개 대대로 연대를 강화하였고, 연대를 9연대에서 11연대로 통합하였다.

박진경 연대장은 대대장들을 소집하여 작전에 대해서 설명하였다.

"나는 유격대의 진압이 얼마나 어려운지 잘 알고 있다. 전쟁은 전선이 있어 정면에서만 공격을 받으나 유격전은 사면에서 공격을 받고 적과 양민을 구분할 수 없어 진압에 어려움이 많이 있다. 그러므로 유격전의 진압은 첫째로 정보가 새어나가지 말아야 한다. 그래서 나는 작전을 의논하거나 작전참모에게 작전을 세워 보고하게 하지 않고 그때그때 상황을 보아 작전할 것이다. 다음은 전투를 하기 위해서만 부대를 출동할 것이 아니라 훈련과 전투를 병행할 것이다. 그래야 폭도들이 우리의 움직임을 몰라 진압할 수 있다. 그리고 폭도들은 낮에는 자고 밤에만 공격하니 우리도 낮에 정보를 수집하고 밤낮으로 공격하여 그들이 지치고 정신을 못 차리게 할 것이다. 마을마다 담을 쌓아 성을 만들어 폭도들이 마을에 들어오지 못하게 하고 마을마다 자위대를 조직하여 경비대가 출동할 때까지 폭도를 막게 할 것이다. 김달삼에게 자수하면 책임지고 살려주겠다고 해도 자수하지 않으니 이제는 진압 방법밖에 없다. 내일부터 산에 있는 자는 모두 내려오게 하고 만일 내려오지 않고 산에 있는 자는 누구를 막론하고 폭도로 간주 사살하겠다."라고 하였다.

48년 5월 12일-27일 경비대와 경찰은 합동으로 폭도들의 진압에 나서 권고해도 산에서 내려오지 않는 자 3,126명을 체포하고, 경비대에 저항하는 자 8명을 사살하였다. 3,126명을 조사하여 500명을 기소하였고, 나머지는 훈방하였으며, 수용소에서도 살게 하였다. 경비대가 이처럼 적극적으로 진압하자 마을과 중산간 부락과 오름에서는 초등학교 학생들을 주로 보초(빗개)로 세워 대나무를 가지고 암호를 전달하였다. 대나무가 세워져 있으면 진압군이 없는 것이고, 대나무가 쓰러져 있으면 진압군이 온다는 뜻이었다. 이 일은 어린 소년들이 죽게 되는 결과를 가져왔다. 이 일을 가지고 좌파들은 진압군이 어린이까지 죽였다고 악선전하고 있다.

48년 5월 31일 오전 8시 30분 박진경 연대장은 3대대를 지휘하여 대정면 유격대 사령부를 공격하여 사살 2명, 포로 10명, 소총, 죽창, 탄약 등 중요서류를 노획하였다. 박진경 연대장은 군경 4,000여 명으로 제주도 오름과 산간지역을 이 잡듯이 뒤지고 마을마다 자위대를 두어 밤에 마을에서 폭도들이 극성부리지 못하게 하였다.

※ 제주4.3사건 진상조사보고서 221쪽에 보면 "이처럼 중산간 마을을 누비고 다니면서 불과 한 달 사이에 수천 명의 포로를 양산해 낸 박진경 연대장의 작전은 주민들을 더욱 산으로 도망치게 했고 자신은 암살당함으로서 사태 해결에 도움을 주기는커녕 더욱 악화시키는 계기가 되었다"고 허위 주장을 하고 있다.

## 9. 박진경 9연대장의 진압 때 인민유격대의 공격

### 1) 함덕지서 공격

5.10선거가 끝나고 박진경 연대장이 폭도를 진압하는데도 제주인민유격대는 경찰과 우익들을 계속 죽이면서 공격하였다.

48년 5월 12일 제주인민유격대는 조천마을 이성봉과 한동은을 경찰에게 고기를 팔았다는 이유로 살해하였다.

48년 5월 13일 점심시간이 조금 지나서 마을 경찰후원회장이 삶은 돼지고기를 가지고 함덕지서로 와서 경찰들은 이 돼지고기를 안주로 해서 술을 한 잔씩 하고 있었다. 오후 4시경 후원회장이 막 지서를 나가자마자 인민유격대 300여명이 지서를 포위한 후 집중공격을 하여 강봉현 지서주임이 즉사하였고, 경찰 3명이 유격대에 끌려가 피살 되었으며, 2명은 숨어 있다가 지서가 불에 타자 질식해서 죽었다. 이 때 외도 지서 주임 큰어머니 홍기조 씨도 죽었고, 지서 건물 3채가 불에 탔다.

조천면 함덕은 좌익이 우세하였고, 5.10 선거도 참여하지 않았으며, 인민유격대가 밤늦게까지 왓샤왓샤 해도 경찰이나 경비대가 출동하지 못할 정도로 좌익이 강하였다. 경찰이나 경비대는 경찰후원회장도 믿지 못하는 결과를 낳아 피해를 재촉하였다.

2) 저지리마을 공격

48년 5월 13일 오전 7시 한림면 저지리마을에 인민유격대 150여명이 함성을 지르며 공격하여 김인하 순경이 도망치다 붙잡혀 죽창에 찔려 죽었고, 경찰후원회장의 아버지 현명조(65세), 경찰보조원 박용주, 경찰보조원 고성현의 어머니(53세)도 죽었고, 나머지 3명도 같이 죽었다. 인민유격대는 경찰가족, 대청단원, 경찰특공대 집만 골라 우익가정 100여 채에 불을 질렀다. 이 때 인민유격대의 무기는 99식 총으로 수량은 4-5정이었고, 나머지는 죽창, 철창, 몽둥이 등이었다. 이들은 죽창 철창만 버리면 양민으로 변장하여 양민이라고 오리발 투쟁을 하면 진압군은 폭도와 양민을 식별하기가 어려워 진압하기 어려웠다.

48년 4월7일 인민유격대는 한림면 저지지서를 공격하여 경찰특공대원 김구원, 김태준, 고창윤 등을 죽이고 지서에 불을 질렀다.

3) 한림지서 공격

48년 5월 14일 인민유격대 100여명이 대낮에 한림지서를 향해 3개 방면에서 함성을 지르며 공격하였다. 금악, 명월, 신흥, 대림, 귀덕, 수원 등 마을 인민유격대 100여명이 한림지서를 공격한 것이다. 무기는 99식 소총 1정이고 나머지는 죽창과 철창 등이었다. 이 싸움으로 유격대 4명이 죽고 경찰 강태경이 죽었다. 유격대는 명월리 임창현(65세)씨를 국회의원에 출마하였다가 사퇴하였다고 아들과 손자를 납치하여 죽였고, 부인도 죽이고 집에 불을 질렀다.

한림 면사무소 총무계장 진윤종, 재무계장 진홍종, 산업계장 진한종을 납치 후 사살하였고, 농민 박수석도 납치 후 살해하였다.

4) 금악마을 공격

48년 5월 14일 한림면 금악리에서 인민유격대가 밤에 와서 마을 대청 부단장 김태화(29세)와 그의 부인을 죽였고, 우익인사의 집 7채에 불을 질렀다. 또 강공오를 납치하여 살해하였다. 이 마을은 좌익이 주도하였고, 선거를 하지 않았으며, 우익은 10%도 안 되었다. 이것으로 제주도민 좌익이 80%라는 것을 입증하고 있다. 5월 9일 금악 간이학교 교장이며 선거관리위원장인 이병화(42세) 씨와 대청단원 강임생(36세) 씨가 행방불명되었다가 시체로 발견되었다.

5) 도두리 마을 공격

48년 5월 11일 유격대는 마을 선거관리위원장 김해만(51세), 대청마을단장 정방옥(31세) 단원 김용조(23세) 등을 납치하여 죽였고,

5월 14일 김상옥(44세) 김택훈(27세) 부자가 납치 살해되었고,

5월 18일 김해만의 처 장인동(52세)과 딸 김순풍(19세), 아들 김광홍(9세), 정방옥의 처 김순녀(24세), 김용조의 처 문성희(26세), 대청단원 김성언의 어머니 고정달(56세) 등이 납치되어 살해당하였다. 이들이 끌려가던 중 김해만의 어린 아들(9세)이 "살려 달라!'고 울부짖었으나 유격대는 이를 외면하고 끌고 가 잔인하게 죽였다. 폭도들이 이들을 살인한 방법은 인간으로서는 눈으로 보고 귀로 들을 수 없을 정도로 잔인하였다. 이 마을은 좌익이 주도하였고, 90%가 선거에 참여하지 않았다.

6) 송당마을 공격

48년 5월 10일 인민유격대가 오전 11시부터 마을에 나타났다가 밤중에 마을 구장 김두만(47세) 씨 집을 공격하여 부인 김정생이 총에 맞아 즉사하였고, 김원옥(19세)을 대창으로 찔러 죽였으며, 김두만, 김인아, 김건보, 고두학, 김완숙 등 우익인사 집에 불을 질렀다.

7) 영락마을 공격

48년 5월 18일 대정면 영락리에 인민유격대가 나타나 고성두(63세)

송연화(61세) 부부와 아들 고창홍(20세) 딸 고일복(18세) 한가족 4명을 우익 가족이라고 죽였다. 그리고 마을 우익인사 집 7채에 불을 질렀다.

### 8) 무릉마을 공격

48년 5월 24일 대정면 무릉2리 인양동 향사에서 인민유격대의 소집으로 마을회의가 소집되었다. 경찰이 이를 덮치려고 인양동에 출동하자 초등학교 고학년인 17세 김창보가 보초(일명 빗개)를 섰다가 경찰의 총에 맞아 죽었다. 유격대는 이런 어린 소년들을 동원하여 소년들이 경찰의 총에 맞아 죽게 하는 계기가 되었고, 마을 입구나 요소에는 아무렇지도 않은 것처럼 어린이들이 놀고 있다가 이상한 조짐이 있으면 곧 마을 안으로 통보하였다. 어린이들조차도 르뽀게(전달)의 역할을 완수하고 있었다. (4.3폭동에 가담했던 김봉현의 증언)

인민유격대들은 진압군이 어린아이들까지 죽였다고 선동하였다.

### 9) 하귀리마을 공격

48년 5월 10일 애월면 하귀리 선거관리위원 10여 명이 선거 전 날 청년들의 선동에 마을 주민들과 함께 산으로 들어가 숨어 있어 선거를 치르지 못하자 육지출신 경찰들은 구장도, 경찰후원회장도, 선거관리위원들도 믿지 못하고 혐의가 있다고 의심이 가는 자는 피해를 보는 계기가 되었다.

### 10) 서홍리마을 공격

48년 5월 25일 새벽 2시 서귀면 서홍리에 인민유격대가 선거에 참여하였다고 선거위원 변시진(37세) 집을 덮쳐 변시진을 칼로 수십 군데를 찔러 죽이고, 고창경(24세) 고찬하(22세) 형제도 칼로 무참히 찔러 죽였다.

향보단 마을 소대장인 강남석(42세)도 칼로 찔러 죽이고, 반장 고평호(49세)집을 찾아가 칼로 찔러 그는 2일 만에 죽었다.

인민유격대가 이들을 죽인 이유는 선거에 가담하고 유격대에 협조하지 않았다 는 것 때문이었다. 이렇게 해서 유격대에 협조하게 하여 진압군의 목표가 되게 하였다. 낮에는 대한민국, 밤에는 인민공화국 세상이었다.

### 11) 상예리마을 공격

48년 5월 10일 중문면 상예2리에 인민유격대가 침입, 마을 대청단장 김봉일 부부와 국민회 회장 오대호 등을 납치 살해하여 공포분위기를 조성하였다.

5월 22일 대낮인 오후 2시 우익인 오항주(46세)를 살해하고, 마을 이장 강기송(39세)을 살해하였다. 향보단원으로 선거에 적극 참여한 오남주(43세)를 납치해 살해하였다.

5월 23일 상예1리 오성호와 색달리 강보찬 등을 납치해 살해하였다.

### 12) 하도마을 공격

48년 5월 27일 새벽 1시 30분 인민유격대는 구좌면 하도마을을 습격하여 대동청년단 마을 부단장인 이하만(27세)을 칼로 난자해 죽이고, 우익인 백인선(60세)을 죽였다. 부평규(57세), 임대진( 54세) 등이 인민유격대를 비판하자 대창으로 수십 군데를 찔러 살해하여 비판을 못하게 공포분위기를 조성하였다.

### 13) 장전마을 공격

인민유격대는 총무 고종언(25세)을 한밤중에 공격하여 철창으로 난자하여 죽였고, 고종언의 생후 8개월 된 아들까지 죽이는 만행을 저질렀다.

4월 20일 제주읍사무소에 근무하는 소창보(29세)도 유격대의 습격을 받고 비참하게 죽었다.(이상 사건은 4.3은 말한다 참조)

### 14) 경찰 2명 피살

48년 6월 16일 어선 한 척이 우도를 출발하여 제주도로 가던 중 조천면 북촌 앞바다에서 심한 풍랑을 만나 북촌포구로 피하였다. 이 어선에는 경찰관 2명을 포함하여 15명이 타고 있었다. 북촌마을 보초는 즉시 이상한 배가 포구에 왔다고 마을에 알리자 관음사 전투를 지휘했던 인민유격대 참모격인 김완식 외 7-8명이 휴가차 북촌마을에 왔다가 이 소식을 듣고 어선으로 달려가 우도지서주임 양태수(27세) 경사와 진남호 순경 등 경찰 2명에게 총을 쏘아 쓰러뜨린 후 이들은 승객 전원을 포박하였다. 승객 중 김응석은 동생이 경찰이고, 백 순경의 처와 아들, 강 순경의 장모, 지서급사 양남수 등이었다. 유격대는 이들을 납치하였고, 진남호 순경이 복부에 총을 맞아 피가 낭자하게 흘렸으나 죽지는 않았는데 인민유격대는 이러한 진남호 순경을 끌고 가서 사살하였다. 나머지 사람들은 군 · 경 토벌대에 의해 살아났다. 인민유격대가 총상을 당한 진남호 순경을 끌고 가서 사살하였다는 소식을 들은 진압군은 크게 분노하였다. 인민유격대와 진압군과 우익은 적과 적이었다.

북촌마을은 5.10선거에도 참여하지 않았고, 인민유격대에서 민주부락이라고 불리는 좌익마을이었다. 그런데 이런 김관식을 제주4.3사건 희생자 심사위원들은 희생자로 결정하였다. 그래서 4.3 희생자심사는 법을 어긴 엉터리심사를 한 것이 입증되었다.

1949년 2월 4일 북촌마을 사건이 벌어진 것은 우연이 아니었다.

## 10. 9연대 장병 탈영과 박진경 연대장의 피살

### 1) 9연대 장병 41명 탈영

제주도 경찰과 우익은 박진경 연대장을 열렬히 환영하였으나 폭도들과 좌익들은 박진경 연대장이 철천지원수였다. 박진경의 진압작전에는 오일균, 문상길, 김달삼 모두 꼼짝 못하고 숨어 있을 수밖에 없었다. 그러자 김달삼은 9연대 안의 남로당원을 탈영시킨 후 박진경을 아예 죽이기로 오일균과 문상길과 합의한 후 문상길 중대장에게 9연대 안의 좌익을 탈영시켜 폭도들과 합세하도록 지시하였다. 문상길 중대장은 대정 출신 강기창, 성산면 출신 강정호, 남원면 김태홍 등에게 지시하여 1대대를 선동 탈영하여 폭도들과 합세하라고 지시, 5월 20일 밤 11시 41명이 실탄 5,600발을 가지고 탈영하여 11시 30분 대정지서에 도착하였다. 이들은 경찰관 서덕주, 김문희, 이환문, 김일하 순경과 보조원 임건수를 공격하여 총살하였다. 지서주임 안창호와 허태주는 총상을 입고 극적으로 목숨을 건졌으나 중상이었다. 소형원, 송순옥, 김정남 등은 경비대가 지서에 지원 차 오게 되면 위에서 반드시 연락이 오는데 갑자기 경비대 41명이 몰려오자 이상하게 생각하고 도망쳐 살았다. 이들 41명은 서귀포 경찰서를 기습하기 위하여 갔으나 경비가 심하여 차량 한 대만 빌려서 트럭 2대에 분승하여 폭도들과 합류하기 위하여 남원면 신례리 산으로 들어갔다.

보고받은 박진경 연대장은 깜짝 놀랐다. 그것은 한 명도 아니고 41명이 탈영한 것과 이들이 폭도와 합류하려고 탈영하였다면 41명이 모두 좌익이라는 말인데, 이들 41명이 무기를 가지고 부대를 반란군으로 만들었으면 어찌 되었을까 생각하니 등골이 오싹하였다. 박진경 연대장은 탈영병 41명을 체포하기 위해 정보를 수집하고 있는데, 대정면 중산간 부락에서 "경비대 41명이 밥을 해달라고 해서 밥을 해주고 있는데 행동이 아무래도 이상하다"는 일반인 신고가 들어왔다. 연대장은 즉시 3대대를 지휘하여 중산간마을 외딴집을 포위하였다. 그리고

"너희들 자수하면 살려주겠다!'하고 방송을 계속하였다. 그러자 21명
은 부리나케 도망쳤고, 20여 명은 손을 들고 나와 체포하여 부대로 압
송하였다. 이들이 가지고 있던 19정의 소총과 3,600발의 탄약을 회수
하고 제주도 사람으로 대대가 편성된 1대대를 연병장에 끌고 와 탈영
한 이유를 조사하였다. 이들은 폭도들과 합류하려고 탈영하였다고 밝
혔다. 박진경 연대장은 상부의 명령대로 20명의 포로들을 군법회의에
기소하였다. 그리고 상부 지시대로 9연대를 해체하고 11연대에 통합
시켰다. 그리고 제주 출신 1대대를 무장해제 시키고 제주읍 오등리에
연금시켰다. 이때까지 오일균 대대장과 문상길 중대장이 좌익인 것이
밝혀지지 않았다.

### 2) 박진경 연대장 피살

9연대 장병 41명 중 21명이 탈영에 성공하자 폭도들의 사기가 높아
졌고, 무기도 좋아졌다.

48년 5월 10일 김달삼과 문상길이 박진경 연대장을 죽이기로 합
의한 후 김달삼은 박진경 연대장을 죽이라고 문상길 중위에게 지령
하였다.

김달삼의 지시를 받은 9연대 문상길 중대장은 좌익 세포원 손선호
(22세 경주출신 대구 폭동에 가담하였다가 경찰의 추적을 피해 경비
대에 입대) 하사, 신상우(20세) 중사, 강자규(22세) 중사, 배경용(19세)
하사 등에게 17일 새벽 박진경 연대장을 죽이라고 지시하였다.

박진경 중령은 6월 1일부로 대령으로 진급하여 6월 17일 도민들의
축하연에 참석 후 18일 새벽 2시 잠자리에 들었다. 새벽 3시경 손선호
하사는 소총을 박진경 연대장의 머리에 대고 한 방을 쏘아 그 자리에
서 숨지게 하였다. 그는 48년 6월 18일 새벽 3시15분 숨졌고, 그의 나
이 28세였다. 경비대 중에서 가장 머리가 좋다고 한 고급 장교가 좌익
에 의해서 처음으로 희생당한 사건이었다.

※ 제주 4.3사건 진상조사보고서 225쪽과 229쪽에서는 "문상길 외 4명이 김
달삼의 지령을 받은 것이 아니라 박진경 연대장의 무모한 토벌을 막기 위
해 암살하였다"고 살인자들을 거짓으로 옹호하고 있다. 그러나 제주인민
유격대(폭도:저자 주) 투쟁보고서에는 "박진경 연대장 이하 반동 장교들을
숙청하지 않으면 안 된다"라고 하여 이미 박진경 연대장을 죽일 것을 계
획하였다. (문창송 편 『한라산은 알고 있다』80쪽)

### 3) 11연대장에 최경록 중령 임명

최경록 연대장은 서울에서 잘 훈련된 세퍼트를 데리고 와서 잠자
리 옆에 꼭 두었다. 그것은 경호원도, 부관도, 당번도, 누가 좌익인
지 몰라 언제 뒤통수를 칠지 모르나 개는 주인에게 뒤통수를 치지
않기 때문이었다. 최경록 연대장은 총력을 기울여 박진경 대령 암살
자를 찾았다.

암살범인 문상길 중대장을 압송하여 서울에서 조사가 시작되었고,
조사 후 선고가 내려졌다. 문상길, 손선호, 배경용, 신상우는 사형, 양
희천은 무기, 강승규는 5년 형, 황주복, 김정도는 무죄를 선고 받았다.
48년 9월 23일 수색에서 사형수 4명이 사형 집행되었다.

문상길은 경북 안동 출신으로 좌익단체에서 활동하다 대구 6연대에
입대, 육사 3기로 졸업 임관하였다. 경비대 정보과에서는 경비대 안에
좌익이 많은 것에 놀라 남로당원(공산주의자) 색출에 전력을 다해 파
악했다. 그런데 미군정은 사상은 자유다 하면서 군부 안의 남로당원
검거를 반대하였다. 그래서 우익들은 대한민국 정부가 세워지면 보안
법부터 제정하여 군 안의 남로당원을 뿌리 뽑지 않으면 남한이 적화
되는 것은 시간문제라고 염려하였다.

11연대 안의 100여 명의 좌익 남로당원들은 최경록을 죽이고 연대를
장악하여 11연대를 반란군으로 만들려고 기회를 노렸고, 탁성록 정보
과장은 이것을 막으려고 혼신의 노력을 다했다. 그런데 7월 2일 모슬포

1대대 소속 장병 11명이 또 완전무장하고 탈영하여 폭도들과 합세하였고, 그 후 또 탈영하여 1명 피살, 3명 검거, 나머지는 인민유격대와 합세하여 총52명이 탈영하였다. 48년 6월 18일 최경록 연대장은 "산에 있는 자는 무조건 하산하라!"고 전단지를 뿌리고 광고를 하였다. 그리고 마을마다 성벽을 쌓게 하고 자위대를 활성화 했다. 최경록 연대장은 경찰과 경비대를 총동원하여 360개 오름을 뒤지면서 산에 있는 자들을 체포하였다. 48년 6월 18일부터 7월 14일까지 1,454명을 연행하여 600여 명을 기소하고 나머지는 수용소에 보냈다. 그리고 진압군에 대항하는 자 22명을 사살하였고, 소총 50정도 노획하였다. 폭도들은 도저히 견디지 못하고 산속 깊숙이 숨어 진압이 다 된 것으로 위장하였다. 그리고 그들은 북한의 8.25선거와 다음 작전을 위해 준비하였다.

## 11. 제주도민 북한의 8.25선거 참여

### 1) 북한의 8.25선거

박헌영은 남로당의 저지에도 불구하고 48년 5.10선거가 남쪽에서 무사히 끝나자 난감하였다. 그는 신탁통치를 성공시켜 통일정부가 세워지면 반드시 남로당 대표로 자기도 참여하여 어떻게 해서라도 한반도를 장악하려고 하였다. 그런데 신탁통치도 되지 않고, 남한의 5.10선거를 반대하여 선거가 무산되어 공산주의로 남북한이 통일되면 박헌영도 남쪽의 대표로 권력의 힘을 받을 수 있는데, 남쪽의 5.10선거가 끝나 북쪽과 남쪽의 정부가 세워짐으로써 자신의 설 자리가 없어 김일성에게 밀려나게 되었다.

48년 7월 10일 북한은 인민회의에서 인민공화국 수립 일정과 방법에 대해 결정하고, 총선거는 8월 25일 실시하고 인구비례에 의해 남조선 360명, 북조선 212명의 대표를 선출하기로 하였다. 남한에서는 360

명의 대표를 선출하기 위해 각 시 군 대표 1,080명을 선출하기로 하고, 좌파 선거관리위원을 2,500명 선정하였고, 전권위원은 5천명, 위원은 8만여 명이었다.

남한의 5.10선거 총유권자 8,681,746명 중 78%인 560만여 명이 북한의 선거에 참여할 정도로 그 세력은 막강하였다. 이때 남로당원(조선 공산당원)의 수는 60만(150만여) 명이었다. 제주 폭도들은 밤마다 마을을 다니며 북한의 8.25선거에 대해 설명을 하고 투표를 하도록 하였다. 제주도 3개 선거구에서 북한의 선거를 실시하였는데 이 지하 선거는 북한에서의 선거를 지지하고 남한 정부를 반대하는 내용의 지지 서명을 받았다. 즉 한반도가 공산화로 통일국가가 되는 것에 찬성하는 서명이었다. 폭도들은 주로 밤마다 마을을 돌아다니며 적기가를 부르고 '조선민주주의 인민공화국 만세'를 부르면서 서명을 받고 있었다. 유권자 85,517명 중 80%(김달삼 주장)인 52,000여 명이 타의든 자의든, 알든 모르든, 투표에 참여하였다. 지역대표 1,080명이 선출되어 이들은 개성, 포천, 동두천, 주문진 등에서 38선을 넘었다. 8월 10일 월북하다 80여 명은 경찰에 체포되었고, 1,000여 명은 38선을 넘어 해주에 도착하였다.

제주도 대표 안세훈, 김달삼, 강규찬, 이정숙, 고진희, 문등용 등은 8월 2일 성산포에서 해녀들의 도움으로 어선을 타고 목포에 도착하여 38선을 넘었다. 김달삼은 김일성과 박헌영으로부터 뜨거운 환영을 받았고, 국기 훈장 2급을 받았다. 그는 영웅 칭호도 받았다. 남조선 인민 대표자 회의는 8월 21일부터 6일 동안 해주 인민회당에서 개최하였다. 이 회의에서 박헌영의 개회선언, 홍명희의 개회사로 개회되었다. 남조선 주석 35명을 여기서 선출하였는데 김달삼도 포함되었고, 김달삼은 여기에서 4.3폭동에 대한 연설도 하였다. 남조선 최고인민회의 대의원 360명이 선출되었다. 김달삼은 제주도민 5만2천명이 8.25선거를 찍은 투표용지를 증거물로 제시하였다. 이것으로 제주도 4.3폭동은 대한민국을 반대하고 북한의 8.25선거에 참여하기 위한 폭동을 일으켰다는 증거가 되며, 협력자는 5만2천명으로 제주도 70%가 좌파라는 증거가 되었다. 그런데 좌파들과 제주4.3 진상조사보고서는 제주4.3폭동을 민중봉기라고 거짓주장을 하고 있다.

　4.3폭동 주동자 김달삼은 보현산의 제3병단장이 되어 49년 8월 4일 해주 남로당 인민유격대 300여명을 이끌고 부단장 남도부(본명 하준수)와 같이 38선을 넘어 경북 양양군 일출산에 침투하였고,

　50년 3월 21일 강원도 정선군 반론산에서 국군 8사단 336부대의 공격을 받고 괴멸되어 부사령관 나훈 등이 사살되고 김달삼은 남도부와 같이 50년 4월 3일 월북에 성공하였다. 김달삼은 6.25동란 초 766부대와 같이 강릉 밑 옥계에 상륙하여 간부들을 데리고 경북 청도군 운문산지구로 침투하여 경남 신불산전투에서 국군과 전투 중 사살되었다.

　1948년 9월 1일 북한의 수상 선거가 있었다. 남조선 대표가 북한 대표보다 많으니 투표하면 박헌영이 수상이 될 가능성이 많았다. 그러나 소련에서는 박헌영보다 김일성을 선택하여 투표하지 않고 만장일치로 박수로서 김일성을 수상에 추대하였다. 남로당원들은 "수상을 박수로 뽑는 법이 어디 있단 말인가? 이럴 바에는 처음부터 선거를 하지 말고 박수로 처리하지, 죽음을 무릅쓰고 선거를 하기 위해 38선을 넘어 여기까지 오게 하였느냐?"고 불평이 이만저만이 아니었으나 이제 와서 어떻게 할 방법이 없었다. 박헌영이 김일성에게 이용만 당하여 박헌영과 남로당은 기가 막혀 눈앞이 캄캄하였다. 결국 김일성은 수상이 되고 박헌영은 부수상 및 외상이 되었다.

## 12. 제2대 폭도사령관 이덕구의 9.15사건

### 1) 이덕구 인민유격대 사령관이 되다.

김달삼이 해주에 간 후 돌아오지 않아 사령관 자리가 비게 되자 남로당 제주도당에서는 이덕구를 제주인민유격대 제2대 사령관에 추대하였다. 이덕구는 조천면 신촌사람으로 당시 32세였고 관동군 소좌로 해방을 맞았다. 그는 얼굴이 약간 곰보였고 말을 약간 더듬었다.

제주인민유격대는 숨어 있으면서 북한의 8.25선거를 하였고 식량확보, 무기 보강, 민주부락 확대, 마을마다 정보원 보강, 유격대 증원에 힘썼다.

제주도당에서는 어승생의 밀림지역에 사령부를 두고 사령부 안에는 선전, 조직, 총무, 군사부를 보강 조직하였다.

1연대: 조천 제주 구좌 3.1지대(1지대)이덕구

2연대: 애월 한림 대정 안덕 중문 2.7지대(2지대)김대진

3연대: 남원 서귀 성산 포선면 4.3지대(3지대)김의봉

4연대: 예비대

특공대: 정찰 반동감시 자위대 관리

자위대 1개면에 10명, 1개리에 1-2명.

도당에서는 당원 3만 명을 동원하여 제주인민유격대에 협조하게 하여 유격대 3,000여 명을 확보하였고, 마을마다 보초를 세워 진압군의 진압에 대비하였으며, 마을의 정보원은 마을 상황을 도 사령부에 보고하게 하였다. 낮에는 평범한 양민으로 위장하고 밤에는 총과 죽창과 연장을 들고 폭도로 변하여 진압군은 폭도 진압에 어려움이 많았다.

2) 폭도(내란군) 사령관 이덕구의 공격 개시

48년 9월 15일 중문면 도순리에 살고 있는 문두천을 폭도들이 몰려와 칼로 난자하여 죽였다.

9월 18일 성산면 고성2구 민보단장 김만풍의 집에 폭도들이 들이닥쳐 칼로 난자하여 죽였다. 이장 집을 찾아가 이장을 죽인다는 것이 이웃의 오만순(37세)을 칼로 찔러 죽였다.

9월 25일 김녕리 특공대장 박인주는 장례식에 참석하였다가 폭도들

에게 잡혀 현장에서 죽게 되었다.

10월 1일 폭도들은 군복을 입고 와서 장례식에 참석한 정병택과 그의 아버지 정익조와 김상혁에게 조사할 것이 있으니 가자고 하여 의심하지 않고 따라간 이들을 총으로 쏘아 죽였다.

10월 1일 폭도들은 도순과 오도리를 공격하였다. 폭도들의 공격으로 오도리에 있는 경찰 정찬수, 박홍주, 최형규, 김병호 등 5명이 현장에서 즉사하고 부상자가 많이 발생하였고, 2명이 납치되었다.

10월 6일 폭도들은 구좌면 김녕리 부근에서 20명의 경찰과 폭도 40명과 사격전이 벌어져 경찰 한 명이 부상하였다.

10월 7일 시위대 200여 명이 조천지서 앞에서 시위를 하였다.

이상의 보고를 받은 송요찬 9연대장은 깜짝 놀랐다. 그것은 7월 중순부터 제주도에 있는 폭도들이 사람을 죽이거나 지서를 습격하는 일이 없어 제주도 4.3폭동이 진압된 줄 알고 11연대 1개 대대를 수원으로 원대복귀해서 다시 9연대가 되었다. 9월 5일 경찰의 보조원이라고 해서 멸시 천대를 받던 경비대가 정식 육군이 되어 사기가 충천하였으며, 8월 15일 대한민국도 정식으로 건국되었고, 미군도 한반도를 떠난다고 선언하고 군단이 일본으로 떠나고 있어 이제는 폭동의 명분이 없는데 이상과 같은 폭동이 다시 발생하여 송요찬 연대장은 육본에 즉시 보고하였다.

## 13. 제주도에 경비사령부 신설

육본에서는 송요찬 연대장의 이상과 같은 폭동 보고를 받고 깜짝 놀라 10월 11일 제주도에 경비사령부를 신설하고 부산의 5연대 1개 대대와 대구 6연대의 1개 대대를 차출하여 9연대에 배속하였다. 그리고 경비사령관에는 김상겸 대령을 임명하였다. 해군 함정도 배속하여 진압에 나섰다. 그리고 여수에 있는 14연대 1개 대대도 9연대에 배속 진압하라고 명령하였다.

이 정보를 입수한 남로당 군사부장 이재복은 14연대 남로당원 지창수 상사를 선동하여 반란을 일으키게 하여 14연대 전체가 반란군이 되었다. 대구 6연대도 11월 2일 이재복이 이정택 상사에게 지령을 내려 반란을 일으켰으며, 광주 4연대 일부가 14연대 반란군과 합세하였다. 마산의 15연대장 최남근 중령이 반란군에 가담하였고, 11월 18일에는 박헌영의 지령으로 북한의 인민유격대 강동정치학원 출신 180명이 11월 14일 오대산을 거쳐 태백산으로 가고 있었다. 신생대한민국은 국군 안의 남로당원 반란 때문에 위기를 맞이하였다.

48년 10월 24일 제주 내란군 사령관 이덕구는 대한민국 정부에 선전포고를 하여 내란군이 되었다. 제주도 폭도들은 대한민국이 금시(今時) 넘어지고 남한이 곧 조선민주주의 인민공화국이 될 것으로 알았고, 또 도민과 산사람들에게 그렇게 된다고 선전하는 등 폭도들의 사기는 충천하여 그들에게는 거칠 것이 없었다.

이들은 적기가를 부르고 '인민공화국 만세!'를 부르고, 50여 개의 오름에 봉화를 올리고, 인공기를 세우고 곳곳에 대중 집회를 열어 남한은 곧 망하고 통일이 된다고 선동하였다.

48년 11월 5일 12연대가 14연대 반란군을 진압하다 백인기 연대장이 반란군에 포위가 되어 자살하였고, 진압군 50명이 전사하고 80명이 포로가 되어 대파되었다. 이 사건이 신문에 대서특필되자 좌파는 춤을 추고 전국은 대혼란에 빠졌다.(『한국전쟁사』 1권 478쪽)


## 14. 제주인민(내란)군 사령관 이덕구 대한민국에 선전포고

• 제주인민(내란)군 사령관 이덕구의 선전포고문.

친애하는 장병·경찰원들이여! 총부리를 잘 살펴라 그 총이 어디서 나왔느냐? 그 총은 우리들의 피땀으로 이루어진 세금으로 산 총이다. 총부리를 당신들의 부모·형제·자매들 앞에 쏘지 말라. 귀한 총자 총탄알 허비말라. 당신네 부모·형제 당신들까지 지켜준다. 그 총은 총 임자에게 돌려주자. 제주도 인민들은 당신들을 믿고 있다. 당신들의 피를 희생으로 바치지 말 것을 침략자 미제를 이 강토로 쫓겨내기 위하여 매국노 이승만 일당을 반대하기 위하여 당신들은 총부리를 놈들에게 돌려라. 당신들은 인민 편으로 넘어가라. 내 나라 내 집 내 부모 내 형제 지켜주는 빨치산들과 함께 싸우라! 친애하는 당신들은 내내 조선인민의 영예로운 자리를 차지하라. "침략자 미제를 이 강토로 쫓겨내기 위하여 매국노 이승만 일당을 반대하기 위하여 당신들은 총부리를 놈들에게 돌려라" 라고 선전포고를 하였다.

여수 14연대 반란은 제주 폭도들의 용기를 크게 북돋아 주게 되었다. 14연대 반란 4일 후 제주인민(내란)군 사령관 이덕구는 대한민국 정부에 대하여 선전포고를 하였다. 이 성명은 남로당 제주도당이 지하에서 발행했던 「제주통신」에 게재된 바 있는데 제주도에 있는 폭도들에게 14연대를 본받아 게릴라 활동에 합류할 것을 호소하였다.

여수 14연대 반란군이 제주도의 게릴라를 응원하기 위하여 곧 바다를 건너오게 될 것이라는 소문이 온 섬에 퍼져 있었다. 제주도 학생들이 시위를 전개하고, 북한 깃발을 게양하게 되자 도내 학교가 폐쇄되게 되었고, 2만여 명이 제주인민군에 협조하였다. 제주도는 행정이 마비되어 제주도 내에서는 인민재판도 하고 있었다. 제주인민군이 대한민국에 선전포고를 한 것은 무장봉기가 아니라 곧 내란이다.

## 15. 제주도 공산화 음모사건

1) 9연대 안의 남로당원 강의현 소위 반란 실패

48년 10월 19일 14연대 반란군이 성공하자 9연대 안의 남로당원들도 용기를 얻었다. 10월 28일 9연대 구매과장 강의현 소위(육사4기), 박격포부대 박노구 소위가 주동이 되어 송요찬 연대장과 이근양 중대장을 죽이고 부대를 장악 반란군이 되어 인민유격대와 합세 제주도를 적화하려다 송요찬 연대장에게 발각되어 체포되었다. 남로당 세포원 장교 6명, 사병 80명이었다. 이들은 연대장 주변과 작전 정보에 주로 많이 있었고, 반란 주동은 5중대 선임하사들이 주로 행동대원으로 9연대를 반란부대로 만들려 하였다. 9연대는 문상길, 오일균 대대장 등이 숙청되어 강의현 소위가 총책이었다. 이 사건 후부터 장병들과 지휘관들은 누가 어떤 사상을 갖고 있는지 몰라 서로 불신하게 되었다. 그런데 남로당의 공식 암호는 아니지만 "같은 민족끼리 이렇게 싸워서야 되겠는가?" 하고 말하면 거의 남로당원으로 자기편인지 아닌지 짐작하여 행동하였다.(『4.3은 말한다.』4권 119쪽, 136쪽)

2) 제주경찰 공산화 음모사건

48년 10월 31일 "오늘 저녁 제주도가 해방 된다"라는 폭도들의 극비 내용을 제주경찰서 박태의 사찰과장이 알게 되어 주동자들을 극비에 미행 체포하였다. 6명을 조사하자 그중 한 명이 "11월 1일 새벽 4시 폭도들이 경찰서를 공격하면 경찰서 안에 있는 11명의 경찰이 경찰서 안의 경찰들을 죽이고 도청, 법원, 검찰청, 읍사무소, 해운국의 남로당원이 동시에 협력하여 경찰서를 점령하여 제주도를 완전히 점령한다."는 계획이라고 불어버려 75명을 순식간에 체포하였다. 이 중에는 폭도를 조사하는 특별수사요원 2명도 포함되어 있었다. 이로서 이덕구는 9연대 반란과 경찰서 점령 후 48년 11월 1일 제주도를 완전히 공산화하려다 실패하고 말았다.(『4.3은 말한다』4권 134쪽)

※ 제주 4.3사건 진상보고서에 제주도 4.3사건이 민중봉기라고 하기 위하여
  9.15사건부터 이상과 같은 사건을 보고서에서 싹 빼버렸다.

  3) 제주인민군 국군 9연대 3대대 6중대 공격
  14연대 반란군이 여수, 순천, 벌교, 광양을 점령하고 구례에서 국군
12연대를 대패시켜 대한민국이 위기에 처하자 제주도 이덕구 이하 내
란부대는 사기가 충천하였다. 그들은 11월 2일 한림에 있는 9연대 3대
대 6중대가 점심식사 시간인 12시 15분 식당에 모여 있을 때 공격하였
다. 폭도들은 30분 동안 공격하고 재빨리 산으로 도망쳤다. 6중대장은
2개 소대를 지휘하여 선두에 서서 맹추격하였다. 폭도들은 매복하고
있다가 국군이 사정권 안에 들어오자 국군에게 집중사격을 하였다. 중
대장은 여러 발의 총을 맞고 그 자리에서 숨졌고, 국군 14명이 순식간
에 숨졌다. 이 보고를 받은 대대장은 3중대장에게 즉시 소탕하라고 명
하였다. 현장에 도착한 3중대장은 참혹한 광경을 보고 분노가 치밀었
다. 3중대장이 2개 소대를 지휘하여 조심스럽게 추격하고 있었다. 그
런데 갑자기 "사격개시"하는 소리와 함께 총소리가 나며 국군이 푹푹
쓰러졌다. 3중대장이 중상을 입고 7명이 전사하였다. 국군은 얼마나
급했던지 귀중한 기관총을 버리고 도망쳐 폭도들에게는 큰 무기가 되
었다. 대대장은 5중대장 이근양 대위에게 폭도를 소탕하라고 명령하
였다. 5중대장이 2개 소대를 지휘하여 폭도들을 조심스럽게 3시간 동
안 추격하였다. 5중대장은 폭도들이 중산간 외딴 집에 모여 있다는 수
색대의 보고를 받았으나 밤이 되어 공격하지 못하고 집을 포위하고 지
키고만 있었다. 11월 3일 아침 6시 30분 포위하고 있던 국군은 폭도들
을 집중 공격하였다. 30분 정도 집중사격을 하니 폭도들의 저항하는
총소리가 들리지 않았다. 조심해서 가까이 가서 보니 100여 명의 폭도
가 죽어 있었고, 몇 명이 부상을 당한 채 살아 있어 포로로 잡았다.(한
국 전쟁사 1권 444쪽) 이때부터 국군은 폭도들과 치열한 전투를 하게

되어 제주 폭도들이 많이 죽게 되었다.

이 포로들을 심문하여 9연대는 처음으로 제주 내란군(인민군) 부대의 조직과 규모, 보급창, 무기 수리공장, 식량 창고, 마을마다 있는 보급부대 정보원들을 알게 되었다. 정보에 따라 내란군(인민군)부대의 아지트를 기습하였다. 제주내란(인민)군은 겨울을 나기 위해 준비한 보급창이 기습을 받아 큰 타격을 입었다. 송요찬 9연대장은 인민유격대의 숨겨둔 보급물량이 많은 것에 놀라워하였다.

100여 명의 폭도가 죽고 겨울에 먹을 많은 식량을 빼앗긴 이덕구는 타격이 컸다. 그래서 중문지서를 집중공격하고 면사무소에 있는 양곡을 탈취하여 겨울준비를 하려고 하였다.

11월 5일 새벽 3시, 중문지서를 집중공격하기 위해 안덕지서를 공격하는 척하여 진압군이 안덕지서에 모여 있을 때 중문지서를 공격하기로 하였다. 150여 명의 폭도들이 중문지서를 포위 공격하였고, 면사무소의 창고에 있는 곡식은 벌써 운반 중이었다. 그리고 우익인사 집 40채에 모조리 불을 질렀다. 경찰과 폭도들 간에는 사격전이 벌어지고 있었다. 서귀포 경찰서에서 중문지서를 돕기 위해 트럭 한 대에 30명이 타고 전속력으로 가다 폭도들의 매복에 걸려 집중사격을 받고 운전수 오유삼이 다리에 총을 맞고 차가 멈췄다. 그리고 기관총사수 김재환이 총을 맞았고, 분대장 김남군 경사가 폭도들의 총에 맞아 즉사하였다. 폭도들의 집중사격으로 전멸 직전에 사찰주임 박운봉이 차를 전속력으로 달려 지옥 같은 현장을 빠져 나왔다. 모슬포 3대대도 연락을 받고 3대대가 중문지서 못가서 색달동산에 이르렀을 때 폭도들의 매복 사격에 국군 1명이 전사하였으나 운전병이 침착하게 전속력으로 달려 부상자만 속출하였지 큰 인명피해는 없었다. 송요찬 연대장이 급보를 받고 현장에 도착하니 폭도들은 흔적도 없었다. 송요찬 연대장은 폭도들이 마을 집에 숨지 않고서는 갈 곳이 없다고 판단하고 마을에 가서 폭도들을 찾아다녔다. 그러나 폭도가 총이나 죽창을 버리면 모두 양민이라 내가 폭도가 아니라 하면 알 수 없었다. 송요찬 연대장은 "폭도는 나오라"고 해도 나오지 않자 마을 젊은이들을 많이 처형하였다.

11월 7일 아침 7시 폭도들이 서귀포경찰서를 대낮에 공격하였고, 주변에 있는 집 72채에 불을 질렀다.

11월 11일 폭도들은 신엄지서를 습격하고 우익 김여만의 처 고선집과 딸과 아들을 모두 죽이고 이 마을 80채에 불을 질렀다.(『4.3은 말한다』4권 281쪽)


## 16. 계엄령 선포

정부에서는 많은 국군이 폭도들에게 희생되었다는 보고를 받고 11월 17일 계엄령을 선포하였다. 그리고 송요찬 연대장은 제주도 169개 부락의 주민들의 협조 없이 폭도들이 사용하는 많은 멍석, 먹을 것, 옷 등을 준비할 수 없다고 보고, 부락민들이 폭도들에게 협조하지 못하게 하는 것이 급선무라고 판단했다. 그래서 일단 산에 있는 자는 무조건 과거를 묻지 않을 것이니 하산하라고 전단지를 뿌려 알리고, 폭도들이 겨울에 산에서 있지 못하게 한 후, 중산간 마을을 해변가로 이사시키고 불을 지른 후 산에서 얼씬거리는 자가 있으면 무조건 사살하라고 명령하였다. 그리고 제주 360개의 오름을 다 뒤졌다. 그는 경찰과 9연대 정보과를 통해 ① 남로당과 인민위원회에 가담한 자 ② 5.10 선거에 참여하지 않은 자 ③ 북한 8.25 지하선거에 참여한 자 ④ 폭도에게 정보나 물건을 대준 일이 있는 자 ⑤ 전봇대를 넘어뜨리고 도로를 파헤쳐 진압군이 출동하지 못하게 한 자를 찾아 확인 즉시 현장에서 사살하게 하였다. 그래서 제주도에서 많은 사람들이 죽게 되었다.

인명 피해는 11월 2,205명, 12월 2,974명, 49년 1월 2,240여명으로 3개월 동안 가장 많은 인명피해를 보았고, 이때 과잉 진압으로 억울하게 죽은 사람이 많이 있어 가슴을 아프게 하였다. (이때의 폭도를 제외한 양민 희생자들을 국가에서 찾아내어 명예 회복과 함께 보상도 해주어야 할 것이다.)

폭도들은 겨울 준비에 정신이 없어 곡식과 옷과 겨울에 필요한 것을 주민들에게 요구하여 협조하지 않으면 현장에서 죽였다. 그리고 주민들이 폭도들에게 협조한 것이 진압군에 알려지면 진압군이 죽였다. 중산간 주민들은 낮에는 진압군에 시달리고 밤이면 폭도들에게 시달리면서 곡예를 하듯 살아야 했다.

48년 11월 28일 새벽 6시 폭도 200여 명과 협조자 500여 명이 남원리와 위미리를 습격하여 가옥 250채에 불을 지르고 우익 50여 명을 죽이고 70여 명에게 중상을 입히고 경찰 3명에게 부상을 입혔다.

※ 진상조사보고서 280~292쪽에 제주도 계엄령에 대하여 불법이라고 피소된 사건 및 학자들의 견해와 증언들을 장황하게 나열하고 있다. 계엄령은 미군과 관계없이 대한민국 국무위원들이 결정한 문제이다. 선포 일에 대해서도 대한민국 공보처가 발행한 관보 14호에 의거 48년 11월 17일이다. 그런데 장황하게 설명하면서 계엄령이 선포되었는지 모르겠다하고 있다. 계엄선포가 불법이라고 하였는데 2001년 4월 27일 대법원 확정판결에 "계엄선포 행위 자체가 아무런 법적 근거 없이 이루어진 불법적인 조치였다고 단정하기 어렵다."고 판결함으로 계엄령은 합법적이다. 제주 4.3진상조사보고서에는 이상의 사건은 싹 빼버리고 아무 잘못이 없는 제주도에 계엄령을 내려 제주 양민들을 죽였다고 거짓보고서를 작성하였다. 제주도민이 많이 희생된 원인을 이상과 같이 이덕구와 내란부대의 만행에 대해서는 언급도 없이 "국군과 경찰과 서청과 미군의 강경진압 때문이다."고 하면서 "계엄령과 진압군의 초토화 때문에 많은 양민이 죽었다."고 뒤집어씌우고 있으나 이때 많은 산사람이 죽은 것은 이덕구가 국군을 공격하였기 때문이다.(276쪽, 286쪽) 이덕구가 국군과 경찰과 우익을 공격하여 죽이지 않았다면 정부에서는 계엄령도 내리지 않았을 것이고, 진압

군이 인민유격대를 공격할 이유도 없다. 그런데 보고서에는 강경진압을 하게 된 원인과 필요성, 정당성에 대해서는 언급이 없고 이덕구의 만행에 대해서도 전혀 언급하지 않아 진압군의 강경진압 때문에 무고한 제주 사람들이 학살 되었다고 진압군이 살인 만행 집단 같이 허위보고서를 작성하였다.

48년 12월 31일 폭도들은 위미리에 다시 나타나 습격을 하여 완전히 초토화 시켰다. 이상의 보고를 받고 송요찬 9연대장은 기가 막혔다. 폭도로 의심받은 많은 사람이 죽었고, 그토록 물 샐 틈 없이 작전을 하고 있는데 어디에서 그 많은 폭도들이 나와 습격을 하는지 도무지 이해할 수 없었다. 송요찬의 적극적인 공세와 주민들이 폭도에게 협력한 것이 확인되면 가차 없이 사살되자 폭도들은 견디지 못하고 또 숨어 있었다. 정부에서는 이제 제주도 제2폭동이 진압되었다고 판단하고 12월31일 계엄령을 해제하였다.

※ 진상조사보고서 241쪽에서 302쪽까지 보면, 이상의 내용은 전혀 기록하지 않고 254쪽에 1948년 10월경부터 집중적으로 터져 나온 이른바 괴선박 출현 설, 혹은 소련 잠수함 출현 설은 강경진압작전을 강화시키는 중요한 명분으로 작용하였다고 거짓으로 뒤집어씌웠다. 265쪽에는 "이미 그 이전인 10월 17일 송요찬 9연대장의 포고문을 통해 강경진압작전의 방침이 정해졌던 것이다."라고 하면서 송요찬 연대장에게 뒤집어씌웠다. 276쪽에는 "강경진압작전이 정당한 것인지, 또한 계엄령은 합법적인 것인지 의문으로 남아 있었다"고 하면서, 계엄령을 내린 원인은 기록하지 않고 강경진압작전과 계엄령을 내린 것이 마치 아무 잘못이 없는 제주도 사람들을 학살하기 위한 것으로 기록하고 있다. 289쪽에는 "가혹한 방법을 통해서라도 제주도 4.3사건을 완전히 진압해야 한국의 중요성을 인식하고 있는 미국의 원조가 가능하다. 라는 이승만 대통령의 지시는 강경진압작전이 미국과의 교감 속에서 벌어졌음을 암시하고 있다. 미 · 소 냉전이 심화

되는 가운데 아시아에 공산주의로부터의 방벽을 구축하겠다는 미국의 의지가 반영된 것이라는 지적이다"라고 하면서 강경진압을 하게 된 동기가 폭도들에 의해서가 아니라 미국에 책임이 있다고 뒤집어씌우고 있어 반미감정을 나타내고 있는 좌파보고서이다. 14연대 반란 진압 때 지리산 주변의 경상도와 전라도 주민들을 진압군은 전혀 죽이지 않았다. 그것은 일반인이 국군을 공격하지 않았기 때문이다. 그 예가 전라북도 황점마을 사람들이 반란군들을 잠을 재우고 소를 잡아 주었어도 토벌군은 마을사람들에 대해 전혀 피해를 주지 않았고, 구례 파도리에서 마을 이장이 반란군과 내통하여 국군 1개 중대 100여명이 반란군에 포로가 되었어도 진압군은 파도리 사람들에게 피해를 주지 않았다. 그런데 제주도 4.3폭동 때 이토록 일반인이 많이 죽은 이유는 일반인인 폭도들이 국군을 공격하였기 때문이다.


## 17. 9연대, 2연대로 교체

육본에서는 제주도 9연대를 대전으로, 대전의 2연대를 제주도로 이동시켰다. 대전의 2연대는 국군 중에서 좌파 남로당원이 제일 없는 부대여서 반란 염려에 대해서는 안심할 수 있기 때문이었다. 2연대는 48년 12월 29일 제주에 도착하였다.

1) 폭도(내란군) 사령관 이덕구 다시 공격 시작
 ① 국군 2연대 3대대가 제주 도착 첫날 밤 500명의 인민유격대에 공격을 받음.
육본에서는 9연대를 대전으로 이동시키고 대전의 2연대를 제주도로 이동명령을 내려 선발대는 12월 19일 도착하였고, 본대는 12월 29일 함병선 2연대장과 장병들이 제주도에 도착하였다.
함병선 연대장은 본부와 2대대를 제주읍에, 1대대는 서귀포, 3대

대는 한라산 중턱에 배치하고 언제든지 즉시 작전에 임할 수 있도록
하였다.

48년 12월 31일 송요찬 연대장이 "인민유격대를 완전히 소탕하였
다"고 해서 제주인민유격대는 진압되고 평온을 찾은 것 같고, 도민들
이 국군을 환영해 주어 장병들은 마음이 흐뭇하여 술도 한 잔씩 하고
내무반에서 자고 있었다.

49년 1월 1일 새벽 1시, 이덕구가 내란군 500여명을 이끌고 오동리
3대대를 집중 공격하였다. 3대대 장병들은 잠을 자다 천지를 진동시키
는 총소리에 놀라 잠이 깨어 정신이 없었다. 3대대는 조명탄을 쏘아
일단 불을 밝히고 전 장병이 내란군을 향해 사격하자 내란군은 30분
정도 공격을 하고 동료 시체 10명을 남겨두고 도망쳤다. 국군은 고병
선 중위 외 7명이 전사하고 많은 수가 부상을 당하였다.

3대대 장병들은 제주내란군의 공격으로 전우가 죽고 부상을 당하여
신음하고 있자 눈에 불을 켜고 내란군 공격에 나섰다. 함병선 연대장
은 급보를 받고 2대대를 지휘하여 현장에 도착하니 내란군은 흔적조
차 없고 부하들이 죽어 있는 것을 보고 통곡하였다.(한국전쟁사 1권
445쪽)

이덕구는 3대대를 공격하면 3대대에서 가까운 2대대와 7중대가 반
드시 지원 차 올 것을 예상하고 길목에 매복하고 기다리고 있었다. 이
덕구의 예상대로 3대대가 기습을 받았다는 보고를 받은 7중대가 전속
력으로 3대대를 향해 가다가 매복하고 있던 내란군의 기습공격을 받
고 양쪽은 치열한 사격전을 벌려 장병 3명이 전사하고 다수가 부상을
당하였다. 7중대장은 도저히 견디지 못하고 후퇴명령을 내렸다.

② 진상조사보고서 303쪽에 "제주9연대와 대전 2연대가 임무 교대
한 것은 2연대에 실전을 경험시키기 위한 것"이라고 주장하면
서, 진상조사보고서 305쪽에 "악당을 가혹한 방법으로 탄압하라
는 이승만 대통령의 지시와도 그 맥이 같이 하는 것이다. 9연대

에 경쟁심을 촉발시킴으로서 무모한 진압작전을 더욱 가속화 시키는 중요 배경이 되었다. 실제로 9연대는 선발대가 대전으로 이동하기 시작한 12월 중순부터 이동 완료된 12월 말까지 가장 잔혹한 진압작전을 벌였다"고 주장을 하고 있으나 이 주장은 있을 수 없는 허위주장이다. 그 증거는,

㉮ 군대는 전투 시에도 부대 임무교대를 할 수 있으며, 48년 10월 26일 9연대 구매과장이 중심이 되어 장교 6명, 사병 80여명이 송요찬 연대장과 이근양 중대장을 죽이고 9연대를 장악하여 반란을 일으켜 인민유격대와 합세하려다 발각된 사건이 있었다. 육본에서는 만일 9연대가 14연대와 같이 반란군이 되어 인민유격대와 합세한다면 신생 대한민국은 도저히 진압할 수 없다고 판단, 남로당원이 가장 적어 반란 가능성이 전혀 없는 안전한 대전의 2연대와 임무교대 시켰다.

㉯ 대전의 2연대는 46년 2월 대전비행장에서 이형근 대위가 중심이 되어 창설하였는데, 이형근 대위는 전에 좌익단체에 가입한 자는 극비에 조사하여 지원을 받지 않아 좌익사상을 가진 자가 거의 없는 연대여서 육본에서는 대전의 2연대가 제주도 진압부대로 가장 안전하여 선발한 것이다. 그런데 진상조사보고서에는 '실전을 경험시키기 위한 것과 이 대통령이 "악당을 가혹한 방법으로 탄압하라"는 지시와 그 맥을 같이 한다' 고 하면서 좌익들이 선동하는 터무니없는 허위주장으로 진압군을 학살자로 뒤집어씌우고 있고, 제주 평화공원(폭도공원) 내의 사료관에 위의 내용을 벽에 부착하여 관람객들이 보았을 때 이승만 대통령을 집단학살자로 인식하게 하였다.

49년 1월 12일 아침 5시 폭도 200여 명은 남원면 의귀리에 있는 2연대 2중대를 포위 공격하고 있었다. 2중대 설재현 중대장도 즉시 반격 명령을 내려 2시간 동안 치열한 사격전이 벌어졌다. 폭도들은 힘이 부

친 데다 서귀포 경찰이 증원해오자 도망쳤다. 전장을 보니 폭도 시체 51구가 있었고, 14명의 부상자가 도망치지 못하고 포로가 되었다. 그리고 M1소총 4정, 99식 소총 10정, 칼빈 소총 3정을 노획하였다. 이번 싸움에서 폭도들이 얻은 것보다 잃은 것이 많았던 이유는 설재현 2중대장의 철저한 경계근무 때문이었다. 국군은 일등상사 문석춘, 일등중사 이범팔, 이등중사 안성혁, 임찬수 등 4명이 전사하고 10명이 부상을 당하였다.

49년 3월 말 진압군 2연대 2대대와 3대대 등이 북제주군과 성산포 등 3개 방향에서 폭도들을 공격하면 1대대가 남제주군의 중문, 서북방적악과 노르악, 한대악에서 후퇴하는 폭도들을 차단·포위하려는 작전계획이었다.

2연대 1대대 6중대는 이 작전계획에 의하여 녹하악 동쪽 고갯길 일대에서 수색을 하고 있을 때 새벽 3시에 폭도들의 공격을 받고 오전 11시까지 전투가 벌어졌다. 폭도들은 결국 175구의 시체를 남기고 도망쳤다. 포로의 말에 의하면 이 전투는 이덕구가 직접 지휘하였고, 폭도들은 현재도 1,000여명이 있다고 하였다.


## 18. 북촌마을 사건

### 1) 북촌마을의 피해

49년 1월 17일 2연대 3대대가 함덕초등학교에 주둔하고 있었다. 2연대 3대대 일부 중대 병력이 대대본부가 있는 함덕으로 가던 중 북촌마을 어귀 고갯길에서 폭도들의 기습을 받고 2명의 국군이 전사하였다. 신고를 받고 국군이 북촌마을에 출동하여 주민들을 초등학교에 집합시켰다.

중대장은 북촌마을 사람들을 한 곳으로 집합시킨 후 "폭도는 자수하라! 폭도는 멀리 가지 않고 북촌마을에 숨어 있다!' 라고 소리쳐도 한 명도 나오지 않았다. 북촌마을은 인민유격대가 민주부락이라고 부르는 좌익이 장악하고 있는 마을인데 폭도가 나올 리 없었다. 정 중대장은 1차 40명을 장병들에게 사살하라고 명령하였다. 그래도 나오지 않자 2차로 40명을 사살하였다. 이와 같은 급보를 받은 함병선 연대장은 3대대 부관 을 시켜 이 중위에게 명령하여 사격을 중지하게 하여 정 중대장은 더 이상 북촌사람들을 죽이지 않았다. 중대장은 살아남은 사람들에게 먹을 것을 가지고 대대본부가 있는 함덕으로 오라고 명령하여 함덕으로 간 사람들 중에서 남로당원으로 확인된 사람 30명을 또 사살하여 총 120여명이 죽게 되었다. 49년 2월 4일 2연대는 수송차량 2대에 99식 소총 150정을 싣고 성산포에서 제주읍으로 가던 중 북촌마을 동쪽 일주도로변 김녕리 부근에서 폭도들의 매복공격을 받고 150정의 총을 몽땅 탈취 당하고 박재규 중위 외 14명의 국군이 현장에서 모두 전사하였다. 사고 신고를 받고 중대장이 북촌마을에 도착하여 현장에 와보니 폭도들은 흔적조차 없었다.

## 19. 진압군 총동원

49년 2월 5일 아침 8시 함병선 2연대장은 해군에서 37밀리 박격포와 공군에서 L-5 연락기를 지원받고 경찰과 서청, 2연대 전 장병을 총동원하여 제주도 360개의 오름을 뒤지기 시작하였다. 제주도 전 지역에서 일본군이 만들어놓은 700여 개의 방공호가 있는데 이를 찾기는 쉬운 일이 아니었다. 그물망작전으로 며칠을 수색하니 수많은 사람들이 동굴 속에 살면서 영양실조가 되어 있는 것을 보고 놀라지 않은 장병이 없었다. 동굴 속에는 어른 아이 남 녀 할 것 없이 먹지 못하여 걷지도 못한 사람도 있었다. 많은 사람들이 자수하여 내려오는 것을 보고 장병들은 놀라 할 말을 잃었다. 함병선 연대장은 수용소를 증축하고 이들에게 갱생자금을 주고 다시는 폭도들에게 협력하지 않겠다는 전향서를 쓰게 하였다.

## 20. 폭도들의 몰락

49년 2월 8일 새벽 1시 500여 명의 폭도들이 제주경찰서를 향해 일제 공격을 시작하였다. 30분 동안 공격하고 즉시 개인 아지트로 숨어버렸다. 그리고 일부는 식량과 필수품을 가지고 도망쳤다. 경찰의 급보를 받고 함병선 2연대장이 장병들을 지휘하여 현장에 도착하니 폭도들은 흔적도 없었다. 함병선 2연대장은 앞이 캄캄하였다. 360개 오름을 다 뒤졌고, 산사람 2만 정도가 자수하여 내려왔으며, 산에는 한 명의 사람도 얼씬거리지 않는다고 하는데 어디서 이렇게 많은 폭도들이 잠을 자고 먹는지 이해하지 못하였다. 그는 160개 제주도 부락에서 돕지 않고는 있을 수 없다고 판단하고 고민이 많았다. 급보를 받은 정부나 육본에서도 미군은 미 24군 주력부대가 일본으로 간 후 해체되어 국군이 제주인민유격대를 진압하지 않으면 안 되었다. 또 김일성과 박헌영은 연일 제주 4.3폭동과 14연대 반란을 보고 떠들어댔고, 소련의 언론에서도 사건마다 보도하여 관심을 집중하였다.

49년 2월 15일 남원면 산록에 폭도 주력부대가 다음 공격을 위해 준비하고 있다는 정보를 입수한 함병선 2연대장은 병력을 지휘하여 현지에 도착하여 야영을 하고 있었다. 그런데 정보가 누출되어 2월 16일 2시 폭도들의 집중공격을 받았다. 함병선 연대장도 경계를 철저히 하고 있던 터라 곧 반격에 나서 전투가 벌어졌다. 날이 새자 폭도들은 증원군이 올까 무서워 도망쳤다. 전장을 보니 160여 구의 시체가 있었고, 많은 부상자가 있었다.

## 21. 제주도 진압사령부 보강

49년 3월 2일 육본에서는 제주도에 진압사령부를 보강하여 사령관에 유재홍 대령, 참모장에 함병선 중령, 그리고 독립 1개 대대를 증파하였다.

유재홍 사령관은 폭도와 마을을 완전히 차단시켜 마을에서 폭도들에게 식량을 보급하지 못하게 철저히 단속하고 출입을 통제 감시하였다. 그러자 산사람들은 먹을 것이 없어 수많은 사람이 자수하며 내려왔다.

## 22. 제주도 인민군(폭도) 사령관 이덕구의 죽음

1949년 1월 26일 문창송 씨가 화북지서장에 부임하였다. 관할지역에서는 조사결과 폭도 107명이 확인되어 폭도들의 가족들에게 자수를 권하는 설득에 들어가 효과를 거두어 유격대 중대장이 자수를 하여 인민유격대의 아지트와 조직, 현재 상황의 귀한 정보를 얻었다.

49년 4월 20일 정보를 입수한 진압군은 이덕구의 아지트를 급습하여 총격전 끝에 확인하니 이덕구는 도망치고 없고 김민성과 인민위원회 부위원장 김용관이 죽어 있었다. 유격대 분대장 고창율이 자수하면서 이덕구 사령관을 유인해 오겠다고 하였다. 화북지서 김영주 경사는 경찰 5명, 민보단원 5명과 함께 49년 6월 7일 비가 오는 저녁 견월악 부근 용강리 북받친 밭에서 섬을 떠나려는 이덕구를 발견하였다. 경찰이 자수를 권하였으나 이덕구가 총을 발사하여 경찰의 집중사격으로 이덕구는 사살되었다. 이덕구와 함께 있던 전경범과 호위병 양생돌이 생포되었다. 양생돌은 「제주도 인민유격대 투쟁보고서」를 북으로 보내고 1부를 갖고 있어 유격대의 조직과 목적과 활동을 알게 되었다.

문창송 씨는 이 투쟁보고서를 『한라산은 알고 있다』라는 제목으로 저술하였다.(저자도 이 보고서를 많이 참조하였음.) 이것으로 제주도 4.3 폭동은 거의 진압되었다.


## 23. 제주남로당 4.3폭동의 결과

제주도 4.3폭동은 1948년 4월 3일 발생하여 1949년 6월 7일 김성규 외 잔당 100여명의 폭도들만 남기고 진압하는데 거의 1년이 걸렸고, 완전 진압까지는 9년이 걸렸다. 폭도들은 경찰 140(153명)여명, 국군 180(186명)여명, 우익과 양민 1,600(1673명)여명을 죽였고, 진압군은 폭도와 양민을 13,000여명을 죽이는 인명피해가 있었다. 관공서 피습 및 소실 228동, 학교 소실 224동, 피해부락 160부락, 피해호수 15,228호, 피해 가옥 수 35,921동이었다.

이로서 제주도 남로당은 붕괴되었고, 그 상처는 지금까지 남아 있다.

① 제주 4.3폭동은 여수 14연대 반란을 가져왔고,

② 정부에서는 보안법을 만들어 남로당을 숙청하였는데 보안법이 현재까지 이르고 있고,

③ 48년 9월 22일 천신만고 끝에 국회를 통과한 친일파 숙청법인 반민족특별법이 친일 경찰과 친일 국군을 숙청하면 제주도 4.3폭동과 14연대 반란을 진압할 수 없어 남한은 공산화 된다고 이승만 대통령이 설득하자 여기에 좌익 외에 반대자가 없어 국회에서 반민법이 무산되었다. 이러한 결정은 친일파를 숙청하지 못하는 결과를 가져왔다.

④ 김일성은 제주도 4.3폭동과 14연대 반란을 보고 남침하면 승산이 있다고 판단하고 용기를 얻어 48년 12월부터 남침준비에 들어가 1950년 6월25일 남침하였다.

⑤ 49년 4월 21일 정부에서는 보도연맹을 조직하여 자수자에게 전
   향서를 쓰게 하고 자수자들 25,000여 명을 보도연맹에 가입시켜
   별도 관 리를 하게 하였다.

※ 최장집 · 정해구는 『해방 전후의 인식』 4권 27쪽에서 "이렇기는 국군과
   경찰의 진압으로 약 1년 만에 거의 종식되었다. 그 과정에서 3~8만 명의
   양민이 진압군에 의해 살해되는 참극을 낳았다."고 허위주장을 하고 있
   다. 2000년 1월 12일 16대 국회에서 제주 4.3사건 특별법이 통과되어 조
   사위원장 국무총리 고건 외 위촉위원 강만길 외 11명, 제주4.3사건 진상
   조사 보고서 작성 기획단장 박원순(현 서울시장)과 위촉위원 강창일 외 8
   명, 조사팀장 양조훈 외 14명이 조직되어 조사위원들이 제주4.3사건 진상
   조사보고서를 작성하였다. 그런데 이상과 같은 제주 4.3폭동을 제주 4.3
   민중봉기라고 허위로 좌파보고서를 작성하여 대통령과 국민을 기만하였
   다. 강창일과 한명숙 외 60여명의 열린우리당 의원들은 2006년과 2007
   년 제주 4.3폭동을 국경일로 하려고 발의하여 국회를 통과시키려고 애쓰
   고 있다. 노무현 대통령은 제주 4.3폭동을 민중항쟁이라고 하면서 2004
   년과 2006년 2회에 걸쳐 제주도민에게 사과까지 하였다. 제주 4.3폭동을
   제주4.3 민중봉기라고 하면 진압군은 제주도민 13,000여명을 학살한 집
   단이 된다. 현재 제주시 봉개동 12만평에 582억 원을 들여 평화공원(폭도
   공원)을 건설하고 여기에 제주 4.3폭동 폭도 김달삼 외 19명 정도만 제외
   하고 사형수, 무기수 등 폭도들을 포함한 13,000여명을 4.3희생자로 결정
   하여 제주3대 폭도사령관 김의봉 외 1,540여명의 폭도들의 위패를 해놓
   음으로 결국 평화공원을 찾는 관광객들이 진압군을 살인 만행자로 규탄할
   수 있게 해놓았고, 또 이곳을 찾는 젊은 학생들에게 국군과 경찰은 이 땅
   에 있어서는 안 될 증오의 대상으로, 반미 친북 좌파를 양성하고 남한을
   공산화하기 위한 학습장으로 만들고 있다. 이것은 보통 문제가 아니다.
   김달삼 외 19명만 폭도라고 하면 19명의 폭도가 어떻게 이상과 같이 제주
   경찰 12개 지서를 공격하였고, 경찰 153명, 국군 186명, 우익 1,673명 등
   을 어떻게 학살하는가?

2011년 1월 17일 서울 고등법원에서는 "제주4.3사건 희생자결정에서 보증이 없는 사람이 있고, 심사한 심사 기록이 없다"고 하여 심사가 불법이었음을 확인하였다. 이는 희생자 결정을 불법적으로 행하였다는 증거이다. 즉 제주4.3사건 진상조사보고서도 가짜로 작성하고, 제주4.3사건 희생자결정도 가짜로 하여 이승만 대통령과 국군과 경찰을 학살자로 만들었다. 이것은 대한민국에서는 있을 수 없는 일로 인민공화국에서나 할 수 있는 사건이다.

대한민국 법정에서 재판하여 사형선고를 한 320명과 무기수 239명을 심사위원들이 법원에 재심청구를 해서 무죄판결이 나면 제주4.3희생자 명단에 넣어야 합법적인데, 심사위원들이 무슨 권한으로 대한민국 법원에서 판결하여 집행한 사형수 320명과 무기수 239명을 제주4.3희생자라고 공포하는가? 이와 같은 보고서와 불법심사는 즉시 폐기되어야 하고, 평화공원 안의 13,000여명의 위패도 즉시 철거해야 한다. 전 법무부장관 고원증 변호사는 49년 육군 중령으로 육군본부 법무감실 기록심사과장으로 근무하였다. 그는 "제주4.3폭동 폭도들로 사형선고 판결을 받은 사형수들을 이승만 대통령에게 보고하여 사형집행 서명을 받았다"고 증언하고 있다. 제주4.3 진상조사보고서는 제주인민유격대 폭도들의 투쟁보고서와 거의 같다. 즉 제주 4.3사건 진상조사보고서는 좌파 보고서이다.

이이화, 강정구, 이영일, 김동춘, 이령경, 이창수, 장석규, 강창일 등이 공저한 『다 쓸어버려라』43쪽에 "미국이 주도하는 민족분단을 막기 위해 일어나 통일운동이 2.7구국투쟁이었고, 그 연장선에서 제주 4.3항쟁이 있어났다. 그 결과 최소한 3-4만 명의 제주도민이 학살당했다는 비극을 미군정하에서 겪게 되었다."고 허위주장을 하여 독자들로 하여금 반미 친북좌파의 사상을 갖게 하고 있는데 이 책을 발간하기까지 행정자치부에서 후원을 하였다. 김대중 · 노무현 정부는 좌파 양성기관 같다.

전대협 통학추 편저 『우리는 결코 둘이 될 수 없다』41쪽에 "제주 4.3 항쟁은 미군의 몰살작전으로 제주도민의 1/3인 8만 여명이 학살당한 세계 식민지 민족해방 투쟁 과정에서도 유례를 찾기 어려운 거대한 규모의 민중봉기였으며...... 4.3은 우리 민중들의 반미구국투쟁의 위대한 실천적 표출이었으며 미국의 예속화 정책에 항거하면서 나타난 5.10 망국 단선에 대한 민족의 자주통일을 열망하는 전체 민중들의 의지가 집약된 반제 구국투쟁이었다"고 허위주장을 하면서 전국 대학생을 선동, 반미 친북 좌파사상 교육을 이 책으로 시켜 오늘날 좌파가 많이 있게 하였다.

42쪽에 "해방 후 제주도민의 약 80%가 좌익이었고, 도지사 박경훈은 인민투쟁위원장이었으며, 제주읍장은 부위원장, 각 면장은 면 투쟁위원장이 될 정도로 당시 제주도는 도·읍·면·리 수준에 이르기까지 인민위원회가 통일적 조직체계를 완비, 실질적 행정기능까지 수행하는 제주인민공화국 또는 제주 코뮌의 수준이었다."

43쪽에는 "48년 4월 3일 새벽 2시 '단선 단정 반대'를 기치로 반미·반경찰·반서청을 표명하며 한라산 정상을 위시한 주요 오름의 봉화를 신호로 무장한 게릴라를 중책으로 한 3천여 명의 봉기자들이 제주도의 15개 경찰서 중 14개의 경찰서와 출장소 기타 행정기관을 습격 파괴하고 악질경찰·관공리들을 심판, 처단함으로서 제주도 4.3봉기는 시작되었다." 라고 좌파들도 제주도 남로당원 3,000여명 이 경찰지서를 기습함으로 폭동이 발생한 것을 시인하고 있으며, 이들 전대협 학생들이 성장하여 17대 국회에 60여 명이 당선되어 한국은 행정부와 국회 등 좌파가 장악하고 있고, 민주통합당의 핵심요원이 되었으며, 2016년 더불어민주당 우상호가 원내총무가 되었다. 이는 보통 문제가 아니다.

# 제8장

# 국방경비대 창설

# 제8장 국방경비대 창설

## 1. 해방과 군사단체

45년 9월 4일 여운형은 좌파 건국준비대를 조직하였는데, 6만여 명이 가입하여 엄청난 힘을 갖고 있었다. 이들은 태릉 육사 자리에 훈련소를 만들어 1만5천명을 훈련시켰다. 여기는 학병들이 많았고, 총사령관 이혁기, 부사령관 박승환 이었다. 이혁기(26세)는 김일성 직계로서 김일성 세력을 만들려 하고 있었다.

45년 8월 말 일본 육사출신 이응준(26기)이 중심이 되어 경기여고 자리에서 한국 장교클럽을 조직하였다.

45년 8월 22일 이응준, 김석원, 신태영, 최경록 등이 중심이 되어 조선임시군사위원회를 조직하였다.

45년 9월 1일 서울 종로에 있는 한청빌딩에서 조선 학병이 결성되었다. 이는 좌익 군사단체였다. 그래서 우익의 학병들이 탈퇴하여 3,000여 명을 새로 규합하였다.

1945년 11월 김구 선생은 창신동에서 무관학교를 창설하여 46년 1월 25일 334명의 입교식을 가졌다.

45년 12월 9일 광복군 출신 조성환이 총재, 안재홍이 부총재가 되어 대한민국 군사후원회 등으로 광복군이 분열되었다.

46년 초까지 30여 개의 군사단체가 조직되어 혼란이 더욱더 가중되었다.

## 2. 군사단체 해산

45년 11월 13일 미군정은 군정법령 28호에 의거(依據) 군사단체의 금지를 명하였다. 그리고 46년 1월 15일 남조선 국방경비대를 발족하고, 1월 20일 30개 군사단체를 해산시켰다.

경비대 발족은 46년 1월 : 서울 1연대, 부산 5연대,

2월 : 청주 7연대, 대구 6연대, 광주 4연대, 이리 3연대, 대전 2연대,

4월 중 춘천 8연대,

11월 : 제주 9연대가 창설되었고,

48년 5월 4일 광주의 4연대 1대대를 기간으로 여수 14연대를 창설하여 합 8개 사단 23개 연대를 목표로 창설되었다.

## 3. 남로당의 군부 공작

해방 전 일본군, 만주군, 광복군, 장개석군, 팔로군 등 좌우가 함께 경비대에 입대하여 경비대는 시작부터 일본군 출신이 장악하였으나 실제로는 좌익이 장악하고 있었다. 그래서 사상 교육과 훈련 방식이 각기 달라 경비대 안에서는 언쟁이 그칠 날이 없었고, 파벌이 형성되면서 화합이 되지 않아 알력이 끊이지 않았다. 우익과 좌익의 죽고 죽이는 싸움이 결국 한국전쟁까지 불러오게 되었다. 게다가 경비대 안에서 좌익은 김일성 계와 박헌영 계로 나뉘었고, 우익도 일본군 출신과 광복군 출신으로 갈라져 있었다. 경비대 장교를 양성하기 위해 군사영어학교가 먼저 개교되었고, 후에 육군사관학교가 개교되었다.

박헌영은 장래를 위해 좌익청년들과 좌익군사단체에 있었던 자들에게 국방경비대 입대를 권유했고, 경비대를 장악하려고 많은 좌익들이 경비대에 입대하였다.

장교는 중앙당에서 관리하고, 하사관과 사병은 도당에서 관리를 하였다. 남로당 안에 군사부를 두어 장교를 관리하였는데 처음에는 이중업이었고, 이중업이 구속되자 이재복(목사)이 후임 군사부장이 되었다. 박헌영은 좌익을 육군사관학교에도 많이 보내 경비대를 완전 장악하려 하였다. 남로당은 공무원, 노동자, 군부, 사회단체, 농민, 도시빈민 할 것 없이 치밀하게 파고들어 남조선을 사실상 거의 장악하였다. 특히 남로당은 군납업자와 부대 내의 식당 주인과 종업원을 공작원으로 침투시켜 정보를 빼내었다.

남로당 군사부에는 장교 책임자와 사병 책임자가 있고, 그 하부에 육군책임자, 해군책임자, 공군 책임자가 있었다. 육군 장교 책은 박정희, 해군 장교 책은 허만욱이었다. 경비대 안에 이병주, 김종석, 오일균, 이상진, 최창무, 조병건, 조암, 최남근, 박정희 등 고급장교들이 공작을 하고 있었다. 이들은 공작 대상이 선정되면 실패하는 일이 없었다. 이응준 통위부 고문이 경비대에 아무나 입대시키면 안 된다고 미군정에 건의해도 미군정은 "사상은 자유이다. 어떻게 좌 · 우를 가려서 뽑을 것인가?"라고 하면서 듣지 않았다. 만일 가려서 뽑는다면 남로당에서 가만히 있을 리도 없었다. 하지는 참으로 골치가 아팠다. 김일성은 이 정보를 입수하여 김일성 직계를 반공투사로 위장하여 월남시켜 경비대나 육사에 보내 고급장교가 되게 하였는데 그런 자가 바로 최남근 마산 15연대장이었다. 국군에서는 그가 존경의 대상이었다.


## 4. 경비대 창설

45년 12월말 경찰 총수는 25,000여 명이었다. 미군정은 이 경찰만 가지고는 좌익세력의 범죄활동을 막을 길이 없다고 판단하였다. 또한 북한이 보안대를 창설하였고, 38선이 분단 상태이므로 육군 4만5천

명, 공군 1개 수송대대, 2개 전투중대, 해군 5천명을 조직하되 장비는 미군이 지원하는 계획을 세워 하지 군정은 맥아더 사령부에 승인을 상신하였다. 맥아더 사령부는 "쓸 데 없이 무장단체를 창설하여 미 점령군의 부담을 증가시키는 것은 좋지 않다." 라고 하면서 국군의 모체가 아니라 경찰 예비대로 승인하였다. 이어서 맥아더 장군은 경찰 복장은 미군 복장과 같이 하고, 무기는 미제 M1소총으로 무장하게 하고, 경비대 복장은 일본 군복과 무기는 일본제 38식이나 99식 소총으로 무장하게 하였다. 계급장은 경찰 계급장을 뒤집어서 사용하게 함으로 경찰들은 경비대를 경찰 보조기관 같이 생각하고 경비대를 무시했다. 이러한 일들로 인해 경찰과 경비대간의 갈등이 계속되어 결국 영암사건이 발생하게 되었고, 영암사건으로 말미암아 경비대원들은 경찰에 적개심을 품게 되었다. 남로당은 이를 최대 악용하였다.

46년 1월 12일 태릉 육사 자리에 총사령부를 두고 경비대 창설에 나섰다. 경비대 사령관은 마셜 미 육군 중령이었다.

## 1연대,

46년 1월 15일 태릉에서 마셜 중령, 채병덕, 정일권, 장석윤 등이 중심이 되어 1연대를 창설하였다. 1연대의 좌익은 A중대장 이상진 중위(만주군 출신), C중대장 이병주 대위(만주군 출신으로 1연대 남로당 조직책)였다. 이들은 세포공작에 전력을 다하여 이병주한테서 영향을 받아 좌익이 되어 6.25때 월북한 박근서 중령(육사 1기), 14연대 반란군 지휘자 김지회 중위(육사 3기)와 위재설 상사 등이었다. 이들은 매일요일마다 남산공원에서 개최하는 공산당 집회에 사병을 인솔하고 참석해 공산주의 사상교육을 받을 정도였다. 내무반에서도 공산주의 사상에 대하여 학습과 토론을 하였다.

1연대장에 부임한 이성가 소령은 1연대 분위기를 보고 탄식하면서 김창룡 소위를 발탁하여 정보주임 보좌관으로 임명, 정보소대를 편성

하여 부대 내의 좌익을 사찰하도록 지시하여 극비에 전문적으로 조사
가 시작되어 후일 이들이 특무대가 되었다.

1연대에는 이병위 소령도 좌익이었는데, 그는 초대 군기대장 즉 헌
병대장 이었고, 47년 5월 21일 청주 7연대장까지 할 정도였다.

## 2연대,

46년 2월 28일 대전비행장에서 이형근 대위가 중심이 되어 2연대가
창설되었다.

2연대는 지원자들이 전에 소속된 단체를 극비에 조사하여 좌경단체
에 소속된 자들은 일체 받지 않고 우익단체에 속해 있던 자들만 받아
좌익분자가 거의 없었다.

이형근 후임으로 김종석 중령이 2연대장에 부임하였는데, 김종석은
남로당원으로 남로당에서 기대하는 장교였다. 김종석은 이주하와 이
재복 계열이었다. 김종석은 연대장에 부임하여 세포확장에 전력을 다
하였다. 군수참모 이상진 소령도 좌익으로 김종석과 이상진은 군수물
자를 팔아 이주하에게 공작금을 댈 정도였다. 감찰총감 오동기 대위가
김종석과 이상진이 2천만 원 어치의 군수품을 팔아 이주하에게 공작
금을 지원해 주었다고 하여 조사하고 있을 때, 후방사령관 채병덕 대
령이 오동기 대위의 숙소로 찾아와 "김종석 중령은 일본 육사 후배이
고 유능한 젊은이이니 이 문제는 신중히 취급해 주기 바란다." 하면서
압력을 가하여 조사가 진척되지 않았다. 채병덕은 틀림없이 남로당원
으로 당의 지령을 받고 온 것이 분명하였다. 김창룡은 이 점을 주시하
고 있었다. 결국 김종석은 무죄로 끝났다. 이는 남로당의 영향이 얼마
나 큰 지를 입증한 사건이었다. 이때 오제도 검사의 봉급이 6,000원이
었으니 2천만 원이 얼마나 큰돈인 지 알 수 있다. 미군은 이 사건이 무
죄로 끝나자 도저히 이해하지 못해 군원을 삭감하였다. 남로당은 이것
을 노렸다. 오동기 대위는 이런 썩은 경비대에는 더 이상 있지 않겠다

고 사표를 냈는데 송호성 사령관이 한사코 사표를 반려하여 4연대 부연대장에 부임하였다. 그 후 그는 남로당의 표적이 되어 혹독한 고문을 당하고 오히려 빨갱이로 몰려 제거되고 말았다.

## 5연대,

46년 1월 15일 부산시 감천동에서 박병권 소위가 중심이 되어 창설하였다. 박병권 소위는 창설요원이 없어 좌익 단체인 건국준비대에 속해 있는 자들을 입소시켜 남로당이 많은 연대가 되었다.

1947년 3월 한인식은 좌파 경남 군사위원회를 조직 총참모장이 되었고, 김갑수를 사단장에 임명하였다. 한인식은 부산, 동래, 울산, 진주, 남해에서 비밀리에 각각 연대까지 조직하였다. 1947년 8월 한인식은 군사위원회에 인민해방군을 조직하고 830여명의 해방군과 763명의 정치요원을 조직하였고, 인민해방군에 협조자는 36,000여명을 확보하여 그 세력은 엄청났다. 1947년 11월 6일 인민해방군이 경찰 한명을 학살하여 이를 검거 조사 과정에서 인민해방군 정체를 알게 되어 경찰은 이들의 아지트를 급습하여 48년 1월 3일 400여명을 체포하여 157명을 기소하였다. 이 157명 중에는 경찰과 경비대원이 많았다. 5연대 장병 300여명을 조사하자 2명이 일본으로 도망치고 그중 48명을 기소하여 인민해방군은 진압되었다. 좌익 경찰들은 경찰 고위층에 접근하여 정보를 입수하고 암호, 보안 등 중요한 비밀 100여 건을 입수 활용하다 검거되어 내란군을 사전에 막을 수 있었다.

백선엽 연대장이 부임하면서 인사, 훈련, 부식, 군수, 경리 등을 정직하게 운영하자 5연대 안에서 좌익들이 소요를 일으킬 명분이나 세포공작을 하지 못하였다.

## 7연대,

46년 2월 7일 청주에서 민기식 소위가 창설하였다. 46년 4월 2일 남로당원 오일균 소위가 부임하였다. 민기식 중대장은 오일균이 남로당원인 좌익인 것을 알고 오일균에게 중요한 직책을 주지 않아 세포공작을 못하고 있었다.

## 6연대,

46년 2월 18일 김영환 소위가 대구 구 일본군 연대 자리에서 6연대를 창설하였다. 협조자는 하재필 소위, 미군 중위 2명, 소위 1명 계 5명이었다.

하재필 소위는 남로당원으로 건국준비대의 좌익에 속해 있는 자만 받고 우익 단체의 젊은이들을 받지 않아 6연대를 남로당 연대로 만들고 있었다. 김영환 중대장이 하사관들에게 제식훈련을 시키면 하사관들이 대들어 중대장을 폭행하였다. 김영환 중대장은 너무 창피해서 아예 경비대를 사임하고 친형 김정열과 함께 공군 창설에 힘을 기울였다. 김영환 중대장의 후임으로 원기섭 중대장이 부임하였는데, 하사관들이 하재필의 명령은 듣고 중대장의 명령은 사사건건 시비를 하고 대들어서 도저히 중대장을 할 수 없어 아예 제대를 해버렸다. 3대 중대장으로 최남근 중위가 부임하였다. 최남근은 남로당원이라 명령을 잘 들었다. 4대 김종석이 부임하였는데 그도 남로당원이라 명령을 잘 따랐으므로 6연대는 세포공작에 열을 올려 완전히 좌익 군대가 되었다. 김완용, 장도영, 이상철 소위가 부임하였다. 김완용은 부임하자마자 군대 훈련보다 공산주의 사상이 잘못된 것부터 교육시켜 부대원의 좌익사상을 바꾸어놓겠다고 다짐하였다. 그러나 하사관들이 집단으로 노골적으로 대들어 엄두도 못 내고 있었다. 하루 일과가 끝나면 내무반에서 고참하사관들이 공산주의 사상 학습을 시키고 있었고, 대구 폭동 후 경찰의 추적을 피하여 경비대에 들어오면 환영식을 해주었다. 경비대는 좌익들의 도피처요, 천국이었다.

## 8연대,

46년 4월 1일 춘천에서 김종갑 중위와 황헌친 소위, 김형일 소위가 중심이 되어 창설하였다.

3대대 병기장교 임 소위는 남로당 장교로 탈영하였고, 군수주임 최형모 소령이 남로당원으로 세포공작을 하고 있었다. 박정희는 남로당원으로 육사 2기로 졸업한 후 처음으로 8연대 작전참모로 부임 세포공작을 하고 있었고, 박정희는 이재복의 직계로 육군 총책이었다. 그래서 8연대 안에 좌익이 200여 명으로 경비대 중 많은 편이었다. 박정희는 대담하게 술집에서 이재복을 원용덕 연대장에게 소개해 주면서 공작에 들어갔으나 원용덕 연대장에게 핀잔만 들었다. 49년 5월 8연대는 2개 대대가 월북할 정도로 14연대, 6연대, 9연대, 4연대 다음으로 좌익이 많은 연대였다.

## 9연대,

46년 11월 16일 제주도 모슬포 비행장에서 장창국 중위, 안영길, 윤춘근, 김복태 소위 등이 중심이 되어 창설하였다. 안영길 소위가 남로당원으로 세포공작에 들어갔고, 남로당 제주도당에서는 하사관과 사병들을 계획적으로 경비대에 보냈다. 47년 5월 장창국 연대장은 제주에 온 후부터 건강이 좋지 않아 사임하였다. 이것은 좌익들이 장창국 연대장이 말을 듣지 않아 서서히 표 나지 않게 죽는 약을 음식에 넣었기 때문이다. 후임에 이치업 소령이 47년 5월 연대장에 부임하였다. 이치업 연대장도 제주도에 온 후부터 배탈이 나고 힘이 빠져 쓰러졌다. 이치엽도 말을 듣지 않으니 좌익들이 약을 먹인 것이다. 그래서 사임하고 병원에 입원하였다.

47년 12월 1일 김익렬 소령이 연대장에 부임하였다. 김익렬은 좌익들의 말을 잘 들으니 약을 먹이지 않았다. 여기 주동자가 남로당 문상길(육사3기) 중위였다. 심지어 채명신 소대장도 문상길 중위가 몇 번인가 죽이려 하였는데 실패하였다. 문상길 중위는 세포공작에도 전력을 다하였다. 그는 9연대 남로당 조직책이었다.

48년 4월 10일 제주도에서 폭동이 한참 진행 중일 때 증원된 부산의 5연대 1개 대대 대대장으로 온 오일균 소령도 남로당원으로 세포공작에 전력하였다. 그는 좌익을 동원하여 9연대를 반란군으로 만들려고 하였는데 실패하였다. 9연대 안에 좌익이 많아 제주도 4.3폭동을 초기에 진압하지 못하여 확대되는 계기가 되었다. 하사관은 고승옥, 문덕오, 정두만, 류경대 등이 세포공작원이면서 프락치 역할을 하고 있었다.

## 4연대,

46년 2월 15일 전남 광산군 극락면 쌍촌리에 있는 일본군이 사용하던 자리에서 김홍준 중위가 중심이 되어 창설하였다. 김점곤, 임충식, 한진영이 같이 협력하였다. A중대장 조암 소위(군번 28번 학병출신 함북 경성)가 남로당원으로 세포공작에 적극적이었고, 6.25 때까지 발각되지 않았다. 47년 1월 조암은 대위로 승진 대대장이 되자 세포공작이 더욱더 유리하여 4연대를 붉게 물들이고 있었다. 47년 9월 오일균 소령이 1대대장에 부임하였는데 오일균도 세포 확장에 전력을 다하였다. 1대대에는 남로당원 홍순석, 김지회 중위 등 중대장들이 있어 그야말로 4연대는 남로당 군대가 되어가고 있었다. 4연대 2대대장으로 백인엽이 부임하고 보니 4연대가 완전히 붉은 군대나 마찬가지임을 알았다. 밤마다 내무반에서 공개적으로 좌경사상을 학습하고 있는 것을 보고 언젠가는 이들이 큰일을 내겠구나 하고 이에 대한 준비를 하였다.

## 14연대,

48년 5월 4일 여수시 신월동 일본군이 사용하던 자리에서 이영순 소령이 중심이 되어 창설하였다. 14연대는 광주 4연대 1대대가 기간이 되어 창설하였는데, 여기에는 김지회, 안영길, 홍석중 등 남로당원들이 중대장이 되고 창설멤버가 되어 붉은 군대 같았다. 48년 2.7폭동에 가담하였다가 경찰의 추적을 피하여 14연대에 많이 입대하여 14연대는 남로당 청년들의 피난처요 투쟁의 장소였으며, 절반 정도가 좌익이었다. 48년 7월 15일 광복군 출신 오동기 소령이 연대장에 부임하여 부대를 정직하게 잘 운영하고 있었다. 남로당에서는 오동기 소령을 타도 1호로 삼고 그를 제거하려고 기회를 엿보았다. 오동기 연대장은 김지회와 홍석중이 남로당원으로 세포확장을 하기 때문에 체포 조사해야 한다고 통위부에 상신하였으나 이 정보가 새어 나가 오히려 역으로 혁명의용군사건에 관련이 있다고 오히려 오동기를 좌익으로 몰아 제거해 버렸다. 그리고 나이가 많고 무능한 박승훈 중령이 연대장에 부임하자 김지회, 홍석중, 안영길, 지창수, 정락현, 최철기, 김근배, 김정길, 윤창남 등이 세포확장에 전력을 다해 14연대는 좌익들 세상이 되었다. 지창수 상사가 근무시간에 공산주의 서적을 읽고 있는 것을 보고 김판규 소위가 "근무시간에 공산주의 서적을 보면 어떻게 하나?" 하고 나무랐다. 그러자 지창수 상사가 "우리는 장차 합법적으로 수립되는 정부에 충성을 서약하고 입대할 것이다. 가까운 장래에 공산당 정권이 설지도 모르며, 지금 이승만 정권이 언제 쓰러질 지도 모르니 공산주의 연구는 우리들에게 반드시 필요한 일입니다." 하고 반박하여 김판규 소위는 기가 막혀 말이 나오지 않았다. 그는 "이거 육군이 완전히 빨갱이 세상이군!" 하면서 지창수를 처벌할 수 없는 것을 안타까워했다.

※ 전대협 통학추 편저 『우리는 결코 둘이 될 수 없다』 85쪽에 보면 "미군정이 경비대를 창설한 것은 남한의 혁명적 조건에 대한 대응책의 일부로서 남한 민중들의 조직적 요구들을 진압하는데 그 목적이 있었음을 자명한

사실이었다. 한 나라의 국군의 생명인 군 작전 지휘권을 미국에 팔아먹었다"고 허위주장을 하면서 전국 대학생들을 상대해서 좌파사상 교육을 시켜 젊은이들을 좌파로 양성하였다.

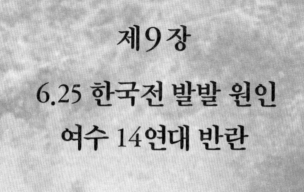

# 제9장

## 6.25 한국전 발발 원인
## 여수 14연대 반란

# 제9장 6.25 한국전 발발 원인 여수 14연대 반란

## 1. 14연대 반란의 원인

48년 10월 11일 제주도 4.3폭동이 악화되자 육본에서는 제주도에 경비사령부를 신설하고 대구 6연대 1개 대대, 부산 5연대 1개 대대를 증파하였다. 그리고 10월 15일 여수 14연대장에게 "제주도에 파견할 1개 대대를 조속히 편성하여 대기하라"고 명령을 내림과 동시 여수 14연대 1개 대대를 10월 20일까지 제주도에 도착하여 진압하라고 작전 명령을 내렸다. 14연대장은 즉시 1대대에 출동준비를 지시하고 88식이나 99식 소총에서 M1소총을 지급하였다. 이 소식은 지창수 상사를 통해 여수 인민위원장에게, 위원장은 전남도당 책임자 김백동에게 보고하였고, 김백동은 남로당 군사부장 이재복에게 보고하였다. 이재복은 "즉시 출동을 저지하라"고 지시하였다. 지창수 상사는 10월 16일 즉시 정락현, 유창남, 김근배, 김정길 등을 만나 반란을 일으킬 것을 결정하고, 이 내용을 부대 안의 식당에서 일하는 연락책 박태남에게 알려주었다. 박태남은 여수 인민위원장에게 보고하였다.

육본에서는 "14연대 1개 대대는 10월 19일 20시에 여수항을 출발 제주도에 도착하라. 육군참모총장 이응준 대령"이라는 전문을 여수우체국을 통해 보내와 14연대장이 이 전보를 받았다. 이 전보는 14연대장 박승훈이 보기 전에 우체국에서 일하는 남로당원에 의해 여수인민위원장이 먼저 알게 되어 여수인민위원장은 여수 남로당원을 동원하였고, 김백동, 이재복도 계속 지령을 내렸다. 지창수 상사 등도 부대 내에서 준비를 서두르고 있었다.

지창수는 부대 안의 남로당원 40명을 즉시 소집, 제주도 출발을 위해 연병장에 모일 때 부대를 장악하기로 하고, 식당에 있는 박태남에게 이 사실을 여수 인민위원장에게 보고하게 했다. 여수 인민위원장은 여수 남로당원을 동원하여 부대 앞 식품점 근처에서 모여 있을 테니 식품점 주인에게 물건을 사는 척하면서 반란이 성공하면 〈개는 잘 짖고 있다〉라고 하면 즉시 부대에 들어가서 합세하겠다고 하면서 암호는 "처녀" "총각"이라고 알려 주었다.

48년 10월 19일 작전명령을 접수한 14연대 박승훈 연대장은 남로당에서 이 정보를 입수하여 저지할지 모르니 19일 20시 출발을 21시로 연장해서 출발하라고 지시하였고, 군장검열은 2시부터, 식사는 오후 6시, 부대 출발은 오후 9시에 하라고 지시하고 부대는 60밀리 박격포로 무장시켰다. 1대대장 김일령 대위는 출동 준비에 정신이 없었다.

오후 7시 식사를 마친 연대장과 참모들은 여수항 군함에 군수물자를 선적하느라 부대를 출발 여수항에 도착하여 선적을 감독하고 있었다.

오후 8시 집합 나팔이 울렸다, 1대대 장병들은 아무런 의심 없이 완전무장을 하고 연병장에 모였다. 모든 전화선이 끊겼다. 남로당원인 40여 명의 장병들이 서서히 1대대 장병들을 포위하였고, 일부는 탄약고에서 대기하고 있었으며, 일부는 정문을 출입 통제하기 위해 서서히 움직이고 있었다. 여수 남로당원들은 사람들의 눈을 피하여 부대 앞 식품점에 모여들었다.

19일 오후 8시 지창수 상사가 연단에 올라가 인원 보고를 받고 있었다. 1중대- 2중대 -3중대 -중화기 중대 순으로 집합하여 이상 무, 집합 끝, 보고를 하고 있었다. 장병들의 실탄은 연병장에서 지급하기로 해서 실탄이 없었으나 반란자들에게는 사전에 2크립씩 16발의 실탄이 지급되어 있었다. 원래는 김일령 대대장이 집합 보고를 받고 훈시를 하고 출발명령을 해야 하는데 장교들은 9시에 집합한다고 해서 연병장에 나와 있는 장교가 한 사람도 없었지만 의심하는 장병이 전혀 없었다.

지창수 상사가 연단에 올라가 연설을 시작하였다. "지금 밖에는 경찰이 우리를 향해 쳐들어오고 있다. 이 때문에 비상소집을 한 것이다. 즉시 응전할 준비를 갖추어 경찰을 타도해야 한다. 지금부터 경찰은 우리들의 적이다. 총을 들고 저주스런 경찰을 타도하자... 우리들은 동족이 상쟁하는 제주도로 출동하는 것을 절대 반대 한다 ... 경찰을 타도하게 되면 우리들은 조국의 염원인 남북통일을 위하여 궐기한다. 실은 지금 북조선 인민군이 남조선 해방을 위해 38도선을 돌파하여 남쪽으로 진격 중이다. 우리들도 여기에 호응 북진하여 미국의 괴뢰를 소멸시켜야 한다. 지금부터 우리들은 인민해방군이 된다. 그래서 조국통일을 볼 때까지 죽음을 각오하고 싸우자!"라고 외쳤다. 연설을 마치자 좌익들이 "옳소!"하며 일제히 소리를 질렀다. 탄약고에서는 탄약고를 점령하였다는 신호탄이 올랐다. 이때 하사관 2명과 사병 1명이 "안된다! 우리가 어떻게 해방군이 된단 말인가? 경찰은 타도하고 제주도는 안 간다 해도 해방군은 안 된다!"라고 고함을 치자 좌익하사관들이 이 세 명을 끌어내어 병사들이 보는 앞에서 총살하였다. 우익 장병들이 이에 대항하려고 하였지만 좌익들은 실탄을 갖고 있는데 실탄이 없어 대항할 수 없었다. 이것을 본 장병들은 겁에 질려 한 사람도 이의를 제기하지 못하고 모두 지창수와 함께 반란군이 되었다.

탄약고를 점령한 반란군은 신속하게 실탄을 운반하여 1대대 장병들에게 실탄을 공급하였다. 반란에 필요한 시간은 불과 10분이었다. 그리고 지창수는 의무장교만 빼고 장교는 모두 사살하라고 명령하였다.

5중대 주번사관 박윤빈 소위(육사6기)는 9시에 비상나팔을 불어야 하는데 8시에 불어서 이상하게 생각하고 연병장으로 가고 있는데 "누구냐?"하는 수하를 당하였다. "나 주번사관이다. 무슨 일이 있는가?"하자 반란군은 총을 쏘았다. 박윤빈 소위는 복부가 뜨끔하면서 다리에 힘이 빠져 쓰러지고 말았다. 1중대 주번사관 김정덕 소위도 똑같이 반란군의 총을 맞고 쓰러졌다. 구병모 소위는 반란군의 총격으로 창자가 밖으로 쏟아졌다. 박윤빈 소위는 극적으로 생명을 건졌다. 전용인 소위(육사5기)가 1대대장 김일영 대위에게 출동부대가 반란군이 되었다고 보고하니 김일영 대위는 전용인 소위에게 "여수항에 있는 연대장에게 빨리 가서 보고하라. 여기는 내가 수습 하겠다"고 명령하고 권총을 빼들고 사무실을 나가려 했다.

　반란군 20여 명은 2대대와 3대대 중대장실을 다니며 장교는 무조건 사살하고 1대대장 사무실에 도착하는 순간이었다. 반란군들이 문을 벌컥 열고 1대대장에게 "손들어!"하자 "너희들 누구냐?"하며 대대장이 일어서며 외쳤다. 그러자 "왜? 니 부하다!"하며 김일영 대대장에게 총을 난사하여 죽였다. 총소리에 놀라 2대대와 3대대 장병들이 내무반에서 밖으로 나오려 하자 반란군들이 막사를 점령하고 "경찰이 부대를 공격하려 하고 있다. 빨리 탄약고에 가서 실탄을 가지고 집합하라!"고 명령하자, 2대대와 3대대 장병들은 영문도 모르고 실탄을 지급받아 연병장에 모여 반란군이 되었다. 여기에 반항하는 자는 무조건 사살하고 장교들을 죽이니 장병들은 무슨 일로 그러는지 영문도 모르고, 지휘할 장교들도 없어 겁에 질려 반란군이 된 것이다. 반란군은 1대대장 김일령 대위, 2대대장 김순철 대위, 3대대장 이봉규 대위, 연대 작전주임 간성윤 대위, 1중대장 차지영 소위, 2중대장 김용관 중위, 진도영 중위 외 3명(육사 3기) 김록영 중위 외 7명(육사 5기), 이병순 소위 외 6명(육사6기) 이상 우익 장교 20여 명을 죽이고, 2대대와 3대대까지 반란군으로 만들어 14연대 2,300여 명이 완전히 반란연대가 되었다. 반란에 저항한 하사관과 사병 40여 명을 반란군은 죽였다. 한편 14연대 정문 앞 식품점에서 반란이 성공하기를 초조하게 기다리고 있던 여수 남로당원 23명은 "개는 잘 짖고 있습니다." 라는 연락을 받고 인민공화국 만세! 를 부르며 부대 안으로 들어가 무장하고 반란군과 합세하였다.

※ 좌파들은 이상과 같은 14연대 반란을 이승만의 단독정부에 항거한 여·
　순 항쟁이라고 허위주장을 하면서, 연세대 박명림 교수는 14연대 반란군
　을 14연대 봉기군이라고 허위주장을 하고 있다.

## 2. 14연대 반란군 여수 점령

　지창수가 반란에 완전히 성공한 시간은 1948년 10월 20일 새벽 1시
로 5시간이 걸렸다. 반란군은 즉시 정문을 출발, 남로당원 600여명에
게 무기를 지급하고 여수경찰서를 향해 진격하였다.

※ 이것으로 14연대 반란은 남로당 중앙당과 도당과 남로당 여수시당의 지
　령에 의해 반란이 일어난 것의 증거가 되었으나 좌파에서는 남로당의 지
　령이 없다고 허위주장을 하고 있다.

　반란 소식을 듣고 고인수 여수경찰서장은 200여 명으로 방어 준비
를 하였다. 그러나 반란군은 새벽3시 여수경찰서를 순식간에 점령하
고 20일 오전 9시 조선민주주의 인민공화국 세상을 만들고 태극기를
내리고 인공기를 걸었다. 여수시 남로당원 600여 명은 무장을 하고 여
수시를 이 잡듯이 뒤져 경찰과 우익을 찾아 21일까지 800여명을 죽였
다. 경찰이 잡히면 그 자리에서 구타 살해하였고, 고인수 서장 외 간부
10여명이 잡혀 무참하게 살해되었다.

## 3. 14연대 반란군 순천 점령

　10월 20일 오전 9시 반란군은 여수역 광장에 모였다. 이때 남로당

중앙당 연락부장 이현상의 지령으로 김지회 중위가 반란군 사령관이 되고 지창수는 1개 대대로 여수에 남아 치안을 담당하고 있었다. 김지회는 중앙당으로부터 순천을 점령하고 학구와 구례를 거쳐 남원으로 북상하라는 지령을 받았다. 반란군 700명은 열차를 타고 20일 아침 9시30분 순천을 향해 출발하였고, 1,300여명은 차량으로 순천을 향해 공격하러 가는데 차량 끝이 보이지 않았다. 순천은 남로당원 홍석중 중대장이 반란군을 기다리고 있어 순천 점령은 시간문제였다.

10월 20일 여수에서 14연대 반란이 일어났다는 정보를 입수한 양계원 순천 경찰서장은 경찰 500명을 동원하여 삼거리에서 반란군을 저지하게 하고, 전 경찰을 순천역 동쪽 봉화산 밑에서 14연대 병력이 기차에서 내릴 때 공격하게 하고, 호를 깊이 파게 지시하였다. 10시 경찰 배치가 끝나자 순천 시내 여러 곳에서 총성이 요란하였다. 10시 30분 순천에 온 반란군에 의해 삼거리 경찰은 순식간에 돌파되었고, 10여명의 경찰은 현장에서 즉사하였다. 반란군이 순천역 동쪽 고지를 향해 바람처럼 진격하자 이것을 본 경찰은 싸움 한 번 해보지 못하고 도망쳤다. 급보를 받고 반란군을 진압하라고 광주 4연대 2대대 1중대를 순천에 급파하였는데 1중대 좌익들은 중대장과 우익을 죽이고 반란군에 합세하였다. 반란군과 진압군과 구분하기 위하여 진압군은 철모에 흰 띠를 둘렀는데 이제는 반란군도 흰 띠 진압군도 흰 띠여서 도대체 누가 누구인지 알 수 없어 혼란이 가중되었다. 순천의 홍석중에게 반란을 진압하라고 명령하였지만 홍석중은 남로당원으로 이미 2개 중대가 반란군에 합세하였다.

10월 20일 오후 3시경 반란군은 순천을 완전히 점령하여 순천은 인민공화국이 되어 태극기를 내리고 인공기를 올렸고, 남로당원들은 무장을 하고 우익과 경찰들을 잡아 죽이기 시작하였다. 반란군은 순천중학교에 연대본부를 설치하고 참모들과 대대장 중대장들을 더욱 보강하여 조직을 튼튼히 하고 순천방어 준비를 하고 있었다.

## 4. 14연대 반란군 작전

10월 20일 오후 3시 순천중학교에 있는 반란군 연대본부에서 김지회 사령관은 반란군을 3개 대대로 조직, 1대대는 순천을 방어하게 하고, 2대대는 벌교·학구와 광양으로 진격하라고 명령하였다. 이에 홍석중 중대장이 "부대를 분산하면 각개격파 당하므로 순천은 입구만 봉쇄하면 여수까지 자연 봉쇄되어서 여수와 순천을 해방구로 만들어 철저히 방어진지를 구축하여 몇 년이고 버티는 작전과, 아니면 즉시 지리산으로 들어가 유격대가 되어 장기전을 해야 합니다. 이유는, 곧 광주의 4연대, 군산의 12연대, 전주 3연대, 대전 2연대, 마산 15연대가 올 것인데 벌교·학구·광양을 공격하여 부대를 분산하면 우리는 각개격파 당하고 북진해서 서울도 가지 못하고 패하고 말 것입니다." 하고 김지회의 작전을 반대하였다. 만일 김지회가 홍석중의 작전대로 순천 입구의 고지를 점령하고 철통같이 방어전을 한다면 국군이 이 방어진지를 뚫기는 어려웠다. 이때 미군은 한국에서 철수한다고 공포하였고, 이미 미24군은 일본에서 해체 중이었으며, 한국에 있는 미군 3개 사단은 철수 준비를 하고 있는데, 미군의 전차를 동원하지 않고는 공군도 해군도 여수·순천을 탈환하기는 심히 어려울 것이었기 때문이다. 김지회가 홍석중의 작전을 듣지 않은 것이 작전에 큰 실수였지만, 김지회는 중앙당에서 학구를 거쳐 남원으로 진격하라는 명령이 있어 어쩔 수 없었다. 그리고 당에서는 광주 4연대 일부, 군산12연대, 전주 3연대, 마산 15연대 내의 남로당원 등에게 반란을 일으켜 이들과 합세하여 서울로 진격하라는 명령이어서 내일이 최대 고비라고 설명하였다. 결국 2개 대대는 벌교, 보성, 화순, 학구, 광양, 하동을 점령하기 위해 순천을 출발하였다. 그러자 남로당원들은 반란군이 도착하기 전 경찰서를 점령, 지역을 완전 장악하였다. 이때 남로당 중앙당 연락부장 이현상은 순천에 도착하여 작전을 지도하고 있었다.

## 5. 14연대 반란군 진압작전

### 1) 10월 20일

48년 10월 20일 이성가 4연대장은 부연대장 박기병 소령에게 1개 대대를 지휘하여 순천 북방 10㎞ 지점 학구에서 반란군이 구례 남원으로 가는 것을 저지하라고 명령하였다. 박기병 부연대장은 정신없이 군장을 준비하고 1개 대대를 지휘하여 학구에 도착하였다. 그는 광주에서 학구까지 오는 도중 누가 좌익사상을 가지고 반란을 일으킬지 몰라 불안하였는데 무사히 학구에 도착하여 다행으로 생각하였다. 그런데 4연대 장병들이 싸우려 하지 않아 걱정이 이만저만이 아니었다. 육본에서도 급보를 받고 깜짝 놀라 참모총장 채병덕 준장, 작전참모부장 정일권 대령, 정보국장 백선엽 중령이 비행기로 광주에 도착하여 보고를 받고 14연대 반란군 진압사령부를 신설하여 사령관에 송호성 준장을 임명하고 참모장에 백선엽 중령, 작전참모에 김점곤을 임명하였고, 작전참모 보좌관에 박정희 대위를 임명하였는데, 박정희는 남로당원으로 육군 안의 남로당 총책임자였다. 광주 4연대 1개 대대가 학구에 도착하였고, 군산의 12연대 2개 대대는 부연대장 백인엽 소령이, 전주 3연대 1개 대대는 부연대장 송석하 소령이 지휘하여 진압사령부에 배속되었고, 5연대 1개 대대, 15연대 1개 대대 합 5개 대대로 진압에 나섰다.

### 2) 10월 21일

진압군 사령부는 12연대, 3연대, 4연대를 주력으로 학구에서 반란군 북상을 저지하고, 광양을 15연대, 보성과 벌교는 4연대 일부를 조공으로 진압명령을 내렸다. 순천을 3개 방향에서 공격 진압할 계획이었다.

① 4연대 2개 중대 보성 탈환 실패.

광주 4연대 1대대 2개 중대를 오덕준 중령이 인솔하여 보성을 점령한 반란군을 진압하러 군 트럭 5대에 분승하여 보성 위 4킬로 지점에 도착하였을 때 반란군이 매복하고 있다가 집중공격을 하였다. 최훈섭 대대장이 장병들에게 하차하여 포위망을 뚫으라고 명령하여 겨우 포위망을 뚫었으나 보성 진압에 실패하였다.

② 15연대 광양 탈환 실패

마산의 15연대는 어제 진주를 거쳐 하동에서 잠을 자고 아침 6시 최남근 연대장은 광양에 있는 반란군을 진압하기 위하여 출발하였다. 15연대 최남근 연대장은 좌익 장교로서 그는 김일성의 직계였다. 15연대는 3중대가 첨병중대가 되고, 2중대 1중대 순으로 행군을 하였다. 반란군들은 15연대가 진압 차 광양으로 오는 것을 알고 광양 동쪽 8킬로 지점 옥고면 산중턱에서 매복하고 기다리고 있다가 15연대가 사정권에 들어오자 집중사격을 하였다. 첨병중대장 손 중위(육사 5기)가 차에서 뛰어내려 부대를 지휘할 때 몸이 노출되어 반란군의 총을 맞고 그 자리에서 전사하였다. 조시형 소위(육사 5기)가 2개 중대를 지휘하여 고지를 점령하라고 명령하고 고지를 점령하기 위하여 장병들과 같이 뛰었다. 대대장 한진영 대위(육사 2기)도 같이 뛰었다. 고지를 향해 뛰어가는데 한 군인이 "국군이 어느 부대입니까?" 하고 물어왔다. 한진영 대대장은 의심도 않고 "나 15연대 1대대장이다." 하자 그 군인이 한 대대장에게 총질을 하여 한 대대장도 그 자리에서 전사하였다. 그 군인은 반란군이었다. 이 광경을 본 3중대 장병들은 싸우려하지 않고 슬금슬금 도망치려 했으나 이미 반란군에 완전히 포위되어 있는 상태였다. 이 광경을 보고 15연대장은 전 병력을 후퇴시켰다. 그런데 3중대가 타고 온 트럭 세 대가 도로상에 그대로 있었다. 최남근 연대장은 조시영 소위와 같이 그 트럭 세 대를 끌어 오려고 차량 가까이 가서 보니 차량 주위에는 온통 반란군뿐이었다. 이것을 알고 조시영 소위가 연대장에게 눈치를 보내어 빨리 가자고 할 때 장병 한 명이 "손들엇!" 하고 총구를 두 사람 가슴에 겨누었다. 결국 최남근 연대장과 조시영 소위는 포로가 되어 화엄사와 피아골 사이의 문수골로 끌려갔다.

　㉠ 15연대는 반란군 진압에 실패하였고,

　㉡ 부하들에게 차량을 가져오라고 해야지 최남근 연대장이 직접 차량을 가지러 간 것이 이상하고,

　㉢ 최남근 연대장은 부대 출동 목적을 대대장과 중대장들에게 설명하지 않았고,

　㉣ 광양까지 왔어도 실탄을 지급하지 않는 등 최남근 연대장은 이해할 수 없는 행동을 하여 반란군 포로에서 탈출한 후 조사를 받았다.

　③ 4연대 학구전투

　4연대 박기병 부연대장은 아침 일찍 순천을 향해 공격하던 중 학구 근방에서 반란군의 저항을 받고 진격하지 못하고 고지를 점령하고 대치상태였다. 특히 4연대 장병들은 남로당 세포원들의 선동으로 "14연대 장병들은 우리와 함께 지내던 사이였는데 어떻게 총질을 하느냐?" 고 하며 싸우려하지 않으니 박기병 소령은 고민이었다. 그런데 반란군에서 먼저 공격해오자 4연대 장병들도 공격을 하여 치열한 전투 중 1개 중대를 포로로 잡았다. 반란군이 치열하게 공격해 오자 전투는 교착상태에 빠졌다. 이때 12연대 2개 대대를 이끌고 부연대장인 백인엽 소령이 도착하였다. 백인엽 소령은 부대를 출발하면서 "반란군 빨갱이와 싸우기 싫은 사람은 안 가도 된다. 싸울 사람만 나서라!" 하고 훈시를 하였다. 그런데도 장병들은 모두 싸우겠다고 따라왔다. 백인엽 소령은 도착하여 이성가 4연대장으로부터 현재의 상황 설명을 듣고 즉시 12연대 2대대장 김희준 대위에게 반란군 후방을, 3대대장 이우성 대위에게는 정면에서 공격하도록 명령하고 백인엽 소령은 3대대를 지

휘하였다.

4연대와 12연대 장병들이 와- 하고 함성을 지르며 공격하자 반란군은 순식간에 혼란에 빠져 순천으로 도망치는 척하면서 광양으로 도망치고, 어쩔 수 없이 반란군에 가담하게 된 장병들은 이때 틈을 타 손을 들고 항복하여 1시간 만에 반란군을 격퇴하였다. 4연대 장병들은 12연대 장병들이 한 시간 만에 반란군을 해치우는 것을 보고 깜짝 놀랐다. 백인엽 부연대장은 여세를 몰아 순천을 점령하기 위해 오후 4시에 순천 입구에 도착하였다. 순천 시내로 진격하려면 300고지가 여러 개 있는데 백인엽 부연대장은 반란군이 이 고지에서 저지하면 공격이 어려울 것으로 보고 먼저 수색대에게 고지에 반란군이 있는지 수색하라고 명령을 내렸다. 반란군이 전혀 없다는 보고를 받은 백인엽 부연대장은 "김지회가 돌대가리구나!" 하고 천만다행으로 생각하였다.

백인엽 소령이 순천 시내로 들어가자 도로 양쪽 고지에서 공격을 하는 것이 아니라 건물 사이에서 반란군이 공격해왔다. 12연대가 공격하자 반란군은 힘없이 무너지고 도망쳤다.

송석하 3연대는 순천 서쪽을 공격해 들어갔다. 김지회 반란군 사령관은 12연대와 3연대 내의 세포원 공작에 의해 장병들이 반란군과 합세하여 진압군이 순천을 공격하지 않을 줄 알았는데 예상을 뒤엎고 12연대가 순천 중앙으로, 3연대가 서쪽으로 진격해오자 난감하였다. 한편 12연대 2대대 5중대장 김웅록 대위는 김희준 대대장을 죽이고 5중대를 반란군 중대로 만들어 12연대를 장악하려는 계획을 세우고 김희준 대대장을 공격하였다. 그런데 김희준 대대장은 기적적으로 살고 보좌관들만 부상을 입어 즉시 김웅록 5중대장을 체포하여 헌병대로 넘겼다. 김웅록은 남로당원으로 12연대를 반란군으로 만들려다 세포가 약하고 시간이 없어 결국 성공하지 못하고 체포된 것이다.

김희준 대대장은 김웅록 후임으로 김한수 중위를 5중대장에 임명하고 81밀리 박격포 2문을 주어 반란군을 공격하게 하였다. 그리고 중대 안에 남로당 세포가 있어 또 반란을 일으키려 할 지 모르니 조심하라고 주의를 단단히 주었다. 김한수 중위는 명령대로 박격포 2문으로 순천중학교에 있는 반란군 본부를 계속 공격하였다. 반란군 본부는 박격포 2문으로 쑥밭이 되고 있었다. 이 틈을 타 김희준 대대장이 12연대를 동원 공격해 들어갔다. 반란군은 예상을 뒤엎고 신속하게 12연대가 공격해오자 순천교 근방으로 도망치기 시작하였다. 백선엽 참모장이 연락기를 타고 반란군의 움직임을 동생 백인엽 부연대장에게 알려주어 백인엽은 형님의 지시대로 공격해 들어갔다. 12연대는 순천교를 향해 반란군을 추격하였다. 반란군은 동천강을 배수진으로 하여 12연대를 기다리고 있다가 12연대 선발부대가 동천강 쪽으로 접근하자 공격을 하였다. 12연대 2대대 9중대 송호림 중대장은 선봉에서 반란군을 공격하여 농업학교까지 진격하였다. 그러나 9중대가 다른 부대와 전선을 유지하면서 공격해야 하는데 9중대만 돌출되어 반란군에 포위되었다. 송 중대장은 아차 하는 순간에 포위되자 50명으로 특공대를 조직하여 이끌고 반란군 1개 소대를 역 포위하여 포위망을 뚫었다. 그러나 반란군 1개 중대에 의해 또다시 포위되어 포위망을 뚫을 수가 없었다. 이때 송호림 중대장이 "우리들 싸우지 말고 협상하자!"고 제의하였다. 그러자 이 말을 진압군이 반란군에 합류하겠다는 뜻으로 알고 "좋소!" 하며 반란군 대표가 나와 "속히 합류하라"고 하자 송호림은 "중대 돌격하라!" 하고 큰소리로 명령을 내렸다. 반란군은 진압군이 합류할 줄 알고 방심하고 있었는데 진압군 중대장이 갑자기 "돌격하라"는 명령을 내리고 중대장이 먼저 반란군을 향해 뛰어드니 반란군은 어리둥절하였다.

송호림 중대장은 뛰기 시작하여 반란군 진에 도착하여 뒤를 보니 특공대 50명 중 한 명도 보이지 않고 홀로 반란군 앞에 서 있는 것이 아닌가! 그는 "이제 나는 죽었구나!" 하고 등에서 식은땀이 났지만 반란군도 얼떨떨하고 있어 송 중대장은 자기도 모르게 "차렷!" 하고 고함치니 반란군이 동요하기 시작하였다. 송 중대장은 용기를 내어 큰소리로 "너희는 완전히 포위되었다. 총을 버려라!" 하고 명령을 하니 1개 중대 187명이 총을 버리고 손을 들었다. 그런데 송 중대장의 뒤를 따라온 장병들은 10명밖에 안 되어 이들을 다 인솔해 간다는 것이 큰일이었다. 송 중대장은 10명에게 먼저 땅에 내려놓은 총을 회수하게 하고, 10명씩 앉게 한 다음 대대장에게 보고하니 지원군이 와서 187명을 인솔해 갔다. 이 187명은 좌익들에 의해 할 수 없이 반란군에 가담한 사람들로 자수할 기회를 얻었던 것이다.

반란군은 대패하여 일부는 광양으로 도망치고 있었으나 순천교에 집결하여 결사 항전할 태세여서 진압군은 불안하였다. 진압군은 보성과 광양에서 패하여 사기가 저하되었으나 순천에서 대승하여 사기가 올랐다. 또 대전의 2연대 1개 대대와 강필원 대위의 장갑차부대 장갑차 20대가 증원 차 도착하여 진압군은 사기충천하였다.

반란군 김지회는 순천에서 계속 항전할 수 없게 되었다. 만일 진압군이 광양을 막아버리면 반란군은 오도 가도 못하는데 다행히 진압군이 광양에서 패하여 김지회는 밤 10시를 기해 순천을 빠져나와 광양과 백운산을 거쳐 지리산으로 들어갈 계획으로 무기와 식량을 준비해서 출발하려고 서둘렀다.

10월 21일 밤 진압군 사령관 송호성, 참모장 백선엽, 그리고 연대장들이 모였다. 먼저 백선엽 참모장이 현재의 상황을 설명하였다.

백선엽: "보성과 광양에서는 진압군이 패하였으나 순천은 승리해서 다행입니다. 반란군 2개 대대는 순천교에 집결해 있고, 보성과 광양과 여수에 1개 대대가 있는 것으로 파악 됩니다"

송호성 : "순천과 여수를 빨리 탈환하여야 전국의 남로당원들이 극성을 부리지 않지 탈환이 늦어지면 제주도 같은데서 남로당원들이 더 극성을 부려 안 되니 순천을 탈환 즉시 여수를 공격합시다."

백선엽: "즉시 광양과 백운산과 지리산 입구를 봉쇄하여 반란군을

진압해야지 만일 반란군이 광양, 백운산, 지리산으로 빠져나가면 진압이 장기화 될 수 있습니다. 그러면 국내가 혼란할 것이며, 제주도에서는 남로당원들이 더욱더 극성을 부려 안 됩니다"

이 회의에서 송호성 사령관이 자기주장을 고집하여 결국 다음 날 순천과 여수를 탈환하기로 하였다. 이렇게 되어 김지회 반란군은 광양을 거쳐 백운산으로 들어가는 데 성공하였다.

### 3) 10월 22일(순천 탈환. 계엄령 선포 )

아침 6시 진압군은 장갑차를 선두에 세우고 순천 시내로 진격하면서 순천교 근방의 반란군 진지를 공격하였다. 그러나 시내에 도착하고 보니 반란군은 지난 밤 다 도망쳐버리고 한 명도 없었다. 어제 백선엽 참모장이 주장한 대로 광양에서 길목을 막았어야 하는데 잘못하였다고 지휘관들은 한 마디씩 하였다. 잔당을 소탕하기 위해 시내로 들어갔으나 반란군은 보이지 않고 젊은이들과 남녀 학생들이 진압군을 향해 총을 쏘자 진압군은 기가 막혔다. 진압군이 순천을 탈환한 후 순천 경찰서에 도착하여 보니 70여명의 경찰 시체가 쌓여 있었다.

"아무리 혁명도 좋고 좋은 세상도 좋지만 동족끼리 싸우지 말자 하면서 동족을 이토록 죽이다니, 빨갱이들은 동족이 아니고 적이다!' 하면서 진압군들은 좌익들의 잔인함에 치를 떨었다.

진압군은 약 5만여 명의 순천시민들을 순천 북초등학교와 다른 학교에 집합시킨 후 남로당원과 반란 가담자를 찾아내기 시작하였다. 우선 40세 이하 남자로 군용 팬티를 입은 자, 머리를 짧게 자른 자를 찾아 반란군 여부를 조사하였다. 이때 경찰에서는 인민재판을 하여 수십 명의 경찰을 죽인 인민재판 검사 박창길과 인민재판위원 11명을 공개처형 하였다.

### 4) 10월 23일

김지회 반란군은 순천 방어에 실패하여 그 길로 21일 밤중에 순천에서 광양까지 8킬로를 걸어 비봉산까지 도착하여 숨는데 성공하였다.

백선엽 참모장이 "지금이라도 3연대와 6연대로 하여금 하동에서 구례까지 진압군이 봉쇄해 반란군이 지리산에 들어가지 못하게 하고, 12연대와 15연대로 반란군을 추격하고, 3연대 1개 대대와 장갑부대로 여수를 탈환해야 합니다." 하고 작전계획을 설명하자 지난번의 실패를 다시 하지 않으려고 모두들 동의하여 백선엽 참모장의 작전계획대로 작전을 세워 반란군이 지리산에 들어가지 못하게 하였다.

### 5) 10월 24일(여수 탈환 실패)

10월 24일 아침 6시 송호성 사령관이 직접 지휘하여 장갑부대가 선발부대가 되고 3연대 1개 대대가 뒤를 이어 여수 탈환을 위해 진격해 들어갔다. 여수 반란군은 순천에서 맥없이 진압군에 당한 것을 기억하고 이번에는 2개 중대로 고지에 60밀리 박격포와 기관총을 준비하였다. 그리고 좌익청년들로 조직하여 호를 깊이 파서 진지를 구축하고 도로 양쪽에서 매복하고 진압군을 기다리고 있었다.

여수도 순천과 같아서 도로 양쪽에 200고지의 장군산을 점령하기 전에는 여수를 탈환하기 어려웠다. 지창수가 지휘하는 반란군은 미평동 330고지와 종고산과 구봉산 고지를 점령하고 진압군이 오기를 기다리고 있었다. 송호성은 진압군이 순천을 쉽게 탈환하였기 때문에 여수도 쉽게 탈환할 것으로 판단하고 고지에 수색대를 보내 수색하지도 않고 바로 공격해 들어갔다. 그러나 고지에서 박격포와 기관총으로 무장한 반란군의 공격으로 진압군은 사상자가 속출하고 전열이 흩어졌으며, 송호성 사령관은 철모에 총탄을 맞아 고막이 찢어지고 차에서 떨어져 병원으로 후송되었다. 송석하 3연대 부연대장이 장갑부대와 장병들에게 "진격하라!" 고 아무리 고함을 치고 격려해도 고지에서 공격하는 반란군을 해볼 수가 없었다. 진압군은 200여명의 사상자를 내고 대패하여 순천으로 후퇴하였다. 이 소문은 삽시간에 퍼져 진압군의 사기를 떨어뜨렸다. 신문에는 〈송호성 사령관 부상, 1차 여수공격 실패〉라고 대서특필되자 남로당에서는 만세를 불렀다. 10월 25일 하루는 진압군이 겁을 먹고 꼼짝하지 않았다. 그러나 여수 반란군 1개 대대는 진압군이 장갑차를 동원하고 다음 작전 때는 고지를 점령하면 승산이 없다고 판단하고 밤중에 피해 없이 백운산으로 도망쳤다.

백선엽 참모장은 광양에서 반란군이 지리산으로 들어가는 것을 막고 있던 12연대로 하여금 여수를 공격하게 하였고, 2연대 1개 대대, 5연대 1개 대대까지 반란군이 지리산으로 들어가는 것을 막고 있던 병력을 여수 탈환에 투입하였다.

6) 10월 27일(여수 탈환)

여수에 있는 반란군은 광양을 거쳐 백운산으로 도망쳤다. 지창수 등 일부는 벌교로 도망쳤고, 남로당 무장세력 1천여 명과 동조세력 12,000여 명이 여수를 지키고 있었다. 10월 26일 아침 6시, 진압군 12연대, 3연대, 2연대, 장갑부대, 5연대 1개 대대가 여수로 진격하고, 여수항에서 다른 부대가 상륙 협공하기로 하고 진격해 들어갔다. 장갑부대가 선발부대가 되어 전진하고, 12연대가 동쪽, 3연대는 200고지와 종고산, 2연대는 여수 서부를 담당 공격이 시작되었다. 3연대 장병들이 24일 고지의 반란군 때문에 고전을 해서 아침 일찍부터 미평리 고람산과 호암산 고지를 공격하였으나 반란군이 한 명도 없어 맥이 빠졌다. 오후 3시 구봉산, 종고산, 장군산 등 야산 고지를 공격하였으나 반란군은 그림자도 보이지 않았다. 진압군은 고지에서 여수 시내를 향해 81밀리 박격포로 위협사격을 하였다.

백인엽 소령이 장갑차를 타고 선두에 서서 여수 시내를 향해 진격해 들어갔다. 여수는 순천과 달리 저항이 의외로 강하였다. 반란군은 보이지 않고 젊은 학생들이 99식 소총을 가지고 저항하고 있었다. 27일 오후 3시 30분, 진압군은 하루 종일 시가전을 해서 여수를 완전히 탈환하였다. 이틈에 반란군은 백운산에서 지리산 화엄사 옆 문수골로 진압군의 저항 없이 들어갔고, 여수시내에서는 20일부터 인민공화국 세상이 되어 26일까지 숨어 있던 국군, 경찰, 우익들이 만세를 부르며 나왔다. 7일 동안 우익이 죽는 세상에서 이제는 좌익이 죽는 세상이 되었다.

진압군은 여수시민 4만여 명을 여수서초등학교에 모이게 하고 반란 가담자를 색출하기 시작하였다. 여수에서는 고인수 서장 외 74명의 경찰이 비참하게 죽어 있어 진압군을 분노하게 하였다. 여수 수산중학교 교장 송욱이 좌익이어서 그의 영향을 받아 여수 수산학교 학생들이 폭도에 가담하였다. 5연대 1대대장 김종원 대위는 긴 칼을 가지고 고인수 서장 외 10명의 경찰 간부를 죽인 폭도들의 목을 쳐서 죽여 보는 사람들로 하여금 치를 떨게 하였다. 여수 사람들은 만성리로 가는 터널에서 많이 처형되었다. 진압군과 경찰은 14연대 반란 가담자 2,817명을 기소하고 410명을 사형, 568명을 종신형, 나머지는 유죄 혹은 석방하였다.

### 7) 10월 28일

남로당 무장 폭도들은 백운산에 350여명, 벌교 200여명, 고흥 150여명, 보성 300여명 등으로 흩어졌고, 반란군 주력부대는 지리산으로 들어갔다.

반란군이 지리산으로 도망쳤다는 정보를 입수한 12연대는 구례에 집결하였다.

10월 29일 아침 6시 12연대 2대대와 3대대는 구례 화엄사에 도착하여 계곡과 능선을 따라 1,500미터 노고단까지 뒤지기 시작하였다. 29일~31일 3일을 밤낮으로 반란군을 추격하였다. 그러나 어디에 숨었는지 반란군은 흔적조차 없었다. 적어도 천 명 정도는 지리산으로 도망쳤을 텐데 그 많은 반란군이 그림자도 보이지 않았다. 반란군은 화엄사 옆 문수골에 숨어 있었다.

11월 1일 노고단 정상까지 추격하였으나 반란군을 전혀 볼 수가 없었다. 백인엽 소령은 더 이상 반란군 추격을 중단하고 12연대 2개 대대를 화개장으로 하산시키고, 2개 대대와 백인엽 부연대장은 군산 연대본부로 갔다. 그리고 백인기 연대장이 1대대와 하사관 교육대를 지휘하여 반란군 진압에 나섰다.

백인기 연대장은 부대 일부는 구례역에, 일개 중대는 파도리에 배치하고, 주력부대는 반란군 찾는데 전력을 다하였다. 수색대로 반란군을 찾게 하고, 경찰과 정보원을 동원하고, 주민신고를 부탁해도 반란군은 흔적이 없었다.

## 6. 진압군 12연대 대패

48년 11월 3일 12연대 1개 중대가 구례에서 하동 방향으로 6킬로 떨어진 파도리에 주둔하고 있었다. 이때 이장과 마을 사람들이 환영식을 해준다고 하며 교육대 김두열 소위 이하 장병 100여 명을 저녁식사에 초대하였다. 시간은 오후 6시였다. 김두열 소위나 장병들은 오랜만에 푸짐한 음식을 대하니 긴장이 풀려 막걸리도 마셔 거나하게 취하기 시작하였다. 이때 반란군들이 완전히 포위하여 "손들엇!" 하며 총구를 들이대었다. 김두열 소위는 "앗차!" 하였으나 때는 이미 늦어 진압군들은 모두 손을 들고 포로가 되었다. 100여 명의 진압군이 단 5분 만에 포로가 된 것이다. 이 일은 이장과 김지회가 짜고 벌인 사건이었다. 반란군에 끌려가던 중·상사 외 10여 명이 도망쳐 탈출에 성공하여 연대장에게 즉시 보고하였다. 급보를 받고 백인기 연대장은 1개 중대를 지휘하여 추격하였으나 흔적이 없었다. 남원의 진압사령부에서는 진압군 1

개 중대가 포로로 끌려갔다는 보고를 받고 깜짝 놀랐다.

11월 4일 오후 3시 30분, 구례 백인기 12연대장은 남원 사령부로 오라는 연락을 받고 헌병 1개 분대의 호위를 받으며 산동지서 근방의 고개를 넘고 있었다. 이때 반란군의 집중공격을 받았다. 백인기 연대장이 차에서 뛰어내려 골짜기를 따라 도망쳤으나 포위망을 뚫을 수 없어 대나무 숲속에서 권총으로 자결을 하였다. 그의 나이 25세였다. 연대장이 행방불명이 되었다고 판단한 진압사령부에서는 11월 5일 새벽 4시 12연대 2대대로 하여금 경찰과 함께 연대장을 찾기 위해 남원을 출발하여 화엄사를 거쳐 신동리를 지나 구례에 갈 계획이었다. 2대대 5중대가 선발부대가 되고, 선두 차에는 작전주임이, 다음 김희준 대대장 순으로 계곡 등을 수색하며 가고 있었다. 화엄사를 못 미쳤을 때 반란군들의 집중사격을 받고 선두부대인 5중대 김한주 중대장, 작전주임 등 80여 명이 순식간에 포위가 되었고, 김희준 대대장은 팔에 관통상을 입었다. 화가 난 김희준 대대장이 즉시 박격포부대로 반란군을 사정없이 공격하게 하니 반란군은 도망치면서 진압군 80명을 끌고 갔다. 전장을 보니 진압군은 전사 50명, 부상 55명, 포로 80명으로 대패하였다.


## 7. 반란군 대패

군산에서 휴식을 취하고 있던 백인엽 부연대장은 연대장이 자결하고 김희준 대대장은 부상으로 남원 병원에 입원했고, 장병 50여 명이 전사하고, 12연대가 대패하였다는 보고를 받고 깜짝 놀랐다. 백인엽 부연대장은 남원 원용덕 사령관으로부터 "즉시 반란군을 진압하라"는 명령을 받고 3대대를 이끌고 구례에 도착하였다.

이때 구례와 남원의 남로당원들의 극성은 말할 수도 없고, 신문에서는 연일 진압군 대패라고 대서특필을 하니 전국의 남로당원들은 만세를 부르고 있었다. 또한 제주도 남로당 폭도들은 9연대 6중대를 공격하여 9연대가 수세로 몰렸다고 하니 금시라도 이승만 정부가 넘어가는 것 같았다. 전군 안의 남로당원 1만여 명은 기회를 봐서 전군 안에서 반란을 기도하고 있어 이승만 정부가 넘어가는 것은 시간문제로 생각하여 14연대 반란군을 빠른 시간 내에 진압하지 못하면 대한민국에 위기가 올 것 같았다.

백인엽 부연대장은 구례에 도착하여 전황과 정보를 수집한 후 낚시밥을 주어 고기가 모이면 잡는 방법인 '낚시 밥 작전'을 세웠다. 진압군이 김지회의 치고 빠지는 잠적작전과 매복 작전에 꼼짝없이 당한 것을 역이용하려 하였다. 백인엽 부연대장은 12연대 전 장병을 구례초등학교에 집결시켜 낮에는 잠을 자고 밤에는 경계를 튼튼히 하고 일체 장병들을 밖에 나가지 못하게 하고 김지회가 공격해오면 덮치기로 하였다. 그리고는 구례유지들에게 김지회가 무서워서 출동을 할 수 없다고 소문을 퍼뜨렸다. 이 소문을 듣고 김지회가 남로당 세포원을 구례초등학교에 있는 부대에 보내 정탐을 해보니 정말 장병들이 잠만 자고 꼼짝도 하지 않고 있음을 확인하였다.

48년 11월 7일 김지회도 머리를 썼다. 그것은 파도리에서 포로로 잡은 진압군에게 400원씩 여비를 주어 진압군에서 제대를 해서 집으로 돌아가라고 석방시켜 주었다. 백인엽 부연대장은 김두열 중대장이 90명을 인솔해서 구례초등학교까지 와서 보고하자 기가 막혔다. 백인엽은 이들을 처벌할 마음이 없었다. 그러나 상황은 알아야 하겠고 반란군의 정보를 알아야 했기에 김두열 중대장부터 조사를 하였다. 이때 백인엽 부연대장은 포로석방을 해서 마음이 해이해 질 때 김지회가 공격하지 않을까? 하는 예감이 들었다. 백인엽 부연대장은 중대장과 소대장들에게 임무를 부여하고 실탄을 옆에 쌓아놓게 하고 잠을 자지 말고 경계를 튼튼히 하게 한 후 90여 명의 포로를 조사하였다. 조사를 마친 백인엽 부연대장은 김두열 중대장 이하 중대원들에게 "군법으로 처벌받을 것인가? 아니면 김지회 반란군을 진압하여 공을 세워 포로된 불명예를 씻을 것인가?" 하고 물었다. 그러자 이구동성으로 "한 번만 기회를 주시면 반란군을 진압하여 명예를 회복하겠다."고 해서 "그러면 12연대 돌격중대가 되겠는가?" 하고 물으니 "그렇게 하겠다."고 해서 백인엽 부연대장은 이들을 특별히 배치하였다. 백인엽 소령은 81 밀리 박격포 8문을 구례초등학교 운동장에 감추어 놓았고, 1개 중대는 구례근방을 경비하게 하고, 185고지 봉성산에 가장 용감한 이동호 중대를 배치하고 단단히 부탁을 하고 김지회가 오기만 기다렸다.

48년 11월 8일 새벽 4시, 예상대로 봉성산 쪽에서 총소리가 나기 시작하였다. 백인엽 소령은 다시 한 번 김두열 중대장에게 다짐을 시키고 잠을 자려고 하는데 총소리가 났다. 그는 즉시 비상을 걸고 부관, 전령, 작전주임 등을 불러 대대장 중대장들에게 전투태세를 갖추라고 명령하고 반란군이 오기를 기다렸다.

반란군은 봉성산을 공격하면서 1개 대대로 구례역과 서시천을 따라 2개 방향에서 구례초등학교를 포위하고 있었다. 백인엽 소령은 용기 있는 송호림 중대장에게 81밀리 박격포 3문을 주면서 반란군이 소총을 쏘면 그 불빛을 보고 무조건 박격포를 퍼부어대라고 하였다. 나머지 5문도 그렇게 명령을 하였다. 조금 있으니 반란군이 2개 방향에서 공격하기 시작하였다. 진압군은 박격포 8문으로 총 쏘는 불빛을 향해 포탄을 우박같이 퍼붓고 기관총으로 쏘아댔다. 총격전은 치열하였다. 한 시간 정도의 총격전이 지나자 안개가 걷히고 약간의 물체가 보이기 시작하였다. 이때 백인엽 소령은 포로가 되었던 김두열 중대장과 중대원들에게 "돌격하라!" 명령하니 함성을 지르며 반란군 후방에서 돌격하였다. 이 함성 소리에 맞추어 12연대 전 장병이 함성을 지르며 돌격하자 반란군은 전·후방에서 공격을 받자 견디지 못하고 도망치기 시작하였다.

화엄사 쪽으로 도망치는 반란군을 진압군은 추격하였고, 반란군은 사생결단하고 도망쳐 노고단 쪽으로 들어가 숨어버렸다. 반란군은 수십 구의 시체와 부상자와 총과 2가마 정도의 지폐를 버리고 도망친 후 다시는 구례에 얼씬하지 않았다. 백인엽 소령은 순천, 여수, 구례 전투에서 대승하여 일약 스타가 되었고, 이승만 정권을 위기에서 구한 장교로서 이승만대통령의 두터운 신임을 얻게 되었다. 이로써 전북의 남로당원들은 기가 꺾여 진압군에 협조하였고, 군 안의 남로당원들도 주춤하였으며, 제주도 남로당 폭도들도 송요찬 9연대에 밀리기 시작하여 많은 제주도민이 희생을 당함으로써 남한의 판도가 바꾸어졌다.

## 8. 국군 연속 반란, 대한민국 위기에 처함

### 1) 4연대 반란

광주 4연대를 조사하고 재편성하기 위하여 나주부대를 연대본부로 집결하도록 명령하고, 2대대장 유정택 대위(육사2기)에게 나주의 김남근 중대를 인솔해 오라고 명령하였다. 그러나 김남근은 남로당원으로 유정택 대대장을 총을 쏘아 죽이고 중대원을 반란군으로 만들어 장성으로 도망쳤다. 그러자 박기병 부연대장이 2대대를 인솔해서 반란군을 포위하여 전원 체포하여 광주로 끌고 왔다. 결국 광주 4연대도 해체되고 14연대도 해체되었다.

### 2) 남로당원 15연대장 최남근 처형

최남근 15연대장이 반란군에 포로가 되었는데 10월 27일 화개장 15연대본부에 나타났다. 조사 결과 최남근은 남로당원으로 확인되었고, 그는 고의로 포로가 되어 반란군 김지회를 만난 것이 확인되어 49년 5월 수원에서 총살형을 당하였다. 그는 키가 크고 인물이 잘 생기고 점잖고 정직하여 국군에서 존경받은 장교였는데 불행하게 김일성 직계였던 것이다.

14연대 작전참모 보좌관 박정희 대위가 3일 동안 행방불명이 되었다. 나중에 알고 보니 박정희도 반란군 사령관 김지회를 만난 사실이 확인되어 체포 구속되어 사형 구형을 하였는데, 장도영, 백선엽 장군 등이 이승만 대통령에게 사면을 건의하여 이승만 대통령의 특별사면으로 목숨은 구하였으나 불명예제대를 하였다.

### 3) 6연대 반란

대구 6연대는 48년 7월 10일 제주도 4.3폭동 진압군으로 1개 대대가 파병되었고, 1개 중대는 김천, 다른 1개 중대는 포항에 파견되었다. 그리고 1개 대대는 14연대 반란 진압명령을 받고 출동하여 부대 잔류 병사는 200여 명뿐이었다.

6연대장 김종갑 소령은 부연대장 최경만 소령에게 부대를 맡기고 3대대를 이끌고 벌교 반란군 소탕에 들어갔다. 이때 지창수는 벌교 전투에서 죽었다.(대구형무소에서 죽었다)

48년 11월 2일 6연대 정보과 선임하사 이정택 상사는 남로당 군사부장 이재복의 레포를 통해 〈진압군 출동을 저지하라〉는 지령을 받고 곽종진 중위와 세포원들과 모의를 한 후 우익장교 조장필 소위를 총으로 쏘아 죽였다. 그리고 부연대장 최경만 소령을 집중사격을 하였으나 그는 요리조리 잘 피하여 부대를 빠져나와 헌병대로 직행하였다. 이정택과 곽종진은 200여 명의 부대원들을 전원 무장시켜 집합시킨 후 장교들을 사살하려고 하였지만 장교들이 기를 쓰고 도망쳐 죽은 자가 없었다. 이때 집합한 장병들은 겁에 질려 반란군이 되었다. 반란군은 대구경찰서를 습격한 후 지리산으로 도망치려는 작전으로 정문을 나가던 중이었다.

부연대장 최경만 소령은 헌병대장 김진위 대위(육사 3기)에게 부대에 반란이 일어났으니 빨리 진압하라는 명령을 내렸다. 김진위 대위가 40명의 헌병을 데리고 부대 정문에 도착하자마자 반란군으로부터 기관총 사격을 받고 6명이 순식간에 쓰러졌다. 헌병은 권총밖에 없어 어떻게 해볼 수가 없었다. 만일 반란군이 박격포로 사격을 하게 되면 포탄 한 방이면 40명은 시체도 못 찾을 일이었다. 김진위 헌병대장은 후퇴 명령을 내렸다. 아찔한 순간이었다. 최경만 부연대장은 즉시 미 1연대로 달려가 지원을 요청하여 미 1연대의 전차가 출동하여 6연대를 포위하였다. 그러나 이정택과 곽종진 등 40명의 반란군들은 차량으로 돌파하여 다부동 쪽으로 도망쳤고, 190여 명은 체포되어 반란이 수습되었다.

### 4) 대구 6연대 2차 반란

정보과에서 6연대 반란자를 조사하는 과정에서 14연대 반란 진압차 함양에 있던 6연대 1대대 하사관 중 여러 명이 남로당에 가입된 사실이 밝혀졌다는 신철 정보주임의 보고에 김종갑 6연대장은 1대대장 차갑준 대위에게 1대대 380명을 이끌고 부대로 복귀하라고 명령하였다.

48년 12월 6일 오후 4시 17대의 트럭에 1대대 장병들을 태우고 함양에서 고령을 지나 월배에 도착하였을 때 부대 복귀를 이상하게 생각한 이동백 상사가 중심이 되어 장교 9명을 순식간에 사살하고 반란을 선동하였다. 우익 장병들은 천신만고 끝에 도망쳐 10킬로 떨어진 부대에 복귀하여 세어보니 330여 명이었고, 반란에 가담한 자는 하사관 38명, 사병 14명 계 52명이었다. 이들은 달성지서를 기습한 후 대구 팔공산으로 도망쳤다.

### 5) 대구 6연대 3차 반란

포항 남쪽 오천의 영일비행장을 6연대 4중대가 경비를 하고 있었다.

정보과에서 반란자를 조사하던 중 4중대 안에서도 남로당원이 있음을 알게 되어 연대본부로 귀대하라고 명령하였는데 이런 특급비밀이 남로당원들에 의해 본인들의 귀에 들어갔다.

4중대 경리하사관은 중대 내의 남로당 세포원 20명을 규합 반란을 준비하였다. 이들은 4중대장 이영삼 중위에게 술을 잔뜩 먹여 부대를 지휘하지 못하게 하고, 백달현 소대장을 사살하고 우익하사관 1명도 사살하고 반란을 일으켰다. 우익하사관들도 무장을 하고 좌익놈들을 모조리 죽이자고 대항하자 반란군 20여 명은 도망치고 말았다. 그래서 6연대를 아예 해체시켜 버렸다.

※ 강정구 전 동국대 교수는 『분단과 전쟁의 한국 현대사』 203쪽에서, "10월 민중항쟁, 2.7구국투쟁, 제주4.3항쟁, 여순 군민 항쟁 등 단선 단정 반대 투쟁을 열렬히 전개하였다"고 주장하고 있는데, 10월 1일 대구 폭동, 제주 4.3폭동, 14연대 반란이지 어떻게 항쟁인가? 좌파들은 모두 다 항쟁이라고 거짓주장을 하고 있다. 좌파 학자나 전교조나 좌파들은 거짓말의 전문가들로서 그들의 주장을 믿어서는 절대 안 된다.


## 9. 국군 안의 남도당원 숙청

이승만 대통령은 이범석 국방부장관과 채병덕 참모총장에게 "도대체 국군이 빨갱이 부대인가? 14연대, 9연대, 4연대, 6연대가 반란을 일으키다니 이러다가는 빨갱이들에 의해 국가가 전복되고 말 것이 아닌가!"라고 하면서 대책을 세우라고 명령하였다.

이때 "남로당은 합법정당이며, 경비대를 모집할 때 구별해서 받아야 하는데 구별하지 않고 입대시킨 결과이며, 현재 군 부대 안의 남로당 좌익을 처벌할 수 있는 법이 없어서 처벌하기 어렵습니다."라고 이범석과 채병덕이 어려움을 말하자 "그거야 법을 만들면 되지"해서 48년 12월 1일 40일 만에 국회를 통과하여 12월 20일 보안법이 공포되어 현재에 이른 것이다.

대통령의 명령에 따라 명동 육군본부 별관(구 증권거래소) 2층 헌병사령부, 3층 정보국 사무실에서 정보국장 백선엽 중령은 김안일 소령을 조사과장에, 빈철현 대위가 조사반장이 되어 이세호, 김창룡, 박평래, 이영희, 양인석 등을 조사관으로 임명해 광주로 보내 14연대 포로 1,000명과 4연대 1,000여 명을 조사하여 150명이 남로당원임이 밝혀졌다.

남로당원 혐의자는 헌병이 체포하고, 조사는 정보국 특별조사과에서 하고 있었다. 육사 8기 30명을 더 보충하여 전군의 대대적인 남로당원 조사가 시작되었다. 정보과에서는 48년 6월 18일 제주도 9연대장 박진경 대령을 남로당원이 암살한 것을 조사하는 과정에서 군부대 안에 남로당원이 많이 있는 것을 알게 되어 극비에 조사하였다. 그리고 서울시경 경찰국장인 김태선은 이북으로 밀송중인 공산당 조직표를 압수하여 이승만 대통령에게 보고하였다.

이승만은 이범석과 채병덕을 불러 이 명단 안에 있는 자는 고하를 막론하고 조사하여 처벌하라고 엄명을 내렸다. 그런데 이 명단에는 채병덕 참모총장과 김백일 8연대장도 포함되어 있었다. 더구나 김백일은 정보과에서 요시찰 인물로 미행하고 있었고, 국방부 4국에서는 채병덕을 요시찰 인물로 극비에 미행하고 있었다.

49년 1월 초 소령으로 승진한 김창룡은 남로당(공산당) 군사부장 이재복의 레포 김영식을 체포하고 그의 아지트를 압수수색하였다. 그 결과 군부 안의 남로당원 100여 명의 명단이 있었다. 그리고 49년 1월 15일 남로당 군사부장 이재복이 체포되어 조사가 시작되었다. 그리고 육군 총책 박정희 대위도 1948년 11월 11일 체포되어 김창룡의 조사를 받았다. 박정희는 육군 안의 남로당원의 명단을 제공하는 조건으로 목숨을 살려준다는 협상이 되어 군부 안의 남로당원의 조사를 마쳤다.

- 남로당원으로 군사영어학교 출신

최남근 중령(만주군 중위 6여단 참모장), 김종석 중령(일본 육사 56기 6사단 참모장), 조병건 소령(일본 육사60기 육사 중대장), 오일균 소령(일본 육사61기 5연대 대대장), 이상진 소령(만주군 중위 여단 군수참모), 최상빈 소령, 이병위 소령, 오규범 중령, 낙학선 소령.

- 육군사관학교 1기

김학림 소령, 안영길 소령, 김창영 소령, 최창근 대위, 태용만 대위.

- 육군사관학교 2기

박정희 소령(일본군 육사 졸. 14연대 반란진압 작전참모 보좌관. 5.16군사반란 주모자), 노재길 대위, 강우석 대위, 안홍만 대위, 황택림 대위.

- 육군사관학교 3기

김응록 대위, 이군종 중위, 문상길 중위, 김지회 중위, 홍석중 중위.

정보국에서는 국군 안의 남로당원을 조사하여 4,749명을 밝혀내 사형, 무기, 파면, 훈방 등 처벌하였고, 이 중에서 육사 2기이며 육사 중대장으로 근무했고, 육본 작전교육국 과장이었던 박정희 소령만 사형 구형에서 무기 선고를 받고 이승만 대통령의 특사로 유일하게 석방되었다. 이때 김창룡은 조사결과 "박정희는 반드시 처형해야지 살려두면 국가에 회근이 됩니다."라고 이승만 대통령에게 건의하였으나 백선엽 정보국장, 김안일 조사과장, 장도영 등이 "박정희를 살려주어야 합니다." 하여 살려주었다. 그리고 박정희는 불명예 예편되어 정보국 문관으로 근무하다 6.25전쟁이 나자 50년 7월 현역으로 복직되어 중령으로 승진도 하였다. 6.25는 박정희로 하여금 출세하게 하였다.

정보과에서 4,749명을 조사하여 숙청하자 각 부대의 남로당원들은 부대를 탈영하였다. 탈영자는 5,568명(박명림 한국전쟁 발발과 기원 II 430쪽)으로 숙청자와 탈영자 합 10,517명이 남로당원으로 국군의 10%였다. 그러나 국군 안의 남로당원을 완전히 숙청한다는 것은 어려웠다. 조암 중령 같은 사람은 여전히 건재하여 공작을 하고 있었다. 그 후 박정희는 1961년 5월 16일 반란을 일으켜 헌법과 윤리를 파괴하고 18년의 군부독재를 하다 결국 김재규의 권총으로 살해당하였고, 그는 국군 안에 사조직인 하나회를 조직하여 전두환이 중심이 되어 12.12 반란을 일으켜 군부를 장악하고, 80년 5월 18일 광주시민을 학살하고, 80년 8월 27일 최규하 대통령을 몰아내고 정권을 장악하였다. 이들이 박정희 뒤를 이어 군사독재를 하자 여기에 항거하는 주사파를 낳았고, 젊은이들로 하여금 반미 · 친북 좌파를 양성, 전대협 출신 60명이 17 대 국회에 진출하여 이들이 민주당의 중심인물이 되어 우리 사회가 좌파로 기울어지게 하였다. 2016년 더불어민주당 원내총무인 우상호가 386세대 운동권 출신이다.

## 10. 춘천의 8연대 2개 대대 월북

국군 내의 남로당의 조직 관리를 장교는 중앙당에서, 하사관과 사병은 도당에서 하였다. 남로당 조직은 종적으로 되어 있고 횡적으로 되어 있지 않아 이재복이 군부 안의 남로당원을 일시에 선동하여 반란을 일으키는데 실패하였다. 만일 이재복이 전군 안에 있는 좌파 장교나 하사관이나 사병들에게 동시에 반란을 일으킬 수 있었다면 국군은 도저히 진압할 수 없었을 것이다. 그리고 이재복은 당적을 인민당에서 대구 폭동 후 공산당으로 바꾸었고, 또한 목사로서 투쟁 경험이 없고, 조직 관리를 해본 일이 없고, 변장과 잠복기술도 부족하여 조직 관리를 잘못하여 전군 반란에 실패하고 모두 검거되게 하였다.

48년 12월 20일 보안법이 공포되어 특별수사본부, 군 정보과, 방첩대, 경찰 사찰과 등이 거미줄처럼 연결되어 요시찰 인물을 미행, 감시, 조사하고 있어서 군내 남로당원들은 동시에 반란을 일으키지 못하고 초긴장을 하고 있었다. 춘천의 8연대 연대장은 김형일 중령이었고, 1대대장은 표무원 소령, 2대대장은 강태무 소령이었으며, 정보장교는 김인철 대위였다.

표무원 소령은 대구출생으로 동경의 대성중학교를 졸업하고 일본군에 입대하여 중사 때 해방을 맞이했다. 그는 하재필과 최남근과 오일균으로부터 공산주의 사상 교육을 받은 자였다.

강태무 소령은 경남 고성 출신으로 동경 입교대학을 졸업하고 육사 2기로 입교해서 오일균으로부터 공산주의 사상 교육을 받은 자이며, 이들은 좌익이면서 철저하게 우익으로 가장하여 겉으로 볼 때는 절대로 좌익인 것 같지 않았다. 이들과 같은 자가 최남근, 김종석, 박정희였다. 이들은 좌익이라는 것을 은폐하기 위하여 우익 장교를 가장하여 대한민국과 이승만에게 충성하는 척하였고, 전방에서 인민군을 잡으면 그 자리에서 목을 쳐 죽임으로 철저하게 우익으로 가장해서 부하들이나 동료들은 꿈에도 좌익이라는 생각을 못하였으나 정보장교 김인철 대위의 눈을 속일 수는 없었다.

8연대 표무원 소령의 1대대는 춘천 북방 38선을, 강태무 소령의 2대대는 홍천 북방 38선을, 3대대는 연대본부와 같이 춘천역 부근에 있었다. 정보과에서 육사 2기생 남로당원을 조사하고 있었고, 특히 박정희가 체포되어 조사를 받고 있고, 최남근 중령도 조사를 받고 있다는 정보를 입수한 표무원과 강태무는 이들이 입을 여는 날이면 자기들은 꼼짝없이 숙청당한다고 판단하고 초조한 나날을 보내고 있었다. 김인철 정보장교는 표무원과 강태무의 뒷조사와 미행을 마치고 극비에 정보국에 표무원과 강태무의 체포 상신을 하였다. 정보국에서는 극비에 참모총장 이응준 장군에게 구속영장을 상신하였다. 그러나 참모총장은

38선 경계를 하는 대대장들을 일시에 2명이나 체포하는 것은 신중을 기해야 한다고 하면서 보류하였다. 이 극비 정보를 반민특위에서 근무하는 강태무 형인 남로당원 강태인이 남로당 중앙당을 통해 알게 되어 동생에게 알려 주었다. 그래서 표무원과 강태무는 대대 병력을 이끌고 38선을 넘기로 하였고, 이북과의 관계는 강태인이 맡기로 하였다.

49년 5월 4일 8연대 1대대 표무원 대대장은 야간훈련이 있다고 속이고 일반 장병들은 실탄을 주지 않고 남로당 세포들에게만 극비에 실탄을 지급하여 455명을 완전무장 시킨 후 오후 1시 부대를 출발하여 오후 6시 모진교(일명 38교. 현재는 수몰됨.)를 건넜다. 표무원 대대장은 38선을 훨씬 넘어 북한 땅 말고개까지 도착하니 인민군이 대대를 포위하였다. 최동섭 2중대장이 38교를 넘으면 안 된다고 하였으나 야간 적진 침투훈련이라는 데는 할 말이 없었다. 그러나 그는 불안하고 이상하여 조심하고 있을 때 인민군에게 포위를 당한 것이다. 이때 표무원 대대장의 "인민군에 포위되었으니 무기를 버리고 투항하라!"는 소리가 들렸다. 최동섭 2중대장은 설마 표무원 대대장이 빨갱이는 아니겠지 하였는데 설마가 현실이 되어 표무원이 부대원들을 모두 빨갱이로 만들려하고 있었다. 최동섭 2중대장은 "우리는 대대장에게 속았다. 즉시 원대 복귀하라!"는 명령을 내림과 함께 어둠을 틈타 도망쳤다. 이때 탈출에 성공한 장병이 239명이었고, 월북자는 표무원 대대장, 김관식 1중대장 외 장교 4명, 사병 213명이었다.

49년 5월 4일 오후 1시, 홍천의 2대대는 5, 6, 8중대 294명을 데리고 38선에서 훈련이 있다고 속이고 부대를 출발하였다. 5월 5일 새벽 3시 현리를 출발하여 하답을 지나 5시에 38선 402고지 개봉 밑에 도착하였다. 5월 5일 정각 오후 6시 5, 6보병중대는 정면에서, 8중대 중화기 중대는 배후에서 공격을 시작했다. 국군은 고작 60밀리 박격포였는데 미리 내통한 인민군은 120밀리 박격포로 쏘아대니 국군이 전멸 위기에 처하였다. 이때 강태무가 "포위가 되었으니 무기를 버리고 투항하라!"

고 부하들에게 외쳤다. 8중대장 김인식 중위는 보병을 정면에서 공격하게 하고 중화기는 뒤에서 공격하는 것이 일반적인 작전인데 자기를 적 후방으로 가서 공격하라고 하여 이상하게 생각하고 있었으나 강태무가 빨갱이라는 것은 꿈에도 생각 못하였다. 그런데 싸움도 하기 전에 투항하라는 강태무의 말에 "속았구나!' 하고 부하들에게 "원대 복귀하라!'고 명령을 내리고 사생결단 도망쳤다. 이때 장병 4명이 전사하고, 박격포를 매고 강을 건너다 3명이 익사하고, 장교 2명이 전사하여 총 전사 9명, 탈출에 성공한 자는 140명, 월북자는 150명이었다.

표무원 1대대와 강태무 2대대는 M1소총 209정, 칼빈 127정, 자동소총 20정, 경기관총 6정, 기관단총 2정, 권총 2정, 60밀리 박격포 5문, 81밀리 박격포 3문을 가지고 368명이 완전 무장한 채 평양의 김일성의 환영식에 참석하여 평양시가지를 행진하였다.

김일성, 최용건, 김책 등은 국군 2개 대대가 완전무장한 채 평양 시내를 행진하는 것을 보고 남조선은 이제 끝났다. 인민군이 38선만 넘으면 남조선 해방은 시간문제라고 확신하였다. 이때 박헌영은 제주 4.3폭동, 14연대 반란, 6연대 반란, 국군 2개 대대 월북과 같이 남로당원 20만이 인민군이 38선을 넘기만 하면 민중봉기를 일으켜 남조선을 해방시킬 수 있으므로 서둘러야 한다고 하니 김일성은 이상과 같은 사건을 보고 더욱 더 자신을 갖고 남침준비에 전력을 다하여 50년 6월 25일 남침을 하였다.


## 11. 14연대 반란군 사령관 김지회의 죽음

### 1) 진압군의 추격

김지회 반란군은 백인엽에게 대패하고 지리산으로 들어가 숨어버렸다. 반란군은 뭉쳐서 다니면 노출될 가능성이 많아 중대별로 흩어져서 숨어 있었다. 겨울을 나는 것이 식량 부족과 추위와 눈으로 인한 발자국 때문에 어려움이 많았다. 반란군은 산청, 거창, 화개장, 하동, 진주, 위천 등의 우익 집과 관공서를 습격하여 필요한 것을 채웠다.

정부에서는 남원의 진압사령부를 더욱 보강하였다. 사령관에 정일권 준장, 3연대 3대대장 한웅진 대위, 5연대 1대대, 9연대 1개 대대, 19연대 1개 대대, 독립 1개 대대, 합 5개 대대로 증강하였고, 작전참모 공국진 대위, 정보참모 이유성 대위, 군수참모 박종진 대위, 인사참모 이극성 대위 등으로 참모진을 강화하였다. 진압군도 11월 ~2월 말까지는 지리산을 중심해서 반란군이 내려오지 못하게 지키기만 하였지 추위와 눈 때문에 공격을 못하였다.

49년 3월 1일 진압군은 남원, 구례, 화개, 하동, 진주, 산청과 덕유산과 백운산 밑에서 일주일 동안 반란군을 지리산으로 몰고 갔다. 3월 11일 진압군 5개 대대는 지리산을 뒤지기 시작하였다. 그러나 김지회 반란군은 진압군이 지나온 자리 뒤로 살짝 빠져나가 진압군을 맥 빠지게 하곤 하였다.

3월 16일에는 거창, 함양, 산청 쪽을 뒤졌다. 반란군은 흔적도 없이 도망치고 진압군은 허탕만 치고 있었다. 낮에는 대한민국 밤에는 조선민주주의 인민공화국의 세상이었다. 거창의 3연대 3대대 한웅진 대위는 매일 거창, 사천, 위천, 함양을 뒤졌으나 반란군의 흔적을 찾을 수가 없었다.

49년 3월 21일 김지회 반란군은 지리산에서 덕유산으로 빠져나와 장안산 용추사를 넘어 황점마을에 도착하였다. 반란군은 여기에서 소를 잡아 마을사람들에게 식사를 부탁하고 늘어지게 잠을 잤다. 마을사람들이 이들을 보니 군복이 깨끗해 새 옷 같았으며, 여자도 3명이 있었다. 여자 3명 중 한 명은 광주 도립병원 간호사 조경순으로 제주도 출신이며 나이는 20세였다. 그녀는 이재복의 레포인데 김지회에게 자주 연락을 하면서 이제는 김지회 애인이 되어 김지회와 같이 반란에 참여하였다. 조경순은 제주도 지리를 잘 알아 48년 4.3폭동 때 김달삼에게 이재복의 지령을 전달하기도 하였다. 황점에 도착한 반란군 장교는 2명이고, 인원은 200여 명 정도였다.(주민들의 증언)

3월 23일 반란군은 목재 차량 2대를 탈취하여 아침식사를 마치고 북상지서를 향하였다. 북상지서는 경찰 10명이 지키고 있었다. 반란군은 군인으로 가장하여 북상지서 경찰 10명을 집합시켜 무장해제하고 꽁꽁 묶어서 숙직실에 가두었다. 경찰은 국군인 줄 알고 하라는 대로 하였는데 이들이 반란군이라는 것을 알았을 때는 이미 늦었다. 반란군 장교인 홍석중이 거창경찰서장에게 전화를 걸어 위천 지서에 진압군 500명이 반란 진압 차 왔으니 식사를 준비하고 차량 8대도 준비해서 위천 지서로 오라고 명령하였다.

거창경찰서장은 3대대라는 말을 듣고 예, 예하고 대답을 하기는 했는데 이상한 생각이 들었다. 그것은 위천지서에 진압군 500여 명이 도착하였으면 사전에 연락이 있을 것인데 아무런 연락이 없었고, 또 국군은 양민이나 관공서나 경찰에게 피해를 주지 않는데 식사준비를 하라는 것이었다. 의심이 난 거창경찰서장은 즉시 3연대 3대대 한웅진 대대장에게 연락하니 한웅진 대대장은 "그자들 반란군이다"고 하였다.

거창경찰서장으로부터 위천지서에 반란군이 있다는 보고를 받은 한웅진 대대장은 주위의 진압군을 위천지서로 모이게 하고 한웅진 대위는 반란군이 도망치기 전에 우선 1개 중대를 이끌고 위천지서로 달렸다. 김지회도 진압군 차량이 오는 것을 보고 위천지서장을 트럭에 태우고 다시 황점으로 도망쳤다. 한웅진 대위가 위천지서에 와서 보니 위천지서는 텅텅 비어있었다. 그때 바로 반란군이 황점 쪽으로 도망쳤다는 보고를 받고 추격을 하였다.

황점 뒷산에서 진압군과 반란군 사이에 총격전이 벌어져 진압군 6명이 전사하고 반란군 10명이 죽었다. 반란군은 이 사이 덕유산으로 들어갔고, 진압군은 추격을 못하였다. 진압군은 반란군 부상자 3명의 포로를 통해 반란군에 대한 정체를 5개월 만에 처음 알게 되었다.

3월 28일 진압군 5개 대대와 경찰이 함양에 집결하였다. 그리고 29일부터 덕유산을 뒤지기 시작하여 정상까지 갔으나 반란군은 흔적도 없었다.

"큰일 났습니다. 거창에 반란군이 와서 금품과 식량을 털어가고 있습니다." 하는 경찰의 다급한 전화를 받은 남원 사령부는 기가 막혔다. 덕유산에 반란군이 있다고 해서 5개 대대가 뒤지고 있는데 반란군이 거창에서 약탈을 하고 있다는 연락을 해오니 기가 막힐 수밖에 없었다.

3월 29일 반란군이 안의 쪽에 나타났다는 민간인 신고를 받고 한웅진 대대장이 즉시 출동하였다. 한웅진 대대장이 쌍안경으로 관찰하니 높은 산 쪽에서 반란군도 지쳤는지 쉬고 있는 것이 보였다. 한웅진 대대장은 14일 동안 반란군의 뒤를 쫓은 후 처음으로 반란군을 보았다. 한웅진 대대장은 전 대대 병력에 명령하여 집중공격하게 하였다. 한 시간 정도 사격전이 벌어진 후 반란군 측의 반격이 없자 살금살금 전진하여 현장을 가보니 90구의 시체가 있고 나머지는 도망치고 없었다. 김지회 반란군은 14일 동안 밤낮으로 680킬로미터를 도망치고 한웅진 진압군은 780킬로미터를 추격한 결과였다.

2) 개관산 전투

4월 4일 진압군은 개관산 밑에 집결하였다. 반란군 100여 명이 개관산 북쪽 천전동에 숙영하고 있다는 보고를 받았기 때문이다. 4월 5일 진압군은 개관산을 포위해 올라가다 반란군이 보이자 집중사격을 하여 사격전이 벌어졌다. 한참이 지나 반란군이 저항하지 않아 현장을 보니 반란군 시체 60구가 있고 김지회는 또 도망치고 없었다.

### 3) 김지회의 죽음

반란군 부상병들이 "김지회는 지리산으로 갔습니다." 하여 한웅진은 즉시 부대를 이끌고 김지회 뒤를 추격하였다. 한웅진 대대는 입석에 도착하여 지리산 일대를 뒤져도 반란군의 흔적이 없었다. 대대 정보계 김갑순 상사는 사복을 입고 산내면 반선리 선술집을 찾아 술집아주머니에게 선물을 주고 반란군이 여기 자주 오느냐고 물으니 반란군인지 진압군인지는 몰라도 군복을 입은 분들이 오는데 낮에 오면 진압군, 밤에 오면 폭도 아니면 반란군인 것을 짐작한다고 하였다. 김갑순은 술집아주머니에게 "상금을 충분히 줄 테니 밤에 군복을 입고 오면 술을 많이 먹이고 부엌에 호롱불을 켜 주세요. 아주머니를 책임지고 보호하겠습니다." 라고 부탁을 하였다.

49년 4월 9일 새벽 2시 30분 술집 문을 조심스럽게 두드리며 술집아주머니를 부르는 소리가 났다. 술집 주인이 문을 열고 보니 40여 명의 군인들이 밖에서 기다리고 있었다. 술집 주인은 "어서 들어오세요!" 하고 반갑게 말을 한 후 뜨뜻한 방에 우선 밥하기 전 막걸리라도 드시라고 주니 배가 고팠는지 정신없이 먹고 있었다. 주인아주머니는 부엌에다 호롱불을 켰다. 반선마을 청년단장은 매일 밤잠을 자지 않고 술집에 불이 켜지는지만 보고 있었는데 불이 켜진 것을 보고 한웅진 대대장이 있는 입석으로 뛰었다. 보고를 받은 한웅진 대위는 대대병력을 이끌고 6킬로 떨어진 현장으로 즉시 출동하였다. 반란군들은 밤중에 자동차 소리에 놀라 진압군이 아닌가 하고 뛰기 시작하였다. 그런데 밥도 많이 먹은 데다 술도 많이 먹어 취해서 뛸 수가 없었다. 달이 밝아 물체가 다 보였다. 진압군이 현장에 도착하니 반란군이 도망치는 것이 달빛에 보여 차에서 내리지도 않고 차 위에서 바로 사격하고 일부는 하차하여 공격하였다. 진압군은 반선마을 전체를 포위하였다. 날이 새어 현장을 점검하니 17명이 죽어 있고, 7명이 부상당해 포로가 되었고, 도망자는 15명 정도였다. 사망자를 확인하니 홍석중도 있고,

정치부장과 후방부장도 있었다. 포로들 말에는 김지회와 조경순은 도망쳤다고 하였다. 김갑순 상사는 부하들을 데리고 덕동을 향해 반란군 뒤를 추격하여 부상당한 조경순을 체포하였다. 조경순은 6명이 도망쳤다고 하였다. 김지회는 배에 총상을 입고 창자가 밖으로 빠져 나오는 데도 600미터 이상을 도망쳐 피가 많이 흘러 죽고 말았다. 이렇게 되어 14연대 반란은 6개월 만에 진압이 되었고, 나머지 반란군은 이영회가 김지회 부대를 조직하여 유격대가 되었다.

## 12. 14연대 반란의 피해와 결과

• 14연대 반란 피해

| 여    수 | | 순    천 | |
|---|---|---|---|
| 반란군에 학살당한 자 | 1,200여명 | 사망자 | 1,143명 |
| 반란군에 부상당한 자 | 1,150 명 | 행불자 | 818명 |
| 소실 및 파괴된 가옥 | 154 동 | 파괴된 가옥 | 18동 |
| 행방불명 | 3,500여명 | 반란군 사살 | 392명 |
| 이재민 | 9,800여명 | 포로 | 1,512명 |
| 국군피해 : 장교 21명, 사병 43명 사망, 14연대 해체. | | | |

14연대 장병들의 부모들이 여수 14연대 본부에 가서 보니 시체는 벌써 썩어서 냄새가 나고 멀쩡한 자식이 반란군이 되어 죽어 국가의 역적이 되었고, 포로가 되어 묶인 채 구타당하고, 재판을 받고, 감옥살이를 하는 것을 보고 통곡을 하지 않은 부모가 없었다. 남로당원들이 순천경찰서장 양세봉을 차에 묶고 끌고 다니다 죽인 참상을 보고 같은 민족 되기를 포기하고 절대 우익과 좌익은 같이 살 수 없다고 한을 품

게 되었다. 그래서 공산주의자를 빨갱이라고 하기 시작하였다.

공산주의는 개인 재산을 착취하고, 사상도 착취하고, 자유도 착취하고, 인간의 기본적 욕구마저 착취하여, 혁명을 위해 사람을 인격적으로 취급하지 않고 하나의 물건인 혁명도구로 사용했다. 그렇기 때문에 사람을 죽이는 것을 짐승 죽이듯 하는 잔인함에 치를 떨고, 공산당은 토지개혁을 해서 네 것 내 것이 없고, 빈부격차가 없고, 계급이 없는 평등사회를 만든다고 해서 좋게 생각하고 지지하던 서민들조차 돌아서기 시작하여 남로당에 협조를 하지 않게 되었다. 공산주의는 인간의 기본적인 욕구마저 착취하기 때문에 경제 발전과 다른 분야도 발전할 수 없는 지구상에서 가장 인간을 비참하게 하는 사상이라고 국민들은 치를 떨었다. 자본주의와 권력자가 부패해서 국민이 살기 어렵다면 끊임없는 투쟁과 감시와 법을 통해서 정의로운 사회를 이룩하여 경제 발전과 인류 문명을 발전시키면 되는 것인데, 공산주의자들은 혁명 곧 폭력투쟁 만을 통해서 목적을 달성하려 하고 있는 사상은 1917년 소련식 공산주의 노선으로 종주국인 소련은 이 공산주의가 잘못되었다고 포기한지 오래 되었는데 오직 북한과 남한의 좌파들만 좋다고 실천하려 하고 있다.

• 14연대 반란의 결과
① 제주 4.3폭동과 14연대 반란으로 미군은 48년 말까지 완전 철수 중 보류 상태였고,
② 미군은 한국군이 장개석 군대와 같아 믿을 수 없다고 판단하고 한국군을 불신하게 되었으며,
③ 미국이 장개석 군대를 도운 것이 결국 모택동 군대를 도운 것이 된 것 같이, 국군을 도운 것이 2개 대대가 완전무장하고 북으로 탈영하여 인민군을 도운 꼴이 되었다고 군사원조를 중단하게 되었다.

④ 이래서 이승만은 "우리 국군은 장개석 군대와 다르다. 우리는 공산주의와 끝까지 싸울 것이다."하면서 군원을 얻기 위하여 북진통일을 외쳤고,

⑤ 미국은 혹시 이승만이 말한 대로 북진을 하면 골치 아프다고 판단, 더욱더 군원을 증액시키지 않고 철수하면서 전차와 전차 방어 무기인 지뢰와 로켓 포도 주지 않았다. 48년 11월 3일 제주도 4.3폭동과 여수 14연대 반란으로 대한민국 정부가 위기에 처해 있을 때 김구 선생은 "미·소 양군 철수 후 통일정부를 수립하자" 하면서 미군 철수를 외치고 5.10선거 즉 대한민국을 인정하지 않자 미군은 한국을 도울 가치가 없다고 판단하였다. 국민들은 이구동성으로 "저 늙은이가 망령이 들었다." "이런 난리 통에 미군 철수를 외치다니 김구부터 죽여야 한다."고 우익에서는 아우성이었다.

⑥ 14연대 반란군 이영회는 김지회가 죽은 후 반란군을 흡수하여 김지회 부대를 조직 이현상 부대에 합류하였다. 그는 남부군 5연대장이 되어 53년 11월 28일 지리산 상봉골에서 부하 62명과 함께 국군 토벌군에 의해 전멸되었다. 49년 1월 8일 "미군이 즉시 철수하고 남북협상을 다시 해야 한다"고 김구 선생은 또 담화문을 발표하였다. 국민들은 김구 선생이 남한이 적화되기를 원하는가? 하고 불안해하였다. 김구 선생은 결국 1949년 6월 26일 안두희의 권총에 암살되고 말았다.

⑦ 48년 9월 7일 친일파 처단의 반민법이 국회를 통과하여 이승만 대통령이 9월 22일 공포하였다. 그러나 49년 2월 "제주도 4.3폭동과 14연대 반란 때문에 친일파 장교를 숙청하면 반란과 폭동을 진압할 수 없다"고 이승만 대통령이 국회의원들을 설득하자 국회의원 대부분이 동조하여 49년 2월 24일 반민특위법 철폐 안이 국회를 통과하여 폐기 되었다. 그래서 좌익들 즉 조선공산당

의 폭동으로 인하여 친일파를 숙청하지 못 하여 일본에 침략을 당한 것보다 더 부끄러운 민족이 되었다.

⑧ 48년 11월 16일 국가보안법이 국회에 상정되어 국회를 12월 1일 통과하여 법률 제10호로 이승만 대통령의 서명으로 20일 공포하여 남로당이 불법단체가 되어 현재에 이르고 있다.

⑨ 14연대 반란으로 남로당 전남·전북 도당이 무너지고 군부 안의 1만 명의 남로당원이 숙청되어 인민군 남침 시 반란이나 폭동을 일으키지 못하여 결정적일 때 인민군을 돕지 못하여 인민군이 패전하게 되었다.

⑩ 제주 4.3폭동과 14연대 반란과 춘천 8연대 2개 대대의 월북을 본 김일성과 그 일행은 남침하면 남한을 완전히 점령할 수 있다는 자신감을 가지고 무기는 소련에서, 인력은 중공에서 지원받아 50년 6월 25일 인민군은 38선을 넘어 남침하게 되었다.

49년 6월 14연대 반란과 제주도 4.3폭동이 진압되자 6월 30일 미군은 고문관 487명만 남기고 한반도에서 완전히 철수하였다. 철수하면서 전차나 전차를 막을 수 있는 로켓포나 지뢰나 155밀리 곡사포는 한 문도 주지 않고 떠나버렸다. 너무도 야속하였다.

그래서 국방은 우리 스스로가 해야지 미국에만 의지하는 것은 있을 수 없는 사대주의 사상의 결과이다. 2012년 국가 예산 320조 원 중 보건복지부 예산은 92조 원인데 국방예산은 33조 원이다. 6.25 때와 똑같은 일이 벌어져 미군만 철수하면 대한민국은 인민군이 남침하면 방어하기가 어려울 것이다.

※ 강정구 전 동국대 교수의 『분단과 전쟁의 한국 현대사』48쪽에 "만약 미 점령군의 개입이 없었다면 필연적인 사회변혁 과정에서 친일파는 척결되지 않을 수 없었다." 하고 가설을 주장하고 있는데, 미군이 일본과 싸워서

이기지 못하였으면 우리는 해방되지도 못하였다. 친일파 숙청을 못한 것은 이상과 같이 조선공산당의 4.3폭동과 14연대 반란 때문이다. 강정구는 말도 안 되는 허위주장을 하고 있다. 52쪽에서는 "친일파 청산이 좌절의 결정적 요인은 반공, 반소, 반탁의 기치로 과거의 민족반역자나 친일파가 애국자로 둔갑되는 세상이었기 때문이다."라고 허위주장을 하고 있다. 이이화, 강정구, 이영일, 김동춘, 이령경, 이창수, 장석규, 강창일 공저 『죽여라 다 쓰러버려라』 44쪽에 보면 "여·순 항쟁 계기로 48. 12. 1 보안법을 제정해 한 달 남짓 사이에 11만 명을 체포 구금했고, 30만 명 이상의 보도연맹을 만들어 이들의 거주 이전의 자유와 사상의 자유를 원칙적으로 탄압하게 되었다고 허위주장을 하고 있다. 이 책자는 행정자치부에서 후원하여 김대중·노무현 정부는 좌파 양성기관과 같다. 조정래가 쓴 태백산맥은 현대사를 소재로 쓴 소설인데 특히 14연대 반란 때 벌교에서 남로당 청년들의 무장 유격활동을 다루었다. 그런데 작가는 14연대 반란군이 우익 장교와 하사관과 경찰을 잔인하게 죽인 사건은 전혀 언급하고 있지 않다. 그러면서 1권 67쪽 "결과적으로 그들이 무장투쟁을 전개하지 않을 수 없는 것은 미군정의 무력탄압에 그 명백한 원인이 있었다. 그러니까 그들의 행위를 '폭력'으로 간주하더라도 그건 어디까지나 '방어적 폭력'이었고 '상대적 폭력'이었다."라고 반란을 정당화 하였고, 2권 142쪽에 "남쪽 땅에는 민주주의라는 미명아래 지주계급과 친일세력이 합세하여 남쪽만의 나라를 세우고 만 것이다. 결코 용납될 수 없는 일인 것이다. 사회주의 건설, 그것만이 최선의 길이고 유일한 길일뿐이다. 그 목적 달성을 위해서 투쟁, 오로지 투쟁이 있을 뿐이다."라고 사회주의 운동을 선동하였고, 3권 316쪽에 "여수 앞바다에서 군함의 함포사격을 받고 순천 상공에서 폭격기의 폭격을 받고 지상군의 공격을 받아야 했던 연대병력의 반란군은 후퇴하지 않을 수가 없었을 것이다."라고 폭격기가 폭격을 한 일도 없는데 폭격하였다고 거짓선동을 하였고, 4권 46쪽에서는 "그들은 아무도 문상길 중위가 누군지 알지 못했다. 그러나 그들은 매국노의 단독정부 아래서 미국의 지휘 하에 한국 민족을 학살하는 한국군대가 되지 말라는 것이 저의 마지막 염원입니다."라고 제주4.3폭동 진압사령관 박진경 연대장을 암살한 문상길 중위를 두둔하고 제주 4.3폭동을 민중항쟁으로 정당화 하고 있고, 한국군이 국민을 학살하는 것으로 주장하고 있다. 4권 160쪽에 "그들이 폭격기를 띠워 순천을 무차별 폭격해대고, 군함을 동원해 여수를 향해 무차별 함포사격을 가해댄 것은 새삼스럽게 놀랄 일이 못되었다. 그들은 벌써 십일 인민항쟁 때 비무장인 군중을 향해 탱크를 몰아댔고, 비행기로 위협폭격을 해댔다. 그리고 제주도사건이 터지자 군함을 동원해 섬을 봉쇄하는 한편 비행기로 폭격을 감행했던 것이다. 그런 그들이 자기네의 구미에 맞는 괴뢰정권을 세우자마자 일어난 여수·순천의 항쟁에 그런 입체작전을 감행하고 나온 것은 너무나 당연한 일이었다."라고 하면서 폭격기가 14연대 반란이나 제주4.3폭동 진압 때 폭격한 일이 없는데 허위주장을 하면서 미군을 강도 높게 규탄 선동하고 있고, 대한민국정부를 괴뢰정부라고 표현한 것은 대한민국을 부정하는 사람으로, 대한민국에서 살아서는 안 될 사람이다. 4권 170쪽에 "각 계파의 통합을 거쳐 조선공산당이 결성되었을 때 그 책임비서는 박헌영 동지였다. 그때 중앙당은 북조선 분국을 정식으로 인준하며 그 책임비서로 김일성 동지를 임명했다. 그런데 미군정은 공산당활동 불법화 조처를 취했고, 그에 따라 무력탄압이 가해짐으로써 박헌영 동지는 이북으로 피신하지 않을 수 없게 되었다. 그러고 나서 2년여 세월이 흐른 다음 수립된 공화국에서 김일성 동지가 수상이, 박헌영 동지가 부수상이 된 것이다." 라고 터무니없는 허위주장을 하여 김일성 부하들이나 주장하는 내용을 소설로 써서 독자들로 하여금 반미 친북사상의 좌파가 되게 하고 있다. 박헌영이 북으로 간 것은 46년 9월 5일 위조지폐사건으로 도망친 것이요, 김일성이 수상이 된 것은 스탈린의 영향이다. 태백산맥은 많은 부수가 판매되어 대한민국의 젊은이들의 사상을 주도하고 있어 보통문제가 아니다. 그리고 미군정과 이승만 정권은 친일파를 숙청하지 않았다고 하는데, 친일파 숙청을 못한 것은 14연대 반란 때문이다. 태백산맥은 조선민주주의 인민공화국 선전소설이 아닌가? 하고 착각할 정도이다. 2009. 1. 8 과거사위원회에서 "전남 순천지역에서 민간인 439명이 국군과 경찰에 의해 불법적으로 희생되었다" 고 주장하면서 2,000여명이 희생되었을 것으로 추정하였다. 과거사위는 집단

학살하였다고 주장한다. 그러면서 최종 책임을 이승만 대통령과 국방부에 있다고 하면서 유가족에게 사과, 위령비 사업지원, 평화 인권교육을 실시할 것을 건의하였다. 그러나 이 주장은 잘못이다. 필자가 조사한 바에 의하면, 14연대 반란군이 구례 파도리에서 이장과 결탁하여 12연대 1개 중대를 마을에서 환영식을 하면서 술을 먹여놓고 포위해서 90여명이 포로로 잡혔지만 파도리 주민에 대해서는 국군이 전혀 피해를 주지 않았으며, 덕유산 밑 황점마을에서 김지회 이하 200여명의 반란군이 1박을 하고 식사를 제공하고 소도 잡아서 주었지만 국군은 황점마을 사람들에 대해 전혀 피해를 주지 않았다. 여수와 순천에서 진압군에 의해 많은 피해를 본 것은 여수와 순천의 좌파들이 무기를 들고 진압군을 공격했기 때문이다.

제10장
서울시 인민위원장 홍민표 전향

# 제10장 서울시 인민위원장 홍민표 전향

## 1. 좌파 남로당 대표 박헌영의 서울 무장폭동 지령과
## 남조선 접수 지령

　북한 해주에 있는 박헌영은 여수 14연대 반란과 제주도 4.3폭동이 인명피해만 많이 발생하고 소득 없이 진압되자 초조해졌다. 그리고 경상도, 제주도, 전라도의 도당이 무너지고 전국의 남로당원이 보안법에 의해 수배되고 전평과 같은 남로당 산하 단체가 불법단체가 되어 지하에 숨어 있게 되자 더욱더 초조해 하였다. 여기에서 박헌영이 계속 투쟁하지 않으면 남한과 북한과 좌익과 우익에서 "이제 박헌영은 끝났는가 보다!" 해서 남로당원의 사기가 떨어지기 때문에 계속 사건을 만들어야 했다. 그래서 박헌영은 서울의 김삼룡에게 "49년 9월 20일 남조선 인민공화국 총선을 실시하고, 49년 9월 21 서울에 조선민주주의 인민공화국 중앙정부를 수립한다. 49년 9월 20일까지 남조선을 해방시켜야 한다. 방법은 빨치산 사령관 이혁기, K대 사령관 조병수 유격대 3개 병단이 무력투쟁에 협력할 것이니 남조선 전 당원을 동원해 4월에 봉기하여 남조선을 해방시키도록 해야 한다. 특히 서울을 불바다로 만들어 남조선을 해방시키고 9월 20일 조선 인민공화국 총선을 실시할 것이다. 서울시 책임은 홍민표에게 맡기고 그에게 총궐기하게 할 것!" 하고 지령을 하였다. 즉 남한을 완전히 점령하겠다는 말이다.

　1949년 6월 25일 ~ 28일 평양 모란봉 극장에서,

　① 남조선 민주주의 민족전선과 북조선 민주주의 민족전선을 통합하여 조국 통일 민주주의 전선을 결성하였다.

② 남로당이 북로당과 합당하여 조선노동당이라고 하였고, 위원장
에 김일성, 부위원장에 박헌영이 되어 남로당은 북로당에 흡수
되었고, 김일성은 조선공산당을 완전히 장악하였다. 그래서 박
헌영은 아무런 효과도 없는 무모한 무력투쟁만 김삼룡에게 지령
하여 수많은 사람의 피만 흘리게 하였다.


1) 김삼룡의 준비

남로당 총책 : 김삼룡, 연락부장 : 이현상, 조직 : 김삼룡, 군사 : 이주
하, 특수공작부 : 윤 모씨, 선전이론 기관지 : 정태식 등이 남로당 중앙
당의 핵심이었다.

49년 3월 8일 김삼룡은 을지로 5가 아지트에서 홍민표를 서울시 책
임자로 임명하고 수류탄 만 개를 만들어 6만 명의 당원들을 동원하여
4월에 서울시를 불바다로 만들어 남조선을 해방시키라고 지시하고 경
비 2,000만원을 지원해 주었다.

홍민표는 즉시 당원을 동원하여

① 서울시 오장동 205번지에서 수류탄 탄피 1,200여 개를 제조하고,

② 종로구 권농동 172번지에서 뇌관 1,500개, 도화선 758척,

③ 경기도 국유지 임업시험장 제2창고에서 화약 700Kg확보,

④ 봉래동 1가 157번지에서 염산가루 31포 저장,

⑤ 마포구 아현동 472번지에서 수류탄 마개 500개 생산,

⑥ 성동구 신당동 294번지에서 화약제조와 뇌관 4,500개 및 수류탄
   제 조기 12대에서 조립생산을 하였다.

이렇게 하여 수류탄 6,000개를 조립 완성하고 다이너마이트 40개를
준비하였다. 남로당원들은 수류탄을 생산하고 서울시를 불바다로 만
들기 위해 암호를 썼는데,

ⓐ 222-용두북동 아지트,

ⓑ 225-제기동 아지트,

ⓒ 331-창신동 아지트,

ⓓ 332-을지로 아지트,

ⓔ 336-신설동 아지트,

ⓕ 442-동성북동 아지트.

ⓖ 443-안암동아지트,

ⓗ 551-성북1동 아지트.

위와 같이 서울시 아지트 12개를 숫자를 암호로 표시하여 활동하였고,

신발 - 만월표 신발을 신어 자기편인 것을 알렸다.

지령문을 보낼 때 - 소식: 접선의 뜻, 붉은색: 화급을 요한다는 뜻.

꼬리가 달렸다 - 형사가 미행한다는 뜻.

시골아저씨 - 남로당 고위층,

p - 남로당,  AP - 열성당원.  BP - 연락당원.  CP - 써어클.

병석 - 서대문 형무소.    목표 - 암살대상.

학교 - 특별수사본부.    기생집 - 경찰서.

11+1=종로에서 광교 관수교까지 접선장소.

12+2=광화문에서 서대문까지 접선장소.

신문의 구인광고 - 접선을 요망한다.

분실광고 - 레포를 통해 지령문을 전달하였으니 잘 받아 보라는 뜻

이와 같이 암호로 신문광고를 내기 때문에 특별수사본부에서도 사소한 광고나 가정집 이야기 같아 암호를 해독하는 데는 어려움이 많았다. 특히 박헌영이 김삼룡에게 보내는 암호지령문은 4명밖에 모르는 상형문자로서 북에서 박헌영·박시현, 남쪽에서 김삼룡·이태철로서 그야말로 해석하기가 어려웠다. 그들은 만날 때 먼저 담배 세 번을 연

속해서 빨아 자기편인 것을 알리고 그 다음 암호를 주고받아 접선하였
고, 김삼룡은 동대문과 왕십리에서 콩나물장사를 하면서 '콩나물 10
원어치만 봉지에 넣어 주십시오' 라는 인사를 하고 암호를 주고받고
한 후 지령을 내렸다.

### 2) 무장폭동 실패

49년 3월 29일 오전 11시 29세의 박일원이 남로당 K대 박정록에 의
하여 현장에서 즉사하였다. 박일원은 경성제대 법학부를 졸업하고 남
로당원이 되었는데 전향하여 수도경찰청 사찰과 정보주임으로 일하
다 저격당하여 경찰에 비상이 걸렸다. 그래서 홍민표는 김삼룡에게 4
월 폭동을 5월로 연기해 달라고 건의하여 연기가 되었다.

49년 5월 19일 특별수사본부 오제도 검사가 국회 안의 남로당원
인 프락치 국회부의장 김약수, 국회의원 노일환, 이문원, 박윤빈, 김
병희, 황윤호, 이구수, 김옥주, 강욱중, 배중혁, 서용길, 신성균, 최
태규 등 13명을 체포하였다. 이 일로 서울 장안은 벌집을 쑤셔놓은
듯하였다. 홍민표는 이런 상태에서 5월 무장폭동은 경찰의 검문검
색이 철저해서 도저히 움직일 수 없으니 8월로 연기해 달라고 해서
또 연기가 되었다.

49년 8월 12일 남로당 K대 대원 이용운은 김호익 총경이 국회의원
들을 모조리 체포한데 앞장섰다고 시경 김호익 총경 사무실에 가서 권
총을 난사하여 김호익 총경이 즉사하였다. 신문에서는 경찰 안방에서
고급경찰이 남로당원에게 총살당했다고 시경은 도대체 무엇을 하느
냐고 대서특필하니 경찰도 발칵 뒤집어지고 검문검색이 강화되었다.

홍민표는 이런 상황에서 서울시 당원 6만 명을 동원해서 수류탄만
가지고 서울시를 해방시킨다는 것은 자폭이나 마찬가지라고 판단하
였으나 당의 지령이라 죽어도 실천이나 하고 죽으려 하였다. 그러나
이 상황에서는 도저히 실행할 수 없고 이제는 김삼룡에게 더 이상 연

기를 해달라고 요청도 할 수 없어 고민에 빠졌다. 그리고 남로당원인 김채원과 이동희가 검문검색 중 연행되어 조사과정에서 김채원이 청파동 남로당 아지트에서 수류탄을 제조해서 8월 서울시를 불바다로 만들기로 했다고 불어버려 제조해놓은 수류탄 6,000개가 순식간에 압수당하였다. 이혁기 K대 사령관 조병수도 경찰에 체포되었다. 김삼룡은 돈화문 아지트로 홍민표를 불렀다. 김삼룡은 "여기 소환장이 있소! 평양으로 가 보시오! 2일 이내에 서울을 출발하시오!" 이 말을 들은 홍민표는 눈앞이 캄캄하였다. 평양에 가면 죽는 것인데 지금 죽기는 너무 억울했다. 그렇다고 자기 발로 걸어서 경찰서에 가서 자수하기는 싫고 고민이 많았다. 홍민표가 2일 이내에 서울을 떠나지 않으면 K대에 의해 살해되고, 경찰서에 자수해도 역시 K대에 의해 살해되기 때문에 머리를 써야 했다. 그것은 특별수사본부 요원들에게 자기를 노출시켜 수사관들이 순식간에 덮쳐 특별수사본부로 압송해가게 하는 것이었다.

3) 서울시 인민위원장 홍민표와 남로당원 33만 명이 전향 후 보도연맹에 가입

49년 9월 17일 홍민표는 을지로 4가에서 무교동까지 걸었다. 그것은 〈특별수사본부 요원들아 홍민표를 빨리 체포하라〉는 것이었다. 그는 수사본부 요원에 의해서 즉시 체포되었다. 특별수사본부 초대 검사는 조재천 검사였는데 박헌영 위조지폐사건을 다룬 후 남로당에 의해 너무 공격을 당하여 견디지 못하고 건강이 나빠져 사임하고 그 후임으로 오제도 검사가 되었다. 홍민표는 오제도 검사가 뇌물을 받지 않고 정직하게 사는 것에 감동을 받아 심문에 순순히 대답하고 전향을 하였다.

홍민표는 오제도 검사에게 "시경 회의실에서 서울시 남로당 상임위원회를 열게 해 주시오."라고 요구하였다. 그러자 오제도 검사가 깜짝

놀라 "평양에서나 오라면 몰라도 서울 시경으로 오라고 하는 데도 오 겠느냐?'고 질문하자 "남로당원은 오라면 옵니다."라고 대답하여 오 제도는 "그럴 리가 있겠느냐?'고 반문해도 홍민표는 "구경이나 해보 시지요!' 하였다.

홍민표는 최운하 형사를 데리고 지프를 같이 타고 다니며 사람들을 차에 실어왔다. 오제도 검사는 깜짝 놀랐다. 더구나 차에 실려 온 사람 들의 인사말에 입을 다물 수가 없었다.

서울시 당 조직책 홍찬성입니다. 영감님께 인사드립니다.

조직 부책 이희성입니다.

부녀 책 유대인입니다.

문화 책 홍윤석입니다.

조직부원 이은식입니다.

K대 사령관 조병수입니다.

인사를 계속하자 오제도 검사는 세상에 이런 일도 있을까? 하며 기 절할 일이었다. 조병수를 잡으려고 수개월 동안 수십 명의 형사를 동 원하여 전력을 다했어도 흔적도 못 찾았는데 조병수가 코앞에 있으니 오제도 어안이 벙벙하였다. 오 검사는 사람들의 인사소개가 다 끝나 자 "그럼 상임위원회를 하시지요!' 하고 방 밖으로 나갔다. 서울시경 특별실에서 남로당 서울시 당 상임위원회가 열렸다. 홍민표의 연설이 시작되었다.

"여러분! 수류탄 6,000개 가지고 서울을 해방할 수 있습니까? 제주도 항쟁에서 수많은 당원들만 죽었지 얻은 것이 무엇입니까? 14연대 항쟁 에서 우리가 애써 길러온 장교와 전사들을 5,000여 명 잃었습니다. 그 얻은 것이 무엇입니까? 당원을 총동원하여 5.10선거를 반대하는 2.7 구 국투쟁을 했지만 결과는 어떻게 되었습니까? 저는 김삼룡 동무에게 왜 우리가 합법정당인데 5.10선거를 반대하는가? 5.10선거에 참여하여 합 법적으로 국회를 장악하고 경무대에 들어가 남조선의 권력을 장악하여 각 도지사, 경찰, 군인, 공무원 등 국가의 기둥을 우리 동무들로 모두 바꾸면 조선 인민공화국을 세울 수 있어 남조선 혁명은 성공하는 것입니다. 제주 4.3항쟁에서 당원들의 손실만 있지 얻은 것이 없으니 폭력투쟁은 하지 말고 법 안에서 비폭력으로 투쟁하자고 수십 번 건의하였는데 폭력투쟁을 해서 얻은 것이 무엇입니까? 결국 당원들의 희생과 인민들의 불신과 보안법이 만들어져 우리들의 활동만 못하게 되었고, 전평 등 단체가 불법단체가 되어 남로당은 이제 끝이 나고 있습니다. 박헌영 개인의 입지를 위해서 폭력투쟁만 지령하는 것을 맹목적으로 복종해야 합니까? 좋은 세상 만들겠다고, 혁명을 하겠다고 우리들은 모든 것을 버리고 여기까지 왔는데 저런 돌대가리로 좋은 세상 만들겠습니까? 생명은 귀하고 한번 죽으면 두 번 다시 살지 못합니다. 우리 다 같이 자수를 합시다!' 라고 2시간에 걸쳐 설명을 할 때 위원들은 한 사람 반대 없이 눈물을 흘리며 동의하고 전향하기로 결의하였다.

49년 9월 22일 오후 3시 홍민표는 시경에서 기자회견을 하였다. 기자들의 질문이 쏟아졌다. 기자들은 전향자들을 눈으로 보고도 믿지 못하였고, 세상에 이런 일도 있는가? 하였다. 이들은 자기 직속을 전향시키고 신고하고 잡으러 다니는 것이 특별수사본부 요원보다 앞섰다. 홍민표는 국회 프락치사건을 주도해 온 도상익과 레포 이태철과 이영신도 전향시켰다. 박헌영의 암호를 유일하게 해독하는 핵심멤버가 전향한 것이다

49년 9월 21일 200여 명이 체포되었고, 9월 24일 공무원과 경찰 28명, 기자·변호사 68명, 판사·검사 65명이 체포되자 국민들은 무척 놀랐다. 이렇게 남로당원이 많은가 하고 혀를 찼다.

정부에서는 49년 10월 25일부터 30일까지 아예 자수기간을 설치하자 서울에서만 12,196명이 자수하였다. 자수자는 학생 2,418명, 노동자 1,160명, 상업인 2,256명, 공무원 474명, 의사 40명, 교원58명 등이었다. 정부에서는 자수기간을 11월 30일까지 연장하였다. 경북

도당 18,669명, 경기 1만 명, 경남 3,000여 명, 전북 6,000여 명, 전남 4,000여 명, 강원 200여 명 등 전국 자수자는 총33만 명이었다. 정부에서는 이들을 보도연맹에 가입하게 하고 특별 관리를 하였다. 50년 3월 1일 남로당 특별공작원 196명이 체포되어 남로당은 결정적인 타격을 입었다.

## 2. 해주 남로당 인민유격대 10차에 걸쳐 남파

박헌영은 제주 4.3폭동과 14연대 반란을 돕기 위해 월북한 남로당원 만 명 중에서 4~5천명을 선발하여 유격대를 조직했다. 그들은 평양 동북 35킬로 지점 강동정치학원에서 사상교육과 유격훈련을 받고 2,450여 명이 3개 병단으로 조직되어 남파되었고, 2,000여 명은 766부대로 편성되어 6.25 때 강릉 밑 옥계에 상륙하였다.

태백산에 제1병단 단장 이호제, 지리산에 제2병단 단장 이현상, 보현산에 제3병단 단장 김달삼(제주도 4.3폭동 주동자) 책임아래 무너진 지방 당을 재건하고 지하당원과 유격대를 규합하여 해방구를 확보, 당 조직을 군사조직으로 개편하여 결정적일 때 무장봉기를 전개하라고 지시하였다. 이를 총괄하는 곳이 대남공작부 14호실이었다.

① 1948년 11월 15일 남로당 인민유격대 180명이 38선을 넘어 오대산에 침투.
② 1949년 6월 1일 남로당 인민유격대 400여 명이 38선을 넘어 오대산 침투.
③ 1949년 7월 6일 남로당 인민유격대 200여 명 오대산 침투.
④ 1949년 8월 4일 제주도 4.3폭동 주동자 김달삼이 남로당 인민유격대 300여 명을 이끌고 남도부와 같이 경북 양양군 일출산에 침투.

⑤ 1949년 8월 6일 강동정치학원 교장 이호제가 남로당 인민유격대 360명을 이끌고 태백산맥에 침투.
⑥ 1949년 8월 15일 남로당 인민유격대 40명 양평 용문산 침투.
⑦ 1949년 9월 28일 남로당 인민유격대 50명 오대산 침투.
⑧ 1949년 11월 6일 남로당 인민유격대 100여 명 경북 영일군 송다면 지경리에 침투, 김달삼 부대와 합류.
⑨ 1950년 3월 8일 김상호와 김무현이 이끄는 남로당 인민유격대 700여 명이 오대산에 침투.
⑩ 1950년 6월 10일 오대산과 강릉 및 서해 해상으로 남로당 간부 침투

1948년 11월부터 50년 3월까지 남로당 인민유격대는 10차에 걸쳐 2,450여 명이 남파되어 50년 3월까지 2,100여 명이 섬멸되었다. 그중 350여 명이 진압되지 않고 있었으나 박헌영은 인민군 전면 남침을 위해 남한 정부를 안심시키려고 38선에서의 분쟁과 유격활동을 중단시키기 위해 월북하라고 지령을 내려 전원 월북하여 오대산, 태백산, 보현산 지리산이 조용하였다.

그러나 남한에서는 남로당 인민유격대를 진압하느라 후방 3개 사단을 전방배치하지 못하였고, 장병들은 지쳐 있었다. 38선에서 분쟁이 많아 싸움이 터졌다 해도 "항상 있는 일"로 치부해 버리고 '인민군의 남침이 곧 있을 것이다' 해도 인민유격대에 시달린 국군이나 국민들은 싸움은 항상 있는 것으로 알고 면역이 되게 하여 한국전 초기작전에 지장을 주었다. 그러나 남로당 인민유격대는 2,450여 명 중 350여 명만 남고 다 죽어 거의 뿌리가 뽑혀가고 있어 인민군 남침 시 결정적일 때 인민군 협조를 효과적으로 행동을 못하는 결과를 가져왔다.

## 3. 지리산 남로당 인민유격대 활동

### 1) 지리산지구 제2병단 진압

남로당(조선공산당) 연락부장 이현상은 14연대 반란군이 지리산으로 잠입하고 지리산 근방의 야산대를 조직·강화하여 무력투쟁을 하기 위하여 그는 48년 11월 지리산으로 잠입하였다.

1949년 3월 태백산지구에 제1병단 병단장 이호재, 보현산지구에 제3병단장 김달삼, 지리산지구에 제2병단 단장 이현상 등이 남한을 적화하기 위하여 무력투쟁을 하고 있었다. 제2병단 이현상 부대에는 4개 연대가 있어 이들은 충남, 전북, 전남에서 투쟁하고 있었다. 이들은 49년 7월 총공세와 9월 총공세를 하고 있었다. 제2병단 이현상부대 소속 백운산 유격대 대장 박종하는 300여명을 이끌고 유격대 진압 차 광양읍 초등학교에 주둔하고 있던 국군 15연대 1대대를 밤에 기습하였다. 이들은 보초를 죽이고 잠을 자고 있던 국군을 포위하여 국군 수백 명이 포로가 되었고, 수백 정의 총기도 탈취해 갔다. 이 일로 15연대장 윤춘근 중령이 해임되었다.

국군 5사단 20연대가 나주에서 인민유격대를 진압하다 20연대장 위대선 중령이 전사하였다. 윤춘근 15연대장의 후임으로 새로 15연대장으로 부임한 송요찬 대령이 백운산에서 인민유격대를 진압하다 왼팔에 관통상을 입고 목숨을 잃을 뻔하였다.

인민유격대는 목포형무소를 기습하여 죄수 350여명을 탈옥시켰다. 진압군이 이들을 포위 다시 체포하여 형무소에 재수감하였다. 이때 광주 5사단장 백선엽 대령이 지휘관과 같이 식사를 할 때 유격대의 공격을 받고 백선엽 사단장도 죽음 직전 겨우 목숨을 구하였다. 국군 5사단과 지리산 진압사령부가 전력을 다해 진압하여 전남 유격대 사령관 최현을 백아산에서 사살하였다. 그 후 인민유격대원들이 줄을 이어 자수하기 시작하였다. 49년 12월 1일까지 인민유격대 사살 365명, 생포

187명, 4,964명이 귀순하여 지리산지구 제2병단 이현상 부대는 100여
명이 남아 있었으나 50년 3월 활동은 거의 끝나가고 있었다.

　50년 3월 현재 지리산에 100여명, 호남지역에 100여명, 보현산에
100여명, 오대산 70명, 태백산에 100여명, 총 500여명이 남아 6.25를
맞았다.


## 4. 남로당 간부 김삼룡, 이주하, 김수임, 정백, 간첩 성시백 체포

### 1) 김수임 체포

　50년 3월 19일 목인동 19번지에 사는 김수임이 체포되었다. 김수임
은 미 헌병사령관 대령 페어드와 같이 살면서 애인 이강국에게 정보를
빼돌린 죄이다. 특히 46년 9월 박헌영과 이강국에 대해 미군의 체포령
이 있을 것이라는 정보를 빼서 그 두 사람을 북으로 탈출하게 하였다.
그리고 이중업과 이강국도 북으로 빼돌렸다.

　50년 6월 14일 오전 9시 30분 고등군법회의가 개정되어 김수임은
사형이 선고되어 15일 오후 5시 40분 서대문 형무소에서 사형이 집행
되었다.

### 2) 김삼룡 · 이주하 체포

　50년 3월 25일 김삼룡은 서울시 종로 6가 충신동 6통 6반에서 이성
희라는 가명으로 살고 있었는데, 누구도 그의 집을 아는 사람이 없고,
얼굴도 아는 사람이 없었다. 제1비서 안영달, 제2비서 김형육, 제3비
서 임충자, 제4의 비서 김형태까지도 집과 아지트를 알지 못하였고,
다만 접선장소에서 지령문을 전해주고 받을 뿐이었다. 이렇게 김삼룡
은 남로당원 60만 명을 지도하였고, 제주도 4.3폭동, 14연대 반란 등을
지도해왔다.

특별수사본부 장호식 수사관은 이러다가는 평생가도 김삼룡을 잡을 수 없다고 판단하였고, 남로당원을 조사하는 과정과 홍민표의 조언으로 김삼룡이 종로 6가에서 사는 것이 아닌가 짐작을 해서 이판사판으로 경찰 80명을 동원하여 종로 6가 창신동을 덮쳤다.

경찰이 장호식 수사관에게 "김삼룡 사진을 주셔야지 수색을 하든지 검문을 해서 비슷하게 생긴 사람이 있으면 잡지요!" 하면 "없다!" 고 밖에 대답할 수 없었다. 또 "그럼 얼굴을 압니까?" 하면 "모른다!" "그러면 어떻게 잡을 겁니까?" "무조건 잡아!" 라고 하여 웃지 않은 경찰이 없었다. 80여 명이 뒤졌으나 물어볼 것도 없이 허탕이었다. 경찰들은 조사하면서 종로 6가를 지나는 사람들을 영장도 없이 모조리 붙잡아다 경찰서에 가두었다. 참 엉뚱한 조사 방법이었다. 300여 명을 잡아들였지만 김삼룡 얼굴을 아는 사람은 오직 한 사람 홍민표밖에 없어 오제도 검사는 홍민표에게 유치장에 있는 사람의 얼굴을 확인하게 하였다. 그 결과 김삼룡은 없고 엉뚱하게 이주하를 찾아냈다. 이주하는 집에 가만히 있을 일이지 밖에서 총소리가 나고 어수선 하자 구경하러 나갔다가 연행되어 홍민표에게 들킨 것이었다. 비가 오면 우산을 쓰고, 추우면 코트를 입고, 폭풍이 불면 집에서 엎드려 있어야 산다. 이것이 자연의 이치이다.

50년 3월 27일 오전 9시 30분, 종로 6가에 살고 있던 치안국 소속 경찰관이 출근하려고 집을 나서는데 집 앞의 쓰레기통 뚜껑이 들렸다가 다시 내려져 이상하게 생각하고 쓰레기통을 열어보니 사람이 있었다. 얼굴을 보니 이마가 넓고 눈썹이 새까맣게 잘 생기고 세련된 얼굴인데 잡범이나 거지는 아닌 것 같아 붙잡아서 치안국 사무실로 끌고 갔다. 아무리 물어도 이름도 없다, 사는 곳도 모른다, 아무 것도 모르고 쓰레기통에서 자고 먹고 하는 사람이라고만 떠들어대고 있었다. 그러나 이마와 눈과 눈썹과 얼굴을 보면 보통 사람이 아니라고 판단, 몸에서 냄새가 나서 사무실에서 화장실 쪽 의자에 수갑을 채워 놓았다. 김삼룡은 '내 얼굴을 천하 누가 알겠느냐?' 하고 얼굴을 꼿꼿이 들고 밖에 오가는 사람들을 보고 있었다.

홍민표가 치안본부에 갔다가 화장실 옆 의자에 수갑으로 묶여 있는 사람을 보고 기절하게 놀랐다. 그 사람은 1년 전 상관으로 모셨던 김삼룡이었던 것이다. 김삼룡은 장호식 수사관이 덮칠 때 쓰레기통 속에 3일 동안 숨어 있다가 이렇게 치안본부까지 오게 된 것이다. 홍민표는 오제도 검사에게 즉시 연락하여 김삼룡도 체포하였다. 오제도 검사가 김삼룡에게 "북으로 도망칠 수 있었는데 왜 도망치지 않았느냐?" 하고 질문하자 "내가 어디로 도망을 칩니까? 또 도망을 쳐서 무슨 일을 하겠습니까?" 하고 대답하여 그가 얼마나 쓰레기통에서 절망적인 날을 보내었는지를 말해 주고 있다.

50년 6월 4일 고등군법회의에서 이주하, 김삼룡이 사형 선고를 받고 서대문 형무소에 수감됨으로 남로당은 간부가 모조리 체포되어 당을 운영할 지도자가 없었으나 전국에 아직도 20만 명의 당원이 있고 총책에는 박갑동이 있어 이들이 단결하면 얼마든지 폭동을 일으킬 수 있었다.

### 3) 성시백 및 남로당 간부 체포

강진, 문갑송, 한인식 등은 김일성의 지령을 받아 부산에서 인민혁명군을 조직하였는데 인민혁명군에 가담한 자는 무려 36,000여 명이었고, 이 인민혁명군 총책임자는 김일성 직계의 김일광이었다. 이들은 경비대 이혁기, 박용국, 김철구, 오영주를 포섭하여 크게 활동하였으나 47년 경찰에 의해 토벌되었다.

성시백은 인민혁명군에서 토벌되지 않은 자들을 재조직하여 책임자가 되었다. 김일성은 〈권위 있는 선〉을 통하여 조직하였는데 그 선이 바로 이정윤, 이영, 서중석, 한인식 등으로 이들은 박헌영 노선을 반대한 장안파였다. 또한 대동강 302호선을 통해 조직된 선은 김지회,

김일광, 김석, 이병주, 조병건, 최상빈, 이상진, 조암, 오규범, 안학선, 안영길, 김학림, 김창영, 최남근, 태용만 등 경비대원들이었다. 이들은 남한에서 김일성 직계로서 군에 뿌리를 내리고 있었다. 남한에서 남로 당과 북로당의 권력다툼은 치열하였다.

성시백은 김일성 직계로서 장안파와 사로당을 흡수하여 북로당 남 반부 정치위원회를 조직하였다. 여기에는 200여 명의 공작원이 있었 으며, 박헌영 반대 세력이 협력하여 그 세력은 엄청났다. 성시백은 서 대문구 서소문동 270번지에 아지트를 두고 활동하였다. 성시백의 주 임무는 좌파 3당을 합당시켜 통일전선을 조직하는 일이고, 둘째는 5.10선거 반대자들을 규합하여 김구와 남북회담을 주선하는 일 등이 었으며, 그리고 남한의 군사기밀을 빼내는 일이었다.

49년 5월 12일 서울지방경찰청 회의실에서 이태희 검사장, 장재갑 차장검사, 김태선 치안국장, 장영복 치안국 사찰과장, 최운하 시경부 국장, 장도영 육군 정보국장, 오제도 특별검사가 모여 성시백에 대해 수사방침을 세우고 합동수사를 하기로 하였다. 오제도 검사는 성시백 과 국회의원 상당수가 관련된 정보를 입수하였다. 특별수사본부 요원 들이 성시백이 운영하는 종로의 양품점을 급습하여 양품점 점원 한 양 을 연행하여 조사하였다. 양품점 안에 있던 양담배 은박지에 숫자가 가득 적혀 있는데 뜻을 알 수가 없었다. 그리고 벽을 칼로 오려서 전부 뜯어보니 벽지 속에서 문서가 나왔는데 그 문서는 대한민국 특급비밀 이었다. 그 내용은

① 49년 8월 6일 ~8일 진해에서 이승만 대통령과 장개석 총통과의 비밀회담 내용.

② 이승만 대통령과 육군참모총장 정보국장 극소수 육군 수뇌부만 아는 원자모의전략 계획서

③ 49년 5월 38선 최전방 국군배치도

④ 한국에 대한 ECA 경제 협조내용 등이었다.

이상의 내용은 김일성에게 즉시 보고가 되었는데, 오제도 검사는 경무대와 육군참모총장 채병덕 방에 간첩이 있지 않고는 불가능하다고 판단, 여기에 모든 초점을 두고 국가가 공산주의자들에 의해 곧 넘어갈 것 같은 상황이라고 하면서 조사를 착수하였다. 그러자 여기저기에서 "오제도를 죽여라." 하며 공갈 협박과 모함을 하여 견디기 어려웠다. 특무대 장태준 중령이 조사한 결과는 원자모의 전략은 이승만과 채병덕 둘밖에 모르는 극비사항이라고 오제도 검사에게 보고하였다. 이 보고를 받은 오 검사는 채병덕이 간첩이라고 확신을 가졌다.

특별수사본부 요원들은 성시백의 얼굴을 모르기 때문에 또 홍민표에게 협조를 요청하여 홍민표, 이중제, 오상직과 같이 효제동 북부세무서 근방을 뒤지기 시작하였다.

50년 5월 15일 효제동 이화예식장 근방에 있는 성시백의 집을 급습하여 체포하였다. 그리고 성시백과 관련된 자 112명도 체포하였다. 협조자는 약 2만여 명이었다. 김구 선생의 남북회담 공작과 초청장을 전달해 준 자가 성시백이라는 것이 밝혀졌다. 성시백의 뿌리는 군부와 경찰 안의 공작원으로 성시백은 이들을 침투시켜 정보를 수집하였다. 결국 대한민국은 허수아비였고 실력자는 남로당과 북로당이었다. 2012년 현재도 대한민국은 이름뿐이고 실속은 좌파가 장악하고 있다.

오제도 검사가 성시백을 조사한 후 이승만 대통령에게 보고하자, 이승만 대통령은 노기를 띠며 "자네가 경무대에도 간첩이 있다고 하였는가?" 하며 "자네 이제 돌아가서 좀 쉬게!" 하였다. 그러자 오제도 검사가

"예, 각하! 알았습니다! 그렇지만 이 서류를 보시면 경무대 안에 간첩이 있는 것을 알 수 있으니 서류를 잘 보십시오. 각하의 신상도 위험합니다! 그럼 이만 물러가겠습니다!" 하고 서류를 두고 뒤돌아서는데

"오 검사! 경무대 안에 간첩이라니 그게 무슨 말인가?" 하고 조금 떨

린 듯한 음성의 대통령의 말소리가 들렸다.

"이 보고서를 보시고 사실이라면 지위고하를 막론하고 무조건 체포해야 합니다. 경무대에서 일어난 일이 그날 즉시 평양 김일성에게 보고됩니다. 경무대는 김일성의 안방입니다. 잘못하면 한 순간에 국가가 넘어갑니다. 우리들은 모두 허수아비입니다. 각하께서 이 일을 잘 처리하지 못하면 각하도 위험합니다. 문 수석비서관이 간첩이고, 채병덕 총장도 위험한 인물입니다!"

이 말을 듣고 있던 이 대통령은 깜짝 놀랐다.

50년 6월 9일 성시백은 군사재판에서 사형을 선고 받았고, 6월 12일 오후 4시 사형이 집행되었다. 채병덕은 모함이라고 이승만이 체포를 거절하여 조사할 수 있는 절호의 기회를 놓치고 말았다. 6.25 초전에 채병덕의 간첩행위에 의해서 4일 만에 국군 44,000여 명이 죽고 6개 사단이 붕괴되어 국군이 재기불능 상태가 되었고 국가가 망하기 직전이 되었다.

명태사건으로 해임된 채병덕을 1950년 4월 다시 임명하여 국군을 참패시킨 책임을 이승만 대통령도 면할 길이 없다.

성시백의 군사책이자 김삼룡의 제2비서인 김형육이 전향하자 오제도 검사는 그를 특별수사본부 특수경사로 채용하였는데 이 자가 다시 남로당 공작원 노릇을 한 것에 대해 무척 놀랐다. 또한 오제도 검사는 자기 집에서 일하는 아주머니의 신원을 철저히 조사하고 채용하였는데도 이 여자가 남로당 공작원으로 오제도가 죽는 것은 시간문제라는 말을 성시백의 직계 김명용을 통해 전해 듣고 한숨이 절로 나왔다. 남로당의 공작은 상상을 초월하였다.

50년 3월 25일 밤 박갑동은 동대문 운동장 정문에서 담뱃불로 아무리 신호를 보내도 김삼룡으로부터 연락이 없자 사고가 난 것으로 판단하고 즉시 잠적하여 체포되지 않아 남로당 총책이 되었다. 그러나 박갑동이 연결할 수 있는 남로당원은 200여 명뿐이었다. 그리고 박헌영과 접선암호를 몰라 박갑동은 6.25 인민군 남침에 대해 박헌영으로부터 연락을 받지 못하였다. 장안파 정백도 당을 재건하려고 평양에서 서울에 잠입하였다가 체포되었다.

박헌영은 김삼룡, 이주하, 김수임, 도상익, 정태식, 채항식 등 남로당 간부들이 체포되고 당원 33만여 명이 전향하자 난감하였다. 그러면서도 박헌영은 김일성과 스탈린, 모택동에게 인민군이 38선만 넘으면 남로당원 20만 명이 민중봉기를 하여 쉽게 남한을 해방시킬 것이라고 선동을 하고 있었다.

# 제11장
# 김일성의 남침 공격 준비

# 제11장 김일성의 남침 공격 준비

## 1. 김일성의 남침 노선

48년 9월 10일 북한 조선민주주의 인민공화국 수상이 된 김일성은 조선민주주의 인민공화국 정부의 8개 강령 즉 지도노선을 발표하였다.

[분단은 남조선 민족반역자들 때문이며, 남조선 정부는 미 제국주의의 괴뢰정부이다. 북조선은 북남 전 인민의 총의로 수립된 중앙정부로서 통일에 전력을 다할 것이다. 통일방법은 남조선이 북조선의 체제를 이식하여 국토안정과 조국 통일의 가장 절박한 조건이다. 우리는 남조선에 대해 참을 수 없는 적개심, 통일에 대한 열망, 그리고 남한 인민의 지지에 대한 확신을 얻었다. 남조선은 정부가 아니라 북조선의 일부인 남반부이다. 그러므로 남반부는 북조선에 편입되어야 할 대상이다. 평화적 수단이 통일의 방법에서 배제되고 오직 군사적 수단에 의해서만 조국 통일은 가능하다. 우리의 수도는 서울이다.]

김일성은 위의 강령에서 "군사적 수단에 의해서만 조국 통일은 가능하다"고 한 것으로 보아 이때 이미 남침을 결심하였다.

48년 12월 김일성은 제주 4.3폭동과 14연대 반란과 6연대 반란 소식을 라디오 방송과 신문과 정보원들의 보고를 받고 남한을 공격하면 대승할 자신과 용기를 얻었다. 그리고 시간만 있으면 박헌영이 "남로당원이 남조선 해방을 위해 죽어가면서 투쟁하고 있는데 북조선에서는 보고만 있을 것입니까? 인민군이 38선만 넘으면 남조선 20만 전당원이 봉기하여 남조선을 해방시킬 것입니다."하고 남침을 선동하여 더욱더 용기를 얻었다.


## 2. 김일성 소련 스탈린에게 남침 군원지원 요청

48년 12월 25일 소련군은 북한에서 철수하면서 현역 4,020명, 군무원 273명, 계4,298명을 남겨 인민군을 돕고 있었다.

49년 2월 22일 김일성은 스탈린을 만나기 위하여 평양을 출발하였다. 김일성은 부수상 박헌영, 홍명희, 국가기획위원장 정춘택, 상업상 장시우, 교육상 백남운, 체신상 김정주, 재정상 김찬, 김일성 비서 문일 등을 대동(帶同)하였다.

49년 3월 3일 이들이 모스크바에 도착하니 소련 부수상 미코얀, 외무성 부장 그로미코, 모스크바 소비에트 부의장 쏠라빈, 외무성 제일 극동부장 대리 페도뎬코 등이 나와 영접하였다.

49년 3월 5일 오후 8시 김일성이 스탈린과 가진 회담의 주 내용은 경제협력, 기술원조, 차관 등에 관해서였다. 공개회담이 끝나고 스탈린과 김일성과 박헌영 세 사람이 비밀회담을 가졌는데 주 내용은 북한에는 해군이 없으므로 해군 지원에 대하여 요청하였다. 이에 스탈린은 해군 증강을 약속하는 조·소 비밀 군사협정을 맺었다. 그리고 이때 스탈린은 "남조선 군부 내에 당신네들의 군대가 침투해 있느냐?"고 물었다. 그러자 박헌영이 "있습니다."라고 대답하였고, 스탈린도 남한의 제주 4.3폭동과 14연대 반란에 대해서 신문과 정보원들의 보고를 통해 잘 알고 있었다.

스탈린 : 지금은 아무 일도 하지 말고 가만히 있어야 하며, 38선은 어떠한 일이 있어도 조용해야 한다."고 조언하였다.

김일성 : 이제는 상황이 남반부 국토를 무력으로 해방할 수 있게 무

르익어가고 있습니다. 남조선의 반동세력들은 절대로 평화통일에 동의하지 않을 것입니다. 그들은 자신들이 북침을 하기 위해 충분한 힘을 확보할 때까지 분단을 고착화하고 있습니다. 이제 우리가 공격을 취할 절호의 기회가 왔습니다. 우리의 군대는 강하고 남조선 안에는 강력한 빨치산부대가 있어 우리 군대를 지원 하고 있습니다.

스탈린 : 남침은 불가합니다. 이유는 첫째, 북조선인민군은 남조선 국방 군보다 확실하게 우위를 확보하지 못하고 있습니다. 둘째, 남조선에는 아직도 미군이 있습니다. 셋째, 소련과 미국 사이에 아직도 38선 분할 협정이 유효합니다. 이를 우리가 먼저 위반하면 미군의 개입을 막을 길이 없습니다.

김일성 : 그렇다면 가까운 장래에 조선의 통일 기회는 없다는 말씀인가요? 남조선인민들은 하루 빨리 통일을 하여 반동정부와 미 제국주의의 속박을 벗어나고싶어 합니다.

스탈린 : 적들이 만약 침략의 의도가 있다면 조만간 먼저 공격해 올것이오. 그렇게 되면 절호의 반격 기회가 생깁니다. 그때는 모든 사람이 동지의 행동을 이해 하고 지원할 것이오.

49년 4월 7일 김일성은 스탈린과의 회담에 만족하고 귀국하였다.


## 3. 중공 모택동에게 남침 인력 요청

김일성은 소련에서 스탈린을 만난 후 평양에 도착하여 스탈린과의 회담 내용을 모택동에게 보고하고 모택동의 협력을 얻기 위해 중공에 특사를 보냈다.

49년 4월 30일 민족보위성 부장 김일은 모택동, 주은래, 고강, 주덕을 만나 협의하였다.

김일은 모택동을 만나 "중국 인민해방군 각 사단에 소속된 한인 전

사들을 귀국하게 해 주시오."하고 요청하자 "3개 한인사단 중 한만국
경에 배치된 2개 사단을 될 수 있는 한 빠른 시일 내에 귀국 시키겠다"
는 동의를 하였을 뿐만 아니라 군 보급품과 무기도 제공하겠다고 약속
하였다.

모택동은 김일에게 "어느 순간에도 기습과 지구전에 준비해야 한
다. 전쟁은 신속히 끝낼 수도 있고, 예상외로 오래갈 수도 있다. 장기
전에는 북조선이 불리하다. 그러나 걱정할 필요가 없다. 이웃에 소련
과 우리가 있다. 필요하면 우리가 도울 것이다. 그러나 가까운 시일 내
에 남조선을 공격할 필요는 없다. 이유는 우리가 전쟁이 끝나지 않아
북조선을 도울 수 없고 현재 미군이 있기 때문이다. 북조선은 우리가
장개석 군대를 완전히 해결할 때까지 기다리는 것이 좋다."하고 구체
적으로 조언해 주었다. 이와 같이 북한, 소련, 중국은 무력남침을 의논
하고 있었다.


## 4. 소련에 남침 군원지원 재차 요청

49년 4월 28일 김일성은 북조선군 기계화 계획 및 단순기술 이전은
49년 5월까지, 항공기술은 9월까지 해줄 것을 북한 소련대사 슈티코프
를 통해 스탈린에게 요청하였다.

49년 6월 10일 슈티코프는 스탈린에게 "미군이 실제는 남조선에서
철수하고 있으며, 6월 15일 경에는 본대가 떠날 것이다. 남조선이 병
력을 38선 부근으로 배치하고 있다. 남조선이 북조선을 공격할 가능성
이 커졌다. 6월 11일 이승만은 북조선공격 계획이 마련되었다고 발표
할 것이고, 향후 2-3주 내에 계획을 실행에 옮길 것이다 현시점에서 남
조선이 대규모 무력도발을 할 가능성이 어느 때보다 높다. 그러므로
소련은 신속히 북조선에 무기를 공급하는 것이 좋다"라고 건의 겸 거

짓 보고하였다.

49년 8월 15일 슈티코프는 "남조선에서 북침하기 위해 전면 기습공격 계획을 세우고 있다. 여기에 대비해야 한다."라고 스탈린에게 또 거짓 보고하여 소련이 북한에 무기 원조를 하는데 큰 영향을 주었다. 그래서 소련이 북한에서 철수하면서 소총 15,000정, 중포 139문, T-34전차 87대, 항공기 94대, 122밀리 신형곡사포를 지원하여 전력이 북한은 남한보다 훨씬 우세하게 되어가고 있었다.

49년 8월 21일 김일성과 박헌영은 북한주재 소련대사 슈티코프를 통하여 스탈린에게 "남조선이 조국전선의 평화통일 안을 거부하고 있으므로 북조선은 대남 공격을 준비할 수밖에 없다. 대남 공격 시 남조선에서는 이승만 정권에 대한 대규모 민중봉기가 일어날 것이다. 만약 대남 공격을 하지 않는다면 인민들은 실망할 것이다."라고 대남 공격을 역설했다. 그러나 스탈린은 "인민군의 대남공격은 아직 시기상조이다"라고 거절하였다. 김일성은 "38선은 미군이 만든 것이다. 미군이 떠난 이상 38선은 의미가 없다. 38선 근방과 옹진반도에서 국방군과 전투를 해보니 국방군의 전투력이 형편없는데 자신감을 가졌다"라고 설득하였다.

49년 9월 3일 김일성은 비서 문일을 통하여 소련공사 툰킨과 회담하게 하였다. 여기서 문일은 "옹진반도를 점령하여 국제문제가 된다면 남조선을 2주나 2개월 내에 점령할 수 있다"라고 장담하며 대남공격을 설득하였다.(구소련 비밀외교문서 제2권 10-11)

49년 9월 북한에서는 고의적으로 유언비어를 퍼트렸다. 그 내용은 "이승만이 곧 북침을 한다. 국방군 9개 사단이 38선에 집결 이승만의 명령만 기다리고 있다. 미 함대가 공화국 연해에 접근하고 있다."라는 것이었다. 이 유언비어가 북한 전역에 퍼져 북한 주민들은 곧 남한에서 북침할 것으로 알고 있어 불안 심리를 조성하고 있었다.

49년 9월 8일 김일성은 인민공화국 수립 일 주년을 기해 〈보고〉라

는 제목으로 "이승만 도당을 하루 빨리 이 땅에서 몰아내고 우리 조국
에 참된 독립과 평화를 수립하지 않으면 안 된다"고 연설하였다.

49년 9월 11일 소련외상 그로미코는 툰킨 공사에게

① 남조선군의 전투수행능력 평가, 규모, 무기

② 남조선에서 빨치산의 활동상태 및 개전 시 빨치산의 실질적인
   대북 협조내용.

③ 북조선의 선제공격 시 남조선 인민의 예상 반응과 지원 능력

④ 남조선 주둔 미군의 규모 및 북조선의 공격 시 예상되는 미국의
   반응

⑤ 북조선의 군사력, 무기, 전투능력에 대한 평가

⑥ 현재의 상황 및 북조선의 계획 실현 가능성

등을 분석해 보고하라고 지시하였다. 이 일을 위하여 툰킨은 9월 12
일~13일 김일성과 박헌영을 만났다. 이 자리에서 김일성과 박헌영은
"남조선 군 안에는 북조선 군이 거의 침투해 있다. 남조선에는 빨치
산 1,500~2,000여명이 있다. 최근에는 더욱더 증강되고 있다. 빨치산
은 인민군을 크게 도울 것이다. 또 빨치산은 남조선의 통신과 교량을
차단할 것이며, 주요 항구를 점령, 남조선 군의 전투력을 약화시킬 것
이다." 하고 박헌영은 자신 있게 대답하였다. 그리고 김일성은 "인민
군이 대남 공격을 하면 남조선 인민은 대환영을 할 것이다"라고 강조
하면서 설득하였다. 김일성과 박헌영은 "만일 금명간 대남 공격의 기
회를 놓치면 남조선에서는 우리 지지 세력을 탄압하여 안정을 되찾고
강력한 군대를 만들어 북침할 수 있기 때문에 이 기회를 놓쳐서는 안
된다."라고 설득을 하였다. 툰킨 공사나 슈티코프나 그로미코나 스탈
린 등도 남조선의 제주 4.3폭동과 14연대, 6연대 반란과 8연대의 2개
대대가 완전무장하고 38선을 넘은 사건 등을 언론을 통해 잘 알고 있
어 김일성과 박헌영의 말을 믿었다. 그래서 인민군에게 무기만 지원해
주면 남한을 점령하는데 승산이 있다고 판단하여 군사지원을 해주게

되었다.(구소련 비밀외교문서 제2권 12쪽, 제3권 32쪽)

## 5. 북한에 유리한 정세

49년 1월 15일 중공군 제4야전군과 양득지와 양성무가 지휘하는 병단이 합동으로 국부군 52만 명을 섬멸하고 1월 31일 총 한 방 쏘지 않고 북경과 천진에 무혈입성 하였다

49년 4월 21일 중공군 100만 명은 양자강을 도강하여 2일 만에 남경을 점령, 중국 전역을 장악하고 국부군을 대만으로 몰아내고 천하통일을 하였다.

49년 10월 1일 천하통일을 한 중국 공산당은 중국 인민공화국으로 정식 정부가 출범하였다.

김일성과 박헌영과 북한 수뇌들은 "다음 차례는 남조선이다!" 하며 흥분하였다. 이제 미군도 남조선에서 철수하고 중공이 천하통일을 하여 때는 왔다고 외쳤다. 50년 신년사에서 김일성은 "이승만 도당의 반대 때문에 49년도에는 우리의 사명인 조국통일을 달성할 수 없었다. 우리는 언제든지 적을 섬멸할 각오와 준비를 하고 있지 않으면 안 된다. 공화국 남반부의 인민들도 조국 통일을 위한 투쟁을 확대하지 않으면 안 된다. 1950년은 조국 통일의 해이고, 승리를 위해 전진하는 전 조선 인민의 해가 되기를 바란다."라고 하였다.

50년 1월 17일 박헌영의 관저에서 개최된 중공 주재 북한 대사 이주연의 환송연에서 박헌영과 김일성은 "남조선을 해방하지 않으면 남조선 해방을 위해 수많은 피를 흘리고 감옥에서 투쟁하는 수천 명의 동지들에게 배신자가 된다."라고 하면서 무력 남침을 설득하였다.

## 6. 대남 공격, 스탈린의 동의

50년 2월 4일 김일성은 슈티코프를 만나 "10개 사단의 증강을 위해 3개 보병사단을 추가로 창설하려고 합니다. 이를 위해 51년도 예정된 원조를 50년도에 소급해 주셨으면 합니다. 이것을 스탈린 동지에게 요청해 주시오"라고 부탁하였다.

50년 2월 9일 스탈린은 이에 동의하였다.

50년 3월 9일 김일성은 슈트코프 대사에게 "1억3천만 루블 상당의 무기 구입을 원한다."라고 요청하자 스탈린은 3월 17일 이에 동의하였다.

50년 4월부터 엄청난 양의 군사 장비가 육로와 해상을 통해 북한에 반입되었다. 북한에서는 보위성 부참모총장 최인을 단장으로 무기 접수단이 구성되어 나남의 15사단이 하역을 맡았다. 군사물자는 청진, 나진, 원산, 함흥 등에서 하역하여 열차로 38선 근방으로 운반하여 열차는 초만원을 이루었다. 화천에 태산같이 쌓여 있는 군수물자를 보고 누구든지 "곧 전쟁이 나겠구나!" 하고 직감할 정도였다.

50년 3월 24일 김일성과 박헌영과 문일은 극비에 평양을 떠나 3월 30일 모스크바에 도착하였다. 이들은 즉시 스탈린을 만나 「인민군이 38선만 넘으면 남조선 인민이 폭발적으로 일어나고 서울만 점령하면 인민의 힘으로 남조선은 해방 된다. 그러므로 남조선 해방전쟁을 승인해 주시오」라고 요청하였다. 이때 스탈린이 「시기상조다」라고 하였으나 김일성과 박헌영의 끈질긴 설득에 스탈린은 「남조선 인민이 남조선을 해방시킨다는데 누가 막을 수 있겠는가? 그러나 나 혼자 독자적인 결정은 곤란하니 정치위원회에 회부하겠다.」고 하면서 기다리라고 하였다.

김일성은 3일 째 되는 날 스탈린 별장에서 스탈린을 만나 「인민군이 남조선을 해방하기 위해 38선만 넘으면 빨치산들이 같이 공격하고 인민봉기가 일어나 이승만 괴뢰정부는 전복됩니다.」하고 설득하였다. 스탈린이 김일성에게 「미군이 개입한다면 어떻게 할 것인가?」 하고 질문을 하자 김일성은 「개입하지 않습니다. 만일 개입한다면 미군이 개입하기 전 남조선을 해방하겠습니다. 모택동 동지도 우리의 해방전쟁을 지지했습니다. 그러나 우리의 해방은 우리 힘으로 이루겠습니다.」라고 강조하였다. 박헌영이 스탈린에게 「남조선에는 20만에 달하는 남조선 저항세력이 있는데 북조선으로부터 38선만 넘으면 항쟁을 일으킬 준비가 되어 있고, 또한 남조선 인민들은 북조선에서 실시한 토지개혁과 민주적 변화를 소망하고 있습니다. 이승만의 독재 탄압에서 인민을 해방시켜야 합니다.」라고 강력하게 설득하였다. 그래서 스탈린은 「인민군이 38선을 넘는 것을 동의한다.」라고 3차례의 회담 후에 남침을 동의하였다.

스탈린은 김일성에게 「소련이 직접 개입하는 것에는 기대하지 마시오. 소련은 외교 정치 경제만 지원하겠소!」라고 못을 박았다. 그리고 스탈린은 「1단계 38선으로 병력 집결, 2단계 평화통일 제안, 3단계 평화통일이 거부되면 즉시 명분을 내세워 공격을 개시하되 전쟁은 기습적이고 신속하게 해야 하며, 미국이 정신을 차릴 틈을 주어서는 안 된다.」라고 주문도 하였다. 그리고 「북조선 인민군은 동원태세를 갖추고 인민군 참모부가 소련의 고문단의 지원을 받아 구체적인 공격 계획을 수립 하시요!」라는 스탈린의 주문에 김일성은 「예, 그렇게 하겠습니다!」라고 감격하였다. 50년 4월 25일 김일성과 박헌영, 문일은 극비에 평양에 도착하였다.(구소련 비밀외교문서 제3권)


## 7. 모택동의 동의

50년 4월 모택동은 중국에 있는 조선인 전사들을 귀국시키는데 동의했다. 북한은 김광협이 인수단장이 되어 4월 18일부터 139, 140, 141, 156사단에 속해 있는 조선인 12,000여 명을 인수받아 원산에 도착해 인민군 10사단과 13사단과 15사단의 예비사단을 편성하였다. 곧이어 7사단도 편성하였고, 내무성소속 3개 여단을 승격시켜 8, 9사단을 증강 편성하여 인민군 남침 시 훈련이 부족하였다. 특히 기술을 요하는 전차와 포병과 보병의 합동작전에는 더욱더 훈련이 부족하였다.

50년 5월 13일 김일성과 박헌영은 모택동을 만나 "무력으로 남조선을 해방시킬 것입니다."라고 모택동을 설득하였다. 모택동은 "남조선 통일은 무력에 의해서만 가능하며, 미국이라는 대국이 남조선 같은 소국에 개입하여 3차 대전을 시작하겠는가? 미국은 중국과 같이 큰 나라도 적극적으로 개입하지 않고 도망쳐 버렸다. 그러므로 미국 개입은 희박하다. 그러나 언제든지 만일을 대비하는 것이 좋다."라고 조언을 해주었다. 그리고 김일성에게 "스탈린은 어떻게 하기로 하였는가?"라고 질문하자 김일성은 "전적으로 동의하였습니다. 대남 공격 계획도 합의를 보았습니다."라고 하자 모택동은 "직접 확인하겠다."고 하면서 스탈린과 연락을 한 다음 확인이 되자 동의하였다. 5월 16일 김일성과 박헌영은 회담을 마치고 평양으로 돌아왔다.


## 8. 남한 적화통일 계획서

50년 4월 30일 스탈린의 대남공격 승인으로 소련 고문단과 인민군 지휘부가 작전계획을 세웠다. 인민군에서는 참모장 강건, 포병사령관 김봉률, 포병참모장 전학준, 해군사령관 한일무, 해군참모장 김원무, 작전국장 유성철, 작전국부국장 윤상열, 공병국장 박길남, 통신국장 이용일, 병기국장 서용선, 후방국장 정복, 정찰국장 최원 등 거의 소련계 출신이 선서를 한 후 한 달 동안에 걸쳐 극비리에 대남 공격작전을 세웠다. 이 작전 계획을 소련 고문관들이 수정하여 바실리예프 중장과 뽀스트니꼬프 소장이 김일성과 박헌영에게 보고하여 결재를 받았다. 작전 핵심은,

1) 대남 공격작전 계획

① 전투명령서 3일 안에 서울을 점령한다.

② 육 · 해 · 공군과 각 부대이동의 통신은 암호문이 아닌 평문으로 유선 전달하여 국방군이 의심하지 않게 한다. 훈련 평가서도 유선으로 보고한다.

③ 6사단, 1사단, 4사단, 3사단으로 주공을 하여 문산, 동두천, 의정부를 공격하여 서울을 점령한다. 2사단, 7사단이 춘천을 공격하여 조공 한다.

④ 부대이동은 6월 17일부터 군사훈련을 위장 이동한다.

⑤ 병참 보급은 현재 기름 30만 배럴 저장.(이것은 부산 편도 사용량임.)

⑥ 서울을 인민군이 점령하면 남조선의 남로당이 총궐기하여 전쟁을 끝내고 남반부를 해방한다. 서울 점령 후 국방군 패잔병은 인민군과 남로당 유격대가 합세하여 괴멸시켜 미군의 개입 틈을 주지 않는다.

이 작전 계획을 6월 16일 스티코프를 통해 스탈린의 동의를 받았다. 인민군 전차 258대, 중포인 박격포 1,600문, 군용기 172대, 병력 18만 명으로 한국군과의 차이는 병력 1.4배, 화기 1.5배, 전차는 100%, 항공기는 4배이다.

※ 이와 같이 김일성의 대남 공격 작전계획을 '서울 점령설' 이라고 하는데, 이 말은 '인민군이 서울만 점령하고 협상하려고 하였다' 는 좌파들의 허위 주장이다.

2) 대남 공격 작전 계획 약점

① 전투 경험이 많은 연안계 출신이 한 명도 없는 가운데 남한의 지형과 실전 경험이 부족한 데서 작전이 세워졌고,

② 만일 미군이 참전한다면 어떻게 할 것이며,

③ 인민군이 서울만 점령하면 남로당 폭동에 의해서 전쟁이 완전히 끝 나는 것으로 작전을 세워 남한에서 제주도 4.3폭동과 14연대 반란 과 같은 사건이 없을 경우 어떻게 할 것인가에 대한 대비를 세우지 않았다는 점이다. 그래서 한강, 금강, 낙동강의 도하 장비를 준비하지 않았고, 장기전에 대한 보급 문제도 계획을 세우지 않은 것이 약점이었다.

④ 그리고 10, 13, 15, 8, 9사단이 새로 증강되어 훈련이 부족하였고, 전차와 포병과 보병의 기술을 요하는 합동작전도 훈련이 부족하였다.

⑤ 50년 6월 25일에는 장마와 더위 때문에 전차를 앞장세워 남한에서 군사작전을 하기에는 좋지 않은 시기였다.

⑥ 240대 전차와 11만 대병을 지휘할 전략가가 북한에는 없다는 약점을 갖고 있었다. 김일성, 김책, 김웅, 김광협 그리고 각 사단장들은 빨치산 출신이며, 실전경험은 중대급 정도이다. 즉 이들은 300명 정도의 보병만 지휘할 능력이 있지 10만 대군과 기갑사단과 포병을 지휘할 능력이 없는 사람들이었다.

# 제12장

# 이승만 대통령의 북진통일

# 제12장 이승만 대통령의 북진통일

## 1. 이승만 대통령의 북진통일

1949년 1월 21일 이승만 대통령은 연두기자회견에서 "나는 국군의 북진을 희망한다."

1949년 2월 27일 이승만 대통령은 국회 연설에서 "한국은 위원단의 원조 아래 북한을 평화적으로 병합할 수 없다면 국군은 반드시 북한에 진격할 것이다."

7월 17일 국방부장관 신성모는 기자회견에서 "우리 국군은 대통령의 진격명령 을 대기하고 있다. 평양 아니 원산을 하루 이내에 점령할 수 있는 자신과 실력이 있다."

8월 6일 진해에서 장개석과 이승만 대통령이 회담한 후 "우리는 공산주의자와 끝까지 싸우겠다."

9월 30일 이승만 대통령이 외신 기자회견에서 "우리는 북한의 실지를 회복할 수 있으며, 북한의 우리 동포들은 우리들의 소탕하는 것을 희망하고 있다."

10월 7일 이승만 대통령은 UP통신사 부사장과 인터뷰에서 "우리는 3일 이내에 평양을 점령할 수 있다. 나는 확신한다."

10월 21일 이승만 대통령은 기자회견에서 "피를 흘리지 않고는 통일은 있을 수 없으며, 오래 유지하는 것도 불가능하다."

10월 31일 이승만 대통령은 외신기자와 인터뷰에서 "우리가 전쟁으로서 이 사태를 해결할 때는 필요한 모든 전투는 우리가 행할 것이다." 하였다.

그러나 이승만 대통령은 정치적으로 이용하기 위하여 말로만 허풍을 쳤지, 전쟁 준비도, 막을 준비도 전혀 하지 않고 있었다. 그 결과 국민들은 정부의 말을 믿지 않았고, 미국은 국군이 북침할까봐 전차와 대전차지뢰도 주지 않고 49년 6월 30일 한반도에서 떠나버렸다.


## 2. 미군 철수 후 한반도 정책

1945년 8월 15일 현재 전 세계에 미군은 1,200만 명이었다. 종전과 함께 1946년 미국 국회에서는 1947년까지 107만 명으로 감축을 결의하였다. 미군 감축 결정에 따라 49년 6월말 45,000여명의 미군을 한반도에서 완전 철수시켰다. 미군은 철수하면서 전차나 로켓포나 대전차지뢰를 한 개도 주지 않고 철수하였다. 스탈린과 김일성은 미국이 한국을 확실하게 버린다고 판단하였다.

50년 1월 12일 미 국무장관 에치슨은 내셔널 프레스클럽에서 "알류산열도, 일본열도, 오끼나와, 필리핀 등을 미국의 극동방위선으로 한다."라고 성명을 발표하였다. 이 성명에는 한국과 대만이 빠졌다.

50년 2월 미 상원 외교위원장 통 코널리 위원은 미 국회연설에서 "소련은 원한다면 미국의 저항을 받지 않고 한국을 점령할 수 있을 것이다. 그 이유는 미국이 한국을 전략적으로 중요하다고 보지 않기 때문이다."라고 하였다.

49년 미국의 회계연도의 한국 원조자금인 1억 4천4백만 달러를 49년 7월 1일 미군이 한국에 주둔할 때까지만 사용할 수 있고, 7월 1일 이후 미군이 철수한 후에는 새로운 한국 원조자금을 할당 받아야 한다.

49년 6월 7일 트루먼 대통령은 미 국회에 한국 경제원조 안을 상정하였으나 미 국회는 6개월을 끌다가 50년 1월 19일 표결 결과 192대 191로 부결시켰다. 이로 인해 49년 7월 1일부터 49년 12월까지 미국은 한국에 대해 전혀 원조할 수가 없었다. 그 후 변칙과 절충으로 50년도에는 9천만 달러를 지원받을 수 있었는데, 6.25 전까지 4천 5백만 달러만 지원받았다. 미국의 한국에 대한 정책은 국무부, 국방부 안에 있는 공산주의자들에 의해, 특히 알저 히스라에 의해 외교정책이 수립되었다는데 문제가 있었다. 그로 인해 경비대에 공산주의자가 입대하여 어려움을 주었고, 얄타회담 내용도 이 사람에 의하여 주도 되었으며, 미군정 때 좌·우 합작이나 '사상은 자유다' 해서 남로당을 합법정당으로 만들게 하였다. 알저 히스라는 간첩죄로 감옥을 가게 되었다.

※ 이상을 가지고 좌파들은 '미국이 인민군의 남침을 유인하였다' 고 허위주장을 하고 있다.

  49년 9월 한·미 군사협정을 맺어 38선으로부터 남쪽 5마일 이내의 전 지역을 위험지역으로 하고 미군에 넘겨주어 미 고문관이 감시하게 하였다. 이것은 이승만 대통령이 하도 북진을 외치자 혹시 북진하여 전쟁을 일으키면 미국이 골치가 아파 사전에 막기 위한 협정이었다.
  맥아더 장군은 CIA를 한국과 일본에 얼씬도 못하게 하였다. 이로 인해 50년 3월 1일부터 6.25까지 CIA 일일보고서에는 한국 문제가 전혀 언급되지 않았으며, 인민군의 남침 정보에 대해서는 더욱더 전혀 언급이 없다. 50년 6월 20일 국무성 극동문제담당 차관 러스크는 하원 청문회에서 "인민군의 남침 가능성은 없으며 인민군이 남침한다 해도 국군은 인민군과 싸워 맞설 수 있다"고 하였다.
  스탈린과 김일성은 위의 내용을 분석한 결과 미국은 한국전 개입을 하지 않을 것으로 확신하였다.

※ 애치슨성명을 가지고 김명섭은 『해방 전후사의 인식』4권 141쪽에 "평화통일 노력의 계속적인 좌절은 결국 50년 6월 25일 새로운 전쟁을 일으키

게 되었다"고 주장하면서 애치슨 발언을 "남침 초대장"이라고 말도 안 되는 허위주장을 하고 있다.

## 3. 북한의 남침 정보 묵살

49년 12월 17일 육군 본부 정보국에서는 연말 종합보고서에서 "50년 봄을 계기로 해서 적정의 급진적 변화가 예상된다. 적이 후방을 교란한 것은 전면남침을 위한 것이며, 전 기능을 동원하여 전쟁준비를 갖추고 나면 전면 공격할 것으로 본다."하였다.

50년 1월 5일 육군본부 정보국에서는 신태영 육군참모총장에게 "북한의 병력 이동 상황으로 보아 북한은 남침 시기를 3~4월로 정한 듯 판단된다. 인민군 3사단은 원산에서 철원으로, 2사단은 함흥에서 순천으로 이동하였으며, 38경비대를 강화하고 있다."라고 보고하였다.

50년 3월 25일 육군본부 정보국에서는 "북한의 수개 사단이 38선에서 39선 사이에 병력을 전진 배치되고 있으며, 인적자원의 보충을 위해 만주에서 입북한 전사들이 각 사단에 배속되어 그 수가 증가하고 있음. 강제 징집이 북한 전역에서 강행되고 있으며, 그 동원 수는 10만 ~15만 명으로 추정된다. 북한은 3월 중순 경 38선 일대의 주민들에게 5킬로 북쪽으로 소개 령을 내렸다."

50년 4월 15일 육군본부 정보국에서는 두 번째로 참모총장이 된 채병덕 소장에게 "38선에서 소개된 집에는 유격대가 거주하고 있는데 그 목적은 전쟁 준비를 비익하고 아군의 정보활동을 방해하기 위한 데 있다."고 보고하였다.

50년 4월 29일 북한 공군 중위 이건준이 YKA-9형 전투기를 몰고 월남하였다. 월남 목적은 "북한 인민군은 전쟁준비에 광분하고 있다. 이 것을 알려 주려고 월남하였다. 몇 개월 사이에 전쟁이 발생할 것으로 본다." 이상의 정보를 미 고문단장 로버트 준장에게 채병덕 총장이 보고하자 "인민군 남침은 있을 수 없다. 인민군은 절대 남침하지 못한다."고 잘라 말하였다. 로버트 준장은 6월 한국에서 임무를 마치고 떠나는 길에 미 고문단 487명을 미 국무성 직할 소속으로 해 놓았다.

50년 5월 10일 오후 3시, 국방부장관 신성모는 기자회견에서,

"정보에 의하면 북한 괴뢰군은 대거 38도선을 향하여 이동하고 있다. 북한 괴뢰군은 현재 18만 3천명의 병력을 갖고 있고, 전차 173대, 군함 37척을 갖고 있다. 중공군에서 2만5천명의 북한인이 귀환하여 인민군에 편입하였고, 인민군은 남침을 기도하고 있다."고 하였다.

50년 5월 11일 이승만 대통령은 기자회견에서 "미국의 모든 원조는 북진통일 하기 위한 것이 아니라 다만 방어만 위해서 사용할 것이다. 나는 5-6월이 위기의 달이며 무엇이 일어날지 모른다고 생각하고 있다."라고 그 동안 북진한다고 허풍만 치다가 처음으로 인민군 남침의 위기를 발표하였다.

50년 5월 13일 육군 참모총장 채병덕 소장은 기자회견에서 "북한군은 38선에 집결하고 있으며, 정보에 의하면 5월 30일 2대 민의원 선거일을 기해 대규모 공격에 나설 것으로 예상된다."라고 하였다.

국민들은 38선에서 분쟁이 있다는 말을 많이 들어온 까닭인지 "또 그 소리! 선거가 오고 있구만!" 하며 이승만 대통령이나 신성모나 채병덕의 말에 귀를 기울이는 사람이 없었다. 또한 이들의 말을 불신하는 큰 이유는 "인민군이 곧 남침할지 모르니 우리도 준비해야 한다."고 장교나 사병이나 일반인이 말을 하면 "사회를 혼란시키는 불순분자이다."라고 하여 잘못하면 빨갱이로 몰리기 때문이다.

국민들은 5월부터 갑자기 인민군의 남침설이 본격화 되고 있었고, 위기설마저 돌고 있어 불안하였으나 이러한 이유로 '인민군의 남침에 준비하자' 는 말은 입 밖으로 내지 못하였다.

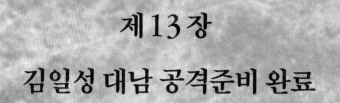

# 제13장
# 김일성 대남 공격준비 완료

# 제13장 김일성 대남 공격준비 완료

## 1. 모란봉회의

50년 5월 17일 오후 1시 평양 모란봉극장에서 "조국의 평화적 통일 달성을 위한 회의"라는 제목으로 회의가 시작되었다. 참석자는 수상 김일성, 부수상 박헌영, 내무상 박일우, 국가계획위원장 정준택, 상업상 장시우, 문화선전상 허정숙, 민족보위상 최용건, 부상 김일, 인민군 포병사령관 김무정, 인민군 참모장 강건, 해군사령관 한일무, 공군사령관 김원무, 1사단장 최광, 2사단장 이청송, 3사단장 이영호, 4사단장 이권무, 5사단장 김창덕, 6사단장 방호산, 10사단장 이익성, 12사단장 최춘국, 105기갑여단장 유경수 등이었다.

김일이 사회를 보면서 "오늘 모임은 김일성 수상 동지의 긴급소집에 의한 것입니다. 우리는 남반부를 무력으로 통일 할 수 있는 강력한 군사력을 갖는데 성공하였습니다. 여러분들의 기탄없는 의견을 말씀해 주십시오."라고 모인 취지를 설명하였다.

내무상 박일우가 "남반부에 주둔하고 있는 미군은 철수하였으며, 남반부는 미국의 방위선에서도 제외되어 미군이 돕지 않을 것입니다. 남반부의 군사력은 보병 8개 사단, 포병 5개 대대밖에 없습니다. 그리고 남반부에서는 우리가 호소한 평화통일도 거절하였습니다. 이제 우리는 남반부 인민을 위해 정의의 해방을 시켜야 한다는 결론에 도달하였습니다. 인민해방전쟁을 시작한다면 우리 내무서원만 가지고도 20일이면 부산까지 갈 수가 있습니다. 우리는 오늘 결정을 내려야 할 것입니다."라고 하자 그의 말에 박수 소리가 극장을 진동시켰다. 이어 김무정, 방호산, 최광, 이영호, 유경수, 허정숙 등도 나가서 한 마디씩 하였다.

박헌영은 "남조선에 있는 남로당원 20만 명이 탄압을 무릅쓰고 지하에서 투쟁하고 있습니다. 인민군이 38선만 넘으면 20만 낭원이 총궐기하여 인민군을 환영하고 남조선을 해방시킬 것입니다."고 하자 박수 소리가 진동하였다.

그러나 최용건은 "남반부 군대가 그렇게 약하지만은 않다. 그리고 미군이 가만히 있겠는가?"하자 김일성이 길길이 뛰면서 자리에서 일어나 최용건을 향해 손가락질을 하며 "패배주의자! 이런 패배주의자하고는 아무 일도 못 한다! 최용건을 일체의 직무에서 정권처분 한다!" 하고 소리를 질렀다.

이후 최용건은 조선인민군총사령관 및 민족보위상 자리에서 해임되고 부상인 김무정이 대리근무를 하였다. 최용건은 대남 공격 시 아무 일도 하지 못하고 평양에 있다가 미군이 인천상륙작전에 성공하자 서해지구 방위총사령관이 되어 서울로 내려오게 되었다. 확대 전쟁을 반대한 사람은 최용건, 김두봉, 홍명희, 장시우 등이었으나 김일성과 박헌영, 허가이, 김책, 김무정이 강력히 남침을 주장하고 있어 이들의 주장이 받아들여지지 않았다. 특히 최용건은 김일성이 수상이 되는데 결정적인 역할을 하였고, 정치의 중심이 되도록 하였는데 김일성이 최용건의 말보다 박헌영의 말을 더 믿어 결국 남침하게 되었다.

최용건은 10만 대군으로 일시에 남침하여 침략국가라는 세계의 주목을 받지 말고 조금 씩 조금 씩 남반부를 점령하면 세계의 주목을 받지 않고 내전이라고 하면서 소규모 전투로 장기전을 하자는 주장이었다.

박헌영은 소극파들에게 "미군은 절대 개입하지 않는다. 남조선에는 20만 명의 당원이 있다, 인민군이 38선만 넘으면 남반부는 해방이 된다, 미군이 개입한다고 해도 신속히 전쟁을 끝내면 된다."라고 설득하자 "박헌영이 문제야, 박헌영이 문제!" 하면서 소극파들은 한 마디씩 하며 걱정을 하였다.


## 2. 북한의 위장 평화통일 주장

김일성은 대남 공격의 모든 준비를 마치고 이것을 은폐하고 명분을 만들기 위하여 조통위원장 김달현에게 평화통일을 제안하게 하였다. 50년 6월 7일 김달현은 평양방송을 통해,

"작년 6월에 조통중앙위원회가 조국의 평화적 통일방안을 제시하였는데도 현재까지 이 제안에 아무런 실현을 못하고 있는 것은 그 책임은 전적으로 남조선에 있는 것이며, 이 조국의 평화적 통일을 방해하고 있는 자는 바로 미국과 인민의 의사를 거역하고 있는 이승만과 그 일당이다. 그러므로 다음과 같이 평화통일을 제의한다.

1) 50년 8월 5일부터 8일 사이 통일 입법기관을 위한 총선거를 전국에서 실시한다.

2) 50년 8월 15일 서울에서 신설한 입법기관을 개회한다.

3) 50년 6월 15일-17일 해주나 38선 근처나 개성에서 남북한 대표가 회담한다. 이 회의에서 다음 사항을 토의한다.

① 평화적 통일을 위한 제 조건

② 선거를 관리하는 중앙위원회의 기관

4) 조국통일을 방해한 자들은 민족반역자로서 제외되어야 하며, 국제연합 한국위원단의 개입을 용서할 수 없다. 조통의 중앙위원회는 남북한의 민주적 정당과 사회단체의 대표자회담에 참가할 수 있는 조건을 다음과 같이 제시한다.

① 조국의 평화적 통일을 방해하였거나 이승만, 이범석, 김성수, 신

성모, 조병옥, 장택상, 배성옥, 윤치영 등 반역자들은 이 회담에서 제외 된다.

50년 6월 9일 남한의 이철원 공보처장은 "허무맹랑한 이치에도 맞지 않은 선동을 일삼는다!" 라고 하면서 한 마디로 거절하였다. "이승만 대통령을 반역자라고 했으니 이게 회담을 위한 것이 아니라 선전을 위한 것이다."라고 한 마디씩 하였다.

50년 6월 10일 조통사무국장 김창준은 평양방송을 통해,

"현재 북조선에 감금되어 있는 조만식 선생 부자와 남조선에 체포되어 있는 남로당 지도자인 김삼룡과 이주하를 일주일 내에 38선상에서 맞교환하자" 라고 제의하여

50년 6월 20일 김삼룡과 이주하를 김창룡이 데리고 여현까지 갔으나 허탕을 쳤다.

50년 6월 8일 조국통일 민주전선 중앙위원회는 "해방 5주년이 되는 8월 15일에는 여하한 일이 있어도 서울에서 인민대표자를 소집한다." 고 성명을 발표하였다.

이 성명은 50년 8월 15일까지 남조선을 무력으로 해방시키겠다는 선전포고였는데 남한에서는 이 선전포고를 아무도 이해하는 사람이 없었다.

## 3. 조선인민군 대남 공격을 위한 부대이동

50년 5월 26일 인민군 참모장 강건은 대남공격 작전 계획을 수립하고 50년 6월9일 "하기 각종 병 합동작전을 실시한다."라는 소련어로 된 지령문을 조선어로 번역하여 전군에 명령하였다.

전선사령부를 신설하고 사령관에 김책, 참모장 강건, 군사위원 김

일, 후방국장 김영수, 안정국장 석산, 검찰국장 김학인, 문화국장 김일, 1군단장 김웅, 2군단장 김광협(후 김무정).

전선사령부: 평양 남쪽 서포 천연동굴,

1군단 사령부: 김천,

2군단 사령부: 화천

김일성 최고사령부: 대성산 지하벙커에 두고 대남 공격준비는 계획대로 착착 진행되었다.

최고사령관 : 김일성

군사위원 : 김일성, 김일, 박헌영, 홍명희, 김책.(최용건이 빠짐)

1군단장: 김웅 중장,　　　　　　2군단장 : 김광협 소장

군단군사위원장 : 김재욱 소장　　　문화부군단장 : 임해 소장

군단 참모장 : 황성복 소장　　　군단 참모장 : 최인 소장

공병부장 : 김시웅 중좌　　　군단작전부장 : 이학구 총좌

50년 5월 말 북조선에서는 갑자기 "8월 15일 2주년 기념일까지 남북 총선거를 실시하여 평화적으로 조국을 통일하자."라고 평화통일을 외치고 나왔다. 북한 신문과 라디오와 벽보는 온통 평화통일 문구뿐이었다.

북한의 부대마다 문화부에서는 "이승만 도당을 타도하자."라는 정치학습을 매일 밤 내무반에서 실시하여 인민군 전사들로 하여금 이승만 대통령에게 적개심을 품게 하였다.

북한 인민군 정치위원회에서는 소좌 이상 군관들에게 특히 부대 지휘관들에게 본격적으로 정치학습을 시켰다. 정치학습 내용은 남조선 국방군의 부대 배치와 지휘관들의 성명, 성격을 설명하였고, 임진강 외 강마다 높이 도섭지점 도하 시 유의 사항과 국방군의 장단점과 사상 교육을 시켰다.

50년 6월 9일 인민군 전체에 비상이 내려졌다. 6월 10일 전 부대를

38선으로 이동시키라는 명령이었다. 전사들에게는 "대 기동연습이다."라고 위장을 하였다. 그리고 부대 이동 시 주의 사항, 출발과 도착시 주의 사항 등 극비로 하라는 지침서도 각 부대에 보냈다. 각 부대는 명령에 따라 일요일도 없이 북한 전 지역에서 부대 이동이 실시되어 도로와 열차마다 초만원을 이루었다.

　1사단 : 6월 23일 남천 → 구화리 도착

　2사단 : 6월 12일 원산 → 철원 → 금화 → 화천 도착

　3사단 : 6월 23일 평양 → 운천 도착

　4사단 : 6월 23일 진남포 → 평강 → 연천 도착

　5사단 : 6월 22일 나남 → 원산 → 양양 도착

　6사단 : 6월 23일 사리원 → 학정 도착

　7사단 : 6월 18일 양구 도착

　766부대 : 6월 12일 회녕 → 간성 도착

　105 전차여단 109전차연대: 6월 22일 평양 → 남천 도착

　203전차연대 : 6월 22일 회년 → 철원 도착

　6사단 14연대와 3여단 : 6월 23일 해주 도착

　인민군은 6월 10일 기동 연습 명령에 따라 6월 23일까지 부대 이동을 완료하라는 명령을 내리고, 6월 18일 각 부대의 공격 목표 작전 계획이 극비에 각 부대에 하달되었다. 각 부대 이동 명령이 내려지자 전사들은 개인소지품을 준비하고 휴지와 낙서한 모든 서류를 소각하고 오후 7시 30분부터 부대가 밤마다 출발하여 6월 18일까지 모든 부대가 목적지에 도착하여 호를 깊이 파고 중포와 전차와 차량을 은폐하고 경계를 철저히 하였다.

## 4. 인민군 남침 1차 작전계획

1) 하루에 20킬로 이상 공격하여 부산 목포까지 27일 이내로 남조선을 완전히 해방시킨다.(미군이 본토에서 부산에 상륙하기 전 7월 22일까지 부산 점령)

2) 서울은 1, 6, 4, 3, 105전차여단을 주력으로 공격하고 6사단 14연대로 하여금 옹진반도를 거쳐 김포 영등포를 공격한다.

3) 인민군 2사단은 춘천을 점령한 후 경기도 광주를 거쳐 수원 남쪽에서 국군 2, 3, 5사단의 북상을 차단하고 협공하여 국군을 한강 이북에서 3일 안에 괴멸시킨다.

4) 공격의 주력부대는 1·6·4·3사단이며, 2·7사단은 조공한다.

인민군 1차 작전 계획은 하루에 20킬로씩 진격하여 27일 안에 부산까지 남한을 완전히 점령한다는 작전이지만 실제 작전은 3일 안에 서울 점령으로 전쟁을 끝낸다는 것으로 작전을 세웠다. 인민군의 주공은 포천 방면이다. 그것은 문산 방면은 임진강, 춘천은 소양강이 있는 데다 서울에서 멀리 떨어져 있으며, 동두천에서 의정부는 고지가 많이 있어 공격하기가 불리하다. 그러나 포천 방면은 38선의 양문교가 북한에 속하였고, 양문에서 포천을 거쳐 의정부까지는 축석령 고개만 잘 넘으면 쉽게 의정부를 점령할 수 있기 때문이었다. 그러므로 38선 분쟁이 있을 때 다른 곳은 전투를 했어도 포천과 동두천 방면에서는 인민군과 충돌이 전혀 없어 남한에서 이곳이 위험하다는 생각을 갖지 않게 했다. 이것은 남한이 사전에 방어준비를 못하게 하기 위해서였고, 인민군의 주공 계획을 은폐하기 위한 작전이었다. 국군은 이러한 인민군의 작전에 말려들어 의정부 방면의 방어를 너무나 허술하게 하였다. 그래서 옹진 같이 전략적 가치가 없는 17연대에는 차량이 100여 대나 있는데, 포천을 방어하는 9연대에는 차량이 5대밖에 없게 만들어 초전에 천금 같이 귀한 시간에 장병들의 발을 묶어놓는 실수를 범하게 되었다.

문산과 춘천, 주문진도 제3 방어선까지 진지가 잘 구축되어 있었다. 그러나 동두천과 포천은 방어선이나 진지가 한 군데도 없었고, 포천 위에 토치카 하나만 있을 뿐이었다. 그리고 문산, 춘천, 강릉은 탄약이 충분하였는데 의정부는 탄약이 기본 탄약밖에 없었다. 즉 한 번 발사 할 탄약밖에 없었다.

이러한 일들은 결국 서울의 관문인 의정부를 활짝 열어놓아 인민군 이 단숨에 남한의 심장부를 한칼에 도륙하게 한 것이다. 인민군의 1차 작전 계획의 약점은 국군이 허점이 보이면 무제한 공격하여 순식간에 국군을 괴멸시키는 전격작전이 아니라, 하루에 20킬로씩 공격한다는 작전에 매여 공격하다 쉬고, 공격하다 쉬는 작전을 하여 결국 패전하 는 결과를 낳았다.

5) 인민군 남침 공격사단 배치
① 옹진반도
38경비대, 제3여단 여단장: 최현
6사단 14연대
전차 8대 계 10,000명.
② 문산방면
제1사단: 최광 소장 고랑포 → 문산 → 서울
제6사단: 방호산 소장 개성 → 문산 → 서울
203 전차연대 　 206 기계화 부대 　 38경비대 7여단
전차 40대 총계 21,000명
③ 의정부 방면
제3사단: 이영호 소장 양문 → 포천 → 의정부 → 서울
제4사단: 이권무 소장 초성리 → 동두천 → 의정부 → 서울
105전차여단: 유양수 소장
전차 150대

곡사포 122밀리 배치 총계 34,000명

④ 춘천방면

제2사단: 이청송 소장 춘천 → 가평 → 수원

제7사단: 최인(후 오백용)소장 인제 → 홍천 → 원주

전차 40대: 연대장 김철우 대좌 총계 24,000명

⑤ 강릉방면

제5사단: 마상철(김창덕)소장 주문진 → 강릉 → 포항 → 부산

제766부대: 오진우 대좌 강릉 밑 정동진 상륙, 국군 8사단 후방 차단

제549부대: 표무원 · 강태무(49년 5월 5일 월북한 남로당원)남로당 유격대. 삼척 밑 임원상륙, 태백산에 잠입 후방폭동주도 - 전차 10대. 계 22,000명

인민군 - 자주포 176대, 장갑차 54대, 45밀리 대전차포 550문, 곡사포 76-122밀리 550문, 박격포 61, 82, 120밀리 1,727문.

총 병력: 111,000명 전차: 240대

(국군 98,000여명, 전차와 자주포는 없음, 장갑차 27대, 대전차포 57밀리 140문, 곡사포 105밀리 91문, 박격포 60밀리 81밀리 960문)

위와 같이 북한 인민군이 국군보다 전력이 압도적으로 우세하였기 때문에 공격하였다.


6) 남침 작전명령서 인민군 제4사단 전투명령서 1호.(다른 사단 명령 서도 같음)

① 공병부대는 보병사단에 배속되어 소속사단 전면에 있는 지뢰를 해체하고 장애물을 처리할 것

② 진지에 대한 강행 돌파가 필요할 때는 공병 특수돌파부대를 투입할 것.

③ 전진 방향에 하천이 있을 시는 즉시 도하지점을 구축하고 도하 보장과 도하 지점을 유지할 것.

④ 포병부대는 포탄에 신관을 결합시켜 사격에 지장이 없게 할 것.

⑤ 결과를 23일까지 보고할 것.

⑥ 군수품 수송일지를 비치하여 매개화차 또는 자동차에 적재된 내용에 대하여 명확히 기록할 것.

⑦ 공격 준비 완료는 6월 23일까지 할 것.

⑧ 포병 준비사격은 30분간이며, 그중 15분은 폭격, 15분은 파괴할 것. 포사격 준비 완료는 50년 6월23일 24:00까지 완료한다.

⑨ 공격 명령은 전화, 무선, 신호탄, 총포 사격으로 한다.

⑩ 공격 개시 암호 CO 333. 무전 224

⑪ 발포 개시 전화음어 폭풍, 조명탄 적색, 무전 333.

⑫ 인민해방전쟁 암호 폭풍

⑬ 공병부대는 50년 6월 24일 20시부터 공격에 필요한 지뢰 및 장애물을 제거하기 시작하여 25일 04시까지 완료할 것.

24일부터 부대관측 장교들은 부대 지휘관들에게 국군의 부대배치 병력 지리 등을 설명하기 시작하였다. 인민군 지휘관들은 일제히 38선에서 지도를 들고 위장하여 전방에 대해 관측하고 있었다.

50년 6월 24일 밤 각 부대 문화군관들은 "북조선 인민공화국은 수립 이래 가장 큰 위험에 직면해 있소. 인민군 전사 여러분 지금 서부에서는 국방군이 38선을 넘어 공화국을 향해 북진하고 있다고 합니다. 동부에 있는 우리 전사들이 가만히 있으면 우리는 위기에 처하게 됩니다. 신속한 행동으로 적의 침공을 반격하여 응징하지 않으면 안 됩니다. 우리는 남반부를 미제의 식민지로부터 해방시켜야 합니다. 남반부 인민 해방전쟁은 우리가 서울만 가면 됩니다. 그것은 남반부 인민들이 혁명에 동참하여 봉기를 하기 때문입니다. 1군단은 서울을 반격하고, 2군단은 수원으로 진격해서 서울을 포위하여 개승만을 비롯한 각료들과 군관나리들을 서울에서 궤멸시켜 해방전쟁을 조기에 끝낼 작정입니다. 우리는 8월 15일 서울에서 공화국 수립 2주년 환영대회를 열렬히 할 것입니다. 우리 모두 싸우러 갑시다!'

문화부 군관들은 부대원들에게 국군이 북침하였으니 이것을 되받아 치되 동부에서는 서부가, 서부에서는 동부가 국군이 북침하고 있으니 반격해야 한다고 거짓말을 하고 있었다. 인민군들은 이 말에 적개심을 품고 38선을 넘기 위해 24일 20시부터 공병대는 지뢰를 제거하기 시작하였고, 766부대와 549부대가 간성 항구를 떠났으며, 나머지 부대는 명령만 기다리고 있었다.

### 7) 스탈린의 위장
"미국에 빌미를 주어서는 안 된다. 필립 포프"

50년 6월 22일 스탈린은 '필립 포프' 라는 가명을 써서 북한 인민군에 "우리의 고문을 현지에 두는 것은 너무 위험하다. 포로가 될지 모른다. 포로에 의해 소련이 가담하였다는 비난을 초래할 만한 증거를 남겨두어서는 안 된다. 이 전쟁은 오직 김일성의 문제다. 절대 필요한 전쟁 지도를 위한 고문관만 남기고 소련군을 철수시켜야 한다."는 명령을 내렸다. 소련은 미국의 개입이 두려워 끝까지 북한 인민군에 협력하고 있는 것을 은폐하려고 하였다. 스탈린은 제주도 4.3폭동이나 14연대 반란과 같은 인민해방투쟁이 있던가, 아니면 국군이 먼저 38선을 넘어 공격했기 때문에 "자위행위다. 그러므로 미군도 조선의 내전에 개입하지 말라"는 명분을 세우려 하였다. 그래서 스탈린과 김일성과 박헌영은 남한에서 제주도 4.3폭동이나 14연대 반란과 같은 사건을 두 손 모아 기다리고 있었다. 스탈린은 미국의 개입을 얼마나 두려워했는지 명령서를 내릴 때마다 "핀" "필립포프" "비신스키" "L"이라는 가명을 사용하였다.

소련군 4,298명 중 250여명을 제외한 모두를 소련으로 귀환시키고 250명은 타스통신 신문기자로 위장하여 1개 사단에 15명씩 배속시켜

작전을 지도하였다. 특히 기술을 요하는 기갑부대와 포병부대와 보병
부대의 합동작전이었다.

  50년 6월 24일 밤 10시 간성 앞바다에서는 766부대 3,000여 명, 549
부대 500여 명이 정동진과 임원에 상륙하기 위해 간성항구를 떠나 동
해바다에서 38선을 넘고 있었다.

# 제14장

## 육군참모총장 채병덕 소장의
## 간첩행위

# 제14장 육군참모총장 채병덕 소장의 간첩행위

## 1. 신성모와 채병덕 소장의 인민군 남침의 정보 묵살

50년 4월부터 북한 인민유격대원들이 조용하였는데 6월 10일이 되자 오대산과 강릉 해상과 서해 해상을 통해 일제히 침투해 들어왔다. 국군 강릉 8사단장 이형근 준장은 이들을 소탕하면서 포로를 잡아 문초하니 "인민군의 전쟁준비는 완료되었다. 명령만 기다리고 있다. 우리는 선발부대가 되어 주력부대 침입에 호응하라는 명령을 받고 왔다."고 하였다. 이에 깜짝 놀란 이형근 준장이 채병덕 참모총장에게 "채 총장, 큰일 났소! 포로를 잡아 조사하니 인민군 전쟁준비가 완료되었고 38선에 집결 명령만 기다리고 있다고 합니다. 국군도 즉시 비상을 걸어 후방 3개 사단을 전방에 배치하고 동원령을 내려 전시체제를 갖추고 인민군의 공격에 대비해야 하겠습니다."라고 건의하였다. 그러나 채병덕은 "그런 것은 걱정하지 말고 당신 경계나 엄중히 하시오!" 하고 전화를 끊어버렸다. 이러한 채병덕에게 화가 난 이형근 준장은 "저런 참모총장이 있는가! 전방 사단장이 보고하면 현장에 와서 포로를 심문하고 사실이라면 인민군 공격에 대비해야지, 경계나 잘 하라고? 어떻게 일국의 참모총장이 이럴 수가 있는가? 이거 나라 망쳐 먹겠구만!" 하고 8사단장직 사표를 내고 부대를 떠나 버렸다.

50년 6월 20일 임영신 전 장관이 이승만 대통령을 찾아갔다.

"각하! 사람들이 요즘 인민군이 곧 남침한다고 하며 하도 세상이 뒤숭숭하여 제가 북한 실정을 잘 아는 김기회라고 하는 분에게 사비 60만원을(당시 오제도 검사 월급 6,000원) 주어서 3월경 북한을 자세히

탐지해 오라고 하였습니다. 그랬더니 그가 자기 사람 12명을 데리고 북한 지역의 군부대가 있는 곳에 가서 인민군의 동태를 정탐하여 5월 말 38선을 넘어와 저에게 보고하였습니다. 그의 보고에 의하면 전차와 각종 포와 수많은 병력이 38선으로 이동하고 있다는 것입니다. 북한 전 지역은 비상사태에 들어갔고, 밤낮없이 38선으로 남하하는 군용열차 군용트럭은 줄을 이었고, 외금강에서는 급수 급탄 등을 하느라 기차가 밀려 있는데 끝이 보이지 않는다고 합니다. 인민군의 남침에 대해 빨리 준비해야 하겠습니다."

이 말을 들은 이승만은 "그놈들 그렇게 하고도 남을 놈들이야!"하면서 즉시 신성모 국방부장관과 무쵸 대사를 불렀다. 이승만이 임영신이 보고한 사실을 두 사람에게 이야기 하자 신성모가 "각하! 그 첩자들이 이북에 갔다 왔는지, 어디에서 놀다 왔는지 무엇으로 증명하겠습니까? 38선에서 서성대다 돌아왔는지 어떻게 알겠습니까? 이렇게 유언비어가 많을 때 우리가 무슨 준비를 한다면 그 유언비어가 진짜인 줄 알고 더 시끄럽지 않겠습니까? 육군이 튼튼하게 잘 방어하고 있으니 염려를 하시지 않아도 될 것입니다."라고 하여 인민군 남침을 방어할 수 있는 기회를 놓치게 하였다. 신성모는 확실히 간첩행위를 하고 있었다.

임영신은 신성모의 망언에 화가 머리끝까지 나서 도저히 참을 수 없어 다시 이승만 대통령을 찾아가 설득하였다. 이승만 대통령은 다시 신성모와 로버트 미 고문단장과 채병덕을 불러 인민군의 남침에 대해 준비해야 한다고 하였으나, 신성모는 임영신의 보고는 허위임으로 준비할 필요가 없다고 이승만 대통령을 설득하여 결국 임영신의 건의는 묵살되고 말았다.

이것으로 보아 육군본부 정보국에서 북한의 남침 정보를 채병덕에게 보고하면 채병덕은 신성모 국방부장관에게 보고하고, 신성모 국방부장관은 이승만 대통령에게 보고해서 인민군 남침을 준비해야 하는데, 채병덕과 신성모는 육본 정보국의 인민군 남침보고를 묵살하고 이승만 대통령에게 보고하지 않아 정부에서는 인민군 남침에 대해서 전혀 준비를 하지 않은 것이 확실하다. 인민군 남침 정보는 417회였고, 김기회는 50년 8월 대구에서 의문사 하였다. 그래서 정보는 대통령이 직접 보고를 받아야 한다.


## 2. 채병덕 참모총장의 간첩행위

### 1) 차량 중화기 후송
채병덕 총장은 전군 1,500여 대의 군 차량 중 500대와 중화기를 정비하라고 부평으로 후송하였다. 그리고 6월 10일 군 인사이동을 명령하였다.

### 2) 50년 6월 10일 군 인사이동 (6.25 15일 전)
유재흥 준장 2사단장 → 의정부 7사단장(전방사단장)
김종오 대령 참모학교 → 원주 6사단장(전방사단장)
이성가 대령 16연대장 → 강릉 8사단장(전방사단장)
이종찬 대령 국방부 1국장 → 서울 수도사단장(서울방어사단장)
이형근 준장 8사단장 → 대전 2사단장
이준식 소장 제7사단장 → 육사 교장
신상철 대령 6사단장 → 육본 인사국장
강문봉 대령 작전국장 → 미 참모대학
김점곤 중령 12연대 부연대장 → 정보국 차장
장창국 대령 참모학교 부교장 → 작전국장

(육본에서 제일 중요부서임)

박림항 대령 3연대장 → 작전국 차장 (육본에서 제일 중요부서임)
정래혁 중령 참모학교 → 작전과장 (육본에서 제일 중요부서임)


3) 50년 6월 10일 군부대 이동 (6.25 15일 전)
- 대전 2사단 25연대 6월 20일 온양 → 7사단배속 → 의정부 호원동
  (6.25 미도착)
- 의정부 7사단 3연대 6월 15일 의정부 → 수도사단 배속,
- 수도사단 2연대 6월15일 서울 → 6사단 배속 홍천(6월23일 도착)
- 원주 6사단 8연대 6월 20일 홍천 → 수도사단 배속 - 서울
  (6.25 미도착)

50년 3월 25일 육본에서는 인민군 남침에 대한 대비 방어계획을 세웠다. 그 내용은, 인민군이 남침하면 일단 후퇴 후 반격한다. 전방 문산 1사단, 의정부 7사단, 원주 6사단, 강릉 8사단이 방어하고, 대전 2사단, 광주 5사단, 대구 3사단이 증원부대가 되어 반격하며, 주 방어지역은 의정부 방면이다.

이상과 같은 인사이동과 부대이동이 채병덕 총장의 간첩행위라고 보는 이유는 다음과 같다.
① 차량이 부대에서 고장이 나면 수리하고, 부속이 없으면 부평에서 운반하여 수리를 해야 하는 것이 당연한데, 500대를 일괄 후송하여 인민군이 남침을 하면 부대를 신속하게 이동하지 못하게 했다는 점이다. 중화기도 부대에서 수리해도 되는 것을 부평으로 후송해서 인민군 남침 시 사용하지 못하게 하였다. 그래서 포천이 가장 중요한 방어지역인데 9연대에 차량이 5대밖에 없었고, 수도사단에 차량이 없어 초전 작전에 지장을 주었던 것이다.
② 군 인사이동의 경우 전방 4개 사단 중 의정부 7사단장, 원주 6사

단장, 강릉 8사단장 등 3개 사단장과 수도사단장을 교체하여 부대 장악을 못하게 하였다.

③ 인민군이 남침하면 육군본부에서 가장 중요한 부서가 작전국인데 작전국장, 차장, 과장을 한 번에 일괄 교체하여 육군 전체 작전을 마비시켰던 것이다.

④ 부대 이동도 25연대를 온양에서 의정부로 이동 명령을 내렸지만 준비 부족으로 25일까지 의정부에 도착하지 못하게 하였다. 6월 25일 7사단은 예비연대가 없어 포천 9연대가 대패했을 때 즉시 증원을 못하여 포천 방면에서부터 국군은 붕괴되기 시작하였다.

싸움을 잘 하는 2연대를 서울 수도사단에서 원주 6사단으로 배속하여, 서울에서 홍천으로 이동하느라 정신이 없을 때 6.25 침략을 당하여 제 기능을 다하지 못하였다. 그리고 6사단이 춘천에서 후퇴하는 결과를 가져왔다. 또 홍천에서 서울로 이동시킨 8연대는 6월 25일 서울에 도착하지 못하여 수도사단은 예비연대가 없어 서울과 의정부 방어를 허술하게 함으로써 인민군이 대한민국의 심장을 한칼에 도륙하게 하여 국군을 재기불능하게 하였다.

채병덕 총장은 정보국장의 보고를 받기 때문에 인민군의 남침에 대해서는 대한민국에서는 제일 잘 아는 장군이었다. 그러므로 위와 같은 행위를 한 것은 우연히 한 일이 아니라 계획적인 간첩행위이다.

4) 채병덕 총장 전방 연대장의 숨 가쁜 인민군 남침정보 묵살

① 문산의 1사단 12연대 1대대 7중대 중대장 김영선 중위는 개성 북방 38선 5킬로를 방어하고 있었다. 인민군 진지는 100여 미터 전방 고지에 있었다. 6월 22일 김영선 중대장이 진지를 순찰하는데 인민군 전사가 "야! 국방군 놈들아! 3-4일 뒤에 보자!" 해서 "야! 이놈들아 보아 봤자 인민군이지 뒤에 보자는 놈 겁 안 난다!" 하였다.

② 6월 22일 동두천에 있는 국군 1연대에 인민군 전사가 귀순하였다. 그의 귀순 목적은 "나는 공병 전사인데 지뢰 매설을 해제하라는 명령을 받고 무서워서 탈출하였다."라고 하여 인민군 남침이 가까워 오고 있다고 판단, 7사단에서는 육본에 즉시 보고하였다.

③ 6월 22일 화천 정면의 6사단 7연대에 인민군 전사가 귀순하였다. 귀순 목적은 "나는 전차병으로 화천지구에 1개 대대의 전차가 집결하고 있다."라고 하여 임부택 연대장은 즉시 관측소에 가서 정찰을 했다. 유천면의 인민군 부대에 지금까지 보지 못한 포진지가 보이고 포신이 모두 남쪽을 향하고 있는 것을 보고 깜짝 놀라 망원경으로 유심히 관찰하니 평소에 없던 차량이 빈번히 움직여 인민군의 남침이 곧 시작될 것으로 판단하였다. 그리고 임부택 연대장이 직접 육본 정보국에 보고하고 대책을 준비해야 한다고 건의하였다.

④ 6월 19일 강릉 밑 해안에서 인민군 전사가 귀순하였다. 귀순 목적은 "일 주일 후면 전면 남침이 시작될 것입니다. 엄청난 인민군이 후방에서 38선 가까이 와서 남침 명령을 기다리고 있습니다. 나는 이것을 알리려고 귀순하였습니다." 하고 말하였다. 이 정보는 천금같이 귀하고 인민군을 막을 수 있는 결정적인 정보였다. 연대장은 즉시 육본 정보국에 보고하였다.

⑤ 6월 24일 38선 전방부대 인민군 남침 정보 묵살

17연대가 방어하고 있는 옹진반도 전면에 인민군이 갑자기 증강되고 있었다. 모든 포신이 남쪽을 향하였고, 군관들이 남쪽을 쌍안경으로 관찰하고 있어 백인엽 연대장은 깜짝 놀라 이 사실을 즉시 육본 정보국에 보고하였다.

9연대가 방어하고 있는 포천 위 양문리 38선 2킬로 지점 전방고지에서 인민군 군관들이 지도를 펼쳐놓고 쌍안경으로 남쪽을 관측하는 것

이 보여 틀림없이 인민군이 공격하기 위해 관측하고 있다고 판단, 24일 오후1시 윤춘근 연대장이 직접 육본 정보국에 보고하였다. 38선 양문교(현 38 휴게소) 근방에서는 24일 오후 8시부터 인민군이 양문교를 건너와 웅성거리고 있어 분위기가 험하였다.

국군 1연대가 방어하고 있는 동두천 북쪽 초성리 고지에서 인민군 군관들이 남쪽의 지형을 관찰하고 있어 연대장은 즉시 육본 정보과에 사실을 보고하였다.

50년 6월 20일부터 24일 오후까지 38선 경계부대로부터 육본 정보국에 보고하는 전화소리가 불나고 있었다. 장도영 육군본부 정보국장은 옹진의 17연대, 동두천의 1연대, 포천의 9연대, 춘천의 7연대 강릉의 10연대의 정보를 종합 분석한 결과 "이것은 인민군의 전면남침이다."라고 판단, 채병덕 참모총장에게 50년 6월 24일 오후 2시경 보고하였다. 이때 채병덕은 "그럴 리 없다. 인민군의 남침은 불가능하다."라고 한 마디로 묵살하였다.

⑥ 채병덕 총장 전방 장병들에게 휴가와 외출을 보내 부대 작전을 못하게 함.

50년 4월 7일 인민군의 남침 징조가 노골적이라고 판단, 경계령을 내려 전 장병이 잘 참고 철통같이 경계를 하고 있었다. 그런데 하필이면 채병덕은 6월 23일 오후 김백일 참모부장을 불러 "24일 12시를 기해 경계령을 해제하고 휴가와 외출을 보내라!'고 지시하였다. 인민군의 남침이 곧 있을 것이라는 장도영 정보국장의 보고를 무시하고 채병덕 총장은 인민군 남침 하루 전날 전군에 휴가와 외출을 보내게 하여 다음 날 새벽 인민군이 남침 하였을 때 부대 안에 인민군을 막을 병력이 적어 급히 혼성부대로 만들어 인민군을 방어하게 되어 전군의 전투력을 약화시켰다. 이러한 행위는 어떠한 변명도 할 수 없는 결정적인 간첩행위이다.

경계령을 해제한 이유는, 농번기에 군이 농사일을 도우라는 것이며, 장병들이 오래도록 외출을 못해 사기가 떨어졌다는 것이고, 외출 시 건빵을 가지고 가는데 외출이 없어 건빵이 남아돌아가기 때문이라 는 것이었다.

⑦ 50년 6월 24일 오후 장도영 국장이 채병덕 참모총장에게 "참모 총장 각하! 북한 인민군은 전면공세로 나올 가능성이 임박하였습 니다. 그 공세의 시기는 아마도 내일일 지도 모릅니다. 내일은 일 요일이어서 위험합니다. 오늘 저녁이 위험함으로 비상경계령만 이라도 부활시켜 경계령을 내려 주십시오!' 라고 간청하였다. 이 때 채병덕은 "오전에 경계령을 해제하였는데 어떻게 오후에 다 시 경계령을 부활하여 재차 경계령을 내리겠는가?' 하면서 화를 벌컥 내고 나가버렸다. 장도영 국장은 어이가 없어 즉시 인사국 장 신상철, 작전국장 장창국, 군수국장 양국진 등을 정보국으로 소집하였다. "인민군은 남침준비를 완전히 끝내고 내일 일요일 새벽에 공격해 올 지도 모릅니다. 저들의 공격은 부산을 향해 전 면침공이 예상됩니다."라고 설명을 해도 국장들은 별 반응이 없 었다. 그 이유는, "인민군이 곧 남침하니 준비하자"고 하면 채병 덕이 "유언비어를 퍼트려 사회를 혼란시킬 작정인가? 너 빨갱이 아니야?' 하고 혼을 내기 때문이었다. 장도영 국장은 하도 어이가 없고 맥이 빠져 "연락처를 남기고 대기해 주시오."하고 헤어져 국군이 인민군 남침을 막을 준비를 할 마지막 기회도 스스로 포 기하고 말았다. 채병덕은 마음에 걸렸던지 24일 오후 3시 정보국 에 들려 장도영 국장에게 "정보국 직원들을 동두천과 개성 방면 에 파견하여 정보를 수집해서 25일 오전 8시까지 보고 하라!' 하 고 나가버렸다. 채병덕은 확실히 간첩행위를 하고 있었다.

⑧ 인민군 남침 하루 전 육군 지휘부 50여 명이 술을 마시다.

50년 6월 24일 오후 6시 육군회관 개관 연회에 참모총장 채병덕,

김백일, 장창국, 장도영, 신상철, 양국진, 유재홍, 김종오, 이치업, 이상국 등 육본 각 국장, 실장, 각 사단장, 재경 부대장, 주한미 고문단 등 50여 명이 모여 밤10시까지 술을 마시고 춤을 추느라 정신이 없었다. 밤 10시에 연회가 끝나고 채병덕 총장 외 육본 국·실장 10여 명이 2차로 명동카바레에서 25일 새벽 2시까지 술을 먹었다. 이후 인사국장 신상철, 작전국장 장창국, 군수국장 양국진 등이 집에 가지 않고 여관에 들어 연락이 두절되었다가 겨우 연락을 받고 6월 25일 오후 2시경에야 육본 회의에 참석하게 되어 인민군이 남침하였을 때 초기 군 작전이 마비되었다.

5) 인민군 남침의 다급한 전화
① 50년 6월 24일 23시 정보국! 정보국! 주문진 첩보대입니다. "동해 바다에 상당수 선박이 남하중임 민간 고기잡이 어선은 아닌 것 같음. 그러나 확실한 것은 확인할 수 없음."
② "정보국, 정보국, 여기는 옹진 첩보대입니다. 현재 25일 새벽 1시 인민군의 대군이 국사봉을 오르고 있습니다."
③ "정보국, 정보국, 여기는 문산 첩보대, 현재시간 25일 새벽 3시, 인민군은 구화리로부터 도하용 쩡을 운반하고 있습니다!'
④ "정보국, 정보국, 여기는 의정부 정보처, 현재시간 25일 새벽 4시, 양문리 38선을 넘어서 인민군 전차의 엔진소리가 요란하게 들리고 있습니다. 어-어-떨어지고 있습니다. 지금 사정없이 포탄이 떨어지고 있습니다. 인민군 전면 공격이요. 현재시간 25일 4시 15분입니다. 이상!'

6) 6월 25일 오전 9시 30분 인민군 남침 확인
채병덕 총장은 육군회관 연회에 참석 25일 새벽 2시에 갈월동 총장 공관에 도착하여 술에 만취되어 골아 떨어졌다. 25일 아침 5시 10분 춘천 7연대 임부택 연대장이 육군참모총장 공관으로 전화를 하여 채 총장을 찾았으나 부관 라엄광 중위가 채 총장이 잠을 잔다고 바꾸어 주지 않았다. 육군본부 일직사령이 인민군의 전면남침을 알리려 채 총장 공관으로 뛰었다. 부관 라엄광 중위가 채 총장이 잠을 잔다고 하였으나 일직사령이 채 총장을 깨워달라고 하여

"총장님 인민군이 대규모로 공격하고 있습니다, 전군에 비상을 내려야 하겠습니다!" 하자 채 총장은 정보국 북한 반장 김종필을 오라고 하여 현재 상황을 물었다. 그러자 김종필 북한 반장이

"옹진에서 주문진까지 38선 전 지역에서 인민군이 대규모 공격을 하고 있습니다!"

하고 대답을 하니 그때서야 "전군에 즉시 비상을 내리고 국장들을 즉시 본부로 소집 하라!" 하고 명령을 내렸다.

이때가 25일 오전 6시였다. 채 총장은 국방부장관에게 상황을 보고하고 육본에 오니 오전 7시 30분이었다. 국장들은 아무리 기다려도 오지 않고 정보국장 장도영 대령만 오전 5시 40분에 도착하였다. 그리고 장창국 작전국장, 신상철 인사국장, 양국진 군수국장 등은 아무리 전화를 해도 전화가 되지 않았다. 작전국 차장 이치업 대령이 두 번째 도착하였다. 채 총장은 술이 덜 깬 상태에서 미 고문관 하우스만 대위와 같이 의정부로 갔다. 채 총장은 7사단장 유재흥 준장의 상황 보고를 듣고서야 인민군이 전면남침 한 것을 확인하게 되었다. 육본에 오니 오전 9시 30분이었다.

육본에서는 인민군의 남침을 6시간 30분 만에 확인하였다. 참모회의를 하려고 소집을 해도 어제 밤에 술을 먹은 국장들이 지금까지 어디에 있는지 연락이 되지 않아 참모회의를 하지 못하고 있었다. 그러나 김백일 참모부장이 와 있어 채 총장은 즉흥적으로 명령을 내려 후방 3개 사단을 전방으로, 수도사단은 의정부로 보내라고 명령하였다.

이승만 대통령은 오전 10시 30분에 경찰을 통해 인민군의 남침보고를 받았다.

신성모 국방부장관은 채병덕으로 하여금 오전 7시에 인민군 남침보고를 받았기 때문에 즉시 이승만 대통령에게 보고해야 하는데 이승만 대통령이 부를때까지 보고를 4시간 30분동안 보고를 하지 않았다. 이것은 간첩행위이다.

25일 11시 정훈국장 이선근 대령이 기자들에게 인민군 전면남침을 발표하자 호외로 신문이 뿌려져 서울시민도 알게 되었다.

50년 6월 25일 새벽 4시 문산 1사단장은 시흥에 교육차 있었고, 유재흥 의정부 7사단장과 춘천의 6사단 김종오 사단장은 육군회관 파티에 참석하였다.

# 제15장

## 조선인민군 남침 1차 작전
## (서울 점령 목표)

# 제15장 조선인민군 남침 1차 작전(서울 점령 목표)

## 1. 조선인민군 38선을 넘어 전면 남침

50년 6월 25일 새벽 3시, 김일성(38세)은 내각 비상회의를 소집하였다. 이 회의에는 노동당 정치위원도 같이 모였다. 김일성은 여기에서 "오늘 새벽 1시에 남조선 국방군이 38선을 넘어 공화국을 침공하였습니다. 인민군은 이를 반격해야 하겠습니다."라고 거짓말을 하자 참석자 전원이 일어나 "반격해야 합니다!" 하고 결의하였다. 결의 후 즉시 김일성은 전선사령관 김책에게 "50년 6월 25일 04시 국방군을 반격하라!"고 명령을 내려 인민군은 50년 6월 25일 04시 240킬로 38선 전역에서 240대의 전차를 앞세워 11만 대병으로 국군을 공격하기 시작하였다. 38선 전 지역에서 30분 동안 모든 중포가 국군을 향해 포탄을 쏟아 부었다. 그리고 전차는 4시 30분 38선을 넘어 국군을 기습 공격하기 시작하였다. 25일 오전 11시 평양방송은 국군이 북침하여 인민군이 반격 중이라고 거짓방송을 하였다.

## 2. 잘 방어한 강릉 국군 8사단

인민군은 강릉을 공격하기 위하여 5사단과 766부대와 549부대 등 22,000여 명을 배치하였다. 그들은 전차 10대, 자주포 16대, 122밀리 곡사포 12문 등 각종 포 200문과 61밀리 박격포 수백 문으로 6월 24일 밤 10시부터 공격을 개시하였다.

국군은 50년 6월 21일 6.25 4일전 이성가 대령이 8사단장에 부임하였다. 8사단은 10연대가 주문진 38선을 경계하고, 21연대는 삼척에서 후방을 경계하고 있었고, 예비연대는 없었다. 그리고 18포병대가 있어 사단 총인원은 6,900여 명이었다. 사단 차량은 40대, 105밀리 곡사포 15문, 각종 포 202문이었다. 21연대 2대대는 하진부리에서 인민유격대를 토벌 중에 있었고, 3대대는 태백산에서 인민유격대를 토벌 중이어서 21연대는 부대 내에 1대대밖에 없었다. 18포병대는 포대장 이하 10명의 장교들이 교육을 받으러 나가 부대에 없었다. 6월 24일 육본으로부터 휴가 외출을 보내라고 해서 장병들 1/3 이상을 휴가 외출을 보내 병력이 적었다. 또한 경계령도 해제된 데다, 25일은 일요일로 휴일이라 장병들 마음이 해이해져 있을 때 인민군의 전면 기습공격을 받았다.

"국방군은 서부와 중부에서 우리 공화국을 향해 공격하고 있다. 우리는 반격하여 강릉을 해방하고 부산을 향해 진격, 남조선을 해방시켜야 한다. 5사단 전사들은 주문진과 강릉을 향해 전진하라!"

50년 6월 25일 새벽 4시 "발포하라!"는 인민군 5사단장 마상철 소장의 명령에 따라 5사단 포병대의 모든 화력은 잠자는 국군 10연대 3대대와 1대대를 향해 소나기같이 퍼부었다. 그런 후 마상철 소장이 전사들에게 주문진과 강릉을 향해 전진하라는 명령에 따라 4시 30분 인민군 보병은 전차 10대를 앞세우고 38선을 넘어 국군 초소를 순식간에 해치우고 남진하였다. 766부대는 오진우의 명령에 따라 삼척의 21연대 북상을 차단하기 위해 간성에서 24일 밤 10시부터 항구를 떠나 밤새도록 배를 타고 38선을 넘어 강릉 밑 옥계와 정동진에 새벽 4시에 상륙하였다. 삼척 밑 임원에는 표무원과 강태무가 이끄는 549부대 500명이 지형을 찾느라 시간을 허비하여 아침 6시 상륙하여 태백산으로 들어갔다.

1) 잘 방어한 국군 10연대

잠자고 있던 국군 10연대 장병들은 갑자기 소나기같이 떨어지는 포탄에 정신이 없었다. "참모장, 나 10연대장 고근홍이요. 현재시간 5시. 적의 공격은 사단규모이며 그 화력은 강력합니다."

10연대장의 연락을 받은 8사단 참모장 최갑중 중령은 즉시 이성가 8사단장에게 보고하였다. 그리고 10연대장에게 전화를 하여 "당황하지 말고 평상시 도상연습 때의 방어계획 대로 방어해 주시오!"라고 작전지시를 하였다.

인민군 5사단 1연대는 전차와 자주포를 앞세워 서점리 3대대를 공격해왔고, 10연대 배후에서는 해상 상륙부대가 북분리에 상륙하여 10연대 1대대 뒤를 공격하고 있었다.

국군 10연대장은 38선 최전방에서 방어하고 있는 3대대장에게 "3대대는 저항하면서 철수하고, 철수하는 부대를 엄호하라!"고 작전지시를 하였다.

1대대장 박치옥 소령은 1개 중대를 지휘하여 10시경 서림리를 향해 전진하였다. 구룡고개를 올라서자 엄청난 수의 인민군이 2열종대로 내려오고 있는 것을 보았다. 그는 "중대장 빨리 관원리로 가자. 거기에서 저것들을 막아야 한다!"라고 지시하고 관원리로 발걸음을 재촉하였다.

아침 6시 이성가 사단장은 부대장과 참모들을 소집하여 지금까지의 상황을 참모장에게 설명하게 하였다. 모두 분노한 가운데 상황 설명을 듣고 있었다.

"여러분에게 작전명령을 내릴 테니 시행에 착오 없으시기 바랍니다.

① 10연대는 현 전선에서 인민군을 저지하라!

② 21연대는 강릉으로 집결하라! 태백과 하진부리에서 인민유격대를 진압하는 부대도 함께 집결하라!

③ 8사단은 연곡천 사천선의 사단 방어계획에 의해 인민군을 섬멸

하여 어떠한 일이 있어도 강릉을 사수한다!

④ 육군본부에 증원군과 연락기를 요청한다!

⑤ 증원군이 도착하면 38선 이북으로 반격한다. 이상 즉시 실행하기 바란다!'

10연대장은 작전회의가 끝나자 즉시 부대로 달려가 안인진으로 상륙해 10연대를 포위하려는 인민군을 10연대 중화기 중대를 보내 이를 저지하라고 명령하였다. 중화기 중대는 81밀리 박격포 6문, 중기관총 8정으로 상륙해오는 인민군을 공격하여 상륙을 저지하였다.

21연대장은 1대대장 박서권 소령에게 "나 21연대장 김용배 대령이다. 옥계와 정동진에 인민군이 상륙하고 있고 임원에도 인민군이 상륙하였다. 삼척 앞바다에는 무장선이 엄청나게 떠 있으니 즉시 옥계로 출동하여 상륙하는 인민군을 저지하라!'고 명령하였다.

박서권 소령이 출동하여 옥계에 도착하니 인민군은 이미 새벽 4시 3,000여 명이 상륙하였고, 주민들을 동원해 보급품을 배에서 육지로 옮기고 있었으며, 인민군의 상륙은 거의 끝나가고 있었다. 그리고 벌써 옥계와 정동진은 남로당원들에 의해 인민재판을 하는 것을 보고 박서권 소령은 놀랐다.

21연대장은 18포병대에게 삼척 해안선을 방어하게 하였다.

"사단장님, 큰일 났습니다. 강릉 시내는 병력이 전혀 없습니다. 옥계에 상륙한 인민군이 강릉으로 진격하면 우리는 꼼짝없이 당하고 10연대가 위험합니다."

이성가 연대장은 이 보고를 받고 식은땀을 흘렸다. 그는 "하필이면 인민군이 쳐들어올 때 휴가 외출을 보내라고 해서 이렇게 장병이 없어 전쟁을 못하게 하는가?'하고 채병덕을 원망하고 있었지만 우선은 싸워서 이겨야 했다.

그는 즉시 공병대장 김묵 대위를 부대장으로 해서 본부요원과 통신대, 공병대를 합쳐 혼성부대를 만들어 사단본부를 방어하게 하였다. 그리고 10시에 계엄령을 선포하고 21연대를 강릉으로 즉시 집결시켜 강릉을 방어하게 하였다.

25일 오전 10시 이 명령을 받은 21연대장 김용배 대령은 앞이 캄캄하였다. 그것은 옥계에 상륙한 인민군이 21연대 북상을 막고 있어 강릉으로 갈 수 없었기 때문이었다. 21연대장은 장병들에게 "산길이고 멀더라도 백봉령과 송계의 산길을 따라 돌아서 간다."하고 부대 출동을 재촉하였다. 21연대는 25일 오후 7시 삼척을 출발하여 태백산맥을 타고 70Km의 산길을 밤새도록 강행군하였다. 21연대가 강릉에 먼저 도착하느냐 옥계에 상륙한 인민군이 강릉에 먼저 도착하느냐에 따라 싸움의 승패가 결정되기 때문이었다. 21연대 1대대는 26일 오전 10시 인민군 766부대보다 먼저 강릉에 도착하였다. 손에 땀을 쥐고 있던 이성가 사단장은 21연대 김용배 대령을 보자 그렇게 반가울 수가 없고 구세주 같았다. 그는 한 걱정을 놓았다. 21연대는 강릉 밑에서 인민군 766부대의 공격을 막고 있었다.

26일 오전 이성가 사단장은 인민군의 공격이 생각보다 강력하여 만일에 대비하였다. 그는 즉시 참모들을 소집하였다.

"인민군의 공격은 전면전이요. 인민군의 공격이 생각보다 강하여 장기전이 될 것 같습니다. 그러니 즉시 시행하시오!

① 대관령에 있는 사단 군수품을 하진부리로 옮길 것!

② 만약을 위하여 군경 가족을 먼저 피난시킬 것!

③ 즉시 민사부를 조직하여 행정을 관장하고 금융기관을 철수시킬 것!

④ 차량을 최대한 징발하시오. 이상 즉시 시행 하시오!' 이성가 사단장은 장기전이 되겠다고 판단하고 먼저 후방부터 단속하였다. 그의 나이 28세 젊은 나이로 이 정도의 판단과 지도력은 훌륭하였다. 국군 10연대가 잘 방어하여 인민군은 25일 크게 전진을 못

하였다. 26일에도 인민군은 도로를 따라 전진이 어려워 대포동 정면을 피하여 양장산 쪽으로 해서 장덕동 쪽으로 진격하여 강릉을 공격하려고 하여 21연대는 1대대 4중대와 다른 1중대 합 2개 중대를 급히 보내 막고 있었다.

### 2) 혼성부대로 인한 작전에 실패한 이성가 8사단장

이성가 사단장은 주문진 남쪽 4킬로 지점의 연곡천과 사천선에서 인민군 5사단과 결전을 하기 위해 18포병대에 엄호사격을 하게 한 후 진지편성을 하였다. 10연대 1, 4, 6, 7, 8, 10중대의 6개 중대와 12중대 일부 병력을 동원하여 해안도로의 동덕리와 하구나미에 배치하였다. 좌측 상구나미는 사단 혼성부대와 예비대의 3개 중대를 배치하였고, 21연대 잔여부대로 사단 예비대로 하였다.

26일 오후 진지편성을 마치고 인민군이 오기를 기다려도 오지 않았다. 포병들은 싸움을 위해 포탄을 운반 저장하느라 정신이 없었다. 같은 날 오후에 태백산에서 인민유격대를 진압하던 21연대 2대대와, 하진부리에서 인민유격대를 진압하던 3대대도 사령부에 도착하였다. 그리고 휴가 외출을 갔던 장병들도 속속 귀대하여 사기가 충천하였다. 사단 전방지휘소는 사천초등학교와 민가에 설치하고 사단장과 참모들은 내일 공격을 위해 작전회의와 준비에 여념이 없었다. 연곡천에 배치한 사단 혼성부대는 전투력이 약하니 전투력이 강한 21연대 2대대와 교체하라고 사단장은 작전과장에게 지시하였다.

6월 27일 새벽 3시 21연대 2대대는 사단 혼성부대와 임무교대를 하기 위하여 사천진지로 향하고 있었다. 그런데 2대대가 진지에 들어가기 전에 인민군이 새벽 4시 30분 공격을 시작하여 2대대가 한발 늦게 되었다. 21연대 2대대는 개천 둑을 은폐물로 하면서 진지에 들어갔고, 18포병대는 105밀리 곡사포 15문으로 인민군을 향해 쉴 새 없이 쏘아댔다. 인민군과 국군은 4시 30분부터 오전 10시까지 치열

한 공방전을 벌였다. 15문의 곡사포는 포신이 달아올라 물을 부어가
면서 쏘아야 했다.

27일 오전 10시경 21연대 2대대가 진지에 거의 들어가고 혼성부대
가 진지에서 빠져나와 후방으로 이동하였다. 이것을 본 10연대 장병들
이 후퇴명령을 내려서 가는 줄 알고 후퇴명령을 내리지 않았는데도 너
도 나도 강릉 쪽으로 후퇴하고 있었다. 사단장이나 연대장이나 대대장
들이 "후퇴하지 말라!' 고 아무리 고함을 쳐도 후퇴하는 장병들을 막을
수 없었다. 그래서 잘 싸우고 있던 8사단은 순식간에 애써 준비한 사
천 방어가 무너지고 강릉으로 후퇴해야 했다.

### 3) 국군 8사단 대관령으로 후퇴

인민군이 국군의 약점이 노출되자 세차게 공격해 와 18포병대가 가
까스로 이를 막아내고 있었다. 인민군은 해안가로 우회하여 18포병대
뒤에서 공격하자 육박전이 벌어졌다. 이 전투에서 3중대장 박두길 중
위와 대전차포 중대장 박경식 대위가 전사하고 김용운 소위가 육박전
을 하다 안면에 심한 부상을 입었고, 많은 장병들이 전사하였다. 부상
병은 한 명도 후송을 못하였다.

인민군 5사단은 여세를 몰아 세차게 밀어붙이고 있어 8사단은 위와
아래서 공격을 받아 위기를 맞았다. 8사단은 경포대 능선에 배치되었
고, 18포병대는 많은 희생 가운데 후퇴에 성공하여 사단사령부 연병장
에서 27일 12시부터 쉴 새 없이 포를 쏘아댔다. 18포병대는 서북청년
들이 많아 용기 있게 잘 싸우고 있었다. 이성가 사단장은 강릉에서 인
민군 5사단과 시가전을 해서라도 강릉을 사수하고 싶었으나 만일 대
관령을 인민군이 막으면 완전 포위되어 위기에 처할 것을 대비 시가전
을 피하고 안전하게 후일을 기약하고 27일 오후 2시부터 엄호부대를
제외하고는 대관령으로 철수시켰다. 엄호부대와 2개 포대도 28일 오
후 4시 대관령으로 피해 없이 철수시켰다.

최장집과 정해구는 『해방 전후사의 인식』 4권 36쪽에서 "한국전쟁
은 옹진반도에서 시작되어 점차 동쪽으로 확대되면서 개성, 춘천, 동
해안으로 이어져 나갔다. 전쟁이 처음 시작된 옹진반도는 1949년 여름
남북한 사이에 무력충돌이 가장 격렬하게 발생했던 지역이다. 북한군
은 당시 약 18만 명으로 추산되는 전 병력 중 절반가량에 해당하는 9
만 5천 명 정도의 병력만을 전선에 투입하였다."고 허위주장을 하면서
학생과 젊은이들을 선동하고 있다.


## 3. 잘 방어 중인 원주 국군 6사단

### 1) 인민군의 공격

50년 6월 10일(6.25 15일 전) 김종오 대령은 원주 6사단장에 임명되
어 사령부에 도착하였다. 6사단은 춘천 정면에 임부택 중령의 7연대,
현리 정면에 2연대, 19연대는 원주사령부에 있었다. 병력은 9,388명,
화기는 57밀리 대전차포18문, 바주카포 192문, 105밀리 곡사포 16문,
81밀리 박격포 54문, 60밀리 박격포 59문이었다. 16포병대는 춘천에
있었다.

50년 6월 24일 인민군 제2군단장 김광협 소장은 화천과 양구 사이
계곡 천연동굴 속에 위치한 2군단사령부에서 작전을 지도하고 있었
다. 인민군의 춘천과 홍천 방면은 인민군 2, 7사단 38경비여단 계
24,000여 명이었다. 전차 40대, 자주포 32문, 122곡사포 24문 등 중포
가 200문, 61밀리 박격포 수백 문이었고, 화천에는 엄청난 탄약 및 군
수품이 있었다. 인민군 2사단은 춘천을 점령한 후 가평과 광주를 거쳐
수원에서 후방 사단 북상을 저지하라는 작명을 받았다.

50년 6월 25일 정각 4시, 인민군 2사단장의 명령에 따라 인민군 포

병대의 122밀리 곡사포는 춘천 북방 7연대 3대대가 방어하는 인풍리와 경운산 지역을 방어하는 2대대에 소나기같이 포탄을 퍼부었다. 30분 동안 퍼부은 다음 4시 30분 전차와 자주포를 앞세우고 일제히 38선을 넘어 인풍리의 국군 7연대 3대대와 경운산 2대대를 향해 공격해왔다. 인민군 2사단 6연대는 우두평야를 향해 진격 중이었다. 인민군 7사단도 홍천을 향하여 부평과 하남을 별 저항 없이 점령하였다.

### 2) 국군 16포병대의 위력

국군 7연대장 임부택 중령은 1대대와 같이 춘천역 부근 연대본부에 있는데 25일 새벽 4시 15분 제2대대장 김종수 소령으로부터 급한 전화를 받았다.

"연대장님! 인민군의 포탄이 쉴 새 없이 쏟아집니다. 인민군의 전면 공격입니다!"

임부택 연대장은 전화를 받은 즉시 채병덕 참모총장 공관으로 전화하여 부관 라엄광에게 전화로 보고하였다. 그리고 즉시 3대대장과 2대대장에게 "비상을 걸고 전투 배치해서 당황하지 말고 평소 훈련대로 작전에 임하라."고 명령하였다. 그리고 7연대에 비상을 걸어 전투태세를 갖추었다. 7연대장은 작전참모에게 "1대대를 지내리와 유포리 사이 예비진지에 즉시 배치하여 방어하게 하시오! 나는 대전차포 4문을 가지고 38교로 가겠소!" 하고 작전지시를 내렸다. 임부택 연대장이 38교를 향해 질주할 때 수리산과 38교는 집중포화를 받고 있었고, 국군은 인민군의 기습에 대해 부근에 10개의 특화점을 만들었는데 전차 10여 대의 공격으로 순식간에 3개가 파괴되었고, 전차는 38교를 넘고 있었다.

7연대 1대대는 연대본부와 함께 있었다. 작전참모가 1대대 장병들에게 비상을 외치고 출동하려고 했으나 장병들이 휴가와 외출을 나가 장병이 없어 9시 30분까지 기다렸다가 귀대 장병과 함께 부대를 출발하였다. 각 중대마다 휴가 외출을 나가 아직 귀대하지 않은 장병은 중대마다 약 40여 명 정도였다. 1대대는 부대에 남아 있던 장병들을 모아 혼성부대를 만들어 우두동을 지나 여우고개를 넘어 하차하여 2킬로 지점 북방에 있는 진지에 들어가 전투태세를 갖추니 10시 30분이었다.

경운산 근방을 방어하고 있던 2대대 김종수 소령은 인민군의 공격을 잘 방어했다. 그러나 인민군의 화력에 밀려 11시 우두산으로 집결하였다. 그리고 소양강을 건너 지내리 진지에 모두 들어가 전투태세를 갖추니 25일 오후 2시경이 되었다.

제3대대장 김용배 소령도 인민군의 화력을 견디지 못하고 밀려서 유포리 진지에 큰 피해 없이 배치하여 전투태세를 갖추었다.

임부택 연대장은 16포병대장 김성 소령에게 봉화산 남쪽 우시장으로 포병대를 옮겨 지내리 앞의 인민군을 공격하라고 명령하였다. 우시장에 자리 잡은 16포병대는 105밀리 곡사포로 쉴 새 없이 지내리 인민군을 향해 퍼부었다. 16포병대의 명중률은 90%이상이었다.

인민군 2사단 6연대가 선두부대가 되어 국군을 공격하고 있을 때, 국군 16포병대의 포사격에 엄청난 희생자를 낳고 있었다. 38선에서 춘천까지는 12킬로로 옥산포까지 우측에는 산이고 좌측은 소양강이 흘렀다. 강둑을 따라 도로가 나 있어서 16포병대는 도로를 따라오는 인민군 2사단 6연대에 씨를 뿌리듯 포탄을 퍼부어 인민군은 도망할 곳도 없고 방어할 수가 없어 엄청난 인명피해를 보고 있었다.

용산리 부근에 중화기 중대가 인민군을 저지하려고 지키고 있었는데 전차 10여 대가 일렬종대로 보병과 같이 오고 있었다. 장병들은 말로만 들었던 탱크를 보고 겁을 먹었다. 이때 심일 소위가 57밀리 대전차포를 가지고 모퉁이에서 기다리고 있다가 전차가 보이자 포를 쏘아 명중시켰다. 포탄이 전차에 명중하니 긴장하여 지켜보고 있던 장병들은 좋아서 일제히 "만세!" 하고 소리를 질렀다. 그러나 T34형 인민군 전차는 포탄을 언제 맞았느냐는 듯 끄떡도 하지 않고 전진하며 오히려 심일 소위가 있는 쪽으로 포신을 돌려 전차포를 쏘려고 하여 심일 소위는 즉시 후퇴하였다.

송광보 중대장(현재 캐나다에 생존)은 심일 소위와 특공대 6명을 선발하여 화염병을 만들게 하였다. 25일 12시경 전차가 나타나자 화염병을 바퀴 축(케터필더)에 던져 바퀴 축의 고무가 불이 붙자 궤도가 이탈하여 선두전차 두 대가 길에서 멈췄다. 그러자 후미에서 오고 있던 전차 8대가 허겁지겁 도망치고 말았다. 전차를 물리친 7연대의 사기는 충천하였다.

이렇게 7연대는 인민군을 잘 방어하여 인민군 2사단이 25일 안으로 춘천을 점령하려던 계획이 소양강도 건너지 못하고 극심한 피해만 보고 있었다.

김운한 소위는 헌병과 장병들을 데리고 다니며 춘천시내 민간인 차량 90여 대를 징발하였다. 또 헌병들을 시켜 춘천에 있는 농업학교와 춘천사범학교 학도호국단 학생들과 징발한 차량을 동원하여 소양강 북쪽에 있는 105밀리 포탄 5,000발을 전력을 다해 우시장으로 실어 날랐다. 동원된 학생들은 16포병대가 포탄이 떨어지지 않게 잘 대주고 있었다. 한편 군 내부에서는 "채병덕 총장이 암살당했다, 이응준 장군이 자살하였다, 서울의 고급장교들을 부하들이 쏘아 죽였다."하는 내용의 유언비어가 돌기 시작하였다. 이 유언비어는 남로당에서 계획적으로 군과 일반인들에게 퍼트린 것이었다.

3) 홍천 북방에서 전차를 파괴한 강승호 소위

홍천 북방을 방어하고 있는 2연대 1대대장 박노각 중령은 새벽 4시 30분 천둥치듯 어둠을 울리는 대포소리에 깜짝 놀라 확인해보니 인민군의 공격인 것이었다. 박 중령은 즉시 3중대와 중화기 중대를 이끌고 북상하여 남면 어론리 585고지에 올라 인민군의 남진을 저지하였다. 1

대대 1중대와 2중대, 2대대 5중대는 6시 30분 어론리 대대 진지에 들어가 인민군 남하를 저지하고 있었다. 2대대 남은 부대는 자은리에 배치되었고, 38선 최전방 3대대는 인민군의 화력에 밀려 서서히 질서 있게 후퇴하였다.

25일 11시경 자은리 38선 및 부평에서 남면을 향해 인민군 전차 10여 대가 일렬종대로 남진하고 있었다. 함병선 2연대장은 강승호 소위에게 "특공대 20명을 선발하여 바주카포 10문으로 S자 길에서 숨어서 전차가 오거든 전차 축을 공격하여 전차의 전진을 막아라!"하는 명령을 내렸다. 강승호 소위는 바주카포 포수 1명에 특공대 2명씩 붙여서 S자 길에서 매복하고 인민군 전차가 오기를 기다렸다. 한참을 기다리니 전차 10대가 보병의 엄호도 없이 남진하여 왔다. 인민군 선두 전차가 S자 길을 돌기 위해 속도를 줄여서 머리가 보일 때 10명의 바주카포 사수가 일제히 전차 바퀴 줄을 향해 포를 쏘니 바퀴 줄이 끊어지면서 전차가 정지하였다. 앞에 있던 전차가 정지되어 길을 막게 되자 뒤의 전차는 길이 좁아 비껴 갈 수도 없고, 밀어낼 수도 없는 상황에 국군 바주카포 사수들이 계속 공격하니 후미전차는 허겁지겁 도망치고 말았다.

인민군은 25일 오후 내내 공격해오지 않았다. 인민군 7사단은 38선에서 25일 하루 동안 1킬로 정도 전진하고 멈췄다.

### 4) 춘천과 홍천의 6월 26일 격전
### ① 옥산포 전투

26일 새벽 4시 인민군 2사단 7연대가 선두가 되어 인민군은 춘천 북쪽 옥산포에 있는 국군 7연대 1대대를 포위하였다. 국군 7연대도 인민군을 역 포위하기 위하여 1대대는 남쪽에서 공격을 시작했다. 오전 10시 30분부터 오후 2시까지 인민군 2사단과 국군 7연대는 격전을 벌였다. 우시장의 16포병대는 곡사포 8문으로 쉴 새 없이 인민군을 향해 포탄을 퍼부어서 포신이 달구어져 물을 부어가면서 쏘아야 했다. 오후 2시 30분 인민군은 견디지 못하고 자주포 5대를 버리고 후퇴하였다.

② 도지사 호통

도지사와 경찰국장은 금시라도 인민군이 춘천을 점령할 줄 알고 홍천으로 도망쳐 김종오 사단장은 헌병대장 정강 소령에게 춘천으로 모시고 오라고 명령하였다. 그리고 이들이 오자

"경찰이 후방 치안을 소홀히 해서 남로당원들이 후방에서 폭동을 일으키면 우리는 싸움도 하지 못하고 전멸합니다. 그러므로 헌병과 경찰은 조금만 이상한 사람이 있으면 무조건 사살하시오. 그리고 보도연맹에 가입한 자들을 경찰은 특별히 감시 하시요!' 하고 호통을 쳤다.

26일 홍천 위의 인민군 7사단도 국군 2연대의 방어로 전진을 못하고 하루를 보냈다.

5) 인민군 2군단의 작전 변경

인민군 2군단장 김광협 소장은 인민군이 38선만 넘으면 남로당 20만이 봉기를 해서 싸울 것도 없이 25일 춘천을 점령하고 가평으로 해서 수원에서 국군의 북상을 막으려 하였다. 그런데 남로당원의 봉기는 한 건도 일어나지 않고 26일까지 춘천을 점령하지도 못하여 작전에 차질이 발생하였다. 그래서 김책 사령관한테서 매일 독촉을 받고 실제 싸움을 해보니 국군 6사단이 싸움을 잘 해 26일까지도 소양강을 건너지 못해 고민을 하였다. 그는 홍천 위 인민군 7사단 중에서 2개 연대를 빼서 2사단에 배속시켜 27일 안으로 춘천을 점령하기 위해 26일 밤 인제에서 양구를 거쳐 춘천 북방에 투입하였다. 국군 6사단도 원주에 있는 예비연대인 19연대 1대대를 26일 춘천으로 보내 오후 1시에서 5시까지 진지에 투입하고 방어를 더욱더 튼튼하게 하였다.

6) 6월 27일 철수

① 춘천 북방

6월 27일 아침 5시 인민군 2사단 2개 연대와 7사단 2개 연대 합4개 연대가 우두산 164고지의 국군 7연대 1대대와 19연대 1대대를 필사적으로 공격해왔다. 국군 7연대는 61밀리 박격포와 16포병대의 곡사포 8문으로 쏘아대며 치열한 공방전이 벌어졌다. 인민군은 소양강을 건너려고 전력을 다하였고, 우두산 부근으로 도하하여 지내리 구봉산 계곡을 따라 대용산으로 진출하려 하였다. 김성 소령의 16포병대는 이곳을 집중 공격하였다. 인민군은 김성 소령의 16포병대에 걸려 전멸 위기에 처해 후퇴하고 말았다.

② 소양강 다리 폭파하지 마라.

공병대장 박정채 소령이 김종오 사단장에게 7연대가 소양강 남쪽으로 후퇴하였으니 소양강 다리를 폭파하자고 건의하였다. 그러나 사단장은 "서울 중앙방송을 들으니 옹진의 17연대가 해주에 돌입 북진 중이고 의정부를 탈환하였다고 하니 우리도 현재는 밀리고 있어도 반격해서 38선 이북으로 인민군을 몰아내야 하니 폭파하지 말고 바리케이트를 치고 대전차포를 배치하라!'고 명령하였다.

그 후 김종오 사단장은 김백일 참모부장으로부터 "전황이 매우 불리하다. 당신은 강원도지구 계엄사령관이다. 인적 물적 모든 동원 권한이 있으니 최선을 다 하시오!' 라는 전화명령을 받았다. 그러면 전황이 불리한 줄 알아 소양강 다리를 시간이 많이 있을 때 폭파해야 하는데 중앙방송 보도과장 김현수 대령의 "옹진의 17연대가 해주에 돌입 북진 중이고 의정부를 탈환하였다"라고 한 허풍에 소양강 다리를 폭파하지 않는 실수를 하고 말았다.

③ 홍천 북방

26일 밤 국군 2연대 3대대에게 현리에서 남면 어론리로 철수하라고 명령하였다. 그런데 3대대장이 6월 23일 서울에서 홍천에 도착하여 24일 부대배치도 하기 전에 인민군의 공격을 받게 되자 지형을 잘 몰라 풍암 옆 어론까지 후퇴를 해버렸다. 3대대장이 어론리가 두 곳이 있다는 것을 몰라서 생긴 일이었다. 그래서 자은리에 2연대 주력이 방어하고 있었는데 우측에 국군이 없자 인민군 7사단은 이상하게 생각하고 2연대 우측으로 내려와서 27일 새벽 4시 2연대 주력을 포위하려 하였다. 인민군이 내려오는 것을 목격한 함병선 연대장은 깜짝 놀라 부대를 확인해보니 인민군이 확실하였다. 그는 급히 부대를 한계리로 철수하면서 김종오 사단장에게 보고하였다.

"사단장님! 2연대 주력이 홍천 위 자은리에서 방어하고 있는데 인민군이 자은리 정면에서 공격하고 있습니다. 3대대가 지형을 몰라 너무 남쪽으로 철수하여 2연대 우측에 공백이 생기자 철정리를 공격하고 있어 잘못하면 포위될 것 같아 아침 8시 한계리로 철수합니다."

함병선 연대장의 보고를 받은 김종오 사단장은 뒤통수를 맞은 것 같았다. 김종오 사단장은 만일 인민군이 홍천을 점령하면 춘천의 7연대가 포위되기 때문에 춘천 북방에서 싸우고 있는 19연대 1대대를 27일 오전 10시 홍천을 방어하라고 명령을 내렸다. 19연대 1대대는 27일 오후 1시경부터 이동하였고, 김종오 사단장도 춘천에서 11시 홍천에 도착하여 전투를 지휘하였다. 김종오 사단장은 임부택 연대장에게 "홍천이 매우 위험하여 19연대를 홍천으로 이동하니 임 연대장은 여기를 잘 방어하시요!" 하자 "1개 연대 가지고 2개 사단을 어떻게 방어합니까?"라고 어려움을 호소하였다.

인민군 7사단은 7연대 정면을 뚫을 수 없자 우회하여 천전리 밑 지내리를 점령하였다. 7연대 2대대 김종수 소령의 방어지역이 10킬로나 되어서 방어하기 어려운 곳인 지내리를 인민군이 공격 점령하여 2대대는 고전할 수밖에 없었다.

④ 육본의 철수명령

김종오 6사단장은 "의정부 정면의 전황이 절망적이다. 육본은 수원으로 이동한다. 6사단은 전선의 균형을 유지하기 위하여 사단장의 판단으로 중앙선을 따라 지연작전을 실시하기 바란다."는 김백일 참모부장의 작전지침을 받았다. 이 명령을 받은 김종오 사단장은 "7연대는 즉시 춘천을 철수하라"고 명령하였다. 오후 3시까지 쉴 새 없이 인민군의 공격을 잘 방어하고 있던 7연대는 육본의 철수명령에 따라 인민군이 모르게 은밀하게 27일 오후3시 극비에 1대대부터 철수하기 시작하였다. 인민군이 가평으로 가는 것을 막아야 하기 때문에 석사리로 후퇴하여 진지를 구축하라고 1대대장에게 명령하였다.

인민군은 국군의 저항이 적어지자 전차를 앞세워 2사난과 7사단이 소양강다리를 넘어 물밀듯이 춘천을 향해 공격해왔다. 인민군은 27일 오후 10시부터 춘천시내에 진입하기 시작하였다.

• 1950년 6월 28일

① 국군 7연대 춘천 석사리에서 홍천으로 철수.

국군 7연대는 27일 오후 춘천시민을 피난시키지 못하고 춘천을 철수한 것이 가슴 아팠다. 연대장은 6월 28일 아침 5시 보급과에서 실탄과 쌀 등 필요한 군수품을 빠짐없이 준비하여 횡성으로 철수하라고 명령을 내렸다. 김성 16포병대도 차량으로 철수하여 병력과 군수품의 손실 없이 철수를 하였다. 김운한 소위가 차량 90대를 징발해놓은 것을 군 병력 이동에 활용하니 장병들이 피곤하지도 않고 신속히 부대이동을 하여 전투력을 크게 향상시켰다. 7연대는 춘천 남쪽 석사리에서 6월 28일 12시부터 홍천으로 철수를 시작하였다.

② 홍천 북방 조달진 일병 외 10명 전차 파괴

6월 28일 새벽 19연대장 민병권 대령은 조달진 외 20명으로 특공대를 조직하여 전차에 수류탄을 집어넣게 하였다. 조달진 외 20명의 특공대는 전차포 소대장 강도현 중위의 안내로 인민군 전차가 있는 곳에 접근했으나 보초병에게 발각되어 실패하고 철정휴게소 밑에 매복하고 전차가 오기를 기다렸다. 2연대 함병선 대령도 바주카포 부대를 동원하여 인민군 전차를 공격하도록 명령하고 6월 28일 새벽 철정휴게소 커브 길에서 매복하고 기다리고 있었다.

▲ 1950년 6월 28일 아침 8시경 홍천 북방 한계리 말고개에서 6사단 2연대 소속 김학두 하사와 6사단 19연대 조달진 외 10명이 육탄으로 전차 10대를 파괴하여 전적비를 건립하였다. 이곳은 부대가 있어 민간인 출입이 통제되고 있다.

6월 28일 오전 9시경 전차가 요란한 소리를 내며 남진하고 있었다. 커브를 돌려고 속도가 줄었을 때 바주카포 부대가 전차 바퀴 줄을 공격하니 선두전차의 바퀴 줄이 끊어져 멈췄다. 그러자 후미 전차도 자연 차례로 멈추게 되었는데 이때 조달진 일병 외 9명의 특공대가 전차 속에 수류탄을 집어넣어 수류탄이 터지면서 1번 전차부터 8번 전차까지 파괴되고 맨 후미에 있던 2대의 전차만 부리나케 도망쳤다. 전차와 같이 오던 오토바이부대도 바주카포의 공격을 받고 도망쳤다. 19연대장은 조달진 외 9명에게 2계급 특진시키고 칭찬을 아끼지 않았으며, 이 싸움의 승리로 19연대뿐만 아니라 함병선의 2연대 장병들도 사기가 충천하였다. 미군에서는 조달진 일병에게 금성무공훈장을, 한국군에서는 화랑 금성훈장을 수여하였다.

이렇게 되어 홍천 북방 인민군 7사단은 더 이상 공격을 못하였다. 국군 2연대와 19연대는 29일 밤 홍천을, 30일 새벽 4시 전선을 유지하기 위해 횡성으로 철수하였다. 7연대도 횡성으로 철수하였다.

인민군 2사단은 춘천북방에서 국군 7연대에 의해 인원 및 장비가 40%이상 파괴되었고, 인민군 7사단은 9대의 전차를 잃을 정도로 고전하였다. 그 책임을 물어 2군단장 김광협은 7월10일 2군단 참모장으로 강등되었고, 김무정이 2군단장에 임명되었다. 인민군 7사단은 12사단으로 이름을 바꾸었다. 7사단장 최춘국 대좌가 이 전투에서 사망하였고, 7사단 포병사령관 최아립이 부상당해 후송되었다. 2사단은 이청송 소장이 해임되고 최현 소장이 임명되었다. 춘천전투는 인민군 전체 작전에 엄청난 영향을 주었다. 국군 6사단은 인민군 2개 사단을 잘 방어하다 26일 의정부가 인민군에 점령되자 전선을 유지하기 위해 27일 오후부터 원주와 단양으로 철수하였다.

## 4. 6월 25일 옹진반도에서 철수한 국군 17연대

옹진군은 국군 17연대가 방어하고 있었다. 17연대 1대대는 자동에, 3대대는 작산에, 2대대는 연대본부와 같이 옹진읍에 있었고, 7포병대가 지원하고 있었다. 차량은 100여 대가 있었고, 옹진군의 인구는 17만이었다. 국군 17연대는 2,719명의 병력과 57밀리 대전차포 6문, 바주카포 60문, 105밀리 곡사포 15문, 박격포 30문으로 인민군을 방어하고 있었다.

50년 6월 25일 새벽 4시 인민군은 6사단 14연대와 3여단 등 1만여 명의 병력과 전차 8대, 자주포 5대, 45밀리 대전차포 48문, 122밀리 곡사포 12문, 박격포 217문으로 38선을 넘어 일제히 공격해왔다.

새벽 4시 우박같이 떨어지는 포탄에 국군 장병들은 깜짝 놀라 잠에서 깨어 우왕좌왕하다 전멸할 위기에 처하였다. 자동을 방어하고 있는 1대대장 김희태 소령은 정신을 차릴 수가 없었다. 그는 즉시 후퇴 명령을 내리고 후퇴하다 인민군 포탄에 전사하여 1대대는 지휘자가 없어 대혼란이 왔다.

작산의 3대대도 인민군의 화력에 속수무책이었다. 용감한 3대대장 송호림 소령도 혼란에 빠졌고, 순식간에 옹진읍이 인민군에게 점령되어 17연대는 위기에 처하였다.

25일 아침 9시 "신속히 철수하여 서울 방어에 참가하라!'는 육본의 철수 명령이 내려졌다. 철수를 신속하게 하지 못하면 뒷면이 바다이기 때문에 전멸될 수가 있었다. 백인엽 연대장은 "야전병원은 부포리로 해서 인천으로, 연대본부는 강령으로 철수하고, 군수와 읍장과 서장은 군인들과 같이 철수한다. 작산의 3대대는 강령으로 해서 인천으로 즉시 철수하고, 2대대는 철수하는 부대를 엄호하라."고 명령하였다.

25일 저녁 부평에 LST 2척, 소형 객선 2척이 입항하여 철수를 서둘렀다. 26일 오전 17연대 장병들은 거의 안전하게 승선이 끝나고 무기와 차량은 폐기하였다. 그리고 출항하였다. 백인엽 연대장이 승선을 거부하고 권총으로 자결하려 하자 박정호 소령과 헌병대장 한승령 소령이 극구 말려 연평도로 가서 27일 해군전장 함명수 대위의 함정으로 1,750여 명이 인천으로 철수에 성공하였다. 나머지 1,000여명은 전사하거나 포로가 되었다.

그런데 육본 보도과장 김현수 대령은 17연대는 해주를 점령하고 38선 이북으로 20킬로를 북진하였다고 거짓방송을 하여 현재까지 좌파들은 이 방송을 근거로 국군이 북침하였고 6.25는 미국의 대리전쟁이었다고 주장하고 있다. 국군 17연대는 인민군의 전차 때문에 해주를 점령할 수도, 38선 이북으로 20킬로를 전진할 수가 없는 연대였다. 다른 부대 국군도 인민군 전차 때문에 38선 이북으로 북진할 수가 없다. 국군이 북침하였다고 주장하는 북한 김일성과 좌파들의 주장은 거짓 주장이다.

## 5. 문산 국군 1사단

### 1) 개성의 국군 12연대 참패

문산 북방을 방어하는 국군 1사단은 12연대를 개성 전면에, 13연대는 고랑포 전면에, 11연대는 사단본부와 같이 수색에 있었고, 1사단 총병력은 10,162명이었다. 중화기는 57밀리 대전차포 18문, 바주카포 192문, 105밀리 곡사포 15문, 81밀리 박격포 36문, 60밀리 박격포 54문이었다. 중화기와 차량은 수리한다고 절반 이상이 부평으로 후송되었고, 24일 1/3 이상의 병력이 외출과 휴가를 나갔다.

개성 북방을 방어하는 국군 12연대 3대대는 연안, 2대대는 개성 북쪽을 방어하고 있었고, 1대대는 38선 남쪽 6Km 지점 강릉에서 연대본부와 같이 있었다. 국군 1사단 방어지역은 90Km이며, 12연대 방어지역은 70Km, 13연대는 20Km를 방어하고 있었다.

문산을 공격하는 인민군은 1사단, 6사단, 203전차연대, 206 기계화 부대, 7여단 등 계21,000여 명이었다. 그들은 전차 40대, 자주포 32대, 45밀리 대전차포 168문, 122밀리 곡사포 24문, 76밀리 스탈린포 72문, 120밀리 박격포 18문, 82밀리 61밀리 박격포 수백 문의 화력을 가지고 50년 6월 25일 새벽 4시 국군진지에 30분 동안 각종 포를 퍼부은 다음 전차를 앞세워 38선을 넘어 국군을 공격해 왔다. 인민군 1군단장 김웅 중장은 6사단과 206기계화 부대로 개성 국군 12연대를, 인민군 1사단은 203전차 연대의 지원을 받아 고랑포 국군 13연대를 공격하게 하였다.

인민군 6사단장 방호산 소장은 14연대로 옹진을, 15연대로 개성을 공격하게 하였다. 15연대 조관 대좌는 24일 밤 개성과 여현 사이의 철로를 연결시켜 15량의 열차에 1,000여명의 전사들을 태웠다. 25일 새벽 4시 기차 머리에 '서울행' 이라고 쓰고 아침 6시 개성역에 도착하여 후방에서 국군 12연대를 공격하니 국군 12연대는 앞과 뒤에서 공격을 받아 거의 전멸되었다.

연안을 방어하고 있는 국군 12연대 3대대장 이부중 소령은 25일 새벽 4시 우박같이 쏟아지며 터지는 포탄소리에 놀라 9, 10, 11 중대장을 전화로 연결하려 해도 연결이 전혀 되지 않아 정신이 없었다. 중대장들 역시 대대장에게 아무리 전화해도 통화가 되지 않아 중대장들도 정신이 없었다. 3대대는 속수무책이었다. 결국 이부중 소령은 "3대대는 강화로 철수하라!"는 명령을 내리고 즉시 철수하는데 후방인 배천을 이미 인민군이 점령하여 후퇴할 길이 없었다. 3대대는 포로가 되거나 거의 전멸하였다.

개성 북방을 방어하고 있는 12연대 2대대장 한순화 소령(육사3기) 부대는 25일 새벽 5시 전차로 보이는 차량 3대가 개성에서 평양으로 가는 국도의 국군 검문소로 오는 것을 보고 헌병이 "이상하다! 새벽에 무엇 때문에 전차가 올까?" 하면서 손으로 정지신호를 보냈다. 전차가 정지하면서 차 밖으로 고개를 빼고 "야, 임마! 우리는 서울을 해방시키려고 가는 인민군 전사다. 정지가 뭐냐?" 하면서 탱크의 기관총이 헌병의 가슴에 벌집을 만들고 전차는 헌병초소를 뭉개버리고 유유히 남쪽으로 향하였다.

2대대장 한순화 소령이 이 급보를 받고 개성에서 문산으로 후퇴하려고 하였으나 이미 개성을 인민군이 점령하고 있어 후퇴할 수가 없었다. 2대대도 전멸위기에 놓였다. 한순화 소령은 "만난을 극복하고 김포로 철수하라!"고 명령을 내리고 철수하였다.

연대본부와 같이 있는 12연대 1대대 주번사령인 정범진 대위는 25일 새벽 5시 30분 기상하여 6시에 일조점호를 취하는데 연병장에 포탄이 떨어져 장병들이 깜짝 놀라 웅성거렸다. 정범진 대위는 비상을 걸고 완전무장하여 전투태세를 갖추게 하고 3대대와 2대대에 아무리 연락을 해도 연락이 되지 않았다.

전성호 12연대장이 포 소리에 놀라 연대본부 사무실에 도착하여 1

대대를 인솔하여 문산으로 후퇴하였다.

25일 오전 9시 30분 인민군 6사단 15연대는 개성을 완전히 점령하였다. 국군 12연대는 대패하였다. 전성호 12연대장은 임진교를 건너다 적탄에 맞아 부상을 당해 후송되었다. 그의 나이 52세로 광복군 출신이었다. 12연대 1대대가 임진강교를 건너 문산에 오니 25일 오후 2시였다. 1대대장 신형호 소령은 기적적으로 영산포로 후퇴하여 부대를 재편성하였다.

2) 국군 13연대 대승

국군 13연대 김익렬 연대장은 3대대는 고랑포 전방을 방어하고, 1대대는 자하리에서 훈련을 받게 하고, 2대대는 연대본부와 같이 문산 위 임진리에 있었다. 장병들은 24일 휴가 외출을 보내 부대 안에 절반 정도 남아 있었다.

50년 6월 25일 새벽 4시 인민군의 포격이 일제히 시작되었다. 고랑포를 지키고 있는 유재성 3대대장은 깜짝 놀라 각 중대장에게 연락하니 전화가 모두 불통이었다. 대덕산을 지키고 있던 11중대가 새벽 4시부터 집중포화를 맞고 거의 전멸하였다. 유재성 3대대장은 9중대와 12중대와 중화기 중대를 대대진지에 배치하였다.

6월 25일 아침 8시 대대진지 앞 하곡동으로 인민군 전차 7대가 오고 있었다. 전차 뒤에는 보병 1개 중대가 따르고 있었다. 3대대 보병들은 인민군 보병을 공격하고, 중화기부대는 인민군 전차에 전화력으로 공격하였다. 유재성 대대장은 9중대 1소대장 장두철 중위에게 특공대를 조직하여 공격하라고 명령을 하여 특공대 8명이 전차를 공격하였으나 인민군의 집중사격으로 8명 전원 전사하였다. 유 대대장은 특공대 7명을 다시 선발하여 대전차포 소대장 신병관 중위에게 바주카포탄과 수류탄으로 공격하라고 명령하여 집중공격을 하였으나 이 역시 실패하였다. 인민군 전차도 계속되는 국군 특공대 공격에 겁이 나는지 후퇴하고는 나타나지 않았다. 유재성 3대대는 밤 9시 후퇴하여 뗏목을 만들어 임진강을 건너 금곡에 집결하여 인원을 점검하니 절반 이상이 전사하고 300명뿐이었다.

　25일 새벽 자하리에서 훈련 중인 13연대 1대대는 새벽 대포소리에 깜짝 놀라 대대장 김진위 소령이 연대본부에 전화하니 작전주임 최대명 대위가 "파평산 및 금파리 고사동 진지로 들어가시오!" 하여 즉시 진지에 들어갔다. 김진위 대대는 14연대 반란 후부터 최전방부대가 아니면 실탄이 지급되지 않은데다, 훈련 중이라 실탄이 전혀 없어 만일 인민군이 온다면 전멸 위기에 처하여 연대에 실탄을 공급해 달라고 애원하였다. 연대로부터 실탄이 운반되어 실탄을 지급받고 진지에 들어가니 6월 25일 12시였다. 이때 인민군 1개 대대정도가 붉은 기를 앞세우고 금파리 쪽에서 4열종대로 오고 있었다. 인민군 선두가 코앞에 오자 김진위 대대는 박격포와 105밀리 곡사포 4문으로 소낙비 내리듯 포탄을 퍼부으니 인민군은 혼비백산하여 고랑포 쪽으로 도망쳤다. 오후 2시경 인민군 전차가 선두가 되어 적성방면에서 금파리 쪽으로 오고 있었다. 김진위 대대장은 대전차포, 바주카포, 곡사포로 전차를 향해 집중사격 하였다. 전차는 많은 중포의 공격에 놀라 객서리 쪽 마을로 숨어 버렸다. 뒤에 따라 오던 전차가 포신을 1대대를 향하여 포를 쏘아댔다. 김진위 대대장은 위기를 느끼고 즉시 특공대를 조직하여 8명에게 전차 한 대에 한 명씩 책임을 지워 박격포탄 2발과 TNT를 묶어 전차에 접근하여 전차 바퀴에 던지라고 명령하였다. 특공대 8명 중 4명은 전차를 향해 접근 중 기관총 공격에 전사하고 4명은 객서리 마을로 접근하여 전차에 TNT를 던지니 전차 4대가 폭음을 내며 불이 붙어 검은 연기가 하늘을 가렸다. 나머지 전차는 적성방면으로 부리나케 도망쳤다.

　25일 오후에는 인민군이 얼씬도 하지 않았다. 김익렬 연대장은 오전 8시 연대본부에 도착하여 13연대를 지휘하였다.

백선엽 사단장은 25일 아침 7시 30분 사단 작전참모 김덕훈 소령의 연락을 받고 육본에 들려 명령을 수령하여 수색 사단본부에 도착하니 9시 30분이었다. 부대 도착 즉시 전황을 보고받고 사단사령부를 문산 초등학교로 옮겼다. 백 사단장은 인민군 1사단이 파평산을 정면으로 공격하지 못하고 파평산을 돌아 금곡 쪽으로 빠져나가려는 징조가 보이자 13연대 2대대로 하여금 계목동에서 인민군을 저지하게 하였다. 그리고 11연대 3대대로 하여금 인민군 1사단이 문산을 공격할 것을 대비하여 동쪽에 배치하고 인민군을 저지하게 하였다. 12연대장 전성호 대령이 부상으로 후송되자 후임으로 김점곤 중령을 임명하였다. 사단 사령부를 문산초등학교에서 파주초등학교로 옮기자 유선가설이 되지 않아 사단이 연대의 전황을 파악할 수 없고 작선지도를 할 수 없어 지장이 많았다.

25일 오후 6시 문산 1사단에 교도연대, 5사단 15연대, 20연대 3대대, 육사교도대, 보병학교 교도대, 갑종간부후보생 등이 증원되어 배속되었다. 공병대대장 장지은 소령이 문산이 위험하니 임진교를 안전할 때 폭파하자고 건의하였다. 그러나 백 사단장이 12연대 장병들을 좀 더 기다리자고 해서 지연되고 있었다.

25일 오후 3시가 넘어서 임진교에 인민군 전차가 오고 있었다. 11연대 1대대 대전차포와 바주카포 부대가 인민군 전차를 집중으로 공격을 하니 2번 전차가 파괴되었다.

"장 소령님! 지금 다리를 폭파 하십시오! 인민군 전차가 다리를 건너고 있습니다."

11연대 1대대 부대대장 고립현 대위가 숨이 넘어갈 듯 다급하게 소리쳤다.

"교량과 철도는 국방부장관의 승인이 없이는 폭파할 수 없다. 명령이 없는데 내가 무슨 권한으로 폭파를 하는가?" "언제 장관에게 가서 폭파 허가를 받습니까? 우리가 다 죽은 다음에는 누가 허가를 받을 것입니까? 누르십시오!' 그래도 장 소령은 명령이 없다고 폭파장치를 누르지 않아 고립현 대위의 가슴이 터질 지경이었다.

이때 백사단장이 장 소령에게 다리를 폭파하라고 명령하여 장 소령이 폭파장치를 눌렀으나 양군의 포사격으로 도화선이 절단돼 결국 임진강교와 철교를 폭파하지 못하여 인민군 6사단은 만세를 부르며 임진강교와 철교로 남하하였다.

11연대는 인민군 공격을 대전차포 5문으로 방어하였으나 견디지 못하고 대전차포 5문, 차량 20대를 파기하고 6월 25일 오후 10시경 만전리로 후퇴하였다.

명령이 없어도 국가가 위기에 처할 때, 그리고 장병이 전멸 직전의 상황이 발생될 때, 그리고 상관이 남로당 좌파로서 국군에게 불리한 명령을 내릴 때는 이를 거절하고 지휘관의 판단으로 지휘관은 부하들에게 명령을 내려야 했었다.

### 3) 50년 6월 26일 문산의 격전

26일 아침 일찍 12연대장에 부임한 김점곤 중령은 개성에서 후퇴한 12연대 2대대 한순화 소령 부대의 소수를 이끌고 문산에 도착하였다. 1대대장 신형호 소령도 영산포로 철수하여 소수병력을 이끌고 문산에 도착하여 병력을 점검하니 3,000여 명이던 연대병력이 600여 명뿐으로, 2,400여 명이 전사하거나 포로가 되었다. 이들을 문산 서쪽에 배치하여 인민군을 방어하게 하였다.

26일 새벽에 인민군은 임진교 동쪽 4킬로 지점인 비이리를 공격해와 11연대 2중대 김봉건 중위 부대가 잘 막고 있었다. 그러나 인민군이 전차 11대를 앞세워 11연대 1대대를 공격하자 1대대는 더 이상 방어를 못하고 문산초등학교로 후퇴하였다. 11연대 2대대도 인민군 전차에 밀려 8시 30분 문산으로 후퇴하였다. 백 사단장은 오전 10시 40분 11연대 1대대가 있던 곳을 탈환하라고 명령하였다. 11연대 1대대와

3대대와 육사교도대 2개 중대가 공격하여 문산 고지를 탈환하였다. 공병대장 장지은 소령은 공병대를 집합시켜 임진교 폭파실패를 통감하고 수류탄과 TNT를 묶어 임진교 근처에 매복하고 있다가 전차 3대가 넘어오자 TNT를 던져 전차 3대를 파괴시켰다. 이때 장지은 소령은 부상 후 후송도중 전사함으로 임진교 폭파 실수에 대한 책임을 진 것 같았다.

광주 5사단 15연대장 최영희 대령이 3대대를 이끌고 문산에 도착하여 문산 동쪽 이천리에서 인민군 1사단의 공격을 막기 위하여 배치되었다. 육본에서는 "백 사단장, 26일 오후 1시 의정부가 인민군에 의해 점령되어 동두천에서 싸우고 있는 국군이 포위되어 송추 근방으로 후퇴할 것이오. 선전을 바랍니다!" 하는 현재 의정부 전황을 전해 주었다.

### 4) 반석고개 뚫려 문산 위기

인민군 1사단장 최광 소장은 파평산에서 국군 13연대가 잘 싸우고 있어 좀처럼 문산을 공격할 수 없었다. 따라서 파평산 뒤를 돌아 어우동, 노파동, 반석고개, 이천리를 거쳐 문산을 공격하도록 명령하였다. 인민군 전차부대 전차 14대는 26일 새벽 공격을 시작하였다. 노파면을 지키고 있던 국군 13연대 3중대가 포위되었다. 유재성 대대장이 김익렬 연대장에게 "연대장님, 전차 10대가 남진하고 있습니다!" 라고 보고하자 "전차는 보병과 같이 오지 않기 때문에 반석고개를 넘지 않을 것 같으니 특공대를 조직해서 파괴할 테니 특공대를 조직하라!" 고 명령하였다. 그러나 조금 있으니 인민군 전차 10대가 반석고개를 넘어 이천리를 지나 국군의 저항이 없자 문산경찰서 앞에 도착 줄지어 서서 전차포로 문산 동쪽을 방어하는 11연대와 12연대에 퍼부으니 문산 11연대와 12연대는 크게 혼란에 빠졌다.

11연대장 최경록 대령은 대전차포 2문으로 선두전차를 공격하라고 명령하였다. 여러 발의 포탄이 전차에 명중하였으나 인민군 전차는 끄떡도 하지 않고 11연대를 향해 불을 품었다. 평지라서 육탄공격도 어려웠다. 전차 4대가 더 추가되어 왔다. 11연대와 12연대는 전차 14대에 의해서 속수무책으로 무너지고 문산이 위기에 처하였다. 이때 6포병대장 노재현 소령이(12.12반란 때 국방부장관) 105밀리 곡사포로 14대의 전차를 향해 쉴 새 없이 공격하여 위기를 모면하였다. 15연대 3대대가 6포병대 뒤에 배치되었는데 사단에서는 노재현 소령에게 보고를 하지 않아 3대대가 인민군인 줄 알고 6포병대가 급히 문산 밑 위전리로 철수하였다. 백사단장은 전차 14대의 위기를 모면 한 후 11, 12, 13연대를 위전리 선으로 후퇴하라고 명령하였다. 사단사령부는 봉일천 초등학교로 철수하였다.

광주 5사단 20연대 3대대가 도착하였다. 20연대 3대대는 봉서산에 배치하여 철수하는 부대를 엄호함으로써 모든 부대는 26일 밤중까지 위전리로 철수를 무사히 끝낼 수 있었다.

### 5) 50년 6월 27일 국군 1사단 위전리에서 방어

6월 27일 새벽 백선엽 사단장은 인민군이 오기 전 각 부대가 진지에 들어가야 하기 때문에 마음이 급했다. 광주 5사단 20연대 3대대는 15연대에 배속시켜 15연대를 2개 대대로 편성하여 사단 좌일선에 배치하고, 13연대는 파주에서 고양 쪽으로 배치하였다. 그리고 11연대는 제2선, 12연대는 예비대로 사단사령부와 같이 있게 부대 배치를 하였다. 27일 오전 10시 장병들은 부대 배치가 완료되어 진지에 들어갔다.

인민군은 25일도 공격이 예리하지 못하였고, 26일도 공격이 예리하지 못하였다. 국군 15연대 최영희 연대장은 전차가 지나가도 끄떡없게 호를 깊이 파라고 독려하였다. 그리고 연대의 모든 화력을 도로를 중심해서 배치하였다. 15연대는 바주카포 6문, 대전차포 8문, 육탄공격조 10개조를 편성하여 전차를 집중공격하게 하였으며, 105밀리 곡사포 3문도 지원 받았다. 국군 1사단은 인민군이 오기만 기다리고 있었다.

인민군 6사단은 국군 11연대에, 인민군 1사단은 국군 13연대에 많은 피해를 입고 재편성 중이어서 계속 전격작전을 하지 못하고 있었다.

6월 27일 11시경 인민군은 18대의 전차를 앞세우고 보병들의 엄호 하에 봉암리 쪽에서 위전리 쪽으로 오고 있었다. 최영희 연대장은 10개조 육탄공격조에게 전차를 공격하라 명하였다. 육탄공격조가 수류탄을 들고 전차에 붙어 공격하여 선두전차 4대를 파괴하였다. 이때 특공대를 인솔한 9중대장 이선도 대위가 후미 전차의 기관총에 맞아 현장에서 전사하였다. 국군 장갑차 10대가 인민군 전차에 대들었다가 장갑차 8대가 순식간에 파괴되고 2대만 도망쳤다. 인민군 전차가 국군 진지를 통과하자 15연대 전 화력은 전차 뒤의 배기통과 연료통을 집중 공격하였다. 이때 인민군 보병 2개 대대가 15연대를 공격하고 있었다. 15연대는 더 이상 견디지 못하고 오후 6시경 봉일천으로 후퇴하였다. 꼬박 8시간을 싸운 후였다. 15연대는 전사자가 100여 명이었다. 급히 후퇴하느라 부상병은 데려오지 못하였다.

파주와 고양을 방어하고 있는 13연대 1대대 정면에 전차 7대가 공격해오고 있었다. 1대대장 김진위 소령은 바주카포와 대전차포 사수들에게 전차 바퀴줄을 집중 공격하도록 명령하여 선두 전차 3대를 파괴하였다. 그러자 후미전차는 도망치고 말았다.

13연대 3대대 유재성 소령부대 정면에도 전차 7대가 공격해왔다. 유재성 대대장은 포대원들에게 전차 바퀴줄을 공격하게 하여 전차 1대가 파괴되니 나머지 전차는 도망쳐버렸다. 13연대는 인민군 보병과 치열한 전투를 하면서 밤11시 고양 방면으로 후퇴하였다.

6월 26일 동두천에서 싸우다 의정부를 인민군이 점령하여 퇴로가 차단되어 적성과 마차산에서 고립되어 있던 18연대 2대대가 인민군 점령지역인 적성과 법원리를 거쳐 용지리 가자미고개를 통과하고 있었다. 18연대 2대대가 적진을 통과하는데 대담하게 열을 지어 행군하자 인민군은 이들이 인민군인 줄 알고 전혀 신경을 쓰지 않아 사상자가 전혀 없이 적진을 빠져나왔다.

6월 27일 오후 4시경 참모학교장 김홍일 소장이 채병덕 소장의 작전지도를 위촉받고 봉일천의 1사단 사령부에 도착하였다. 김홍일 장군은 백 사단장에게 "인민군이 어제 의정부를 점령하고 오늘은 수유리가 점령되어 내일 오전에는 서울까지 진격할 것으로 보고 있습니다. 그러니 1사단 차량과 야포와 병력이 건재하니 오늘 밤 한강 이남으로 안전하게 철수하여 한강에서 인민군을 저지하는 것이 좋을 것 같습니다."하고 철수를 권고하였다.

"채 총장님으로부터 사수하라는 명령을 받았지 철수하라는 명령은 없었습니다. 경솔하게 임무를 방기할 수 없습니다."

"서울이 점령되면 1사단 퇴로가 차단되어 붕괴가 올지 모릅니다. 그러니 수색이나 행주를 통해 철수할 수 있도록 공병대를 먼저 파견하여 뗏목을 만들어 부대가 한강을 건널 수 있도록 해서 1사단 장병들의 생명을 안전하게 보전하는 것이 사단장의 책임이요 도리일 것입니다."

"그러면 속히 채 총장님을 만나 명령을 내려 주십시오! 그러면 즉시 철수하겠습니다!"

"그렇게 하겠소! 지금 내가 즉시 육본으로 가겠소!"

김 장군이 육본으로 떠난 후 백사단장은 극비에 공병대장에게 "행주에 가서 1사단이 철수할 수 있도록 준비하라! 이것은 극비로 하라!"고 지시하였다.

6월 27일 오후 7시 전령이 채병덕 총장의 명령서를 가져왔다. 그 내용은 "미군이 참전한다. 1사단은 현지를 사수하라. 참모총장 채병덕 소장"이라 하였다. 백 사단장은 이 명령서를 받고 철수준비를 중단하였다.

이때 백선엽 1사단장은 공병대에게 철수준비를 중단시키지 말고

"국군 1사단이 한강을 건널 수 있도록 준비하라"고 했어야 했다. 그것은 김홍일 소장을 통해서 수유리 전황을 들었고, 인민군이 서울을 점령하면 한강 때문에 잘못하면 장병이 전멸될 수 있기 때문이다. 특히 포병부대는 27일 밤중에 한강을 건너 다음 작전을 준비했어야 했다.

　백사단장은 사령부로 부대장들을 소집하였다. 11연대장 최경록, 12연대장 김점곤, 13연대 김익렬, 15연대 최영희, 유해준 중령, 6포병대장 노재현 소령 등이 도착하였다.

　"여러분! 육본에서는 미군이 참전하였으니 현 위치를 사수하라는 명령이요. 그래서 방어는 역습을 병행해야 성공할 수 있기 때문에 내일 아침 미명에 역습을 하려고 하는데 연대장들의 의견은 어떤지 말씀해 보시오."

　"역습을 해야 합니다. 싸워보니 별거 아닙니다. 특히 전차에 대해서 초전에 불안하였는데 이제는 장병들이 겁을 내지 않고 자신을 갖고 있습니다. 105밀리로 500~1000미터 거리를 두고 직격탄으로 쏘아대고 바주카포와 대전차포로 바퀴줄을 공격하니 선두전차가 고장이 나면 길이 좁아 후미전차는 도망치고 있습니다. 포병이 전차만 막아준다면 인민군 보병과 포병은 문제가 아닙니다. 그러니 내일 아침 역습해서 본때를 보여주어야 합니다. 성공하면 문산까지 밀어붙여야지요!"

　최영희 연대장과 노재현 6포병대장이 역습을 주장하고, 최경록, 김점곤 연대장이 찬성하였다. 그리하여 1사단은 28일 아침 인민군을 역습하기로 하였다. (이때 백사단장은 김홍일 장군이 "인민군이 의정부와 수유리를 점령하고 내일이면 서울이 점령되어 국군 1사단의 후퇴길이 없어 사단에 위기가 올지 모른다."고 한 말을 하지 않아 연대장들이 의정부 방면의 전황을 모르고 반격하자고 한 것 같다. 결국 이 결의가 1사단이 전멸되는 결과가 된 것은 조금 후에 나타나게 된다.)

　6) 50년 6월 28일 국군 1사단 봉일천에서 역습

백 사단장은 6월 28일 오전 8시 한강에서 철수하지 않고 개전 4일 만에 전력이 회복되어 역습을 하기 위해 연대장들에게 작전지시를 하였다.

"각 연대장들은 위전리 전선을 회복하면 여세를 몰아 문산을 탈환해 주시오. 지금까지 인민군과 싸워보니 해 볼 만합니다. 그러니 오늘도 선전해 주시기 바라오. 11연대와 13연대는 현 위치에서 반격하여 위전리, 도내리, 제3방어선을 회복해 주시오."

11연대는 3대대와 2대대를 공격 선두에, 1대대를 예비대로 하여 오전 8시 30분 공격이 시작되었다. 교도대장 유해준 중령은 사단 중앙에서 공격해 들어갔다. 유해준 부대는 인민군의 저항 없이 도내리 고지를 탈환하였다. 위전리 근방에서 남하하는 인민군 말이 끄는 포차 20대를 발견하고 공격하자 20대의 포차에서 포탄 터지는 소리가 진동하여 인민군은 45밀리 대전차포도 놔두고 도망을 쳐 인민군의 무기를 노획하였다.

11연대 3대대는 인민군 남하를 저지하면서 28일 11시 금촌 북방 95고지를 점령하였고, 2대대는 오후 1시 사체리까지 진격하였다. 13연대 2대대와 3대대는 양지리에, 1대대는 벽제리에 진격하여 진지를 고수하고 있었다.

7) 50년 6월 28일 국군 1사단 봉일천에서 역습 중 붕괴

"사단장님, 부상병을 실은 엠브런스가 서울로 가려고 했으나 녹번동에서 인민군 전차의 저지를 받고 다시 이곳으로 돌아왔습니다. 인민군이 서울을 점령한 것 같습니다."

"사단장님, 오늘 새벽 한강교가 폭파되었다고 합니다."

"사단장님, 육본과 연락이 전혀 되지 않고 있습니다."

"사단장님, 군수참모 박경원 중령이 수색에 탄약을 가져오려고 가다가 인민군의 공격을 받고 이곳으로 도망쳐 왔습니다."라는 보고를

듣고 백선엽 1사단장은 서울을 인민군이 점령한 것이 확실하다고 판단하였다. 참모장과 작전 참모가 백사단장에게 "철수해야 합니다!" 하고 건의하였다.

백 사단장과 참모들은 앞이 캄캄하였다. 백 사단장은 즉시 연대장들을 소집하였다.

"인민군이 오늘 아침 서울을 점령하고 한강교가 폭파된 것 같습니다. 미 지상군이 오면 한강 선에서 방어해도 가능할 것 같습니다. 그러므로 1사단은 오늘 저녁 시흥으로 후퇴합니다. 후퇴 중 지휘 연락은 기대하기 어려우니 일개 장병에 이르기까지 철저히 주지시켜 장병 한 사람이 총 한 자루라도 더 많이 가지고 시흥으로 집결해 주시기 바랍니다. 한시라도 빨리 도하지섬을 확보해서 각 연대가 한강을 도하하는 데 지장이 없게 해 주시오. 만일 미 지상군이 오지 않으면 우리는 지리산에서 게릴라가 되어 끝까지 투쟁할 것입니다. 여러분들의 자중과 용전을 기대하면서 시흥에서 만나기를 바랍니다."

백 사단장이 비장한 철수계획을 말하자 어느 듯 연대장들의 눈에 눈물이 고였고, "도대체 의정부에서 어떻게 싸웠고, 육본은 어떻게 하였기에 우리에게 철수명령도 내리지 않고 자기들만 도망쳤단 말인가!" 하며 분노를 참지 못하였다.

"철수는 행주나루에서 해야 합니다. 이유는 도하 자제를 구하기 쉽기 때문입니다."

최영희 연대장이 주장하였다.

"행주는 이미 인민군이 와 있다고 보아야 합니다. 그러므로 위험합니다."

"이산포로 철수하는 것이 좋습니다."

김점곤과 석주암 참모장이 주장하였다.

"그러면 사단 주력은 행주에서, 11연대 · 12연대 · 유해준 교도대는 이산포, 나머지는 행주에서 철수한다!"

백 사단장의 결정에 모두 동의하였다.

최영희 연대장은 공병대를 이끌고 행주로 가서 도하 준비를 하고 있었다. 행주에 가서 보니 아직 인민군은 오지 않았다. 공병대는 민간인 선박 30척을 모아 문교와 잔교를 만들어 차량이 통과하게 하였다. 한강 건너편 상륙할 지점을 알아보니 이미 김포비행장에 인민군 6사단 14연대가 와 있었다. 이 보고를 받은 최영희 연대장은 깜짝 놀라 1사단이 완전히 포위된 것을 알았다.

"사단장님, 김포에 인민군이 와 있다고 합니다. 피해가 있다 해도 급히 철수를 해야 할 것 같습니다. 만일 서울을 점령한 인민군이 행주 나루터로 오게 되면 우리는 전멸될 위기에 처할 것 같습니다. 인민군이 행주에 오기 전에 한강을 건너야 합니다."

백 사단장은 이와 같은 건의를 받고 작전을 바꾸어 즉시 철수를 명하였다. 이때가 28일 오후 2시였다. 공격 5시간 30분 만의 일이었다. 국군 1사단은 6포병대의 엄호를 받으며 행주와 이산포로 철수가 시작되었다.

13연대 본부중대장 박구준 중위가 본부중대원들을 이끌고 철수하려고 "집합!" 하자 장병 세 명이 "나라가 망했는데 무슨 집합입니까?" 하고 방해를 하고 있었다. 이 말을 듣고 박구준 중대장은 '저놈들은 틀림없이 빨갱이다. 잘못하면 저놈들에 의해 우리가 다 죽는다.'는 생각이 들었다. 박 중대장은 그 세 사람을 향해,

"뭐라고? 나라가 망했는데 무슨 집합이냐고? 이 새끼들 빨갱이구나! 네 놈이 나라가 망했는지 망하지 않았는지 어떻게 아느냐?" 하고 그들이 총을 들기 전에 권총으로 사살하였다. 그러고는 "집합!" 하자 전 중대원들이 즉시 집합하였고, 장병들이 말을 잘 들었다.

13연대 3대대장 유재성 소령이 한강을 도강하려고 28일 밤을 이용하여 밤새 걸어서 29일 새벽 불광동 근방에 도착하였다. 부대를 점검하니 10, 11, 12 등 3개 중대가 보이지 않았다. 유재성 대대장은 흔적을

살펴보니 서울로 가고 있는 것 같아 바짝 추격하였더니 예상대로 서울로 가고 있었다. 그래서 장병들에게 "길을 멈춰라!" 하고 고함을 치자 장병들이 가던 길을 멈췄다. 그리고 보니 장병들을 5사단 작전참모 오예택 소령이 이끌고 서울로 가고 있었다. 이때 오 소령이 "중대장들이 나보고 지휘해 달라고 해서 지금 가는 중이다."라고 하여 유 소령이 중대장들에게 "내가 있는데 왜 오 소령에게 부대를 지휘해 달라고 하였느냐?"고 질문하자 "우리는 오 소령에게 지휘해달라고 한 일이 없습니다!" 하고 중대장들이 대답하였다. 이 말이 끝나자마자 유 소령은 권총을 빼들고 오 소령 앞에 섰다. "오 소령! 저 말 들었지? 장병들을 이끌고 수색으로 가야지 왜 서울로 가고 있는가? 서울은 이미 인민군이 점령하였다. 당신 서울에 가서 인민군에게 투항하려고 했지? 왜 계급장은 뗴었지? 이 빨갱이 새끼야!" 하며 오 소령이 공격하기 전에 유재성 소령은 오 소령의 가슴에 총을 쏘았다. 오 소령은 그 자리에서 즉사하였다. 유재성 소령은 장병들을 향해 주의를 주었다.

"각 중대장들은 잘 듣기 바란다. 부대에서 이상한 눈치만 보이면 무조건 먼저 쏘아야 한다. 아직도 국군 안에 빨갱이들이 많이 있다. 이놈들이 들고 일어나면 우리는 싸우지도 못하고 다 죽는다!" 하고 중대장들에게 "권총에 실탄을 장전하게 하고 안전핀을 항상 풀어놓고 권총을 쏠 자세로 언제든지 다녀라" 하고 명령하였다. 그리고 "호랑이는 외부와의 싸움은 잘 하나 속에서 병이 들면 이기지 못하고 죽고 만다. 제일 무서운 적은 내부의 적이다."라고 주의를 주었다. 13연대는 필사적으로 29일 새벽 한강을 건넜으나 많이 죽고 말았다.

행주나루터와 이산포는 국군 1사단과 의정부 7사단 패잔병들이 모여 대 혼잡을 이루었다. 한강을 건널 수 있는 배는 어선 30척 정도가 있었는데 어선 30척 가지고는 1개 사단 이상이 도저히 한강을 건널 수 없었다. 그래서 "포로가 되느니 차라리 죽자" 하고 김홍계 중위는 아예 자살하였고, 서울로 가는 장병도 있었고, 사복으로 갈아입고 숨는

장병, 수영을 하여 한강을 건너다 죽은 장병 등 한강을 건너는 방법들
이 이루 말할 수 없었다. 부상병들은 버스와 트럭에 실려 행주나루터
까지 왔으나 대책이 없어 살려달라고 아우성이었다.

　12연대 800여 명은 한강을 건너 강둑을 막 올라가려는데 인민군의
공격을 받고 12연대 2대대는 한강에서 빠져나와 군산에 상륙하여 북
상하였다. 유해준 부대와 20연대 3대대는 후퇴명령을 받지 못해 거의
전멸되었다. 11연대와 13연대는 많이 희생되었으나 그래도 한강을 순
조롭게 건넜다.

　백선엽 사단장은 각 연대장과 참모들 50여명과 한강을 건너 시흥으
로 걸어가고 있었다. 국군 1사단은 차량 150대와 각종 포를 모두 파기
하였다. 그리고 28일 오후 2시부터 29일 새벽까지 부상병만 남겨놓고
몸만 한강을 건넜다. 만일 이때 인민군의 곡사포가 행주와 이산포에
공격을 하였다면 전멸하였을 텐데 다행히 인민군의 공격이 없었다.

　국군 1사단은 4일 동안 인민군 2개 사단을 맞이하여 인민군 2,000여
명을 죽이거나 부상을 입혔고, 포로 67명, 전차 13대를 파괴하고 포28
문, 기관총 58정, 소총 363정, 단기관총 93정을 노획하는 전과를 올리
면서 잘 싸웠다.

　국군 1사단과 춘천의 6사단, 강릉의 8사단은 전차를 보지도 못하였
고 방어훈련도 받아본 일이 없어도 잘 싸웠다. 육군본부에서 전차에
대한 방어훈련을 잘 했으면 국군은 절대 참패하지 않았을 것이다. 그
러므로 신무기에 대한 방어훈련이 얼마나 중요한 지 알 수 있다.

　국군 1사단의 4일 동안의 피해는 전사: 장교 37명, 사병 284명, 실종:
장교 45명, 사병 587명이었는데, 한강을 건너면서 당한 피해는 실종:
장교 81명, 사병 2,435명 계 3,469명으로 4일 동안 싸우다 피해를 본
것보다 한강을 건너다 피해를 본 것이 훨씬 많았다. 결국 채병덕 총장
과 김백일 참모부장이 1사단에 후퇴 명령을 내리지 않은 것이 1사단을
붕괴시키는 결과를 가져와 책임을 면할 길이 없다. 그리고 김홍일 소

장이 백선엽 사단장에게 수유리 전황에 대해 설명을 하면서 철수를 권고 하였고, 1사단 배후에는 한강이 있기 때문에 철수를 잘못하면 사단이 전멸할 수 있는 데도 철수 준비를 하지 않고 오히려 28일 오전 8시 반격하다 아까운 목숨 3,400여명이 죽고, 차량과 중화기를 모두 파기하고 1사단이 붕괴되는 어처구니없는 일이 벌어졌다.

　백선엽 1사단장은 채병덕 총장의 명령이 없어 후일 문책을 당한다해도 김홍일 장군이 철수를 권고했기 때문에 1사단 장병들 중 2개 연대로 방어하고 1개 연대와 포병대는 반드시 한강을 안전하게 철수시켜 장병들의 생명을 보호하고, 철수 후 국군 1사단이 한강에서 잘 방어하였다면 국군이 한강 방어에서 처참하게 패하지 않고 국군의 위신도 세웠을 것이다. 결국 백 사단장도 몇 시간 후 채병덕 총장의 철수명령이 없는 데도 철수를 했기 때문이다. 백선엽 사단장이 철수하지 않은 것에 대한 책임은 면할 길이 없다.

　강릉 8사단 이성가 사단장은 채병덕 참모총장의 명령이 없는 데도 장병들을 살리기 위하여 대관령으로 철수해서 8사단이 이후 인민군과 잘 싸운 것이 좋은 예이다.

　잘 싸웠던 국군 1사단은 이렇게 붕괴되었다. 한강을 기적적으로 건넌 장병들은 4일 동안 거의 식사를 못하여 걷는 것은 그만두고 눈조차 뜰 기운이 없었다. 그들은 소총도 없이 맨주먹으로 걷고 또 걸어서 시흥으로 가고 있었다. 그들의 차림은 속옷만 입고 있거나 맨발로 걷는 장병들도 있어 거지 중에 상거지였다. 인민군은 이러한 국군 패잔병 2,000여 명을 포로로 잡아 김포비행장에 가두어 놓았다.

## 6. 잘 방어한 동두천 국군 7사단 1연대

### 1) 25일 국군 7사단 1연대 동두천 전투

50년 6월 10일(6.25 15일 전) 의정부 육군 7사단장에 유재흥 준장이 부임하였다. 7사단 소속 1연대는 동두천 북방에, 9연대는 포천 북방을 방어하고 있었고, 사단 사령부는 의정부에 있었다. 예비연대인 25연대는 부대 이동명령을 받고 25일 현재 온양에 있어, 남한에서 가장 중요한 수도를 방어해야 할 7사단은 예비연대가 없었다.

병력은 7,500여 명, 중화기는 57밀리 대전차포 12문, 바주카포 128문, 105밀리 곡사포 15문, 61밀리 박격포 26문, 60밀리 박격포 54문, 제8포병대와 공병대가 있었다.

이준식 전 사단장은 1년 6개월 동안 7사단장으로 있으면서 진지하나 구축해놓지 않아 포천위 신북면사무소 위쪽에 토치카 하나 있는 것이 고작이었다.

50년 6월 18일 아침(6.25 7일 전) 미 국무장관 델레스, 무쵸 주한 미 대사, 라이트 미 군사고문단 참모장, 신성모 국방부장관, 임병직 외무부장관, 채병덕 참모총장, 미 고문관, 육본 국장 등이 7사단 사령부에 도착하여 동두천 위 초성리 38선의 전초진지에서 전방을 시찰하였다. 이때 유재흥 7사단장이 이들에게 현재 상황을 보고하였다.

"인민군의 움직임이 심상치 않습니다. 인민군의 T34형 전차는 철원으로 이동하였고, 병력도 38선 부근으로 이동하였습니다. 제일 문제는 인민군 전차를 막을 무기가 한국군에는 전혀 없다는 것입니다. 그러므로 대전차 지뢰가 절대 필요합니다. 다음은 105밀리 곡사포 1개 대대가 있으나 1문 당 3탄씩뿐이어서 만일 인민군이 남침하면 탄약이 절대 부족하여 큰 문제가 발생할 것입니다."

유 사단장의 105밀리 곡사포 실탄이 없다는 보고에 어느 누구도 귀를 기울이는 이가 없었다. 이후 델러스 미 국무장관이 국회 연설에서 "만일 한국이 외부로부터 침략을 받을 경우 미국은 물심양면으로 원조 하겠습니다."라고 연설을 하고 한국을 떠났다. 이때 채병덕 총장과 유재흥 사단장은 부천에 105밀리 포탄이 많이 있고, 또 수색에 있는 1

사단의 병기 창고에 105밀리 곡사포 포탄이 많이 있으니 우선 몇 백 발의 포탄이라도 7사단으로 운반했어야 했다.

50년 6월 24일 육본에서 휴가 외출을 보내라고 해서 1연대와 9연대도 장병들 30%를 휴가와 외출을 보냈다. 9연대는 차량을 수리 차 부평으로 후송하고 5대 뿐이었고, 중화기의 60%를 수리 차 후송하였다. 동두천 1연대도 같았다. 7사단 한태원 중령, 안무일 소령, 정보참모 이세호 소령, 부관 최세인 소령이 후방에서 교육 중이었다. 6월 24일 오후 휴가와 외출을 나가 부대 안에 있는 7사단 장병은 4,000여 명이었다.

유재흥 7사단장, 1연대 함준호 연대장, 9연대 윤춘근 연대장은 북한 인민군의 움직임이 심상치 않다고 하면서도 대한민국과 서울의 관문이며 서울을 지키는 의정부 북방을 방어하면서 인민군을 저지할 준비는 전혀 하지 않았다. 참모총장 채병덕 이하 참모들도 전방 4개 사단 중 가장 약한 부대가 7사단이라는 것을 알면서도 진지나 전차 벽이나 전차호나 교량 파괴나 다이너마이트도 전혀 준비하지 않았고 탄약고에 탄약이 없다는 것을 알면서도 이에 대한 대책을 마련하지 않았다.

50년 6월 25일 인민군은 의정부를 공격하기 위하여 3사단, 4사단, 105전차여단 계 34,000여 명과 전차 150대, 자주포 32대, 45밀리 대전차포 96문, 122밀리 곡사포 24문, 76스탈린포 72문, 120밀리 박격포 36문, 82밀리 162문, 61밀리 수백 문으로 인민군 공격사단 중에서 최대 군사력(30%)으로 의정부와 서울을 단숨에 점령하기 위해 집중하였다.

50년 6월 25일 새벽 3시 인민군 4사단장 이권무 소장은 전곡 협곡리 사단사령부로 부사단장 박금철 총좌, 포병사령관 노식송 총좌, 사단참모장 허봉학 총좌, 16연대장 최인덕 대좌, 17연대장 김관대 대좌, 18연대장 김희준 대좌를 집합시켰다. 그리고 "새벽 4시 일제히 중포로 초성리에 있는 국방군을 공격 초토화 시킨 후 의정부를 25일 안으로 해방시키고, 3일 안에 서울을 해방시킨다. 이상!" 하고 작전지시를 하였다.

25일 새벽 4시 인민군 4사단은 30분 동안 각종 포로 국군 1연대 2대대가 있는 초성리에 포탄을 우박같이 퍼부었다. 4시 30분 인민군 4사단 18연대는 전차 1개 대대, 야포 1개 대대, 45밀리 1개 중대, 로켓포 1개 대대, 공병 1개 대대, 대전차포 2개 소대를 이끌고 사항리와 마지다를 공격하였다. 16연대는 전차 1개 대대, 사단 야포연대 45밀리, 야포 1개 중대, 박격포 2개 대대, 대전차포 2개 분대, 45밀리 야포 1개 대대, 공병 1개 중대를 이끌고 사항리, 폐기리, 양원리를 일제히 공격하여 왔는데 이들의 행렬은 장관을 이루었다. 105전차여단을 앞세워 25일 의정부, 26일 수유리, 27일 미아리를 넘어 서울을 해방하라는 명령을 받고 장사진을 이룬 인민군 전차는 38선 전곡에서 동두천을 향해 진격해왔다.

초성리, 양원리, 하봉암리를 방어하고 있는 국군 1연대 2대대장 이명 소령은 인민군의 대포소리에 깜짝 놀라 깨어보니 정각 4시였다. 그는 즉시 연대장에게 상황을 보고하였다. 그리고 비상을 걸고 3중대에 즉시 인민군을 방어하라고 명령을 내렸다.

3중대는 초성리 말고개에 병력을 배치하고 조금 있으니 인민군 4사단 16연대가 전차를 앞세우고 장사진을 이루고 오는데 기절할 정도였다. 3중대장은 장병들을 도로 양쪽에 매복시키고 인민군 오기를 기다렸다. 4시 30분 함준호 1연대장은 8포병대장에게 즉시 2대대를 지원하라고 명령하여 8포병대 2포대장 김한규 중위가 초성리 현지에 도착하였다. 포병대나 보병이나 전차를 보고 놀랐고, 뒤따라오는 많은 병력을 보고 다들 기절할 지경이었다. 김한규 중위는 "선두전차 한 대만 파괴하면 길이 좁아 뒤에 오는 모든 전차나 차량이나 야포는 꼼짝 못한다. 선두전차를 집중 공격하여 파괴시켜라!"고 대담하게 명령하였다.

25일 아침 6시 국군 2포대원들은 바주카포와 대전차포를 도로 양쪽에 숨기고 매복하고 있다가 선두 전차에 집중공격을 하였다. 그리고 3중대는 인민군 보병을 공격하였다. 한 시간 이상 공방전 후에 인민군

16연대는 많은 피해를 보고 후퇴하였다. 3중대 장병들과 2포대원들은 인민군에 대해 자신감을 얻었다. 2포대장 김한규 중위는 다음 전투를 준비하고 있는데 한바탕 전투를 하고 나니 실탄이 바닥나 연대와 사단에 아무리 연락을 하여도 통화가 되지 않아 결국 실탄이 없어 덕정으로 후퇴하였다.

함준호 1연대장은 3대대 휴가 장병들을 모아 소요산에 배치하고 좌편 마차산에 1대대로 방어하게 하였다.

6월 25일 오후 3시 인민군 이권무 사단장은 오전에 초성리에서 의외로 국군 강적을 만나 동두천 정면을 공격하지 못하고 우회하여 간파리로 공격해왔다. 함준호 연대장은 병력이 휴가와 외출을 가서 부족하여 애를 먹고 있었다. 함준호 연대장은 간파리 밑 안흥동에 3대대 1개 중대로 막게 하였는데 인민군 1개 연대와 치열한 전투가 벌어졌다. 1개 중대로 인민군 1개 연대와 전차를 막을 길이 없었다. 더구나 한참을 싸우고 나니 실탄이 없었다. 각 대대는 함준호 연대장에게 실탄을 달라고 아우성을 쳤다. 함준호 연대장은 실탄이 없어 결국 안흥의 중대와 2대대를 오후 5시 덕정으로 철수시켰다.

인민군은 즉시 동두천에 입성하였다. 그래서 함준호 연대장은 마차산의 1대대와 소요산의 3대대가 위기에 처하여 소요산의 3대대에 즉시 철수명령을 내려 25일 밤을 이용 덕정으로 철수하였으나 마차산의 1대대에는 연락할 방법이 없었다. 전차전에서는 도로전이여야지 고지전을 할 경우 파평산을 우회하여 문산이 위기에 처하듯 동두천에서도 우회하니 국군이 포로가 되었다. 마차산의 1대대는 전차를 막는 데는 아무런 도움이 되지 않았다. 마차산 587고지를 사수하고 있는 김봉림 대위의 1대대는 실탄도 먹을 것도 떨어져 견딜 수 없었고, 거의 전멸하였다.

6월 25일 아침 5시 15분 7사단 작전참모 이연규 중령이 약수동에 살고 있는 유재흥 사단장에게 인민군의 남침 소식을 전하자 유재흥 7사단장은 30분 만에 의정부에 도착하였다. 이때는 인민군의 대포공격으로 1연대 6중대장 최춘정 중위와 3중대장 안태섭 중위가 전사했을 때였고, 9연대 대전차 포대장 허헌 대위가 포대원을 이끌고 포천 위 만세교에서 인민군 전차를 저지하다 포대원 전원이 전사했을 때였다.

## 7. 국군 참패의 원인 포천 9연대

### 1) 6월 25일 참패한 포천 9연대

김일성은 서울을 점령하기 위해 포천에 인민군 최정예부대인 3사단과 전차 100대와 각종 중포를 집중 지원하였다. 국군 7사단 9연대장 윤춘근 중령은 38선 양문리에 2대대를, 포천에 1대대를, 3대대는 의정부 북쪽인 금호리에 연대본부와 같이 있었다.

6월 25일 새벽 4시, 인민군 3사단은 각종 중포로 30분 동안 양문리 2대대 진지에 퍼부었다. 인민군 3사단 7연대장 김창봉 대좌는 전차를 앞세워 영중교(일명 38교)인 38선을 넘어 남진하고 있는데 그 끝이 보이지 않을 정도로 장관을 이루었다. 이들은 양문리 2대대 7중대와 외가양리 6중대를 순식간에 포위하였다. 만세교에 있던 2대대장 전순기 소령은 인민군의 대포소리에 놀라 즉시 잠에서 일어나 비상을 걸고 6중대와 7중대에 즉시 전투태세를 갖추고 응전하라고 명령하였다. 그리고 의정부에 있는 9연대장 윤춘근 중령에게 숨이 넘어갈 정도로 급하게 "인민군이 전면공격하고 있다"고 보고하였다. 이때 벌써 만세교 2대대 앞에까지 전차가 오고 있었다. 38교에서 만세교까지는 산이 없어 국군이 방어하기 어려운 곳이었다. 2대대장 전순기 소령은 인민군이 갑자기 들이닥치자 정신을 차릴 수 없고 어떻게 준비해서 방어할 수도 없었다. 2대대 포병중대가 바주카포와 대전차포로 전차를 공격하였으나 전차는 끄떡도 하지 않았다. 만세교에서 57밀리 대전차포로 전차를 공격하였으나 오히려 인민군이 전차포로 공격을 하여 포대장 허헌 대위를 비롯한 포대원들이 전멸되면서 장병들은 겁을 먹고 도망치기 시작하였다. 2대대장 전순기 소령은 일단 2대대를 신북면사무소 근처 탄장으로 후퇴하라고 명령하였으나 2대대는 순식간에 붕괴되고 전차에 놀란 장병들은 포천으로 도망쳤다.

6월 25일 새벽 4시 30분 급보를 받은 윤춘근 연대장은 비상을 걸고 3대대에 5시 30분 비상식량과 탄약을 지급하고 포천 현장으로 가려고 연병장에 전원 집합하였다. 그러나 차량이 5대밖에 없어 병력을 이동할 수 없었다. 헌병은 이때서야 의정부에 나가 차량을 징발하려 하였으나 이른 아침이고 일요일이라서 차량이 보이지 않아 이것도 어려웠다. 사단본부나 육본도 일요일이자 이른 아침이라 지원을 받을 수가 없었다. 헌병이 겨우 차량 12대를 징발하여 포천에 9시 30분에 도착하였다. 30분이면 도착할 시간에 차량이 없어 천금같이 귀중한 3시간을 허비하였다.

윤춘근 연대장은 포천에서 3대대 대전차포 중대장에게 명령하여 대전차포 3문을 가지고 도로 양쪽에 매복하게 하였다. 탄장 위에서 매복하고 있을 때 인민군은 전차를 앞세우고 장사진을 이루며 오고 있었다. 국군은 3문의 대전차포로 공격하여 명중하였으나 T34전차는 끄떡도 하지 않고 오히려 국군을 향해 공격하였다. 전차는 전차 바퀴줄을 공격하지 않는 한 절대 파괴시킬 수 없는데 전순기 대대장이나 윤춘근 연대장은 이것을 모르고 있었다. 그리고 바주카포와 대전차포 20문 이상이 선두전차에만 집중으로 공격하면 모를까 대전차포 3문으로는 너무 빈약하였다. 만세교와 포천교의 다리를 폭파하고 진지를 구축하고 방어를 해야 하는데 교량이 폭파되지 않고 진지가 전혀 없어 방어하기가 어려웠다. 그리고 38교가 북한에 속해 있기 때문에 38교 이남의 도로에 전차 함정을 만들어 전차의 전진을 막아 만세교의 2대대가 준비할 수 있는 시간을 벌었어야 하는데, 38교에서 만세교 포천까지 전차를 막을 수 있는 전차 함정이나 전차 벽이나 교량 폭파준비나 어느 것 하나 준비하지 않아 만세교 2대대가 전차의 공격에 대패하였다.

10시가 조금 지나자 인민군 전차가 장사진을 이루며 탄장으로 오고 있었다. 9연대 3대대는 화력을 총동원하여 전차를 공격하였으나 효과가 없었다. 전차는 탄장을 지나고 있었고, 뒤를 이어 오토바이 부대, 기마부대 보병부대 포부대가 뒤를 이었다. 국군 8포병대장 이규삼 소령도 105밀리 곡사포로 공격하였으나 효과를 보지 못하였고 탄약이 금방 떨어져 도망쳐야 했다. 8포병대의 105밀리 곡사포 15문은 이렇게 위급할 때 탄약이 없어 인민군을 저지하는데 쓸모가 없는 고철이 되어 버렸다. 인민군 전차는 9연대 3대대 뒤를 공격하고 있었고, 일부 인민군 전차는 포천교를 건너 11시에 포천을 점령하였다.

2) 윤춘근 9연대장 전선을 무단이탈하여 광릉 내로 철수

윤춘근 연대장은 1, 2, 3대대를 포천 밑 송우리로 후퇴시켜 증원군과 합세하여 인민군을 저지해야 하는데, 전선을 따라 후퇴하지 않고 인민군도 없는 도망치기 쉬운 광릉 내로 도망쳐 버렸다. 윤춘근 연대장은 사단장의 명령도 없는데 전선을 이탈하여 도망치면서 7사단 유재홍 사단장에게는 보고도 하지 않아 유재홍 사단장은 포천상황을 전혀 알지 못하여 위기를 당하게 하였다. 포천에서 의정부까지는 국군이 없어 위기를 맞이하였다. 또한 포천 뒷산인 왕방산의 1대대는 윤춘근 연대장이 아무런 명령을 내리지 않고 도망쳐버려 1대대 장병들은 장사진을 이룬 인민군을 구경만 하다 겁이 나서 의정부로 도망쳐 버렸다.

인민군 3사단장 이영호가 공격 7시간 만인 11시에 포천을 점령했을 때 즉시 의정부를 공격하였다면 25일 오후 1시경이면 의정부를 점령할 수 있었다. 그것은 국군 3연대 1개 대대 정도가 송우리에 있었으나 인민군의 적수가 되지 못하기 때문이다. 그리고 인민군이 의정부를 점

령하면 동두천에서 싸우고 있는 1연대는 포로가 되었을 것이다. 또한 서울에서 의정부까지 방어하는 국군이 없었다. 그러므로 25일 오후 2시 국군 수도사단 3연대가 서울에서 의정부로 오는 도중이었으나 의정부에서 즉시 서울을 향해 진격하였다면 인민군을 막을 국군이 없어 인민군은 6월 25일 오후 9시까지는 충분히 서울을 점령하여 서울을 수라장으로 만들고 대한민국을 완전히 점령할 수 있었다. 그런데 11시에 포천을 점령한 인민군 3사단은 4시까지 5시간을 공격하지 않고 있었다. 대한민국 최대 위기였고 인민군은 대승할 수 있는 이 첫 번째 절호의 기회를 놓치고 있었다.

왕방산에 있는 1대대가 송우리로 집합하여 증원군과 연합하여 인민군을 막아야 하는데 의정부로 도망쳐 버렸다. 2대대장 전순기 소령은 산에 숨어 있다가 밤 9시 30분 9중대와 10중대를 이끌고 의정부로 철수하다 2대대는 거의 전멸되었다. 이렇게 되어 9연대는 개전 9시간 만에 붕괴되었고, 서울과 국군을 위기로 몰아넣었다. 윤춘근 연대장은 군법회의에 넘겨져 반드시 책임을 물었어야 했는데 지금까지 책임을 묻지 않았고 오히려 소장까지 진급하였다.

### 3) 수도사단 3연대 송우리에서 참패

6월 25일 오전 10시경 수도사단 18연대는 동두천에, 3연대는 포천에서 인민군의 남진을 저지하라는 육본의 명령을 받았다. 3연대장은 육본으로부터 포천방면의 인민군을 저지하라는 명령을 받고 비상을 걸고 집합하니 장병들이 휴가와 외출을 나가고 부대 안에 남아 있는 장병들의 수는 적었다. 그리고 수도 서울을 지키는 수도사단 8연대가 부대이동 명령을 받고 홍천에서 서울에 아직 도착하지 않아 수도사단에는 18연대와 3연대만 있고 예비연대가 없는 상태였다. 이렇게 되어 의정부 7사단과 서울의 수도사단은 예비연대가 없어 방어가 너무 허술하였다. 이상근 연대장은 3대대장 김창봉 소령에게 "현재 내무반에 있는 장병을 모두 집합시켜 혼성부대로 편성하여 포천에 가서 인민군을 막게 하고, 휴가 병력이 귀대하면 이상근 연대장이 이끌고 뒤를 따르겠다." 하고 서둘러 3대대를 출발시키려 했으나 차량이 없었다. 헌병을 시켜 서울시내로 가서 20대를 징발하여 장병들을 승차시키고 전속력으로 의정부를 거쳐 포천으로 달리고 있었다. 서울시민들은 이들에게 "이기고 돌아오라" 하며 태극기를 흔들고 만세도 부르고 박수도 쳐 주었다.

3연대 3대대가 11시경 포천 가까이 가서 보니 패잔병들이 후퇴하여 송우리에 부대 배치를 하였다. 김창봉 대대장은 9연대가 있다는 말을 듣고 왔는데 9연대가 전혀 보이지 않고 패잔병뿐이었다. 인민군에 대한 정보가 있어야 하는데 전혀 없어 궁금하기 짝이 없었다.

김창봉 대대장은 송우리 동쪽 고지에 병력을 배치하고 방어준비를 하였다. 이상근 연대장도 휴가병을 끌어 모아 1대대에 혼성부대를 편성하여 2시 30분 송우리에 도착하였다. 3연대 2개 대대는 전투배치를 하고 기다려도 인민군은 오지 않고 정보도 없어 아주 궁금하였다. 송우리는 전차를 막을 만한 지형이 못되었고, 진지도 구축하지 않아 전차와 인민군을 막는 데는 지형적으로 불리한 곳이었다.

6월 25일 오후 4시 30분 인민군 전차가 선두에 서고 그 뒤를 이어 지프차와 트럭, 장갑차, 보병이 끝이 보이지 않게 오고 있었다. 국군 장병들은 이 광경을 보고 기가 죽었다. 전차가 가까이 오자 포병학교 교도대가 대전차포와 바주카포로 전차를 공격하였다. 그러나 전차는 끄떡도 하지 않고 오히려 전차 7대가 3연대 진지에 포신을 돌려 공격하였다. 3연대 대전차 포대도 같이 공격을 하였으나 3연대는 몇 분 만에 수라장이 되었다. 이상근 연대장은 육탄공격도 하지 않고 한 시간도 싸우지 못하고 대패하였다.

이상근 연대장은 유재흥 7사단장에게 보고하여 유재흥 사단장은 그때서야 포천의 상황을 알게 되었다, 이때 예비연대인 25연대가 있으면 즉시 포천에 투입하여 인민군을 막을 것인데 25연대가 부대 이동명령을 받고 아직 의정부에 도착하지 않았다. 게다가 수도사단 8연대도 홍천에서 서울에 아직 도착하지 않아 이런 위기 때 예비연대가 없어 안타까웠다. 이상근 연대장은 3연대를 축석령으로 후퇴시켜 축석령에 도착하니 오후 6시였다.

4) 축석령에서 전선을 무단이탈한 3연대장 이상근 중령

25일 오후 6시 이상근 연대장이 축석령에서 병력을 모으니 2개 중대 정도였다. 3연대는 중화기를 모두 버리고 소총 한 자루씩만 가지고 도망쳐 왔다. 오후 8시 해가 지려 하자 3연대장 이상근 중령은 유재홍 사단장의 철수명령도 없는데 사단장에게 보고도 없이 금오리 동쪽 고지로 해서 의정부로 도망쳐 버려 축석령에는 국군이 한 명도 없이 다 도망쳐 국군에게 최대의 위기가 왔다.

인민군 3사단은 25일 오후 5시 30분경 국군 3연대를 대패시키고 송우리를 점령하였으므로 여세를 몰아 의정부를 공격하였으면 25일 9시면 인민군은 만세를 부르며 의정부를 충분히 점령하여 대승할 수 있었다. 그런데 오히려 송우리에서 4킬로 후방인 포천으로 되돌아가는 진풍경이 벌어져 인민군은 두 번째 승리할 수 있는 좋은 기회를 스스로 포기하였다.

축석령은 포천에서 의정부로 가는 중간지점 150고지로서 현재 검문소가 있는 곳으로 도로 폭은 5미터 정도이며 도로가 S자로 꾸불꾸불하였고, 약수터 근방의 왼쪽은 30미터 절벽 계곡이고, 우측은 30도 경사의 산이다. 이곳은 인민군을 막을 수 있는 대한민국 최대의 군사요충지요 대한민국의 목줄이었다. 이런 곳을 이상근 연대장은 사단장에게 보고도 없이 도망쳐 인민군에게 대한민국의 목을 바쳐 한 칼에 치게 하였다. 채병덕이나 유재홍 사단장이나 윤춘근 연대장이 축석령에 진지를 잘 구축하고 전차벽과 함정을 준비하여 전차가 함정에 빠져 총

총히 정지하고 있을 것을 대비하여 도로에 다이나마이트를 설치하였다가 폭파시켰다면 많은 전차를 일시에 파괴시킬 수 있었다. 이것도 저것도 안 되면 주민들과 국군을 시켜 도로에 함정을 만들었으면 인민군 전차는 축석령을 넘을 수 없었다. 그리고 각종 포로 잘 무장하여 춘천의 6사단, 문산의 1사단 같이 잘 싸웠다면 천하무적도 축석령을 절대 넘지 못하였을 것이다. 또한 국군은 인민군에게 그토록 비참하게 참패하지 않고 잘 막았을 것이다. 그 증거는 문산 1사단과 원주의 6사단과 강릉 8사단이 잘 싸우고 있는 것이 증거이다.

춘천의 7연대는 제1진지, 제2진지, 제3진지가 있고, 문산도 제3진지까지 있었는데, 대한민국 방어에서 제일 중요한 축석령 같은 곳에 진지가 하나도 없는 것은 채병덕, 이준식, 윤춘근 스스로가 인민군이 대한민국 심장을 한칼에 도륙하도록 하여 국군을 재기불능 상태로 참패하게 하였고, 대한민국 수도 서울을 인민군이 점령하도록 대문을 활짝 열어놓은 꼴이 되어 대한민국을 너무도 비참하게 하였다. 이상근 연대장에게도 책임을 물었어야 했는데 그는 북진하다 전사하였다.

### 5) 한심한 수뇌들

이승만 대통령이 경찰과 국군을 통해서 인민군 남침 보고를 받은 시각은 6월 25일 아침 10시 10분이었다. 즉시 국방부장관 신성모를 부르자 도착하였다. "도대체 인민군이 오는 것도 모르고 어떻게 된 거야?" 하고 큰 소리로 나무라자 신성모는 "예, 오늘 새벽 4시에 38선 전 전선에서 인민군이 대거 남침하였습니다. 그러나 수일 이내로 평양을 향한 각하의 명령을 받으려고 합니다." 하고 엉뚱한 헛소리를 하였다. 국방부장관이 인민군 남침을 보고해야 하는데 이승만 대통령이 부를 때까지 보고를 하지 않고 있었다.

임시국무회의가 열렸다.

"적의 전면남침이라고 하기 보다는 이주하와 김삼룡을 돌려받기 위한 것으로 판단됩니다. 후방에 있는 3개 사단을 즉시 출동시켜 반격하여 이를 격파하겠습니다."

채병덕 총장이 이렇게 허위보고를 하자 인민군이 전면 남침한 것인지, 조금 지나면 인민군이 38선을 넘어갈 것인지, 김삼룡과 이주하를 바꾸자는 것인지 전황을 파악할 수가 없어 국무회의에서 무엇을 어떻게 해야 할지 몰랐다.

"그러면 적을 몰아내는 거야? 아니면 서울을 지킨다는 거야? 분명하게 말해 봐!"

이승만 대통령이 다시 큰소리로 물었다. 그러자 채병덕은 "적을 몰아내겠습니다!" 하고 대답하였다. 이승만은 전사도 모를뿐더러, 73세의 나이는 전쟁을 수행하기에는 너무 많았다. 그리고 국방부장관 신성모도 선장 출신으로 국방에 대해서는 전혀 경험이 없는 자로서 전쟁을 수행할 만한 인물이 못 되었다. 채병덕도 병기장교 출신으로 평생 중대장이나 전투를 해본 경험이 없는 인물이라 인민군 11만 대병이 공격하였을 때 무엇을 어떻게 해야 할지 몰랐다. 이들은 모두 인민군 11만 대군을 막을 만한 인물들이 못 되어 대한민국이 인민군에 의해 점령될 위기에 처하였던 것이다. 이렇게 되어 국무회의에서는 인민군을 어떻게 막을 것인지, 서울 시민은 어떻게 할 것인지, 군의 보급은 어떻게 할 것인지에 대해서 전혀 계획을 세우지 못하고 헤어졌다. 28세인 전방의 8사단 이성가 사단장만도 못한 대통령과 국방부장관과 참모총장과 국무위원들이었다. 임진왜란 때 원균과 이순신 장군의 전투는 하늘과 땅 차이였고, 경험자와 비경험자도 하늘과 땅 차이이다. 전쟁은 지휘관이 용기 있고 머리가 똑똑하여 전략을 세우지 않으면 절대 이길 수 없다.

전날 장도영 정보국장이 대기하고 있으라고 부탁하였는데도 어디서 술을 먹고 잠이 깨었는지 인사국장 신상철, 군수국장 양국진, 작전국장 장창국 등 육본 참모들이 6월 25일 오후 2시가 되어서야 어슬렁어슬렁 나타나 참모회의를 할 수 있었다. 그런데 참모회의라는 게 참모들의 의견을 듣는 것이 아니라 채 총장이 지시사항을 전달하는 식의 일방적인 회의로 인민군을 막을 좋은 작전과 보급과 앞으로의 대책이나 서울시민 문제 등에 대해 대책이 없었다. 전날 술 취한 참모들이 좋은 작전을 내놓을 수 없다면 육군본부 과장들이라도 계획을 세워야 하는데, 전혀 그런 일 없이 오직 채병덕과 김백일 둘이 일방적으로 명령을 하여 수도사단장 이종찬 대령은 전쟁이 났는데 수도 서울을 사수할 부하도 없고 할 일도 없는 허수아비였다.

6월 25일 인민군의 전면 남침이 확실해지자 미 고문관들은 한국에 있는 미국인들을 일본으로 철수시키느라 정신이 없었다. 주한 미고문단 참모장 라이트 대령은 6월 26일 새벽 4시 동경에서 서울에 도착하여 미 고문단 487명을 라이트 대령 외 32명을 제외하고는 가족들과 미국인 전원 철수시켰다. 그는 "미군은 아시아의 분쟁에 결코 휘말려서는 안 된다."라고 떠들어 대면서 철수시켰다. 라이트 대령만 믿고 있던 사대주의자들인 이승만, 신성모, 채병덕, 군 수뇌들은 기절할 지경이었다. 그런데 지금도 국방을 미국에만 의지하고 있다.

6월 25일 오후 무쵸 대사는 "10일분의 보급품을 보내지 않으면 한국군은 위급하다!"고 미 국무성과 맥아더 사령부에 급전을 쳤다. 이 급전을 받아본 트루먼 대통령은 맥아더 장군에게 즉시 승인하였다. 그래서 6월 27일 밤11시 제1차로 한국으로 갈 보급품이 선적되어 요코하마를 출항하였고, 시급한 군수품은 항공기로 공수하여 수원비행장에 풀었다. 미국은 인민군의 전면공격이라고 판단되자 유엔에 제소하여 6월 25일 밤 "북한 인민군은 즉시 전투를 중지하고 38선 이북으로 물러가라!"고 북한에 권고하였으나 북한은 들은 척도 하지 않았다.

50년 6월 25일 오후 2시 육군본부 정훈국 보도과장 김현수 대령은 중앙방송에서 "북괴군은 옹진으로부터 개성, 동두천, 춘천, 강릉 등의 각지의 전면에서 남침하였고, 동해안에서는 상륙을 기도하였다. 아군은 이를 반격하여 긴급 적절한 작전을 전개 중에 있다. 동두천 정면에는 적이 전차를 앞세우고 대응해 왔으나 아군은 이를 격퇴하였다. 전과는 옹진지구에서 전차 7대를 격파하고 따발총 72정, 소총 132정, 기관총 5정, 대포 2문을 노획하고 1개 대대를 완전히 섬멸하였다. ..... 또 옹진지구 아군 17연대는 해주시를 점령하고 38선 일대의 국군 주력 일부는 38선으로부터 20킬로 지점까지 진격 중에 있다."라고 허풍을 쳐 이 말만 믿고 작전을 세운 군 지휘관들은 작전에 차질이 생겨 국군에 혼란이 오게 하였다. 김현수 대령이 허풍을 친 이유는 남한 내의 남로당의 폭동을 막으려고 한 것이었다.

이 방송을 근거로 수정주의자들과 좌파들은 국군이 북침하였다고 주장하고 있고, 6.25 한국전쟁은 미국의 대리전쟁이었다고 전대협 운동권 출신들은 허위 주장을 하고 있다. 이 방송은 전쟁이 끝난 지 50년이 지난 지금까지도 말썽이 되고 있다.

6월 25일 오후 인민군 야크기가 경무대를 공격하자 이승만은 크게 당황하였다.


## 8. 6월 26일 아침 채병덕 총장의 반격 명령으로 3개 사단 붕괴

수도사단 18연대장 임충식 중령은 휴가와 외출을 나간 장병들을 모아 25일 오후 6시경 용산을 출발하여 오후 8시 덕정에 도착하였다.

6월 25일 밤 12시에 채병덕 총장은 의정부 7사단 사령부에 도착하였다. 7사단장 유재흥 준장, 2사단장 이형근 준장, 5연대 차갑준 소령이 같이 있었다. 채병덕 총장은 "7사단은 1연대와 18연대로 하여금 26일 미명에 덕정에서 동두천을 거쳐 38선을 향해 진격하고, 2사단은 16연대와 5연대로 하여금 축석령에서 포천을 향해 공격 하시오!' 하고 명령하였다. 그러자 이형근 2사단장이 "내일 오전 중이면 16연대와 25연대가 도착할 것이니 그때까지 기다려 병력을 모아서 집중으로 공격하여

야지, 5연대 2개 대대로 어떻게 인민군 1개 사단을 공격해서 포천까지 밀어냅니까? 기다리게 해 주시오!'라고 건의하였다. 그러자 채 총장은 "무슨 소리요? 축석령이 돌파되면 내일 적은 의정부로 들어온단 말이요! 명령이요! 내일 미명에 즉시 공격 하시오!'라고 명령하였다. 이형근 사단장이 명령을 거역하자 5연대 2대대장 차갑준 소령에게 "차 소령! 축석령에서 인민군 전차 30대를 파괴하라! 성공하면 중령으로 특진시켜 주겠다! 축석령에는 국군3연대가 있다."라고 명령하자 차갑준 소령은 그 명령대로 하겠다고 대답을 하였다.

"이 장군님! 축석령에는 장군님 동생 이상근 연대장이 방어하고 있습니다. 적은 내일 아침 공격하려고 준비하고 있는지 퇴각했는지 확실하지 않아 위력수색과 적의 공격 준비를 수색하는 뜻에서 공격해 주십시오!'라고 유재홍 7사단장이 2사단장에게 부탁을 하였다. "유 장군! 이 전쟁은 전면전이요. 그러므로 지금 병력을 서서히 한강을 건너 한강에서 적을 막아야 합니다. 그래서 나는 우리 연대를 한강을 건너지 않고 노량진에 있게 하고 싶은데 이런 작전을 채 총장에게 건의하니 채 총장은 나를 군법회의에 넘긴다고 하면서 권총으로 쏘아 죽인다고 육본에서 고래고래 소리를 지르고 싸우다 옆에 부하들이 말려 여기까지 온 것인데, 유 장군의 말을 들으니 일리가 있으니 유 장군의 권고대로 하리다!' 이렇게 해서 이형근 2사단장, 유재홍 7사단장은 6월 26일 미명에 반격하기로 하였다.

대전의 2사단 5연대 연대장 백남권 대령은 일본에 있는 미군에 배속되었고, 부연대장 박기성 중령은 부산에 출장 중이었다. 5연대는 북상하라는 명령을 받고 출동하려 하니 장병들의 휴가와 외출로 병력이 부족하여 부대에 있는 장병을 우선 집합시켜 2대대에 혼성대대를 편성하고 차갑준 2대대장이 용산역에 도착하여 명령을 받고 25일 오후 8시 의정부에 도착한 것이다.

1) 6월 26일 의정부 위 금오리에서 국군 16연대와 5연대 실탄이 없어 대패함.

6월 26일 새벽 3시 의정부에서 2사단 5연대 2대대장 차갑준 소령은 2대대와 1대대 장병을 이끌고 축석령을 향해 3킬로를 행군하고 있었다. 그런데 걱정이 태산 같았다. 그것은 기본 실탄 15발밖에 없었기 때문이다. 그래서 채병덕 총장에게 실탄이 없다고 하니 "축석령에 도착하기 전에 실탄을 지급 하겠다"라고 해서 어제 저녁 보내줄 줄 알았는데 26일 새벽까지도 도착하지 않고 있었기 때문이었다. 새벽 4시 축석령 밑 자일리 마을에 도착했을 때 기관총 소리가 요란하고 선두 장병들이 "탱크다! 탱크다!" 하고 소리 지르고 있어 차 소령이 앞을 보니 탱크가 일렬종대로 축석령에서 자일리로 내려오고 있었다. 차 소령이 "공격하라!"고 명령하자 5연대 2대대와 1대대 장병들이 언덕에 붙어 박격포, 바주카포, 대전차포로 전차를 향해 공격하였지만 전차는 끄떡도 하지 않고 오히려 국군을 향해 전차포와 기관총으로 사격하여 국군은 견딜 수 없었다.

이때 "대대장님! 포탄을 주어야 싸우지요! 수류탄이라도 있으면 육탄공격이라도 하지요!" 하고 장병들이 아우성이었다. 그리고 축석령에 3연대가 있다고 해서 와보니 3연대 장병들은커녕 패잔병도 없어 이상하게 생각하였다. 차갑준 소령은 앞이 캄캄하였다. 전투 경험이 많은 차갑준 소령은 장병들이 실탄이 없어 개죽음을 당하게 할 수는 없었다. 그래서 차 소령은 후퇴명령이 없었고 또 사단장에게 보고도 하지 않고 "2대대와 1대대는 퇴계원 쪽으로 철수하라!"고 철수명령을 내린 후 전선을 따라 창동에서 집결하여 서울을 방어하도록 후퇴시켰다.

2사단 16연대는 청주에 주둔하고 있었다. 문용채 16연대장은 육본으로부터 "급히 서울로 출동하라"는 출동명령을 받았다. 그는 헌병을 시켜 "휴가병과 외출병은 즉시 부대에 귀대하라"고 확성기로 고함을 쳐도 장병들이 좀처럼 모아지지 않아 부대에 있는 장병들을 모아 혼성

1개 대대를 편성하여 열차를 타고 26일 새벽 4시 창동역에 도착하였다. 창동역에 하차하여 방학동 의정부를 거쳐 금오리로 도보행군을 하고 있었다.

"천금 같은 귀중한 시간에 트럭으로 속히 전투현장으로 달려가야 하는데 장병들이 걸어서 가니 시간이 걸리고 지치게 하고 있었다. 도대체 육본에서는 전쟁에 대해 무엇을 하고 있는가?' 하고 중대장들의 불평이 이만저만이 아니었다.

26일 새벽 3시간을 걸어서 아침 7시에 2사단 사령부가 있는 금오리에 도착하여 문용채 연대장은 이형근 사단장에게 도착 보고를 하였다. 그러자 이형근 준장으로부터 "즉시 축석령을 확보해 주시오."라는 명령을 받았다.

"사단장님, 조금만 있으면 2대대와 3대대가 올 것이니 같이 인민군을 방어해야지 1개 대대 가지고는 인민군 방어가 어렵겠습니다."라고 건의한 후 문용채 연대장은 "장병들이 어제 저녁부터 밥도 먹지 못하고 창동에서 이곳까지 13킬로나 되는 곳을 속보로 걸었더니 지쳐 있습니다."하고 사정을 이야기 하였다.그러자 이형근 사단장은 "시간이 없습니다. 거기는 3연대와 5연대가 있습니다. 식사도 탄약도 즉시 보내주겠습니다."라고 하여 문용채 대령은 장병들을 설득하여 축석령으로 가고 있었다. 그런데 후퇴하는 장병이 있어 "너희들 왜 후퇴하느냐?'고 물으니 "5연대는 실탄이 없어 인민군 전차와 싸울 수 없어 퇴계원쪽으로 후퇴하였습니다."라고 대답하였다. 이 말을 듣고 문용채 대령은 "아차!' 하였다. 16연대 장병들도 실탄이 없기 때문이었다. 문용채 연대장은 금오리 사단사령부로 되돌아가 이형근 사단장에게 "탄약을 주십시오!' 하고 간청하였다. 이형근 사단장은 "실탄은 걱정하지 마시요! 지금 막 도착할 것이요!' 라고 하여 문용채 연대장은 장병들에게 금오리에서 자일리 사이 동쪽 산으로 올라가 개인호를 파게 하였다.

6월 26일 아침 8시 자일리 쪽에서 금오리 쪽으로 인민군 전차가 일

렬종대로 내려오는데 끝이 보이지 않고 장사진을 이루고 있었다. 자일리 전방 500미터 지점에 포병학교 제2교도대 제2포대가 105밀리 곡사포 5문을 가지고 25일 오후부터 김풍익 소령이 진지를 구축하고 인민군 오기를 기다리고 있었다. 인민군 전차가 자일리에서 금오리 쪽으로 내려오자 김풍익 포대장은 1번 전차만 집중적으로 공격해서 파괴시키면 후미 전차는 길이 좁아 전진을 못할 때 후미전차를 공격하라고 교육을 잘 시켰다. 인민군 전차가 사정거리에 나타나자 직격탄으로 105밀리 곡사포 5문이 1번 전차를 집중 공격하자,

전차는 맥없이 파괴되었다. 포천 가도에서 인민군 전차를 첫 번째 파괴시킨 것이다. 전차가 파괴되자 온 장병들이 만세를 불렀다. 인민군 후미 전차는 전진을 못하고 총총히 정지해 있었다. 그런데 후미진차 한 대가 포신을 돌려 2포대를 향해 전차포를 쏘아 김풍익 소령과 장세풍 대위와 A포대원 전원이 공중에 날려 형체를 찾을 수 없었다. 2포대는 105밀리 곡사포 4문이 남아 있어 인민군 전차를 향해 맹렬히 공격하자 인민군은 축석령 쪽으로 도망쳐 버렸다. 2포대 포병들과 16연대 장병들은 전투에 자신감을 가졌다. 7사단 8포병대 이규삼 소령도 축석령에서 2포대와 같이 105밀리 곡사포 15문을 가지고 싸웠으면 인민군 전차를 막을 수 있는데 탄약이 없어 어디로 도망쳤는지 8포병대는 흔적도 없었다.

문용채 16연대장은 호를 더 깊이 파고 다음 전투를 준비하고 있었다. 그런데 한바탕 싸우고 나니 실탄이 한 발도 남지 않았다. 9시가 지나고 10시가 지나고 11시가 지나도 보내주겠다는 탄약은 영영 오지 않고 있었다. 의정부를 방어하는 7사단 사령부에 이토록 실탄이 없었고, 서울을 방어하는 수도사단도 실탄이 없어 국군이 붕괴된 것이다. 상상이나 할 일인가!

12시경 인민군 전차가 내려오자 문용채 연대장은 연락장교를 시켜 이형근 사단장에게 "실탄이 없어 싸울 수 없어 금오리와 퇴계원 쪽으

로 후퇴하겠습니다. 인민군이 사단 사령부에 곧 도착할 것입니다."라
고 보고하였다. 이형근 사단장은 연락장교에 의하여 3연대, 5연대, 16
연대가 붕괴되고 곧 전차가 도착할 것이라는 축석령의 전황을 처음 알
게 되고 깜짝 놀랐다.

"전 장병은 창동으로 후퇴하라!'고 이형근 준장은 명령을 내렸다. 2
사단 참모장 최창언 대령, 작전참모 오창근 중령, 정보참모 빈철현 소
령, 군수참모 차광선 소령 등도 창동으로 도망치는데 정신이 없었다.

인민군 전차는 12시 30분 금오리 사단사령부를 향해 전차포 공격을
시작하자 사령부를 방어하고 있는 김계원 대령이 105밀리 포 5문으로
전차를 막으려 하였으나 국군 포 부대는 인민군 전차포에 순식간에 수
라장이 되었다. 이형근 사단장은 얼마나 급했던지 사단장 지프차를 버
리고 도망쳤다.

### 2) 6월 26일 오후 1시 인민군 3사단 의정부 점령

6월 26일 새벽 유재흥 7사단장은 채병덕 총장이 "반격하라! 오늘 미
B-29기 100대가 출격한다."라는 명령을 받고 18연대를 한산리, 1연대
는 동두천을 탈환하라고 명령하였다.

임충식 18연대장은 아침 일찍 2대대를 좌측, 3대대는 우측에서 공격
해 들어가게 하였고, 1대대는 예비대로 하였으며, 연대 본부는 덕정에
두었다. 한신 부연대장은 수색대를 지휘하여 최일선에서 부대를 선도
하면서 아침 7시에 한산리에 도착하여 인민군 전차를 발견하였다. 2대
대 장병들도 전화력을 동원하여 전차 공격을 하였으나 전차를 파괴하
는 방법을 몰라 실패하였다. 오히려 2대대가 전차공격을 받고 장춘권
2대대장은 장병들을 이끌고 214고지 망석산으로 들어갔다. 산에서 보
니 인민군 전차와 자주포와 차량과 각종 포가 뒤따르는데 끝이 보이지
않을 정도로 장사진을 이루어 오고 있는 모습에 장춘권은 크게 놀랐
다. 26일 오후 1시경 인민군 보급부대의 마차 12량이 오고 있었다. 장

춘권 대대장은 "저것들이나 해치우자"하고 산 밑으로 내려가 마차 12 량을 50미터 앞에서 포위하였다. 인민군 군관 이하 11명이 손을 들었 고, 마차에는 각종 포탄이 실려 있었다. 장춘권 대대장은 마차는 그대 로 두고 인민군 11명만 묶어서 산속으로 데리고 가고 인민군이 또 올 것이라고 판단하고 기다리고 있는데 예상대로 인민군 보병들이 2열종 대로 오고 있었다. 인민군이 코앞에 왔을 때 집중 공격하니 인민군은 많은 피해를 보고 도망쳤다. 2대대는 마차 12량의 포탄도 공격하여 폭 파시키자 천지가 진동하였다. 의정부를 점령한 인민군 3사단장 이영 호 소장이 이 포탄 터지는 소리에 놀라 서울 진격을 서두르지 않을 정 도였다. 장 소령은 밤을 이용하여 법원리를 통해 행주에서 한강을 건 넜다.

1연대장 함준호 중령은 1대대는 도로를 따라, 3대대는 서쪽, 2대대 는 동쪽에서 동두천을 향해 조심스럽게 공격해 들어갔다. 동두천까지 전투 한 번 하지 않고 26일 오전 10시에 탈환하였다.

1대대장 한태원 중령은 "38선을 향해 진격하라"고 중대장들에게 명 령하였다. 1연대 장병들은 인민군을 얕보았다.

인민군 3사단은 국군 2사단이 방어하는 축석령 밑 금호리에서 전차 포와 122밀리 곡사포와 각종 포탄을 후퇴하는 국군 16연대와 5연대, 의정부에 쉴 새 없이 퍼부어 의정부는 순식간에 대혼란에 빠졌다. 6월 26일 오후 1시 인민군 3사단 7연대는 의정부를 점령하였다. 인민군 전 차 7대가 덕정의 국군 7사단 사령부를 공격하여 7사단은 순식간에 포 위가 되어 퇴로가 차단되었고, 인민군을 막을 예비대가 없었다.

유재홍 7사단장은 도봉산을 거쳐 창동으로 후퇴하라고 명령하고 즉 시 임충식 18연대장과 함준호 1연대장에게 "적이 의정부에 돌입하였 다. 만난을 극복하고 창동으로 후퇴하라!'고 명령하였다.

임충식 18연대장은 대대장들에게 철수 명령을 내렸는데 3대대는 연락이 되었으나 망석산의 2대대는 연락이 되지 않았다. 임충식 연대장은 1대대를 이끌고 양주를 거쳐 북한산으로 해서 고양으로 철수하였다.

1연대 함준호 연대장은 대대장들에게 창동으로 철수하라고 하니 장병들이 어리둥절하였다. 아침에는 진격 점심때는 철수하느라 정신이 없었다. 1연대 장병들은 죽자 살자 창동으로 철수하고 있었으나 인민군이 의정부를 점령함으로 포위되어 거의 전멸하였다.

이렇게 되어 6월 26일 하루 만에 국군 2사단, 7사단, 수도사단 합 3개 사단이 실탄이 없어 싸움 한 번 제대로 해보지 못하고 참패하고 국군이 붕괴되는 계기가 되었다.

채병덕 총장은 26일 7사단, 수도사단, 2사단을 창동으로 후퇴시켜 진지를 구축하고 개인호를 파고 실탄을 지급하여 방어를 철저히 하였다면 인민군이 쉽게 서울을 점령할 수 없었다. 그런데 반격을 명령하여 3개 사단이 하루 만에 붕괴되어 이제는 서울을 방어할 사단이 없어 대한민국에 위기가 몰려왔다. 실탄을 주지 않고 군대를 전선으로 보내는 장군은 세계에서 채병덕밖에 없으며, 실탄이 없어 3개 사단이 참패당해 국가를 패망케 한 장군도 한국군 장군들밖에 없다. 7사단장 유재홍 준장과 참모총장 채병덕 소장은 7사단에 탄약이 없는 것을 알면서도 준비를 하지 않아 3개 사단이 붕괴되고 국군을 재기불능으로 만든 책임을 면할 길이 없다. 그런데 유재홍 7사단장은 책임은 그만두고 진급하여 국방부장관까지 하였다. 실탄이 없어 3개 사단이 참패하였다는 것은 세계전쟁사에도 없는 상상도 할 수 없는 일이다. 채병덕 참모총장은 부평에 있는 병기 창고에 있는 실탄을 운반, 2사단과 다른 사단에 실탄을 충분히 공급할 수 있었고, 급하면 수색의 1사단의 탄약고에 탄약이 많이 있으니 우선 거기서 가져다주어도 되었는데, 실탄을 공급하지 않고 3개 사단을 패전시키면서 인민군에 의정부를 점령당하게 하였다.

## 9. 의정부 호원동 백석천교에서 국군 25연대 대승

국군 7사단 25연대 김병휘 연대장은 25일 오전 비상을 걸고 장병들을 집합시켰다. 장병들이 휴가와 외출을 나가 부대에 있는 장병들로 2대대와 3대대 혼성부대를 편성하여 이들을 이끌고 26일 아침 온양에서 용산역에 도착하였다. 김백일 참모부장은 25연대장에게 즉시 의정부 금오리에 가서 인민군을 저지하라고 명령을 내렸다. 김병휘 연대장이 "탄약이 없으니 즉시 지급해 주십시오!" 하니 "출동부대는 탄약을 가지고 와야지 왜 탄약을 가져오지 않았는가?" 하고 큰소리를 쳤다. 김병휘 연대장은 "중앙방송에서 김현수 대령이 17연대가 해주를 점령했다고 하여 서울은 안전하다 생각되어서 서울에서 탄약을 보급 받기 위해서 이렇게 온 것입니다." 라고 대답하였다. 그러자 김백일이 "김현수는 왜 그렇게 쓸 데 없는 거짓방송을 해서 이렇게 어렵게 하는가?" 하며 화를 내자, 양국진 군수국장이 김병휘 연대장에게 "즉시 책임지고 보내드릴 테니 걱정하지 마시오!" 해서 김병휘 연대장은 용산역에서 26일 오전 10시 출발하여 창동역에 하차하여 도보로 의정부를 향하여 행군하였다. 25연대가 의정부를 가려고 하니, 의정부 밑 4킬로 지점 호원동 백석천교가 있는 곳에서 채 총장이 패잔병에게 "후퇴하지 말라" 하고 헌병이나 하는 일을 참모총장이 하고 있었다. 장병들은 채 총장을 보고도 인사도 않고, 그의 말을 듣지도 않고 도망쳤다.

채 총장은 "이형근 준장을 2사단장 직에서 해임한다. 대신 유재흥 장군이 의정부지구 전투사령관이 된다." "2사단 5연대장 대리 박기성 중령을 해임하고 2사단 참모장 최창언 대령을 5연대장에 임명한다." 고 그 난리통에 지휘관을 도로상에서 즉흥적으로 교체하여 부하들은 누가 자기 사단장이고 누가 자기 연대장인 것을 몰라 명령 계통에 혼란이 왔다.

채 총장이 "25연대는 즉시 백석천교에서 인민군을 저지하라!"고 명령을 하여 김병휘 25연대장은 2대대와 3대대를 종대로 백석천교에 배치하니 26일 오후 1시였다.

25연대 2대대장 배운용 소령이 행방불명이 되어 선임중대장 라희필 대위가 2대대장 대리로 대대를 지휘하였다. 라희필 대위는 수색대를 의정부에 보내 적정을 탐색케 하니 의정부역에 인민군이 있고, 의정부는 인민군 전차가 점령하고 있다고 보고하

▲ 백석천교의 라희필 대위
인민군을 13시간 저지하여 대한민국을 구한 전투지역인데도 전승기념비 하나 없어 필자는 이곳을 찾느라 6개월이 걸렸다.

였다. 라희필 대위는 백석천교 밑 양쪽에 바주카포 4문을 잘 배치하였다. 그리고 포병들에게 "지금 곧 탱크가 올 것인데 여기에서 탱크를 잡지 못하면 서울까지 갈 것이다. 그러면 오늘로서 대한민국은 끝이다. 그래서 어떠한 일이 있어도 선두 전차 한 대만 막으면 후미 전차는 이 다리를 넘지 못한다. 전차는 정면이나 측면을 쏘아서는 안 된다. 전차 바퀴줄이나 전차가 다리를 올라올 때 배가 들리면 배를 공격하든가 전차 뒤의 연료 탱크를 공격해야 성공한다. 당황하지 말고 정확하게 명중시켜야 한다. 25연대가 죽고 사는 것은 너희 4명에게 달려 있다." 하고 포대원들의 어깨를 두드리면서 용기를 부어 주었다. 전차는 배 쪽을 공격해야 성공한다고 사전에 교육을 받았기 때문에 그는 포병들에게 단단히 주문하였다.

25연대가 방어준비를 끝내고 기다리고 있을 때 6월 26일 오후 2시 40분경 인민군 전차가 장사진을 이루어 오고 있었다. 선두 전차가 다리 위를 오를 때 공격하였으나 끄덕도 하지 않았다. 화기소대 분대장

이 바주카포 사수의 포를 빼앗아 개천 둑을 타고 교량 가까이 붙어 정
조준 하여 전차가 약간 들릴 때 배를 쏘았다. 그러자 전차의 배가 터지
면서 전차 속의 탄약이 터져 천지가 진동하고 검은 연기가 하늘을 가
렸다. 후미전차들은 겁을 먹고 도망치면서 포대원들을 향해 전차포를
쏘아 화기소대 분대장의 시체는 공중에 날려 흔적조차 없어져 버렸다.
전차가 돌아가는 것을 보고 25연대 장병들은 만세를 불렀다. 그 후 아
무리 인민군이 오기를 기다려도 인민군 전차는 오지 않았다. 라희필
대위는 호를 깊이 파서 전차가 지나가도 끄떡하지 않게 하고 다음 전
투 준비를 하였다. 그런데 어제 저녁부터 식사를 못해서 장병들이 배
가 고파 죽을 지경이었다. 육본에 먹을 것을 달라고 아무리 애원을 해
도 육본의 60여 명의 장교들과 서울시 경찰과 공무원들은 무엇을 하고
있는지, 차량도 징발해오지 않고 먹을 것도 보내지 않고 실탄도 보내
주지 않아 싸울 수가 없었다. 한바탕 싸우고 나니 탄약도 떨어져 육본
으로 아무리 탄약을 보내달라고 해도 아무 소식이 없었다. 참으로 한
심하였다. 공병대로 하여금 백석천교를 폭파해 달라고 해도 육본에서
는 묵묵부답 이었다. 6월 26일 오후 8시 해가 떨어지려고 해도 여전히
탄약과 밥도 오지 않고 백석천교도 폭파하지 않고 있었다. 만일 이때
인민군이 3사단과 4사단 34,000여 명의 전사와 150여 대의 전차를 앞
세워 서울을 공격하였다면 26일 오후 6시면 서울을 점령, 인민군은 대
승할 수 있었다. 이곳에 집결한 인민군은 인민군 전력의 30%였다. 그
런데 인민군은 전차 한 대가 파괴되었다고 의정부로 다시 돌아간 후
공격이 없었다. 인민군도 한심하였다. 인민군은 스스로 대승할 수 있
는 기회를 또 포기하고 있었다. 확실히 김일성 · 김책 · 김웅은 전략가
가 아니었다.

  1) 6월 26일 정부에서 한 일

  ① 6월 26일 오전 10시 군사 경력자 자문회의가 국방부에서 열렸다.
  신성모의 보고 후,

채병덕 총장 : "현재 반격 중입니다. 전황은 아군에게 유리하게 진행되고 있습니다."

김홍일 소장 : "의정부나 문산에서의 반격은 매우 위험합니다. 현재 한 강 이북에 있는 부대들 가지고는 지연을 하고, 남부의 3개 사단을 한강에 진격하여 방어태세를 갖추어 한강 북에 있는 부대가 안전하게 한강을 건너 천연적인 요새인 한강에서 결전을 벌여야 합니다. 만일 그렇지 않고 후방 3개 사단을 급하다고 하면서 조금씩 반격을 하게하면 엄청난 희생이 따를 것입니다."

김홍일 소장은 채병덕 총장의 반격이라는 말을 듣고 깜짝 놀라 반대하고 나섰다. 김홍일 소장의 작전에 이형근 장군, 이범석 전 장관, 김석원 장군, 이용문 대령이 지지하고 나왔다. 그러나 이종찬 수도사단장은

"한강에서의 격전은 6일 정도는 방어할 수 있으나 그 이상은 견디지 못하여 여기에서 패전하면 국군은 인민군을 막을 길이 없습니다. 그러므로 서울 이북에서 인민군을 막아야 합니다. 한강에서의 방어 작전은 위험한 작전입니다." 하고 반대하였다.

신성모는 여전히 "17연대는 해주를 점령하였습니다. 적의 공격은 위력정찰적인 것입니다. 우리 군은 이윽고 적을 격퇴한 후 끝내 북진 작전으로 옮길 것입니다." 하고 잠꼬대 같은 허풍만 치고 있었다. 채병덕은 "반격해서 북진 하겠습니다"라고 여전히 허풍만 쳤다. 만약 이범석 장군이 국방부장관을 하고 김홍일 소장이 참모총장을 하였으면 한국전이 이렇게까지 처참히 패하지는 않았을 것이며, 인민군의 공격을 확실하게 막을 수 있었다.

항우는 싸움은 잘 하나 매사에 독선적이고 포용력이 없어 유명한 한신 장군도 떠나고 전략의 스승 장량도 떠났다. 그러나 유방은 싸움은 잘 못한다. 그러나 포용력이 있고, 주위사람들의 의견을 잘 수렴하였다. 그래서 한신이 유방을 도왔고, 장량이 유방을 도왔으며, 군수의 최

고 전문가 소하가 도와서 천하통일을 하였다.

이승만 대통령도 연세가 많고 군사를 잘 모르니 우리나라 최고 전략가를 비서로 하고, 유명한 장군을 기용하고, 군수에 최고 전문가를 기용하여 잘 활용하였으면 인민군도 막고 통일도 했을 것이다. 그런데 간첩 채병덕을 참모총장에, 선장 출신 신성모를 국방부장관에 기용하여 비참한 환란을 자초하여 후손들에게 분단을 안겨주어 지금도 고생하고 있다.

② 6월 26일 오전 11시 국회에서 임시국회가 열렸다. 국회의원들은 신성모 국방부장관에게 질문하였다. 신성모의 국회 답변에서,

"여러분 방송을 통해서 아시겠지만 옹진의 17연대는 해주를 점령하고 북진 중에 있습니다. 5일 이내에 평양을 향해 북진할 것입니다."라고 허풍을 치자 국회의원들도, 장관들도, 경찰도, 공무원도 신성모나 채병덕의 허풍을 믿고 국군이 전쟁에서 승리하고 있다하니 전쟁에 대한 준비를 소홀히 하고 있었다. 전황을 모르는 국회의원들은 점심은 평양에서, 저녁은 신의주에서 먹자. 이번 기회에 북진통일을 하고 김일성을 혼내주자고 한술 더 떴다.

③ 6월 26일 밤 10시경 이승만 대통령은 동경의 맥아더 장군에게 전화를 걸었다. 보좌관 호잇트니 준장이 받아 "원수께서는 벌써 잠자리에 드셨습니다." 하고 맥아더 원수를 바꿔주지 않았다. 그러자 이승만은 "원수가 일어나거든 만일 미군이 우리를 빨리 도와주지 않는다면 한국에 있는 미국인 모두 죽임을 당할 것이라고 전해 주시오!' 하고 끊었다.

6월 26일 밤 9시 서울 시경국장 김태선이 이승만 대통령에게 "서대문형무소에는 9천여 명의 남로당원이 잡혀 있습니다. 그들이 인왕산을 넘어 제일 먼저 경무대로 올 것입니다. 피신하셔야 합니다."라고 건의하였다. 그러자 6월 26일 밤 10시 국무회의에서 이승만 대통령을 수원으로 옮겨갈 것만 결의하고 서울시민의 피난이나 서대문형무소에

수감된 남로당원 9,000여 명을 어떻게 할 것인지, 국군 작전 협력방안 등에 대해서는 전혀 의논이 없이 헤어졌다.

6월 27일 새벽 신성모, 이기붕, 조병옥 등이 이승만 대통령을 권하여 새벽 3시 이승만 대통령은 비서 황규만과 경호원 3명과 함께 경무대를 떠나 서울역을 거쳐 대구까지 가버렸다. 이승만 대통령은 국가의 최고 책임자로서 정보국장 장도영 대령을 불러 현재 전황을 정확히 파악하고 군사 경력자를 경무대로 소집하여 인민군의 남침에 대해서 어떻게 해야 될 것인지 회의를 하고 그에 대한 대책을 세워야 하는데, 국군으로 방어하려는 생각은 하지 않고, 그리고 국방수뇌회의 한 번 없이, 맥아더만 의지하고 서울에서 도망쳤다. 이승만 대통령의 73세의 나이로는 인민군을 저지하기에는 너무 많았다.

④ 26일 밤 12시 국방 수뇌 연석회의가 열렸다. "의정부가 인민군에 의해 실함이 되어 전쟁지도방책을 논의하기 위해 이렇게 모였습니다."하고 채병덕 총장이 처음으로 전황을 실토하였다.

"미 공군의 B29기 100대가 지원할 것이라고 들었는데 미군기가 날아온 것은 거류민 철수를 엄호할 목적뿐이었습니다. 미국이 오늘까지 약속해 준 것은 10일분의 탄약을 공급하여 준다는 것뿐이었습니다. 미군이 직접 지원하여주지 않는다면 사태는 절망적입니다......유감이지만 각 군은 독자적인 행동을 취해주시기 바랍니다."

채병덕이 처음으로 사실대로 전황을 보고하자 회의 자리는 통곡의 자리가 되었다. 회의는 27일 새벽 2시 아무런 대책 없이 끝났다.

⑤ 6월 27일 새벽 3시 비상국무회의가 이범석 장군의 요청으로 열렸다. 여기서 신성모는 여전히 국군의 전황에 대해 허풍만 쳤다. 이때 이범석 장군이 신성모에게,

"그런 분대장 같은 보고는 그만 하시오! 우리에게 전반적인 전황을 아직도 속이고 있습니다. 인민군을 어떻게 막을 것이며, 서울을 사수해야 할 것인지, 포기해야 할 것인지, 서울시민은 어떻게 해야 할 것인

지, 한강교 폭파는 언제 할 것인지, 열차로 정부의 중요한 것을 언제 운반할 것인지 등을 논의해야지, 국군은 잘 싸우고 있다, 17연대는 해주를 점령하고 있다는 그런 말이나 하니 이게 되겠습니까?' 하고 국무위원들이 무엇을 해야 되는지 알려 주었다. 그런데도 아무런 결의도 대책도 없이 회의가 끝났다.

⑥ 6월 27일 새벽 1시 비상국회가 소집되어 210명 정원 중 절반이상이 참석하였다. 채병덕의 전황보고는 여전하여 "3일 내지 5일 안에 평양을 점령할 수 있는 만반의 준비와 강력한 군대를 갖고 있으므로 서울만큼은 지키겠습니다. 마침내 반격하여 백두산에 태극기를 꽂아 보이겠습니다." 하고 국가를 망쳐먹을 허풍만 치고 있었다.

채병덕의 말을 듣고 국회에서는 서울 사수를 결의하였다. 결의문을 가지고 국회의장 신익희, 부의장 조봉암 등이 즉시 경무대 이승만을 찾아가니 비서가 하는 말이 "각하는 밤중에 서울을 떠나셨습니다. 어디로 가셨는지 비밀이기 때문에 저희들도 모릅니다." 하였다. 이 말에 깜짝 놀라며 신익희 국회의장은 "채병덕 이놈이 국회의원들에게 거짓말을 하고 허풍을 쳐? 이럴 수가......" 하며 채병덕에 대해 극심한 분노를 나타내었다. 이들은 새벽 4시 국회에 도착하였다. 채병덕의 말을 믿고 피난을 하지 않은 국회의원은 55명, 채병덕이 거짓말을 하고 있다고 감을 잡은 국회의원 151명은 즉시 피난하여 어려움이 없었으나 피난하지 않은 55명 중 28명이 북으로 끌려가 죽임을 당하였다.

⑦ 6월 27일 아침 6시 중앙방송에서는 육본 보도과장 김현수 대령이 "정부가 수원으로 옮긴다." 고 간단하게 방송을 하였다. 그리고 여전히 "국군은 반격 중이다. 국군은 서울을 사수한다. 시민은 안심하십시오." 하고 우렁찬 행진곡과 같이 방송되어 시민들은 헛갈려 종잡을 수 없었고 모윤숙은 한 술 더 떴다. 의정부 쪽에서 밀려오는 피난민과 방송에서 서울 방어가 어려워진 것 같다는 감을 잡은 시민들은 즉시 피난을 하여 어려움이 없었으나, 이러한 감을 잡지 못하고 피난을 하지

못한 시민들은 죽거나 북으로 끌려가거나 심한 부역을 하여 어려움을 당하였다.

⑧ 6월 27일 아침 국방부에서 국방부장관 신성모의 주도로 국방부 수뇌회의가 열렸다. "비서실장! 참석자들에게 위스키 한 잔씩 따르시오."라고 신성모가 지시하여 비서실장 신동우가 참석자 12명 전원에게 위스키 한 잔씩 따랐다. "애국 충정에 불타고 있는 여러분! 조국의 운명은 장군에서부터 사병에 이르기까지 이제는 개개의 방식에 따라야 할 때가 되었습니다. 국가의 지도자가 이 난국을 수습할 수 있는 길은 이미 남아 있지 않습니다. 지금까지의 모든 일은 착오였습니다. 미국의 특별지원이 없는 한 우리들의 손으로 수도 서울을 지켜내기는 불가능합니다. 그러나 폴란드 정부는 영국에 망명하였다가 얼마 후 조국에 개선하였습니다."하고 국방부장관이 작전지도를 끝까지 하는 것이 아니라, 국군은 의정부에서 목숨을 걸고 싸우고 있는데, 그리고 국군이 전쟁에서 완전히 패하여 인민군이 부산까지 점령한 것도 아닌데 국가 패망을 선언하고 있었다. 이것은 확실히 간첩행위였다.

## 10. 6월 27일 인민군 창동 점령

1) 6월 27일 아침 국군 25연대 의정부 밑 호원동에서 탄약이 없어 후퇴

50년 6월 27일 의정부 백석천교에서 인민군 남진을 13시간 동안 막고 있던 국군 7사단 25연대는 전날 밤이 새도록 밥과 탄약을 기다려도 보급해주지 않아 장병들은 정부와 육본이 너무도 원망스러웠다. 장병들은 25일 저녁부터 27일까지 네 끼니를 굶으니 배가 고파 견딜 수 없었고, 더욱이 목이 말라도 마실 물이 없어 자기의 소변을 먹어야 할 정도였다.

50년 6월 26일 새벽 4시부터 의정부에 실탄이 없어 채병덕 총장에게 실탄을 요구하였고, 5연대 16연대가 실탄이 없어 참패한 것을 알았으며, 26일 하루 동안에 25연대에 충분히 실탄을 공급할 수 있었는데도 채병덕 총장은 25연대에 실탄을 공급해주지 않아 참패 직진이 되게 하였다. 이는 채병덕의 간첩행위가 아니고는 있을 수 없는 일이며, 참모부장 김백일 군수국장 양국진도 책임을 면할 길이 없다. 지금이라도 과거사위원회에서 조사를 하여 심판을 해야 한다.

새벽 4시가 되자 전차 오는 소리가 땅을 진동하였고, 전차는 장사진을 이루며 백석천교를 넘으려고 전날 파괴된 다리위의 전차를 밀어냈다. 선두전차가 다리 위의 폐전차를 밀어낼 동안 후미전차는 모두 정지하고 있었다. 라희필 대위는 '탄약만 있었으면 어제 길에다 다이나마이트를 도로에 설치해놓고 바주카포와 대전차포를 동원해 동시에 집중적으로 공격하여 전차가 정지하고 있을 때 다이나마이트를 폭파시켜 저 많은 전차를 한방에 날려버렸다면 국군은 대승하였을 텐데 육본에서는 무엇을 하고 지원해주지 않고 있는지 가슴이 터질 것만 같았다. 공병대에 백석천 다리를 폭파시켜달라고 해도 누구 하나 와서 도와주지 않은 것이 한없이 원망스러웠다. 이제 바주카포 3문으로 싸우려 해도 탄약이 없어 싸울 수 없고 부하들을 개죽음 시킬 수 없었다. 라희필 대위는 대한민국이 이제는 망하는가 하고 하늘을 향해 탄식하면서 "2대대는 도봉산을 끼고 후퇴하되 인민군을 저지하면서 후퇴하라"고 명령하였다.

25연대 고동석 소령 3대대는 창동으로 철수하였다. 25연대 2대대는 탄약을 모두 모아 방학동에서 매복하고 있었다. 탄약이 적어 전차는 어떻게 해볼 수 없어서 전차를 보내고, 붉은 기를 들고 2열종대로 행군해오고 있는 보병을 향해 저격병이 정조준 하여 사격을 하자 인민군 보병들은 놀라 흩어졌다. 금방 탄약이 떨어진 2대대 장병들은 모두 도망쳤다. 앞서가던 전차가 뒤에서 나는 총소리에 가던 길을 멈추고 포신을 국군 2대대 장병들에 돌리고 포탄을 퍼부었다. 이렇게 탄약이 다할 때까지 목숨을 걸고 인민군을 저지한 25연대 2대대로 인해 인민군의 전진속도가 8시간 지연되었다.

국군 25연대 2대대 장병들은 거지가 되어 도봉산, 북한산, 수색을 거쳐 28일 행주나루에서 1사단 장병들과 뒤섞여 170명만 살아서 한강을 건넜다. 이들은 25일부터 28일까지 전혀 식사를 못하고 거지가 되어 시흥을 향해 걷고 또 걸었다.

이렇게 되어 서울방어선이 무너지고 있었다. 강릉 8사단도 춘천의 6사단도 문산의 1사단도 탄약이 충분하였는데 가장 중요한 서울방어사단인 수도사단과 의정부 7사단에만 탄약고에 탄약이 없어 5연대, 16연대, 25연대, 18연대, 1연대가 후퇴하여 의정부가 점령되고, 서울이 곧 점령될 위기에 처해 있고, 국군 6개 사단이 붕괴되어 재기불능의 국군이 되어 국가가 위기에 처하여 망하게 되었다. 폭약으로 만세교와 포천교, 백석천교를 폭파하고 탄약만 있었다면 5연대, 16연대, 25연대, 18년대, 1연대 등 3개 사단은 25연대의 전투능력을 볼 때 의정부에서 인민군을 충분히 막을 수 있었다. 그리고 이상 3개 사단이 의정부에서만 인민군을 막았다면 문산 1사단, 춘천 6사단, 강릉 8사단이 인민군의 공격을 잘 저지하고 있어 국군은 절대 참패하지 않았을 것이다. 많은 사람들이 인민군이 전차로 공격하는데 어떻게 국군이 1를 막느냐고 하지만 그것은 전사를 모르는 사람들의 생각이다.

## 2) 6월 27일 미국 한국전 개입 결정

미국 트루먼 대통령은 6월25일 12시 20분 국무장관 애치슨을 통해 한국전 소식을 보고받았다. 트루먼 대통령의 요청으로 유엔 안보리 회의가 25일 17시 30분에 소집되어 "북한 인민군은 38선 북으로 즉시 철수하라!"고 결의하였다.

6월 27일 오전 10시부터 12시까지 트루먼 대통령은 백악관에서 한국전 개입 여부를 가지고 회의를 하였다. 이 회의 때 일부 장관들과 참모들은 "한국은 전략적 가치가 없으니 한국전 개입을 해서는 안된다"고 주장했을 때 6월 18일 한국 전방을 시찰한 국무장관 델러스가 "한국을 도와야 한다"고 강력히 주장하였다. 그러자 트루먼 대통령이 반대자들을 설득하여 미군의 한국전 개입을 결의했다. 우선 미해군과 공군만 지원하고 한국군의 상황을 보아 지상군을 지원하기로 하여 지상군 지원은 보류하였다. 이 결정 내용을 12시에 트루먼은 합참의장에게, 합참의장은 맥아더 장군에게, 맥아더 장군은 2시에 한국 고문단장에게 타전하여 미군이 한국전에 참전하게 된 것을 한국군은 알게 되었다.

만일 6월 26일 백석천에서 국군 25연대가 인민군 공격을 저지하지 못하여 인민군이 26일 창동이나 미아리나 서울까지 점령하였다면 미군이 한국전에 개입하기에는 시간이 너무 늦었다. 그래서 한국전 개입을 반대하는 장관들에게 명분을 주어 델러스나 트루먼 대통령의 한국전에 개입하자는 명분이 약하여 미군의 한국전 개입은 어려웠을 것이다.

결국 신성모, 채병덕 육본 국장들이 술을 마시면서 대한민국 패망을 선언할 때, 국군 25연대는 밥을 굶으면서 인민군 2개 사단을 13시간 지연시켜 오늘의 한국이 있게 된 것이다. 그런데 백석천교에 25연대 전승기념비 하나 없다니 참으로 한심한 국가이다.

### 3) 6월 27일 창동전투

6월 27일 아침 국군 공병학교 교장 엄홍섭 중령은 부하들을 데리고 방학교, 노원교, 창동교 등을 폭파하여 인민군 전차를 저지하려고 하였으나 폭약(다이나마이트 등)이 없었다. 국군 수뇌부는 도대체 국가 비상시를 대비해서 무엇 하나 준비한 것이 없었다. 양국진 군수국장과 최창식 공병감에게는 확실히 책임을 물어야 했다.

1연대, 18연대, 9연대, 5연대, 16연대, 25연대, 3연대, 육본 직할부대 등 3개 사단 패잔병과 피난민들이 창동으로 한꺼번에 몰려와 걷잡을 수 없는 대혼란이 왔다. 부대장들은 유선도 무선도 없어 어느 부대가 어디 있는지 지휘관이 어디 있는지 알 수가 없어 패잔병들을 지휘할 수 없었다. 창동에는 7사단 8포병대장 이규삼 소령이 어디로 도망쳤다가 창동에 나타났다. 축석령에서 무단으로 도망친 3연대 200여 명, 자알리에서 철수한 5연대 300여 명, 16연대 200여 명 등은 인민군 포위망을 뚫고 천신만고 끝에 기적적으로 살아 후퇴한 장병들이었다. 이들은 모든 군 장비와 중화기를 버리고 소총 한 자루씩만 가지고 포위망 탈출에 성공하였다. 중화기는 그 난리 통에서 105밀리 곡사포 5문을 끌고 후퇴한 장교는 김계원 대령뿐이었다(10.26사건 때 박정희 비서실장). 창동 전투에서 1연대장 함준호 연대장이 인민군 전차포에 맞아 전사하였다. 그의 나이 29세였다. 유재홍 사단장은 1연대장에 이희권 중령(14연대 반란 때 하수구에 6일 동안 숨어 있다가 살아난 장교)을 임명하였다.

대구 3사단 22연대 2대대가 방학동에 배치되어 인민군을 저지하고 있었으나 2대대는 포병부대가 없어 전차를 저지할 수 없었다. 22연대 2대대는 인민군 전차 공격을 받고 총 한 방 쏘아보지 못하고 겁을 먹고 우이동으로 도망쳐 버렸다.

6월 27일 오전 채병덕 총장이 창동에 나타나 유재홍 7사단장에게 "이 선에서 적의 공격을 쳐부수고 공세로 이전 하시오! 끝까지 창동 선을 사수 하시오!" 하고 명령하였다. 이때 이형근 2사단장이 "지금 빨리 한강선 방어에 착수해야지 사태를 그르쳐서는 안 된다. 나라를 생각한다면 이곳에서 무모한 전투는 피해야 한다."고 채 총장에게 건의하자 채 총장은 고함을 버럭 지르며 "무슨 소리요? 반격하여 북진하랏! 오늘 B29기 100대가 12시까지 출격하기로 하였다."라고 또 잠꼬대 같은 허풍을 쳤다.

"그래요? 그러면 당신이 저 장병들을 데리고 북진해 보시오! 서울 실함이 분초를 다투는데 왜 북진을 못하는 것이오? 실탄을 즉시 보내 주겠다고 약속해놓고 실탄을 보내지 않아 장병들이 실탄이 없어 2사 단이 붕괴되어 여기까지 왔소!" 하고 맞고함을 쳤다. 그리고 이형근 준 장은 "저런 동문서답하는 장군하고 내가 말을 해서 무엇 하겠는가? 참 으로 한심한 인간이구만! 운전병 가자!" 하고 그는 가슴이 터지려는 분 노를 참고 신성모 국방부장관을 만나러 갔다.

"장관님! 현재 백석천 방어가 무너지고 인민군 탱크가 방학동을 지 나 창동 가까이 왔습니다. 그런데 우리는 이 탱크를 막을 병력과 무기 가 없습니다. 부대를 한강 이남으로 철수시켜 한강에서 인민군을 막아 야 합니다." 하자 신성모 국방부장관은 "이 때를 이용하여 반격하랏! 북 진하라!" 고 큰소리로 외쳤다. 이 말을 듣고 있던 이형근 사단장은 기가 막혔다. 그는 "신성모는 채병덕보다 더 한심한 사람이군!" 하고 "저런 인간들이 참모총장이고 국방부장관을 하고 있으니 어떻게 인민군 대 군을 막을 수 있단 말인가! 조국이 큰일 났구나! 서울시민이 불쌍하구 나! 나라가 망하겠구나!" 하고 국회를 찾아갔다. 그는 신익희 국회의장 에게 "오늘 저녁에는 인민군이 서울에 도착할 것입니다. 국회의원들은 서울을 빨리 떠나야 합니다." 하니 신익희 국회의장이 당황하며 "그게 무슨 말이요? 한 시간 전에 신성모와 채병덕이 국군이 의정부를 탈환 해서 북진한다고 하면서 서울을 사수하겠다고 해서 그런 줄 믿고 있는 데!" 하였다. 이형근 장군의 말을 듣고 신익희, 윤치영, 장택상 등과 그 의 말을 들은 국회의원들은 즉시 한강을 건너 피난하여 살았다.

6월 27일 오전 정훈국 장교들이 마이크를 들고 창동 가도에서 국군 을 향해 "12시까지 미군 B29기 100대가 오기로 하였다. 용기를 내서 싸우라" 하고 외쳤다. 그러나 2시가 되어도 전투기는 그림자도 나타나 지 않았다. 그러자 장병들은 "그런 개소리 집어치우고 밥이나 가져와 라!" 고 고함을 쳤다.

6월 27일 12시경 인민군은 전차를 앞세워 방학동 쪽에서 창동 쪽으로 남진하고 있었다. 그리고 큰 저항 없이 창동을 지나 쌍문고개를 넘고 있었다. 5연대 2대대장 차갑준 소령과 최창언 5연대장과 패잔병들은 소총과 권총으로 전차를 향해 쏘았다. 바늘가지고 호랑이 잡겠다고 호랑이 콧구멍을 쑤시고 있었다. 국군은 중화기도, 수류탄도, 포탄도 없었다. 5연대가 쌍문고개에서 인민군을 저지한다고 매복하고 있었으나 5연대장 2대대장 부관 등 6명과 부하들 수 백 명이었다. 결국 이들은 번동 쪽으로 해서 면목동 쪽으로 철수하였다. 이렇게 되어 창동과 쌍문동에서 방어하던 1연대, 18연대, 3연대, 5연대, 16연대, 22연대, 25연대 패잔병들은 청량리 미아리 쪽으로 도망치고 없어, 인민군은 큰 저항 없이 쌍문고개를 넘어 수유리를 향해 전차포를 사정없이 쏘아대며 위협을 하였다. 병든 호랑이는 개에게도 물려 죽는다.

### 4) 6월 27일 미아삼거리 전투

6월 27일 오후 유재홍 7사단장과 이응준 5사단장은 철수해오는 장병들을 미아리고개에서 제지하였다. 20연대를 좌측, 9연대를 우측, 서울예술대학교 뒷산에서부터 미아리고개, 길음고개에서 미아삼거리에 배치하였다. 수도사단 8연대 2대대 고백규 소령 부대가 홍천에서 서울에 도착하여 중량교 정면에, 제3공병대대를 봉화산에 배치하였다. 채병덕은 육본 행정요원, 병참, 경리, 병기장교 등 100여 명을 총동원하여 미아리에 몰아넣었다. 이들에게는 소총은 고사하고 권총도 없는 장교가 있었다. 이렇듯 채병덕은 국군을 미아리에서 인민군에게 몰살시킬 계획 같았다. 이응준 5사단장은 9연대와 20연대를 종암동 뒷산에 배치하고, 20연대장 박기병 대령에게 지휘하게 하였다. 16연대 1개 대대를 예비대로 종암동 전차 종점에 배치하였다. 후방부대는 노량진으로 후퇴시켰다. 미아리고개 방어선은 8Km이며 패잔병은 7사단, 수도사단, 2사단, 5사단, 합 4개 사단, 6개 대대, 합 3,000여 명이었다. 포병은 105

밀리 6문, 57밀리 대전차포 8문, 81밀리 박격포 수십 문이었다.

미아삼거리는 20연대 1대대가 방어하고 있었다. 6월 27일 오후 7시 경 인민군 전차 10대가 기마대의 보호를 받으며 오고 있었다. 20연대 장 박기병 대령은 전차가 가까이 오자 보병은 기마대를 집중 공격하게 하고 포병대는 105밀리 곡사포 3문과 바주카포 등으로 전차를 집중공 격하자 전차가 멈추었다. 이때 9연대 2대대장 전순기 소령은 "탱크를 박살내라!"고 소리치며 전차 위에 올라가 수류탄을 전차 안에 집어넣 자 전차가 파괴되어 후미전차가 정지해 있을 때 포병들이 전차에 집중 사격을 하였다. 인민군 전차는 허겁지겁 수유리 쪽으로 도망치고 말았 다. 20연대 장병들은 만세를 불렀고, 자신감을 얻었으며, 패잔병들에 게 용기를 주었다. 박기병 연대장은 호를 깊이 파게하고 다음 전투 준 비를 열심히 하였다.

### 5) 6월 27일 정부와 육본에서 한 일

6월 27일 오전11시 육본에서 재경 부대장회의가 있었다. 여기에서 채병덕은 "육군본부는 불가피하게 서울에서 철수하여 시흥 보병학교 로 갑니다. 철수 계획은 김백일 부장이 설명할 것입니다."하고 일방적 으로 선언하였다. 김백일이 육본 철수 계획에 대해 설명하는 내용에는 일선부대의 철수와 서울시민의 철수와 국가의 중요한 것에 대한 철수, 공무원 경찰 등의 철수계획에 대해서는 전혀 언급 없이 오로지 육군본 부 철수 시각과 차량 배치만 설명하자 수도사단장 이종찬 대령은 분통 이 터져 견딜 수 없었다. 채병덕은 최창식 공병감에게 "인민군이 서울 에 돌입한 후 2시간 이내에 한강교를 폭파하라! 예정시간은 오후 4시 경이다."고 명령하였다. 채병덕은 6월 27일 낮 12시 30분 회의장을 빠 져나와 육본을 출발하여 오후 2시에 시흥에 도착하였다.

6월 27일 오후 2시 미 고문단 참모장 라이트 대령이 직원들과 같이 한강을 건너 시흥보병학교에 도착하였을 때 맥아더사령부로부터 무전을 받았다.

"미 공군과 해군의 제한적 공격이 한국에 있게 된다. 곧 결정될 것이다. 힘을 내기 바란다. 더글라스 맥아더."

이 소식을 라이트 참모장이 채병덕에게 알려주면서 "육본을 서울로 복귀하는 것이 좋을 것 같다"고 조언하였다. 그래서 채병덕은 다시 "육본은 원대 복귀하라"고 지시하였다. 이때 신성모가 채병덕에게 "육본을 시흥으로 옮겨 병력의 희생을 줄이고, 미군이 지원하여 올 때까지 지구하라!"고 신동우 비서실장을 통해서 처음으로 작전지도를 하였다. 그런데 채병덕은 "나는 돌아 간다"하며 신성모 국방부장관의 명령을 어기고 오후 4시경 용산으로 돌아갔다.

채병덕은 국군 1사단 백선엽 대령이 김홍일 장군의 권고에 의해 철수준비를 하고 있는데 "1사단은 현 위치를 사수하라!"고 명령하여 1사단은 철수준비를 하다 중단하고 28일 반격하다 1사단이 붕괴되게 하였다.

채병덕은 육본을 시흥으로 옮기면서 송요찬 헌병사령관에게 "군 차량은 한 대도 한강을 건너지 못하게 하라!"고 명령하여 국군의 차량, 포병부대, 보급품과 부상병 등을 실은 차량을 한 대도 통과하지 못하게 하여 국군을 한강 이북에서 몰살당하게 하였다.

6월 27일 밤 10시 채병덕은 미아리고개에 나타나 유재흥 7사단장에게 "미군이 참전하기로 하였으니 여기를 사수 하시오!"라고 저지 명령을 내렸다.

"총장님, 현재 있는 무기 가지고는 전차를 막을 수 없습니다. 오늘 저녁 전차가 온다면 여기를 방어할 수 없으며, 서울을 확보하기가 어렵습니다."하고 유 사단장이 방어는 어렵다고 건의하였다. 그러면 빠른 시간에 한강을 철수해서 재기를 노려야 하는데 채병덕 총장은 유 사단장의 말을 들은 척도 하지 않고 차를 타고 길음교와 미아삼거리로 가면서 장병들에게 "장병 여러분! 나 참모총장이다. 내일 아침 미군 비행기 100대가 지원하기로 하였다. 후퇴하는 자는 총살하겠다."라고 헌병이나 하는 일을 하고 있었다. 그러자 장병들이 "또 그 소리. 미군 비행기 온다는 소리는 25일부터 들었으니 그만하고 밥이나 가지고 오시오!"하고 불평을 하였다. 사전에 인민군을 막을 준비는 전혀 하지 않고 있다가 인민군이 남침하자 미국만 의지하는 사대주의 근성에 젖어 있었다. 조금 있으니 "장병 여러분! 서울을 빼앗기면 우리는 어떻게 됩니까? 싸워서 적을 몰아내 주십시오!"하고 여성이 마이크를 들고 외치면서 주먹밥을 주었다. 장병들은 25일부터 3일 동안 건빵만 먹어 현기증이 나면서 속이 좋지 않은데 주먹밥을 먹으니 살 것 같았다. 그런데 그 주먹밥을 모든 장병들에게 주는 것이 아니고 도로 옆에 있는 장병들에게만 나누어주고 있었다.

6월 27일 밤 10시 중앙방송 정기 뉴스 시간에 개전 후 처음으로 이승만 대통령의 음성이 방송에 나왔다.

"친애하는 국민여러분, 유엔에서 우리를 도와주길 작정하고 이 침략을 물리치기 위해 공중으로 군수물자를 날라 와서 우리를 도우니까 국민은 좀 고생이 되더라도 굳게 참고 있으면 적을 물리칠 수 있을 것이니 안심하십시오."라고 방송을 하였다.

이 방송은 11시까지 세 번 반복되었다. 이승만 대통령의 목소리를 듣고 먼 곳에서 전화한 것을 녹음한 목소리 같다고 감을 잡은 사람들은 그 길로 한강을 건너 살았고, 이승만 대통령의 연설을 믿고 그대로 서울에서 자고 있던 150만 서울시민들은 인민군한테 죽든가, 북송되든가, 부역을 하며 고생하였고, 수복 후에는 방첩대에 의해 고생을 하였다.

6월 27일 오후 7시 처치 준장 외 15명의 전방지휘소 요원이 수원 비행장에 도착하였다.

## 11. 6월 28일 미아리고개 전투

6월 27일 밤 11시경 인민군이 미아리고개와 돈암동 쪽에 많은 신호 탄을 올리니 국군 장병들은 불안하였다. 이때 불안을 해소하기 위해 김계원 대령이 김한규 중위에게 105밀리 곡사포 3문으로 수유리 근방 을 향해 포탄을 여러 발을 발사하게 하였다. 16연대장 문용채 대령은 부하들과 같이 후퇴하여 한강을 건넜다.

6월 28일 새벽 1시 미아삼거리 공동묘지에서 비가 억수같이 쏟아지 고 칠흑같이 어두운 밤에 인민군 보병은 매복하고 있는 국군 앞에 나 타났다.

"정지! 누구냐?" "누구긴 누구야? 서울을 해방시키려고 온 전사다!" 하면서 대검으로 찌르며 육박전이 벌어졌다. 많은 국군 장병들이 쓰러 졌다.

20연대 박기병 연대장이 포병 부대장에게 전차를 공격하게 하여 쉴 새 없이 공격하였으나 비가 오는데다 밤이어서 전차를 정확히 볼 수 없어 명중시키지 못하였다. 전차는 국군의 포 공격은 아랑곳하지 않고 길음교를 향하여 전진하고 있었다.

15연대 2대대 안광영 소령은 길음시장 건너편에서 81밀리 박격포로 전차를 향해 200발 이상 쉴 새 없이 퍼부었다. 그러나 전차는 끄떡도 하지 않았다. 도로마다 위장 함정을 만들어 전차가 함정에 빠지게 하 였으면 효과가 있었을 것인데 누구 하나 이런 함정을 파서 전차의 전 진을 막는 장교가 없었다.

김명환 대위가 지휘하는 57밀리 대전차포 2문으로 집중공격을 하였 으나 효과가 없었다. 송종대 공병 중위는 길음교를 폭파시키라고 명령 하여 도화선 폭파장치를 누르자 도화선이 타들어가다 멈추어버렸다. 조금 일찍 폭파시켜야 하는데 전차를 공격하면서 도화선이 잘려진 것 같았다. 그래서 길음교 폭파는 실패하고 말았다. 이렇게 해서 미아리고개 전투도 끝나고 말았다.

### 1) 6월 28일 새벽 2시 인민군 창경궁 도착

6월 28일 새벽 1시 30분 인민군 전차는 길음교를 지나 미아리고개를 넘어 돈암동에 도착하여 서울 시내를 향해 전차포를 무차별 쏘아댔다. 돈암동 김천여관에서 잠을 자고 있던 유재홍 사단장과 강문봉 대령이 깜짝 놀라 강문봉 대령은 육본으로 뛰기 시작하였다. 육본에 도착한 강문봉이 채병덕에게 "탱크가 창경원에 도착하였습니다." 하고 보고하고 시간을 보니 6월 28일 새벽 2시였다. 이때 시내에 들어온 전차는 돈암동 2대, 창경궁 1대, 동대문 1대, 중앙청 1대, 화신백화점 1대, 헌병사령부(필동)2대 합 8대가 서울 시내를 향해 포를 쏘아대니 잠을 자고 있던 서울 시민들은 깜짝 놀라 기절할 지경이 되었다.

### 2) 6월 28일 새벽 2시 30분 한강교 폭파

채병덕은 즉시 최창식 공병감에게 "즉시 한강교를 폭파하라! 본관은 시흥을 거쳐 수원으로 간다."고 명령하였다.

김홍일 장군은 문산 1사단이 걱정되어 6월 27일 오후부터 문산 1사단을 후퇴시켜야 한다고 채병덕에게 권하면서 육본을 떠나지 않고 있었다. 채병덕이 국방부차관 장경근과 같이 육본을 떠나려 하자 김홍일 장군이 "문산 1사단에 후퇴명령을 내리고 떠나십시오. 그렇지 않으면 1사단은 전멸됩니다."라고 간청을 해도 들은 척도 않고 떠나 버렸다.

한강교 폭파 소식을 들은 미 고문단 참모부장 그린우드가

"부대가 한강교를 건너고 보급품 및 장비 등이 후송될 때까지 연기해야지 한강교를 폭파하면 무엇으로 싸울 것입니까? 한강교 폭파를 연기해 주시오!"

하고 김백일 참모부장에게 간청하였다. 그런데 김백일은

"장경근 국방부 차관이 1시 30분에 한강교를 폭파하라고 명령해서

도리가 없다"라고 그 간청을 거절하였다.

그린우드 중령은 미군의 보급품이 엄청난데 이것이 다 인민군에 넘어가면 큰일이라고 계속 간청을 하여도 소용없었다. 그는 한국군 작전을 도대체 이해할 수 없었다. 그는 군수품보다 동료들을 깨워 한강을 건너는데 전력을 다하였다.

이형근 2사단장이 한강교 폭파 소식을 듣고 김백일 부장에게 "국군과 중화기와 장비가 철수하지 않았는데 한강교를 폭파해서는 절대 안 된다."라고 고함을 질렀다.

"채 총장의 명령이라 어쩔 수 없습니다."

"그러면 목숨 걸고 싸우는 국군을 몽땅 죽일 작정이냐?"

이형근 장군이 김백일을 죽일 듯이 고함을 쳤다. 이응준 5사단장도 한강교를 폭파한다는 소식을 듣고 즉시 김백일 참모부장에게

"미아리에서 주력부대가 싸우고 있는데 국군의 주력부대와 포병부대를 철수시키지 않고 국군의 퇴로를 차단해서 포로가 되게 하는 작전이 어디 있는가? 한강교를 폭파해서 국군을 다 죽일 작정인가? 그리고 중화기와 군 장비와 군수품을 몽당 인민군에 바치려고 하는가! 이것 사상이 이상한 것 아닌가! 이것들이 빨갱이가 아닌가!" 하고 고함을 질렀다. 그러자 이때서야 '아차!' 하고 김백일 참모부장은 잘못하면 빨갱이로 오해받겠다고 생각하고 장창국 작전국장에게 "즉시 최창식 공병감에게 국군 주력이 통과될 때까지 폭파를 중지하라!"고 명령을 하였다.

장창국 작전국장은 정래혁 중령, 공국진 중령, 류근창 대위, 박정인 중위(국방부 전사편찬위원장)와 같이 지프차를 타고 한강교 폭파현장으로 달렸다. 육본에서 나와 삼각지 입구 도로에 들어서니 피난민으로 발 디딜 틈이 없었다. 지프차의 불을 켜고 클락숀을 아무리 눌러도 피난민들은 비켜갈 수가 없었다. 차에서 내려 남한강 파출소를 향해 뛰려는데 피난민 때문에 뛸 수도 없었다. 이 피난민 대열에는 수원에 미

전방사령부로 내려가는 미 고문단 해줄리트 대령과 허므즈먼 대위도 있었고, 특별수사본부 요원의 차량 3대도 있었고, 이시영 부통령도, 국군 통신부대도 있었는데 피난민은 삼각지에서 한강교까지 수만 명이 도로를 꽉 메워 자기 힘으로 가는 것이 아니라 뒤에서 밀어서 밀려가고 있었다.

폭파를 저지하기 위해 뛰는 장창국 일행이 남한강 파출소를 150미터 남겼을 때 천지를 진동하는 폭파소리가 났다. 그 소리는 한강교 폭파소리였다. 육본에서 남한강교 파출소에 만일을 대비해서 전화가설을 해서 전화로 정지명령을 내려야 하는데 전화가설도 하지 않고 있다가 한강교 조기폭파로 한강 이북에서 싸우고 있던 국군 6개 사단이 붕괴되어 이로써 국군은 재기불능 상태가 되었다.

### 3) 한강교 폭파로 국군 6개 사단 붕괴

6월 28일 새벽 2시 공병감 최창식 대령은 엄홍섭 중령과 황원중 중위에게 "다리 위의 피난민을 제지하고 즉시 한강교를 폭파하라!' 고 명령을 내렸다. 황원중 중위는 도화선이 60센티로 불을 붙이면 1분이 안되어서 불을 붙이기 전 신호를 하였으나 아직 하지 말라고 다리 위에서 신호가 왔다. 이시영 부통령이 지나가자 헌병이 불을 붙이라고 손전등을 켠 손을 번쩍 들어 표시하였다. 이때 황원중 중위가 도화선에 불을 붙였다. 즉시 천지가 진동하는 폭음과 함께 한강 인도교가 내려앉았다. 확인하니 복선인 철교가 하나는 폭파되지 않았다. 한강 인도교가 폭파되면서 약 800~1,000여 명이 사망하였고, 특별수사본부의 차량 한 대도 공중으로 분해되었으며, 한국군 통신장비도 공중으로 날려 버렸다. 한강교 폭파로 문산의 국군1사단, 5사단, 미아리 국군7사단, 수도사단, 2사단, 3사단 합 6개 사단의 장병들은 포로가 되거나 전사하였고, 중화기와 차량과 군수품은 한강 이남으로 철수시키지 못하고 모두 인민군의 손에 들어갔다. 국군 8개 사단 중 6개 사단이 개전 4

일 만에 붕괴되고, 강릉 8사단과 원주 6사단, 대구 3사단 23연대만 건
재하고 모두 붕괴되어 재기불능의 국군이 되었다. 이때 국군 총수
98,000여 명의 절반인 44,000여 명이 죽거나 포로가 되었다. 서울시민
150만 명이 전혀 피난을 못하고 인민군 치하에 있게 되었다. 한강 폭
파로 미군은 1,500여 대의 차량과 2만 겔론의 휘발유, 10만 달러의 식
품을 몽땅 인민군에게 넘겨주었고, 부천에 있는 국군 군량미, 차량, 중
화기도 몽땅 인민군에 바쳤고, 홍천의 6사단, 대관령의 8사단도 후퇴
를 해야 하였다.

4) 6월 28일 11시 30분 인민군에 점령된 처참한 서울

1사단 13연대 수색소대장 김호 소위와 김홍규 소위, 고모 중위 등은
모두 공산당이 싫어서 월남하여 장교가 되었는데 인민군에 서울이 점
령되자 다른 부대 철수를 엄호하고 한강을 건널 수 없자 "인민군에 포
로가 되느니 차라리 죽자" 하고 자결을 하였다.

안병범 대령은 인민군이 서울을 점령하자 "국군 장교로서 서울시민
을 보호하지 못한 죄가 크다 인민군에 포로가 되느니 자결을 하겠다."
하고 자결하였다.

6월 28일 오전 8시 삼각지 육군본부를 수도사단 3연대 1대대장 박철
용 소령이 경비하고 있는데 채병덕은 이들에게도 어떠한 명령을 내리
지 않고 철수를 하여 박철용 대대장은 텅 빈 육본을 지키고 있자니 불
안하였다. 그런데 아침 8시경 전차가 육군본부 앞을 지나 한강교 있는
곳으로 가고 있었다. 박철용 대대장은 3중대장 김상덕 중위에게 해치
우라고 명령하자 김상덕 중대장도 박명용 소위, 한호 상사, 김원태 상
사, 김회수 상사, 김중섭 상사와 같이 57밀리 대전차포로 150미터 앞
에서 공격하였다. 그러나 전차는 아랑곳하지 않고 8시 10분 한강교에
처음 도착하였다.

미아리에서 한강까지 오는데 인민군 전차는 큰 저항 없이 7시간 만

에 도착하였다. 6월 28일 오전10시 전차 7대가 육본 앞으로 또 오고 있었다. 김상덕 3중대장은 조금 전 싸운 부대원들에게 "나를 따르라"고 하면서 수류탄을 1개씩 주면서 전차의 포탑을 열고 집어넣으라고 명령하였다. 그리고 전차 위로 오르려고 몸을 낮추었을 때 전차의 기관총이 김중섭 중사를 집중 공격하여 김 중사는 몸이 두 동강이 나 버렸다. 김상덕 중대장은 인민군이 서울을 완전히 점령한 것으로 판단되어 포로가 되어 개죽음을 당하느니 명령이 없더라도 부하들을 살리기 위해 한강을 건너기로 작정하고 "중대는 마포로 철수한다."고 명령을 내리고 중대원들을 데리고 마포나루터에 11시에 도착하였다. 김두엽 중위가 배를 한 척 구해와 배를 타려고 하자 "국방군이닷!" 하면서 일반복장을 한 자들이 3중대를 향하여 고함을 지르며 달려들었다. "지자들은 틀림없이 서대문형무소에서 탈출한 남로당원이거나 보도연맹 사람들이다. 저자들부터 해치우고 가자!" 하며 중대원들이 집중 공격하여 전원 사살하였다. 수도사단 3연대 1대대 3중대원들은 3회에 걸쳐 사고 없이 한강을 건넜다.

6월 27일 방첩대 김창룡 중령은 서대문형무소에 9,000여 명의 좌익들이 수감되어 있는데 다 죽일 수도 없고, 끌고 갈 수도 없어 이들을 어떻게 할 수 없어서 그냥 두고 김삼룡과 이주하를 데리고 남산을 거쳐 한강을 건너려고 남산에 도착했을 때 6월 28일 새벽 2시 30분이었다. 한강 쪽에서 천지를 진동하는 소리와 함께 폭약이 터지는 불꽃 아래 한강이 보였다. 김창룡은 폭파된 곳이 한강교라는 것을 알고 김삼룡과 이주하(좌파 남로당 대표)를 데리고 한강을 건널 수 없을 것 같아 권총을 빼서 둘을 죽이려고 하자 김삼룡과 이주하가 살려달라고 애원을 하였다. 그러나 김창룡은 "너희들이 대한민국 가슴에 총질을 하는데 내가 왜 너희들을 살려주느냐?" 하며 권총으로 둘을 쏘아죽이고 한강을 건넜다.

7사단, 2사단, 5사단, 3사단, 수도사단, 1사단 패잔병들은 한강을 건너기 위해 필사적이었다. 서대문 적십자병원과 서울대병원 등 서울시내 큰 병원에서는 부상병들이 초만원이 되어 치료받고 있었다. 그런데 병원을 접수한 인민군들이 국군 부상병들을 침대에서 끌어내려 모두 죽이고 대신 인민군 부상병들이 침대를 차지하였다. 서울대병원에서 치료받고 있던 150여 명의 국군은 대항 한 번 못하고 비참하게 죽어갔다. 병원을 지키고 있던 경비병들도 순식간에 부상병들과 운명을 같이 하였다. 특히 서울대병원을 지키고 있던 1개 소대 소대장 남 소위와 함께 국군은 전멸하였고, 육군본부 보도과장 김현수 대령은 얼마든지 한강을 건너 도망쳐 살 수 있었는데 도망치지 않고 중앙방송국 입구에서 인민군에 의해 처절하게 죽고 말았다. 그는 죽음으로 허풍을 친 방송에 대해 책임을 진 것 같았다.

6월 27일 수도사단 8연대 2대대는 중랑교를 방어하다 인민군 전차를 공격하였으나 방법이 서툴러 효과를 보지 못했다. 인민군 전차는 6월 28일 새벽 1시 중랑교를 지나 동대문 쪽으로 갔으나 후퇴명령이 없어 중랑교를 계속 지키고 있었다.

인민군은 서울 시내에서 시가전을 피하고 상황을 파악하려고 여러 방향에서 8대의 전차만 앞세워 공격하였다. 그런데 한강교가 폭파되면서 국군은 전의를 잃고 다 도망쳐버려 인민군 전차병들이 시내를 쉽게 점령할 수 있었고, 6월 28일 오전 8시 10분에 한강에 도착해도 국군이 없자 인민군 3사단, 4사단 34,000여 명이 서울로 쏟아져 들어와 서울을 점령하였다.

고백규 2대대장과 부대대장 정승화 대위(12.12반란 때 참모총장) 등은 부하들을 살리기 위해 명령이 없는데도 2대대 장병들을 인솔하여 6월 28일 낮 12시 한강을 건너려고 광장교에 도착하니 인민군 기마대 50필이 공격해왔으나 이를 물리치고 질서 있게 안전하게 한강을 건넜다. 인민군 3, 4사단은 6월 28일 11시 30분 서울을 완전히 점령하였다.

5) 6월 28일 서울을 점령한 인민군 한강을 건너지 않음.

인민군 3사단과 4사단은 큰 저항이나 손실이 없이 제1차 작전대로 3일 만에 서울을 점령하였다. 인민군 3사단과 4사단, 1사단, 6사단 등 4개 사단의 기갑부대, 포병부대, 보병부대는 학교운동장, 공원, 광장, 도로 할 것 없이 서울 시내는 인민군으로 꽉 차 있었다.

이용문 대령과 박명웅 소위가 200여 명의 패잔병을 모아 6월 28일 오후까지 남산에서 인민군과 싸우다 전멸하고 이용문 대령만 살아서 지하에 숨었다. 28일 하루에 8,000여 명의 국군이 포로가 되었는데 이 중에 서 헌병과 장교는 무조건 현장에서 사살되고 김일성에게 충성하겠다는 전향자는 인민군에 편입시켜 인민군이 되었고, 끝까지 투항을 거절한 자는 즉시 총살하였다.

김일성은 서울시 인민위원장을 박헌영이 추천하는 남로당 이승엽을 임명하면서 박헌영에게 "38선만 넘으면 남조선에 있는 남로당 20만이 총 궐기한다고 하였는데 서울을 점령해도 왜 남조선에서 봉기가 한 건도 없습니까? 빨리 봉기를 재촉해 주시오!" 라고 요청했다. 박헌영은 "이승엽 동무가 서울시 인민위원장으로 부임하면 즉시 봉기가 일어날 것이니 조금만 기다려 달라"고 하면서 김일성을 안심시켰다.

김일성은 박헌영에게 "6월 26일 유엔 안전보장이사회에서 남반부에 대한 적대 행위를 즉각적으로 중지하고 모든 인민군은 38선 이북으로 철수시키라고 결의하였습니다. 그러므로 남반부에서 민중봉기가 일어나야 우리는 이들을 도우려고 서울에 온 것이다 하면서 철수를 반대할 명분이 있지, 남반부에서 민중봉기가 없으면 우리의 입장이 곤란합니다." 하면서 박헌영에게 민중봉기를 재촉하였다.

"그리고 남반부에서 민중봉기가 일어나야 우리는 인민해방투쟁을 협조하기 위해 서울에 왔다. 그러므로 미국은 개입하지 말라고 할 수 있습니다." 라고 김일성은 박헌영에게 계속해서 민중봉기를 재촉하였다.

6월 28일 낮12시 김일성은 평양방송을 통해 "노동자 농민 여러분, 시민, 학생, 지식인 여러분, 영룡한 우리 인민군 연합부대는 적의 불의의 침공을 좌절시키고 즉시 반격으로 넘어가 남조선 괴뢰의 기본 무력 집단을 소멸하고 그놈들의 근거지인 서울을 해방했습니다. 서울 인민은 승리의 영예를 드높이 장엄하게 행진해 나가는 조선 인민군 보병대열과 지축을 울리면서 전진하는 탱크대열, 멸적의 포신을 자랑하며 나아가는 포병대열에 열렬한 환호를 보냈습니다." 라고 방송을 하였다. 이어서 "서울은 드디어 해방되었습니다...... 김일성 장군 만세! 인민공화국 만세! 서울 해방 만세!"하고 평양 방송은 요란하였다.

서울 거리에는 각종 포고문, 경고문, 지령문 등으로 경찰과 국군은 자수하라는 호소문이 도배를 하였다. 좌익들은 붉은 완장을 차고 서울 거리를 활보하고 다녔다. 6월 28일 하루 사이에 서울은 완전히 세상이 바뀌었다. 서울을 국군이 다시 탈환한다는 것은 꿈같은 생각이었다. 마포형무소와 서대문 형무소, 경찰서 옥문이 열리면서 남로당원 9,000여 명은 만세를 불렀고 이들은 영웅이 되었다. 이들은 보도연맹에 가입한 사람들을 앞장세워 우익의 명단과 경찰 국군의 명단을 가지고 서울 시내를 이 잡듯이 뒤져 이들을 체포하여 처형하기 시작하였다.

최장집과 정해구는 『해방 전후사의 인식』4권 35쪽에서 "미국과 이승만이 공모하여 전면적으로 북침을 감행하였고, 이에 대해 북한이 반격하였다는 주장이 있다. 그러나 양측의 입장은 한국전쟁 이전의 전체적인 맥락과 관련해서라기보다는 주로 전쟁 책임을 염두에 두고 주장되고 있다. 이러한 입장 외에도 보다 주목해야 될 입장으로는 함정설, 재한전쟁설 등이 있다. 함정설은 중국 대륙의 상실과 예상되는 대만의 상실에 초조해진 미국이, 북한이 오판하여 남침하도록 만들고 이를 계기로 상황을 역전시키려했다는 주장이다. 제한전쟁설은 서울까지 군사적으로 점령하고 이러한 상황 속에서 남북 국회가 모여 정치적 통일을 모색하려 했다는 주장" 이라고 대한민국 국민으로서는 있을 수 없는 허위주장을 하고 있다.

6) 6월 28일 인민군 한강을 건넜으면 대승할 수 있었다.

50년 6월 28일 오후 1시경 한강을 건너 한강 둑에는 소총 한 자루씩만 가지고 있는 거지같은 형색의 패잔병은 500여 명뿐이었다. 한강 철교는 상행선과 하행선이 있는데 하행선이 폭파되지 않아 폭파되지 않은 철교로 건너온 국군도 있었다.

서울에 입성한 인민군 3사단, 4사단 전사 34,000여 명과 전차 150여 대는 파괴되지 않은 철교에 목재를 깔아 전차가 한강을 넘으면 그야말로 무풍지대로 전차가 목포, 부산까지 가기만 하면 남한을 완전히 점령할 수 있었다. 그것은 대전의 2사단, 광주 5사단, 대구 3사단도 한강 이북에서 괴멸되었기 때문에 한강 이남에서는 인민군을 막을 병력은 강릉 8사단, 원주 6사단, 대구 3사단 23연대뿐이었다. 그러므로 이 2개 사단 가지고는 인민군 11만 대군의 적수가 되지 못하였다. 전차의 최대 시속은 40킬로이나 평균 시속이 20킬로이다. 그러므로 10시간이면 200킬로를 갈 수 있어 서울에서 부산을 쉬어가면서 가도 5일 이내면 부산과 목포까지 점령하고, 국군 6사단과 8사단을 대구 근방에서 완전 포위하고 미군의 상륙을 부산에서 전차로 막아버리면 아무리 늦어도 7월 10일까지 미군이 상륙하기 전, 남한을 완전 점령하고도 남았다. 그런데 이런 절호의 기회에 인민군 4개 사단은 즉시 한강을 건너지 않았다. 국군 패잔병들이 광장교와 이산포와 행주나루터를 거쳐 한강을 건너고 있을 때 인민군이 전차와 122밀리 곡사포로 세 곳에 쏘아댔으면 한강을 건넌 패잔병들은 극소수였을 것이다. 그리고 김포를 점령한 6사단 14연대로 하여금 부천과 안양으로 진출하여 국군 패잔병을 포위 섬멸하고 인민군 주력부대가 한강을 도강할 때 엄호하였으면 그야말로 김일성은 대승하였을 것이다. 그런데 인민군 4개 사단은 한강을 건너지 않고 있었고, 김포를 점령한 인민군 6사단 14연대도 부천과 영등포를 공격하지 않고 있었다.

전대협 통학추 편저 『우리는 결코 둘이 될 수 없다』50쪽에 보면, "1949년 미군 철수 이후 휴전선 근처는 소규모 전투행위가 빈발하였으며, 6월 23~24에 걸쳐서는 상당 규모의 포격전이 있었다. 이러한 속에서 개전의 구실은 쌍방에 충분하였다. ...... 그러므로 누가 먼저 침략을 시작하였느냐의 문제를 제기하는 것은 그다지 큰 문제가 없다."고 하면서 전국 대학생들을 대상으로 이 책으로 좌파사상을 선동 교육시켰다.

133쪽에는 "6.25라는 동족상잔의 말 못할 비극과 대리전쟁의 어리석음을 몸소 체험하고 그 결과 무력통일의 반 민족성과 실현 불가능성을 확인하게 되었다."라고 주장하면서 6.25 한국전쟁은 미국의 대리전쟁이었다고 좌파들은 전국 대학생들에게 이념교육을 시켰다. 이들이 성장하여 60여명이 열린우리당 국회의원이 되었고, 젊은 사람들의 사상이 되어 이들이 현재 대한민국을 장악하고 있다. 현재 더불어민주당 우상호, 안희정 등이다.

## 12. 참모총장 채병덕 소장의 간첩행위

1) 법무부장관 이인의 동생 이철은 남로당원으로 일본 중앙대 법대를 졸업하였다. 그는 한국 사법부를 공작하면서 남로당원이 검거되거나 재판이 있으면 공작을 하여 처리하였다. 수도경찰청장 장택상의 딸 장병민은 남로당 간부 채항식의 부인으로 정태식은 채항식의 집을 아지트로 삼아 경찰의 보호를 받으며 경찰을 장악하고 경찰의 모든 정보를 빼내고 있었다. 진해 해군사령부 간부 아들인 이재웅은 서울 상대 재학생으로 정태식의 연락원이었다. 게다가 이재웅의 집 또한 정태식

의 접선 장소였다. 간첩 성시백은 경찰과 국군을 공작하여 특급비밀을 빼내 북에 보내었고, 육군을 자기 마음대로 하였다. 남로당 좌파들의 공작은 상상을 초월하였고, 대한민국은 허수하였다.

2) 남로당 이론진 안에는 특공부가 있는데 제1특공과에서는 정부 내 거물 프락치 공작을 하였다. 이론진 부장은 동경대 상과대학을 졸업한 서울상대 김창환 교수였다. 그의 밑에는 동경대 출신 신진균, 보성전 문학교(현고려대) 김해균 교수, 경성대 출신 정해진, 합동기자 형인식 등 지식층이 많이 있어 정부 각 기관에 프락치를 심고 모든 정보를 수 집하여 북한으로 보내고 지령을 받아 인민군이 남침하는데 유리하게 공작하였다.

이론진 1특공과 내 치안국 공작은 각 도에서 그날그날 관내 치안상 황을 보고받아 전국 치안일지가 내무부장관을 통해 이승만에게 보고 되었다. 이 내용을 그대로 공작 당해 같은 시간에 김삼룡도 보고받고 대처하여 계획을 세워 나갈 수 있었던 것이다. 군 내부도 마찬가지였 다. 이렇게 특수공작을 하는 남로당원은 360여 명이 곳곳에서 활동하 고 있었다. 공작원들은 중요한 정보를 빼내야 할 인물이 설정되면 약 점을 중점으로 수집하여 철저하게 협박을 해서 남로당원이 되게 하든 지 아니면 돈과 여자로 매수하여 협조라도 하게 하였다. 특히 친일파 는 민족반역자로 몰아 남로당원 가입을 거절하면 K대를 통하여 죽이 거나 가족을 위협하거나 사회에서 철저하게 매장시켜 공작에 실패하 는 일이 없었다.

3) 참모총장 채병덕 주위에는 남로당 비밀당원이 그림자처럼 따라 다녔다. 채병덕의 집안의 금고 속의 돈과 뇌물과 침실에서 누구와 자 는 것까지 김삼룡에게 일일보고가 되었다.

49년 육군 안의 남로당원 숙청 때 남로당원의 뿌리를 뽑았다고 하지만 남로당의 뿌리를 완전히 뽑는 것은 어려운 일이었다. 그 증거로 조 암 중령, 장은산, 이영순 같은 고급 장교가 건재해 있었고, 주문진 방 첩대 대원 김규용도 남로당 공작원으로 건재한 채 공작을 계속하였다.

의정부 주둔 7사단 공병부대장 최정훈 소령은 50년 6월 25일 오전 9 시 운현궁에서 결혼식을 하였다. 최 소령의 결혼식에 참석하러 공병대 대와 작전과와 7사단 참모들이 24일 오후 모두 외출하여 7사단 참모부 는 텅텅 비게 되었다. 6월 25일 서울방어의 가장 중요한 사단이 6월 25 일 새벽 4시 인민군의 공격을 받았을 때 적절하게 대응하지 못하게 남 로당원 최정훈 소령의 공작은 성공적이었다. 인민군의 남침으로 비상 이 걸려 다른 참모들은 늦게나마 부대에 귀대하였는데 최정훈과 작전 과장은 영영 나타나지 않고 행방불명되었다.(7사단 공병부대 3중대 부중대장 최종성 증언) 7사단 공병부대는 완전히 마비되어 인민군의 전차 공격을 막는 전차 벽이나 함정이나 교량폭파나 장애물 설치, 다 이너마이트 폭약 등을 전혀 준비하지 않아 개전 2일 만에 의정부가 인 민군에 점령되게 하였다. 의정부 7사단이 탄약이 없는 것도 남로당 공 작에 의한 것이다.

4) 49년 1월 14연대 반란사건을 조사할 때 김태선 치안본부장은 이 승만에게 "채병덕은 일본 육군사관학교 49기로 일본 육군 소령입니 다. 해방이 되었을 때 일본 침략국 소령으로 천황에게 충성을 맹세한 친일반역자 채병덕을 숙청해야 한다고 남로당에서 공격했습니다. 그 러자 채병덕이 구제받는 조건으로 여운형이 지도하는 좌익 군사단체 인 국군 준비대에 속하게 된 것입니다. 국군 준비대 출신이 경비대에 들어오면 많은 협조를 하면서 조선민주주의 인민공화국을 선전했습 니다. 그러니 채병덕을 조사해야 합니다."라고 이승만에게 건의하자 이승만은 "모함이다."고 한 마디로 거절하였다.

50년 5월 특별수사본부 오제도 검사가 "각하와 장개석 총통과 두 분이 극비에 회담한 것을 성시백이 알고 있고, 각하와 채병덕 총장과 둘만이 알고 있는 원자탄 모의전략 계획서를 성시백이 알고 있으며, 49년 5월 전방 4개 사단 군 배치를 새로 하였는데 그 배치에서 대대 씨피까지 한 곳도 틀리지 않게 성시백이 알고 있어 채병덕 총장과 성시백과 관련이 있으니 체포하여 조사해야 합니다."고 하자 이승만이 "주변사람이 정보를 빼내었겠지 설마 채 총장이...?" 함으로써 채 총장을 조사할 기회를 놓치고 말았다.

대전 2연대장 김종석 중령이 군수품 2천만 원어치를 팔아 남로당 간부 이주하에게 공작비로 준 것이 조사과정에서 나타났다. 그래서 오동기 대위가 김종석 중령을 조사하려 할 때 채병덕의 압력으로 더 이상 조사를 못하였고, 재판에서 "무죄" 판결을 하자 오동기 대위는 "이처럼 썩은 군대에는 더 이상 몸담아 있고 싶지 않다"고 하면서 제대를 신청하였다. 김종석은 49년 남로당원으로 확인되어 숙청되었다. 채병덕이 오동기 대위에게 압력을 넣은 것으로 보아 남로당의 공작을 받은 것이 틀림없다.

48년 12월 국방부 4국 정보요원들이 청량리 이문동 특수훈련소에서 훈련을 마치고 수료식이 있는데 이 자리에서 채병덕이 축사를 하면서 "인민군이 남침하면 우리 국군은 서울을 포기하고 한강을 도하하여 한강에서 전열을 재정비하여 우회작전을 펼칠 것이다."라고 하여 4국 정보요원들이 혹시 채병덕이 간첩이 아닌가 하고 의심하였다. 그래서 채병덕 뒤를 조사하고 미행했는데 채병덕은 이를 눈치 채고 국방부 4국을 아예 없애버렸다.

국방부 4국 과장이 신치호 대위이고 그의 부관은 문상훈 소위였다. 신치호와 문상훈은 남로당 공작원으로 채병덕 사무실을 그들의 사무실 같이 사용하여 채병덕 총장에게 공작을 하였고, 6월 25일 신치호와 문상훈은 행방불명되었다.(KLO 출신 이연길 증언)

남로당 간첩들이 개성에 있는 명태를 빌미로 간첩활동을 하자, 김석원 1사단장이 개성 남북교류시장에 있는 명태를 압류하니 채병덕이 이것을 가지고 시비하여, 채병덕은 이 명태사건으로 49년 10월 참모총장에서 사임되었다. 임영신은 인민군이 남침한다고 시끄러운데 전투경험이 없는 채병덕보다 전투경험이 있는 김석원 장군을 참모총장이 되어야 인민군을 막을 수 있다고 김석원을 참모총장에 추천하였다. 그러나 이승만은 무쵸 대사와 라이트 고문단장이 반대한다고 거짓말을 하면서 거절하고, 50년 4월 15일 두 번째 채병덕을 참모총장에 임명하여 이승만은 국군이 붕괴되어 재기 불능의 상태로 만드는데 협조하였다. 그는 임영신만도 못한 대통령이었다.

채병덕 부관은 라엄광 중위로, 라엄광은 군사 영어학교나 육군 사관학교나 특수임관이나 어디를 조사해도 임관자 명단에 없으며, 육군 병적을 다 뒤져도 명단에 없다. 즉 육군 장교 명단에도 없는 가짜 장교로 남로당 공작원이다. 간첩 라엄광의 공작에 의해서 채병덕은 국군을 재기 불능상태로 만들어 붕괴되도록 하였다. 이상으로 보아 채병덕은 남로당 간첩들에 의해 공작을 당한 것이 증명되었고, 라엄광은 6월 28일 행방불명되었다. 육군본부 작전과에서 근무한 박정인 대위는 "신성모 국방부 장관과 채병덕 참모총장이 김일성이 바라는 방향으로 군을 운용하여 전쟁을 도발시켰다"라고 증언하고 있다.(준장 예편, 전 전사편찬위원장)

육본 정보국에서 정보원들을 북한에 보내 201, 202 전차와 122밀리 곡사포 사진을 찍고 불발탄을 수거하여 채병덕에게 보고하면서 "인민군이 곧 남침할 것 같습니다. 제주도 남로당도 제주도를 적화하려고 제주 4.3폭동을 일으키고, 여수 14연대는 대한민국을 전복하려고 반란을 일으켰는데 북한에서 가만히 있겠습니까? 틀림없이 인민군은 내려옵니다!'라고 하여도 채병덕은 "그럴 리 없다!'고 한 마디로 부인하여 국군이 인민군 공격에 대해 사전에 전혀 대비(對備)하지 않게 하여 국군을 재기불능상태로 만들었다. 8여단 소속 정보주임 김인철 대위가 김백일 대령을 체포해서 조사해야 한다고 체포 상신을 하였으나 고급지휘관들의 방해로 김백일 대령 조사를 못하였다. 24사단 딘 소장도 김백일은 위험인물이라고 하였다.

채병덕이나 김백일이 문산 국군 1사단장 백선엽 대령에게 28일 새벽 한강을 폭파할 때 철수명령을 내렸으면 국군 1사단이 28일 아침 반격하지 않고 철수하여 1사단이 붕괴되지 않았을 것이다. 그런데 국군 1사단에 철수명령을 내리지 않아 국군 1사단은 붕괴되었고, 의정부 7사단 탄약 창고에 탄약을 비축하지 않고, 공급도 하지 않아, 국군 1연대, 5연대, 16연대, 25연대 등이 대패하였다. 육군 6개 사단이 탄약이 없어 개전 4일 만에 붕괴되어 국군을 재기 불능의 상태로 만든다는 것은 도저히 상상도 할 수 없는 일로 용서할 수 없는 사건이었다. 득히 인민군 남침 하루 전에 전 장병에게 휴가와 외출을 보내 부대를 비우게 하고 혼성부대가 되도록 하여 국군 전체의 전투력을 상실하게 한 것은 결정적인 간첩행위의 증거이다.(유관종 육군 예비역 중령. 전 전사편찬위원회 간사 증언)

국방부장관 신성모는 월북한 국어학자 이극로와 의령 동향인으로 절친한 사이였다. 이극로는 열렬한 남로당원으로 49년 4월 남북회담 때 김일성의 초청장을 받고 북으로 간 인물이다. 신성모는 이극로의 영향을 많이 받았다. 신성모는 남로당 공작을 받는 것이 거의 틀림없다. 이유는 48년 8월 15일 이범석 장군이 초대 국방부장관이 되어 인민군의 남침을 기정사실로 인정하여 현재 예비군과 같은 호국군 13개 연대 4만 명을 조직하였다. 그런데 49년 2월 이범석 장관이 사임을 하고 신성모가 국방부장관이 되면서 이를 해체하여 인민군 남침 시 후방을 방어할 병력이 없었다. 신성모 비서 중 비서실장 신동우 중령을 제외한 3명이 6.25가 나자 모두 행방불명이 되었다. 이들은 남로당 공작원임이 틀림없다. 내무부장관 김효석이 남로당원이었는데 이 김효석을 내무부장관에 추천한 사람이 바로 신성모이다. 김효석은 국군이 북침하였다고 북한 방송에서 외친 자이다.

"전사를 모르는데 인민군이 남침하면 어떻게 인민군을 막습니까? 신성모 국방부장관을 실전 경험이 있는 이범석 장군으로 교체해야 합니다."라고 건의하면 이승만 대통령은 "내가 사랑하는 장관을..."하고 운운하며 한 마디로 거절하였다. 많은 사람들이 신성모와 채병덕의 이상한 행동에 대해서 건의하자 그때서야 "국방부와 군 고위층의 일부가 이상하니 조사해 봐!"하여 이승만 대통령도 의심하기 시작하였으나 이것도 6.25 전쟁이 발발(勃發)하여 조사를 못하고 1.4후퇴 후 국민방위군 사건 때 신성모가 해임될 정도였다. 이승만 대통령은 아첨하는 자만 좋아하여 국군이 참패하게 한 책임을 면할 길이 없다.

## 13. 50년 6월 28일 오후 3시 유엔 안보리회의 제2차 회의에서 16개국 참가 결정

미 대표 오스틴이 한국전쟁 상황을 유엔에서 설명하였고, 이어서 한국대표 장면 대사가 상황을 설명하였다. 상임이사국인 소련의 대사 말리크는 50년 1월 10일 중공의 UN 가입문제로 퇴장한 후 계속 안보이사회의 소집을 반대 참석하지 않았지만 인민군이 남침하는데 뒤에서 조종하고 있다는 규탄을 받을까 봐 이 회의에 참석하지 않았다. 이 회의는 10개국이 참석하여 〈북한의 무력공격을 격퇴하고 세계 평화와 한국에 있어서의 안전보장을 회복하는데 필요한 원조를 한국에 제공한다〉라는 안이 찬성 7명, 반대 1명, 기권 2명으로 결의되었다. 미국과 안보리 안에서도 유엔과 미군이 개입하는 것을 반대하는 사람과 국가가 많았지만 미 투르먼 대통령과 에치슨 국무장관 등의 적극적인 노력의 결과로 유엔 16개국이 참전하게 되었다.

50년 6월 27일 오후 10시 미 전방지휘소 단장 처치 준장은 "미 해 · 공군 병력만 가지고는 노도와 같이 밀려오는 북한 침공의 물결을 막을 수 없어 지상군 투입이 절대 요청됩니다. 38선을 되찾으려면 미 지상군의 개입은 절대 필요합니다."라고 보고하였다.

## 14. 북한 인민군 서울점령 3일 동안 남로당 폭동을 기다림

### 1) 50년 6월 28일 1일째

6월 28일 오후 국군 기갑연대장 유홍수 대령은 서빙고부대에서 장갑차 6대, 81밀리 박격포 3문, 바주카포 2문, 기관총 다수, 밀 300필을 가지고 비교적 손실 없이 한강을 건넜다. 기갑연대 2대대장 김병원 소령(장철부)은 5중대와 6중대를 지휘하여 동작동에서 천호동까지 방어하고 있었다. 유 대령은 노량진 고지에서 박격포로 용산 근방을 향하여 가끔씩 위협사격을 하여 한강 방어가 튼튼함을 인민군에게 위장하였다.

6월 28일 새벽 3시 30분 유재흥 7사단장은 잘려지지 않은 철교를 통하여 한강을 건넜다. 28일 아침 5시 노량진에 사령부를 설치하고 한강을 건너는 장병들을 모아 노량진에서 동작동까지 배치하였다.

6월 28일 새벽 5사단장 이응준 장군과 20연대장 박기병 대령, 1대대장 김한수 소령과 부하들은 6월 28일 새벽 3시 마포에서 여의도를 건너 노량진 수원지에 집결하여 보니 300여 명 정도였다. 중화기는 모두 버리고 소총 한 자루씩이었다. 20연대는 7사단 소속이 되어 흑석동고지를 방어하고 있었다. 28일 새벽 3시 30분 김홍일 소장은 시흥 보병학교에 도착하여 한강 방어사령부를 신설하고 작전참모부장에 김백일과 강문봉 대령, 참모 김종갑 대령을 임명하여 편성을 하였다.

미 전방지휘소 단장 처치 준장은 김홍일 장군에게 "만일 미 육군이 투입되어 부산에 상륙하여 한강까지 달려오더라도 3일이 걸립니다. 만에 하나 적이 3일 이내에 한강을 건너 급진적으로 공격하면 미 육군이 도착하기 전 인민군이 부산을 점령하면 미군은 부득이 일본으로 철수하지 않으면 안 됩니다. 따라서 국가의 존망은 오직 한강을 3일 이상 사수하느냐에 달려 있습니다. 장비와 보급품은 곧 일본에서 공수하여 한국군에 지급할 것입니다."라고 설명하였다. 참모들과 헌병들은 후퇴하는 패잔병들에게 밥을 줄 테니 시흥 보병학교로 모이라고 권고했다. 이때 모인 패잔병 500여 명에게 식사와 보급품을 지급한 후 혼성부대를 편성하여 7사단에 배속시켜 노량진으로 1차 보내고, 2차로 900여 명을 보냈다. 이렇게 해서 한강 방어 병력은 3,000여 명이 되었다.

채병덕에 의해 수도사단장 이종찬 대령이 허수아비가 되었다가 혼성 2개 대대를 지원받아 노량진에서 영등포까지 방어하였다. 중화기는 81밀리 박격포 3문, 기관총 2정이었다. 7사단은 9연대 1연대, 25연대, 20연대를 혼성 4개 대대로 편성하여 흑석동에서 동작동까지 방어하였다. 박격포 2문, 중기관총 2정이며, 각자가 가지고 있는 실탄은 기본 실탄도 못 되었다.

2사단장에 임선하 대령이 임명되어 3연대, 5연대, 16연대를 장악 사병리를 방어하였고, 우병옥 대령이 김포지구 경비대장이 되어 인민군 포로가 되었다가 탈출한 2,000여 명으로 김포비행장 근방을 방어하고 있었다. 그러나 패잔병을 모아 놓으면 자기 사단을 찾아가 병력 숫자가 수시로 바뀌었다.

미 극동공군사령관 스트레이트 메이어 중장은 맥아더로부터 6월 28일 인민군을 공격하라는 명령을 받았다. 6월 28일 미 제5공군은 즉시 B26기 12대, B29기 4대, 세이버 제트기 100대가 한반도 상공으로 출격하였다. 비행기 116대가 문산역, 서울역, 철로, 도로, 미아리, 서울 시내에 있는 전차를 공격하였다. 김포비행장에 있던 북한군 야크기를 모두 파괴하고 제공권을 장악하였다. 미 해군 순양함 추나우가 동해안에 나타나 인민군 5사단과 766부대의 남진을 막으면서 공격하자 인민군의 큰 장해물이 되었다.

6월 28일 하루 종일 인민군은 한강을 건너지 않고 있었다. 그것은 박헌영이 남로당 20만이 곧 봉기할 것이니 조금만 기다려 달라고 하였기 때문이다. 또한 남한에서 제주 4.3폭동이나 14연대 6연대와 같은 반란이 일어나야 '미군은 내전에 개입하지 말라 인민군은 남한을 침략한 것이 아니라 남한의 인민해방투쟁에 도우러 온 것이다. 그러므로 인민군은 침략군이 아니니 미군은 참전하지 말라'는 명분을 찾기 위해 김일성은 기다린 것이다. 그리고 남로당 폭동이 일어나면 전쟁은 쉽게 끝날 것으로 판단하고 한강을 건너지 않았다. 그러나 하루를 기다려도 남한 어느 한 곳에서도 폭동이 일어나지 않자 인민군 3사단장 등 서울을 점령한 인민군 장성들이 김웅 군단장에게 한강을 빨리 건너야 한다고 아우성이었다.

김명섭은 『해방 전후사의 인식』4권 146쪽에서 "북한군은 6월 28일 서울점령이라는 제한적 목표를 달성하였으나 남한 국회를 합동 소집하여 통일국회를 선포하지 못하였을 뿐만 아니라"하였는데, 이는 좌파들이 "인민군이 서울만 점령해서 평화협상을 해서 통일정부를 세우려 하였는데 이승만이 도망치고 미군이 개입해서 전쟁이 확전되었다"고 주장하는 허위내용과 일치한다.

2) 6월 29일 인민군 서울 점령 2일째

국군 1사단장 백선엽 대령은 6월 28일 극적으로 한강을 건너 시흥 역장실에서 배가 고파 견디지 못하고 설탕을 탄 물 한 그릇을 마시고 음식을 먹은 후 세상모르게 자고 있었다. 6월 29일 아침 8시 전령이 잠을 깨웠다. "장교는 보병학교로 집합하라는 명령입니다." 백선엽 대령은 1사단 장병들을 집합하니 연대장들과 참모들과 사병들은 1개 중대인 100여 명 정도 되었다. 이들은 사단장과 같이 한강을 건넜고, 같이 시흥 보병학교로 걸어서 가는데 처량하기 그지없었다. 백 사단장은 그 많은 차량과 포병을 한강 이북에 버리고 시흥에서 영등포까지 20리 정도 되는 길을 걸어가며 "1사단은 모여라!" 하고 큰소리로 장병들을 불러 모았다.

수도사단 18연대 2대대 장춘권 소령 부대는 26일 인민군이 의정부를 점령하여 퇴로가 차단되어 포위망을 뚫고 법원리를 지나 행주나루터에서 28일 한강을 안전하게 건넜다. 한강을 건넌 후 부대원을 점검하니 807명 중 759명으로 48명의 손실을 보았으나 가장 손실이 적은 대대였고, 81밀리 박격포 6문, 바주카포 3문을 가지고 한강을 건널 정도로 백선엽 1사단보다도 전투력이 있는 부대였다.

6월 29일 아침 8시 장춘권 부대가 김포공항에 도착하니 인민군 6사단 14연대가 이미 김포공항을 점령하여 망루에서 기관총을 걸어놓고 공격을 하여 바주카포로 한 방에 망루를 날려버렸다. 마침 미 폭격기가 김포비행장 활주로를 폭격할 때 틈을 타 2대대 장병들이 김포비행장 청사 안으로 돌격하자 인민군은 도망쳐버렸다. 인민군은 한강을 건넌 국군 2,000여 명을 포로로 잡았는데 이들을 그대로 두고 도망쳐 이들을 우병욱 대령 부대로 보내 재편하여 인민군을 방어하게 하였다. 인민군도 즉시 6사단 14연대의 강력한 부대로 포위하려 하자 소사로 탈출하여 시간을 보니 오후 2시였다. 인민군 6사단 14연대의 강력한 화력으로 영등포를 공격하여 국군의 배후를 공격하면서 한강에 있는 국군을 포위할 수 있었는데 인민군은 공격하지 않았다.

흑석동에서 동작동까지 7사단 9연대, 2사단 25연대 약 1,500여 명이 호를 깊이 파고 호 속에 들어가 있었다. 인민군이 용산과 남산에서 흑석동에 있는 국군에게 곡사포를 펑펑 쏴댔지만 국군은 곡사포가 한 문도 없어 호 속에서 꼼짝 못하고 머리를 처박고 죽어가야 했다.

수도사단 8연대 약 1,200여 명은 81밀리 박격포 3문, 60밀리 박격포

12문, 중기관총 4정을 가진 대체적으로 양호한 부대였다. 이 부대는 홍천에서 늦게 도착하여 여의도를 방어하고 있었다.

6월 29일 아침 맥아더 장군은 전용비행기 바탄호로 한국전을 시찰하기 위해 미 극동공군사령관 스트레트 메이어 중장과 같이 동승하였다. 이때 메이어 중장은 맥아더 장군에게 "38선 이남으로만 군사작전을 제한하여 이북에 있는 군사시설을 공격할 수 없어 작전에 큰 도움을 주지 못하고 있습니다."라고 보고하였다. 그러자 맥아더 장군은 "38선 이북의 군사시설을 폭격하라!'고 명령하였다.

맥아더 장군은 6월 29일 11시 수원비행장에 도착하였다. 수원비행장에는 이승만 대통령 이하 각료들과 미군 지휘관들이 환영하였고, 곧바로 수원 농과대학에 있는 육본과 극동군 전방지휘소를 방문하였다. 맥아더 장군은 처치 준장으로부터 현 전황을 보고 받았다. 이어서 채병덕 총장이 현 전황을 보고하고 이승만 대통령이 통역을 하였다. 맥아더 장군은 채병덕이 증언부언하고 있어 무엇을 말하는 것인지 알 수가 없어 보고를 중단하게 하고 "한강방어는 언제까지 지탱할 수 있습니까?'하고 채병덕 총장에게 질문하였다. 그러자 채병덕은 "후방 200만 명의 장병을 소집하여 적을 물리치겠습니다."하고 허풍을 쳤다. 이 말을 들은 맥아더 장군은 어이가 없는지 채병덕의 말을 더 듣지 않고 "전선을 보고 싶다. 가자!'하고 자리에서 일어났다. 맥아더 장군은 참모장, 아몬드 소장, 라이트 대령, 운전수를 대동하고 6월 29일 11시 30분 수원을 출발하였다. 송요찬 헌병사령관이 경호를 하였으나 맥아더 장군은 이것도 거절하였다. 안내는 김종갑 대령이 맡아 영등포 현장에 도착하였다. 맥아더 장군은 동양맥주 옆 언덕으로 올라갔다. 능선에서 한강 건너편 서울을 보니 검은 연기가 하늘을 가리고 있었다. 맥아더 장군은 망원경으로 3분 정도 서울 시내를 살폈다. 그리고 앞으로 걸어가 호 속에 있는 신동수 일등병에게 악수를 청하였다. 그러고는

"언제까지 한강을 지킬 수 있는가?" 하고 물었다.

"그것은 중대장에게 물어봐 주십시오! 저는 중대장이 지키라고 하면 지키고, 후퇴하라하면 후퇴하겠습니다!" 하였다.

이 말에 감동을 받은 맥아더 장군은 "내가 도쿄로 돌아가는 즉시 미군 지원병과 무기를 보내 줄 테니 용기를 잃지 말고 훌륭히 싸우라!" 하고 격려하였다.

맥아더 장군은 채병덕과 약속하지 않고 땀과 피투성이가 된 일등병의 손을 잡고 지원 약속을 하였다. 맥아더 장군은 김종갑 대령에게 "한국군은 몇 명이나 남아 있는가?" 하고 질문하였다.

"약 3개 사단 정도는 살아남았습니다. 그러나 부대 조직은 붕괴되었고 통신수단도 중화기도 없습니다."

맥아더 장군은 워싱턴에서 현 전황에 대해서 계속 물어오자 현장을 보지 않을 수 없었다. 다음은 과연 한국군이 싸울 의지가 있는가? 하는 것을 알고 싶어 한강에 온 것으로, 현장을 보고 "미 육군이 참전해야 된다."라고 요청을 하기 위한 것이었다.

맥아더 장군은 개전 4일 만에 6개 사단이 붕괴된 것에 놀랐고, 또한 중화기도 없고 어떤 병사는 소총도 없는 것에 놀랐으며, 미 지상군을 즉시 투입하지 않으면 한국은 위급하다고 판단하였다. 맥아더 장군은 동경에 도착 즉시 워싱턴에 메시지를 보냈다.

"한국은 혼란 상태에 빠져 있다. 소총만 가지고 남쪽으로 후퇴한 한국군은 처치 준장의 부하 장교들이 집결 재편하고 있다. 적의 전진을 저지하는 것이 절대 필요하다. 현 정세로 보아 한국이 적에 유린될 위험이 있다. 한국군은 이미 반격할 만한 전력이 없는 데다 적의 진격은 가속될 지도 모른다. - 중략 -

현 전선을 유지하고 장래에 실지를 회복하려면 미 지상전투부대를 한국에 투입하는 길밖에 다른 방법이 없다. - 중략-

최악의 경우 우리의 행동은 완전히 실패로 끝날지 모른다."

맥아더 장군은 애치슨 국무장관에게 "한국군은 지리멸렬 상태에서 패주를 거듭하고 있음. 이미 조직적 저항을 할 수 없음. 미 지상군 투입만이 적의 진격을 막을 수 있음."이라고 보고하였다. 그리고 1개 연대를 즉시 한국에 파견하고 2개 사단 투입을 국무성에 건의하였다. 트루먼은 1개 연대는 즉시 승인하고 2개 사단은 좀 더 검토하도록 지시하였으나 6월 30일 오후 7시 2개 사단 투입도 승인하였다. 트루먼은 "맥아더 휘하 지상군을 한국에서 허용하기 바란다."는 권한을 부여하여 본격적인 참전이 시작되었다.

맥아더 장군은 워커 중장에게 미 24사단과 25사단을 지휘하여 부산에 상륙하여 인민군을 저지하라고 명령하였다. 미 24사단 21연대 1대대가 선발부대가 되어 즉시 일본을 떠났다.

• 6월 29일 공군 평양 폭격

6월 29일 오후 미 공군기 18대가 평양 상공에 나타났다. 그러자 인민군 전투기도 출격하여 공중전이 벌어졌다. 미 전투기와 인민군 전투기는 성능과 기술면에서 비교가 되지 않았다. 요란한 비행기 소리와 비행기에서 쏘아대는 기관총 소리가 평양시민들의 귀청을 찢을 듯 들렸다. 잠시 후 인민군 전투기들이 꼬리에서 연기를 품으며 곤두박질하였다. 평양시민들은 인민군이 서울을 점령하고 남한에서 봉기가 일어나 곧 남조선이 해방될 것이라고 승리에 도취되어 있었는데 이 광경을 보고 놀라 기절할 지경이었다.

미 전투기가 인민군 전투기 26대를 격추시키고 이어서 대동강 건너편 문수리 비행장과 군수공장을 폭격하여도 김일성은 속수무책이었다. 김일성과 박헌영과 북한 수뇌들은 미 전투기의 폭격 소리에 깜작 놀랐다. 김일성은 미군이 한국 전쟁에 절대 개입하지 않는다고 장담하였는데 미 전투기가 폭격을 하자 그는 당황하였다.

북한 공군의 항공기는 총 162대이며, 병력은 2,000여 명이었다. 미 극동군 전투기는 일본 제5공군, 오끼나와의 20공군, 필리핀의 제13공군 등1,172대로 숫자나 성능에서 비교가 되지 않았다. 7월 4일까지 북한 전투기는 47대가 파괴되었다. 미 공군은 한반도를 샅샅이 뒤져 인민군 군수공장, 보급창, 기차역, 철로, 도로, 교량과 인민군이 움직이면 즉시 나타나 폭격을 해서 인민군에 치명적인 타격을 주었다.

이처럼 미군이 한국전에 참전하고 있는 데도 인민군은 6월 29일 하루 종일 서울에서 먹고 자고 놀면서 한강을 건너려 하지 않고 있었다. 그것은 박헌영이 서울만 점령하면 남로당 20만이 봉기한다고 해서 20만이 봉기하면 싸우지 않고 이길 수 있으며, 미군의 개입을 막을 수 있기 때문에 김일성과 박헌영과 북한 수뇌들은 눈이 빠지게 폭동을 기다렸던 것이다. 그러나 남한에서 한 곳도 제주 4.3폭동이나 14연대 반란과 같은 폭동이 없었다. 그 이유는 이미 남로당이 붕괴되었기 때문에 폭동을 주도할 인물이 없기 때문이었다. 남로당 총책 정태식과 박갑동이 총동원할 수 있는 인원이 200여 명뿐이었고, 정태식과 박갑동은 이승엽의 명령이 없는데도 동원령을 내렸다고 이승엽이 체포하려고 해서 숨어 있는 상태였다. 또한 남쪽에서 폭동이 일어나면 남한 정부는 도저히 인민군을 막을 수 없고 곧바로 대한민국은 망하기 때문에 경찰과 헌병은 조금만 이상한 행동을 하면 무조건 사살하였다. 또한 남로당원(조선공산당) 33만 명이 전향하여 보도연맹원이 되었고, 김삼룡 · 이주하 등 남로당 지도부가 죽었으며, 국군 안의 좌파 10,000여명을 숙청하여 군 안에서 반란을 일으킬 수가 없었고, 50년 6월에 북에서 남파된 도당위원들은 폭동을 일으킬 수 없었으며, 검문검색이 심하여 전선을 넘을 수 없어 활동할 수 없었기 때문이기도 하였다.

3) 6월 30일 인민군 서울 점령 3일 째

서울시 인민위원회는 고시 3호를 발표, 정당 사회단체는 등록하고 명단을 제출하라고 하였다. 그리고 전 한국 관계자와 공무원들은 자수

하라고 제 6호를 고시하였다. 유언비어 날조와 삐라를 뿌리는 등 반동
선전 선동을 하는 자는 군사행동의 적대자로 처리한다고 고시하였고,
모든 언론도 통제하였다. 남한 국회의원 48명이 조선민주주의 인민공
화국을 지지하는 집회를 가졌고, 여기에는 김효석, 장건상, 조소앙, 김
규식, 안재홍도 가담하였다. 김용대 목사 외 300여 명도 인민군 서울
입성 환영예배를 드렸다. 인민군 3사단은 25일 포천, 26일 의정부, 27
일 수유리 점령, 국군 3개 사단을 격파하고 28일 서울을 점령하여 김
일성의 작전대로 수행하였다고 김일성은 인민군 3사단을 서울사단이
라고 이름을 붙여 주었다. 이영호 3사단장은 영웅이 되었으며, 인민군
전사들에게 신화 같은 존재가 되었다.

　김웅 인민군 1군단장은 삼각지 육군 벙커에 사령부를 두었다. 서울
을 점령한 인민군 6사단장 방호산, 1사단장 최광, 4사단장 이권무, 3사
단장 이영호 등은 매일 김웅 군단장에게 "이승만이 항복을 하지 않고
국방군이 싸우려고 한강 이남에서 방어 준비를 하고 있으니 국방군이
준비하기 전에 또 혹시 미군이 개입할지 모르니 빨리 한강을 건너 부
산까지 진격해야 한다."고 28일과 29일 발을 동동 구르며 재촉하였다.
그럴 때마다 김웅은 "나도 즉시 한강을 건너야 한다고 김책 사령관에
게 재촉을 해도 박헌영 동지가 남로당 20만이 무장봉기를 하면 싸우지
않고 남조선이 해방되어 미군은 개입을 못한다고 기다리라고 하니 사
람이 죽을 노릇이오!" 라고 대답하자 4개 사단장들은 "박헌영 동무가
우리 다 죽이는 것 아니냐?" 하면서 한강을 건너자고 재촉하였다.

　6월 30일 동작동 고지, 흑석동, 노량진, 여의도에도 점점 국군이 모
여들고 진지를 파고 방어준비를 하는 것을 보고 4개 사단장들은 속이
터져 죽을 지경이었다. 승리가 눈앞에 보이는데 28일, 29일, 30일 사흘
을 먹고 자고 놀자니 연대장, 대대장, 중대장들이 속에서 열불이 나서
못 참겠다고 아우성이었다.

　김웅, 김책, 김일성도 즉시 한강을 건너 국군 패잔병들을 소탕하고

부산까지 진격하고 싶었다. 그러나 김일성은 스탈린에게 "38선만 넘으면 남조선 인민 20만이 민중봉기를 해서 전쟁을 2주일 내에 끝내겠다."고 장담해서 무기지원을 받아 38선을 넘어 서울을 점령했다. 그런데 약속한 남조선 인민 폭동이 한 건도 일어나지 않으니 김일성은 스탈린에게 할 말이 없어졌다. 남조선에서 폭동이 일어나야 "북조선 인민군이 남조선 해방투쟁을 협력하려고 서울에 온 것이지, 인민군은 남조선을 침략하러 온 것이 아니다"라고 해서 전 세계에 인민군이 서울에 온 명분을 세우자 했다. 그러므로 미군은 한국의 해방투쟁 즉 내전에 간섭하지 말라고 하기 위하여 스탈린이 "인민군은 서울에서 봉기가 일어날 때까지 기다리면서 한강을 건너지 말라"고 하여 남한에서 민중 폭동이 일어나기를 기다리고 있는 중이었다. 그래서 스탈린은 서울에서 폭동 소식이 올 것을 기다렸고, 김일성은 박헌영에게, 박헌영은 이승엽에게 매일 몇 차례씩 독촉해도 남조선에서의 폭동은 전혀 기미가 보이지 않았다.

6월 30일 스탈린은 미 해·공군 및 지상군 참전 결정 소식과 미 공군기 18대가 평양에 나타나 북한 비행기 26대와 군수공장 활주로 등을 폭격하였다는 보고를 받고 이제는 인민군이 더 이상 지체해서는 안 된다고 판단했다. 그는 "왜 조선군 사령부의 계획을 알려오지 않는가? 무조건 공격을 계속하여야 한다. 남조선이 빨리 해방되면 될수록 간섭 기회는 적어진다. L." 이라고 가명을 쓴 스탈린은 북한 대사 슈티코프에게 명령하였다. 슈티코프는 김일성과 박헌영에게 이 명령을 알려 7월 1일 인민군이 한강을 건너도록 명령하게 하였다.

※ 강정구 동국대 전 교수는 분단과 전쟁의 한국 현대사 204쪽에서 "50. 6. 25에 비롯된, 북한이 제한적인 무력 동원을 통해 서울을 긴급 점령하고 통일정부 수립을 꾀한 '제한전쟁' 이다" 하였고, "서울만 점령하고 협상해서 통일정부를 세우려고 하였는데 미군이 개입해서 한국전쟁이 확대되었다"

하고 터무니없는 허위주장을 하였다. 또한 "미국의 즉각적인 개입이 없었더라면 제한전쟁은 북한과 민중 세력의 일방적인 승리로 남한 전역은 8월 중으로 민중 세력에 의해 해방되었을 것" 이라고 허위주장을 하였다. 212쪽에는 "이승만 정권이 재빨리 도피하자 이 정권을 섬멸하기 위하여 7월 1일 서울 남쪽을 공격하여 전면전을 전개하였다" 고 앞뒤가 맞지 않는 주장을 하고 있다. 206쪽에는 "어떻게 한국전쟁이 6월 25일 공산 괴뢰 남침 또는 미제의 고용인의 북침이라고 단순히 규정지을 수 있을 지 의문이다" 라고 주장을 하고 있고, 207쪽에는 "전쟁의 성격도 내전에서 민족해방전쟁으로 전환한다." 라고 북한의 주장을 그대로 하고 있다. 238쪽에 "북한이 50. 6. 25 제한전쟁을 통해 민족 해방을 성취하려는 애초의 전쟁 성격에는 위와 같은 학살과 만행과 파괴행위 등 전쟁범죄는 배제되었다. 제한 무력에 의한 해방전쟁의 불가피성을 인민군 군관에게 눈물을 흘리면서 설명을 하는 김두봉은 국방군에 대한 적대행위를 하지 말 것을 명령하였다." 라고 황당한 허위주장을 하면서 독자들을 선동하여 반미 친북 좌파가 되게 하고 있다.

# 제16장
# 조선인민군 2차 작전
# (한강 도강 목표)

# 제16장 조선인민군 2차 작전(한강 도강 목표)

## 1. 50년 7월 1일 인민군 한강 도강 전투

50년 7월 1일 인민군 3사단은 서빙고 방면, 4사단은 노량진 방면, 1사단과 6사단은 김포 방면을 향해 아침 6시부터 오전 내내 일제히 곡사포 공격을 하였다. 인민군 3사단이 오전 내내 흑석동과 노량진에 있는 국군 5연대와 9연대가 있는 곳에 곡사포를 쏘아대도 국군은 40문 이상의 곡사포와 수백 문의 박격포를 한 문도 가지고 한강을 건너지 못하여 참호 속에서 꼼짝도 못하고 머리를 처박고 죽어가야 했다. 인민군 3사단 8연대 1대대가 오후 3시 목선을 타고 서빙고에서 흑석동을 향해 일제히 한강을 건넜다. 곡사포와 박격포가 없는 국군은 소총만 가지고는 한강을 건너고 있는 인민군을 공격하지 못하여 인민군은 쉽게 한강을 건너 흑석동에서 9연대가 방어하고 있는 수도고지를 점령하였다.

수도사단 8연대가 방어하는 여의도 비행장을 인민군 4사단이 계속 공격해 왔다. 여의도를 뺏고 빼앗기기를 하루에 5회나 반복하여 양쪽은 많은 희생자를 내고 인민군 4사단이 한강을 건너지 못했으나 난지도 부근에서 한강을 도강하였고, 김포에서는 인민군이 계속 증강되어 위협적이었다.

김포지구 사령관 우병욱 중령은 18연대 2대대 장충권 소령에게 불가능한 역습을 명하여 인민군에게 포위되어 2대대 장병이 포위망을 뚫고 탈출하느라 많은 희생을 한데 책임을 지고 현장에서 자살을 하였다. 김포지구 사령관에 18연대장 임충식 중령을 임명하여 인민군의 남

388 * 6.25 한국전쟁 (국군은 왜 참패했을까?)

진을 저지하고 있었다.

인민군 6사단 14연대는 오류동·소사·부천을 향해 공격해 왔다. 국군 15연대 최영희 대령과 18연대 2대대는 48시간 동안 인민군의 공격에 사투를 벌였다. 18연대 2대대는 81밀리 박격포 6문으로 하루에 8천발 이상 2일 동안 인민군을 향해 쏘아댔고, 진지를 하루에 두 번 빼앗기고 3번 탈환을 할 정도로 격전을 벌였다.

18연대 2대대는 박격포 6문이 있어 요긴하게 사용하여 인민군의 영등포 공격을 저지하는 데 큰 공을 세웠다. 이 전투에서 중대장 1명, 사병 40여 명이 전사하였으나 인민군도 1개 대대정도가 피해를 볼 정도로 치열한 전투였다.

18연대 2대대 장춘권 소령 부대와 여의도 8연대가 이렇게 잘 싸운 이유는, 24일 장병들을 휴가 외출을 보내지 않아 대대나 연대가 혼성부대가 아닌 고유부대였기 때문에 가능한 것이었다. 만일 국군 1사단, 2사단, 3사단, 5사단, 7사단, 수도사단 등 6개 사단이 혼성부대가 아닌 고유부대였고, 6월 27일 오후부터 서서히 포병부대가 차량을 가지고 한강을 건넜다면, 18연대 2대대와 8연대같이 국군은 전투를 잘 하여 절대 인민군한테 패하지 않았을 것이다. 특히 국군 1사단만 27일 오후 안전하게 철수했어도 그토록 비참하게 국군이 참패하지 않았을 것이고 한강을 잘 방어했을 것이다.


## 2. 7월 2일 채병덕의 역습 명령으로 노량진전투 참패

김홍일 한강 방어사령관은 각 부대에 호를 깊이 파고 인민군 공격에 대비하라고 명령을 내려 3일 동안 진지를 구축하는데 정성을 다하였다. 인민군 포병들은 국군이 두더지같이 호 속에 숨어 있어 7월 1일 오전 내내 곡사포, 박격포 공격을 해도 국군이 보이지 않아 애를 먹고 있었다. 이렇게 잘 방어하고 있는 국군에게 채병덕 참모총장은 7월 2일 아침에 유재흥 7사단장에게 "인민군이 점령한 흑석동 수도고지를 역습하여 탈환하라"고 명하여 호 속에서 잘 방어하고 있던 9연대 1대대, 2대대, 7사단 1연대, 20연대, 25연대가 역습을 하기 위해 호 속에서 기어 나왔다. 이때 쌍안경으로 국군의 방어 진지를 관찰하고 있던 인민군 포병들이 국군의 움직임이 보이자 소나기 공격을 하여 국군은 몰살 직전이 되었다. 결국 수도고지는 탈환도 못하고 역습하던 국군은 많은 피해를 보고 장병들은 후퇴 명령도 없는데 영등포 방면으로 도망쳤다. 9연대와 25연대는 관악산 쪽으로 도망쳤는데, 25연대는 판교 전투에서 전멸하고 김병휘 연대장과 라희필 대대장이 부상당해 후송되자 해체되었다. 국군은 7월 2일 하루 만에 동작동, 흑석동, 노량진의 진지가 무너짐으로 한강 방어 진지는 2일 만에 무너지고 말았다.

## 3. 7월 3일 인민군 4사단 한강 도강

국군 8연대는 6월 28일부터 7월 3일까지 400여 명의 전사자를 내면서 여의도를 방어하였다. 그러나 노량진을 점령한 인민군이 배후에서 공격하여 8연대장 서종철 중령이 부상을 입고 7월 3일 모두 철수했다.

한강을 방어한 기간은 28일부터 7월 3일까지 6일간이었다. 국군 8연대는 6일 동안 싸우면서 인민군 4사단 5연대 227명을 사살, 1,822명 부상, 107명 실종 당하게 할 정도로 사투를 벌여 인민군 한강 도강을 막았다.

인민군은 동작동, 흑석동, 노량진을 점령하여 인민군 한강 도강을 엄호하고 있었다. 인민군은 수많은 서울 시민들과 철도원을 동원하여 전차가 지나갈 수 있도록 목재를 철로 위에 깔고 있었다.

50년 6월 28일 아침 철도 하행선 하나가 잘려지지 않은 것을 확인했을 때 국군 공병대가 노량진 쪽에서 다시 폭파하여 철교를 잘라 인민군의 한강 도강을 막았어야 하는데 절단되지 않은 한강철교를 폭파하지 않고 도망쳤다. 결국 채병덕은 한강교를 폭파하면서 국군에게는 엄청난 피해를 주었으나 인민군이 한강을 건너는 데는 큰 지장을 주지 못하였고, 인민군 보급은 이 철로를 통해 낙동강 전선까지 공급하였다.

50년 7월 3일 오전 10시, 인민군 4사단은 목판을 깐 철로 위로 시험삼아 전차 4대를 건너게 하였다. 전차가 아무런 저지도 장애도 받지 않고 무사히 한강을 건너자 인민군은 일제히 "만세!"를 불렀다. 인민군 전차는 계속 한강을 건넜고, 선두 전차 4대는 노량진 영등포를 향해 남진하였다.

7월 3일 오후 3시 영등포에 인민군 전차가 도착하자 오류동, 소사, 부천 근방에서 인민군의 남진을 저지하고 있던 국군 15연대, 18연대, 3연대, 16연대는 일제히 수원 쪽으로 후퇴하였다. 이렇게 되어 6일간의 한강 방어는 끝났다. 채병덕은 6월 29일 맥아더 장군 앞에서 후방에서 200만 명을 동원하여 인민군을 막겠다고 허풍을 쳐 통역을 하던 이승만 대통령과 참모총장이 망신을 당한 후에야 해임됐다. 그리고 7월 1일부터 정일권 준장이 참모총장이 되었다. 그의 나이 32세였다.

7월 1일 국군 현재 인원은 98,000여 명 중 44,000여 명이 전사하거나 포로가 되어 54,000여 명으로, 국군 총 8개 사단 중 6개 사단이 재기불능이 되었다. 강릉 8사단, 원주 6사단, 대구 3사단 23연대만 건재하며, 영등포 근방의 패잔병뿐이었다. 신성모는 채병덕을 경남지구 편성사령관에 임명하여 정래혁 중령과 이상국 소령을 데리고 멀리 부산으로 떠나게 하였다.

## 4. 6월 30일 대전형무소 사건

50년 6월 30일 밤 미 공군 관측병이 수원의 미 전방지휘소에 "적의 대부대가 수원으로 내려오고 있다."고 보고하였다. 이 보고를 받고 미 전방지휘소에서는 깜짝 놀라 "통신장비를 파괴하라! 대공포 장비도 파괴하라! 그리고 즉시 대전으로 후퇴하라!'는 명령을 하는 등 미 전방지휘소가 있는 수원 농업시험장에는 일대 큰 소동이 벌어졌다. 처치 준장과 무쵸 대사도 즉시 대전으로 이동하였고, 여차하면 일본으로 도망칠 계획이었다. 수원 전방지휘소 비치 중령은 총무처에 "적의 탱크가 대거 한강을 도강하여 벌써 평택에 들어왔고, 몇 시간 후면 대전에 도착할 것입니다."하고 연락을 해주었다. 이 보고를 받은 대통령 비서실장은 깜짝 놀라 7월 1일 새벽 3시 남로당 공비들 때문에 대구를 거쳐 부산으로 가지 못하고, 이리를 거쳐 목포에서 배로 부산으로 가기 위해 황규면 비서와 김장흥 경무대 서장만 데리고 극비에 대전을 출발하였다.

대전 성남장에 있던 장·차관·국회의원 등 300여 명도 이 소식을 듣고 7월 1일 아침 부산으로 가려고 대전역에 모여들자 대전 시민들이 감을 잡고 대구로 피난을 가느라 대 혼란을 이루었다. 대전교도소 경비원들도 소문을 듣고 감옥 열쇠를 두 개씩 채우고 도망쳤다. 대전교도소에는 제주 4.3폭동 폭도들과 14연대 반란 가담자 등 2,000여 명이 수감되어 있었다. 북한 노동당 소속 김남식 유격대 중대장은 200여 명을 이끌고 대전교도소를 폭파하여 2,000여 명과 함께 폭동을 일으키려고 남하 중이어서 대한민국은 위기였다. 만일 대전교도소가 파괴되어 2,000여 명이 대전에서 남로당원과 합세하여 폭동을 일으킨다면 스탈린, 박헌영, 김일성이 두 손 모아 빌면서 기다리던 폭동이 드디어 일어나 "미군은 내전에 간섭하지 말라."고 할 수 있는 절호의 기회이자, 전 세계에 북한 인민군이 침략국이라는 오명을 벗을 수 있는 절호의 기회였다. 그리고 유엔 참전국을 저지할 수 있는 유일한 명분을 만들 수 있었다. 이때 국방부장관 신성모는 정훈국장 이선근을 불러 "어떻게 하면 되겠느냐?"고 묻자 "정훈국에서 방송을 통해 대전 시민의 피난을 못 가게 해야 합니다."하고 거리로 나가는데, 한 경찰이 이선근에게 뛰어와서 "대전교도소 교도관들이 다 도망치고 없는데 이때 죄수들이 나오면 큰일 나겠습니다."하고 보고하였다. 만일 죄수들이 나와 대선에서 폭동을 일으킨다면 김홍일 장군이 한강을 방어해도 대전에서 폭동이 일어나기 때문에 방어할 수가 없고, 대한민국은 순식간에 무너질 수 있어 이선근은 깜짝 놀라 이승만 대통령을 경호하기 위해 대전에 있는 17연대 백인엽 대령에게 "교도소를 장악하라!"고 명령하였다.

17연대 장병 1,200여 명을 백인엽 연대장이 이끌고 대전교도소에 도착하니 벌써 교도소문을 부수고 죄수들이 정문으로 나오고 있었다. 17연대 장병들은 차에서 내릴 시간도 없이 차에서 바로 정문의 죄수들을 향해 사격을 하니 수십 명이 쓰러지면서 교도소 안으로 다시 들어가자 포위를 하여 교도소에 죄수들을 다시 집어넣고 철저히 경계를 하여 수습하였다.

이후 정부에서는 인민군의 대전 점령이 임박하자 교도소에 있는 죄수들을 부산으로 수송할 차량도 없고, 수용할만한 장소도 없어 큰 골칫거리였다. 그리고 대전교도소 수감자들이 혹시 탈출하여 폭동을 일으킬지 모른다고 판단, 대전 교도소 1,700여 명과 전주, 목포, 김천교도소에 있는 남로당원들을 국군이 후퇴하기 전에 처형하였다.

서울을 점령당한 인민군 치하에서 서대문 형무소와 마포형무소, 인천형무소에서 나온 9,000여 명의 남로당원과 보도연맹 가입자들이 인민위원회를 조직하였다. 전향자 정백을 중심으로 경찰, 국군, 우익을 골라내 학살하여 우익이 많은 희생을 당하였다. 그리고 이상진 소령 외 좌익 장교들이 징역 선고를 받고 서대문 형무소에 수감 중 인민군이 서울을 점령하여 석방되어 인민군에 협조하였고, 육사 1기 박근서 중령은 부대를 이탈하여 인민군에 협조하였다. 그래서 국군은 후퇴하기 전 형무소에 있는 자와 보도연맹 가입자들을 청주, 나주, 창녕 근방에서 처형하고 후퇴하게 되었다. (보도연맹에 가입했다가 죽은 사람들의 가족들이 왜 이들을 죽였느냐고 오늘날 문제를 삼고 있다. 이것이 보도연맹 사건이다.)

미 공군 관측병의 정보는 한국군의 패잔병들의 후퇴를 인민군으로 착각한 잘못된 정보로 판명되었다. 이 사건으로 보아 6월 28일 인민군이 한강을 건넜다면 6월 29일 영등포, 30일 평택, 7월1일 대전, 7월 2일 대구, 7월 5일 부산, 늦어도 7월 10일 안에는 부산까지 점령하여 미군의 부산 상륙을 막고 인민군이 남한을 완전히 점령할 수 있었다는 증거가 되었다. 그리고 제주 4.3폭동이나 14연대 반란이나 남로당 33만 명이 자수하지 않고 또 국군 안의 남로당원 4,749명 외 5,000여명이 숙청되지 않고, 남로당원 20만 명이 2.7폭동과 같이 전국적으로 폭동을 일으키고, 국군 안의 남로당원 1만 명이 국군 안에서 14연대와 같이 반란을 일으켜 작전을 못하게 전군에서 동시에 반란을 일으켰다면, 인민군은 미군이 부산에 상륙하기 전 대한민국을 완전히 점령하여 대승할 수 있었다는 증거가 된다.

박헌영과 남로당의 2.7폭동이나 제주 4.3폭동이나 14연대 반란이나, 대구 6연대 반란, 서울 불바다 폭동 계획이나 인민유격대 10차례 38선 남파의 실패는 결정적일 때 인민군을 돕지 못했다. 그러나 50년 6월 10일 월북한 남로당원들은 인민군이 남침하면 후방에서 무장폭동을 선동하기 위하여 이중업, 안영달, 조용복, 백형복 등이 서울에 침투하여 서울시 당을 재건하고 있었고, 전남도당위원장 김백동을 중심으로 조형표, 이강진, 이담래, 김상화, 송금애 등 16명이 법성포로 상륙하여 광주에 침투 전남도당을 재건하고 있었으며, 충남도당위원장 여운철은 이주상, 곽해봉을 이끌고 대전에 잠입하여 충남도당을 재건하고 있었다.

이들은 남로당원 60만 명 중 전향하여 보도연맹에 가입하지 않은 남로당원(조선공산당) 20만여 명을 선동하여 대전, 전주, 목포, 김천, 대구, 부산에서 폭동을 일으키고 교도소를 기습하여 수감자를 석방시켜 폭동을 주도하려 하고 있었으며, 만일 지리산의 이현상 유격대 200여 명과 합세하여 폭동이 성공하고 철도노조가 파업하여 기차가 운행하지 못하면 대한민국은 전후방에서 공격을 받아 한순간에 적화될 수 있기 때문에 남로당은 아직도 기회는 있었다.

## 5. 6월 30일 국군 6사단 원주 철수

국군 6사단 2연대, 7연대, 19연대는 큰 손실이 없이 홍천을 거쳐 원주로 철수하고 있었다. 6사단은 수송능력과 보급품 준비도 잘 하고 있었다. 6사단장 김종오 대령은 6월 28일 춘천에서 홍천으로 가는 60미터 높이의 원창현 고개에 7연대를 배치, 인민군 남진을 저지하게 하였고, 후퇴하는 국군을 엄호하게 하였다.

6월 28일 오후 2시경 인민군 2사단 2개 연대가 2열종대로 원창현 고개를 향해 걸어 올라오고 있었다. 7연대 2대대장 김종수 소령은 즉시 중대장들에게 장병들을 매복시키고 기다리라고 명령하였다. 숨을 죽이고 기다리던 장병들은 인민군이 코앞에 오자 소총, 박격포, 기관총으로 소나기 같이 공격하니 인민군은 놀라 갈팡질팡하며 흩어졌다. 1시간쯤 사격전이 벌어지자 인민군은 견디지 못하고 손을 들고 오고 있었다. 이들을 포로로 하려고 2대대 장병이 가서 체포하려고 하자 갑자기 인민군 1개 중대가 따발총으로 갈겨대어 김종수 대대장이 즉사할 뻔하였다. 이것을 신호로 한 듯 인민군이 함성을 지르며 공격해와 육박전이 벌어졌다. 국군 2대대는 인민군의 숫자에 밀려 후퇴하고 말았다. 국군 7연대는 29일까지 홍천으로 철수하였다.

6월 30일 작전국장 장창국 대령이 김종오 6사단장에게 "8사단은 충주로 철수명령을 내리고, 철수를 엄호하고 6사단은 충주와 여주를 방어하시오!' 하고 작명을 내렸다. 김종오 6사단장이 작명을 받고 수색대를 보내 파악해보니 용문산 옆 광탄에 인민군 전차가 와 있었다. 그리고 여주에는 벌써 "인민군 만세! 인민군의 입성을 환영합니다!' 라고 대자보가 붙어 있었다. 만일 인민군이 충주와 제천을 점령하면 8사단과 6사단이 포위되기 때문에 6월 30일 김종오 사단장은 국군 6사단을 원주에서 제천으로 철수시켰다.

6사단 7연대가 원주 남쪽 신림에서 철수하는 부대를 엄호하고 있을 때, 인민군 7사단 수색대가 장갑차 2대와 1개 중대로 정찰부대가 되어 신림으로 오고 있어 매복하고 있다가 장갑차 2대를 대전차포로 박살을 내고 박격포탄을 순식간에 우박같이 퍼부어 몰살시켜버렸다. 국군 7연대가 신림에서 잘 싸우고 있어 7월 2일 국군 8사단이 대관령에서 대화와 평창을 거쳐 제천으로 후퇴하는데 무사하였다.

7월 3일 7연대는 차량 100여대로 군수품을 싣고 포병은 우선 차량에 승차하고 중화기부대도 승차하고 제천으로 철수를 하는데 장관을 이루었다. 전쟁은 오직 준비하는 자만이 승리하는 세계였다.

## 6. 국군 8사단 대관령 철수

6월 28일 대관령으로 철수한 국군 8사단 이성가 사단장은 18포병대장 장경석 소령에게 105밀리 곡사포로 강릉의 인민군 5사단에 공격하게 하였다. 즉시 인민군도 122밀리 곡사포로 반격해 왔다. 국군 3개 중대로 인민군 포병부대를 공격하게 하자 인민군도 국군을 향해 돌격하여 치열한 전투가 벌어졌다. 인민군 5사단장 마상철 소장은 국군 8사단의 뒤를 쫓자니 작명이 아니고, 계속 삼척으로 내려가자니 국군이 후방에서 보급로를 차단할 것 같아 진격 속도를 내지 못하고 있었다.

6월 30일 오후 2시 김종오 6사단장으로부터 "8사단은 원주를 거쳐 중앙선을 따라 이동하시오!'라는 작명을 받았다. 이성가 사단장은 김종오 사단장의 전화 설명을 듣고 서울 상황과 전반적인 전황을 처음 알고 마음이 급하였다.

7월 1일 아침 8시, 8사단은 원주를 향해 하진부리를 출발하였다. 8사단은 100대의 차량으로 군수품과 중화기와 포병들은 차량으로, 보병들은 속보로 이동하였다. 8사단 수색대가 대화에 이르렀을 때 한 무리의 피난민을 만났다. 알아본즉 6사단은 충주로 철수하고 인민군이 원주를 점령하였다는 내용이었다. 이성가 사단장은 즉시 평창을 거쳐 제천으로 철수하라고 명령하였다. 7월 2일 11시 국군 8사단은 인민군보다 먼저 제천에 안전하게 도착하였다. 만일 100대의 차량이 없어 걸어서 이동하였다면 인민군이 먼저 제천에 도착하여 8사단은 퇴로가 막혀 엄청난 희생이 올 뻔하였다.

군수참모 전부일 소령이 연료를 점검하니 얼마 남지 않아 사병들을 데리고 기름이 있을 만한 곳을 다 뒤졌다. 마침 제천역에 후송 중인 휘발유와 정부미가 엄청나게 있는 것을 발견하고 차량에 모두 실어 8사단은 기름과 식량이 걱정 없을 정도였다. 이성가 사단장은 전쟁이 장기화 될 것을 대비하여 군수참모를 사단에서 제일 똑똑한 전부일 소령으로 교체하여 먹을 것에 대해 책임을 지라고 명령하였는데 책임완수를 잘 하고 있었다. 군에서 가장 중요한 것은 인사, 정보, 작전이라는 것이 실감나게 하였다. 지휘관이 무능하면 싸움에서 절대 이길 수 없으며 적보다 무서운 적은 무능한 지휘관이다.

## 7. 국군 3사단 23연대 삼척 방어

강릉을 8사단이 방어하고 있었는데, 8사단이 대관령으로 후퇴하자 인민군 5사단이 포항을 향해 남진하였다. 만일 인민군 5사단이 계속 포항과 경주, 부산으로 진격한다면 이것도 큰 문제였다.

6월 25일 대구 3사단장 유승렬(유재홍 7사단장 부친) 대령은 육본으로부터 "전 부대를 서울로 이동하라!"는 이동 명령을 받았으나 유승렬 3사단장은 전투경험이 많은 지휘관이어서 부대를 채병덕 명령대로 다 보내지 않고 23연대를 남겨두었다. 그리고 25연대 1대대가 공비 토벌 중이었는데 이 부대도 이동하지 못하게 장악한 후, 23연대와 25연대 1개 대대와 청년방위대원을 동원하여 23연대를 울진에 배치하였다. 그리고 차량을 300대를 징발하여 만일에 대비하였고, 보급품도 잘 준비해 놓았다.

6월 28일 3사단 23연대장 김종원 중령은 작명을 받고 울진에 도착하여 방어 준비를 하였다. 6월 30일 인민군 5사단은 전차 6대를 앞세워 울진을 공격하였다. 국군 23연대는 한 시간 정도 싸우다 견디지 못하고 후퇴하였다. 유승렬 사단장은 7월 1일 독립 1대대를 증원하였다. 7월 3일 인민군 5사단은 전차를 앞세워 정면공격과 태백 쪽에서 측면공격을 하여 포위하려 하자 23연대는 평해 쪽으로 후퇴하였다. 이때 미 해군이 한국전에 참전하여 미 순양함이 인민군 5사단에 함포사격을 퍼붓자 인민군 5사단은 남진을 못하였다. 그래서 7월 9일까지 일진일퇴의 공방전이 벌어졌다.

## 8. 7월 4일 인민군 안양, 수원 점령

7월 2일 김홍일 장군은 한강에서 방어하고 있고, 6사단은 충주, 8사단은 제천에서 방어하고 있는데 큰 문제는 양평, 여주, 장호원의 중앙에 국군이 전혀 없는 것이었다. 인민군은 국군의 약점을 알고 김책은 인민군 15사단과 2사단장에게 중부를 공격해서 서부와 동부의 국군 퇴로를 차단하라고 명령하였다. 정일권 총장은 작전국장 장창국 대령에게 즉시 6사단으로 하여금 충주에서 안성까지 50킬로를 방어하게 하고, 국군 1사단에 수원 동북쪽 풍덕천리를 방어하게 하였다. 백선엽 1사단장은 좌측에 12연대, 우측에 13연대와 22연대, 11연대를 예비대로 하였고, 사단 총 화력인 50중기관총 4정을 잘 배치하고, 호를 깊이 파게 하여 방어 준비를 튼튼하게 하였다.

7월 4일 아침 6시, 인민군이 4열종대로 내려오고 있었다. 인민군 2사단이 국군 코앞에 오자 국군 1사단은 화력을 총집중하여 공격했다. 인민군은 엄청난 희생자를 내고 더 이상 공격을 하지 못하여 국군은 위기를 넘겼다.

육사 10기생들이 공부하던 중 백선엽 사단장에게 나타나 자기들도 싸우게 해 달라고 해서 "자네들은 장교가 되어 장기전에 대비하여야지 인민군을 막다가 여기에서 다 죽으면 앞으로 소대장이 없으면 장기전을 어떻게 대비할 것인가? 즉시 후퇴하라"고 명령하였다. 7월 10일 이들은 대전에서 모두 소대장으로 임관하였다.

7월 4일 아침부터 인민군의 남진을 막기 위해서 수도사단 8연대, 18연대, 15연대, 20연대, 7사단 1연대, 9연대, 25연대, 2사단 3연대, 5연대, 16연대 등 3개 사단이 안양, 삼막동, 덕안리, 갈현리 등에 배치되었다. 3개 사단이라고 해 보았자 총 8,000여명이며, 중화기는 박격포 몇 문뿐이고, 혼성부대이며, 소총 한 자루씩만 갖고 있어 전투력이 없었다.

7월 3일 인민군은 한강을 도강하여 노량진, 영등포, 부평, 인천을 하루 만에 점령하고, 7월 4일 아침 9시 12대의 전차가 안양을 공격하기 시작하였다. 10시경 인민군 전차는 국군이 방어하는 중앙에 도착하여 좌우 360도 회전을 하며 12대의 전차에서 전차포와 기관총으로 쏘아대자 국군은 군포로 도망쳤다. 이때 국군 전투기가 나타나 인민군 야크기와 공중전을 하였다. 국군 공군 F51 무스탕 전투기 10대가 인민군 탱크를 발견하고 기관총으로 전차를 공격하였으나 전차는 끄덕도 하지 않고 오히려 이근석 대령이 타고 있던 전투기 한 대가 전차의 기관총에 맞아 연기를 품으며 떨어졌다.

7월 4일 인민군은 계속 남진하여 군포에 도착하니 국군은 수원으로 도망치고 육본은 수원에서 평택으로 도망쳤다. 인민군이 한강을 건너는데 6일간의 시간이 지체되는 동안 국군은 노량진에서 수원까지 다리 폭파 준비도 하고 전차벽과 함정도 만들어 전차 공격에 대비해야 했는데 6일 동안 전혀 준비를 하지 않았다.

한국을 돕겠다는 미 공군은 28일 문산 국군 1사단을, 29일 영등포에서 국군 1사단이 재편성하는 곳에 폭격을 하여 13연대장 김익렬 대령이 부상을 당하고 많은 수가 전사하였다. 김포에서도 국군에게 오폭을 하고 용인에서도 국군 1사단을 공격하려고 하자 차량마다 침대 시트를 달고 다니니 그때서야 미군 조종사들이 오폭을 하지 않았다. 미 조종사에게 흰 천을 달고 다니면 공격하지 말고 안 달고 다니면 무조건 공격하라고 하였다. 그러나 이 암호 표시가 부대 전체에 연락이 되지 않아 피해를 많이 보았다.

인민군 전차 12대가 군포를 점령하고 수원을 향해 남진하자 한강교 조기폭파를 한 최창식 공병감이 공병대에 수원 북문을 폭파하라는 명령을 내렸다. 이 소식을 들은 이종찬 수도사단장이 적극 제지하여 수원 북문은 폭파하지 않아 현재에 이르고 있다. 최창식 공병감은 일본에서 처음으로 공수된 대전차 지뢰를 매설하였다. 인민군 전차 12대가 북문을 통과할 때 대전차지뢰가 터져 선두전차가 박살나 버렸다. 이러한 위력을 가지고 있는 대전차지뢰가 일본 창고에 3,000개가 넘게 있었는데 미군은 철수하면서 한 개도 주지 않고 철수하여 미군이 너무 야속하였다. 전차 때문에 이처럼 국군이 대패한 것을 보면 하루 한 끼니씩 굶어서 국방헌금을 내고 국가 예산의 20%로 증액해서 국방만은 미국을 의지하지 말고 자주국방을 해야 한다. 그런데 현재 10%밖에 되지 않아 2010년 이상희 국방부장관이 10%를 늘려 20%인 60조 원으로 해야 한다고 주장했다가 결국 이명박 대통령 때 해임되었다.

2013년 박근혜 정부 때 국가예산 342조 원 중 보건복지 예산은 100조원, 국방예산은 34조원에서 4,000억 원이 삭감될 정도다. 보건복지 예산에서 30조원을 떼어 국방예산에 증액하여 30조원을 5년 동안 150조원을 가지고 북한의 핵미사일과 방사정포를 막기 위해 조기경보기, 스텔스기, F35기, 패트리어트3, 호마호크미사일, 크로즈 · 스마트미사일 등을 구매하여 인민군의 공격을 대비하여야 하는데 그렇게 주장하는 국회의원이나 정치가, 대통령이 된 사람도 없어 미군이 철수하면 대한민국은 한 달 안에 망하게 생겼다. 그런데 보건복지 예산이 엄청나게 많은 데도 무상급식, 무상보육, 무상의료, 반값등록금을 외치며 보건복지부 예산을 더 늘려야 한다고 외치고 있다. 이렇게 복지정책을 하면 대한민국은 또 망하고 말 것이다.

인민군 전차는 2대가 파괴되었으나 큰 지장 없이 수원을 점령하였다. 인민군 전차는 영등포를 출발하여 안양에서 국군 3개 사단을 격파하고 군포에서 2개 연대를 격파, 수원까지 하루 35킬로를 공격하였다. 인민군은 전차만 몰고 내려가면 싸울 것이 없었다. 인민군이 쉬지 않고 그 길로 평택을 향해 진격하였다면 밤늦게 평택도 점령할 수 있었다. 그런데 인민군은 더 이상 공격하지 않았다.

7월 4일 미 24사단 21연대 1대대 스미스 부대가 벌써 평택에 도착하여 북상 중이었고, 후퇴하는 국군 패잔병은 평택에서 재편 중이었다.

## 9. 7월 5일 오산 죽미령에서 인민군과 미군 첫 전투

50년 7월 1일 오전 8시 미 24사단 21연대 1대대 B중대, C중대 406명의 병사들은 이다스께 비행장에 집합하였다. 24사단장 딘 소장이 "한국에 가면 처치 준장과 연락하여 될 수 있는 한 북쪽에서 막아주게. 자네들에게 하나님의 가호가 있기를 바라네." 하고 한국으로 가는 목적을 설명해 주었다. C-54수송기는 일본을 출발하여 부산에 도착, 열차를 이용하여 대전을 거쳐 7월 4일 평택에서 북상하여 오산에 도착하였다.

"전차를 보고 달아나지 않을 만한 병사만 약간 배치하면 되겠소." 처치 준장이 스미스 대대장에게 말하자 스미스는 "인민군이 미군이 나타났다고 하면 싸우지도 않고 도망치겠지. 인민군을 한 번 혼내 주어야지!" 하고 오산 죽미령 117고지에 진지를 구축하고 부대 배치를 하고 후방에 75밀리 무반동포 2문, 42인치 박격포 5문, 바주카포 6문, 60밀리 박격포 4문, 52야전포대는 경포 6문으로 준비를 잘 하고 있었다.

백인엽 17연대는 한미 합동작전 계획에 따라 스미스 부대를 협조하라는 명령을 받고 7월 3일 대전에서 평택 서정리에 도착하여 진위천에 부대를 배치하였다.

스미스부대를 보니 2개 중대여서 백인엽 대령은 2개 중대 가지고 어떻게 싸우려고 왔는지 한심하였다. 백인엽 대령이 대전차 방어에 유리한 진위천에서 인민군을 막아야지 죽미령에서는 인민군 전차를 막기 어렵다고 하자 한국군은 왜 싸우지도 않고 도망만 치느냐? 하면서 갑자기 "갓 뎀 유" 해서 백인엽 대령은 화가 머리끝까지 났지만 참았다. 그러면서 "걱정마라" 하면서 75밀리 무반동총을 보이면서 이것으로 전차를 공격하면 파괴된다고 설명해서 백인엽도 무반동총을 처음 보았기 때문에 그런가보다 하고 17연대를 스미스부대 도로 건너편에 배치하였다.

7월 5일 새벽 4시, 인민군 105전차연대 소속 전차 36대가 수원을 출발하여 인민군 4사단 16연대와 18연대 보병의 엄호를 받으며 내려왔다. 전차의 무리는 끝이 보이지 않을 정도로 장관을 이루었다.

7시 30분 전차가 오고 있는 것이 보였다. 8시경 미 포병대에게 전차가 나타났음을 알렸다. 포대장이 팔을 높이 들었다가 내리자 각종 포가 불을 품었다. 스미스 대대장이 자랑하던 무반동포도 계속 발사하여 전차에 명중 시켰다. 그러나 인민군 전차는 끄떡도 하지 않고 공격해 왔다. 전차는 미군 진지 앞을 지나고 있었다. 그리고 뒤에서 인민군 전차공격이 시작되었다. 포 대원들은 3.5인치 로켓포가 아니고는 어떤 포로도 T34소련제 전차를 파괴시킬 수 없다는 것을 전투를 해본 후에야 알게 되었다. 그러나 스미스부대의 포 대원들에게 로켓포는 한 문도 없었다. 1950년 세계에서 가장 뛰어난 전차는 T34이고, 다음이 미군 패튼전차, 3번째는 독일 타이거전차이다.

52야전 포대장 페리 중령은 특공대를 조직하여 전차 3대를 파괴하였으나 인민군에는 아무런 영향을 주지 못하였다. 11시경 미군은 완전히 포위가 되었고 전멸 직전이었다.

스미스 대대장은 할 수 없었는지 철수 명령을 내렸다. 스미스 대대장이 안성을 거쳐 7월 6일 천안에서 인원 점검을 하니 250여 명이었고, 실종 및 전사자는 156명이었다. 포병대는 포대장 페리 중령이 부상당하였고, 장교 5명과 사병 26명이 전사하고 나머지는 실종되었다. 국군 17연대는 스미스부대 철수를 도우면서 평택으로 후퇴하였다.

맥아더 장군은 미 24사단, 25사단, 2사단, 제1기병사단의 출동을 요구하였다. 그리고 3.5인치 로켓포를 요청하여 곧 도착 예정이었고, 미 24사단 34연대는 평택에 도착하였다. 7월 4일과 5일은 비가 와서 맥아더 장군이 자랑하던 미 전투기나 폭격기가 뜰 수 없었기 때문에 인민군은 거칠 것이 없었다. 그런데 오산을 점령한 인민군은 더 이상 공격하지 않았다. 이 좋은 기회에 인민군이 숨 쉴 사이 없이 몰아붙였으면 천안, 조치원까지 점령하여 미군에게 치명적인 영향을 줄 수 있었는데 공격하지 않고 있었다. 박헌영은 5.10선거에 남로당이 참여하지 않아 남한을 완전히 점령할 수 있었는데 남로당이 붕괴되었고, 김일성은 28일-30일 7월 5일까지 전광석화 번개작전 속도전을 하지 않아 남한을 점령할 수 있는 기회를 놓치고 말았다.

## 10. 7월 6일 인민군 4사단 평택 점령

7월 6일 미 24사단 34연대 1대대는 평택에, 3대대는 안성에서 방어하게 하였다. 34연대장 라블리스트 대령도 "인민군쯤이야, 우리가 나타난 것만 보아도 도망칠 거다."라고 병사들에게 큰소리 치고 있어 병사들은 자신만만하였다.

7월 6일 아침 미 병사들이 아침식사를 하고 있는데 인민군 전차 수십 대가 내려오고 있었다. 미 34연대 1대대 병사들이 인민군 전차를 향해 공격해도 전차는 끄떡도 하지 않고 미군을 공격하였다. 인민군 전차는 죽미령에서 처음으로 미군과 싸웠는데 이때 미군이 별것 아니라는 것을 알았다. 그래서 인민군은 자신감을 갖고 무차별공격을 하기 시작하였다. 인민군 전차 10대가 미군 진지 앞을 지나 후방에서 공격을 하자 대대장은 후퇴하라고 고함을 질러 미 34연대는 한 시간을 견디지 못하고 천안으로 도망쳤다. 이때 인민군은 계속 공격하지 않고 또 공격을 멈추었다.

## 11. 7월 7일 인민군 4사단 천안 점령

미 24사단장 딘 소장은 34연대가 싸우지도 않고 도망쳤다고 연대장을 해임시키고 2차 대전 때 용맹을 날렸던 마틴 대령을 34연대장에 임명하고 패잔병을 수습하게 하였다. 마틴 34연대장은 34연대 3대대와 1대대를 천안 북쪽에, 63포병대 A포대와 78전차대대 A중대 1개 소대는 연대 지휘소와 같이 있었고, 온양 가는 길은 대전차지뢰를 매설하여 남진을 막았다.

7월 7일 아침 6시 인민군은 전차를 앞세워 천안을 공격하였다. 전차 6대가 미 3대대 앞에 나타나 전차포로 공격하자 3대대 장병들은 싸우지도 않고 도망쳤다. 그래서 연대 지휘소가 위협을 받아 마틴 대령은 포위망을 겨우 빠져나왔다. 마틴 대령은 미군이 인민군 전차만 보면 싸우지도 않고 도망쳐 안타까웠다. 마틴 대령은 바주카포를 들고 전차를 향해 공격하였다. 포탄이 전차에 명중하는 것이 보였다. 그러나 전차는 끄떡도 하지 않고 오히려 전차포가 마틴 대령을 향해 쏘아 마틴 대령은 공중에 날려 흔적조차 없어지고 옷가지만 떨어졌다. 마틴 대령을 돕던 탄약수 크리스텐 상사는 적탄의 공격으로 눈알이 빠져 나왔다. 이렇게 되어 마틴 대령은 죽음으로 인민군을 저지하였으나 불과 한 시간 정도였다. 인민군은 천안을 점령하였고, 미 34연대 1대대는 금강 쪽으로 도망쳤다. 그런데 인민군은 여기서도 공격을 또 멈추고 인민군 6사단은 온양으로 움직이고 있었다.

'마틴 대령이 전차포탄을 맞고 전사하였다' 는 미국의 신문보도는 미 국민들의 가슴을 아프게 하였고, 한국전 참전에 적극적으로 협조하는 계기가 되었다.


## 12. 7월 9일 인민군 4사단 전의 점령

7월 7일 미 24사단 34연대는 공주까지 후퇴하여 방어하게 하였고, 미 21연대 3대대는 전의를 방어하고 있었다.

7월 9일 인민군은 11대의 전차를 앞세우고 전의를 향해 공격해왔다. 전차 뒤에는 300여 명의 보병이 따르고 있었다. 미 3대대장은 포병과 공군에 지원 요청을 하였다. 미 포병은 155밀리 자주포와 4.2인치 박격포로 집중 공격하였고, 폭격기도 집중 공격하여 전차 11대중 5대를 파괴하여 개전 이래 인민군은 두 번째 큰 피해를 입었고, 오후 4시30분까지 치열한 전투가 계속되어 미군은 인민군의 공격을 저지하였다. 성환 근방에서 인민군 트럭 200여 대가 천안으로 가던 도중 미 폭격기

30대의 급습으로 100여 대가 파괴되었다.

7월 10일 새벽 4시 인민군 보병이 전의 미 3대대를 다시 공격했다. 미 포병들의 박격포 공격으로 많은 피해를 입으면서도 끈질기게 공격해와 전투는 치열하였다. 인민군도 전차를 앞세워 미군 진지를 향해 전차포로 박살을 냈다. 안개는 아침 8시에 걷히고 있었다. 미 21연대장 스티븐슨 대령이 공군지원을 요청하여 11시 30분 미 전투기는 인민군 전차에 로켓포탄을 퍼붓고 보병을 향해 공격하고 사라졌다. 미 전투기가 사라지자 인민군은 다시 공격하여 미 1개 중대가 포위되었고, 포진지가 박살나며 미군은 호 속에서 비참하게 죽어갔다. 남은 병사들은 정신없이 도망쳤다.

7월 10일 12시경 미군은 82명의 사상자를 내고 조치원으로 후퇴하였다. 철수하지 못한 부상자를 구하기 위해 미군은 처음으로 M24전차를 전의에 보냈다. 인민군 T34전차와 미M-24전차가 도로에서 전차전이 벌어졌다. 인민군 전차는 미 전차포탄 한 방에 박살나고 말았다. 미군 전차도 2대나 파괴되었다. 미군 전차가 도망치기 시작하였다.

평택 근방에 인민군 전차와 자주포와 트럭은 날씨가 나빠서 미 공군기가 뜨지 못할 것으로 판단하고 남진하다 미 공군기를 만났다. 미 제5공군기는 인민군 전차 38대와 자주포 7대, 17대의 트럭을 파괴하고, 보병도 많은 피해를 입혀 인민군에 큰 손실을 주었다.


## 13. 7월 12일 인민군 3사단 조치원 점령

7월 7일 미 24사단 21연대는 조치원을 방어하고 있었다. 21연대 지원 포대는 11야전포대대 A중대와 78전차대대, 24수색 전차중대의 전차 4대, 제3전투공병대대의 B중대였다. 스미스부대 205명도 21연대에 배속되어 방어에 참여하였다.

　　인민군 4사단이 서울에서부터 전의까지 선두에서 공격하였고, 전의에서부터 공주로 공격하여 논산에서 대전의 뒤에서 미군을 포위하기 위해 남진하였다.

　　조치원은 인민군 3사단이 공격하였고, 인민군 6사단은 온양, 예산을 점령 후 호남을 공격할 계획이었다.

　　인민군 2사단은 청주를 거쳐 옥천에서 미군의 퇴로를 차단하기 위해 남진 중이었다.

　　7월 11일 아침 6시 30분, 인민군 3사단은 조치원을 방어하고 있는 미 24사단 21연대 3대대를 전차 4대를 앞세워 공격하여 3대대 진지를 박살냈다. 보병 1,000여 명도 공격해 왔다. 낮 12시가 되면서 3대대 후방에서 전차공격이 시작되었다. 결국 3대대는 667명 중 살아서 후퇴한 자는 322명이었고 사상자는 345명이었다. 7월 12일 미 21연대 1대대도 후퇴하여 금강에서 새 진지를 구축하고 있었다.

## 14. 7월 14일 인민군 4사단 공주 점령

　　7월 11일 상처투성이의 미 34연대는 전차 4대 중 3대가 파괴되고 1대만 가지고 금강을 지나 3대대는 공주에서 논산가는 쪽 언덕을 넘어 배치하였다. 63포병대는 공주 남쪽 5킬로 지점 오송성에 배치하였고, 1대대는 예비대로 하였다. 7월 9일 ~ 10일 인민군 4사단은 온양 유구를 거쳐 금강에 큰 저항 없이 도착하였다. 7월 13일에는 공주 가까이 도착하였다.

　　7월 14일 아침 6시 인민군 4사단은 공주를 향해 일제히 포문을 열었다. 인민군 4사단 18연대와 5연대는 미 34연대 포병대를 후방에서 공격하였다. 인민군 16연대는 아침 6시 검상리에서 뗏목과 나룻배로 금강을 건넜다. 검상리 근방을 방어하는 중대장 스미스 중위 부대는 이

를 저지하고 대대장과 연대장에게 보고해야 하는데 저지도 않고 보고
도 없이 11시경 논산으로 도망쳤다. 산 정상에서 인민군이 강을 건너
오는 것을 본 63포병대 관측병이 포대장에 보고하자 이때 찰스버터 소
령은 "그럴 리 없다" 하고 보고를 묵살하였다. 인민군 500여 명이 산
을 넘어 63포병대 후방에서 공격준비를 하고 있어 미 하사관 한 명이
뛰어와 포병대장에게 보고하자 "전방에 미군이 있는데 어떻게 후방에
인민군이 오느냐? 한국군인지 모른다." 하고 또 묵살하였다. 이때 포병
들은 검상천 냇가에서 목욕을 즐기고 있었다. 인민군 500여 명은 살금
살금 63포병대 가까이 와 보초를 죽이고 관측병도 죽이고 목욕하고 있
는 미 포병 병사들에게 달려들었다. 인민군은 먼저 기관총 진지를 기
습하여 기관총을 탈취하여 이 기관총으로 미 포병대 병사들을 사정없
이 쏘았고, 나머지는 함성을 지르며 A중대와 B중대를 기습하여 무참
히 사살하였다. 오후 2~3시 인민군은 63포대를 공격 장악하였다.

　국군 기병대는 공주 우금고개(동학군이 처참하게 패한 곳) 밑 주민
동에 있는 전형복 씨의 집에 중대본부를 두고 말 100필, 60밀리 박격
포 4문, 중기관총 2정, 경기관총 4정을 가지고 우금고개를 방어하고
있었다. 63포대가 기습을 받고 점령되었다는 보고를 받고 기병대장 김
병원(장철부) 소령은 박익균 중대장과 중대원들에게 미군을 구하라고
명령하고 100필의 말을 타고 기마대는 뛰었다. 기마중대가 박격포와
기관총 등으로 인민군을 공격하여 전투할 때 63포병대는 후퇴하여 살
아났다. 63포병대는 곡사포 10문, 차량 86대, 장교 10명, 병사 25명의
손실을 보았다. 드레즐리 포병대장은 호 속에서 나오지 못하고 인민군
의 기습을 받고 전사하였다. 포병의 지원이 없자 미 34연대 3대대는
논산 쪽으로 후퇴하였고, 63포병대는 한국군 기마중대의 도움을 받으
며 논산 쪽으로 후퇴하였다. 이로 인해 대전 좌측이 비어 대전이 위기
에 빠졌다.

## 15. 7월 16일 인민군 3사단 대평리 점령

미 24사단 19연대는 조치원 밑 대전 좌측 위의 연기군 대평리에 진지를 구축하고 있었다. 7월 13일 연대장 메로이 대령은 1대대를 대평리 도로 양쪽에 진지를 구축하게 하고 2대대는 예비대로 하였다. 포병은 42 박격포 중대, 13 야전포 대대, 11야전포 대대, 52야전포대 등 지원을 받았고, 포병대는 대평리 남쪽에 배치하였다.

7월 14일 오후 1시, 인민군 3사단은 전차 11대를 앞세워 공격하였으나 미 포병대의 공격이 심하여 공격을 멈추었다.

7월 15일 새벽 5시, 연대 좌측에 인민군 300여 명이 강을 건너 고지로 향하고 있어 19연대는 총력을 기울여 강을 건너는 인민군을 저지하였다.

7월 15일 오후 인민군은 11대의 전차를 앞세우고 공격해왔으나 미공군이 전차를 공격하여 1대를 파괴하자 인민군 전차는 숨어 버렸다.

7월 16일 새벽 3시 수많은 인민군이 죽으면서 밤새도록 강을 건너 고지를 점령하여 미 포병을 공격하였고, 포병이 공격을 못하자 미군 진지를 박살내고 있었다. 새벽 4시 연대 지휘소까지 인민군 보병이 공격하여 6시30분 19연대는 수라장이 되었다. 7월 16일 아침 8시 메로이 연대장은 있는 힘을 다해 인민군을 저지하려고 하였으나 후방 포대를 인민군이 점령하여 통신과 연락도 차단된 채 연대는 자기들도 모르는 사이 포위되었다. 연대는 후퇴 길까지 막혔고, 연대장은 부상을 당하여 연대 지휘를 1대대장 윈스레드 중령에게 맡겨야 했다. 메로이 중령은 "인민군은 게릴라 정도의 부대다!"라고 알고 왔는데 "일본군보다도, 히틀러군 보다도 전투를 잘 하는 세계 최고 정예부대다"라고 딘 소장에게 보고하였다. 그래도 딘 소장은 메로이 연대장의 말을 믿지 않고 있었다.

오후 1시 딘 소장은 "19연대는 유성으로 후퇴하라!"고 명령하였다.

1대대장 윈스레드 중령도 인민군의 공격을 받고 현장에서 숨을 거두었다. 연대 작전주임 로간 소령이 연대를 지휘하였다. 이때 미 전투기가 나타나 인민군을 공격하여 박살냈다. 그래도 인민군은 포위망을 좁혀와 19연대는 포위망을 뚫을 수 없었다.

7월 16일 오후 6시, 부상당한 메로이 연대장이 전차에 승차하고 죽든지 살든지 포위망을 뚫고 남쪽으로 가야 했다. 전차 뒤를 보병과 포병이 따랐다. 인민군의 공격을 막으며 부서진 차량이 길을 막고 있으면 한 대씩 밀어내면서 남진하여 기적적으로 포위망을 뚫었다. 그러자 100대의 차량과 500여 명의 병사가 모였다. 작전보좌관 훼스더마쳐 대위도 현장에서 전사하였다. 부상병들이 연대장에게 살려달라고 아우성을 치고 있었으나 어떻게 할 방법이 없었다. 버려둔 부상병들을 위해 펠휄터 군인 목사가 그들을 두고 도망칠 수 없어 부상병과 함께 있었다. 부대가 부상병들을 두고 떠나면서 "전우여 살아서 다시 보자!" 하면서 목이 멘 목소리로 손을 흔들며 후퇴했다.

해가 져 날이 어두워지자 부상병들이 공포에 떨고 있을 때 펠휄터 목사가 그들을 위로하고 있었다. 부상병들에게 통증과 배고픔과 공포가 엄습해 왔다. 미군 보병이 떠나가자 인민군 수색대가 미 부상병들을 발견하였는데 군목이 두 손을 번쩍 들며 부상병들을 살려달라고 애원하였지만 인민군 수색대는 부상병을 한 명도 살려두지 않고 모두 죽이고 무장도 하지 않은 군인목사까지 죽였다. 이 전투에서 미 24사단 19연대는 3,401명 중 650여 명이 죽거나 포로가 되었고, 105밀리 곡사포 8문, 차량과 장비를 거의 잃었다. 이때 딘 소장은 맥아더 장군에게 "인민군은 게릴라부대가 아니라 세계 최강 부대입니다."라고 보고하였다. 미국 신문에는 천안에서 마틴 대령이 죽은 내용과 대평에서 군목이 죽은 내용이 대서특필되어 미국 국민들과 전 세계인들의 마음을 아프게 하여 한국전에 관심을 갖고 많은 국가가 협조하게 되었다.

# 제17장

## 조선인민군 3차 작전
## (대전 점령 목표)

# 제17장 조선인민군 3차 작전(대전 점령 목표)

## 1. 7월 20일 인민군 3, 4사단 대전 점령

　서울 중앙청 인민군 전선사령부에서 김책은 삼각지 벙커에 사령부를 둔 김웅 1군단장에게 3사단은 대전 정면, 4사단은 논산에서, 2사단은 청주를 지나 옥천에서 미 24사단을 포위해서 7월 20일까지 대전을 점령하라고 3차 작전명령을 하였다.

　7월 16일 미 24사단장 딘 소장은 상처투성이의 미 34연대를 대전 남쪽에 배치하여 논산·대전 도로에서 인민군 4사단을 방어하게 하고, 또 19연대로 대전 북방 경부도로에서 인민군 3사단의 공격을 막게 하였다. 미 24사단이 7월 6일부터 16일까지 10일 동안 입은 손실은 1,500여 명의 전사자 및 포로였다. 현재 인원 21연대 1,100여 명, 34연대 2,020명, 19연대 2,276명, 포병대 2007명, 계 11,440명으로 엄청난 손실을 보고 있었다. 딘 소장은 인민군 2사단이 청주를 거쳐 옥천을 점령하면 미 24사단은 퇴로가 차단되어 많은 손실을 입을 것을 예상하였다. 그래서 국군이 진천과 청주에서 잘 싸워달라고 침이 마르게 정일권 총장에게 부탁하였다.

　7월 17일 딘 소장은 34연대를 논산에서 대전 위 갑천으로 이동시켜 진지를 구축하게 하였다. 포병 1개 대대는 대전비행장에 배치하였다. 수색중대는 금산방면, 21연대는 대전과 옥천, 19연대는 대전 북방에서 방어하게 하였다. 미8군사령관 워커는 사령부 대구에서 대전까지 가서 딘 소장에게 7월 18일 미 제1기병사단이 포항에 상륙하면 옥천에 배치할 테니 7월 20일까지 대전을 잘 막아달라고 부탁하였다. 딘 장군은 24사단 사령부를 영동에 두었다.

7월 18일 인민군 4사단 이권무 소장은 18연대장에게 "3일분의 개인 식량을 가지고 논산에서 대전을 국도로 가지 말고 샛길로 가서 공격하고 대전과 옥천 국도를 장악하라고 명령하였다.

7월 19일 인민군 3사단과 4사단 포병대들은 하루 종일 대전을 향해 포탄을 퍼부었다. 인민군 야크기도 대전비행장과 포대를 공격하였다.

7월 19일 새벽 3시 인민군은 유성에서 대전으로, 갑천에서 대전으로 조용히 포위하기 시작하였다. 7월 20일 새벽 3시 인민군은 4개 방면에서 쥐도 새도 모르게 미군 진지에 접근하여 순식간에 진지를 점령하였다. 그리고 전차를 앞세워 "대전으로! 대전으로!" 하고 외치며 동시에 공격해 들어갔다. 미군은 인민군의 공격에 저항도 못하고 도망쳤다. 인민군 전차는 보병의 호위 없이 대전 시내로 진격하였다. 미 포병은 미 본토에서 공수한 3.5인치 로켓포가 대전에 도착하여 처음으로 인민군 T34 전차를 향해 쐈다. 로켓 포탄이 전차에 명중하자 전차는 박살났다. 딘 소장은 미군이 인민군 전차만 보면 도망쳐 영동 사령부에 있지 않고 대전에서 직접 로켓포를 가지고 최전방에서 인민군 전차를 공격하여 10대를 파괴하였으나 많은 전차가 대전 시내에 들어오자 포병들도 어떻게 할 방법이 없었다.

인민군 4사단 5연대는 유성에서 방어하고 있는 미 34연대 1대대를 뭉개버리고 대전 시내에 물밀듯이 쏟아져 들어오고 있었다.

"연대장님 남쪽에서 인민군이 오고 있습니다." 하고 관측병이 보고하자 "그럴 리 없다. 아군인지 모르니 공격하지 말라!" 하고 미 21연대장이 묵살하였다.

"사단장님! 금산 방면에서 차량 30대가 대전을 향해 오고 있습니다." 라고 항공 관측병이 보고하자

"인민군 차량 30대가 어떻게 금산에서 대전으로 공격하는가? 그것은 수색중대 일 것이니 34연대는 공격하지 말라" 하였다.

딘 소장과 연대장들은 인민군이 이렇게 공격할 줄은 상상도 못하였다. 그런데 옥천과 금산과 논산 쪽에서 오는 군인들이 코앞에 도착하여 소나기 공격을 퍼붓자 "아차!" 하고 방어를 하려 할 때는 이미 진지가 인민군에 의해 점령되었다. 이때에서야 딘 소장은 미 24사단이 완전히 포위된 것을 알고 7월 20일 오후 3시 34연대 혼성포병부대, 의무중대, 19연대순으로 영동으로 철수하라고 명령하였다. 인민군은 대전, 옥천, 도로를 장악하고 후퇴하는 미군에게 집중공격을 하였다.

7월 20일 인민군은 대전을 점령하고 미군의 군수품을 보고 놀랐다. 차량, 중화기, 피복, 술, 과자, 종이 잉크, 수박 등 수백 대 트럭분이 산더미같이 쌓여 있었다. 인민군은 1,000여 명의 미군 포로를 잡았고, 대전 전투에서 미군은 남북전쟁 후 하루 만의 피해로는 최대의 인명 피해를 보았다. 이들은 신생 인민군에 의해 연전연패하여 세계적으로 망신을 당하고 있었다.

## 2. 미 24사단장 딘 소장 포로가 되다.

7월 20일 오후 6시 딘 사단장은 대전에 있는 모든 부대를 후퇴시킨 후 소수 병력과 같이 지휘소를 출발하였다. 미 24사단은 사력을 다해 옥천가도와 금산가도의 포위망을 뚫으려 하였으나 많은 병사들이 희생만 당했다. 그래서 장비를 파괴하고 밤을 이용하여 각자 분산하여 영동으로 철수하였으나 일부 병사는 금산, 안의, 진주, 부산까지 후퇴하였다.

딘 사단장은 옥천과 금산의 갈림길에서 옥천으로 후퇴한다는 것이 금산 낭월리 쪽으로 가고 있었다. 여기서 인민군 4사단 18연대 일부 전사들의 공격을 받고 딘 사단장은 차를 버리고 고지로 올라갔다. 그는 부상을 당한 병사들이 물을 찾자 물을 주려고 밤에 고지에서 내려

가다 절벽에서 떨어져 의식을 잃었다. 8월 20일 전북 무주군 박종구 씨가 다 죽어가는 딘 소장을 간호해 주어 힘을 얻었다.

• 포로가 된 딘 소장

그러나 딘 소장은 영동을 찾아 가던 중 전북 진안군 상전면 운산리 마을에서 한두규라는 청년이 내무서원에 신고하여 8월 25일 포로가 되어 북송되었다.

50년 7월 20일 미 24사단장이 행방불명되었고, 24사단의 많은 장병들이 포로가 되었다는 신문보도가 나가자 미국 국민들은 경악하였다. 부산 항구에는 매일 20척 이상의 배가 군수물자를 나르고 있었다. 미 제1기병사단은 포항으로 상륙하여 영동에서 인민군을 기다리고 있었고, 포병들은 3.5인치 로켓포를 가지고 인민군 전차를 기다리고 있었다.

7월 22일 인민군은 대전 전투 축하연을 베풀었다. 인민군은 대전 전투에서 전차 15대, 중포 20문 등 피해를 보았으나 전사들의 피해는 적었다. 미 24사단은 7월 6일 오산 전투에서 7월 20일 대전 전투까지 14일 동안에 2,400여 명이 전사하거나 포로가 되었고, 약100Km를 후퇴하였다. 딘 사단장 대신 미 24사단장에 처치 준장이 부임하였고, 만신창이 된 미 24사단은 영동에서 미 기병사단과 임무를 교대하고 재편성을 해야 했다. 인민군은 38선에서 대전까지 250km를 25일이 걸려 하루 평균 10km를 전진하였다. 7월 20일이면 부산에 도착하여야 할 시간이었다.

38선에서 천안까지는 미군의 큰 저항 없이 왔으나 전의에서부터는 미군의 공격이 강화되었고, 인민군은 보급선이 멀어서 전투에 많은 어려움을 주고 있어 전격작전을 하지 못한 결과가 나타나기 시작하였다. 한강을 건너자마자 밤낮으로 공격하여 단숨에 대전 ·대구 ·부산까지 진격했어야 했다. 하여튼 인민군은 공격하다 쉬는 것이 병으로 대승할 수 있는 기회를 스스로 포기하고 있었다. 김일성의 바보 같은 작전으로 참패하고 말았다.

## 3. 7월 11일 인민군 진천 점령

김책은 사단장들에게 "2사단은 진천, 청주, 옥천으로 진격하여 미군의 퇴로를 차단하라. 6사단은 온양, 예산, 홍성을 거쳐 호남을 점령하라. 13, 15, 8사단은 단양, 영주, 안동을 거쳐 대구를 공격하라"고 작전지시를 하였다.

인민군 2사단은 춘천에서 가평, 양평, 용인, 죽산까지 큰 저항 없이 도착하여 진천을 공격하기 위해 준비하고 있었고, 인민군 15사단은 음성을 공격하기 위해 준비하고 있었다. 인민군 2사단의 전력은 전차 10대, 자주포 12대, 122밀리 곡사포 12문, 병력 12,000여 명으로 춘천에서의 손실을 보충하였다.

진천을 방어하고 있는 국군 수도사단은 9,000여 명이었는데 중화기와 차량이 없었고, 혼성부대의 약점을 갖고 있었다. 음성은 국군 1사단의 3,500여 명이 방어하고 있었는데 역시 중화기와 차량이 없고 혼성부대의 약점을 갖고 있었다. 수도사단은 진천 남쪽 4킬로 지점인 412고지 문안산을 중심으로 진지를 구축하고 있었다. 수도사단은 미군으로부터 105밀리 곡사포 5문을 지원받았다.

7월 8일 오후 5시, 인민군 2사단 6연대는 진천을 쉽게 점령하였다. 김석원 수도사단장은 20연대 박기병 대령에게 진천 남쪽 원덕리 고지를 점령하라는 명령을 내렸다. 박기병 대령은 600여 명의 장병을 이끌고 7월 8일 7시 30분 고지를 향해 공격 중 인민군과 육박전을 벌였다. 밤이 새도록 전투를 하였으나 승패가 없었다. 7월 9일 새벽 4시 20연대는 많은 희생자를 내고 소을산으로 후퇴하였다.

7월 9일 낮 12시경, 인민군 2사단은 수도사단 정면을 공격, 진천 남쪽 2킬로 지점인 삼덕리, 원덕리, 문안산, 소을산을 점령하였다. 김석원 사단장은 1연대장 이희권 중령에게 415고지 문안산을 탈환하라고 명령하여 1연대 1대대장 장태환 소령(12.12사건 때 수방사령관)은 415고지를 많은 장병들의 희생가운데 점령하였다. 인민군도 계속 공격해왔다. 장태완 대대장은 "한 명이 남을 때까지 415고지를 사수한다."고 하면서 인민군을 공격하자 인민군은 1개 대대정도의 시체를 남기고 후퇴하였다. 그러나 인민군은 곧 돌격해왔다. 그러자 국군 1대대 장병들은 도저히 견디지 못하고 다 도망치고 대대장과 중대장 등 8명만 남았다. 장태완 대대장이 "나는 후퇴는 않을 것이다."하며 자살하려고 권총을 쏘는 것을 연락병이 말려 총알이 빗나갔으나 부상을 당하였다. 이렇게 해서 1대대는 문안산을 포기하고 후퇴하였다.

7월 9일 오후 1시 30분, 국군 16연대와 17연대는 진천을 탈환하기 위해 총공격하여 송두리까지 진격하였다. 그러나 인민군 포병대의 공격에 많은 전사자만 내고 실패하였다.

7월 10일 새벽 1시, 인민군은 수도사단 진지를 재차 공격해 왔다, 국군 17연대도 12명을 1개 조로 해서 3개조를 편성하여 문안산을 공격하여 육박전을 벌였다. 17연대 1대대는 많은 희생가운데 문안산을 다시 점령하였다. 18연대 2대대 장춘권 대대도 삼덕리에서 인민군의 공격을 잘 방어하고 있었고, 16연대는 원덕리에서 인민군의 공격을 받고 고전 중이었다.

7월 11일 새벽 4시, 인민군 2사단 최현 소장은 정면공격으로는 승산이 없다고 판단하고 백곡천을 건너 배후로 이동하여 수도사단을 공격하였다. 국군 육사 5기 황종갑 대위는 105밀리 곡사포 5문으로 인민군을 향해 포탄을 퍼부었고, 인민군도 122밀리 곡사포로 국군을 향해 퍼부어 포병전이 벌어졌다. 인민군 전차 5대가 진천에서 청주를 가는 도로를 따라 남진하면서 국군을 향해 전차포를 쏘아댔다. 국군은 앞뒤에서 공격을 받았고, 전차를 막을 길이 없어 김석원 사단장은 미호천 남쪽으로 후퇴하라고 명령하였다.

인민군은 포위망을 좁혀왔다. 위기에 몰렸을 때 미 전투기 30대가 7월 11일 오후 2시 오근강 북쪽의 인민군을 한 시간 동안 공격할 동안 수도사단은 미호천으로 후퇴하였다.

잣고개에서 인민군을 잘 방어하고 있던 17연대 1대대 이관수 소령은 후퇴 명령을 받지 못하여 포위되었다. 이관수 소령은 밤 11시 인민군의 포위망을 뚫고 조치원을 지나 보은으로 후퇴하는 데 성공하였다.

수도사단은 진천에서 인민군 2사단을 7월 8일부터 11일까지 4일을 저지하여 인민군이 청주를 거쳐 옥천에서 미군 퇴로를 차단할 계획을 무산시켰다. 또 수도사단은 4일 동안 인민군 포 4문, 차량 27대를 노획하였고, 인민군은 수도사단과의 전투로 전사자가 많아 재편성을 해야 하였다. 수도사단도 이기성 소령이 전사하고, 많은 장병이 전사하여 논란이 많았다. 인민군이 재편성하려고 집합하였을 때 수도사단 포병대가 105밀리 곡사포로 이들을 공격하여 800여 명이 몰살당하였다.

## 4. 7월 16일 수도사단 청주 밑 문의에서 철수

7월 11일 1군단장 김홍일 소장 등이 모여 청주를 사수할 것인지, 포기할 것인지를 가지고 작전회의를 할 때 김석원 사단장이 청주를 사수해야 한다고 작전을 설명했다. 그러나 김홍일 장군은 국군에 화력과 기동력이 없기 때문에 포위될 위험이 있으니 청주를 포기하고 문의에서 방어하기로 결정하였다. 김홍일 장군은 청주역에 있는 모든 군수물자를 보은으로 이동하고 국군1사단과 수도사단은 최대한 인민군의 진격속도를 저지하라고 명령하였다.

7월 12일 인민군 2사단은 미호천을 건너 청주를 향해 진격하고 있었다. 수도사단은 청주를 포기하고 청주 남쪽 8킬로 지점 남일면에서 방어진지를 구축하였다.

7월 13일 아침 6시 청주를 무혈점령한 인민군 2사단은 쉬지 않고 청주 남쪽에서 방어하고 있는 18연대와 8연대 정면을 공격해와 7월 16일까지 밤낮 4일을 싸웠다. 18연대 2대대장 장춘권 소령은 중화기 중대장 육사 8기 이용준 중위에게 박격포로 적을 제압하라고 명령하였다. 이용준 중위는 밤낮으로 공격하여 마을을 잿더미로 만들고 인민군에게 엄청난 손실을 주었다. 인민군도 이에 대응하여 이용준 중화기 중대에 직사포로 공격하여 이용준 중위는 적의 포탄에 맞아 시신이 공중에 날려 산산조각 나고 말았다. 8연대 안태갑 중위의 5중대도 70명이 전사하고 살아서 후퇴한 장병은 20여 명뿐이었다. 인민군 2사단 17연대도 미 전투기의 폭탄세례를 받고 엄청난 피해를 입고 있었다.

7월 15일 오후 2시 인민군 2사단은 전차 6대를 앞세우고 국군17연대 정면을 공격해 왔다. 17연대 대전차포 중대장은 57밀리 대전차포로 선두전차 바퀴를 공격하여 바퀴 줄이 끊어지자 후미 전차가 정지하였다. 이때 후미 전차에서 국군 17연대 대전차포 중대장을 공격하여 중대장의 몸은 산산조각 나고 말았다. 이때 미 전투기가 나타나 인민군 전차를 공격하자 인민군 전차는 마을 쪽으로 숨어버렸다. 17연대 8중대장 육사 8기 유치문 중위는 인민군이 공격을 준비하기 위하여 집결해 있는 것을 발견하고 기습 공격을 하여 인민군 1개 대대 정도가 피해를 보았다.

김석원 장군은 9연대 장병 일부가 사단장의 후퇴 명령이 없는데 도망치자 헌병을 시켜 모두 잡아놓고 군법회의를 열었다. 김석원 장군은 이들을 모두 총살할 계획이었다. 이때 부연대장이 "제가 후퇴 명령을 내려서 그랬으니 저를 죽여주십시오!" 하여 용서해 주었다. 9연대는 포천과 흑석동에서 또 가는 곳마다 싸움은 하지 않고 도망치기를 잘

하였는데 김석원 장군에 걸려 죽을 것을 부연대장이 살려주었다. 9연대는 말썽 많은 연대이다.

7월 16일 김석원 장군은 인민군이 금강을 건너자 더 이상 싸울 수 없어 보은으로 후퇴하였다. 수도사단은 너무 많은 장병들이 전사하여 재편성하였다. 8연대와 3연대를 18연대에 합쳐 보은에서 재편성하였고, 9연대는 11연대에 합쳐버렸다. 이렇게 되자 장병은 적고 연대장, 대대장, 중대장 등 지휘관은 많은 기현상이 벌어졌다.


## 5. 7월 7일 인민군 15사단 48연대 무극리에서 참패

7월 4일 인민군 15사단은 용인에서 국군 1사단의 방어를 물리치고 이천과 장호원을 큰 저항 없이 점령, 음성을 향해 진격 중이었다. 국군 6사단 7연대가 인민군 15사단의 남진을 저지하기 위해 충주에서 즉시 음성으로 이동하였는데, 100대의 차량에 군 보급품과 포병대 그리고 보병을 승차시켜 신속하게 이동하여 장병들을 피곤하게 하지 않았다.

7월 5일 6사단사령부는 증평에, 19연대는 진천 옆 미적리에, 2연대 주력은 충주에 있었고, 2대대는 성환을 방어하고 있었다. 6사단은 인민군 2사단과 15사단이 중부전선을 공격하려고 노리고 있는 충주에서 성환까지 50킬로를 잘 방어하고 있었다.

인민군 15사단은 전차15대, 장갑차 20대, 자주포 11문, 122밀리 곡사포 19문, 75밀리 스탈린 포 28문 등 막강한 화력을 갖추고 장호원에서 남진 중이었다. 인민군 15사단 49연대는 전차를 앞세워 음성을 공격하기 시작하였고, 48연대는 충주방향으로 공격해 왔다. 이를 막고 있는 국군 6사단 7연대는 지금까지 장교 31명, 사병 784명의 사상자를 내었으나 57밀리 대전차포 4문, 81밀리 박격포 10문, 60밀리 박격포 18문, 차량 100대를 보유하여 막강한 화력을 갖고 있는 연대였다. 7연대 1대대는 인민군 48연대를 저지하고, 2대대는 49연대를 저지하고 있었다.

7월 6일 인민군 15사단 48연대는 모도원, 49연대는 무극리, 5연대는 예비대로 해서 음성을 향해 남진 중이었다. 국군 7연대는 모도원 근방에서 인민군 장갑차 1대와 오토바이 5대를 파괴하였고, 아침 5시 무극리를 공격 5시간이 지난 11시경 탈환하였다. 현장에는 따발총 20여 점과 트럭 4대, 포 1문이 있었고, 포로 8명을 잡았으며, 인민군의 시체가 수없이 쌓여 있었다. 1대대는 여세를 몰아 공격하다 매복에 걸려 애써 탈환한 무극리도 버리고 후퇴하였다가 다시 공격하여 7월 7일 국군 7연대 1대대는 무극리를 무혈 탈환하였다.

7월 7일 오후 1시, 국군 7연대 2대대가 644고지를 향해 오르다 중턱쯤에서 쉬려는데 여기에 피난민이 몰려와 있었다. 동락초등학교 여교사 김재욱이 "인민군은 보도연맹 가입자를 앞세워 우익을 모조리 잡아다가 죽이고 있는데 국군은 싸우지도 않고 도망만 치고 있느냐?"라고 항의하는 것에 김종수 대대장은 내심 놀라며 잠잠히 듣고 있을 수밖에 없었다. 국군 7연대 2대대는 오후 4시 고지 정상에 도착하였다. 아래를 살펴보니 동락초등학교 운동장에 인민군 1개 연대가 꽉 차 있는 것을 보았다. 김종수 대대장은 중대장들을 소집하여 "5중대는 정면으로, 6중대는 후방에서, 7중대는 퇴로를 차단, 완전 포위 섬멸한다. 5중대 1소대는 고지를 지킨다. 공격시간은 한 시간 후 오후 5시 정각이다."하고 명령을 내렸다. 명령을 받은 중대장들은 부하들을 데리고 신속하게 조심조심 목표지점으로 이동하였다. 국군 2대대 장병 4백여 명과 81밀리 박격포 1문, 기관총 1정으로 공격하기 위해 대대가 움직이고 있었다.

인민군 15사단 48연대는 "무극리에는 국군이 철수하고 없다"라는 주민들의 말을 듣고 동락리 초등학교 운동장에서 휴식을 취하며 저녁 준비를 하고 있었다. 정각 5시가 되자 후방으로 진입한 6중대가 먼저 운동장에 모여 있는 인민군을 포위 집중 사격을 하였다. 인민군도 반격하였으나 박격포 1발이 7중대에서 멀리 떨어져 피해는 없었다. 인민군이 운동장에 있는 각종 포로 국군을 향해 쏘려고 준비하는 것이 보였다. 김종수 소령은 박격포 포수에게 운동장을 향해 사정없이 퍼부으라고 고함을 치자 박격포 반장 신용관 중위가 신들린 것처럼 운동장을 향해 포탄을 우박같이 쏟아 부었다. 인민군이 견디지 못하고 도망치자 운동장을 포위한 3개 중대가 도망치는 인민군에게 집중 사격을 하여 시체가 학교 주변에 널려 있었다. 밤 9시까지 4시간 동안 국군은 사정없이 쏘아댔다. 밤이 되어 국군은 현 위치를 철저히 경계하였다. 다음 날인 7월 8일 아침 8시 현장을 확인하니 인민군 시체 1,000여 명, 포로 97명, 트럭 40대, 지프차 20대, 장갑차 10대, 오토바이 20대, 122밀리 곡사포 6문, 소총 1,000여 정, 박격포 35문, 기관총 41정, 76 스탈린포 12문, 무전기 등 헤아릴 수 없는 군수품을 두고 도망쳤다. 국군의 피해는 한 명뿐이었다. 군 전투에서 매복과 기습이 얼마나 무서운가를 잘 보여준 전투였다. 6월 25일 새벽 4시 인민군이 국군을 기습하였을 때, 이와 같이 국군도 정신을 차릴 수 없어 피해를 본 것이다. 방심과 경계 소홀은 군에서 곧 전멸이라는 교훈을 남겼다.

　정부에서는 7연대 2대대 장병들에게 1계급 특진과 전리품은 대전에서 전시하였다. 이 전투의 승리는 국군이 인민군을 이길 수 있다는 자신감을 주어 전 장병에게 용기와 사기를 높여 주었고, 대대장 김종수 소령은 영웅이 되었다. 인민군 48연대장 김치구는 15사단장 박성철 소장에게 싹싹 빌어야 했다. 국군 6사단 7연대는 음성 남쪽 보천으로 이동하였다.

## 6. 7월 10일 인민군 15사단 음성 점령

7월 7일 아침 8시 국군 1사단이 음성에 도착하였다. 7연대는 국군 1사단이 진지를 구축할 때까지 엄호하고 있었다. 1사단의 부대 정비가 끝나자 7월 8일 오후 6시 국군 7연대는 음성 남방 9킬로 지점에 있는 보천으로 이동하였다. 19연대 1개 대대와 16포병대도 같이 이동하였는데 7연대 차량 행렬을 본 국군 1사단 장병들은 부러웠다. 자기들은 차량이 없어 서울에서부터 평택, 조치원, 청주를 거쳐 이곳까지 걸어서 왔기 때문이었다. 국군 1사단이라고 해보았자 병력은 4,000여 명, 중화기는 박격포 한 문도 없었고, 차량 한 대도 없는 부대로 너무도 초라하였다. 장병들은 문산에서 후퇴명령을 내리지 않아 1사단을 붕괴시킨 채병덕이 심히 원망스러웠고, 27일 후퇴하지 않은 백선엽 사단장도 심히 원망스러웠다.

7월 9일 인민군 15사단장 박성철 소장은 음성 정면을 공격해보니 국군이 의외로 저항이 강하여 음성 후방 보현 서쪽 상창리와 삼상리로 우회하여 후방에서 국군 1사단을 포위하기 위해 부대를 이동시키고 있었다.

7월 8일 충주가 인민군에 의해 점령되어 우측이 불안하였고, 진천은 수도사단이 혈전을 벌이고 있어 음성을 잘 막아주어야 하는데 중화기가 없어 백선엽 사단장은 고민이었다. 이때 7연대 수색대에 의해 인민군 15사단이 국군 1사단을 포위하기 위해 보현으로 이동한다는 보고를 받은 7연대 임부택 연대장은 인민군을 매복, 기습 공격하라고 명령을 하여 인민군은 뜻하지 않은 국군 7연대의 기습을 받고 도망쳐 국군 1사단은 위기를 벗어났다. 인민군 박성철 소장은 보현에 국군 7연대가 있으리라고는 생각도 못하고 갔다가 큰 피해만 보았다.

7월 10일 아침 인민군 15사단은 전차15대, 장갑차 8대를 앞세워 음성의 국군 1사단 정면을 공격하기 시작하였다. 국군 1사단은 도저히 방어할 수 없어 7월 10일 10시부터 괴산으로 철수하였다.

## 7. 7월 12일 인민군 15사단 괴산 점령

국군 1사단이 괴산으로 철수하자 인민군 15사단과 13사단이 바짝 추격하였다.

7월 10일 국군 1사단은 인민군 2개 사단을 도저히 막을 수 없어 괴산에서 미원으로 철수하였다. 그로인해 진천에서 싸우고 있는 수도사단과 충주에서 싸우고 있는 국군 6사단의 후방이 위태로웠다. 미원에서는 국군 1사단 11연대, 13연대, 17연대가 사력을 다해 7월 14일과 15일까지 인민군 2개 사단의 공격을 저지하여 국군의 위기를 모면하게 하였다.

7월 16일 인민군 15사단은 전차 7대, 장갑차 12대를 앞세우고 48연대와 50연대가 국군 1사단 13연대 정면을 공격해와 최영희 13연대장은 도저히 인민군을 막을 길이 없어 음성 남쪽 516고지로 후퇴하였다가 7월 22일 국군 1사단은 보은으로 후퇴하였다.

국군 1사단은 7월 9일 음성에서부터 괴산, 미원, 보은까지 인민군 15사단과 13사단을 23일간 저지하여 좌측 서부전선과 우측의 동부전선이 잘 싸울 수 있게 하였다. 국군 1사단은 23일 동안 인민군 300여 명을 사살하고 장총 68정, 따발총 25정, 박격포 9문, 전차 1대를 파괴하였다. 국군 1사단 피해는 전사 34명, 부상 91명, 행방불명 42명 이었다.

## 8. 7월 4일 어이없는 국군 8사단 충주 후퇴 명령

7월 3일 국군 8사단은 21연대로 영월을, 10연대는 원주 밑 신림을 방어하여 인민군 12사단의 남하를 막고 있었다. 인민군 8사단은 평창에서 국군 8사단을 추격하고 있었다. 이렇듯 국군 8사단은 인민군 12

사단과 8사단을 잘 저지하고 있었다.

신림에서 인민군 12사단과 국군 10연대가 낮부터 밤까지 치열한 전투를 벌였다. 그런데 밤중에 국군 좌측 3중대가 무단 도망쳐 인민군 12사단이 이곳으로 쏟아져 들어와 10연대 후방에서 공격하여 포위직전에 있었다. 고근홍 10연대장은 즉시 국군 3중대장과 소대장을 불러 소대장 2명을 그 자리에서 권총으로 사살하였다. 10연대는 후퇴하지 않을 수 없어 제천으로 철수하였다.

7월 4일 오후 김종오 6사단장은 이성가 8사단장에게 전화로 "8사단은 조속히 충주로 이동하라" 는 육본의 명령을 전했다.

"8사단이 충주로 이동하면 제천, 단양, 영주, 안동, 대구까지 국군이 없어 그냥 뚫리게 됩니다. 이 명령은 아무래도 잘못된 명령이든지 아니면 남로당이 뒤에서 공작하고 있는 것이 분명하다고 판단됩니다. 우리가 없으면 인민군 12사단과 8사단은 춤을 추며 밤낮으로 대구를 향해 진격하여 대구에서 국군과 미군을 몽땅 포로로 잡을 것인데 어떻게 이런 명령을 내리겠습니까?' 라고 정진 참모가 건의하였다.

"사단장님! 만일 명령에 복종하지 않고 더구나 사단이 제천지구를 확보하지 못하면 책임 문제가 대두될 것입니다." 하고 최갑중 참모장이 건의하였다.

이성가 사단장은 김종오 사단장에게 "명령이 잘못 되었으니 수정해 달라고 해 주십시오!' 하고 건의하자 "나는 지금 눈 감았다 뜰 시간도 없습니다. 나는 명령대로 전했을 뿐이오!' 하고 전화를 끊었다.

이성가 사단장은 참모장에게 "지금 즉시 열차를 이용 충주로 이동하는데 제천, 대구, 대전, 조치원, 청주, 음성, 충주로 하시오!' 라고 명령하였다. 7월 4일 밤 8시, 8사단 장병들은 충주로 이동하기 위해 제천에서 승차하였다. 쌀 만 가마와 휘발유 200드럼도 함께 실어 출발시키고 정일권 총장을 만나 명령을 바꾸기 위해 지프차를 타고 전속력으로 대전으로 달렸다.

7월 5일 아침 7시 대전에 도착하니 정일권 총장이 없었다. 그래서 신성모를 찾아 가서 명령서의 잘못된 점을 아무리 쉽게 설명을 해도 신성모에게는 소귀에 경 읽기였다. 그는 진짜 군사에 대해서 모르는 것인지, 알고도 남로당에 협조해서 국가를 망하게 하려고 하는 것인지 이성가 사단장은 알 수가 없었다. 오직 "딘 소장을 만나 보시요!" 하는 말에 "일국의 국방부장관이 이럴 수가 있는가!" 하고 답답한 가슴이 터질 것 같았다. 이성가 사단장은 딘 소장을 만나 설명하니 금방 알아들었다. 딘 소장은 이성가 사단장의 명령 수행과 이를 수정하기 위해 밤새도록 지프차를 타고 달려온 것에 대해 한국군 중에도 이러한 사단장이 있는가하고 감탄하였다. 이성가의 2개 연대로 인민군 2개 사단을 저지하고 있다는 말에 더욱 놀랐고, 부대 차량이 100대이며, 쌀도 만가마와 연료 200드럼도 승차시켜 운반하고 있다는 말에 감탄하며 딘 소장은 이성가 사단장은 지혜 있는 사단장이라고 극찬을 하고, 이성가 사단장의 의견대로 적극적으로 작전을 들어 주었다. 그리고 신성모로부터 "부대 이동을 취소한다."라는 문서와 서명을 받았다. 딘 소장은 미군 연락기를 내주었다. 이성가 사단장이 확인해보니 선두부대는 대구에 도착하여 점심 식사를 하고 있고, 후미부대는 영천역에, 마지막 부대는 안동역에 있어 명령이 취소되었으니 원 위치로 복귀하라고 명령하였다.

인민군 12사단은 국군이 조용해서 제천을 가보니 국군이 없어 이상하게 생각하고 무혈점령하였다. 이성가 사단장이 부대를 이끌고 단양에 도착하니 7월 6일 오후 6시였다.

※ 이 사건으로 보아 ① 제주도 4.3폭동과 14연대 반란사건으로 조안법에 의해 국군 안의 남로당원 1만 명 정도가 숙청되지 않아 군 안에서 공작을 하였다면 지금쯤 국군과 미군은 작전을 도저히 수행할 수 없어 인민군을 저지할 수 없었다는 증거가 되었다. ② 5.10선거를 반대하지 않고 참여하여

남로당에서 국회의원 반수가 넘어 김삼룡이 대통령이 되었으면 더 말할 것이 없고, 안 되어도 이승만 대통령의 보안법이 국회를 통과할 수 없을뿐더러, 이승만 정부가 하는 일에 사사건건 반대를 하였으면 전쟁을 수행하기 어려웠다. 이 명령은 정일권 참모총장에게 문제가 있었다. 이승만 대통령의 보안법에 의해 국군 안의 공산당원 4,749명을 숙청하여 6.25 한국전쟁 때 인민군이 대한민국을 점령하지 못한 것이다.

## 9. 7월 8일 인민군 12사단 충주 점령

7월 2일 국군 6사단 2연대는 원주에서 충주를 방어하라는 명령을 받고 즉시 충주로 이동하여 부대 배치를 하였다. 충주경찰서장 김대벽 경감이 이끄는 경찰 187명도 2연대에 합세하였다. 인민군 12사단은 7월 2일부터 6일까지 4일 동안 공격해 오지 않았다.

7월 8일 아침 5시 인민군 12사단은 모든 화력을 동원하여 국군에 퍼붓고 있었고, 인민군 12연대 보병은 5개 지점에서 동시에 강을 건너기 시작하였다. 인민군 1사단이 문산에서 싸우다 이곳으로 이동 명령을 받고 여주를 거쳐 충주로 전차를 앞세워 공격해 왔다. 인민군은 아침 안개가 낀 것을 이용하여 살금살금 국군 진지에 접근하여 갑자기 국군을 기습하자 국군 2연대는 혼란에 빠졌고, 인민군 2개 사단을 도저히 막을 방법이 없었다. 7월 8일 인민군의 공격 3시간 만에 국군 2연대는 수안보로 철수하였다.

7월 9일 아침 5시, 인민군 12사단은 단양으로 진출하였고, 인민군 1사단은 전차를 앞세우고 수안보를 공격해왔다. 국군 2연대 포병대가 전차를 공격하기 좋은 위치에서 인민군 전차를 기다리고 있었다. 인민군 1사단 전차가 오자 국군 2연대 포병대가 전차 바퀴 줄을 공격하자 인민군 전차는 허겁지겁 도망쳤다. 인민군 1사단과 국군 2연대는 좁은

도로를 사이에 두고 3시간 동안 치열한 전투를 하였다. 인민군 1사단
은 정면공격이 어렵게 되자 양쪽으로 분산하여 국군 2연대를 포위하
려고 하였다. 함병선 2연대장은 병력이 부족하여 양쪽으로 분산하여
공격하려는 인민군을 방어하기가 어렵다고 판단, 수안보 남쪽 화천리
로 철수하였다.

　7월 12일 인민군 1사단은 화천리 국군 6사단 2연대를 공격하여 2연
대는 조령과 이화령고개로 철수하여 방어 준비를 하였다.

## 10. 7월 13일 인민군 1사단과 국군 6사단 2연대 이화령에서 혈전

　7월13일 "국군 6사단은 전선의 균형을 유지하기 위해 문경으로 후
퇴하라!'는 육본의 명령에 따라 문경으로 철수하지만 천하의 요새 이
화령고개를 포기하고 싶지 않아 김종오 6사단장은 사령부는 명령에
따라 문경초등학교에 두고 2연대를 연풍에서 문경 주도로와 이화령의
633고지에 1대대와 3대대를 배치하였다. 19연대는 조령을 방어하게
하고, 7연대는 예비대로 쉬게 하였다.

　7월 13일 아침 인민군 1사단은 전차를 앞세우고 연풍에서 이화령과
조령을 향해 동시에 공격해왔다. 국군 2연대는 도로 양쪽에서 매복하
고 있었다. 아침 안개가 자욱한데 발자국 소리가 나면서 북한 말투의
소리가 들렸다. 그리고 움직이는 물체가 보였다. 그러자 국군은 움직
이는 물체를 향해 일제히 사격하자 인민군은 국군에게 달려들어 육박
전이 벌어졌다. 백병전은 숫자가 적은 국군이 불리하여 밀리기 시작하
여 이화령고개와 연대본부까지 밀렸다. 이때 함병선 연대장은 권총을
빼들고 앞장을 서서 후퇴하지 말고 돌격하라고 예비대로 있는 1대대
와 같이 함성을 지르며 공격하였다. 좁은 도로에서 인민군과 국군은

다시 백병전을 시작하였다. 인민군은 독전대가 뒤에서 "후퇴하지 말라"고 하면서 권총을 쏘았고, 국군은 헌병이 "물러서지 말라"하며 권총을 쏘고 있었다. 한 시간정도 싸우자 인민군이 밀리기 시작하였다. 인민군은 연풍까지 도망쳤다. 전투 현장에는 인민군 800여 명이 죽거나 부상을 당하였고, 국군도 100여 명이 전사하였다. 인민군은 얼마나 급했던지 장갑차 3대, 트럭 8대, 75밀리 스탈린포 3문을 버리고 도망쳤다.

7월 15일까지 밤낮으로 2일 동안 전투를 벌려 이화령은 주인이 7번이나 바뀌었다. 서로 싸우다 지치면 국군과 인민군이 같이 잠이 들었다. 아침에는 먼저 일어난 자가 자고 있는 자를 머리를 만져서 머리카락이 짧으면 인민군, 머리카락이 길면 국군으로 식별하여 서로가 죽였다.

인민군 1사단은 조령은 정면공격이 어렵다고 판단, 1개 연대를 우측으로 해서 19연대 후방에서 공격 포위하게 하였다. 7월 15일 아침 6시 안개가 자욱해서 오 미터 앞도 보이지 않을 때 국군 장병들 앞에 갑자기 물체가 어른거리며 나타났다. 국군의 "앗 적이닷!" 하는 고함소리와 함께 육박전이 벌어졌다. 19연대 2대대장, 중대장, 소대장들이 부상을 당해 지휘를 못하자 19연대는 혼전이 되었다. 민병권 연대장은 1대대를 즉시 후퇴시키고 16포병대의 지원을 받았다. 1대대장도 혼전이 벌어질 때 행방불명되었다. 민병권 연대장도 부상을 당하였다. 김종오 6사단장은 7연대로 하여금 즉시 19연대를 지원하게 하여 7연대가 19연대 후퇴하는 장병들을 엄호하였다. 7월 16일 국군 6사단은 문경으로 후퇴하였다.

## 11. 7월 13일 인민군 8사단 단양 점령

7월 6일 국군 8사단은 단양공업고등학교에 도착하여 21연대를 단양 좌측에, 10연대를 우측에 배치하였고, 인민군 8사단 사령부는 단양 북쪽 4킬로 지점 매포리에 있었다. 이성가 사단장은 10연대 1대대장 박치옥 소령에게 인민군 8사단 사령부를 공격하라고 명령하여 7월 7일 오후 1시 박치옥 소령은 1대대를 이끌고 7월 8일 새벽 2시 인민군 8사단 사령부에 접근했다. 7월 9일 새벽 5시 구만리 초등학교 운동장에 인민군의 장갑차, 말, 중포 등이 꽉 차 있는 것을 81밀리 박격포로 운동장 교실 할 것 없이 쏘아댔다. 인민군도 즉시 곡사포와 박격포로 반격해 왔다. 그리고 국군을 포위하기 위해 부대가 출동하였다. 국군 10연대 1대대는 11시 철수하기 시작하였다. 이 전투에서 2중대장 안동훈 중위가 전사하고 20여 명의 사상자를 냈다.

7월 9일 오전 10시 인민군 8사단은 단양을 공격해 왔다. 이성가 사단장은 좌측의 21연대와 10연대로 인민군을 방어하게 하였다. 7월 10일 새벽 3시 인민군이 공격해오자 10연대 11중대장 정구정 중위가 치열한 적의 포탄을 견디지 못하고 무단 후퇴하여 구멍이 나자 인민군은 그곳으로 밀려들었다. 고근홍 10연대장은 정구정 가슴에 권총을 쏘아 그 자리에서 사살하였다. 21연대 1대대장 최취성 소령은 936고지에서 인민군을 저지하다 박격포탄에 맞아 전사하였고, 1대대는 고지를 철수하였다. 국군 8사단은 7월 12일까지 싸우다 인민군 8사단이 청풍과 죽령으로 우회 포위하려 하자 10연대가 죽령으로 철수하였고, 13일 밤 8사단은 죽령을 포기하고 풍기에 집결하였다.

## 12. 7월 18일 인민군 8사단 풍기에서 참패

7월 13일 인민군 8사단은 죽령고개를 국군이 방어하고 있어 넘을 수 없다고 판단하고 소백산맥 해발 1,390미터의 연화봉을 거쳐 풍기로 우회하여 남진하였고, 일부는 청풍을 거쳐 예천을 공격하기 위해 남진하였다.

이성가 사단장은 군수참모 전부일 소령에게 차량과 보급품을 영주로 철수시키라고 명령하였다. 그리고 21연대로 풍기 동남쪽 258능선에, 10연대는 풍기 서남쪽 능선에 진지를 구축하라고 명하고, 21연대 7중대와 9중대를 예천에서 인민군을 막으라고 명령하였다.

인민군은 국군의 많은 차량이 풍기에서 영주로 이동하자 국군이 풍기에서 후퇴하는 것으로 판단하였다. 7월 13일 오후 7시 인민군 1개 대대가 장갑차를 앞세우고 죽령을 넘어 풍기로 남하하자 국군 18포병대는 이들에게 집중 공격하여 장갑차 4대가 파괴되면서 보병이 즉시 흩어졌다.

7월 14일 새벽 1시부터 조금씩 인민군 수색대가 나타나기 시작, 11시30분 1개 연대가 풍기를 향해 오고 있었고, 오후 5시 연화봉을 넘은 1개 연대와 차량 30여 대가 죽령을 넘어 풍기에 도착하였다.

국군 21연대는 258고지에서 연대 화력을 총동원하여 밑에 있는 인민군에게 퍼부었다. 포병도 차량 30대를 공격하여 순식간에 박살을 냈다. 10연대도 전화력을 동원하여 공격하였다. 인민군 8사단은 손 한번 써보지 못하고 엄청난 손실을 보고 퇴각하였다. 이때 미 전투기가 나타나 퇴각하는 인민군에게 폭탄을 투하하여 1개 연대 정도가 전멸하였다.

7월 16일 인민군은 10연대와 21연대의 고지를 점령하려고 수차에 걸쳐 공격하였으나 실패하였다. 국군은 인민군을 생포하여 후방으로 보내는 것도 큰일이었다.

인민군 1개 대대가 청풍을 거쳐 예천을 점령하고 국군 8사단 후방을 공격하려고 남진하고 있었다. 만일 예천이 인민군에 점령되면 국군 8사단과 국군 6사단의 퇴로가 차단되기 때문에 육본에서는 미 제25사단 24연대 3대대를 예천으로 출동시켰고, 경찰 500명도 국군에 편입시켜 예천 북방 백천동과 191 능선에 배치하여 인민군 남하에 대해 준비하고 있었다.

국군 21연대 7중대와 9중대는 예천을 미군에게 맡기고 풍기로 원대복귀 하였다.

인민군 8사단은 손실이 많아 재편 중이었고, 대신 12사단이 공격해 왔다. 12사단은 정면에서는 뚫을 수 없어 우회하여 공격하였고, 주로 밤에 공격하였다.

7월 17일 인민군 12사단은 국군 8사단 10연대와 21연대를 밤에 공격해왔다. 밤에 공격하자 국군은 당황하여 풍기에서 영주로 가는 256고지에서 21연대 1대대장 윤태영 소령이 명령이 없는데 밤에 후퇴를 하였다. 그러자 인접부대도 후퇴명령을 내린 줄 알고 같이 후퇴하여 8사단의 방어가 무너지기 시작하였다. 국군 8사단의 약점은 예비연대가 없어 한 군데만이라도 구멍이 나면 막을 길이 없어 전선이 무너지는 것이었다. 이렇게 되어 잘 싸우던 국군 8사단은 후퇴하지 않으면 안 되었다. 고근홍 10연대장은 무단이탈한 윤태영 1대대장을 그 자리에서 권총으로 쏘아 사살하였다. 이렇게 되어 국군 8사단은 7월 13일부터 18일까지 풍기에서 인민군과 5일 동안 밤낮없이 전투를 하였다.

인민군 군관들은 "아군 2개 사단으로 국방군 1개 사단을 공격하여 단양을 해방시키는데 7일 걸리고, 풍기를 해방시키는데 5일이 걸리면, 어느 세월에 부산을 가겠는가?' 하고 난감해 했다. 그들은 "박헌영은 38선만 넘어 서울만 점령하면 20만 남로당원이 민중항쟁을 해서 인민군이 부산에 가기도 전에 해방된다고 큰소리쳤는데 25일이 지나도 민중항쟁은 그만두고 철로나 다리나 후방교란이라도 해서 국방군이 싸우지 못하게 해야 하는데 그것도 없는 것을 보면 박헌영한테 속았다."고 하며 박헌영을 원망하면서 "국군이 싸움을 잘 하는 것에 놀랐다"고 포로들은 증언하였다.

국군 8사단은 인민군 8사단과 12사단을 잘 방어하고 있었고, 국군 23연대도 고전은 해도 동해안에서 인민군 5사단을 저지하고 있고, 국군 6사단은 인민군 1사단과 15사단을 잘 방어하고 있어, 국군 2개 사단 1개 연대가 인민군 총 13개 사단의 절반 정도인 5개 사단을 잘 방어하고 있어 인민군이 서부전선에서 진격속도를 내지 못할 정도였다. 풍기 전투는 만일 한강 북쪽에서 국군 6개 사단이 붕괴되지 않았다면 국군은 인민군을 충분히 막을 수 있어 미 육군에게 인민군을 막아달라고 군이 요청하지 않아도 되었다는 증거인 전투였다.

## 13. 7월 9일 인민군 춘양 공격

온양의 7사단 25연대는 6.25가 발생하자 즉시 의정부에 투입되었으나 25연대 1대대는 6.25 전에 영덕지구 일대의 공비소탕을 마치고 안동에 잔류하고 있을 때 6.25를 맞게 되었다. 25연대 1대대장 임익순 소령은 연대본부와 사단과도 연락이 안 되어 대구 3사단장 유승렬 대령의 자문을 구할 때 "귀 대대는 봉화에서 동해안까지 방어하라"는 명령을 받았다.

완전무장하고 월북하였던 강태무와 표무원의 부대 500여 명이 인민군 549부대가 되어 후방을 교란할 목적으로 6월 25일 삼척 밑 임원으로 상륙하여 태백산맥으로 들어갔는데, 549부대가 기존 유격대와 남로당과 합세하여 후방에서 폭동을 일으킨다면 큰일이기 때문에 이를 저지해야 했다

6월 27일 일월산 근방에 인민유격대가 나타나 25연대 1대대가 2일 동안 전투 끝에 생포 65명, 사살 10명, 60밀리 박격포 3문, 기관총 4정을 노획하고 인민유격대를 소탕하여 태백산 근방의 인민유격대의 남진을 저지하여 폭동을 막았다.

7월 9일 인민군 1개 중대의 병력이 춘양에 진격해 오는 것을 전멸시켰고, 오후 4시 또 1개 중대의 인민군이 차량 10대와 81밀리 박격포로

무장하여 춘양을 공격해와 춘양 북방 낙천당리 근방에서 전멸시켜 차
량 6대는 파괴 되었으나 4대는 사용할 수 있었으며, 사살 80명, 포로
15명을 잡아 표무원 강태무의 후방 폭동을 미연에 막았다.

## 14. 7월 17일 인민군 5사단 영덕 점령. 국군 위기에 처함

7월 12일 국군 3사단 23연대는 영해를 방어하고 있었으나 인민군 5
사단은 포항의 영일비행장을 점령하여 미군의 군수품 수송과 전투기
의 이착륙을 저지하기 위하여 필사적으로 공격해왔다. 7월 16일 인민
군은 전차를 앞세워 영해를 공격하자 국군 23연대는 인민군의 공격을
저지하다 많은 피해를 보았다. 영덕 위 회수까지 철수하여 재편성을
하였으나 7월 17일 영덕까지 빼앗겼다. 인민군이 영덕까지 점령하였
다는 보고는 육본과 미8군사령부를 깜작 놀라게 하였고 국군은 위기
에 처하였다. 워커 중장은 즉시 159 야전포대 C중대의 155밀리 자주포
4문을 영덕으로 급파하고 최덕신 대령을 연락관으로 해서 영덕을 탈
환하게 하였다.

7월 18일 국군 3사단 23연대는 미 야포대의 지원과 미 공군과 해군
의 지원을 받으며 일제히 영덕을 향해 돌진하였다. 미 해군 순양함에
서는 쉴 새 없이 함포사격을 하였고, 미 전투기는 폭탄을 쉴 새 없이
씨 뿌리듯 쏟아 부었다. 영덕은 삽시간에 잿더미가 되었다. 인민군의
시체는 영덕에 산을 만들었으며, 인민군 5사단은 산 쪽으로 도망쳐 영
덕을 국군이 탈환하였다. 그러나 7월 19일 인민군 5사단이 다시 돌격
해와 국군 23연대는 많은 장병들이 전사하며 영덕을 다시 인민군에게
내주었다.

7월 20일 워커는 영일비행장의 제40전투폭격대대에 국군 3사단을
지원하라고 명령하였다. 미 해군 구축함 4척, 순양함 1척이 영덕 해안

으로 집결하여 영덕의 인민군을 공격하였다. 인민군은 많은 희생자를
내고 산 쪽으로 도망쳐 영덕을 국군이 다시 탈환하였다. 국군 22연대
가 영덕에 증원되었다.

7월 24일 22연대는 강구를, 23연대는 영덕 동쪽에서 방어하고 있
었다. 강구 181고지를 23연대 3대대가 방어하고 있을 때 인민군은 국
군을 포위하였다. 김종원 23연대장은 싸우지도 않고 도망쳐 영덕을
인민군이 점령하였다. 김종원은 전투를 잘 하지 못하고 자기 부하를
총살하였다고 해임되었다. 영덕과 강구의 181고지를 양군은 매일 점
령하였다가 빼앗기고, 빼앗겼다가 점령하는 최대의 격전지가 되어
끝없는 쟁탈전을 벌였다. 이것은 인민군의 공격에 한계가 온 것을 의
미하였다.

## 15. 국군 성환에서 재편성

평택으로 후퇴한 국군은 수도사단, 1사단, 2사단, 3사단, 5사단, 7사
단 등 합 6개 사단이었으나 총인원은 1만 명 정도였다. 장병들은 흩어
져 멋대로 후퇴하였기 때문에 중대, 대대, 연대, 사단이 없는 패잔병들
이라 명령이 서지 않고 소속감이 없어 싸울 수가 없었다. 그리고 소총
도 없는 패잔병이 많이 있어 무기를 지급하는 것이 급선무였다. 우선
조직이 형성되어 명령 계통이 이루어져야 전투를 할 수 있어 재편성이
시급하였다.

채병덕 참모총장 혼자서 8개 사단을 지휘한다는 자체가 문제였다.
의정부에서 7사단과 수도사단과 2사단을 지휘하는 군단과 8사단과 6
사단을 지휘하는 군단, 후방 3개 사단을 지휘하는 군단을 6.25 전에 편
성했어야 했다. 전문가와 비전문가와, 경험자와 비경험자는 하늘과 땅
차이로 군대에서 제일 중요한 것이 인사라는 것을 지금까지 전투를 통

해서 너무 잘 나타났다. 장병들만 죽이고 국가를 망쳐먹는 무능한 겁쟁이 지휘관은 재편성에서 과감히 제거할 필요가 있었다.

1군단 사령관: 김홍일 소장, 부사령관: 유재홍 준장, 참모: 시흥지구 전투사령부 참모로 충당, 예하부대: 수도사단, 1사단, 2사단이며, 5사단과 7사단을 해체하여 위 3개 사단에 흡수 편성하였다.

전남 편성군 사령관: 이응준 소장, 경남 편성군 사령관: 채병덕 소장

## 16. 국군 후방 지원문제

현대전은 정보와 통신이다. 그런데 군에서 쓰는 무전기는 성능이 좋지 못하여 사단에서 예하 부대의 명령을 제대로 전달 할 수 없어 통신이 제일 시급한 문제였다. 국군이 보유하고 있는 장갑차는 SCR-506과 SCR-508이었다. 장갑차의 무전기는 75-100마일 즉 서울에서 춘천까지도 잘 들리는 성능이 좋은 무전기이다. 이 장갑차는 문산에서 인민군 전차와 싸우다 8대가 순식간에 대파되었기 때문에 전투용으로 사용하지 말고 30여 대의 장갑차를 육본과 사단, 사단과 연대까지 배치하여 통신용으로 사용하였다면 초전 전투에 큰 효과가 있었을 것인데 장갑차를 통신용으로 사용하지 않은 것은 큰 잘못이었다.

전쟁이 장기화됨에 따라 장병들 모집과 교육, 훈련과 병참, 치안, 부상병 치료 등 갈수록 일이 많아져 이에 대한 대책이 시급하였다.

7월15일 경북 함창에서 2군단 사령부가 창설되었다.

2군단 사령부 군단장: 유재홍 준장, 부군단장 : 이한림 대령,

참모장 : 강영훈 대령, 작전부장: 이주일 대령,

정보부장 : 김재식 대령, 소속부대 : 6사단, 8사단

## 17. 이승만 대통령 국군 지휘권 미군 맥아더 장군에게 이양

7월 7일 유엔은 지원부대 통합사령부 설치를 결의하였다. 참가하는 부대의 작전 지휘권을 미국에 이양하여 통합사령관에 미군이 되도록 하였고, 참가국의 국기도 임의로 사용할 수 없게 하였다. 참가국은 미국, 호주, 영국, 화란, 뉴질랜드, 케나다, 프랑스 등 16개국이었으며, 7월 8일 참가국은 맥아더 원수가 통합사령관이 되는 것에 동의하였다.

7월 9일 통합사령부에서는 대구에 미8군사령부를 신설하였다. 미8군 사령관 워커 중장과 참모들이 대구에 도착하여 지휘하였다.

7월13일 워커 중장은 한국에 있는 전 미군 지상군의 작전 지휘권을 인수하였다. 한국에 도착한 미군은 18,000명, 국군 58,000여 명 계 76,000여 명이었다.

7월 14일 이승만 대통령은 한국군 작전 지휘권을 유엔 통합사령관 맥아더에게 위임하였다. 이승만 대통령이 맥아더 장군에게 보낸 서한 내용은 다음과 같다.

『대한민국을 위한 국제연합의 군사적인 공동 노력으로 말미암아 귀하가 유엔군 통합사령관으로 임명되고 ...생략... 국제연합군이 귀하의 작전지휘 하에 편입되게 된 사실에 비추어 본인은 현재의 작전 상태가 지속되는 동안 대한민국의 육·해·공군의 작전 지휘권을 귀하에게 이양함에 있어 직접 귀하 자신이나 대한민국에 또는 인접해역에서 동 작전 지휘권 행사에 관하여 귀하에게 권한을 받은 특정 또는 각급 지휘관들이 동 지휘권을 행사할 수 있도록 이를 이양하게 된 것을 다행으로 생각하는 바이다...생략

1950. 7. 14

이 승 만』

형사 관할권 부여.

7월 12일 미 군사법원의 전속적인 형사 관할권의 행사에 있어 "미군 또는 그 구성원에 대한 미국인 범죄 혐의자를 한국 기관에서 체포할 수 없다."는 내용이었다.

이때 한국군은 한·미 유엔군과 연합사령부를 구성하여 한국군이 연합사령부 부사령관을 해서 작전을 같이 의논해야 하는데, 한국군이 연합사령부 소속이 되어 일방적인 명령 수행만 하게 한 것은 큰 잘못이었다. (이때 이승만 대통령이 넘겨준 전시 작전권(戰時 作戰權)을 미국은 2012년 4월 17일에 한국군에 넘겨준다고 양국은 합의하였으나 2010년 천안호 폭침사건으로 2015년 12월 1일로 연기되었다가 2020년으로 또 연기되었다.)

## 18. 정부기관 대구로 이동과 점령지의 고통

7월 10일 이승만 대통령은 대전도 위협을 받게 되자 대구로 옮겼다. 7월 10일 해군본부는 부산으로, 7월 13일 공군본부와 14일 육본, 17일 정부기관은 대구로 옮겼다. 대구와 부산은 전국 피난민들이 모여 초만원을 이루어 이것도 보통 문제가 아니었다.

서울 시내와 인민군의 점령지에서는 북한의 내무서원과 남로당원들이 보도연맹 가입자를 앞세워 경찰, 군인, 우익인사를 찾아내 처형하느라 혈안이 돼 있었다. 전 내무부장관 김효석(신성모 추천), 국회의원 조소앙, 국민당 당수 안재홍, 경비대 사령관 송호성, 김규식 등을 선동하여 이들로 하여금 방송을 하게 하여 숨어 있는 경찰, 군인, 우익인사들에게 자수하게 하였다. 그들은 방송에서 "자수하여 나 같이 광명을 찾으십시오! 나는 내무부장관 김효석입니다."라고 하였다. 경찰은 김효석이, 군인은 송호성이, 정당인은 조소앙과 안재홍이 방송을 하였다. 그리고 국회의원 48명, 목사 300여 명이 김일성을 찬양하였다. 이때 많은 사람이 자수를 하였으나 끝까지 자수를 하지 않고 체포된 사람이 원세훈, 엄항섭, 원기섭, 조완구, 오하여, 유기수, 이광수, 의사 백인제, 철학박사 한치진, 손정규, 유자후, 김진섭, 구철회, 박상규, 구덕환, 서울대총장 최규동, 남궁혁 목사, 구자옥, 최인, 손진태, 명제세, 김팔봉 등 수백 명이 체포되어 조사받고  다수가 인민재판을 통해 일부는 뚝섬에서 처형되었고, 일부는 북송되었다. 이들의 고통은 상상을 초월하였다.

7월 13일 1차 55명이 북으로 끌려갔다. 인민군 점령지역에서는 젊은 이들을 강제 징집하여 의용군으로 조직하여 15만 명 정도를 일선으로 보내 국군과 싸우게 하였다. 나이 든 사람들은 노무자로 동원되어 파괴된 다리와 도로를 복구하고 군수물자를 운반하였고, 집집마다 다니며 곡식을 강제로 빼앗아 군량미를 걷어 들여 인민군에 보급하였다.

인민군은 국군이 버리고 간 부평 보급창에서 백미143,200가마(전체 인민군 군량미의 66%)와 중화기, 차량, 군복 등 군수물자를 노획하여 인민군 전력이 크게 향상된 것에 김일성과 지휘부는 만족하였다. 그들은 여전히 남로당 20만이 제주 4.3폭동과 14연대 반란 같은 폭동이 한 건만 일어나면 전쟁을 단숨에 끝낼 수 있으리라 판단, 남로당 20만의 폭동을 학수고대하고 있었다.

# 제18장
## 조선인민군 4차 작전
## (8월 15일까지 부산 점령 목표)

# 제18장 조선인민군 4차 작전
# (8월 15일까지 부산 점령 목표)

7월 25일 김일성은 수안보에서 김책과 김무정, 김웅 등 군단장들의 전황 보고를 들었다. 이 보고에서 ① 평양에서 대전, 영주, 영덕, 이리까지 보급로가 길어 군수품 보급이 어려워 작전에 지장이 많다는 점, ② 또한 미 전폭기들에 의해 다리와 철로가 폭파되고 도로가 파괴되어 수송이 어려운 점과, ③ 미 전투기로 인해 낮에 군 이동과 전투를 할 수 없어 밤에 이동하여 밤에만 전투를 해야 하니 효과가 나타나지 않고 있다는 점과, ④ 미 전투기와 3.5로켓포에 의해 전차가 파괴된다는 점, ⑤ 미군이 계속 증강된다는 보고를 받고 혹시나 부산까지 점령하지 못 하는 것이 아닌가 해서 불안하여 김책 전선사령관에게 즉시 다음과 같이 4차 작전명령을 내렸다.

① 독전대를 신설해서 돌격을 감행할 것,

② 5사단과 12사단으로 7월 26일까지 포항 영일비행장을 접수하여 미 군수품 보급을 중단시킬 것,

③ 3사단에 105전차사단 1개 연대를 증원하여 영동의 미 기병사단을 포위하고,

④ 2사단은 미 27연대를 보은에서 황간으로 밀어내어 포위하고,

⑤ 4사단은 금산으로 우회하여 대구를 포위하고,

⑥ 8사단과 13사단으로 안동, 군위로 해서 대구를 공략하고,

⑦ 1사단과 15사단으로 상주에서 대구를 공략하게 하고,

⑧ 6사단으로 호남을 거쳐 진주, 마산, 부산을 공격하게 하여 남조선을 8월 15일까지 해방 시켜라!

김일성은 위와 같이 4차 작전으로 8월 15일까지 부산을 점령할 계획을 세우고, 김책, 김무정, 김웅에게 8월 15일까지 부산을 점령하여 4차 작전을 성공시키라고 명령하였다.

4차 작전 중 중앙에 8사단, 13사단, 1사단, 15사단 등 4개 사단이 배치되었으나, 진주, 마산, 부산 공격에 2개 사단을 배치해야 하는데 1개 사단만 배치한 것이 잘못된 작전이었다.

김일성은 인민군이 서울만 점령하면 남로당 20만이 봉기하여 인민군이 부산을 점령하기 전 남조선을 완전 점령할 것이라고 쉽게 생각하고 남로당이 민중봉기를 하지 않을 것에 대한 대비와 미군이 개입했을 때의 대비, 장기전에서의 보급과 연료, 한강, 금강, 낙동강을 도강할 때의 장비에 대해 준비가 없었다. 그런데 전쟁을 계속하면서 보급로가 길어 전쟁을 계속하기가 어렵다는 것을 이제야 알게 되었다.

## 1. 7월 25일 인민군 3사단 영동 점령

맥아더 장군은 대전 전투를 겪고 나서야 인민군의 전투 실력에 깜짝 놀랐다. 이런 속도라면 2주 안에 인민군이 부산을 점령할 가능성이 있다고 합참에 보고하자 미 육군참모총장 콜린스 대장이 즉시 동경에 도착하여 맥아더 장군과 의논하였다. 그래서 인민군을 미 24사단과 25사단, 기병사단만으로는 막을 수 없어 2사단과 7사단을 속히 증원하기로 합의하였다. 2사단과 7사단의 응원부대가 늦게 부산에 도착하여 인민군이 먼저 부산에 도착하면 결과는 비관적이라고 맥아더 장군과 콜린스 대장은 한국을 포기할 수밖에 없다고 판단하였으나 최선을 다하기로 하였다.

7월 19일 미8군사령관 워커 중장은 미 제1기병사단장 케이 소장에게 영동을 방어하라고 명령하였다. 케이 소장은 기병사단 8연대를 옥천에, 2대대를 금산방면에서 방어하게 하였다. 인민군 3사단은 7월 20일 대전을 점령하고, 7월 22일 3사단 16연대가 밤9시 전차가 선두에서 영동을 향해 진격하여 23일 아침 미 기병사단 8연대 1대대가 도로에서 방어하고 있을 때 공격하였다.

미 포병은 3.5인치 로켓포를 가지고 전차를 공격하여 인민군 전차 3대가 순식간에 파괴되었고, 파괴된 전차는 도로를 막았다. 이때 미 77 야전포대와 고사포 부대가 후미전차에 포탄을 퍼부었다. 인민군 전차와 보병들은 견디지 못하고 후퇴하였다. 인민군은 23일과 24일 로켓포 때문에 공격을 못하고 고민하고 있었다. 인민군 전차는 미군의 3.5인치 로켓포 때문에 처음으로 전진을 못하고 있었다.

7월 25일 인민군은 미군의 로켓포 때문에 정면공격을 포기하고 우회하여 포병을 먼저 공격한 다음 전차로 밀어붙이려고 포병대를 공격하였다. 인민군의 우회공격에 기병사단의 8연대가 꼼짝 못하고 후퇴하여 오히려 금산 쪽에서 방어하고 있던 기병사단 8연대 2대대가 포위가 되었다. 25일 새벽 4시 30분 미 8연대 2대대는 많은 희생 가운데 포위망을 뚫었다. 그러나 전차 11대중 7대를 잃었고 많은 병사가 전사하고 219명만 살아서 피난민에 끼여 후퇴하였다.

미 5연대 1대대가 8연대 2대대를 구하러 가다가 인민군의 매복에 걸려 또 포위가 되어 케이 소장은 정신을 차릴 수가 없었다. 5연대 1대대 병사 중 살아서 도망친 병사는 26명뿐으로 기병사단은 처음 싸움에 인민군에게 대패하였다. 미 기병연대는 후퇴하는 미군을 엄호하느라 25일 하루 종일 포를 쏘았으나 275명이 전사하였다. 케이 소장은 미 24사단과 한국군이 어째서 그렇게 빨리 붕괴되었는가를 싸워보고서야 알았다. 인민군도 24일과 25일 양일간 2,000여 명의 손실을 보았다.

미 7기병연대는 7월 22일 황간 위에 배치되었다. 미 27연대가 인민군 2사단에 몰리고 있었다. 미 7기병연대는 이 광경을 보고 싸우지도 않고 황간으로 도망쳤다. 이때 인민군 3사단 9연대가 미 7기병연대를

정면공격하면서 후방에서 기병사단을 공격하자 퇴로가 차단되어 왜
관으로 철수하였다. 케이 소장은 인민군의 공격에 제대로 대항 한 번
못하고 기병사단을 영동에서 멀리 떨어진 왜관으로 철수시켰다.

## 2. 7월 25일 인민군 2사단 황간 전투에서 대패함

7월 10일 미 25사단 27연대는 전황이 위급하여 부산에 상륙하자마
자 안동을 방어하라는 명령을 받았다. 안동에 도착하자마자 예천에서
국군 8사단을 지원하라고 하여 예천에 도착하였다. 또 예천에 도착하
자마자 7월 21일 상주에서 인민군 2사단을 방어하라고 하여 상주로 갔
다. 또 상주에 도착하자마자 7월 21일 황간에서 인민군을 방어하라고
하여 황간으로 이동하던 중 7월 22일 인민군 2사단과 전투가 벌어져
미25사단 24연대는 함창에서, 35연대는 상주에서 인민군의 공격을 저
지하고 있었다.

인민군 2사단은 전차 8대를 앞세워 보은에 집결해 있는 국군 수도사
단과 1사단을 단숨에 밀어붙여 황간을 점령하여 미 기병사단을 포위
할 계획이었다. 그래서 워커 장군은 급히 미 27연대로 황간을 방어하
라는 명령을 내린 것이다.

7월 23일 27연대장 마이케레스 중령은 1대대를 보은에서 황간 도로
에 배치하였다. 7월 24일 아침 6시 인민군 2사단은 전차 3대를 앞세워
공격하기 시작하여 순식간에 대대본부까지 진격하여 수대의 차량을
박살내어 미 보병의 수송능력을 마비시켰다. 이때 미 포병도 로켓포를
발사하여 전차 1대를 파괴하였다. 인민군 2사단과 미 27연대는 7월 24
일 하루 종일 308고지를 가지고 싸우고 있었다. 미 포병이 로켓포를
가지고 인민군 전차 1대를 추가로 파괴하였다. 인민군과 미군은 포병
전으로 하루 종일 쏘아댔다. 미T-80 전투기도 나타나 인민군 보병과

포병과 전차를 공격하여 3대를 파괴하였다. 인민군 2사단 전차 8대 중 6대가 파괴되었다. 그러나 미 27연대는 견디지 못하고 7월 24일 밤을 이용 황간으로 후퇴하였다.

7월 25일 인민군 2사단 2개 대대가 미군이 후퇴하자 후방을 차단하기 위해 우회하고 있었다. 이것을 안 미 27연대장은 2대대로 하여금 이들을 막게 하여 미 2대대는 105밀리 곡사포 12문, 전차 9대로 인민군을 역 포위하여 공격하였다. 포위된 인민군에 미 폭격기가 나타나 폭탄을 투하하고 곡사포 12문과 전차 9대가 돌진하여 인민군 2개 대대가 전멸하였다. 인민군 2사단은 더 이상 공격을 못하였고, 너무 손실이 많아 전선에 나타나지도 못하였다. 미 27연대는 28일 김천, 29일 왜관까지 후퇴하였다.

황간 전투에서 인민군 2사단은 3,000명의 전사자를 내었고, 결국 붕괴되고 말았다. 미 27연대도 전사35명, 부상221명, 포로49명의 피해를 보았다.

※ 노근리 사건은 이때 일어난 사건으로, 50년 7월25일~ 26일 야간에 미 기병1사단 7연대 2대대 병사들과 미24사단 패잔병들이 인민군 3사단과 2사단 일부의 공격을 받고 영동에서 황간 쪽으로 후퇴하고 있었다. 이 무렵 조선공산당 경북도당 책임자 배철은 7월 27일 대구비행장을 습격하였고, 인민군 정찰대대는 피난민을 가장하고 7월 25일 오전 10시 30분 영동읍의 미77포병부대와 61포병부대와 차량을 공격하였다. 이로 인해 포부대가 철수하면서 미군 15명이 전사하였다. 또한 유격대 300여명에 의해 사단사령부가 공격을 받았다.

남로당원들은 미군의 후방에서 정보수집활동을 하면서 미군 포진지의 위치를 인민군에게 알려주어 미군의 많은 희생이 잇따라 발생하여 미 기병사단장 케이 소장은 피난민을 부대 근처에 얼씬도 못하게 하였다. 미군들은 피난민과 말이 통하지 않고 피난민과 유격대를 식별하지 못하여 애태우고 있었다.

7월 25일 영동읍 주곡리와 임계리 주민들은 황간 쪽으로 피난을 하였다. 피난민 약 500-600여명이 하가리에 도착했을 때 미군들은 피난민을 제지하고 있었고, 영동군 황간면 노근리 부근에서는 미군의 후퇴 때문에 피난민들은 도로에서 철길로 올라 피난을 하였다. 이때 미군 전투기가 나타나 철로 위의 피난민을 공격하였고, 피난민이 쌍굴 안으로 도망치자 쌍굴 속에 있던 피난민까지 기관총으로 공격하여 사망자 부상자 실종자 등 248명의 사상자가 발생하였다. 그리고 많은 부상자가 발생하였다. 사격은 미 기병사단 7연대 2대대가 하였다. 이때의 사건이 말썽이 되어 2001년 노근리 진상조사보고서가 작성되었다.

그 때나 지금이나 철길은 일반인의 출입을 통제하였다. 이때 많은 피난민이 철길로 갔는데 미 전투기 조종사는 인민유격대인 줄 알고 철길 위의 피난민을 공격한 것이다.

## 3. 7월 25일 인민군 3사단 김천 점령

미 기병사단장 케이 소장은 영동에서 어처구니없게 참패하여 체면이 말이 아니었다. 그래서 김천에서는 잘 싸워보려고 벼르고 있었다. 케이 소장은 미 8연대를 상주가도에, 5연대를 무주방면 가도에, 7연대를 영동 가도에, 27연대 3대대는 무주와 성주 사이 중간의 하원리에 배치하고 진지를 구축하게 하였다.

7월 29일 인민군 4사단은 무주와 성주 중간 지점인 지례에 1개 대대가 벌써 도착하여 미군을 포위하려 하고 있었다.

7월 30일 미 기병5연대 1대대와 24사단 21연대 3대대와 99포병대를 출동시켜 지례에 침입한 인민군을 공격하라고 명령하여 지례로 가는 중이었다. 인민군 4사단 2개 연대는 고지를 점령하고 미군이 올 것을

예상하고 매복하고 기다리고 있었다. 인민군은 미군이 지례에 도착하
자마자 포위하고 박격포를 퍼부었다. 미군은 혼란에 빠졌고 포위망을
뚫고 도망치느라 정신이 없었다. 결국 미군은 지례를 포기하고 후퇴하
였다.

인민군은 전차 32대를 평양에서 영동까지 끌고 오던 중 12대가 파손
되고 20대가 도착하였다.

7월 31일 오후 인민군 203전차연대 소속 전차 20대를 낮에 숨겨두
었다가 해가 질 무렵이 되자 김천을 공격하기 위해 도로에 나와서 정
돈을 하고 있었다. 이때 미 공군 4개 편대 16대의 전폭기가 나타나 5인
치 로켓포와 폭탄과 기관총으로 쉴 사이 없이 공격하였다. 30분 동안
미 공군이 공격을 해도 대공포가 없어 인민군은 속수무책으로 당하고
만 있었다. 인민군 203전차연대 20대 중 1대만 파괴되지 않고 30분 만
에 19대가 파괴되었다. 그래도 인민군 3사단 9연대는 김천 정면으로,
인민군 3사단 7연대는 기병사단 후방으로, 4사단은 지례에서 김천으
로 퇴로를 차단하며 공격하였다.

7월 25일 인민군 15사단이 상주에 나타나자 미 25사단 24연대가 싸
우지도 않고 도망쳐 버렸다. 미 35연대와 27연대도 황간에서 전투하다
김천을 거쳐 왜관으로 후퇴하였다. 케이 소장은 김천에서도 잘못하면
사단 전체가 포위될 위험이 있어 제대로 싸움 한 번 못하고 어처구니
없게 또 미 기병사단을 왜관으로 철수시켰다. 지금까지 미 24연대 전
사27명, 부상 293명, 실종 3명, 35연대 전사 6명, 부상 10명, 실종 21명
의 손실을 보았다. 인민군은 상주에서 약 2,000여 명의 손실을 보았다.


## 4. 7월 17일 인민군 6사단 충남 무혈점령

인민군 6사단은 천안까지 인민군 3사단 4사단의 뒤를 따라오다가 7

월 12일 천안에서 온양, 예산을 무혈점령 하였다.

7월 17일 장항 북쪽에 도착하였다. 장항은 국군 해병 1개 대대가 지키고 있었으나 인민군이 포위하고 있어 군산으로 도망쳐 인민군이 장항을 점령하였다. 같은 날 인민군은 군산을 향해 쉴 새 없이 곡사포 공격을 하였다.

7월 18일 인민군 6사단은 금강을 건너 이리로 진격하였고, 6사단 일부는 강경, 논산, 이리로 남진하고 있었다. 군산, 강경, 논산, 이리, 전남 등은 방어할 국군이 없어 인민군 6사단이 굳이 이곳으로 올 필요가 없었다. 인민군 6사단은 같은 날 군산을 점령하였고, 7월 19일 인민군 6사단 13연대가 이리를 점령하였다. 이리 배산에서는 복장이 비슷하고 안개가 끼어 식별을 못하여 인민군과 해병대가 같이 고지를 향해 진격하는 진풍경도 있었다.

7월 19일 인민군 6사단장 방호산 소장은 이리를 점령하고 1개 연대는 전주, 남원, 구례, 하동, 진주로, 2개 연대는 광주, 목포, 순천, 진주로 공격하라고 명령하였다.

## 5. 7월 23일 인민군 6사단 호남 무혈점령

7월 20일 인민군 6사단은 전주 순창을 무혈점령하고 남원을 향해 남진하였다. 광주 5사단은 6월 25일 인민군의 남침하자 채병덕 참모총장이 문산과 의정부로 모두 투입하여 호남을 방어할 병력이 없었다. 소수의 병력이 부대를 지키고 있는데 성환에서 국군 재편성할 때 소총이 없어 소총을 모두 거두어 성환으로 보내 무기가 없는 상태에서 인민군 6사단의 공격을 받게 되었다. 광주 5사단 이형석 부사단장은 장병들을 연병장에 집합시키니 1개 대대정도가 되었다. "인민군 대부대가 이곳을 향해 오고 있다. 국가가 위기에 처하였는데 대대장

이 되어 적을 저지할 자 있는가?'라고 묻자 육사5기 조시형 소령이
손을 번쩍 들고 나왔다. 조시형 소령은 5사단 전 장병을 이끌고 인민
군을 저지하기 위해 장성 갈재를 향해 가고 있었다. 이때 인민군 전
차가 나타나 조시형 대대는 포병대가 없고 소총부대여서 싸움 한 번
해보지 못하고 지리산으로 도망쳐 목숨을 구하였다. 이형석 부사단
장은 여수로 도망쳤으나 그곳에도 인민군이 벌써 들어와 있어 배를
타고 부산으로 도망쳤다.

인민군 6사단 14연대는 나주, 영산포, 목포, 해남, 강진, 보성, 순천
을 단숨에 점령하였고, 15연대는 광주와 화순을 거쳐 순천에 도착하였
다. 13연대는 전주, 남원, 구례에서 5사단과 7사단 소수 패잔병과 학도
호국단을 화개장에서 격파하고 하동을 거쳐 진주로 진격하였다. 인민
군 6사단은 7월 23일 광주, 25일 순천을 점령함으로써 5일 만에 전북
과 전남을 휩쓸고 순천에 집결하였으니 가히 초인적인 부대였다. 워커
장군과 맥아더 장군도 도깨비같이 행군한 인민군 6사단을 찾느라 애
를 먹었는데 순천에 집결하였다는 보고를 받고 깜짝 놀랐다.

## 6. 7월 25일 인민군 6사단 하동 점령

워커 장군은 미 24사단장 처치 준장에게 인민군 4사단이 고령, 현풍
까지 진격하였고, 인민군 6사단이 호남을 휩쓸고 하동으로 남진하려
고 하니 이를 막아달라고 지시하였다. 처치 준장은 미 19연대를 진주
로 이동시키고 29연대 3대대를 19연대에 배속시켜 7월 25일 진주로
이동시켰다.

7월 23일 신성모 국방부장관 비서 신동우 중령을 통해 채병덕 소장
에게 보낸 명령서를 채병덕은 이종찬 대령에게 보였다.

『귀하는 서울을 잃고 패전을 당하였다. 책임은 중하고 또한 크다. 그런데 지금 적은 전남에서 경남을 향하고 있다. 이 적을 막지 않으면 전 전선이 붕괴될 것이다. 육군 소장 채병덕은 부산지구에 산재해 있는 병력과 부상병을 수습하여 하동지구로 침입하는 적을 저지하라. 귀하는 선두에 서서 독전할 필요가 있다.』

이종찬 대령이 명령서를 다 읽고 말없이 주자 채병덕은 명령서를 불에 태웠다. 이 명령서의 문제는 "선두에 서서 독전할 필요가 있다"라는 내용으로 선두에 서서 싸우다 간첩 행위의 책임을 지고 죽으라는 명령서와 같은 것이다. 그 이유는 육군 소장에게 '선두에 서서 독전할 필요가 있다' 는 명령서는 있을 수 없기 때문이다. 채병덕이 죽음으로 신성모의 간첩 행위를 은폐하려 한 명령서로 볼 수밖에 없다. 또 전쟁이 끝나면 한강 조기폭파와 6월 24일 휴가·외출 문제와 패전의 책임과 남로당의 공작이 들어날 것을 우려도 했을 것이다.

채병덕은 죽음을 예감하고 집안을 정리하고 오덕준 대령의 1개 대대를 이끌고 진주로 향하였다. 진주에서 미 19연대장 무어 대령을 만나 작전 협의 중 채병덕 소장 부대는 안내와 통역의 임무만 하기로 하였다.

7월 26일 새벽 12시 30분 미 29연대 3대대와 채병덕 부대가 진주를 출발하여 하동을 가던 중 덕천리에서 자고 27일 아침 8시 45분, 하동을 향해 출발, 하동 못 미쳐 계동의 쇠고개에 도착하였을 때 선발부대가 인민군이 능선을 타고 오고 있다고 소리쳤다. 3대대장 못드 중령은 즉시 중대에 고지를 점령하게 하고 항공지원을 요청하였다. 못드 대대장과 참모와 채병덕은 58고지로 올라갔다. 잠시 후 인민군 1개 중대의 병력이 도로를 따라 2열종대로 58고지 500미터 앞까지 오고 있었다. 채병덕은 모자에 표시되어 있는 별표로 인민군을 금방 알 수 있는데 이 부대 옷을 보니 국군복과 미 군복을 입고 있어 식별하지 못하여 "어느 부대 소속인가?"하고 중얼거리며 그들이 고지 100미터 앞까지 왔을 때 "적이냐? 아군이냐? 어느 부대냐?"하고 물어서는 안 될 말을 일국의 참모총장이었던 사람이 물어보았다. 그러나 적은 아무 대답이 없이 채병덕 머리에 사격을 하여 채병덕 소장은 현장에서 즉사하였다. 즉시 인민군과 미군의 사격전이 벌어졌고, 180고지에서 인민군은 박격포로 미군을 집중 공격하였다. 못드 대대장은 다리가 부러져 지휘를 할 수 없었다. 또 레이블 부대대장과 대대 정보장교도 부상당하고, 무전차량과 항공판 차량이 박살 나 대대 지휘가 마비되었다. 미 29연대 3대대는 포위되어 전멸위기에 처하였다. 9시 45분 항공기 4대가 나타났으나 항공기와 연락을 할 수 없어 전투기는 그대로 돌아갔다. 못드 대령은 샤리 대위에게 대대를 지휘하게 하고 즉시 진주로 후퇴하라고 명령하였다. 그러나 3대대는 포위망을 뚫을 수 없었으나 전력을 다해 진주로 도망친 미 병사도 있었다.

7월 28일 진주에서 점검하니 전사 2명, 부상 52명, 실종 349명 중 313명이 시체로 발견되었고, 100여 명이 포로가 되었으며, 3개 중대장이 실종되었다. 살아서 후퇴한 병사는 354명이며, 30대의 차량과 중화기 및 통신 장비를 몽땅 인민군에 넘겨주어야 했다.


## 7. 7월 31일 인민군 6사단 진주 점령, 국군 위기에 처함

"인민군이 하동을 점령하였다.""채병덕 소장이 전사하였다.""미군 1개 대대가 대패하였다."라는 소식들은 국군이나 미군에게 큰 충격이 아닐 수 없었다.

미 27연대, 미 19연대와 29연대 1대대가 진주로 집결하였다. 7월 29일 인민군 6사단은 진주 서남쪽 10킬로 지점까지 접근하였으나 미 전폭기 때문에 도망쳤다가 밤이 되자 미군 진지에 살금살금 접근하여 육박전이 벌어졌다. 7월 30일 아침 6시, 인민군 6사단 2개 연대는 전차를 앞세우고 진주시를 사방에서 포위하고 있었다. 인민군은 남강을 건너 사천읍을 점령, 미군의 배후를 공격하여 포위상태에 들어갔다. 비가 오는 7월 30일 오후 4시 인민군의 야전포 공격이 시작되었다. 미 29연대 1대대가 포위 되었고, 인민군은 7월 30일 밤이 새도록 공격하였다.

7월 31일 새벽 3시 미군은 견디지 못하고 마산으로 철수하였고, 7월 31일 오전 9시 인민군 6사단은 진주를 점령하였다. 진주에서 부산은 48Km이며, 마산과 부산을 막을 병력이 없어 이런 속도라면 마산, 창원, 김해, 부산까지는 5일이면 점령할 수 있었다. 인민군이 부산을 점령하면 미군의 추가 병력이 부산에 상륙할 수 없고, 대구 북쪽에서 싸우고 있는 국군과 미군이 완전 포위되어 포항으로 철수하지 않을 수 없는 상황이 될 수 있었다. 인민군 6사단은 지금까지 전투 중에서 큰 피해가 없었고, 사기는 충천하였다.

이 소식이 와전되어 서울에서는 인민군이 부산을 점령하였다, 이승만이 일본으로 도망쳤다는 등 유언비어가 퍼졌고, 피난민들은 부산으로, 부산으로 몰려들었다. 부산에서는 일본과 제주도로 도망가기에 바빠 제주도는 때 아닌 도망자들로 초만원을 이루었다.

워커 중장은 인민군이 진주를 점령하였다는 보고를 받고 깜짝 놀라 낙동강 위에서 싸우고 있는 미군과 국군을 만일을 대비하여 8월 1일자로 "낙동강을 건너 방어하라"고 명령하였다. 그 후 워커 장군은 8군사령부를 부산으로 옮기겠다고 맥아더 장군에게 건의하였으나 맥아더 장군은 "안 된다!" 하고 거절하였다.

7월 30일 오전 10시 맥아더 장군은 아몬드 장군을 대동하고 대구 미 8군 사령부에 도착하여 전황을 보고받고 워커 장군과 참모들에게 지원 병력이 계속 증원될 테니 조금만 참고 잘 방어해 달라고 격려하고 대구를 떠났다.

워커 중장은 마산에서부터 미 25사단, 24사단, 기병사단, 국군 1사단, 6사단, 8사단, 수도사단, 3사단 순으로 상주, 의성, 영덕 선으로 전선을 형성하여 방어하게 하였다.

7월 24일 미 7함대가 동해안에 급파되었고, 미 전략공군사령부 소속 98폭격전대 307폭격전대를 극동 공군에 급파하였다.

미 극동공군은 제3, 19, 23, 98, 307 등 6개 전폭대대로 증강하였고, 고성능 레이다가 부착되어 밤에도 폭격할 수 있었다. 98전대와 307전대는 소이탄과 고성능폭탄으로 평양, 군기창, 철도조차장, 공작창, 교량, 청진, 나진, 원산, 함흥 등의 도시에 쉴 새 없이 폭격하여 군수시설을 마비시켰다. 폭격기는 24시간 도로를 감시하여 인민군의 보급을 막고 있어 인민군은 보급에 큰 차질이 오고 있었다. 인민군 6사단의 보급은 평양, 서울, 대전, 전주, 하동, 진주로 이어져 진주까지 오기 전에 파괴되었다. 인민군 6사단은 큰 손실은 없었으나 보급품 때문에 전투에 한계가 오고 있었다.

워커 중장은 8월 1일 상주에서 전투 중인 미 25사단을 열차를 통해 마산으로 즉시 이동시켜 8월 3일 마산에 도착하였다. 미 27연대 진동, 미 24사단 19연대 1대대 무촌, 미 해병 1여단 전차대대, M89 중전차대대 등이 마산으로 집결하고 있었다.

미군은 본토로부터 출발하여 부산에 7월 31일 2사단이 도착하였고, 8월 2일 제1해병여단, 8월 3일 8072전차대대 등이 도착할 예정이었다. 만일 인민군이 8월 1일 김해까지만 도착하였으면 이상의 부대는 부산 상륙을 포기해야 했다. 그 이유는 부산이 122밀리 곡사포 사정권에 있기 때문이다.

초를 다투는 전쟁에서 인민군은 6월 25일 포천에서 천안까지 전격작전을 실시하지 않고 시간을 허비하였다. 또한 서울에서 3일을 쉰 것이 결정적 원인이 되었고, 인민군 6사단이 예산, 공주, 논산, 이리, 전주, 구례, 하동, 진주, 마산으로 곧장 진격하여 부산을 공격해야 하는데 아무런 전략적 가치가 없는 목포까지 가면서 3일 이상 시간적 손해

를 본 것이 결정적 실수였다. 그리고 진주에서 즉시 마산, 창원, 김해
를 공격하지 않고 3일을 또 쉬고 있었다. 하여튼 인민군은 쉬는 것이
병으로 김일성은 바보였다. 인민군은 대전에서 7사단을 편성하여 진
주에 투입하여 2개 사단으로 마산을 공격하려고 준비하고 있었다. 김
책은 전선사령부를 수안보로 옮겼다.

   1950년 8월 4일 국군과 미군, 인민군의 병력손실 비교

| 미군 | 국군 | 인민군 |
|---|---|---|
| 전사자 1,884명 | | |
| 부상자 2,695명 | | |
| 실종 523명 | | |
| 포로 905명 | | |
| 총 손실 병력 6,003명, | 76,000여 명, | 58,000여 명 |

   인민군 전차 240대, 증차 32대, 합 272대 중 100대가 파괴되어 현재
172대가 남아있으며, 인민군 병력은 58,000여 명에서 98,000여 명으로
증강 되었다. 미군은 59,280명으로 증강 하였다. 국군도 82,530여 명으
로 증강하여 국군과 미군이 합치면 141,808명으로 여러 가지로 인민
군이 불리한 입장이었다. 그러나 인민군이 아직 전혀 기회가 없는 것
은 아니었다.

## 8. 7월 21일 인민군 15사단 45연대 화녕장에서 참패

   인민군 15사단장 박성철 소장은 48연대장 김치구 총좌에게 "청천면
에서 화남면으로 이어지는 산길인 속리산을 우회하여 갈령 고갯길로
남진하여 상주를 점령하면 문경에 있는 국방군 6사단과 보은에 있는

국방군 수도사단과 1사단을 포위할 수 있고, 김천을 점령하면 미군의 퇴로를 차단할 수 있으니 여세를 몰아 대구에 진격하라!'고 명령을 재촉하였다.

7월 16일 인민군 15사단 48연대 수색대가 상주 앞산에 도착하였다. 이 소식을 들은 육본에서는 깜짝 놀라 7월 16일 국군 17연대에게 상주에서 인민군을 막으라고 명령하였다. 17연대 1대대가 7월 16일 24시 차량으로 보은을 출발하여 아침 8시 보은과 상주 중간 지점인 화녕장에 도착하여 아침식사를 하려고 정차하고 있었다. 이때 마을사람이 "적이 밤새껏 중달리를 통과하여 상주로 내려갔습니다."하고 이관수 대대장에게 정보를 알려주었다. 이때 지서주임이 나타나 "오늘 새벽 1군단 수색대장 배상록 대위가 광정리 북쪽 6킬로 지점에 인민군이 휴식을 취한다는 정보를 입수하여 군단에 보고 차 출발하였습니다."하고 또 정보를 제공해 주었다. 이관수 대대장은 상주로 출발하려던 계획을 변경하여 부대를 화녕장 초등학교에서 아침식사를 하게 한 후 인민군 15사단이 반드시 이곳을 지나가리라 판단하고 식사 후 매복을 하고 기다렸다.

7월 17일 오후 4시, 인민군 15사단 48연대 약 2개 대대정도가 4열종대로 금곡리에 도착하여 저녁식사 준비를 하고 있었다. 7월 17일 오후 6시 30분, 인민군이 일부는 쉬고 있고 일부는 식사를 하려고 모여 있을 때 17연대 1대대 장병들이 일제히 사격을 가하였다. 인민군은 기습을 받고 우왕좌왕 도망치고 있었다. 한 시간 정도 사격 후 현장을 가보니 사망자 250여 명, 부상자 30여 명, 박격포 20문, 45밀리 대전차포 7문, 소총 1,200정, 통신기재를 버리고 도망쳤다.

17연대 김희준 연대장은 반드시 인민군 15사단 주력이 이곳을 통과하리라 보고 또 호를 깊이 파고 기다렸다. 7월 21일 아침 5시 30분, 5일 동안 참고 기다리자 인민군 15사단 45연대가 오고 있었다. 17연대 전 장병은 집중 공격을 하여 오전 내내 사격전이 벌어졌다. 오후 2시 견디다 못한 인민군은 산으로 도망쳤다. 현장을 가서 보니 인민군1,000여 명이 죽어 있었고, 30여 명이 부상을 당하였다. 또한 박격포 76문, 기관총 36정, 소총 800정을 버리고 도망쳤다. 인민군 15사단 48연대 2개 대대가 5일 전에 대패하였는데 또 45연대가 대패한 것으로 보면 48연대장이 사단장에게 보고하지 않은 것 같았다.

17연대 정원은 2,500여 명이며, 신병은 1,500여 명으로 증원되어 막강한 연대가 되었고, 1계급씩 특진도 되었으며, 국군에게 사기도 높여주었다. 인민군 15사단장 박성철은 책임을 지고 사단장에서 해임되고 참모장 김유가 사단장이 되었다.

## 9. 7월 31일 인민군 1사단 점촌 점령

7월 16일 인민군 1사단은 문경에서 점촌의 국군 6사단을 공격하고, 인민군 13사단은 좌측에서 국군 6사단을 포위하려고 이동하고 있었다.

7월 17일 새벽 1시 국군 6사단 2연대는 문경 점촌 가도를, 19연대는 우측, 7연대는 좌측에서 방어진지를 구축하고 있었다.

7월 18일 국군 7연대 좌측 옥녀봉에서 방어하고 있는데, 18일 밤부터 인민군 13사단 1개 연대가 공격해와 백병전 끝에 물리쳤다. 우측의 19연대는 하루 종일 싸우고 있었다.

7월 21일 인민군은 122밀리 곡사포를 7연대가 방어하고 있는 옥녀봉에 하루 종일 퍼부었다. 그리고 나서 2개 대대가 공격하였다. 국군은 3대대장 이남호 소령이 부상을 당해 결국 옥녀봉에서 후퇴하였다.

7월 22일 새벽 4시 국군 7연대 3대대는 옥녀봉을 공격하여 점령하였다. 국군 7연대 3대대가 옥녀봉을 탈환하느라 지쳐 잠을 자고 있을 때, 인민군이 밤중에 공격해와 국군 7연대는 함창으로 후퇴하였다.

국군 6사단 2연대는 문경과 점촌 가도를 방어하고 있을 때, 7월 21일 새벽 2시 인민군 1개 연대가 공격해와 3시간 동안 치열한 사격전이 벌어졌다. 결국 국군 2연대 3대대가 로봉산 고지에서 후퇴하였다.

7월 23일 국군 2연대 3대대는 밤 9시 조봉을 탈취하였다. 7월 26일까지 조봉을 놓고 쟁탈전이 벌어져 국군 2연대 3대대는 후퇴하였으나 인민군의 시체는 산을 덮었다. 같은 날 국군 19연대는 하루 종일 싸우다 유곡으로 후퇴하였다.

7월 24일 아침 7시 인민군 1사단은 전차 8대를 앞세우고 보병 1개 대대가 유곡을 향해 오고 있었다. 19연대장 민병권 대령이 조달진 하사 외 6명의 특공대를 조직해 전차를 공격하게 명령하고 용기 있게 싸우라고 하면서 담배를 한 갑씩 선물로 주었다. 7월 24일 아침 8시 19연대 포병대가 57밀리 대전차포로 선두전차를 집중 공격하자 선두전차가 바퀴 줄이 파괴되면서 불이 붙어 후미 전차가 정지하였다. 이때 특공대가 전차 위로 올라가 전차 뚜껑을 열고 수류탄을 던져 3대가 파괴되어 한 번에 전차 4대를 파괴하였다. 전차 4대를 파괴하자 국군 6사단의 사기가 높았다. 조달진 외 6명은 1계급씩 특진되었다. 이때 미 공군 F-80 전폭기가 남은 전차 1대를 파괴하였다. 인민군 1사단 전차는 8대 중 5대를 손실하여 3대만 남았으나 미 90포병대의 로켓포 공격으로 3대마저 파괴되어 공격력을 잃었다. 인민군 1사단은 7월 24일 하루 만에 전차 8대를 잃을 정도로 큰 피해를 보았다. 국군 1사단이 국군 6사단을 도우러 왔다.

7월 29일 국군 6사단과 1사단은 인민군 1사단과 13사단을 포위하려고 좁혀가고 있었다. 그런데 7월 31일 "국군은 함창을 철수하여 낙동강 방어선을 형성하라"는 작명을 받고 8월 1일 밤을 이용하여 국군 1사단과 6사단은 함창을 철수하여 낙동강 방어에 들어가 10일간의 점촌 전투는 막을 내렸다. 이와 같은 철수명령을 내린 것은 인민군이 진주를 점령하였기 때문이었다. 인민군 1사단장 최광 소장은 작전 실패

와 전차를 모두 잃은 책임을 물어 연대장으로 강등되었다. 인민군 1사
단은 점촌과 함창 전투에서 사실상 붕괴되어 전선의 선두에 투입되지
못하였다. 이상의 국군의 전투력으로 볼 때 인민군의 남침에 대해 조
금만 준비하고 한강 북쪽에서 국군 6개 사단이 붕괴되지 않았으면 국
군은 인민군에게 절대 지지 않고 막을 수 있었다는 증거가 된다.

## 10. 8월 1일 인민군 12사단 안동 점령

7월 28일 국군 8사단은 영주에서 10일 동안 인민군 8사단과 사투를
벌였다. 국군 8사단은 안동 위 옹천에 사령부를 두고, 21연대는 동쪽
349고지에, 16연대를 397고지에, 10연대를 서쪽의 482고지에 배치하
여 방어준비를 하였다. 인민군 8사단은 안동 남쪽으로 우회하여 안동
배후에서 공격하고, 인민군 12사단은 정면에서 공격하여 국군 8사단
을 포위하려고 남진하고 있었다.

인민군 12사단은 영주와 안동 사이의 도로를 따라 정면을 공격해오
기 시작하였다. 그런데 싸움도 하지 않고 국군 8사단 16연대가 도망쳐
버렸다. 16연대는 의정부에서부터 전투도 하지 않고 도망만 치면서 여
기까지 온 부대였다. 그러자 인접부대인 10연대와 21연대 배후가 위협
받게 되었다. 인민군 12사단은 국군 8사단 10연대와 21연대의 좌우공
격을 시도하였으나 실패하였다. 7월 31일 인민군 12사단은 전차를 앞
세워 국군 10연대와 21연대를 공격해 왔다. 국군 10연대와 21연대는
잘 방어하고 있었다. 이때 인민군 8사단이 예천을 점령하고 풍산을 거
쳐 국군 8사단 배후를 공격하려고 남진 중에 있었다. 국군 수도사단도
인민군 2사단과 혈전을 벌인 후 보은을 거쳐 안동에 8사단을 증원 차
도착하였다.

7월 31일 오후 7시 연락기가 군단사령부에 명령서를 투하하여 작전

참모가 영어로 된 작명을 보니 "8월 1일 아침 5시까지 1군단은 낙동강 남안의 저지진지로 철수하라"는 명령서였다. 명령서를 즉시 번역에 들어갔는데 육본에서는 5만분의 1지도에 의해서 명령서가 작성되었는데 군단은 5만분의 1지도가 없어 위치를 찾아 번역하는데 4시간이 허비되어 남은 시간이 6시간밖에 없었다.

김홍일 군단장은 철수계획을 짜기 위해 오후 8시 8사단과 수도사단 참모장을 소집하였다. 수도사단 참모장 최경록 대령, 8사단 참모장 최갑중 중령, 군단참모들이 모여 철수계획을 짤 때 수도사단 참모장은 수도사단이, 8사단 참모장은 지금 안동 북쪽에서 싸우고 있는 8사단을 수도사단이 엄호하고 철수해야지 수도사단이 먼저 철수하면 8사단은 어떻게 좁은 안동 다리를 몇 시간 내에 철수합니까? 하면서 8사단이 먼저 철수해야 한다는 것을 가지고 8월 1일 새벽 2시까지 다투면서 3시간이나 허비하였다. 이유는 김석원 수도사단장이 철수를 하지 않겠다고 고함을 지르기 때문이었다. 김홍일 장군은 "현재 전투 중인 8사단이 먼저 철수하고 수도사단 1연대는 8사단의 철수를 엄호하라!"는 명령을 내렸다. 명령서를 가지고 달리기 시작할 때는 8월 1일 새벽 4시로 철수 시간은 이제 한 시간밖에 남지 않았다.

이성가 사단장은 참모장의 설명과 명령서를 보고 탄식을 하였다. 그러나 명령이니 복종해야 한다 하며 8월 1일 21연대, 10연대, 16연대순으로 은밀하게 철수하라고 명령하였다. 국군 8사단은 안동으로 철수하였다.

그런데 8월 1일 아침 7시 최덕신 대령은 엄홍섭 공병대장에게 안동교를 폭파하라고 명령하여 안동의 인도교와 철로를 폭파하였다. 8사단 장병들이 안동에 도착하여보니 다리가 모두 폭파되어 강릉에서부터 가지고 온 차량과 포병부대 등 모든 군사물자를 버리고 알몸으로 안동강을 건너게 되어 해수욕장 같은 진풍경이 벌어졌고, 튼튼했던 8사단의 전투력이 붕괴되고 말았다.(현재는 땜으로 물이 적으나 그 때에는 물이 엄청 많았다.)

8월 1일 8사단은 하루에 800여 명 이상이 포로가 되었다. 인민군 12 사단은 8월 1일 안동을 점령하여 안동사단이 되었다.

8사단 21연대 3대대 9중대장 황기상 중위는 연락병이 사선을 넘어 기적같이 도착하여 "즉시 안동강을 건너 후퇴하라"는 작명을 전달하였다. 황기상 중위(육사7기)는 "우리가 불리하지 않은데 왜 후퇴인가? 잘못 전달할 수 있으니 다시 확인해 오라"고 명령하였다. 연락병은 간후 다시 돌아오지 않았다. 국군 21연대는 모두 후퇴하고 9중대는 인민군에게 완전히 포위되었다. 황 중위는 연락병이 간 뒤 포위된 것을 알고 아차! 하였다. 그는 아무리 궁리하여도 겹겹이 포위한 포위망을 뚫을 수 없어 중대원이 살아서 간다는 것은 불가능 하였다. 그는 중대 장병들에게 "우리는 이제 마지막이 온 것 같다. 각자 분산 후퇴하라! 여러분 모두에게 행운을 빈다."라고 명령을 내리고 목이 매여 더 이상 말을 못하였다. 황기상 중위는 최후가 온 것을 알고 "포로가 되어 인민군에 이용당하느니 차라리 죽겠다"하고 권총을 빼서 머리에 권총을 대고 방아쇠를 당겼다. 이렇게 되어 9중대 110명은 인민군에 의해 전멸되었다.

8월 4일 이성가 8사단 사단장이 해임되고 최덕신 대령이 사단장이 되었다. 이성가 사단장이 참모와 연대장들과 사임 악수를 할 때 울지 않은 사람이 없었다. 8사단 참모들과 연대장들은 "김석원이 잘못하여 8사단을 붕괴시켜놓고 이제 그 책임을 이성가 사단장에게 덮어씌워 해임으로 묻다니 이럴 수가 있는가!' 하며 분통을 터트렸다. 그들은 어찌 이러고서야 인민군을 막을 수 있겠는가? 하며 탄식하였다. 이성가 사단장의 사임에는 미고문관이 후방에서 놀고만 있어 그들의 말을 듣지 않자, 이성가 사단장이 그들의 말을 듣지 않는다고 덮어씌운 미고문관의 역할도 컸다.

## 11. 8월 5일 인민군 12사단 청송 점령

8월 1일 안동을 후퇴한 수도사단은 기갑연대를 배속 받아 8월 4일 안동 밑 청송 옆 길안에 사령부를 두고 1연대, 18연대, 기갑연대 순으로 배치를 하였다. 1개 곡사포 중대도 지원받아 차량과 보급품은 의성 중간의 구수동에 집결해 놓았다. 청송 위 진보에서 인민군은 지방 남로당원을 동원하여 밤중에 기갑연대 대대장 김병원 소령을 집중 공격하여 김병원 대대장이 "도망치다 부상을 당하여 포로가 되느니 차라리 죽자"하고 권총을 머리에 대고 방아쇠를 당겼다. 그 후 대대는 청송으로 후퇴하였다.

8월 4일 인민군 12사단은 기갑연대를 각개격파하고 즉시 길안의 수도사단 사령부 정면을 공격해 왔다. 8월 5일 새벽 3시 수도사단 좌측 550고지 약산의 18연대 3대대가 경계병을 세우지 않고 잠자다가 한 명만 살아서 도망치고 전멸되었다.

인민군 12사단은 7시 30분 군수물자가 있는 구수동 뒷산에 도착하여 국군 18연대를 공격하였다. 18연대도 박격포로 반격하였다. 임충식 연대장은 18연대를 구수동으로 후퇴시켰으나 어느 새 포위되고 말았다. 구수동은 18연대와 기갑연대, 차량 50대와 곡사포 4문이 들어서자 혼잡을 이루었다. 김석원 사단장은 임충식 18연대장에게 사단에서 포위망을 뚫어줄 테니 구수동에서 후퇴하지 말고 현 위치를 사수하라는 명령을 하였다.

김석원 사단장은 1연대장 윤춘근 중령에게 "포위망을 돌파하라"는 명령을 내렸으나 윤춘근 연대장이 성공하지 못하였다. 그러자 18연대와 기갑연대에 인민군의 포위망은 더욱 좁혀오는데 3시간이 지나도 사단에서는 아무 연락이 없었다. 임충식 연대장은 2대대로 양곡재를 점령하여 후퇴로를 개척하라고 명령하였으나 실패하였다.

8월 5일 인민군 12사단은 많은 병력으로 구수동 국군에게 더욱더 포위망을 좁혀왔다. 임충식 연대장은 밤 11시30분 포위망을 돌파하기로 하고 차량 50대와 곡사포 4문을 또 파기하고 있었다. 고지에 있던 인민군은 군수물자를 파괴하는 불빛을 보고 국군이 후퇴하는 것을 알고 박격포 공격을 퍼부어 많은 장병이 전사하면서 군수품을 철수하지 못하고 의성으로 도망쳤다.

김석원 장군은 안동과 구수동 참패의 책임을 물어 사임되고 수도사단장에 백인엽 대령이 부임하였다.

7월 17일부터 인민군 5사단은 영덕을 점령해놓고 강구 181고지를 넘지 못하고 매일 혈전이 벌어지고 있었다. 인민군 2군단장 김무정은 인민군 12사단이 청송에서 대승을 거두어 청송에서 포항을 점령, 영일 비행장을 점령하라고 명령하였다. 그래서 인민군 12사단은 밤낮 없이 공격하고 있었다.

## 12. 8월 13일 인민군 8사단 의성 점령

8월 1일 국군 8사단은 안동강을 건너면서 많은 희생을 치렀다. 8사단 사령부는 안동에서 12킬로 떨어진 운산에 두고 부대를 수습하고 재편성을 하였다.

8월 4일 아침 8시, 인민군 8사단은 국군 8사단 21연대가 있는 고하동을 공격하여 국군과 인민군은 오후 2시까지 전투를 하였다. 국군 10연대가 인민군의 공격을 받고 치열한 전투가 계속되었다.

8월 7일 새벽 2시, 3일 동안 인민군은 필사적으로 공격하여 국군 8사단의 진지가 서서히 무너져 후퇴하였다가 8월 11일 재정비하여 인민군 8사단을 반격하였다.

8월 13일 인민군은 전차 3대를 앞세우고 10연대 정면을 공격해왔다. 결국 국군 8사단은 의성으로 후퇴하였다. 국군8사단 공병대는 대전차

지뢰를 처음으로 공급받아 매설하였는데 인민군 전차 3대가 지나가다 2대가 파괴되자 신기해하였다. 그들은 6.25 전에 미군이 대전차지뢰를 공급해 주던지, 아니면 국방부에서 외국에서 구매하여 비축해두었다면 전차 때문에 이렇게 밀리지 않았을 것이라고 국방부장관의 무능을 한탄하였다. 자주포 1대도 파괴하였다. 국군 8사단은 의성에서 인민군 8사단을 10일 동안 저지하였다.

2013년 이명박 대통령이나 박근혜 대통령 당선자는 보건복지부 예산은 100조 원인데 국방 예산은 34조 원이다. 국방 예산을 34조원에서 60조원으로 증원하여 30조원으로 5년 동안 150조원을 가지고 F35 그리고 정보기와 호마호크 미사일과 패트리어트3과 크루즈 미사일 4,000기를 구매해 북한의 공격에 대비해야 한다. 이러한 준비가 없이 미군이 떠난다면 국군은 북한의 공격에 방어할 수가 없어 한 달 안에 대한민국은 어려워질 것으로 본다. 더구나 군 복무기간을 현행 21개월에서 18개월로 단축하였다.

국방능력이 없이 1950년 6월 25일과 같은 일이 벌어진다면 복지가 무슨 소용인가? 국가 방어능력을 키운 다음 복지도 필요한 것이다. 그런데 정부는 1950년 6.25 때 그렇게 혼나고도 2013년이 된 현재에도 국방에 대하여 관심이 없는 것을 보면 한심하기까지 하다.


## 13. 8월 3일 인민군 15사단 상주 옆 낙정동 점령

8월 3일 국군 1사단은 함창에서 인민군 13사단에게 큰 타격을 주었고, 13연대는 상주 남쪽 청계동에, 11연대는 선산에, 12연대는 낙정동에서 방어하였다.

8월 2일~3일 국군 1사단은 낙동강을 건넜다. 국군 1사단은 17포병대 105밀리 12문, 3.5인치 로켓포 10문을 처음 지급 받았다. 로켓포는 최신 무기로 만일 이 포가 인민군에 넘겨지면 소련이 즉시 로켓포를 만들 수 있어 6.25 전에 한국군에 지급하지 않았다. 로켓포는 사단장이 직접 관리할 정도였다. 바주카포 9문, 60밀리 박격포 28문, 81밀리 박격포 21문, 57밀리 대전차포 2문 등으로 6.25 초전 때와 같은 화력으로 증강하였고, 병력도 7,133명으로 거의 정상 수준에 도달하였다.

8월 3일 인민군 13사단 21연대는 낙정동에서 낙동강을 건너고 있었다. 국군 1사단 17포병대는 낙동강을 건너고 있는 인민군 13사단 21연대에 포탄을 비 오듯이 뿌렸다. 이런 포탄 속에서도 강을 건너는 전사도 있었다. 미군 폭격기도 나타나 폭탄을 퍼부었다. 8월 4일도 인민군 13사단은 많은 희생을 내면서도 밤중에 강을 건넜다.

인민군 13사단장 최용진 소장은 남한 점령지에서 강제 모집한 의용군 6,500여 명을 보충 받아 재편성하여 병력이 증강되었다. 인민군은 남한 점령지에서 장정 15만 명~40만 명을 동원, 일부는 일선에 보내 국군과 싸우게 하고, 일부는 도로 보수 등 공병 일을 하게 하였다. 8월 7일 국군과 인민군은 152고지를 가지고 쟁탈전이 벌어졌다. 백선엽 1사단장은 다부동으로 병력을 철수시켰고, 국군 6사단은 신녕으로 후퇴하였다.

# 제19장
## 국군의 위기

# 제19장 국군의 위기

## 1. 50년 8월 1일 마산의 위기

7월 31일 진주를 점령한 인민군 6사단은 8월 3일 아침 7시 14연대가 진동을 거쳐 마산을 점령하려고 진동에 도착하니 미 27연대 병사들이 학교 운동장에 모여 아침식사를 하고 있는 것을 발견하고 깜짝 놀랐다. 인민군 6사단 14연대 1개 대대가 학교 뒤 245고지에서 운동장을 향해 박격포 공격을 하고 3개 방향에서 수류탄과 따발총, 박격포로 공격하니 미군 진지는 순식간에 수라장이 되었다. 미 27연대장 마이게레스 중령은 겁에 질려 싸우지 않고 숨어 있는 병사들에게 싸우라고 고함치자 대응을 하였다. 미군은 전차를 앞세워 공격하였고, 포병대가 쉴 새 없이 포탄을 퍼부었다. 그리고 C중대장 웨스터 대위가 많은 부하들의 희생 가운데 학교 뒷산 245고지를 점령하였다.

미 C중대장 웨스터 대위가 고지에서 밑을 내려다보니 1킬로 전방에 30대의 긴 트럭 종대에서 인민군 증원부대가 막 내리고 있었다. 웨스터 중대장은 제 8포병대장에게 즉시 사격 명령을 내려 8포병대는 이 트럭을 향해 집중 포격을 하였다. 이 포격으로 인민군 6사단 14연대 1 대대가 탄 30대 트럭과 전사들이 박살났다. 인민군은 엄청난 희생을 내고 이제는 산으로 도망쳐야 했다. 이 전투에서 미군 전사 13명, 부상 40명, 인민군 시체 600구였다.

방호산은 7월 31일 오전 9시 진주를 점령하였을 때 미군이 마산으로 몰려오기 전 즉시 마산으로 진격하였으면 7월 31일 오후에는 마산을 점령하였을 것이다. 마산에는 미군이나 국군이 있어도 패잔병뿐으로 적수가 되지 못하였고, 8월 1일에는 창원을 지나 김해까지 점령할 수 있어 미군을 위협할 수 있었다. 그리고 8월 2일 부산을 향해 공격하였다면 미군의 추가 병력이 부산 상륙을 포기하고 미군은 더 이상 전쟁을 수행할 수 없었다. 이유는 김해에서 122밀리 곡사포를 쏘면 포탄이 부산 항구까지 떨어지기 때문이다. 그런데 3일 동안 공격하지 않고 먹고 자고 놀았다. 현대전은 히틀러 군대가 프랑스를 공격하듯 상대방이 준비하기 전에 전광석화같이 숨 쉴 사이도 주지 말고 전격작전 속도전을 해야 성공하고, 모험을 하지 않고는 승리할 수 없는데, 방호산의 인민군이 진주에서 3일 동안 공격을 하지 않고 먹고 자고 논 것이 결정적 패인이었다. 김일성은 작전에 대해서도 바보였다. 또한 문산을 공격한 인민군 1사단을 중부전선으로 이동시키지 말고 6사단과 같이 천안까지 와서 6사단은 예산, 장항, 군산, 광주, 화순, 순천, 진주로 남진하고, 인민군 1사단은 천안, 공주, 논산, 익산, 남원, 구례, 하동, 진주를 향해 남진하여 7월 31일 6사단이 진주를 점령했을 때 인민군 1사단이 즉시 마산을 공격하여 창원을 점령하면, 창원에서부터 인민군 6사단이 부산을 향해 전광석화같이 공격하여 8월3일까지는 부산을 점령했으면

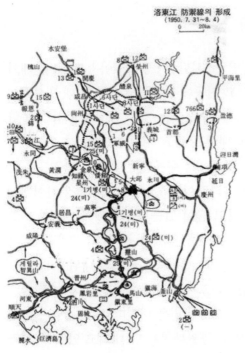

洛東江 防禦線의 形成
(1950. 7. 31~8. 4)
0          20km

▲ 낙동강 방어선의 형성

대승하였다. 그런데 인민군은 서부나 중부, 동부전선에 집중하였고, 특히 지형적으로 절대 불리한 다부동에 4개 사단을 집중한 것은 아주 잘못된 작전이었다. 그리고 국군의 가장 허점인 남해전선에는 인민군 1개 사단으로 공격하게 한 것은 김일성의 작전에 큰 실수로 바보들의 작전이었다.

미군 25사단은 상주에서 차량과 도보로 왜관에 도착한 후 왜관에서 철로를 통해 밀양, 삼랑진을 지나 8월 3일 마산까지 240Km를 안전하게 도착하여 인민군 대승의 기회를 막았다. 남로당원이 폭동은 그만두고 46년 7월에 4만여 명이 철도파업을 할 때와 같이 철도파업을 하던가, 밤에 철로 레일만 뜯어놓았어도 작전에 큰 영향을 주었을 것이다. 그런데 남로당원들은 폭동은 그만 두고 결정적일 때 그런 일을 한 적이 전혀 없었다.

인민군 6사단은 전차 25대, 야포 36문, 병력 7,000여 명으로 아직도 부산을 점령할 여력이 있는 사단이며, 7사단이 증원오기 때문에 전력이 크게 향상되어가고 있었다.

8월 3일 현재 마산에 배치된 미군은 24연대, 27연대, 35연대, 19연대, 5연대, 전투단, 24사단 포병대, 87전차대대 등 병력 24,000여 명, 전차100대로 성을 쌓고 중포 100문으로 울타리로 해서 마산을 철통같이 방어하고 있어 이제는 인민군 6사단이 이 성을 뚫고 부산을 점령한다는 것은 거의 불가능한 일이었다. 그런데 미군이 아직 도착하지 않은 줄 알고 진격하였다가 마산 코앞 진동에서 대패하여 더 이상 전진을 못하고 멈추어한 달 동안 혈전을 벌였다.

미군은 7월 31일 하와이에 있는 2사단의 9연대, 8월 2일 미 제1해병여단, 8월 3일 8072전차대대, 8월 5일 미 23연대, 8월 7일 3개 전차대대가 시간이 지날수록 본격적으로 부산에 도착할 예정이었다. 그러므로 인민군은 미군이 부산에 도착하기 전 6사단이 8월 1일 부산에 도착을 해서 이상의 상륙부대를 막았으면 승산이 있었다.

8월 7일 아침 6시 30분 미 25사단장 킨 소장은 오히려 진주를 탈환하기 위해 마산에서 서북쪽 중암리에 35연대, 진동리에는 5연대가 진격하여 무촌리에서 합류 공격을 가했다. 그리고 해병 제 1여단은 사천에서 진주를 3개 방향에서 공격해 들어갔다.

8월 7일 인민군 6사단장 방호산 소장도 15연대를 선두부대로 마산을 점령하려고 진주를 출발하였다. 인민군과 미군은 서로 공격하러 가다 중간에서 만나게 되어 치열한 전투가 벌어졌다.

8월 5일 인민군 7사단 10,000여 명이 진주에 도착하여 6사단과 같이 마산공격에 나섰다. 미군과 인민군은 1개월 반 동안 치열한 혈전을 벌여 양측의 사상자는 계곡을 덮었고, 시체 위의 까마귀와 파리 떼는 하늘을 가렸고, 한국 해병대가 처음으로 통영에 상륙하여 진주전투에 참여하였다.


## 2. 8월 11일 영산의 위기

미 24사단은 대전전투에서 대패하여 절반 이상의 병력 손실을 보고 사단 총병력이 3,500명으로 제 구실을 못하는 상처투성이의 사단이었다. 포병도 105밀리 곡사포 17문, 155밀리 12문, 모두 32문이었다. 이렇게 어려운 부대가 8월 2일 마산이 위급하여 마산으로 이동하였다가 영산이 더 위급하여 영산으로 이동하였다. 8월 2일 미 24사단 34연대는 영산, 21연대는 창녕에 배치되었고, 국군 17연대는 현풍에 배치되었다. 미 24사단은 현풍에서 남지까지, 25사단은 남지에서 마산까지 방어하고 있었다.

24사단장 처치 준장은 인민군 4사단이 강을 건널 수 있는 장비가 없어 영산 정면보다 도강하기 쉬운 합천에서 창녕으로 오리라 예상하고 그 시기는 8월 10일경으로 보았다. 전투지역은 피난민 때문에 거창과 합천에서는 작전을 수행할 수가 없었다. 그래서 피난민들에게 위협사격을 했지만 막무가내인 피난민들을 당할 수는 없었다.

인민군 4사단은 병력이 7,000여 명 정도가 영산 정면까지 도착하였다. 인민군 4사단장 이권무 소장은 처치 준장의 예상을 뒤엎고 무리해서라도 영산 정면에서 강을 건너 영산과 밀양을 점령하여 밀양에서 대구 북방 보급로를 차단하여 붕괴시킬 작전으로, 8월 5일 자정을 기해 16연대를 선두로 낙동강을 건너 미 34연대를 공격하였다. 인민군은 모래가마니로 수중교를 만들어 4사단 16연대 3대대 약 800여 명이 한밤중 영산 앞 박진에서 물 밑으로 저항 없이 안전하게 강을 건넜다. 조항으로 건너온 인민군 800명도 34연대를 공격하기 시작하였다. 미 34연대는 전혀 예상하지도 못하고 잠자고 있다가 8월 6일 새벽 2시 포진지가 인민군의 기습에 모두 점령되었고, 대대본부도 잠을 자다 기습을 받았다. 3대대장 페레스 중령은 숨 쉴 사이도 없이 34연대장 뷰참포 대령에게 전황을 보고하였다. 미 24사단 처치 사단장은 34연대장으로부터 보고를 받고 34연대에게 클로버고지로 철수해서 19연대 1개 대대를 증원하여 반격하게 하였다. 워커 중장도 보고를 받고 미 2사단 9연대를 급파하여 영산을 막으라고 명령하였다. 만일 영산이 뚫려 인민군 4사단이 밀양 철도를 장악한다면 대구 북방에서 싸우고 있는 미군과 국군의 보급이 중단되어 전쟁을 계속 수행하기가 어려웠기 때문이다. 따라서 워커 중장은 영산을 방어하라고 처치 24사단장에게 단단히 주문하였다. 인민군 4사단은 영산 부근의 165클로버고지, 170 오봉리 고지로 차례로 미군을 몰아내고 점령해 들어갔다.

8월 11일 밤 인민군 곡사포가 영산을 향해 쉴 새 없이 퍼붓는 가운데 새벽 2시 인민군 1개 대대가 영산을 향해 공격해 들어가니 영산에는 미군도 국군도 없었다. 그리고 남지교를 지키고 있던 미군 1개 분대를 기습하여 전멸시키고 남지교를 장악하였다. 인민군은 마산의 미 25사단과 영산의 미 24사단의 연결고리를 잘라버렸다. 마산의 25사단과 영산의 미 24사단에게 위기가 왔다. 영산을 점령한 인민군은 8월 11일 밀양을 향해 공격해 들어갔다. 밀양까지는 25킬로였다.

미 24사단 사령부가 있는 밀양의 본부중대 135명과 미 14공병부대 등을 총동원하여 전차 2대로 밀양으로 오는 인민군을 저지하고 있었다. 미 27연대 2대대는 마산 방어보다 남지교 점령이 중요하여 마산 전투지역에서 남지교 인민군을 공격하기 위해 전진 중인데 10만여 명의 피난민 때문에 작전을 수행할 수 없었다. 27연대 2대대는 자정이 되어 남지교 인민군과 격전 끝에 장악하였다.

8월 12일 마산을 방어하던 미 27연대를 영산에 급파하여 인민군의 밀양 공격을 저지하였다. 인민군은 국군으로부터 노획한 105밀리 곡사포로 미 27연대를 공격하였고, 점령지역에서 새로 모집한 의용군에게 국군복과 미 군복을 입혔기 때문에 적과 아군을 구별하기 어려웠다. 미 2사단 23연대 1대대도 영산에 급파되어 영산을 탈환하게 하였다. 미 전투기 100여 대가 인민군 4사단 지역에 나타나 폭탄을 씨 뿌리듯이 퍼부었다. 워커 중장은 마산보다 영산이 위급하여 마산 방어의 해병여단을 영산으로 급파 인민군의 밀양 공격을 저지하게 하였다. 미군과 인민군은 영산에서 1개월 반 동안 한 치의 양보 없이 처절한 혈전을 벌여 시체는 계곡을 덮었다. 결국 인민군 4사단은 밀양을 점령하지 못하였다.


## 3. 8월 12일 현풍의 위기

8월 1일 국군 17연대는 고령을 지나 대구 밑 현풍에 배치되었다. 미 24사단 공병대는 17연대 뒤를 따라 교량과 도로를 폭파하고 도로마다 지뢰를 매설하였다. 지리산, 백운산, 덕유산에 있는 인민유격대와 남로당원들이 총동원 되어 현풍, 창녕 사이 십이리에 총집결하여 부산에서 대구까지의 보급로를 공격하려는 것을 국군 17연대 2대대 7중대장 조경학 중위가 이를 소탕하였다. 그래도 이현상 부대와 경북도당위원장 배철이 미군부대를 여러 번 기습하였다. 인민군은 도로에 지뢰가 많자 피난민을 먼저 가게 하여 지뢰 여부를 확인하고 진격하여 피난민이 많이 죽게 되었다.

인민군 10사단은 북한의 예비사단으로 평남 숙천에서 철도편으로 천안에 도착하여 도보로 대전, 금산, 무주를 거쳐 8월 8일 성주에 도착하였다. 인민군 10사단은 낙동강을 건너기 위해 고령에 집결하였다. 워커 중장은 "용포교를 폭파하지 말라, 인민군은 이 다리를 이용할 것이다. 인민군이 다리를 건너기 위해 집결하였을 때 공격하라!"고 명령하였다. 그러나 인민군 10사단장은 다리를 폭파하지 않은 것을 이상하게 생각하고 인민군 10사단 29연대는 다리를 건너지 않고 현풍에서 밤을 이용하여 물밑으로 다리를 만들어 수중교를 통해 강을 건너 410고지와 265고지를 점령하고 현풍을 향해 야포로 공격하기 시작하였다.

8월 12일 새벽 3시 인민군 10사단 25연대가 득성동과 용포동을 통해 위천동에 있는 미군을 기습하였다. 8월 14일 인민군 10사단은 여유 있게 용포교 다리를 건너 미 7기병사단을 기습하였다.

8월 14일 아침 7시 인민군은 전차 2대를 앞세우고 200여 명의 보병과 같이 303고지를 공격해왔다. 303고지는 미 박격포부대 C중대원들이 방어하고 있었다. 인민군이 303고지를 올라가고 있는데 고지의 미군은 인민군이 이렇게 빨리 오리라고는 생각하지 못하였다. 그래서 한 국군이 지원 나온 줄 알고 "어느 부대냐?"하고 물으니 아무 대답이 없이 총을 난사하였다. 박격포 소대장은 총을 난사하는 것을 호 속에서 보면서 난사하는 장병의 모자에 별표가 있는 것을 보고 인민군이라는 것을 깨달았을 때는 이미 늦어 인민군이 코앞에 총을 들이대며 "손들엇!"하였다. 이렇게 되어 303고지 미군은 전원 인민군에 붙잡혔다. 인민군은 미군들의 옷을 모두 벗기고 전화선으로 손을 뒤로 묶은 다음

과수원으로 끌고 가서 26명 모두 사살하였다.

이 소식을 들은 미군 병사들과 워커 장군과 맥아더 장군, 미 국민들은 인민군의 잔인함에 치를 떨고 분개하여 맥아더 장군은 김일성에게 항의를 하고 미군도 전폭기를 동원하여 사정없이 인민군을 폭격하였다. 그런데 이상한 것은 인민군 10사단이 계속해서 공격하지 않았다는 점이다. 위천리에서 화원은 10킬로 정도이며, 화원에서 대구도 10킬로여서 인민군이 계속 화원을 공격해서 점령하였으면 대구 위 왜관과 다부동에서 싸우고 있는 미군과 국군이 포위되기 때문에 후퇴하지 않을 수 없었을 것이다. 그런데 인민군 10사단은 8월 14일 위천의 303고지와 410고지 265고지를 점령하였고, 사단도 큰 손실이 없고 유리한 위치에 있었는데도 9월 15일까지 한 달 이상 공격하지 않아 대승할 수 있는 절호의 기회를 스스로 놓치고 말았다. 이 부분에 대해서 아무리 연구를 해도 해답이 없는 일로 참 이상한 일이었다.

## 4. 8월 21일 다부동의 국군 1사단 위기

국군 1사단장 백선엽 준장은 대구를 방어하기에 지형적으로 가장 적지인 곳은 왼쪽에는 유학산, 오른쪽에는 가산이 있는 다부동이라고 판단하였다. 경부국도인 왜관에서 대구도 막을 수 있고, 중앙국도인 군위에서 대구로 가는 것도 막을 수 있기 때문이었다. 다부동은 삼국시대부터 격전지였다.

8월 11일 국군 1사단 13연대가 왜관 밑 양목의 좌측을, 12연대가 수암산과 유학산, 11연대가 군위에서 대구로 가는 국도인 상림에서 다부동까지 방어하라고 명하고, 낙정에서 해평을 거쳐 다부동으로 부대 이동을 해서 배치를 하였다. 대구의 방어는 부산의 방어였다. 그래서 인민군은 3사단, 13사단, 15사단, 1사단 등 4개 사단이 다부동으로 밀고 내려와 대구를 단숨에 점령하려고 필사적이었다.

## 1) 칠곡방면의 위기

8월 6일 인민군 3사단은 왜관 남쪽 양목에서 낙동강을 건너려고 집결하였다. 8월 9일 새벽 3시 인민군 3사단 7연대는 양목에서 낙동강을 건너기 시작하였다. 강을 건너면 백사장이 있고, 백사장을 지나 강둑과 논과 밭을 거쳐야 산으로 숨을 수가 있는데, 여기에 328고지 작오산이 있어 국군 1사단 13연대 1대대와 3대대가 인민군이 오는 것을 막고 있었다. 인민군 3사단은 밤낮으로 공격하였고, 국군 13연대는 328고지에서 밤낮으로 막고 있었다. 인민군 3사단은 많은 병력 손실을 보아 6,000여 명 정도밖에 되지 않았다. 그래서 지리산, 백운산 등의 인민유격대와 남로당원을 총동원하고 점령지에서 의용군을 동원하여 이들을 앞장 세웠다. 국군 1사단 13연대도 많을 때는 하루에 100여 명씩 사상자가 발생하여 최영희 연대장은 처음으로 대구 시내에 가서 모병을 하니 며칠 사이에 3,000여 명이 응모하여 병력을 보충하였다. 328고지에 물과 탄약을 운반하는 것도 보통문제가 아니었다.

8월 14일 인민군 3사단 1개 연대가 결사적으로 낙동강을 건너 328고지를 향해 공격해올 때 국군 13연대 1대대와 3대대가 사력을 다해 방어를 하였다. 그러나 밤에 공격을 받아 미 전투기나 포부대의 지원을 받지 못해 인민군에 의해 328고지가 점령되었다. 인민군 3사단이 즉시 칠곡을 거쳐 대구를 공략하면 대구 위 다부동의 국군이 포위되어 국군에게 위기였다.

8월 15일 낮이 되어 미 포병의 지원사격과 미 전투기가 328고지에 폭탄을 소나기같이 퍼붓자 328고지에 있던 인민군은 견디지 못하고 후퇴하여 국군 13연대는 오후 4시 공격하여 밤 9시 328고지를 점령하였다. 같은 날 밤중에 인민군은 사력을 다해 강을 건너 328고지를 공격 점령하여 국군에는 또 위기가 다가왔다. 인민군은 3사단과 15사단,

13사단이 수암산 유학산 뒤에서 단숨에 국군 12연대의 방어선을 뚫고 대구를 점령하려고 병력을 집결하고 있었다. 국군의 최대 위기였다.

국군 1사단장 백선엽 장군은 즉시 워커 장군에게 보고하여 워커 장군은 8월 16일 제19, 22, 92, 307전대의 12개 대대, B29 98대를 동원했다. 11시 58분 선두 폭격기가 목표지점에 도착하여 26분 동안 250kg 폭탄 3,084개, 500kg 고성능 폭탄 150개 등 900톤을 투하하여 천지를 진동시키며 인민군 집결지를 폭탄으로 덮어버렸다. 이 폭격으로 8월 16일부터 19일까지 3일 동안 인민군은 얼이 빠졌는지 움직이지 않았다. 이것을 왜관폭격이라고 한다.

인민군 3사단은 328고지를 공격해 국군과 일진일퇴하기를 수십 번씩 필사적인 혈투를 한 달이 넘게 하고 있었으나 점령하지 못하였다. 이곳은 강구의 181고지와 함께 6.25 최대 격전지로 수많은 사상자를 낳았다.

50년 9월 8일 인민군 강건 참모장이 김천에서 미 공군의 폭격으로 전사하였다.

## 2) 다부동 방면

인민군 13사단은 12,000여 명이 함창에 도착하여 상주를 거쳐 낙정에서 강을 건너다 11연대에 의해 많은 피해를 보고 국군 1사단 11연대 뒤를 바짝 추격하고 있었다.

8월 13일 국군 1사단 11연대장 김동빈 대령은 1대대는 하반동에, 2대대는 297고지에, 3대대는 265고지에, 15연대 2대대는 238고지로 다부동에서 북쪽으로 3킬로 지점 상주로 가는 길과 군위로 가는 삼거리 하판동 양쪽 산에 배치하였다. 백선엽 사단장은 미8군에 병력 지원을 요청하였다. 8월 17일 마산을 방어하던 미27연대는 영산이 위급하여 영산에 도착하여 인민군 4사단의 밀양을 방어하다가 다부동 정면이 위험하여 미 27연대는 73전차대대, C중대 전차 20대와 37야전포대대

155밀리 곡사포 2포대, 8야전포대, 105밀리 2개 대대를 이끌고 8월 17일 오후 8시 다부동에 도착하였다. 미 27연대는 M-26과 M-4전차를 가지고 모든 도로를 차단한 후 성을 쌓고, 곡사포는 울타리를 하여 인민군을 향해 쉴 새 없이 퍼부어댔다. 미 27연대장이 항공기에 연락하면 5분도 안 되어 목표지점에 폭격기가 나타나 폭격을 하여 인민군을 기절하게 하였다. 국군 포병대와 미 포병대는 로켓포를 보유하고 있어 인민군 전차는 전진을 못하고 있었다. 국군 8사단 10연대도 증원 차 도착하였다. 8월 19일 밤 인민군이 동명초등학교의 1사단 사령부를 기습하여 백선엽 사단장이 위기에 처했을 때 10연대 1대대가 인민군을 막아 백 사단장은 목숨을 건졌다. 미 23연대도 증파 되었고, 미 10고사포 군단도 증원되었다.

8월 21일 미 27연대와 국군 11연대는 상림리까지 밀고 올라갈 계획으로 인민군 반격에 나섰다. 인민군도 대구를 점령해야 부산을 갈 수 있어 다부동에서 공방만 할 수 없어 사력을 다해 공격해 왔다. 국군 11연대 1대대 김재명 소령 부대가 인민군의 공격으로 저지선이 무너지면서 448고지도 빼앗기고 장병들은 고지에서 도망치느라 정신이 없었다. 이들은 아예 능선을 타고 다부동까지 도망쳤다. 인민군은 11연대 1대대의 뒤를 추격하여 다부동 능선까지 내려와 미 27연대 후방을 차단할 작전으로 공격해 들어왔다. 미 27연대장 마이게레스 중령은 반격하다 순식간에 퇴로가 차단될 위험에 빠졌다. 그는 즉시 워커 장군에게 "한국군 부대는 전의가 있는 것 같이 생각되지 않는다. 좌측의 부대가 무단으로 퇴각하여 우리 연대의 좌측 배후에 약 1,000여 명의 북괴군이 침입했다. 연대는 바로 퇴로가 차단되려 하고 있으며, 이대로는 이 이상의 방어는 불가능하다."라고 보고하였다. 그리고 백 사단장에게 "좌측의 11연대가 강력한 공격을 받고 철수하고 있다. 빨리 진지를 탈환하지 않으면 우리 연대도 이 이상 저지할 능력이 없다. 조만간 철수할 필요가 생길지 모른다." 라고 보고하였다. 백 사단장은 이 보고를 받고 미 27연대가 다부동을 철수하면 인민군 13사단은 즉시 대구를 점령할 것인데 국군 1사단이 위기에 처하였다. 백선엽 1사단장은 미 27연대장에게 "내가 돌격해서 448고지를 탈취할 테니 포병의 지원을 부탁한다."고 하였다. 그는 후퇴하는 장병들을 모아놓고 "장병 여러분! 문산에서 이곳까지 쉬지 않고 연일 전투하는 여러분들에게 사단장으로서 감사하게 생각한다......여기에서 물러나면 대구가 점령되고, 대구가 점령되면 부산이 점령되고, 그러면 우리는 죽든지 포로가 된다. 부산에서 죽을 바에는 여기에서 죽는 것이 낫다. 지금부터 사단장이 선두에 서서 저 산을 돌격할 것이다. 귀관들은 내 뒤를 따르라! 내가 선두에서 물러나면 나를 쏘아라! 그러나 귀관들이 후퇴하면 나는 가차없이 귀관들을 쏠 것이다. 가자!' 하고 백선엽 장군이 앞장을 서자 대대장, 중대장, 소대장들이 앞을 다투어 반격하였다. 그러자 장병들도 그 뒤를 따라 448고지를 향해 돌격하였다.

448고지를 점령한 인민군은 국군이 도망쳤는데 설마 쉽게 오지는 않겠지! 하고 방심하고 있었는데 갑자기 벌떼같이 산을 기어오르자 손쓸 사이 없이 30분 전투 후에 인민군은 도망쳐야 했다. 11연대 1대대는 448고지를 점령하고 만세를 불렀고, 백사단장은 미 27연대장 마이게레스 중령에게 448고지를 점령하였다고 설명하였다. 미군은 "과연 백 장군은 신비의 장군이다"고 하며 백선엽 장군은 이때부터 신비의 장군으로 통하며 전적으로 믿었다. 이렇게 하여 8월 21일 다부동에서의 위기를 면하였다.

8월 25일 미 27연대는 소방 부대로 마산이 위급하여 이동하였다. 다부동에서 국군 장교 56명과 2,300여명의 장병이 전사하였고, 인민군은 5,600여명이 죽어 산을 피로 물들였다. 국군 1사단은 8월 말 미 1기병사단에 다부동을 인계하고 하양에서 신녕까지 팔공산 동쪽으로 이동하여 인민군의 공격을 방어하고 있었다.

## 5. 9월 4일 영천의 국군 8사단 위기

인민군 15사단은 다부동 좌측 수암산과 유학산을 공격하고 있었으나 국군 12연대가 방어를 잘 하여 공격이 여의치 않자 작전을 변경하여 방어가 허술한 영천을 점령한 후 대구 후방을 공격하기 위하여 남진 중에 있었다.

9월 4일 국군 8사단은 기용산 좌측, 자천에서 선천까지의 21연대를 기용산 우측, 용산동에 5연대, 삼매동에 3연대 1대대, 양한동에 16연대, 8연대는 영천에 사단사령부와 같이 있었다. 50포병대가 각 연대를 지원해 주고 있었고, 8사단 10연대는 포항이 위급하여 8월 30일 포항으로 이동하였다.

9월 4일 인민군 15사단장 박성철 소장은 45, 73연대는 자천의 국군 21연대를, 50, 56연대는 삼매동 국군 5연대를, 신편 103연대는 사단 예비연대로 해서 9월 4일 중으로 영천을 점령할 계획으로 공격하였다.

9월 5일 비가 오는 새벽 1시 인민군 15사단은 야포 166문, 전차 5대를 앞세워 2개 방면에서 일제히 공격을 시작하였다. 국군 21연대는 인민군의 공격을 잘 방어하고 있었다. 그러나 신병으로 편성된 용산동에서 방어하는 5연대가 순식간에 붕괴되자 그 밑의 3연대 1대대도 연쇄적으로 붕괴되었다. 그러자 그 밑의 16연대도 순식간에 붕괴되어 영천을 버리고 영천에서 경주로 가는 이화동까지 도망을 쳤다. 인민군 15사단 50연대, 56연대는 하루 저녁에 국군 5연대, 3연대, 16연대 등 3개 연대를 붕괴시키고 16킬로를 진격하여 9월 5일 아침 영천을 점령하였다. 그러나 자천의 국군 21연대는 인민군 45연대, 73연대와 사투를 벌이며 방어하고 있었다. 이 소식을 들은 이성가 사단장과 육본과 미 8군은 깜짝 놀랐다. 그것은 인민군 15사단이 경주를 점령하면 영일비행장을 인민군이 점령하여 미 전폭기가 뜨지 못하고 군수품 보급이 어려워 미군이 작전수행을 못하며, 인민군 15사단이 대구를 공격하면 대구 북쪽에서 싸우고 있는 국군과 미군이 포위가 되어 붕괴되면서 현풍, 영산, 마산, 안강, 포항이 동시에 붕괴되어 국군과 미군은 부산으로 후퇴해야 하기 때문이었다. 다시 한 번 대한민국은 최대의 위기를 맞이하였다.

유재흥 2군단장은 즉시 1사단장 백선엽 장군, 6사단장 김종오 준장, 8사단장 이성가 대령, 군단 참모들을 소집하여 1사단에서 11연대, 6사단에서 19연대를 빼내서 8사단에 배속하여 영천을 탈환하라고 명령하였다. 정일권 총장은 워커에게 사정하여 전차 5대를 9월 6일 하루만 쓰기로 하고 빌렸다. 워커 장군은 정일권 총장에게 "영천을 탈환하지 못했을 경우 미8군은 일본으로 철수할 수밖에 없다. 한국군 2-3개 사단을 포함 약 10만 명의 요인을 괌이나 하와이로 철수할 것이니 준비해 주시오. 이 일은 극비로 해 주시오."라고 부탁하였다.

영천을 점령한 인민군 15사단장 박성철 소장은 2군단장 김무정에게 9월 6일 새벽 국군 21연대 배후를 공격하고 하양을 통해 대구를 점령해서 대구 북쪽의 미군과 국군을 모두 포위하겠다고 작전을 건의했다. 그러자 김무정은 경주를 점령해서 포항 영일비행장을 점령하라고 명령하였다. 그러나 박성철이 대구 공격이 더 중요하다고 끝까지 주장하자 김무정은 박성철을 해임하고 조광철을 사단장에 임명하여 즉시 경주를 점령하라고 명령하였다. 9월 6일 새벽 3시 인민군 15사단 50연대, 56연대는 영천을 비워두고 국군 21연대를 그냥 둔 채 영천에서 경주를 향해 진격하였다.

9월 6일 아침 8사단 공병대장 김묵 소령이 미군 전차 5대를 앞세우고 예비중대 본부중대를 총동원하여 영천 시내로 조심조심 공격해 영천교를 지나 영천역까지 가도 인민군이 없어 "참 이상하다!"하며 계속 끝까지 가보니 영천역에 인민군 대전차포 10문, 트럭 40대가 있는데 인민군이 경계도 하지 않고 있었다. 인민군은 갑자기 나타난 국군을 보고 깜짝 놀라 소수의 인민군이 국군을 공격하다 도망쳤다. 그 후 인민군 1개 대대 정도가 공격해 들어왔으나 미군 전차 5대가 공격을 하여 인민군은 전차 5대를 잃고 많은 피해를 보고 도망쳤다.

9월 6일 낮 12시경 국군 1사단 11연대, 6사단 19연대가 영천시내에 도착하였다. 그러나 인민군 15사단은 자천의 45연대, 73연대와 영천 밑 이화동의 50연대, 56연대 중간이 국군에 의해 차단되어 50연대와 56연대의 보급이 중단되었다. 그들은 국군에 의해 자동 포위될 상황이었다. 국군 5연대와 신편인 26연대가 영천에서 경주로 가는 이화마루에서 잘 방어하고 있고, 9월 7일 포항 3사단에 증원 차 이동한 국군 10연대가 원대 복귀하여 9월 8일 이화고개에서 인민군이 경주로 진격하는 것을 철저히 막고 있었다. 인민군 50연대와 56연대는 경주도 공격하지 못하고, 영천도 국군 11연대와 19연대가 잘 방어하고 있어 탈환을 못하였다. 또한 보급조차 중단되어 사투를 하고 있으나 위기상황에 몰렸다.

9월 10일 국군 8사단 21연대 김용배 대령은 인민군 45연대와 73연대를 5일 동안 끝까지 잘 방어하고 있었고, 특히 21연대 1대대장 채명신 소령은 사투를 벌이며 인민군을 잘 방어하고 있었다. 국군 19연대 김익렬 대령은 영천 동북쪽, 16연대 유해준 중령은 완산동에서, 11연대 김동빈 대령은 유하동에서, 8연대 박승일 중령은 유상동에서, 10연대 고근홍 중령은 이화동에서 일제히 인민군 15사단을 포위 공격하고 있었다. 국군은 7개 연대 15,000여 명, 105밀리 곡사포 26문, 57밀리 대전차포 6문, 로켓포 다수였다.

인민군 15사단은 5개 연대 12,000여 명, 122밀리 곡사포 18문, 76밀리 38문, 전차 12대로 계속 버티고 있었으나 전차는 연료가 보급되지 않아 움직이지 못하고 있었다.

9월 10일 아침 6시 국군 8사단의 공격이 일제히 시작되었다. 국군 5연대가 이화동에서 인민군 15사단 포병대를 먼저 공격하여 10시30분 대승하여 포병을 잠재우고, 인민군 56연대 본부를 기습하여 지휘를 못하게 하여 영천과 경주 도로를 5일 만에 개통하는데 성공하였다.

9월 11일 국군 21연대가 인민군 45, 73연대를 공격하자 인민군 2개 연대는 후퇴하여 국군 21연대는 현암까지 추격하였다. 국군 10연대는 인민군을 영천 북쪽 삼매동까지 도망치는 것을 추격하였고, 5연대는 기계와 안강으로 도망치는 인민군을 추격하였다.

9월 11일 인민군 15사단은 영천 북쪽으로 흩어져 도망쳤고, 15사단 장 조광철은 논두렁에 숨어 있다가 말을 타고 극적으로 도망치는 등 인민군 15사단은 국군에 참패하였다. 국군 8사단은 6일 만에 영천을 완전히 탈환하여 한국을 위기에서 건져냈다. 인천상륙 4일 전이었다.

맥아더 장군은 국군이 영천을 탈환하지 못하면 인천상륙에 성공해도 북진하기가 어렵다고 판단하고 고민하고 있었다. 그러나 9월 11일 워커로부터 영천을 탈환하였다는 보고를 받고 자신감을 가졌다.

인민군 15사단 전사 3,799명, 포로 309명, 전차5대, 장갑차 2대, 차량 85대, 야포 14문, 소총 2,327정의 피해를 보았다. 인민군 15사단은 국군에 의해 완전히 붕괴되었다. 이번 승리는 21연대가 인민군 45연대와 73연대를 5일 동안 밤과 낮으로 혈전을 벌이면서 후퇴하지 않고 잘 방어하여 대승할 수 있었다. 국군은 전사 29명, 부상 148명, 실종 48명의 피해를 보았다.

김무정이 박성철의 작전 건의를 받아들여 국군 21연대 배후에서 공격하고, 여세를 몰아 대구를 공격해야 한다고 끝까지 악을 쓰며 주장할 때 그 작전에 동의하였다면 국군은 더 큰 위기를 당했을 것이다.

영천전투 전승지 기념비에는 8사단 21연대 1대대장 채명신 소령이 아닌 다른 사람의 이름을 넣어 엉터리로 기록하였다. 그 이유는 채명신 대대장이 유신을 반대하였기 때문이다. 나라에 지대한 공을 세우고도 죽어서도 천대받는 곳이 대한민국이다. 이러고서야 대한민국이 선진국이 되겠는가!

## 6. 9월 4일 안강 수도사단의 위기

8월 5일 인민군 12사단은 청송에서 국군 수도사단을 대패시키고 청송, 도평, 입암, 8월 9일 기계를 점령하고 안강과 경주를 공격하기 위해 남진하였다. 인민군 12사단의공격은 예리하였다.

8월 11일 인민군 12사단 일부가 포항을 점령하여 국군에는 위기가 몰려왔다. 8월 12일 수도사단장 백인엽 대령의 부대는 의성에 있었다. 백인엽 사단장은 국군 18연대로 하여금 인민군 12사단을 배후에서 공격하게 하고 나머지 부대는 안강으로 내려가서 정면에서 공격, 인민군을 위와 아래에서 포위하기로 작전을 세웠다. 8월 13일 국군 18연대와 기갑연대가 의성을 출발하여 도평을 떠나 입암 북쪽에 도착하여 포위망을 좁혀 갔다. 백인엽 사단장은 8월 13일 새벽 4시 경주로 내려가 사령부를 두고 1연대를 안강 북쪽, 26연대는 563고지, 17연대는 445고지를 점령, 인민군 12사단을 남쪽에서 포위 정면을 공격하였다.

8월 14일 아침 18연대와 기갑 연대가 입암에서 인민군 12사단 1개 연대 배후를 기습 공격하자 오후 2시경 인민군은 대패하여 비학산으로 도망쳤다. 8월 15일 아침 6시 국군 18연대는 용기동을 거쳐 비학산 밑에까지 공격해 들어갔고, 기갑연대는 구지동까지 공격해 들어갔다. 국군 1연대와 17연대는 안강에서 기계의 인민군 12사단 정면을 공격하였다. 8월 17일 새벽 3시 국군 18연대와 기갑연대는 인민군 12사단 배후에서, 국군 1연대와 17연대는 앞에서 포위망을 좁혀가면서 앞뒤에서 공격하기 시작하였다. 8월 17일 낮 12시 인민군 12사단은 견디지 못하고 비학산으로 도망치고 있었고, 국군은 더욱더 포위망을 좁혔다.

8월 18일에는 아침 일찍부터 국군의 공격이 시작되어 26연대는 인민군 퇴로를 차단하였다. 오후 1시경 국군 18연대가 함성을 지르며 기계 인민군 12사단 사령부를 공격하였다. 인민군 12사단장 최인 소장은 얼마나 급했던지 신발도 신지 못하고 차량, 야포, 군수품을 몽땅 버리고 비학산으로 도망쳤다. 백인엽은 확실히 용기가 있고 싸움을 잘 하는 머리가 좋은 사단장이었다.

이 전투에서 인민군은 1,245명이 전사하고 17명이 포로가 되었으며, 야포 20문, 박격포 32문을 잃었다. 국군은 92명 전사, 171명 부상, 실종 500여 명으로 인민군 12사단의 참패로 끝났다.

8월 19일 수도사단 17, 18, 26, 1연대가 도망치는 인민군 12사단을 추격하였다. 그런데 인민군 12사단은 766부대를 흡수, 재편하여 국군의 추격에 대비하여 8월 22일 매복하고 있다가 추격하는 국군을 공격하여 오히려 국군은 큰 손실을 보고 도망쳐야 했고, 8월 25일 기계까지 버리고 후퇴하였다.

9월 1일 백인엽 대령이 부상으로 후송되고 송요찬 대령이 사단장이 되었다. 국군 17연대는 안강 위 구련봉에, 26연대는 안강 서쪽, 18연대는 기룡산과 기계에서 안강의 도로를 차단, 방어하고 있었다. 그러나 인민군 12사단의 공격을 견디지 못하였고, 인민군 12사단이 9월 4일 안강과 포항을 점령함으로 영일비행장이 위급하여 국군은 또 한 번 최대 위기를 만났다. 인민군 5사단과 12사단은 단숨에 경주를 점령 부산으로 진격할 태세였다.

9월 4일 수도사단 사령부를 안강에서 경주로 이동하고, 17연대는 안강 밑 갑산리에서, 1연대는 호명리에서, 3연대는 17연대 좌측, 미 21연대는 경주 서쪽, 18연대는 경주에 집결하여 경주 방어준비를 하고 있었다. 워커 장군은 이승만 대통령에게 "국군은 나라를 지킬 의사가 있습니까? 없습니까? 이렇게 후퇴만 하면 부산을 어떻게 지키겠습니까?"라고 항의를 하였다. 포항, 안강, 등이 인민군에 의해 동시에 점령되자 국군은 큰 위기에 처하였다.

국군 17연대는 갑산리에서 밑으로 후퇴하여 곤제봉에서 인민군 12사단이 경주로 가는 것을 막고 있었다. 이 곤제봉은 안강과 경주를 동시에 볼 수 있고, 안강에서 경주로 가는 인민군을 저지하기 위하여 가장 중요한 요새였다. 여기에서 인민군 12사단과 국군 수도사단은 사활을 걸고 9월 22일까지 매일 일진일퇴하며 혈투를 벌였다.

## 7. 8월 11일 국군 3사단 포항위기

인민군 4차 작전은 8월 15일까지 부산점령이 목표였다. 그러나 8월 15일까지 부산을 점령할 수 없어 4차 작전을 수정한 것이 5차 작전으로, 5차 작전의 목표는 8월 총공세였다.

7월 26일 강구 181고지에서 일진일퇴 혈전을 벌이고 있는 인민군 5사단장 마상철 소장은 포항을 정면공격해서는 도저히 점령할 수 없다고 판단하였다. 그리하여 인민군 5사단 11연대로 하여금 청송 기계를 거쳐 포항을 우회 점령하도록 명령하였다. 그러나 이것도 국군의 저지로 여의치 않았다.

8월 11일 새벽 4시 인민군 12사단 소속 300여 명과 766부대 병력이 포항을 공격하였다. 이때 국군 3사단은 강구 밑 장사동에서 인민군 5사단을 저지하고 있을 때여서 포항은 국군이 없었다. 이 소식을 들은 워커 장군은 국군 5연대, 9연대 3대대를 영일 비행장에 급파하여 비행장을 엄호하라고 명하였다. 한편 브래드리 준장 부대가 특수임무를 갖고 영일비행장으로 이동하는 도중 안강터널 입구에서 766부대의 공격을 받고 100여 명이 전사하였다. 포항은 김두환 청년부대와 학생방위병 3,000여 명이 99식 소총 한 자루씩만 가지고 방어하고 있었다.

1948년 이범석 국방부장관이 호국군(현예비군) 4만 명을 창설해서 인민군이 남침할 것을 대비하였는데 신성모가 국방부장관이 되면서 이를 해체시켜 이렇게 위급할 때에 후방을 지킬 수 없어 진천과 화개장과 포항에서 학도병들이 많이 전사하는 결과를 가져왔고, 나라를 이토록 큰 위기에 처하게 하였다. 이 사건은 신성모가 남로당의 공작을 받은 확실한 증거가 된다.

좌파들과 민주당과 진보당은 예비군을 해체하자고 주장하고 있다. 이는 인민군이 남한을 점령하게 하는 것으로 절대 있을 수 없는 일이다.

8월 11일 새벽 인민군 12사단 일부와 766부대가 포항을 공격하자 학생과 청년 방위대는 낮 12시 30분 260여 명의 전사자를 내고 다 도망쳐 인민군은 쉽게 포항을 점령하였다. 국군의 최대 위기였다.

포항이 점령되었다는 소식을 들은 워커 중장은 영일비행장의 미 F-51, 613전투대대를 즉시 일본으로 철수시켰다. 그리고 미 순양함과 구축함 3척과 미 40전투폭격대대가 쉴 새 없이 포항을 공격하였다. 그리고 포항 위 장사동에서 싸우고 있는 국군 3사단은 인민군이 강구와 포항에서 동시에 공격하면 완전 포위될 수 있어 또한 위기를 맞았다.

8월 16일 국군 3사단 김석원 사단장은 즉시 장사동을 철수하여 구룡포에 상륙한 후 포항을 탈환하기 위해 장사동에서 LST로 해상철수를 하였다. 장병 9,000여 명, 경찰 1,200여 명, 일반인 1,000여 명 등 희생자가 전혀 없이 8월 17일 오전 10시30분 포항 밑의 구룡포에 무사히 상륙하였다.

포항의 위기에 대처하기 위해 육본에서는 민기식, 오석준, 이영규, 이창범 부대를 통합하여 4,000여 명의 패잔병을 모아 여단을 편성하였다. 이들은 81밀리 박격포 8문을 가지고 8월 16일 안강 옆 형산강에 도착하였다. 8월 17일 수색대가 조심스럽게 포항 시내를 들어가도 인민군은 없었고, 미군의 함포사격과 공군 폭격으로 포항은 완전히 폐허가 되어 있었다. 포항 시내를 끝까지 가 보아도 인민군은 없었다. 이렇게 해서 한국은 위기를 모면하였다. 그러나 9월 4일 인민군 5사단이 포항을 점령하였고, 인민군 12사단은 안강을 점령하였으나 국군의 반격으로 일진일퇴 공방전을 벌이며 계속 혈전을 벌였다.

# 제20장
## 인천상륙작전

# 제20장 인천상륙작전

## 1. 인천상륙작전 계획

7월 1일 맥아더 장군은 참모장 알몬드 소장에게 "서울에서 적의 병참선 중앙부를 공격하기 위하여 상륙작전 계획 준비와 상륙 점에 대한 연구를 해 보시오."하고 지시하였다.

7월 4일 동경 극동사령부 회의실에서 육·해·공군 대표들이 모여 후방 상륙 점에 대해 토론을 하였고, 제1기병사단을 상륙부대로 할 것을 결정하는 블루하이즈 상륙작전을 7월 22일 하기로 결정하였다. 그러나 인민군이 파죽지세로 남진하여 2개 사단으로는 인민군을 저지하지 못하여 기병사단을 낙동강전선에 투입시켜야 했기 때문에 계획은 7월 10일 취소되었다.

7월 23일 미 극동사령부 합동 전략작전 기획단 작전참모 라이트 준장에게 다시 지시하여 상륙작전 계획을 세웠다. 이 작전 계획이 크로마이트 계획이다. 이 크로마이트 계획을 육·해·공군의 상륙 전문가들로 조직하여 작전을 세우게 하였다. 이 작전은 미 해병대와 보병 제2사단으로 9월 중순경에 인천과 군산과 주문진 세 곳 중에서 한 곳을 선정하여 상륙하여 인민군을 일시에 포위하여 전쟁을 끝낸다는 계획이다. 맥아더 장군은 이들에게 인천 상륙에 대해 더욱더 연구하라고 지시하였다. 그러나 인민군의 남진 속도가 빨라 미 해병대와 보병 2사단을 낙동강 전투에 투입하여 인민군 남진을 저지해야 했기 때문에 인천상륙작전은 낙동강 전투에 따라 실행해야 했다. 그래서 작전에 차질이 발생하였다. 그러나 맥아더 장군은 다시 계획을 보강하여 실천에 옮길 것을 지시하였다.

맥아더 장군은 미 국방성에 "9월 중순경 적 배후에 미 10군단을 상륙시켜 적을 포위 섬멸할 계획임. 정면공격 시에는 전투는 오래 계속되고 많은 희생을 초래할 수밖에 없음." 이라고 전보를 쳤다.

미 국방성은 비공개적으로 이를 동의하였다. 그래서 맥아더의 요청대로 상륙작전용 자재와 공수전투단과 특별공병여단을 증원하였다. 맥아더 장군은 국방부에서 인천상륙을 찬성하는 것으로 판단하고 준비를 서둘렀다. 맥아더 장군은 인천상륙작전의 비밀을 유지하기 위해서 7월 13일 미 육군참모총장 콜린스 대장이 동경에 왔을 때도 보고를 하지 않을 정도였으나 조금 지나 콜린스 대장도 알게 되었다.

50년 8월 23일 오후 5시 30분 동경 제1생명빌딩에 있는 미 극동사령부에서 맥아더 장군에게 인천상륙작전을 포기하도록 설득하기 위해 합참의장 브레들리 대장, 콜린스 육군참모총장, 셔먼 해군참모총장, 공군대표 에드워드 중장 등이 워싱턴에서 급히 도착하여 회의에 참석하였다. 여기에 극동사령부 소속 셔퍼트 중장, 스트레이트 메이어 중장, 10군단 사령관 알몬드 소장, 죠이 중장, 7함대사령관 스트러블 중장, 90기동함대 사령관 도일 소장, 라이트 준장, 그리고 브리핑 요원들이 참석하였다.

이 회의에서 해군에서는 "인천항의 간만의 차이는 평균 6.90미터로 만조 때는 10미터가 되어 상륙은 저녁 만조 때만 할 수 있고, 썰물 때는 개펄 길이가 6킬로나 되며, 외항에서 내항으로 가는 길은 구불구불하며, 만조 시간은 아침 일출 후 45분, 일몰 후 27분으로 각각 2시간 사이에 조수가 밀려나가기 때문에 상륙군은 이 짧은 시간 내에 상륙하지 않으면 상륙정은 개펄에 올라앉게 됩니다. 그렇게 되면 월미도에서 곡사포로 쏘게 되면 아군의 피해는 엄청날 것입니다. 인천상륙은 9월 15일, 10월 11일, 11월 2일 만조 때만 가능해서 이 기회를 놓치면 상륙은 어렵습니다. 그러므로 인천상륙은 비밀로 할 수 없으며 인민군이 이상

3일만 계산하여 방어준비를 하면 인천상륙은 어렵습니다.......생략.."
라고 인천상륙의 어려운 점을 설명하였다. 그러자 도일 소장, 해군참
모총장 서먼 대장, 육군 참모총장 등이 반대하였다.

그러나 맥아더 장군이 설득에 나섰다. 맥아더 장군은 "인천상륙작
전이 어렵지만 인민군의 인천 방어에 허술한 점과 군산과 장사동과 주
문진으로 상륙해서는 큰 효과를 얻을 수 없다"고 설명을 하면서 "낙동
강에서 싸우고 있는 10만 명의 유엔(UN)군 병사들의 희생을 적게 하
는 길은 이 길밖에 없다. 만일 인천상륙에서 적 방어에 부딪혀 도저히
뚫을 수 없다고 판단되면 나는 현장에 있을 것이므로 상륙부대를 즉시
철수시킬 것입니다."라고 45분에 걸쳐 설명을 마쳤다. 결국 반대하던
장군들이 설득을 당하였다. 맥아더 장군은 50년 9월 15일 변경 없이
상륙하겠다고 상륙준비에 전력을 다하였다.

## 2. 인천상륙작전 준비

인천으로 상륙하기 위해서는 인천 앞의 섬들을 먼저 점령 확보하는
것이 필수적이었다. 특히 덕적도, 영흥도, 연평도의 확보는 절대 필요
하였다. 이 섬들을 확보하기 위해 8월 18일 새벽 5시 702함정 이희창
중령을 기함으로 8월 19일 국군 701, 704, 513, 301, 307, 309, 313 함정
들은 덕적도를 점령하였고, 8월 20일 영흥도도 점령하였다. 8월 31일
오후 4시 해군 702, 703 함정이 인천에 인민군이 얼마나 있으며, 포진
지의 위치를 알기 위해 함포사격을 하니 송도와 월미도에서 공격을 받
아 인민군의 포진지를 알게 되었다. 또 인천에 방어 병력이 없다는 것
도 알았다. 한국 함정이 길을 열어놓아 미 소행정이 지뢰를 제거하여
함정이 다니는데 지장이 없게 하여 미군의 인천상륙작전은 비밀을 유
지할 수 없어 공개된 것이다.

해군 정보국장 함명수 소령이 17명의 첩보대원들을 인솔하고 8월 17일 부산을 출발하여 영흥도에서 인천과 서울의 인민군의 병력 배치와 포진지, 방어진지 등 인천 상륙에 필요한 모든 정보를 수집하여 8월 23일 미 극동사령부에 보고하였다. 미 극동사령부 직할 유진 프랭클린 클라크 첩보대가 정보를 확인하기 위해 8월 30일 일본 항구를 떠나 9월 10일 아침 7시 덕적도에 도착하여 한국 해군 정보국에서 수집한 정보를 확인하여 미 극동사령부에 보고하였다. 미군은 인천의 상륙을 은폐하기 위해서 삼척, 자양도, 장사동 등에 함포사격과 상륙도 시도하였고, 특히 군산은 시민들은 철수하라고 전단지까지 뿌려 위장을 하였다. 인천상륙작전 세부 계획은, 9월 15일 아침 6시 30분 만조 시간에 미 해병 1개 대대가 월미도에 상륙하여 월미도를 거점으로 인천과 서울로 진격한다는 작전이었다.

9월 13일 7척의 구축함으로 월미도에 설치되어 있는 인민군 포대를 제압한다. 해병 1사단이 상륙하면 보병 7사단이 이어서 상륙한다. 미 7합동기동함대 77, 79, 90, 91, 99가 출동하며 상륙 총병력 76,000여명, 함정 수 261척으로 상륙할 계획이었다.


## 3. 김일성 인천 방어 방심

인민군 서울 방어에 인민군 18사단과 21연대 등 총 20,000여 명이었고, 인천 월미도에 226독립육전대 예하 1개 중대와 918포병연대 등 400여 명과 75밀리 포 5문, 기관총 25정, 박격포 2문 등으로 방어하고 있었다. 김일성은 미군이 군산, 인천, 주문진, 장사동, 삼척 등에 엄청난 함포사격을 하고 있다는 보고를 받고 있었으나 "미군이 마산, 영산, 영천, 포항에서 위기에 처해 있는데 상륙할 군사력이 있을까?" 하면서 미군을 과소평가 하였다. "혹시 주문진이나 군산에 상륙한다 해도 별 문제가 없으며, 인천도 간만의 차이가 많기 때문에 상륙을 할 수 없다."라고 판단하고 방어를 소홀히 하였다.

9월 초 군사 원조를 얻기 위해 박헌영이 모택동을 만났을 때 모택동은 "맥아더는 인민군의 보급로를 차단하기 위해 9월경에 인천에 상륙할 가능성이 많다. 인천 방어를 튼튼히 하는 것이 좋다."라고 조언해 주었으나 김일성은 "인천은 상륙이 불가능하다."고 하며 모택동의 조언에 관심도 두지 않았다. 김일성은 9월 5일 5차 작전을 명령하면서 포항, 안강, 영천, 다부동, 왜관, 현풍, 영산, 마산 어느 한 곳만 전선이 무너지면 부산을 점령할 수 있다고 자신감을 갖고 모든 것을 총동원하여 낙동강 전선에 투입하였다. 그래서 김일성은 9월 13일 261척의 미군 군함이 인천상륙작전을 하기 위해 일본 항구를 떠나 남해 앞바다를 통과하고 있을 때, 경인지구 방어부대로 인천상륙을 막을 수 있는 유일한 인민군 18사단과 87연대 독립849 전차연대 등을 왜관과 낙동강 전선으로 투입하였다. 그리하여 인천에 상륙하는 미군을 저지할 부대가 인천에 없게 되었고, 미군의 인천상륙을 성공하게 하여 인민군 참패의 원인이 되게 하였다. 김일성은 후방을 너무 소홀히 하였다.

## 4. 맥아더 장군 인천상륙작전 성공

50년 9월 1일 미 제1해병사단은 고베에서, 제5해병대는 부산에서, 7보병사단은 요코하마에서 호위함정 함포사격지원부대 및 기함은 사세호에 집결하여 출동준비를 하고 있었다. 9월 3일 태풍으로 군수물자 손해를 많이 보면서 출동을 못하고 있었다.

9월 11일 고오베와 부산 항구에서, 9월 12일에는 260여 척의 함대가 장관을 이루며 인천을 향해 제주 남해바다를 항진하고 있기 때문에 이미 정보가 누출되고 있었다. 9월 12일 태풍 때문에 어려움이 많았다.

9월 12일 맥아더 장군과 참모진도 맥킨리호를 타고 사세호 항구를 떠났다. 110대의 전폭기를 실은 항공모함 북서호도 9월 14일 사세호 항을 출발하였다. 9월 4일부터 인천을 중심으로 반경 50킬로 내의 도로 교량 터널 등에 폭격을 하였고, B-29 1개 연대도 원산과 서울 간, 평양 서울 간의 철로와 역 등을 9월 14일까지 46개소를 집중 폭격하여 인민군의 보급로를 차단하였다.

9월 13일부터 구축함에서는 5인치 포가 시간당 1,000발씩 인천 군산 등에 퍼부어댔다. 2척의 중 항공모함, 2척의 경 항공모함, 6척의 구축함 등이 예정대로 인천 서쪽에 도착, 모든 화력을 월미도를 향해 쏘아대 월미도는 민둥산이 될 정도로 미국의 전력을 과시하였다.

9월 15일 자정 상륙 명령이 내려지자 17척의 상륙주정에 분승하여 미 해병 5연대 3대대는 9대의 전차와 함께 새벽 2시 30분 수로를 따라 진격하였다. 그리고 함포지원부대 19척이 뒤를 따라 월미도 가까이 접근하였다. 새벽 5시 30분 미 해병 5연대 3대대는 상륙 명령을 받고 선발대 3대대의 월미도 상륙이 시작되었다. 미 순양함 6인치 포와 8인치 포, 구축함의 5인치 포는 미 해병 3대대를 위해 월미도에 쉴 새 없이 쏘아댔다. 함재기 8대도 쉴 새 없이 월미도에 폭격을 하였고, 함재기 2대는 인천에서 인민군 지원군을 철저히 봉쇄하고 있었다. 이어서 월미도에 전차를 상륙시키기 시작하였고, 7시에 월미도 105고지를 점령하여 8시에 인민군의

▲ 연합군 인천 상륙작전

저항 없이 쉽게 월미도를 점령하여 교두보를 확보하였다.

"제1진 3대대는 한 명의 희생자 없이 월미도에 상륙하여 해안에 거점을 확보하였습니다." 하고 3대대장이 맥아더 장군에게 보고하자 초조하게 기다리던 맥아더 장군은 전 함대에 "오늘 아침 해병대는 영광으로 빛나고 있다."라고 메시지를 보냈다. 이 메시지는 낙동강에서 싸우고 있는 국군과 미군, 워싱턴과 전 세계 우방들에게 오랜만에 기쁜 소식이었다. 인민군의 월미도 방어는 남한 점령지에서 강제로 모집한 의용군으로 편성되어 전투력이 없고 76밀리 포 2개 중대가 월미도를 방어하고 있었다. 날이 새어 인천 앞바다를 보니 기절할 지경이었다. 인민군 400명 중 108명은 사살되고 136명은 포로가 되었고, 100여 명은 동굴 속에서 나오지 않고 죽어가고 있었다. 즉시 미 공병대가 부교를 가설하고 장비와 병력이 신속히 상륙하였으나 한 시간도 못되어 바닷물이 빠져나가 함대도 바닷물과 함께 밀려나가고 말았다. 다시 물이 차려면 오후 해질 무렵이 되어야 하는데 그 동안 속수무책으로 수로 위에 있어야 했다. 월미도에 상륙한 해병 3대대는 외롭게 월미도를 지켜야 했다. 모든 지휘관과 맥아더는 인민군이 공격해올까 봐 침이 마르고 목이 타고 숨이 멈출 것 같이 긴장되었다.

9월 15일 오후 4시 물이 들어올 때까지 총 한 방 쏘는 인민군이 없었다. 서서히 물이 들어오기 시작하자 함대 안에서 초조하게 기다리던 76,000여 명의 장병들은 "이제는 살았다." 하며 가슴을 쓸어내렸다. 오후 5시 인민군의 저항이 전혀 없이 연합군은 일제히 상륙하기 시작하였고, 4,547대의 차량, 14,166톤의 화물은 9월 18일까지 하역을 마쳤다.

## 5. 9월 16일 미 10군단 인천 탈환

인천 상륙 때 한국 해병 4개 연대 4,000여 명, 17연대 3,000여 명의 국군이 참가하였다. 국군 17연대와 해병 1대대 김훈 소령과 3대대장 김윤근 소령과 2대대는 인천으로 공격해 들어갔다. 인민군은 전차 6대로 저항하였으나 로켓포와 함재기의 공격으로 박살내고 인천을 쉽게 탈환하였다.

## 6. 김일성의 판단 잘못

김일성은 연합군이 인천에 상륙하였다는 소식을 보고받고 깜짝 놀랐다. 즉시 최용건을 서해지구 방어사령관에 임명하고 김천으로 이동 명령을 내린 인민군 18사단 22연대를 천안과 수원을 거쳐 안양에서 부평으로 이동하여 방어하게 하였다. 107보병연대는 김포비행장을, 70연대는 즉시 서울을 방어하라고 명령하였다. 낙동강의 인민군에게는 유엔군의 인천상륙을 극비에 붙이라고 명령하였다.

## 7. 9월 17일 미 10군단 김포 탈환

김포공항을 방어하고 있는 인민군 부대는 226연대, 107연대, 877항공대 등 후방 치안을 위해 새로 편성된 신병들이어서 전투력이 없었다. 9월 17일 아침 미 해병 5연대가 전차를 앞세워 김포비행장을 공격하자 인민군 107연대장 한치안 대좌는 싸우려 하지도 않고 서울로 도망쳤다. 877항공대장 소좌 소궁진은 사살되었으며, 이 부대 400여 명은 거의 죽고 5명 정도만 살아서 도망쳤다. 늦게 미해병 5연대는 김포비행장을 완전히 탈환하였고, 9월 18일 낮 12시경 한강을 공격하기 위해 131고지를 점령하였다. 오전 10시 헬리콥터, 수송기, 전투기 등이 계속 착륙하여 서울 탈환 준비를 하고 있었다.

미 10군단장 알몬드 소장은 행주산성 밑으로 도강할 것을 결정, 미 해병 5연대와 국군 해병 2대대, 미 해병 수색대, 미 해병 1전차대대 A 중대, 미 해병 포병 11연대 등이 공격을 하고 있었다.

9월 19일 밤 해병 11포병대가 행주산성 일대에 포격을 하였다. 9월 20일 아침 6시 3대대가 행주산성을 탈환하기 위해 공격하기 시작하여 인민군의 치열한 저항을 물리치고 9시 40분 인민군 200여 명을 사살하고 행주산성을 점령하였다. 뒤를 이어 미 해병과 국군 해병은 행주에 집결하여 능곡을 공격, 수색으로 진격하였다.

## 8. 9월 22일 미 10군단 영등포 탈환

9월 18일 미 해병 1연대와 국군 해병 1대대는 소사에서 영등포를 향해 공격해 들어갔고, 인민군 18사단 22연대는 왜관에서 북상하여 구로와 영등포에서 저항하고 있었다. 인민군은 도로에 지뢰를 매설해서 미해병대가 진격하는데 시간이 걸렸고, 인민군은 300여 명의 시체를 남기고 도망쳤다. 9월16일 인민군 9사단 87연대는 영등포를 방어하기 위하여 김천에서 열차를 밤에만 이용하여 9월 20일 영등포에 도착하여 21일 영등포 쪽에서 전차 5대를 앞세워 미군과 국군을 저지하고 있었다. 미 해병 11포병대는 포탄 1,800발을 영등포에 퍼붓고 공격하였다. 미군이 인민군 전차 3대를 로켓포로 파괴하자 인민군은 도망치기 시작하였다. 미7사단 32연대는 영등포 우측을 공격, 안양과 수원 사이의 국도를 장악하였다.

9월 22일 미 해병과 국군은 영등포를 완전 탈환하여 인민군이 평양, 서울, 영등포를 통해 낙동강 전선으로 보내는 군수물자 보급을 차단시켰다. 낙동강의 인민군이 9월 22일까지 버티고 있었으나 보급이 차단되자 후퇴하기 시작하였다.

9월 23일 미 해병과 국군은 노량진을 탈환, 한강 둑에서 서울 탈환에 들어갔다.

## 9. 9월 27일 미 10군단 서울 탈환

인민군 25사단은 2,500여 명으로 철원에서 창설된 부대로 보병 2개 대대, 중기관총 4개 대대, 공병 1개 대대, 76밀리 · 120밀리 박격포 1개 대대로 편성되어 78독립연대와 같이 9월 19일 서울에 도착 연희고지에서 방어하고 있었다.

9월 21일 아침 7시 미 해병 5연대와 국군 해병은 수색에서 홍제 서교를 거쳐 인민군과 2시간 동안 백병전 끝에 오후 4시 30분 104고지를 점령하였다. 9월 22일 새벽 4시 인민군이 104고지를 향해 돌격해 왔으나 고길훈 해병 1대대 장병들은 인민군 600여 명의 공격을 잘 막아 고지를 사수하였다.

국군 해병 1대대는 미 해병5연대 3대대 1대대와 같이 연희고지를 향해 공격해 들어갔다. 9월 23일 하루 종일 공격하였다.

9월 24일 6시 30분부터 미 해병5연대 2대대 국군 해병1대대가 어제와 같이 하루 종일 공격하였으나 엄청난 희생자만 내고 연희고지를 점령하지는 못하였다. 미 해병 5연대 2대대 D중대장은 중대원 90명 중 44명만 남고 모두 전사하여 도저히 공격할 수 없어 중대장 스미스 중위가 대대장에게 "중대원 수가 반밖에 남지 않아 도저히 공격할 수 없다"고 하면서 후퇴를 요구했다. 그러나 대대장은 "즉시 정상을 점령하라"고 명령하여 스미스 중대장은 할 수 없이 44명을 이끌고 연희고지를 공격하여 결국 정상을 점령하였으나 스미스 중대장은 전사하였고, 정상에 오른 미 해병은 26명뿐이었다. 이 고지 하나를 점령하려고 수많은 한국 해병과 미 해병 74명이 전사하였고, 인민군은 1,500여 명이 죽어 있었다. 인민군 25사단은 붕괴되고 말았다. 국군 해병대와 미 해병 7연대는 녹번동까지 진격하였다.

9월 25일 미 해병 1연대는 마포와 용산 사이를 공격해서 서울역까지 진격하였다. 미 보병 32연대와 국군 17연대는 서빙고에서 한강을 도강 남산을 향해 진격하고 있었다. 오후에 금호동 고지를 점령하였다. 일부는 왕십리로 진격하여 중량교를 확보하였다.

9월 26일 국군 17연대는 망우리 고개를 점령하였고, 일부는 중앙청을 향해 진격하였다. 미 10연대는 미아리고개를 점령, 인민군의 퇴로를 차단하고 미 해병 7연대는 북한산을 점령하였다. 미 해병 5연대는 서대문 형무소 근방을 장악하였다.

9월 22일 영등포가 점령되고, 9월 24일 연희고지가 점령되어 인민군은 이때부터 붕괴되기 시작하였다. 9월 25일 밤부터 인민군 5,000여 명과 정치, 경제, 국방 등 각 기관 등은 엄호부대만 제외하고 본격적으로 철수하기 시작하였다.

9월 26일 새벽 1시 미 해병 1연대는 마포에서 서대문 근방을 향해 일제히 포문을 열고 진격해 들어갔다. 인민군도 700여 명이 전차 12대, 자주포, 120밀리 박격포로 저항하고 있었다. 인민군 전차가 로켓포에 의해 4대가 파괴되면서 인민군은 무너지기 시작하였다. 자주포 2대에서 뿜어져 나온 검은 연기가 하늘을 가렸으며, 인민군은 250여명의 시체를 두고 도망치기 시작하였다. 미 7사단 32연대는 남산을 점령, 서울 시내 인민군을 향해 박격포로 공격하자 인민군은 더 이상 견디지 못하고 있었다. 인민군 주력부대 5,000여 명에게 철수명령이 내려지고, 엄호부대만 끝까지 유엔군에 저항하고 있었다. 인민군은 서울에서 미아리와 망우리 퇴로가 막히자 북에서 내려온 행정요원, 남로당원, 북송할 남한인사 등으로 서울시내는 온통 난리였다. 서울 미아리, 의정부, 동두천, 포천, 철원은 도망치는 행렬로 초만원이었다. 서울시내는 북으로 도망치는 자와 남아야 할 사람들로 구분되었고, 이러지도 저러지도 못할 사람으로 혼란하였다. 인민군의 후퇴를 엄호하기 위해 시내 곳곳에 모래가마니로 저지 벽을 만들어 놓아 공격이 지연되고 있었다.

17연대가 망우리고개를 점령, 인민군의 퇴로를 차단하고, 미 32연대 가 장충동에서 왕십리 쪽으로 도망치는 인민군을 추격하자 인민군은 전차 5대, 차량 45대, 야포 3문으로 저항하였으나 이미 길이 막혀 500 여 명의 시체를 남기고 흩어져 도망쳤다.

9월 27일 미 해병1연대는 서울역을 점령, 중앙청을 향해 공격해 들 어갔고, 5연대는 서대문 형무소를 점령, 중앙청을 향해 진격해 들어갔

▲ 중앙청에 태극기를 올리고 있는 국군

다. 한국 해병은 이미 중앙 청까지 진격하였으나 인민 군은 모래가마니로 벽을 쌓아놓고 끝까지 저항하여 광화문에서 중앙청까지의 공격이 쉽지 않았다. 그러 나 인민군의 저항은 이미 끝나가고 있었다. 미 해병 7연대는 성북동을 점령, 인 민군 퇴로를 막고 일부는 중앙청에 접근하고 있었 다.

9월 27일 한국 해병 2대대 6중대 1소대장 박정모 소위는 중앙청을 향해 밤새도록 공격하였다. 박정모 소대장과 부하들은 중앙청에 진입 하여 박 소대장은 양병수 이등병과 최국방 수병과 소대원을 이끌고 중 앙청 옥상을 향해 올라갔다. 그리고 9월 28일 아침 6시 10분 인공기(인 민공화국기)를 내리고 태극기를 매달았다. 이 보고는 한국 해병을 통 해 유엔군과 전 세계에 알려져 "만세!"를 부르며 감격의 눈물을 흘렸 다.

## 10. 9월 29일 미 10군단 서울 환도식

9월 28일 오전 10시 경남 도지사 관저에서 임시국회가 열렸다. 회의에서는 서울이 수복되었다는 것과 9월 29일 정부를 서울로 옮긴다는 내용이었다. 9월 29일 오전 10시 맥아더 장군이 동경에서 김포비행장에 도착하였고, 유엔군 지휘관과 참모들이 환영을 나왔다. 부산에 있던 이승만 대통령 일행이 김포비행장에 도착, 12시 중앙청에서 환도식을 거행하였다. 식장 안에는 연합군 참모, 지휘관, 한국 정부 장관 등 50여 명이 모였고, 밖에는 서울 시민으로 꽉 차 있었다. 맥아더 장군은

" ...... 나는 각하에 대하여 귀국 정부 소재지를 회복하고 이에 따라 각하가 헌법상의 책임을 충분히 달성할 수 있게 된 것을 기쁘게 생각합니다."라고 연설을 하고 주기도문으로 연설을 마치자 천지가 진동하는 박수가 터져 나왔다. 이승만 대통령은,

"나 자신이나 한국 국민들은 한없는 감사를 어떻게 표현해야 좋을지 모르겠습니다."하고 연설을 마치고 맥아더 장군에게 대한민국 최고 훈장인 태극무공훈장을 수여함으로 1시 35분에 식을 마쳤다. 맥아더 장군은 대한민국 국민의 영웅이 되었다.

이승만 대통령은 국군 수뇌들을 경무대로 소집하여 "즉시 38선을 넘어 북진하라!"고 정일권 참모총장에게 명령하자 정일권 총장은 고민하였다. 그것은 이승만 대통령이 국군의 작전권을 맥아더 장군에게 넘겨주어 한국군은 맥아더 장군의 명령을 따라야 하는데 맥아더 장군은 38선을 넘지 말라고 하였기 때문이었다.

## 11. 서울 잔류파와 도강파의 싸움

서울 미아리고개는 북한 내무서원들이 한국 인사 300여 명을 끌고

가다 시간이 없자 철사 줄로 손을 묶은 채 모조리 사살하고 도망친 곳
이다. 서울대병원에는 인민군 서울 진격 시 죽인 국군 경계병과 국군
환자들을 그대로 두어서 시체 썩는 냄새가 진동하였다. 9월 28일 국군
이 서울을 탈환하자 숨어 있던 우익들이 모두 만세를 부르며 나왔다.
서울은 하루 만에 세상이 바뀌었다.

　서울을 점령한 북한 내무서원들은 남로당원과 보도연맹 가입자들
을 앞장세워 국군과 경찰 우익들을 찾아내어 무자비하게 숙청하였는
데, 이제는 국군 방첩대와 경찰들이 좌익들을 무자비하게 죽이는 일이
벌어지고 있었다. 방첩대나 정보기관에서는 "저 사람 빨갱이다."라고
지적받은 자와 부역한 자는 즉시 체포하였다. 체포된 인민군은 1,448
명, 중공군 28명, 인민유격대 9,979명 노동당원 7,661명, 계 19,116명
이었다. 서울시 보도연맹 가입자 16,800여 명은 공산주의가 싫어서 자
수하였다가 6월 28일 인민군에 의해서 서울이 점령되자 내무서원들이
보도연맹 가입자들을 앞장세워 우익을 찾아 처단하는데 말을 듣지 않
으면 죽기 때문에 어쩔 수 없이 앞장을 서야했다. 그런데 이제는 경찰
에 의해 체포되는 기막힌 운명에 놓이게 되었다. 50년 11월 13일까지
부역자 총수 550,915명 중 자수자 397,090명, 검거자 153,825명, 이중
867명을 재심 없이 신촌 홍제리로 끌고 가 사형을 집행하였다. 이중 1
월 8일 서울이 인민군에 다시 점령되자 김종원 중령은 마포형무소에
있는 300여 명을 거창 골짜기로 끌고 가 모두 처형하였고, 162,763명
중 일반재판에서 33,570명이, 군사재판에서 2,504명이 재판을 받아 15
년, 10년, 6년의 구금, 연좌제 등으로 처벌하였다. 이들은 대한민국에
서 살기가 어려웠다.

　6월 28일 인민군이 서울을 점령한 후 북한 내무서원과 남로당원과
보도연맹 가입자들은 우익 9,500여 명을 죽였고, 84,000여 명을 납북
시켰고, 4,000여 명이 행방불명되었다.

## 12. 미 10군단 인천상륙작전 완료

9월 17일 미 7사단 31연대는 부천에서 시흥 안양을 거쳐 수원으로 진격하였고, 큰 저항 없이 9월 23일 수원비행장을 탈환하였다.

9월 16일 김천에 있는 인민군 18사단 1개 연대가 서울을 방어하라는 명령을 받고 북진 중이었다. 9월 18일 수원 근방에 도착하리라고 예상하였으나 유엔군의 전폭기 때문에 낮에는 이동을 못하고 밤에는 불을 켜지 못하고 북진하기 때문에 속력을 낼 수 없었다.

9월 24일 인민군 전차 4대가 수원비행장에 나타나 미 7사단 31연대를 공격하였다. 미 7사단 31연대 포병대는 로켓포로 전차 4대를 가볍게 파괴하였다.

9월 25일 새벽 인민군은 고지에서 박격포로 수원비행장을 공격하였다. 미 7사단 31연대 2개 대대가 고지를 공격하였으나 쉽게 점령되지 않아 비행장에 많은 손실을 가져왔다. 인민군은 고지에 전차 14대, 대전차포 6문을 배치하여 미군의 공격을 막고 있었다.

9월 27일 낮 12시 미 7사단 31연대는 8대의 항공기 지원을 받으며 모든 화력을 동원, 공격하여 고지를 점령하였다. 결국 인민군 전차 14대와 대전차포도 모두 파괴되었다. 이로서 미 7사단은 다부동에서 싸우고 있던 제1기병사단이 벌써 오산까지 진격하여 만나게 되었다.

9월 30일 미 7연대는 의정부를, 5연대는 문산을 향해 진격하였다.

10월 2일 아침 8시 한국 해병은 양수리와 마석을 장악, 북상 중인 인민군 퇴로를 차단하였다.

10월 3일 오후 7시 미7연대는 인천으로 집결하였다. 국군 3사단은 이미 주문진 38선까지 도착하여 38선을 넘고 있었다. 미8군사령관 워커는 "10군단이 원주까지 진격하여 낙동강에서 싸우고 있는 인민군을 포위해야 한다." 고 작전을 건의하였다. 10군단장 알몬드 소장은 "2개 사단 가지고 원주까지 진격은 불가능하다" 고 반대 의견을 건의하였다. 맥아더 장군은 알몬드 소장의 건의를 받아들였는데, 이는 큰 실수였다.

① 10군단은 76,000여 명과 전차와 막강한 화력을 갖추고 있어 7사단으로 양평·원주를, 해병 사단으로는 평창·강릉에서 인민군 패잔병의 북상을 막아 퇴로를 철저히 봉쇄하고 패잔병을 소탕했어야 했다.

② 그리고 국군에게 전차를 지급하고 38선 이북은 국군만 진격하도록 하고 미군은 38선에서 멈추어야 했다.

③ 그런데 미 10군단이 인민군 퇴로를 열어주어 인민군 3만 정도가 38선을 넘는데 성공하게 해놓고, 인민군 잔당을 소탕하기 위해 미 10군단을 원산에 상륙시킨다는 것은 이해할 수 없는 작전이었다.

④ 국군에게는 국군 1사단 외에는 전차 한 대도 지원해주지 않았고, 미군이 미군 23만 명과 엄청나게 많은 공군과 전차와 해군으로 국군과 함께 38선을 넘자 모택동은 미군이 만주까지 공격할지 모른다고 판단, 중공군이 한국전에 개입할 수 있는 명분을 주어 중공군의 한국전 참전을 서두르게 하였다.

미군은 38선에서 머물고 국군 6개 사단만 가지고도 북한 인민군 패잔병과 북한 인민군을 이기고 통일할 수 있었다. 국군만 북진하고 있다가 중공군이 개입하면 그 때 만주와 북경과 중공군을 공격하였다면 대한민국은 통일되었다.

⑤ 그리고 10군단을 미8군사령부에 배속시켜 워커의 명령을 받게 해야 하는데, 10군단이 맥아더의 직속 명령을 받게 한 것은 군 체제에도 맞지 않을 뿐만 아니라 작전에도 큰 실수를 범하여 앞으로 미군이 패전하게 되는 한 원인이 되었다.

⑥ 미 10군단이 원주에서 원산으로 진격하도록 했어야 했는데, 인천, 부산을 거쳐 원산에 상륙하게 한 것은 맥아더 장군의 큰 실수였다.

# 제21장

# 9월 23일 인민군 낙동강에서
# 총 퇴각

# 제21장 9월 23일 인민군 낙동강에서 총 퇴각

## 1. 9월 22일 미 10군단 영등포역 점령 후
## 인민군 낙동강 전투 무너지기 시작

9월 15일 미 8군사령관 워커 중장은 "미군이 인천상륙에 성공해야할 텐데……"라고 하며 손에 땀을 쥐고 인천 소식을 기다리고 있었다. 만일 미군의 인천상륙이 실패하면 인민군은 사기가 올라 죽자 살자 5차 작전을 실천에 옮겨 부산을 향해 진격할 것인데 낙동강 전선에서한 군데만이라도 뚫리면 이를 막는다는 것은 쉬운 일이 아니었기 때문이었다.

9월 15일 아침 "미군은 인천상륙에 성공하였다. 그러나 오후까지 기다려 보아야 한다."라는 보고를 받고 하루 종일 손에 땀을 쥐고 기다리고 있을 때 오후에 미군이 인민군의 저항 없이 본격적으로 상륙을 하고 있다는 보고를 받고 그는 너무 기뻤다. 워커 중장은 "9월 16일 아침 9시를 기해 유엔군은 총 반격하라!"고 명령하였다. 맥아더 장군과 워커 중장은 미군이 인천상륙을 하였다고 하면 인민군이 즉시 후퇴할 줄 알았다. 그런데 9월 16일 하루 종일 반격을 하였는데도 인민군은 끄덕도 하지 않았다. 낙동강의 유엔군은 반격은 그만두고 현 전선을 지키는 것조차 어려웠다.

9월 17일 유엔군이 반격하다 많은 피해만 보고 있었다. 맥아더 장군과 워커 중장은 고민에 빠졌다. 그리고 초조하고 불안하였다. 혹시 인천과 낙동강의 거리가 멀어서 유엔군이 양분되어 각개 격파되는 것은 아닌가 하고 잠을 이루지 못하였다. 맥아더는 낙동강에서 싸우고 있는 미군과 국군을 빼서 군산에 상륙시켜 대전에서 인민군의 배후를 공격하면 쉽게 무너지겠다고 생각해서 작전을 구상하고 있었으나 워커는 이를 절대 반대하였다.

9월 18일 미 해병대가 김포비행장과 구로동을 점령하고 영등포에 육박하자 김일성은 만일 미군이 영등포역을 점령하면 인민군의 모든 보급이 중단되어 인민군은 낙동강 전선에서 싸울 수 없다고 판단하였다. 따라서 9월 18일 김책 전선 사령관에게 "부대를 금강과 소백산까지 후퇴시키라"고 명령하였다. 그래서 김책은 먼저 현풍, 영산, 마산 방면의 1군단을 축자적으로 금강선까지 후퇴시켰고, 1군단을 엄호하기 위하여 중부와 동부의 2군단은 현 진지를 고수하라고 명령하였다.

김책의 명령에 따라 진주의 6사단과 7사단이 제일 먼저 후퇴하기 시작하였고, 영산의 4사단, 5사단, 2사단, 현풍의 10사단이 후퇴하여 낙동강 전선이 무너지기 시작하였다.

9월 19일 인민군은 낙동강 전 전선에서 흔들리기 시작하면서 9월 22일에는 미군이 영등포역을 점령하자 인민군의 보급선이 차단되었다. 미군이 인천에 상륙하여 인민군의 퇴로를 막고 있다는 소식이 삽시간에 퍼져 부산 점령의 희망이 깨지면서 인민군에게는 절망이 앞서 전사들은 싸울 의욕을 잃어갔다. 어떻게 하면 살아서 38선을 넘을까만 생각하다보니 9월 23일 인민군 13개 사단은 완전히 붕괴되기 시작하였다.

이상으로 보아 인민군이 서울에서 6월 28일~ 6월 30일 3일 동안 쉬고 있을 때 끊어지지 않은 한강 철교 하나를 공병대가 절단해야 하는데 다 도망치고 절단하지 않은 것이 한국전에 큰 피해를 가져왔다는 것을 알 수 있다.

인민군은 철수하면서 대전형무소에 수감 중이던 경찰과 공무원과 우익인사 6,830여 명을 우물 속에 넣어 죽이고, 우물속이 차자 구덩이를 판 후 모두 사살하고 도망쳤고, 공주형무소 36명, 목포 · 광주형무소 282명, 전주 600-2,000여 명을 학살하고 도망쳤다.

## 2. 국군 3사단 포항에서 반격

9월 15일 "유엔군이 인천 상륙에 성공하였다."라는 소식이 순식간에 국군과 미군 병사들에게 알려지자 병사들과 장병들은 서로 얼싸안고 만세를 불렀다. 그 동안 얼마나 많은 전우들이 전사하였고, 부상병들이 얼마나 힘든 고통 가운데 있는가! 포항이 몇 차례나 인민군에게 점령되어 인민군이 부산까지 점령하지나 않을까 하며 손에 땀을 줄 때가 얼마나 많았는가! 이제 반격을 하다니 지옥에서 천국으로 가는 듯 꿈만 같은 현실에 전우끼리 껴안고 춤이 절로 추어졌다. 전쟁의 패배는 지옥이었고, 승리는 천국이었다. 죽어서만 천국과 지옥이 있는 것이 아니었다.

국군 3사단은 9월 15일 전함 미조리호의 16인치 포를 지원받으며 인민군 5사단을 공격하였으나 별 진전이 없었다. 9월 16일에도 공격하였으나 인민군 5사단은 끄덕도 하지 않았다. 9월 17일 국군 3사단 23연대가 선두에 서서 공격하였으나 피해만 보았고 인민군은 끄덕도 하지 않았다. 9월 18일 국군 3사단이 인민군을 공격하였으나 별 진전이 없었다. 장병들은 이상한 일이라 생각하고 불안하였다.

9월 19일 국군 3사단은 아침 일찍부터 공격하였으나 진전이 없었다.

9월 20일 국군 3사단의 공격에 인민군이 조금씩 밀려 포항을 탈환하였다.

9월 22일 홍해를 탈환하였다.

9월 23일 인민군 총사령부에서는 "인민군은 총퇴각하라"는 명령을 받은 마상철의 얼굴에서는 통곡의 눈물이 흘렀다. 인민군 5사단 전사들은 미군이 인천에 상륙하여 영등포까지 왔다는 소문이 삽시간에 퍼져 싸울 의욕을 잃었다. 그들은 살아서 북으로 도망칠 것만 생각하고 있어 국군의 전진을 막을 수 없었다.

9월 23일 인민군은 붕괴되기 시작하여 국군3사단은 홍해 북쪽을 탈환하였다. 국군3사단은 인민군이 후퇴하더라도 재편할 수 있는 시간을 주어서는 안 된다고 판단, 밤낮 쉬지 않고 몰아붙였다.

9월 24일 강구에 도착하였고, 9월 26일 평해 탈환, 9월 27일 울진, 9월 28일 삼척, 9월 30일 강릉을 탈환하였다. 9월 30일 오후 8시 국군 3사단 23연대는 주문진 38선까지 10일 만에 진격하였다. 장병들은 38선을 넘자고 아우성이었다.

미8군 사령부에서는 "38선을 넘어서는 안 된다"고 하였다. 그러나 이승만 대통령은 "무슨 소리냐? 38선을 넘어야 한다."고 하여 부대장들은 전시작전권이 미군에 있기 때문에 누구의 명령을 따라야 할 지 처음으로 전시작전권 문제로 고민을 하게 되었다. 국군 3사단 23연대 3대대장 허정순 소령은 "나는 이승만 대통령의 명령을 듣는다!" 하면서 중대장들에게 "38선을 넘어 양양을 점령하라!" 는 명령을 하고, 10월 1일 38선을 넘어 양양 앞 고지를 점령하여 포항에서 10일 만에 38선까지 도착하였다.

패잔병을 몰아칠 때는 국군 3사단 같이 해야 한다. 인민군이 서울을 점령한 후 패전한 국군을 이렇게 몰아쳤으면 인민군은 벌써 대승하였을 것이다. 그런데 먹고, 자고, 놀면서 김일성은 바보들의 작전으로 인민군 6.25남침전쟁을 실패해 놓고 이제 와서는 김일성이나 남한의 강정구외 좌파들은 미군 때문에 인민해방전쟁이 실패하였다고 실패를 미군에 뒤집어씌우고 있다. 좌파들은 거짓의 전문가들이다.

10월 1일 38선을 국군이 넘었다고 해서 10월 1일을 국군의 날로 정하였다.


## 3. 국군 수도사단 안강에서 반격

9월 국군 수도사단과 인민군 12사단은 안강 및 곤제봉에서 가겠다, 못간다 고 하며 매일 일진일퇴 사투를 벌이고 있을 때 "유엔군이 인천 상륙에 성공하였다."는 소식에 국군은 모두 감격하였다. 9월 17일 수도사단은 인민군 12사단을 공격하였으나 인민군은 잘 방어하고 있었다.

18일부터 인민군이 흔들리기 시작하여 국군은 안강을 탈환하였다.

19일 기계를 탈환하였다.

22일 도평을 탈환, 인민군 12사단의 퇴로를 차단, 입암까지 진격하였다. 23일부터 인민군은 총퇴각하고 있었고, 9월 26일 국군은 청송, 영양으로 진격하였다.

27일 국군 수도사단은 춘양에 도착하였고, 9월 28일 영월·평창, 9월 29일 대관령에서 인민군의 퇴로를 차단하자 인민군은 지휘관 30여명, 전사 3,500여 명 정도가 오대산을 타고 몸만 살아서 38선을 넘었다. 국군 수도사단 18연대가 9월 30일 38선 서림리에 도착하였다.

## 4. 국군 8사단 영천에서 반격

천신만고 끝에 영천을 탈환한 국군 8사단은 9월 15일 유엔군이 인천 상륙에 성공하였다는 소식에 장병들은 감격하여 만세를 불렀다. 6.25 이래 하루도 싸우지 않은 날이 없이 강릉에서 영천까지 왔고, 국군이 이제 반격하여 잃어버린 땅을 다시 찾아 혹시나 통일이 되지 않나 해서 꿈에 부풀어 있었다.

인민군 15사단은 붕괴 직전이라 국군 8사단의 적수가 되지 못하였다. 국군 8사단은 의성, 안동, 영주 등에서 처절하게 싸우며 후퇴한 길을 따라 이제는 빠른 속도로 무제한 반격하였다.

9월 24일 국군 8사단은 청송과 의성을 탈환하였다. 인민군 2군단은 안동에 있었는데 김무정은 원주와 김화를 거쳐 38선을 넘는데 성공하였고, 인민군 15사단은 사단이 해체되어 각자 흩어져 도망쳤다.

9월 26일 국군 8사단은 안동을 탈환하였다.

29일 단양을 탈환하였고,

30일 인민군 8사단, 12사단, 15사단의 전사 4,000여 명이 원주, 춘천, 화천을 거쳐 북으로 도망쳤으며, 10월 2일 국군은 원주를 탈환, 10월 3일 양수리 의정부를 거쳐 10월 7일 동두천을 탈환하고 38선 초성리에 도착하였다. 9월 15일 신녕에서 국군 6사단이, 다부동에서는 국군 1사단이 반격하였다.


## 5. 미 제1기병사단 왜관에서 반격

맥아더 장군은 왜관에서 싸우고 있는 미 제1기병사단과 영산에서 싸우고 있는 미 24사단과 국군 1사단으로 1군단을 편성하였다. 또 미 2사단과 25사단으로 9군단을 편성하여 후방 패잔병을 처리하게 하였다.

9월 15일 미 제1기병사단은 아침 9시 왜관을 향해 반격을 하였으나 인민군은 끄덕도 하지 않았다. 9월 16일도 반격을 하였으나 인민군 3사단과 치열한 공방전이 계속되었고 별 진전이 없었다.

9월 17일도 공방전만, 9월 18일에는 기병사단이 공격해도 인민군은 끄덕도 하지 않고 오히려 미 제70전차대의 전차 9대가 파손되는 손해만 보고 진전이 없었다. 미 공군 B29 42대가 융단폭격을 해도 인민군은 끄덕도 하지 않았다. 9월 19일 아침부터 미 기병사단은 왜관을 공격하여 겨우 왜관을 탈환하였으나 큰 진전은 없었다.

9월 20일 공격하여 전차 7대만 파괴되고 큰 진전이 없었다. 공격이 부진하다고 하여 7기병연대장 니스트 대령이 해임될 정도였다. 미 제1기병사단장 케이 소장은 인민군을 공격하기 위해 보병 7연대와 77야포대와 70전차대대로 777특별 최강부대를 새로 편성하여 헤리스 중령이 지휘하여 인민군을 공격하게 하였다.

　9월 21일부터 이제까지 보지 못한 강한 인민군의 전투력이 흔들리기 시작한 것을 미군은 감지하였다. 인민군 3사단은 왜관에서, 13사단과 1사단은 다부동에서 상주 쪽으로 후퇴하기 시작하였다. 이들 인민군은 중앙의 산악지역을 통해서 북으로 도망치기 시작하였다.

　9월 21일 미 제1기병사단에 인민군 13사단 참모장 이학구 총좌가 귀순하였다. 이학구의 진술은 "인민군 13사단 현 병력은 1,300여 명이며, 3사단은 1,800여 명이고, 이중 70%가 남한 출신 의용군이다. 사단과 연대간의 통신이 두절되어 작

▲ 1950년 9월 21일 자수한 이학구 총좌

전에 많은 지장을 주었다. 전차는 거의 파괴되었고, 야포도 많이 파괴되었으며, 있어도 탄약이 없어 쏠 수가 없다. 식량은 한 달 전부터 반감되어 전사들이 배가 고파 싸울 힘이 없어 의용군은 도망칠 생각만 하였다. 소총 탄알은 그런대로 보급되었다. 미 전폭기 때문에 작전에 엄청난 지장을 주었지만, 인민군의 독전대에 의해서 겨우 붕괴되지 않았다. 상부에서 9월 20일 상주방면으로 후퇴하라는 명령을 받았다. 그렇지만 현재까지 미군이 인천에 상륙하여 서울을 향해 진격한다는 것은 여기에서 처음 들었다."고 진술하여 인민군의 현재의 상황을 알 수 있었다. 인민군은 장기전에 대비 보급부대와 군량미를 충분하게 확보했어야 했는데 장기전에 대비하지 않은 약점이 있었고, 수송차량이 수송

도중 미 공군에 많이 파괴되고 낮에는 수송할 수 없어 최전방에 군수물자를 공급해 줄 수 없어 전투를 더 이상 계속할 수 없는 상황이었다.

미군은 이학구 총좌를 포로 대접을 하지 말고 귀순자 대접을 해서 후방 정보처에서 근무하게 하여 작전에 도움이 되게 했어야 하는데, 포로 취급을 하여 이학구가 거제도 포로수용소에서 살기 위해 미군을 향해 반기를 들어 거제도 포로수용소 폭동의 주범이 되게 하였다.

9월 22일 미 777부대 선발부대인 7연대 3대대장 린친 중령은 전차를 앞세워 선산을 탈환하였다. 미 24사단은 진천을 탈환하였다.

9월 24일 777부대는 상주 보은으로 진격하였고, 9월 26일 청주 괴산으로 진격하고 천안에 도착하였다. 천안에서는 진주, 영산에서 올라오는 인민군 패잔병과 미군과 국군이 같이 서울을 향해 가면서도 인민군 패잔병을 죽이려 하지 않았고, 인민군 패잔병이 산속으로 들어가도 추격하지 않았다. 이것이 1.4후퇴 때 화근이 되었다. 인민군은 무기도, 힘도, 싸울 의욕도 없어 미군을 보고도 자기들을 죽이지 않는 것만으로도 고맙게 생각하면서 미군이 "수원으로 가려면 어느 방향으로 가느냐?"고 물으면 "직선으로 가라"고 대답하면서 같이 행군하였다.

9월 26일 밤 10시 30분, 777부대는 오산에 도착하여 인천상륙 선발부대인 미 7사단 31연대와 감격적으로 만나게 되었다. 777부대는 왜관에서 오산까지 200킬로를 밤낮으로 공격하여 4일 만에 도착하여 깜짝 놀라게 하였다.

현대전은 기계화시대이기 때문에 상대방이 준비하기 전, 히틀러 나치스 군대와 같이 전광석화같이 중앙을 돌파하여 각개격파 하는 전격작전을 해야 승리한다. 그런데 김일성이 이렇게 패전하여 도망치는 것은 미군 때문이 아니고 첫째 서울과 서울에서 대전까지 먹고 자고 놀면서 바보같이 전격작전을 하지 않은 까닭이며, 둘째로 김일성이 미군의 인천상륙에 대한 대비를 하지 않은 결과였다. 셋째로 인민군이 영천까지 점령해도 남로당의 폭동이 한 건도 없었기 때문이다. 만일 미

7연대 3대대장 린치 중령같이 전차를 앞세워 인민군 3사단이 6월 25일 포천에서부터 전광석화 같이 밀어붙였으면 미군이 부산에 상륙하기 전 인민군은 7월 10일까지 부산을 완전 점령하고 미군의 부산상륙을 저지하여 남한을 완전 점령하고도 남아 지금쯤 붉은 기가 펄럭이고 있을 것이다. 그리고 인천의 만조는 9월 15일이기 때문에 만일을 대비해서 9월 15일을 지켜본 후 9월 16일 18사단을 왜관으로 이동했어야 했다. 9월 13일 만일을 대비하여 인민군 18사단을 왜관으로 이동하지 않고 미군의 인천상륙을 막았다면 미군의 인천상륙은 실패하고 맥아더 장군은 망신을 당하고 김일성은 인천상륙작전을 막아 세계적인 영웅이 될 뻔하였다.

## 6. 미 25사단 마산에서 반격

인민군 6사단은 7월 30일 진주를 점령한 후 마산을 점령해서 48킬로 남은 부산을 점령하려고 7사단과 합동으로 진동에서 한 달 반을 밤낮으로 혈전을 하여 수천 명의 전사들만 죽고 끝내 마산을 점령하지 못하고 있었다.

9월 16일 아침부터 미 25사단 킨 소장은 진주를 향해 공격하려 해도 진동과 함안 사이의 742고지와 738고지, 661고지를 인민군이 점령하고 있어 공격할 수가 없었다.

9월 17일도 공격에 전혀 효과가 없었다.

18일 공격하다 많은 희생자만 내고 실패하였다.

19일 인민군은 9월 18일 밤 위의 세 고지에서 모두 철수하였다. 미 25사단은 진동에서 반격을 시작하였다.

20일 미 25사단은 중암리와 무촌리 진주 밑에까지 도착하였다.

23일 인민군의 총퇴각으로 9월 25일에서야 진주에 도착하였다. 인민군 6사단장 방호산 소장은 9월 28일 산청을 거쳐 함양에 도착하여 부대를 해산시켰다. 그는 2,000여 명의 부대원들을 유격대로 편성하여 소백산맥을 따라 10월 3일 양구에 극적으로 도착하여 11월 말에 초인적인 힘으로 희천에 도착하였다. 나머지 인민군 6사단과 7사단은 지리산과 소백산에 숨고 말았다.

9월 28일 미 25사단은 의령을 거쳐 함양에 도착하였고, 미 24연대는 남원에 도착하였다.

29일 89전차부대는 전주, 이리를 거쳐 논산, 대전으로, 79전차대대는 정읍을 거쳐 이리, 논산, 대전으로 전차는 밤낮 2일 동안 이리에서 대전으로, 전주에서 대전을 향해 올라가 대전에서 낙동강 전선에서 올라오는 전차와 만나게 되자 미군의 전차는 가히 세계적이라 할 수 있을 정도로 장관을 이루었고, 미군의 군사력에 대해서는 기절할 정도였다.

9월 22일 현재 인민군 2개 군단 13개 사단 98,000여 명 중 살아서 38선을 넘은 전사는 25,000~30,000명 정도였다. 그리고 이들은 소총과 박격포만 들었고, 모든 전차와 차량과 중화기를 버리고 도망쳐 인민군은 완전히 붕괴되었다. 인민군 약 3만여 명이 살아서 38선을 넘은 것은 미10군단이 가평, 양평, 원주에서 강릉까지 인민군의 철수 길을 막지 않고 길을 활짝 열어주어 가능하였다. 워커장군의 주장대로 양평에서 강릉까지 미10군단이 인민군의 후퇴 길을 막았다면 38선을 넘는 인민군은 많지 않았을 것이다. 이것이 후일 화근이 되었다. 38선을 넘지 못한 인민군은 보현산에 20,000여 명, 지리산에 20,000여 명 정도였으며, 이들은 유격대가 되었다. 28,000여 명은 9월 23일 붕괴되면서 후퇴하다 사살되거나 포로가 되었다.

미 2사단과 25사단을 9군단으로 편성하여 군단장에 콜러 소장을 임명하고 이들 후방 패잔병을 소탕하느라 후방에 있었다.

# 제22장

## 38선 돌파 주장

# 제22장 38선 돌파 주장

## 1. 중국의 입장

중국 외상 주은래는 50년 8월 20일 유엔 사무총장 앞으로 "미국이 한국전쟁을 도발한 침략의 장본인이다. 중국 인민은 한국 문제의 해결에 가장 깊은 관심을 표명치 않을 수 없다."라는 내용의 서한을 보냈다.

8월 24일 주은래는 유엔 안보리이사회에 "미국이 중국 영토에 대한 직접 무력침략을 감행했다."고 항의하면서 "미 7함대를 대만해협에서 철수하도록 명령하라!'고 요구하였다.

8월 28일 "미 공군이 만주를 침략하였다."고 거짓 주장을 하면서 통고하였다.

29일 "미국이 악의를 가지고 무력 침략을 확대하고 있다"고 항의 하였고, "안보리이사회는 미국의 침략행위를 책하고 한국에서 미 침략단이 즉시 철수할 것을 권고하라."라고 억지주장을 하며 만일 인민군이 패하여 미군이 38선을 넘어 북진하여 만주를 침략할지 모를 때를 대비하여 명분을 만들어가고 있었다.

## 2. 미국의 입장

50년 8월 30일 미 국무부장관 에치슨은 "다른 국가의 군대가 전쟁에 개입하지 않는 한 전면전쟁은 없을 것이며, 38선에 대한 돌파 여부는 유엔에 달려 있다."라는 성명을 발표하였다. 이 성명에 대한 반대파들은 "연합군이 38선을 돌파하여 북진하면 중공과 소련이 한국전에 개입하는 결과를 초래하며, 3차 세계대전으로 확대될 가능성이 있다."라고 반대하였다. 이 주장에 트루먼과 맥아더와 이승만은 겸허하게 경청했어야 했다. 찬성파는 "침략자를 추격하는 군대 특히 한국군은 38선에 정지시킬 수 있는 법적 근거가 없다. 38선을 돌파하지 않으면 38선은 영구한 국경선이 된다. 만일 연합군이 38선을 돌파하지 않는다면 인민군은 재무장하여 38선을 다시 넘을 것이다. 이미 미 공군과 해군은 38선 이북의 전 지역에 폭격을 하였는데 다만 보병만 가지 않았을 뿐이다. 지상군만 발을 묶는다는 것은 사리에 맞지 않는다."라고 하며 38선 돌파는 당연한 것이라고 찬성하였다.

9월 10일 미 국무장관 에치슨은 "중공군의 한국 침략은 중공 자신의 멸망을 초래할 뿐이다."라고 경고하였다.

9월 26일 영국은 "38선을 이 기회에 돌파하지 않으면 유엔이 관리하기 전 한국의 선거와 통일 한국의 실현은 불가능하다."라고 하였다. 유엔은 9월 29일 "유엔군은 38선을 돌파해야 한다."라는 결의안이 유엔 총회에 상정되어 7대1로 통과되었다. 트루먼은 ".......우리는 대만이나 그 밖의 아세아 어느 부분에 대한 야망도 가지고 있지 않다."라고 성명을 발표하였다.

9월 23일 중국은 "조국의 위기를 구하고자 중공지원 인민군 가운데서 역전의 조선병들이 귀국하였다. 중국 인민은 항상 조선민족의 편에서 싸울 것을 명확히 성명한다."라고 성명을 발표하였다.

9월 25일 중국 인민군 총 참모총장은 "중국은 미국이 38선을 돌파하는 것을 결코 묵과하지 않을 것이다."라고 인도 대사에게 전하여 9월 30일 이 내용이 성명으로 발표되었다.

트루먼과 맥아더와 이승만은 38선 북진 반대파들의 주장에 귀를 기울여 미군은 38선에서 멈춰 인민군 패잔병이 북진하지 못하게 철저히 봉쇄하고 국군만 38선 이북으로 북진시켜 중공군의 한국전 참전 여부를 보면서 미군이 작전을 하였다면 한반도는 통일이 되었다. 그러나 맥아더와 트루먼과 이승만은 모택동을 바보 취급하는 오만에 빠져 무작정 38선을 넘어 북진하다 중공군이 한국전 참전에 명분을 주고 중공군에 밀려 한반도의 통일을 좌절시키고 말았다.

## 3. 한국의 입장

9월 15일 "유엔은 이 기회에 한`만 국경까지 진격 돌진하여 완전 통일이 실현되기를 삼천만의 이름으로 요청합니다."라고 유엔 사무총장에게 보낼 결의문을 채택하였다.

9월 20일 이승만 대통령은 ".......본래 우리의 정책은 남북통일을 하는데 한정될 것이다...... 그러므로 우리가 38선에 가서 정지할 리도 없고 또 정지할 이유도 없다."라고 성명을 발표하고 국군에게 38선을 넘으라고 지시하였다. 이때 이승만은 "유엔군은 38선에서 머물고 국군만 38선 이북으로 북진하겠다."고 트루먼이나 맥아더에게 강력히 주장하고 국군만 북진했어야 했다. 이승만과 신성모, 정일권은 사대주의 근성에 젖어 통일도 미국만 의지하려 하였지 자주적으로 통일하려는 의지나 앞을 보는 안목이 없어 통일의 절호의 기회를 놓치고 말았다.

지금도 국방을 사대주의 근성에 미국만 의지하는 것을 보면 참으로 한심하다. 2012년 국방 예산은 33조원인데 보건복지부 예산은 92조원이다. 그런데도 보건복지부 예산을 새누리당은 22조원을, 민주통합당은 33조원을 더 늘려야 한다고 주장하고 있다. 나라의 앞날을 생각하고 정치를 하는 것인지 참으로 한심한 일이다. 또한 이러한 국방예산 가지고 독도분쟁 시 어떻게 일본에 대항하겠으며, 이어도 가지고 중국과 다투게 될 때 어떻게 대항하겠는가!

## 4. 트루먼 미 대통령 맥아더 원수에게 38선 북진 권한 부여

9월 27일 미 합참본부는 "귀하의 군사 목표는 인민군을 궤멸시키는 데 있으므로 이 목표를 달성하기 위하여 38선 이북에 대한 군사 행동을 승인한다. 다만 만주 및 소련과의 국경선을 넘어서는 안 된다."라고 맥아더 원수에게 훈령하였다.

맥아더 원수는 "미 8군은 38선을 돌파하여 평양으로 진격하고, 10군단은 원산에 상륙하여 8군과 협력한다. 미8군 38선 돌파는 10월 15일 전후하여 결정한다."라고 작전 계획서를 합참에 보고하였다. 트루먼 대통령은 이 보고서를 추인하였다. 이에 워커 중장은 "10군단을 8군 예하에 두어야 작전에 차질이 없지 맥아더사령부 직속으로 하는 것은 문제가 있고, 10군단을 서울에서 원산으로 바로 진격시켜야지 인천과 부산을 거쳐 원산으로 상륙시키는 것은 작전에 엄청난 어려움과 효과가 없다"고 강력히 주장하였으나 맥아더 장군은 들은 척도 하지 않아 후일 문제가 되었다.

10월 1일 김일성은 평양 모란봉 밑의 지하 방공호에서 "제2의 수도는 신의주로 한다."라고 해놓고 강계로 옮기기 위해 행정부, 은행 등 주요 부서를 극비로 옮기고 있었다.

# 제23장

## 유엔군 38선 북진

# 제23장 유엔군 38선 북진

## 1. 중공군의 움직임

50년 6월 25일 인민군 11만 대군이 38선을 넘자 이 소식은 전 세계에 충격을 주었다. 그리고 미군이 한국전 참전을 즉각 결정하고 미 7함대가 대만해협으로 이동하자 중국은 당황하였다.

50년 7월 7일 중국 중앙위원회에서 모택동과 주은래는 국방회의를 열어 "동북지방 경계를 위해 제4야전군을 파견한다."라고 결정하였다. 제4야전군 소속 13병단을 파견하는데 13병단 소속은 38, 39, 40군이었다. 이 부대들은 즉시 압록강 주변으로 이동하였다. 그리고 1, 2, 8 포병사단과 1개 고사포연대, 1개 공병연대 등 총 25만 5천명이었고, 사령관에는 등화를 임명하였다.

50년 7월 31일 맥아더 장군이 대만을 방문하여 장개석을 만나자 모택동은 "맥아더가 장개석을 선동하여 본토 상륙을 하지 않을까?"하는 염려를 하고 있었다. 그리고 "김일성이 한반도에서 세계 최강 미군을 몰아낼 수 있을까?" 이 두 가지를 대비하며 동북국경수비군을 서둘러 편성하였다.

8월 13일 13병단 소속 사단장들과 하진년 정치위원, 고강, 초경관, 초화, 등화 등이 모여 조선에서의 전쟁 상황을 보고 받고 만일을 위해 준비하라는 모택동의 설명을 들었다. 이어서 이들은 부대배치, 사상교육, 병참보급에 대해 계획을 세웠다. 39, 40군은 안동, 38군 통화, 42군 집안 등으로 이동시켰고, 포병 1, 2, 8사단과 2개 공병단도 이동시켰다.

8월26일 스탈린이 북경에 특사를 보내 모택동에게 "북조선을 지원해 주시오!" 하고 요청할 때 "협조를 하겠다!" 라고 약속을 하였다.

50년 9월초 김일성은 박헌영을 특사로 모택동에게 보내 중공군의 지원을 요청하였다. 그 후 장춘에 조·중 연합사령부를 신설하였다. 김일성과 박헌영의 공동 이름으로 모택동에게 군사 지원을 전보로 요청하였다. 모택동은 스탈린에게 중공군이 한국전에 참전할 의사를 표시하자 소련도 "40개 사단의 장비와 공군지원을 해 주겠다"라고 약속하였다. 50년 9월 11일 홍콩발 뉴스는 "중공군 90만 명이 한만 국경선으로 이동 중이다." 라고 보도하였다.

9월 15일 미군의 인천상륙이 성공하자 김일성은 내무상 박일우를 안동으로 보내 하진연, 고강, 등화 등 13병단 지휘관들에게 "미군이 인천에 상륙하였다"라는 보고를 하였다. 그리고 "중국에서 병력지원을 해 주십시오!" 하고 정부와 노동당을 대표해서 요청하였다. 고강은 "중앙당에 즉시 보고하여 결정되면 즉각 병력을 출동시켜 조선을 힘껏 돕겠습니다." 하고 답변하였다.

13병단 지도부 고강, 한진년 등은 미군의 작전을 세밀히 연구하기 시작하였다. 연구 결과 미군과 국군은 38선을 넘어 압록강까지 올 것이라는 판단을 하고 여기에 대한 작전을 세웠다. 또한 미군은 현대화한 장비, 신속한 기동성, 지상군의 화력, 항공기 등 중공군에는 전혀 없는 육·해·공군의 합동작전으로 2차 대전 때 구라파에서 히틀러군대와 태평양에서 일본군과 동시에 전투를 한 막강한 군사력에 비해 중공군은 화력과 기동력과 항공기, 전차도 없이 소총과 수류탄과 박격포만 가지고 싸워야 했다. 그렇기 때문에 그들은 연구 결과 접근전, 야간전, 후방교란전, 산악전, 백병전으로 현대화한 미군을 무력화시키기로 작전계획을 세웠다.

① 미군은 전차와 포병, 항공기를 위주로 한 화력전으로 비교적 단순하며 공격적이다. ② 그러므로 중공군은 우회하여 후방에서 포병을

잠재우고 야간에 접근전을 해서 전차도 항공기도 포병도 쓸 수 없게 한다. 그리고 ③ 미군을 압록강 근처의 산악 깊숙이 끌어들여 보급을 길게 하고, ④ 좁은 산악 도로에서 수송 능력이 없게 한 후, ⑤ 작전에 어려움을 주게 한다.

이상으로 하진년, 고강은 작전보고서를 작성하여 모택동에게 보고하였다. 38군단장 양홍초, 39단장 오신천, 40군단장 옹옥성, 42군단장 오서림 등과 매일 미군의 작전에 대해서 장단점을 분석 작전을 연구하고 있었다. 이들은 중공군에 대해 하루 4시간씩 사상 교육, 장비 보충, 군수품 준비에 정신이 없었고, 이들은 미군과 싸우면 승산이 있다고 자신감에 차 있었다. 모택동은 고강, 하진년, 홍학지, 해패연 및 중국 인민지원군 각급 지휘관에게 명령서를 보냈다.

1) 중국 인민지원군은 13병단 예하 38, 39, 40, 42군 및 변방 포병사령부 예하 포병 1, 2, 8사단을 통합 지휘한다. 즉각 출동 명령을 기다릴 것.
2) 팽덕회 동지를 중국인민지원군 사령관 겸 정치위원으로 임명한다.
3) 중국인민지원군은 동북행정구역을 총 후방기지로 삼는다. 후방에서의 모든 임무, 군수품 보급, 조선동지들을 돕는 것과 관련된 모든 일은 동북군구사령관 정치위원고강 동지가 지휘 감독 및 책임을 진다.

1950년 10월 8일 중공 인민혁명군 군사위원회 주석 모택동


미 하우스만 대위는 "8월부터 9월 한 달에 걸쳐 압록강 교량의 북안에 집결 중에 있다. 중공군이 한국전에 개입할지 모른다."고 맥아더 사령부에 건의하였으나 맥아더 사령부는 "부대교체 또는 국경 경비대를 강화하고 있다."고 하면서 무시해 버렸다. 주한 미 고문단장 피아로 준장은 하우스만에게 "중공군이 만주에 집결 중이라고 들었는데 그들은 바보가 아닌가?"라고 중공군을 바보 취급을 하였다.

## 2. 웨이크 섬에서 트루먼 대통령과 맥아더 사령관의 회담

50년 10월 15일 오전 10시 트루먼 대통령과 맥아더 사령관이 회담하기 위해 회담 장소인 태평양 웨이크 섬에 도착하였다. 회담에는 태평양 함대 사령관 래드포드 제독, 육군 장관 페이스, 대통령 공보관, 대통령 특별고문, 대통령 법률고문, 유엔 대사, 합동참모본부장 오머, 브레들리 대장, 그리고 35명의 기자가 참석하여 세계 뉴스의 초점이 되었다.

대통령 공보관이 "한국통일 후의 행정과 부흥, 전쟁포로의 취급, 필리핀의 경제 정세, 인도지나의 방위 태세, 대일 평화조약 준비의 진전 상황, 일본과 한국의 보급 문제 등이 이번 회담의 안건입니다."라고 모인 목적을 설명하였다. 합참의장이 먼저 맥아더 장군에게 "맥아더 장군께서는 한국전쟁이 언제쯤 끝날 것 같습니까?" 하고 질문하였다.

"나는 적의 저항이 추수감사절(11월23일)까지는 끝날 것으로 보고 있으며, 오는 크리스마스까지는 8군을 일본으로 되돌려 보낼 생각입니다." "중공과 소련의 개입 가능성은 어떻소?" 트루먼 대통령이 질문하였다.

"참전 가능성은 희박합니다."

"그렇게 판단하는 이유는 무엇입니까?"

"그들이 한국전에 개입할 의사가 있었으면 8월말 경 몇 개 사단 만이라도 낙동강 전선에 파병하였다면 유엔군을 위기에 몰아넣었을 것입니다. 그러나 이제 개입하는 것은 시기를 놓친 것입니다."

"만주에 중공군이 어느 정도 있소?"

"정보국 보고에 의하면 30만 정도가 있으며, 압록강 국경에는 20만 정도 있으나 국경을 넘을 수 있는 병력은 약 6만정도로 보고 있습니다. 그러나 중공군은 공군과 전차가 없으며, 대공포도 없고, 화력도 연약합니다. 유엔군이 우세한 공군력을 확보하고 있는 이상 중공군의 지도자가 대규모의 정규군을 한국 전선에 투입하는 어리석은 위험을 저지르지 않을 것입니다. 왜냐하면 그 주력은 평양에 도착하기 전에 유엔 공군에 의해서 큰 타격을 받고 전멸될 것입니다."

그러자 육군 장관이 맥아더에게 "중공군 참전 가능성에 대한 장군의 생각은 어떻습니까?" 하고 질문하였다.

"현재로서는 중공군이 대부대로 참전할 징조는 보이지 않고 있습니다. 만주의 중공군 움직임은 아직은 없습니다."

1시간 20분 만에 회담은 끝났다. 회담 내용은 35명의 기자들에 의해 전 세계에 보도되었고, 한국 국민들은 이제 통일이 되는구나 하고 만세를 불렀다. 트루먼 대통령은 워싱턴을 향해 가면서 샌프란시스코에 잠시 들려 "한국전은 추수감사절까지 끝날 것이며, 미8군 병사들은 성탄절까지 고국에 돌아올 것이다!" 라고 성명을 발표하자 미국 국민들은 맥아더 장군을 영웅으로 받들었다. 그리고 트루먼을 열렬히 환영하였다. 미군과 국군은 전쟁이 곧 끝날 것으로 판단하고 마음이 들떠 있는 상태에서 북진을 하게 되었다. 모택동은 10월 8일 팽덕회에게 "한국전 참전을 위해 출동준비를 할 것" 하고 명령을 내린 상태였는데도 맥아더 장군은 이 정보를 모르고 중공군을 무시하고 모택동을 바보 취급을 한 오만한 마음의 대가는 전쟁을 치르고서야 알게 되었다.

## 3. 국방부장관 신성모의 중공군 동향 정보 수집 묵살

50년 10월 1일 정보국장 백인엽 준장은 중공군의 동향을 파악하기 위해 "중공군의 정보수집에 대하여"라는 중공군의 정보수집에 필요한 계획서를 작성하여 정일권 총장에게 결재를 요구하였다. 그러자 정 총장은 "세계에 첩보망을 치고 있는 미군도 중공군이 개입할 이유가 없다고 하는데 이것은 헛수고다!'고 하면서 반대하였다가 억지로 결재를 해주었다. 국방부장관 신성모를 찾아가 결재를 요청하자 "헛소문을 뿌릴 작정인가?'라고 화를 내면서 결재를 해주지 않아 첩보대를 통해 중공군 동태의 정보수집이 좌절되었다. 적의 정보 없이 공격하면 백전백패라는 손자병법의 평범한 진리를 무시한 사대주의 근성의 정일권과 신성모의 대가는 처절한 참패와 통일의 꿈이 산산조각 나게 하였다.

이승만과 국군 수뇌들은 설마 김일성이 동족의 가슴에 총을 쏘겠는가? 하였는데 설마가 6.25전쟁의 현실이 되었고, 김일성은 "미군이 설마 인천으로 상륙을 할까? 그것은 불가능하다"고 하였으나 맥아더는 인천상륙을 성공하였고, 맥아더는 "중공군이 박격포만 가지고 현대무기로 무장한 미군을 상대해서 설마 한국전에 개입할까? 그것은 불가능하다"고 하였으나 모택동은 이 불가능한 일을 실현하여 맥아더를 비참하게 하려하고 있었다. 전쟁은 언제든지 "설마 그럴 수 없다, 불가능하다" 한 곳이 가장 위험하여 만일을 대비하는 자만이 승리하는 세계이다. 2012년 먹을 것이 없는 북한 인민군이 설마 남침할까? "그럴 리 없다"고 할 때 현재가 가장 위험하다. 우리는 미국만 의지하지 말고 만에 하나 북한 인민군의 공격에 항상 대비해야 한다. 일본과 중국에 대해서도 준비를 해야 한다. 그래서 자주국방을 해야 한다. 설마 북한 인민군이 두 번째 남침을 할까? 할 때 가장 위험하다.

## 4. 유엔군의 보급문제

워커 장군은 8군의 보급품 수송에 대하여 걱정을 하고 있었다. 그것은 한국군의 보유 차량이 1개 연대에 20여 대 밖에 되지 않아 차량이 부족하여 보급품을 제 시간에 제공할 수 없는 상태였다. 다음은 한국군에는 전차가 지급되지 않아 전투력이 약한 점이다. 일본에 저장된 탄약은 8월말까지 낙동강 전투에서 무제한 사용하여 재고 여유가 없었다. 지금까지 군수보급은 부산항에서 육로를 거쳐 전선에 보급을 하였는데 전선보급로가 길어지자 부산항에서 인천항을 통해 보급하려 하였다. 그러나 인천항은 유엔군의 일일 필요량 절반 정도밖에 선적시킬 수 없어 문제였다. 철도에 의존하려고 하자 부산에서 서울까지는 복구가 용이하나 임진강 철교가 완전히 파괴되어 보수가 어려웠다.그래서 유엔군의 모든 군수물자는 문산에 집결시켜 개성의 전방보급소에 육로로 운반하여 전방으로 보급해주는 어려움이 있었다. 그래서 급할 때는 항공기로 공수하였다. 미8군사령관 워커 중장이나 군수참모들은 "추수감사절까지 전쟁이 끝난다."고 판단, "현재 일본이나 한국에 있는 재고품 가지고 전쟁을 끝내자."고 단순하게 생각하였다. 특히 겨울철에 대해 준비가 부족하였다.

## 5. 10월 1일 국군 3사단 38선을 넘어 원산을 향해 진격

인민군 2군단장 김무정은 "인민군 5사단, 12사단, 15사단은 오대산 금강산을 통해 원산으로 집결하라!'는 명령을 내리고 전력을 다해 도망치고 있었다.

10월 1일 국군 3사단 23연대 3대대는 새벽 2시 주문진에 도착하여 11시 30분 3대대장 허형순 소령은 38선을 넘어 양양읍 앞산에 도착하였다. 국군 3사단이 38선을 넘어 양양에 도착하였다는 소식은 세계 뉴스의 초점이었고, 대한민국 온 국민은 만세를 불렀다.

국군 3사단 장병들은 왼쪽에는 설악산의 단풍과 오른쪽에는 바다속까지 보이는 맑은 물의 파도를 보면서 통일의 꿈을 안고 원산을 향해 북진하고 있었다. 10월 3일 3사단 26연대는 인민군의 저항을 물리치고 간성을 거쳐 거진 까지 도착하였다. 4일 국군 3사단 22연대는 인민군의 저항을 물리치고 고성에 도착하였다. 5일 국군 3사단은 인민군의 저항을 물리치고 통천에 도착하였다. 미 전폭기 550대가 산악으로 도망치는 인민군을 향해 계속 폭탄을 퍼부었다. 6일 원산 밑 송전에 도착하였다.

## 6. 수도사단 원산을 향해 진격

인민군 12사단, 15사단, 5사단은 평창을 지나 대화에서 오대산을 통하여 북으로 도망치고, 일부는 현리, 인제, 김화를 통해 원산으로 도망치고 있었다. 수도사단은 18연대가 선발대가 되어 10월 4일 간성에서 진부령을 거쳐 원통, 인제에 진격하였다.

10월 5일 광치령에서 인민군의 저항을 물리치고 양구에 도착하였다.

7일 준양에 도착하였다. 8일 인민군의 저항을 물리치고 철령고개를 넘어 원산 밑 고산에 도착하였다. 국군 18연대 1대대장 장춘권 소령이 부상당하여 부산으로 후송되었다.

## 7. 10월 11일 국군 3사단, 수도사단 원산 도착

낙동강 전투에 참여한 인민군 1, 2, 3, 4, 5, 12, 15사단 등 패잔병들이 중부전선과 태백산맥과 오대산을 거쳐 원산으로 몰려들었다. 그리고 원산을 방어하고 있는 부대는 42사단과 249여단, 원산 경비 제2여단 등 2만여 명이 전차 12대와 중포로 무장하고 있었다.

국군 수도사단과 3사단 16,000여 명이 안변에서는 수도사단이, 통천에서는 국군 3사단이 2개 방향에서 원산을 향해 공격해 들어갔다.

인민군 원산방어사령부는 안변과 통천 도로 주변에 병력을 배치 방어하고 있었다. 10월 8일 아침 8시 국군 3사단 23연대가 현산에서 인민군 저항을 물리치고 오후 3시 쌍음리에 도착하였다. 수도사단 1연대와 18연대는 인민군의 치열한 저항을 물리치고 신고산을 점령하였다.

10월 9일 국군 3사단 23연대는 원산 탈환의 유리한 고지인 월봉산을 점령하였다. 22연대는 원산 정면을 공격하고 있었다. 18연대는 새벽 2시 원산의 지경리까지 진격하였다.

10월 10일 인민군 2개 연대가 방어하고 있는 여왕산을 수도사단 18연대가 돌격하여 10시경에 정상을 점령하였다. 인민군 700여 명이 죽었고, 35명이 포로가 되었다. 국군 23연대는 원산 정유공장을 점령하였다. 인민군은 시가전을 하면서 함흥 쪽으로 후퇴하였고, 교도소 근방에 국군이 진격하자 교도소에 갇혀있던 우익 600여 명을 죽이고 도망쳤다.

10월 11일 인민군 42사단, 249여단 588포병연대, 599해안경비대, 949공병대, 5사단, 12사단, 15사단 패잔병 2만여 명은 원산을 버리고 함흥 남쪽으로 도망쳤다. 명사십리 해수욕장에 사람이 많이 죽었다는 신고를 접수한 국군이 급히 가서보니 물이 맑아 속까지 보이는데 약 4,000여 명의 시체가 물속에 있었다. 인민군이 도망치면서 죽이고 간 우익들의 시체들이었다.

국군 2개 사단은 함흥 쪽으로 후퇴하는 인민군을 완전히 소탕하고 원산을 탈환하였다. 그러므로 미 10군단이 굳이 원산에 상륙하여 중국을 자극할 필요가 없었다.


## 8. 10월 15일 국군 6사단 성천에 도착, 평양 북쪽에서 포위

국군 6사단은 대구 옆 신녕에서 인민군을 추격하여 단양, 제천, 원주, 춘천을 거쳐 후퇴하는 인민군 9사단을 추격하면서 10월 8일 화천에 도착하였다. 10월 9일 7사단과 협동하여 금화에 도착하였다.

10월 10일 평강에 도착하였고,

14일 덕원에 도착,

16일 평양 북쪽 덕양에 도착,

17일 양덕 밑 동양에 도착,

18일 양덕에 도착하였으며, 8사단도 거의 같은 시간에 양덕에 도착하였다. 10월 15일 국군 6사단과 7사단은 성천을 향해 진격 중 6사단 7연대가 성천에 먼저 도착하여 평양 북쪽에서 국군 3개 사단이 인민군 패잔병을 포위하였다.

## 9. 10월 14일 국군 8사단 평양 북쪽 강동에 도착

인민군 패잔병들은 춘천을 거쳐 철원으로 몰려 일부는 원산으로, 일부는 중부전선 쪽으로 후퇴하고 있었다.

10월 11일 국군 8사단은 38선을 넘은 다음 연천을 거쳐 철원 평강에 도착하였다. 10월 13일 평강을 지나 이천에 도착하였다.

10월 14일 곡산을 거쳐 성천 · 강동에 도착하였다.

국군 6사단과 7사단, 8사단, 1사단이 평양 쪽으로 후퇴하는 인민군을 포위 섬멸할 수 있어 굳이 미 8군을 평양 탈환과 북진하는데 참여시키지 않아도 충분하였다. 그러므로 미군이 북진하여 모택동을 자극하여 한국전에 참여하게 할 필요가 없었다.

## 10. 10월 19일 국군 1사단 평양 탈환

서울이 유엔군에 의해 탈환되자 김일성은 서부전선은 최용건 대장에게, 동부전선은 김책 대장에게 방어하게 명령하였다. 그리고 서부전선과 개성근방에 19, 27, 43사단과 17기갑사단을 배치, 유엔군의 북진을 저지하고 있었다.

국군 1사단은 다부동에서 9월 26일부터 인민군을 추격하여 청주를 거쳐 문산에서 집결하여 고랑포에서, 미 제1기병사단과 24사단은 개성 정면에서 공격이 시작되었다. 밀번 1군단장은 국군 1사단에게 평양 공격에 선봉을 서도록 배려하였다.

10월 11일 미 제1기병사단과 24사단은 개성에 도착하고 있는데 국군 1사단은 고랑포를 지나고 있어 인민군의 강력한 저항 때문에 제일 늦게 38선을 넘고 있었다. 국군 1사단 15연대가 선발부대가 되어 밤낮 평양을 향해 진격하였다.

10월 12일 미 10 고사포 단장 헌닝 대령이 미 6전차대대 C중대를 국군 1사단에 배속하여 12연대가 엄호를 해서 전차가 선두에 서서 진격을 하였다. 차량 50대로 10리씩 병력을 이동시키고 다시 와서 10리 씩 이동시키고 하여 진격 속도를 빠르게 하고, 다부동에서 문산까지 장병들이 싸우면서 걸어와 지쳐 있어 차 안에서 잠을 자며 가게 하였다.

미 기병사단과 24사단은 김천에서 해주 사리원을 거쳐 좌측에서 평양을 향해 진격하고, 국군 1사단은 신계, 가안, 송가를 거쳐 우측에서 진격하고 있었다.

10월 13일 국군 1사단 15연대가 선발부대가 되어 아침 7시 30분 시변리에 도착하였다.

10월 14일 미 공군 B29 30대가 북한지역에서 후퇴하는 인민군을 향해 공격하였다. 국군 1사단 12연대는 신계 남쪽에서 인민군 전차 6대의 저항을 받았으나 곧 물리치고 신계에 도착하였다. M-46 패튼 전차의 90밀리 전차포는 80밀리 T-34인민군 전차를 한 방에 박살내 버렸다.

10월 16일 국군 1사단 12연대가 가안에 도착하였고, 10월 17일에는 율리에 도착하였다.

김일성은 평양방위사령관에 최인 소장을 임명하고 인민군 19사단,

27사단, 43사단, 239연대 등 4,000여 명으로 평양을 방어하게 하였다. 국군 1사단과 미 기병사단과 24사단은 서로 먼저 평양에 도착하려고 밤낮 가리지 않고 전진을 하고 있었다.

10월 17일 국군 1사단은 율리에서, 미 기병사단은 황주에서 평양 40Km를 남겨놓고 진격하고 있었다.

10월 18일 백선엽 국군 1사단장은 12연대는 선교리 대동교 방향으로 공격하게 하고, 11연대는 사단 좌측에서, 15연대는 강동 쪽으로 우회하여 북쪽에서 공격하게 하였다. 그리고 포병대 64문의 장거리포와 전차 42대가 평양을 향해 밤새도록 포를 쏘아댔다. 11연대는 평양비행장을 공격하고 있었다. 12연대는 전차를 앞세우고 대동리 시내 중심을 향해 진격하고 오전 10시 대동리에 도착하였다.

인민군은 전차 6대 곡사포 7문, 16문의 박격포로 국군 12연대의 공격을 저지하고 있었으나 국군 12연대는 이를 물리치고 진격하였다. 국군 12연대는 밤에 대동강을 건너기 시작하였다. 11연대는 동평양 비행장에 도착하였고, 12연대와 11연대는 평양 시내 입구에 도착하여 시내로 진격하였다. 15연대는 평양 북쪽 승호리에 도착하였다.

▲ 평양을 탈환한 국군

50년 10월 19일 아침이 되자 인민군은 3개 사단의 평양 방어가 힘없이 무너지기 시작하여 평양 시내에서 후퇴하여 국군 12연대 1대대가 동평양 선교리에 12시 45분에 도착하였다. 평양 시내 모든 교회 종이 울리고 평양시민들은 국군을 열렬히 환영하였다. 미 기병5연대는 남평양에 도착하여 국군 1사단에 뒤져 있었다.

10월 20일 대동교 남쪽에서 밀번 군단장과 백선엽 장군이 만나 "어떻게 이렇게 빨리 도착하였는가? 이해가 안 간다." 하고 백선엽 장군에게 별명대로 신비의 장군이라고 밀번은 감탄하였다. 오후에는 147고지의 인민군까지 후퇴하여 인민군의 저항은 끝나고 오후 5시 30분 내무성에 도착하였다. 오후 늦게 평양을 완전히 탈환하여 꿈에도 그리던 평양에서 통일의 꿈을 안고 국군 1사단은 감격의 첫날밤을 자고 있었다.

국군 8사단과 7사단이 평양 좌측에서 미 기병사단과 24사단을 대신하고, 국군 1사단이 우측을 담당하여 평양을 탈환해도 충분히 탈환할 수 있었다. 그러므로 미군이 평양 근방으로 후퇴하는 인민군 패잔병 2만 정도를 소탕하기 위해 군이 38선 이북으로 진격하여 모택동을 자극할 필요가 없었다. 미군이 북진하지 않았으면 중공군이 한국전 참전의 명분이 없으며, 만일 중공군이 개입하면 그때 미군이 북진해도 늦지 않아 한반도를 통일 할 수 있었다. 미군이 38선 이북으로 북진한 것은 큰 잘못이었다. 이것을 제지하지 못한 사대주의자들인 이승만과 신성모와 정일권은 한반도를 통일시키지 못한 책임을 면할 길이 없다. 신성모와 정일권은 물론이고, 이승만 대통령도 휴전회담 때 허수아비가 되어 반공포로를 강제 석방시키는 비극이 벌어진 것이다. 국군 6개 사단은 인민군 패잔병 3만과 북한 인민군 정도는 완전히 소탕하고 한반도를 통일할 수 있었다.


## 11. 미 기병사단과 24사단 진격

10월 9일 미 기병사단과 24사단은 38선을 넘어 10월 10일 백천에 도착하였고, 10월 11일 북한의 김천을 공격 10월 12일 인민군 43사단과 19사단과 27사단이 방어하고 있었으나 이를 물리치고 10월 14일 김천에 도착하였다.

10월 15일 사리원에 도착하였고, 20일 평양에 도착, 인민군의 평양 1차방어선은 이렇게 무너지고 말았다.


## 12. 김일성의 피난

50년 10월 3일 국군이 38선을 넘자 김일성은 9살의 김정일과 가족을 만주 심양으로 피난을 시켰다.

10월 15일 밤 김일성은 군사위원회를 소집하였다. 대성산 방공호에는 내무서원만 가지고도 20일이면 남반부를 완전히 해방시키겠다고 장담했던 전쟁과대망상증자 박일우와 인민군이 38선을 넘어 서울만 해방시키면 남로당 20만이 봉기하여 인민군이 부산에 가지 않고도 남조선을 해방시킨다고 선동 장담한 박헌영 등이 기가 죽어 참석하였다.

김일성은 "국방군이 10월 20일 경에는 평양에 도착할 것이다"라고 전황을 설명하고 "인민군은 끝까지 평양을 방어하고 행정부는 피난을 해야겠소!"라고 모인 목적을 설명하였다. 그리고 이 회의에서 피난은 만포진으로 가기로 결정하였다. 여기서 박헌영은 피난은 안 된다고 하였고, 김일성은 간다고 주장하여 언쟁이 있었다. 10월 16일부터 극비로 모든 기관은 만포진으로, 남조선에서 끌고 온 84,000여명의 강제북송자도 만포진으로, 포로도 강계 만포진으로 이동시키라고 명령하고 회의를 마쳤다.

10월 15일 0시 김일성은 극비에 호위국장 지경수 외 2명의 여비서와 같이 고급승용차에 경호원들의 호위 가운데 평양 시내를 빠져나와 순천과 개천을 거쳐 10월 16일 아침 희천에 도착하였다. 이때 우익청년들이 무장을 하고 인민군 패잔병과 김일성에게 저항을 하자 김일성은 차를 버리고 산길을 걸어서 도망치기 시작하였다.

김일성 일행은 적유령산맥의 송원과 1,500미터의 개고개와 승적산 옆을 지나고 있을 때 경호원 2개 소대 50여 명 중 10여 명이 낙오되었다. 김일성은 즉시 2소대장 최현규를 불러 권총으로 머리와 어깨를 치면서 "도대체 어떻게 훈련을 시켰기에 10명이나 낙오가 되었는가?" 하면서 고함을 질렀다. 그러자 최현규가 순간적으로 감정이 폭발하여 자기가 갖고 있는 기관총으로 김일성을 향해 쏘려는 순간 김일성이 놀라 먼저 권총으로 최현규의 가슴을 쏘아 최현규는 쓰러지며 기관총을 허공에 쏘고 말았다. 김일성은 최현규와 가까이 지냈다고 여비서 장숙자도 사살해 버렸다.

김일성 일행은 승적산 우측 전천을 지나 성룡 옆 쌍방동에서 잠을 자야 했다. 인원을 점검하니 8명이 또 없어져 호위병은 30여 명 정도가 되었다. 김일성은 1소대장 소윤철을 불렀다. 소윤철은 김일성이 부른다는 말을 듣고 김일성에게 죽기 전에 아예 도망쳐버려 10월 25일 국군에 자수하였다.

소윤철은 자수자 처리를 해서 국군에 편입시켜 정보를 얻어 김일성을 추격해야 하는데 포로로 취급하여 거제도 포로수용소로 보냈다. 1952년 12월 김일성은 거제도 포로수용소에 소윤철이 살아 있다는 보고를 받았다. 그래서 박사헌을 포로로 위장시켜 거제도 포로수용소에 밀파하여 박사헌 일당이 소윤철을 죽여 포를 떠서 쓰레기로 위장, 쓰레기통에 넣어 거제 앞바다에 버려 고기밥이 되게 하였다.

10월 17일 김일성은 만포진 밑의 고산에 도착하였다.


## 13. 이승만 대통령의 평양 방문

50년 10월 29일(24일이라고도 함) 오전 9시, 이승만 대통령은 평양 비행장에 도착하였다. 이승만이 평양시청 앞에 도착하자 평양시민 35만 명 중 10만여 명이 모여 환영을 하였다. 이승만 대통령은 평양 시민들에게 "나의 사랑하는 평양시민 여러분! 공산치하에서 얼마나 고생이 많았습니까? 이제 남과 북의 동포가 함께 자유스럽게 살아갑시다......맥아더 장군은 이 전쟁이 11월 말까지는 끝낼 것이라고 합니다...... 공산당에 협력한 자들은 자수하고 회개하는 자는 우리는 포용하고 용서해주어야 하며.....이제 한 동포가 되었으니 살아도 같이 살고 죽어도 같이 죽어 뭉칩시다!' 라고 연설을 마치자 10만 명의 박수소리가 천지를 진동하였다.

▲ 1950년 10월 29일 김일성 광장에서
이승만 대통령 환영시민대회

이승만 대통령의 연설을 듣고 공산당원 60만 명 중 45만 명이 당원증을 버리고 자수하여 새로운 질서가 형성되려 하였다. 이승만 대통령은 10월 12일 내무부장관 조병옥으로 하여금 북한 행정방침을 밝히는 동시 북한에 파견할 각종 행정기관장을 임명하였다. 그러나 미국은 "유엔 한국 소위원회에서 10월 12일 점령하의 북한을 맥아더 원수가 통치한다."라는 결의 내용을 주장하면서 북한에서 임시로 군정을 실시하기로 결정하였다. 한국 정부에서 이의 부당성을 지적하였으나 유엔 방침을 변경시키지 못하였다. 그래서 평남지사가 미군정에서 임명한 김성주와 이승만 대통령이 임명한 김병연 등 두 사람이 서로 평남지사라고 다투는 기가 막힌 일이 벌어지고 있었다.

10월 21일 밀번 군단장은 평양시장에 임정득을 임명하고 포고 2호를 발표하면서 미군정에 복종해야 한다고 하였다. 특히 헌병 부사령관 김종원 대령은 포고문, 경고문 등을 평양시민에 대한 고려 없이 마음대로 벽에 붙였다. 10월 27일 "공산당원은 물론이고 직업동맹, 여성동맹, 청년동맹, 농민동맹 등 각 조직에 참여했던 사람은 모두 자수하라! 그렇지 않으면 처벌한다!'라고 성명을 발표하자 평양 시민과 북한 사람들은 공포에 떨었다. 김종원은 14연대 반란사건 때 반란자 색출 과정에서도 너무 잔인하여 김종원 이름만 들어도 한반도 산천초목이 떨 정도여서 북한 주민들의 공포는 이만저만이 아니었다. 부산 계엄령 때도 그의 잔인함에 놀라지 않은 사람이 없었다.

일부 장교들과 관리들은 귀한 물건을 남쪽으로 가져갔다. 그리고 건물마다 자기 것이라고 딱지를 붙이고, 공산치하에서 죽은 듯이 말 한 마디 못하고 있던 지주들이 소작인들에게 5년 동안의 소작료를 내라고 추궁하자 소작인들은 "공산당이 좋았다" 하며 탄식하였다. 방첩대 등 우익들이 공산당원들을 무자비하게 죽이자 "차라리 분단이 좋았다."라고 하면서 등을 돌리기 시작하였다. 통일에 앞서 정의로운 인간성 회복부터 하지 않고서는 안 된다는 것이 50일 동안의 교훈이었다.


## 14. 미 공수부대 순천에 투하

인민군 평양 방어사령부는 국군이 10월 19일 평양에 도착하자 사령부를 급히 희천으로 이동한 후 다시 강계로 이동하였다. 인민군 사령부는 17기갑사단, 32사단, 45사단, 1사단, 6사단, 패잔병으로 청천강에서 방어하게 하였다.

맥아더 장군은 국군만 한·만 국경까지 진격하게 하고 미군은 청천강 이북의 한·만 국경에는 진격하지 못하게 하였다. 그것은 중공군을 자극하지 않으려는 작전이었다. 10월 20일 맥아더 장군은 인민군의 퇴로를 차단하고 미군 포로가 기차를 통해 이동 중이라는 첩보를 입수하여 미군 포로를 구출하기 위하여 미 187공수부대 2,800여 명을 숙천과 순천에 투하하도록 명령하여 새벽 2시 30분 김포비행장에서 출동

준비를 마쳤다. 낮 12시 폭우가 그치면서 날씨가 좋아져 113대의 수송
기로 2,800여명이 김포비행장을 이륙하여 북한의 숙천에 투하되었다.

10월 20일 오후 2시 1,420명의 미 공수 선발부대가 숙천에 투하되
었는데 그 모습은 장관이었다. 미 공수부대 투하는 인민군의 저항이
없어 1명 사망 25명의 부상으로 성공적이었고, 전차와 야포가 계속
투하되었다. 이후 4,000여 명의 공수부대와 600톤의 군수물자가 투
하되었다.

10월 20일 오후 5시 한국인 목격자가 "순천 서북쪽 철로 터널에서
인민군이 미군 포로 200여 명을 죽이고 도망쳤다"는 내용을 공수부대
지휘소에 알려주어 즉시 현장에 갔다. "서울에서 370여 명을 싣고 평
양까지 와서 미군 포로 150여 명을 실은 2개 열차가 10월 17일 화요일
밤에 평양을 떠나 10월 20일 숙천까지 왔는데 미 공수부대가 투하되자
인민군 경비병들이 미군 포로를 모두 죽이고 도망쳤다."고 산자들이
설명하고 있었다. 시체를 확인하니 66구였다.

10월 21일 맥아더 장군은 수행원들과 같이 숙천 현지에 도착하여 전
황을 직접 보고받고 평양비행장에 도착하였다. 맥아더 장군이 비행기
에서 나오자마자 기자들의 질문이 쏟아졌다.

"이번 공수작전은 북한에 남아 있는 약 30,000여 명의 북괴군 중에
서 15,000여 명에 달하는 적이 북쪽에서 미 187공수부대와 남쪽의 유
엔군의 협공을 받고 포로가 될 것이며 전쟁은 곧 끝날 것입니다."라는
맥아더의 말은 뉴스를 타고 전 세계에 보도되었다. 10월 21일 맥아더
장군은 동경에 도착하여 "이제 한국전쟁의 결정적 종말이 가까웠다."
라고 하여 한국 국민들은 흥분하며 만세를 불렀다.

# 제24장
## 중공군 한국전 참전

# 제24장 중공군 한국전 참전

## 1. 모택동의 한국전 참전 결정 과정

50년 6월 한국전이 발발하자 대만의 장개석은 최신무기로 무장된 33,000여 명의 병력을 한국에 보내겠다고 제의를 하였다. 이때 트루먼 대통령은 이를 거절하였으나 맥아더는 찬성하였다. 트루먼은 맥아더에게 미국의 입장을 이해시키기 위하여 7월 31일 대만을 방문하게 하여 장개석을 만나 설득을 시켰다. 이때 모택동은 「미국이 장개석을 충동하여 본토를 공격하지 않을까?」하고 염려하고 있었다. 그리고 미국은 결코 한반도에서 패배하지 않을 것으로 판단하였고, 김일성의 인민군이 한반도에서 승리하지 못할 것을 대비하여 동북수비군을 서둘러 편성하도록 하였다.

김일성은 9월 초 군사사절단을 북경에 파견하여 중공군과 인민군과의 연합사령부를 설치할 것을 협의한 끝에 장춘에 조·중 연합사령부를 설치하였다.

50년 10월 1일 모택동은 국군이 38선을 돌파하고 미 공군 비행기가 하루에 100대 이상 동원하여 북한 상공에서 대대적인 폭격을 하자 전황을 심각하게 생각하고 있었다.

10월 1일 북한 외무상 박헌영은 모택동 주석에게 보내는 김일성의 친서를 들고 북경에 도착하였다. 박헌영은 모택동과 주은래 총리를 만나 중국 인민해방군의 병력 지원을 손이 발이 되게 빌었다. 김일성도 평양에 주재한 중국 대사 예지량을 불러 「중공 인민군을 하루 빨리 파견하여 조선 인민군을 지원해서 미국의 침략을 막아 달라」고 애걸하

였다. 10월 15일 박헌영, 인민군 작전국장 유성철, 인민군 부참모장 이
상조 등이 중공을 다시 방문하여 군사 요청을 애원하였다.

50년 10월 2일 모택동은 중앙지도부를 소집하고 한국전에 참전할
것을 결의하였다. 또한 그는 10월 4일 중공 군사위원회를 소집하여 한
국전 참전을 결의하고 이 내용을 소련에 통보하였다. 그러나 중공 내
많은 군사 전문가들과 주은래, 임표, 고강, 팽덕회 등 군 고위급들은
반대하였다. 특히 제4야전군 사령관 임표는 의용군 총사령관직도 몸
이 아파 소련에 치료를 받으러 가겠다고 하며 고사하였다. 이들이 반
대하는 이유는 중공군은 1947년 6월 황하를 도강하여 서북, 화북, 화
동, 동북에서 장개석 군부에 반격을 실시하여 각지에서 국부군을 격파
하여 중국 천하통일이 눈앞에 있었다.

47년 10월 10일 중공군은 새로운 중앙 정부 조직을 발표하였다.

천하를 통일한 중공군은 34년 장정 때부터 49년까지 15년간 전투를
하였기 때문에 가족과 같이 쉬는 것이 급선무였다. 그리고 새로운 정
부는 민심을 얻기 위하여 선정을 해야 하며 전후 복구에 전력을 다해
야 했다. 대만으로 물러간 장개석 군대가 중공 내의 국부군 잔여 세력
을 조종할지 모르기 때문에 마음을 놓을 수가 없으며, 토지 개혁도 완
료되지 못하고 있었다.

「중공군 1개 군의 야포는 겨우 200문 정도이며, 공군과 해군과 기갑
부대가 없는 상황이다. 그리고 국공내전 때 국부군에서 획득한 미제
무기와 일본 무기 등이며, 무기의 종류가 다양하고 탄약이 태부족이
며, 소총도 5명이 1자루 정도인 무기를 가지고 세계 최강의 미군을 상
대로 해서 전쟁을 한다는 것은 누가 봐도 바보 같은 짓이며, 전혀 승산
이 없고, 만일 전쟁에서 지면 중국 내륙까지 영향을 주어 자멸을 자초
하는 전쟁이다.」라고 주장하면서 중공 내 군사 전문가들과 군 수뇌부
들은 노골적으로 한국전 참전을 반대하였다.

모택동은 한국전 개입을 반대하는 많은 군사 전문가들에게 「① 한

반도에 대한 미국의 행동은 결코 북조선 정권의 타도에 한정되는 것이 아니라 남조선의 침략, 대만의 침략, 베트남에의 군사 간섭의 강화, 북조선에 진격, 압록강의 진격 등 무제한으로 확대될 것이며, 장차 동북에서 중국으로 침략의 뱃머리를 돌리는 것은 필연의 사실이다. 미군이 압록강을 건너 만주에 진격한다면 중공 전체에 직접 영향을 준다. ② 미군의 한국전 개입은 정의에 어긋난다. ③ 미군은 전선과 후방이 너무 길고, 병력이 부족하고, 실전 경험자가 많지 않고, 군사 기지가 적어 전투력이 약한 그림의 호랑이다. ④ 중공은 항일 투쟁과 국공내전 과정에서 조선인으로부터 많은 도움을 받았기 때문에 위기에 처한 북조선을 도와야 하며 그리고 소련의 영향력을 배제하기 위함이다. ⑤ 무기는 전쟁에서 중요한 요소지만 결정적인 요소는 아니다. 결정적인 요소는 역시 전쟁을 수행하는 인간이다.」라고 주장하면서 유무기론으로 설득하였다.

모택동의 유무기론은 1938년 5월 「중국의 무기는 일본 무기에 뒤지기 때문에 중국은 일본을 이기지 못한다.」라고 기계론을 펼칠 때 모택동은 「전쟁은 사람이 하지 무기가 아니다.」하며 이에 반대 이론을 내세운 것이 모택동의 유무기론이며, 이 유무기론은 항일전 때 일본군과 국부군을 몰아내고 천하를 통일하는데 괴물 같은 힘을 발휘하였다. 이제 그 괴물 같은 힘을 미군을 향해 발휘하여 미군을 북한 땅에서 비참하게 몰아내려 하고 있었다.

미국과 전 세계 많은 군사 전문가들은 이상의 중공 군사력을 분석하여 중공군이 한국전에 개입할 가능성은 10%도 안 된다고 판단하고 있었고 만일 참전한다면 처참하게 참패할 것이라고 판단하였다. 맥아더 장군은 모택동이 바보가 아닌 이상 한국전 개입은 거의 불가능하다고 확신하였다. 모택동은 많은 군사 전문가들의 예견 특히 맥아더의 예견을 뒤엎고 한국전 참전을 결정하였다. 미국은 중공이 「유엔군이 38선을 넘으면 방관하지 않겠다.」고 하는 경고를 정치적인 위협으로 판단하고 귀담아 듣지 않았다.

모택동은 한국전 참전을 결의하였으나 그는 고민이 많았다. 그 이유는

① 참전 후 미 공군이 중공 본토를 공격하면 중공 내의 장개석 부대와 대만 정부는 호흡을 같이하여 재기를 노릴 것이다.

② 민족 자산계급은 장기간의 전쟁에 염증을 내어 불평을 할 것이다.

③ 인민의 일부도 더 싸우는 것을 반대할 것이다.

④ 만일 참전하여 중공군이 패전한다면 중공에는 엄청난 혼란이 올 것이다.

이상의 내용 때문이었다. 그러나 그의 참전 의지는 변함이 없었다. 모택동은 중공군 참전 의용군 총사령관에 제1야전군 사령관인 팽덕회를 임명하였다.

50년 10월 8일부터 심양의 조·중 연합사령부에서는 북한에서 파견한 조·중 부사령관 박일우와 함께 한국전 참전 준비에 대해 마지막 점검을 하고 있었다. 중공군은 한국전 참전을 위장하기 위하여 조선지원의용군이라 하였다.

그리고 조·중 협정을 맺었다.

① 연합사령부 및 참모부의 구성은 중공 측이 장이 되고, 조공 측이 부가 된다.

② 구성원은 중공 측이 과반수를 차지하고, 의견이 상반될 경우에는 중공 측의 의견에 따른다.

③ 중공군의 동의 없이 휴전에 관하여 조공 측은 어떠한 국가와도 협정을 맺지 않는다.

④ 조공에 있어서 중공군은 조공의 법률에 의한 적용을 받지 않는다.

10월 8일 팽덕회가 사령관이 된 후 동부군구 3초대소 회의실에서 첫번째 회의가 열렸다. 회의장에는 동부군구사령관 고강, 부사령관 한진

년, 13병단사령관 등화, 정치위원 뇌전주, 제1부사령관 홍학지, 부사령관 한선초, 참모장 해패연, 정치부 주임 두평, 13병단 소속 각군 군단장 정치위원 등이었다.

팽덕회는 「미군은 세계 최강 군대이며, 현대무기로 무장하였다. 그리고 조선반도는 폭이 좁다는 지형을 감안해야 한다. 그래서 진지전과 기동전을 적절하게 하여 전투에 임해야 한다. 상대가 공격해오면 우리는 최대한 현 위치를 고수해 상대의 전진을 막아야 한다. 그러나 상대의 약점을 발견하면 그때는 신속하게 공격에 나서 상대의 후방을 공격 퇴로를 차단하고 전멸시켜야 한다.」라고 손자병법에 나오는 16자전법과 자전법 등, 기본적인 작전을 설명하였다.

이 회의의 참석자들은 두 가지를 건의하였다. 그 첫 번째는 병력이 부족하니 증강해 달라는 것이요, 둘째는 「국경지대에 있는 4개 군을 한꺼번에 조선에 투입해야 합니다. 그 이유는 미 전투기가 여러 차례 압록강 상공을 비행하였는데 아직까지 압록강 다리를 폭파하지 않은 것은 우리로서는 다행입니다. 그러나 우리가 압록강을 건넌 것을 알면 미 전투기들은 압록강 다리를 반드시 폭파시킬 것입니다. 그러면 후속 병력을 조선에 투입하고 보급품 수송이 어려워지기 때문입니다. 그러므로 일시에 4개 군이 압록강을 건너 잠적해야 합니다.」라고 건의하자 팽덕회는 그 자리에서 좋은 작전이라고 그 건의를 받아들였고, 모택동도 즉시 동의하였다.

등화가 「미군 1개 사단을 섬멸하는 데는 아군 2개 군이 필요하며, 국군 1개 사단을 섬멸하는 데는 아군 1개 군이 필요합니다. 그러므로 13병단 소속 현 병력 가지고는 어렵습니다.」라고 보고하자 이 건의도 즉시 받아들여 송시륜이 이끄는 9병단도 밤낮을 가리지 않고 압록강을 향해 달렸다. 이들은 박일우를 통하여 한반도의 전황을 보고 받고 치밀하게 작전을 세우고 있었다.

50년 10월 12일 오후 8시 모택동은 팽덕회에게 「각 부대는 현 위치에서 훈련을 계속하되 출동을 하지 말 것.」하고 갑자기 출전 금지명령이 내렸다. 팽덕회는 모택동의 명령을 의아하게 생각하고 즉시 북경으로 향하였다.

맥아더 장군은 북한지역을 폭격하게 하였으나 압록강에 있는 다리 들은 폭파시키지 않아 중공군이 한국전에 참전하도록 문을 활짝 열어 주었다. 다리를 폭파하지 않은 이유는 만일 폭파하다가 실수하여 만주 지역을 폭격하여 중공에 자극을 줄 지 모른다고 생각하여 폭파를 하지 않고 있었다.

## 2. 스탈린의 고민

스탈린은 중공 모택동에게 「지상군 40개 사단을 무장할 수 있는 군 수품과 전투기를 지원해 주겠다.」라고 약속을 하며 중공 인민군이 북 한 인민군을 지원해 주기를 희망하였다. 모택동은 이 정도의 약속이면 승산이 있다고 판단하고 한국전에 참전을 결의하고 이 내용을 10월 2 일 스탈린에게 전보로 보고하였다.

스탈린은 이 전보를 받고 고민하였다. 그 이유는 중공군이 장개석 군대를 이긴 것은 사실이나 세계 최강인 미국을 상대해서 과연 이길 수 있을까 하는 것이었다. 스탈린은 2차 대전을 치르면서 미국의 군사 력에 대하여 너무 잘 알고 있기 때문이었다. 만일 한국전에 참전하였 다가 중공군이 패하는 날이면 소련과 미국이 맞붙게 될 가능성이 많은 데 소련이 과연 미국을 이길 수 있을까 하는 것이었다. 소련도 2차 대 전 때 히틀러 군대에 의해 심한 피해를 당하여 복구사업에 정신이 없 는데 다시 전쟁을 한다는 것은 스탈린에게 위기를 몰고 올 가능성이 많아 잘못하면 동구라파를 장악하고 주변국을 흡수하여 소비에트연 방국을 만든 이 세력도 약화될 지도 모른다는 우려를 하고 있었다. 그래서 스탈린은 「소련은 전투기 출동 준비가 제대로 되어 있지 않으니 잠시 출병을 늦추어 달라.」고 모택동에게 통고하였다. 이 통고를 받은 모택동은 깜짝 놀라 한길을 뛰면서 즉시 주은래를 스탈린에게 보내 설득을 시켰으나 실패하였다.

스탈린은 주은래에게 「김일성에게 통지하여 만주의 통화에서 망명정부를 세우도록 하는 것이 어떻습니까?」하고 건의하자 주은래는 기가 막혀 대답을 하지 않았다.

이 소식을 들은 모택동은 3일 밤낮을 자지 못하고 고민에 빠졌다. 그는 소련은 한국전에 개입하지 않고 중국을 한국전에 개입시켜 늪지에서 헤매게 하는 작전이라는 것을 알게 되어 분통이 터졌다. 소련 공군의 지원 없이 중공의 지상군만 가지고는 도저히 승산이 없다고 판단했기 때문이다. 그것은 보급로를 확보할 수 없으며 중공군 화력은 북한 인민군만도 못하기 때문이었다. 그러나 모택동은 가부를 결정하지 않으면 안 되었다.

모택동은 팽덕회와 중앙정치위원을 즉시 불러 향후를 의논하였다. 모택동은

① 처음에는 화력이 약한 국군을 집중 공략하면 승리할 수 있다. 그로 인해 원산과 평양을 잇는 이북의 산악지대를 장악하여 근거지로 하면 전세는 우리에게 유리하다.

② 우리가 출병하지 않고 상대가 압록 강변까지 밀려오도록 내버려두면 국내외적으로 불리할 것이다. 우선 동북지방이 더욱 불리할 것이며, 모든 동북변방군이 흡수될 것이고 남만주의 전력을 빼앗을 것이다. 우리는 꼭 참전해야만 하며 참전은 최대의 이익이나 참전하지 않으면 최대의 손실이라는 판단이다.(즉 미국이 만주를 공격할 것인데 이것을 막아야 한다는 주장을 하면서 미군이 만주를 공격할 것에 모택동은 두려워 이것을 미연에 막기 위해 한국전에 참전한다는 것이다. 저자 주)

하고 설득을 하여 출병을 결정하였다. 그리고 13병단에 출병을 명령하였다.

10월 15일 팽덕회는 안동에 도착 즉시 지휘관회의를 열었다. 그리고 이들에게 한국전 참전 결의 내용을 설명하였다.

팽덕회는 즉시 작전지시를 하였다.

① 진지전과 유격전을 신축성 있게 할 것.

② 먼저 방어를 펴다가 조선인민군과 연합해 반격할 것.

③ 4개 군은 동시에 압록강을 건너 강계, 희천, 운산, 덕천, 맹산 지역에 병력을 배치할 것.

④ 우리는 지원군 즉 의용군 이름으로 참전할 것이며, 그로 인해 모표와 흉장을 떼고 간부들은 조선 인민군 복장을 할 것. 그래서 중공이 미군에 대해 참전하는 것이 아니라 북한 인민군과 미군과의 싸움에서 중공군은 북한인민군을 지원하는 의용군 일 뿐이라고 후일을 대비하여 명분을 만들 것.

10월 18일 오후 9시 모택동으로부터 팽덕회에게 명령서가 도착하였다.

《4개 군과 3개 포병사단은 예정된 계획에 따라 북조선에 들어가 작전을 벌이도록 결정하였다. 10월 19일 밤부터 안동과 집안에서 압록강을 넘도록 할 것. 비밀을 지키기 위해 도하부대는 매일 황혼 무렵에 이동을 시작해 다음날 새벽 4시가 되면 이동을 중단하고 5시 이전에 은폐를 끝내고 그에 대해 철저히 감시할 것. 시험 삼아 19일에는 2~3개 사단만 도하할 것. 다음 날 이동 병력 규모는 상황에 따라 신축성 있게 운영할 것. 나머지는 팽덕회 동지가 알아서 할 것. 모택동.》

## 3. 모택동이 한국전 참전 결정 이유

1945년 11월 모택동은 장개석과 싸울 때 김일성에게 "조선의용군을 지원해 달라"고 요청하여 김일성은 박효삼, 박일우 등을 지휘자로 하여 4개 지대를 지원해 주었다. 이때 4개의 지대장 참모장 등이 김웅, 방호산, 안빈, 김택명, 주덕해, 이덕산, 김연, 박훈일 등이었다. 이들은 중공군 166사단 164사단이 되어 장개석 군과 싸웠다. 164사단은 남경을 점령한 후 이덕산의 지휘아래 49년 7월 11일 북한에 입국 인민군 5사단이 되어 동해를 담당하였다. 이덕산의 이름은 김창덕, 마상철 등 많은 이름을 갖고 있으나 동일인이다.

중공군 166사단은 장개석 군대를 대만으로 몰아내고 49년 7월 25일 신의주를 거쳐 안주로 이동하여 인민군 6사단이 되었고 사단장은 방호산이었다. 6사단은 서부를 담당하였다. 이들은 '중공 혁명을 승리로 장식하였으니 이제 남은 것은 조선반도이다' 라고 하며 사기가 충천하여 개선하였다.

46년 10월말 경 모택동 군이 안동과 통화에서 장개석 군대에 패하여 모택동 군대 부상병과 가족과 후방근무자 18,000여 명이 신의주에서 치료와 보호를 받았다. 김일성은 장개석 군대와 싸우고 있는 모택동에게 전쟁물자 2만 톤을 제공하였다. 그리고 47년에는 21만 톤, 48년에는 30만 톤을 지원하였다. 장개석 군 184사단이 반란을 일으켜 모택동 군대에 합세하자 장개석이 대노하여 반란군을 추격할 때 반란군 2,700여 명이 북한으로 도망쳐 목숨을 구하였다. 이렇게 모택동이 장개석과 싸울 때 김일성은 병원, 막사, 군수물자, 훈련 장소 등을 협조하였다. 모택동 군대가 북한에 많이 있을 때는 7만여 명 정도였고, 이들은 훈련과 휴식과 치료를 받아 전선에 다시 투입되어 장개석 군과 싸우는데 큰 도움이 되었다. 그래서 46년 모택동은 이상조를 김일성에게 보내 인민군 창설에 협조하였다.

48년 8월 북조선노동당 제1차대회에서 선출된 중앙위원 중에서 동북항일연군 출신 김일성 외 4명, 조선의용군 출신 김두봉 외 12명, 소련계 8명이었고, 상무위원 13명 중 7명이 중국공산당 출신으로 북한은 중국 공산당 분국이라 해도 과언이 아닐 정도로 밀접한 관계였으며, 북한의 핵심은 모택동과 주보중과 가까운 사이였다.

만주 조선족이 중국 공산당에 입대하여 장개석 군대와 싸운 인원은 약 6개 사단 정도였고, 이들은 장개석 군대와 싸우면서 3,500여 명이 전사하였다. 이들이 후일 귀국하여 인민군 12사단이 되어 중부전선에 배치되었다. 그러므로 모택동을 도우면서 언젠가 남한을 공격할 때 도움을 받기 위해 지원해 주었고, 북한 인민군을 장개석 군대와 싸우게 하여 실전 경험을 얻은 후 대남 공격 때 선발부대로 세우기 위함이었다.

## 4. 10월 19일 중공군 압록강 도강

10월 18일 늦가을 비가 내리고 있었다. 해가 서산에 기우려질 무렵 중공군은 보병 12개 사단, 포병 3개 사단, 보급부대 합 20만 명이 압록강을 건널 준비를 하고 있었다. 밤이 깊어지자 수많은 중공군이 압록강 다리를 건너느라 발자국 소리가 요란하였고, 자동차 엔진소리, 우마차소리, 포병의 이동하는 소리는 고요한 한만국경의 밤을 불안하게 하였다.

미군은 중공군의 생리를 잘 모른다. 그러기에 미군은 하루에 수십 대씩 정찰기가 출동하여 중공군의 움직임을 파악하였으나 중공군이 밤에만 이동하여 미 정찰기의 촬영을 피하는 줄 전혀 몰랐기 때문에 낮에 정찰한 항공사진만 놓고 분석하는 어리석음을 저질렀다. 그러니 중공군이 이렇게 압록강을 건너느라 북새통을 하였어도 동경에 있는 맥아더 장군의 눈에 보일 리가 없으며 귀에 들릴 리가 없어 장님이 된 맥아더 장군과 정보참모들은 「중공군은 한국전에 개입하지 않는다.」고 트루먼 대통령에게 보고하였던 것이다.

그런데 국군 중에는 일본군 출신과 독립군 출신이 있어 중공군의 생리를 잘 알고 있으니 중공군의 정보 수집은 미군에만 의지하지 말고 정일권 총장이 책임지고 육본 정보국에서 했어야 했다. 낮에는 미 정찰기가 하고 있으니 밤에만 압록강 11개의 다리에 정보원을 보내 중공군이 넘어오는 가부를 수집하고, 넘어오는 병력과 장비를 파악하여 육본에 보고하고, 육본은 맥아더 사령부에 보고하여 여기에 기초하여 맥아더 장군이 작전을 세우도록 했어야 했다. 그러나 일본 천황에게 충성을 맹세한 친일파 출신인 참모총장 정일권과 그의 참모들과 군단장, 사단장들은 사대주의 근성에 젖어 있어 독자적인 정보 수집이나 작전을 세워 전쟁에서 승리하려 하지 않고 오직 미국만 의지하고 있었다. 특히 선장출신 신성모가 지금까지 국방부장관에 앉아 있었으니 어떻게 20만 대군의 중공군이 오는 것을 알며, 이에 적절한 대책을 세워 중공군을 막고 통일을 시키겠는가? 무능한 지휘관은 적보다 무섭다.

맥아더 장군이 압록강 철교와 다리를 폭파하지 않아 중공군은 만세를 부르며 보병은 다리로, 각종 차량과 중포는 철교를 통하여 건너는 모습은 장관을 이루었다.

미군과 국군은 중공군 20만 명이 압록강을 건너 산 속 깊숙이 들어오고 있는 것도 모르고 국군 6사단, 8사단, 7사단은 서로 먼저 압록강에 도착하려고 서두르다가 돌출되어 약점이 노출되었다. 미 8군과 미 10군단 사이의 전투 경계지역이 80킬로의 틈새가 생겨 중공군은 이곳으로 중공군을 진출시켜 국군과 미군을 후방에서 포위할 작전이었다. 중공군은 유엔군의 이러한 약점을 최대 이용한 작전으로, 기동 중에 유엔군을 나누어 기습 포위하여 각개 격파시킬 수 있는 좋은 기회를 포착하였던 것이다.

10월 21일 새벽 2시 30분, 모택동은 작전명령을 내렸다.

〈원래 작전을 포기하고 대신 기동 중에 적을 섬멸하라. 국방군 6, 7,

8사단을 먼저 각개 격파 섬멸하라. 그렇게 하면 승산이 있음.〉

〈첫 번 전투에서 국방군 3개 사단을 먼저 각개 격파하면 조선의 전세를 변화시킬 수 있음.〉

모택동은 계속하여 국군 3개 사단을 격파하라고 작전명령을 내렸다.

중공군은 3개 방면에서 압록강을 건너 북한 산악지역 깊숙이 이동하고 있었다.

① 1방면인 40군과 39군과 포병 1사단은 안동 장전 하구에서 도강하여 신의주를 지나 비현 남시동에서 진지를 구축하고 태천 일대로 전진하여 국군 1사단을 섬멸할 목표로 잠입해 들어갔다.

② 2방면인 42군과 38군과 포병2사단 고사포 부대는 집안에서 압록강을 도강하여 만포진을 지나 두창리 오로리 일대의 산 속 깊숙이 잠입, 국군 6사단을 포위 섬멸하기 위하여 이동하고 있었다.

③ 3방면인 9병단 소속 20군, 26군, 27군은 강계를 지나 장진호 근방으로 깊숙이 들어가 미 해병을 포위하기 위해 잠입하고 있었다.

모든 부대는 황혼 후 밤중에 행군하고 새벽 4시에 행군을 중단하고 5시까지 부대를 은폐하여 날이 새기 전 부대의 모든 흔적을 감추어 국군과 미군은 이 많은 부대가 이동해도 모르고 있었다.

연일 밤이 되면 각 부대는 압록강을 건너느라 소음을 내지 않을 수 없었다. 강을 건넌 부대는 즉시 산 속으로 숨어 부대의 자취를 감추어 북한 땅 깊숙이 잠입하여 국군과 미군을 포위하기 위하여 살금살금 이동하고 있었다. 그들은 숨을 죽이고 흔적 없이 산 속에 깊이 들어와 전투준비를 하고 있었다. 몇 날 며칠을 계속 행군해도 흔적조차 남기지 않았다. 그들은 중국인이 가진 풍습대로 노래를 부르며 밤마다 남쪽을 향하여 걸었다. 그리고 먼동이 트기 전에 모든 인원과 장비와 말과 소를 은폐시키고 낮에는 따뜻한 곳에서 늘어지게 낮잠을 잤다. 그들의 행군 속도는 평균 60리였다.

숙영지에는 이유를 불문하고 아무에게도 자기를 보여서는 안 된다. 소리를 내서도 안 된다. 그리고 더욱 더 연기나 불을 피워서는 안 된다. 훈련과 군기는 엄격하였으며 은폐는 완벽하였다. 군기를 위반한 자는 현장에서 사살되었다. 이렇게 이동하자 미 정찰기 수십 대가 중공군 머리 위를 연일 비행하여 확인하고 사진까지 찍어 분석해도 한 번도 노출되지 않았으며, 중공군 그림자조차 구경하지 못하였다. 그래서 맥아더 장군은 「추수감사절까지 전쟁을 끝내겠다.」고 큰소리를 쳐 유엔군과 국군 장병들의 마음을 설레게 하였으나 중공군 군관들은 "그렇게는 안 되지"하며 이를 비웃고 있었다. 중공군은 참으로 놀라운 은폐기술을 가지고 있었다. 중공군은 도깨비 같은 부대였다.

중공군은 준비가 되어야 둔갑을 하였지 준비되지 않고는 둔갑하지 않았다. 이들은 초조하지도 않았고, 그렇다고 자만도 하지 않았다. 그들은 전진과 후퇴 공격과 멈춤을 잘 하였고, 느긋하게 대륙적 기질을 가지고 전투에 임하였다. 그들은 자기의 힘에 맞는 작전을 구상하였으며, 병사들의 생리를 잘 알고 그 생리에 맞게 병사들을 운용하여 장개석 군대를 중국 땅에서 대만으로 몰아내고 천하를 통일하였듯이 북한 땅에서 미군을 비참하게 몰아내기 위한 준비를 철저히 하고 있었다.

소리는 동에서 내고 공격은 서에서 하며, 공격 후에는 흔적도 없이 자취를 감추어 목표물에서 벗어났고, 적이 강한 곳은 피하고 약한 곳만 골라 공격하여 결정적일 때 중심부를 강타한다. 몰아칠 때는 태풍같이 숨 쉴 겨를도 없이 몰아치고, 후퇴는 바람처럼 소리 없이 빠르게 하였다. 승리가 가능할 때에는 공격하고, 가능하지 않을 때는 잠적하였다. 숲속 같이 조용하고 산처럼 움직이지 않고, 어둠처럼 찾기 어렵고 번개같이 그들은 움직였다. 그 많은 군대가 하나같이 움직이고 있었다. 그들은 손자병법에 능통하였고, 삼국지를 재미있게 읽는 군관들이었고, 모택동의 유무기전법을 흠모하며 그들은 항상 승리에 차 있었다.

미군은 이러한 중공군의 생리를 알지 못했고, 이해하지도 못하였다.

10월 21일 새벽 4시 모택동은 팽덕회에게 명령하였다.

〈① 평안도와 함경도 경계선에 있는 묘향산과 소백산을 점령할 것. 동서의 미군의 경계 허점을 이용하여 각계 분리하여 공격할 것.

② 적의 진격방향을 예의 주시할 것.

③ 사령부 안전에 만전을 기할 것.〉

모택동은 수시로 변하는 전황을 보고 받고 작전지시를 수시로 하고 있었다.

이때 국군과 유엔군은 곧 전쟁이 끝나는 것으로 생각하고 작전도 없이 군기도 해이된 채 신나게 집에 가지고 갈 선물보따리를 지참한 채 한만 국경을 향해 구경삼아 도로를 따라 차량으로 전진하고 있었다.

국군 2군단과 미 1군단은 청천강을 순조롭게 건넜다. 동부의 10군단은 원산 함흥을 탈환하고 장진호, 길주를 향해 전진을 계속하였다.

맥아더 사령관은 10월 24일 총 추격명령을 내려 단숨에 전쟁을 끝내려고 하였다. 이때 팽덕회는 13병단 사령관 등화, 홍학지, 참모장 해패연 등 참모들과 작전회의를 하였다.

「3개 군을 서부전선에 배치하여 국방군 6, 7, 8사단을 포위 섬멸한다. 42군 예하 1개 사단과 1개 포병여단은 장진호 일대를 지키게 하여 국방군 수도사단과 3사단을 막도록 한다. 군 주력은 소백산을 장악, 전황을 살펴가며 맹산 이남으로 진격한다. 서부전선 40군은 덕천 영변 일대에, 38군은 희천, 39군은 태천 구성 일대로 진격하여 전황을 살피며 적을 포위 섬멸한다.

39군이 태천 쪽으로 오게 되면 신의주 정주가 비게 되어 서해안으로 미군이 상륙할 경우 위험하기 때문에 66군을 안동 신의주 일대에 추가 배치해야 한다.

군수물자 수송을 위해서 10만 명 이상의 민간 노무자가 동원되고 있다. 보급 수송은 차질이 없다. 지원군 사령부는 대동에서 조금 떨어진 대유동 탄광에 두기로 하였다.

조선인민군과 협조를 위해 우리 지원군의 지휘부에 조선동지 박일우를 결정하였고, 그의 직위는 부사령관 겸 부정치위원이며 중공당 부서기이다.

초전에 미군과 교전하여 위험 부담을 갖는 것보다 전력 면에서 약한 남조선군과 싸워 돌출해 있는 3개 사단만 붕괴시키면 승산이 있다. 초전에 승리하여 기선을 잡아 우리 전사들에게 자신감을 주어 선전 효과를 노린다. 원산과 평양 간의 미 경계선에서 80킬로의 공백을 이용 차단하여 각개 격파시킨다. 항공기와 전차와 중포의 공격을 피하기 위하여 밤에 공격하고 접근 전을 하여 현대 무기를 무력화 시킨다. 식량과 실탄의 공급 부족 상태를 감안 12일 동안 밤낮 숨 쉴 사이 없이 공격한다. 밤에 치고 빠져 낮에는 잠적하여 정보를 수집한 다음 밤에 공격한다.」

이와 같은 세밀한 작전을 세워 중대장 급까지 작전을 숙지하게 하였다. 중공군의 모든 전투준비는 완료되었고 사기는 충천하였다. 모든 준비를 마친 팽덕회는 10월 20일 박헌영의 안내로 북진 위쪽의 대동리에서 김일성을 만났다.

김일성은 팽덕회의 손을 두 손으로 잡으며 구세주를 만난 듯 반가워하였다.

팽덕회는 중공군의 한국전 참전 결정까지의 내용과 지원계획 작전 등에 관하여 김일성에게 설명하였다. 김일성은 「인민군은 3개 사단밖에 없다.」고 하면서 「오직 북조선은 중공군에 달려 있다」고 설명하였다. 김일성은 팽덕회에게 여러 차례 「감사합니다. 감사합니다.」하며 몸 둘 바를 몰라 하였다.

10월 24일까지 모든 준비를 마치고 팽덕회는 국군과 미군을 기다리고 있었다.

# 제25장

## 맥아더 장군 중공군 참전
## 전방지휘관들의 보고 묵살
## (맥아더 장군의 참패의 원인)

# 제25장 맥아더 장군 중공군 참전 전방지휘관들의 보고 묵살 (맥아더 장군의 참패의 원인)

## 1. 유엔군 동부전선 북진

### 1) 미 10군단 원산 상륙작전 실패

9월 30일 미 10군단은 인천상륙작전의 임무를 마쳤다. 맥아더 장군은 미 8군은 서울에서 평양을, 10군단은 인천에서 부산을 거쳐 원산에 상륙인민군을 포위 섬멸하는 작전이었다.

미 10군단이 인천에서 함정에 승선하려고 하자 미 해병대와 군수품으로 인하여 도저히 승선할 수 없어 서울에서 육로로 부산까지 가서 부산에서 승선하기로 하였다. 그러나 서울에서 부산까지 가는 도로가 좁고 비포장도로이며 폭파된 곳이 많아 어려움이 많았고, 기차는 군수품을 수송하느라 시간을 내기 어려워 결국 수원, 이천, 청주 김천, 대구, 영천, 경주, 울산, 부산으로 이동하는데 보통 어려운 문제가 아니었다. 이렇게 미 10군단이 부산으로 가는 시간에 양평, 원주, 평창, 강릉에서 인민군 퇴로를 차단하고 춘천, 화천을 거쳐 원산으로 북진하는 것이 훨씬 빠르고 효과적인 작전이었다. 그러나 맥아더 장군은 미 10군단을 부산을 통해 원산으로 상륙하게 하였다. 참으로 이해할 수 없는 작전이었다.

10월 5일 새벽 3시 30분, 미 7사단 31연대 3대대가 이천에서 출발하여 10월 8일 17연대가 마지막부대가 되어 이천을 떠났다.

10월 6일 새벽 2시 문경의 산악지대에서 인민군 패잔병이 유격대가 되어 미 7사단 31연대 3대대를 공격하여 9명의 사상자가 발생하였다.

이화령을 넘을 때는 대전차포와 박격포로 공격하여 미군 6명의 전사자와 24명의 부상자, 여러 대의 차량이 또 파손되어 인민군 패잔병은 남한의 골칫거리가 되었다.(이때 인민군 패잔병 유격대와 양민을 구별할 수 없어 양민이 많이 희생되어 가족들의 항의로 현재 문제가 되고 있고 미 조종사의 오폭으로 익산 시민과 여러 곳에서 많은 사람이 죽었는데 이것까지 문제가 되고 있다.).

10월 12일 미 7사단은 부산에 도착하였고, 10월 19일 승선을 마치고 부산항을 출발하여 10월 28일 북청 위 이원에 상륙하였다. 이때는 이미 국군 수도사단과 3사단이 원산을 탈환하고 길주를 향해 진격할 때여서 굳이 미 10군단이 북진할 필요는 없었다. 북진은 국군만 했어도 인민군 패잔병을 충분히 소탕하여 통일할 수 있었다. 이러한 상황으로 맥아더 장군의 10군단 원산 상륙작전은 완전히 실패하였고, 맥아더 장군은 토끼를 잡으려고 전차와 항공기까지 동원한 꼴이 되었다.

2) 11월 21일 미 7사단 17연대 혜산진 도착

10월 28일 수도사단 18연대는 1,241m 백암산에, 기갑연대는 성진에 도착하였다.

10월 30일 미 7사단 17연대는 첩첩산중인 검덕산을 지나 풍산에 도착하였고, 10월 31일 수도사단 10연대와 합류하였다.

11월 2일 아침 8시 인민군 2개 연대의 공격을 저지하고 전진을 계속하였고, 수도사단 기갑연대는 길주를, 18연대는 박전호에, 미 해병사단은 장진호에 도착하였다. 11월 4일 미 7사단 17연대가 선두부대가 되어 혜산진을 향해 진격하는데 눈이 오고 도로가 얼기 시작하여 원산에서 이곳까지 육로로는 군 보급품을 지원할 수 없어 항공기로 운반하니 군수품이 모자라 어려움이 많았다.

11월 5일 미 7사단 31연대는 백산에, 미 해병대는 장진호 북쪽 고도리에 도착하였다.

17일 수도사단 기갑연대는 명천에 도착하였다. 이곳은 첩첩산중으로 공격할 때 으스스 하였다.

11월 12일 10군단장 알몬드 소장은 풍산에 도착하여 7사단장에게 "중공군의 개입은 없다. 즉시 북상하라!'고 명령하였다.

▲ 혜산진을 탈환한 국군과 미군

11월 15일 날씨가 추워지자 미군은 17연대에 500개의 석유난로를 지급하여 난로를 피우고 자게 하였으나 국군은 야전천막에서 추위에 떨며 자야했다.

19일 미 7사단 17연대는 인민군의 저항을 물리치고 갑산에 도착하였고, 수도사단 18연대는 어랑에 도착하였다.

21일 미 7사단 17연대는 오전 10시 혜산진에 도착하여 "만세!'를 불렀다. 미 7사단이 혜산진에 도착하였다는 뉴스는 한국과 미국 국민들을 감격하게 하였다. 이제 맥아더 장군이 이야기 한 대로 11월 말까지는 전쟁이 끝나 대한민국은 통일될 것이라고 모두들 감격하였다. 미군이 혜산진에서 압록강을 보니 압록강 폭은 70여 미터이며, 도섭지점은 2미터 정도로 도섭지점도 있어 중공군이 얼마든지 넘어올 수 있는 강이었다. 미 7사단 17연대는 첩첩산중 꼬불꼬불한 빙판길을 2일 만에 320킬로미터를 진격하여 기록을 세웠다.

11월 24일 수도사단 18연대는 9시 30분 나남에 도착하였고, 11월 29일 수도사단 18연대는 부녕에, 기갑연대는 부거에서 회녕과 한·만 국경 고성을 향해 진격하고 있었다.

## 2. 유엔군 압록강을 향해 총 추격함

### 1) 10월 26일 국군 6사단 압록강 초산에 도착

맥아더 장군은 중공을 자극하지 않으려고 한·만 국경까지 미군 대신 국군만 진격하게 하였고, 전투 폭격기의 폭격도 한·만 국경 80킬로 이남에만 하게 하였다. 그리고 미군은 청천강 부근에서 머물렀다. 또한 압록강 11개의 교량과 철교도 폭파하지 않았다. 그러면서 맥아더 장군은 중공군의 능력에 비추어 중공군이 한·만국경선을 넘을 가능성은 없다고 판단하면서 중공군이 한국전에 참전할까 봐 겁을 잔뜩 먹고 있는 모순된 작전을 하고 있었다.

10월 24일 총 추격명령을 내릴 때 미군은 맥아더라인 즉 청천강 이북은 북진하지 말아야 하는데 맥아더라인을 설정해놓고 맥아더 자신이 스스로 무시하고 미군을 압록강까지 진격 명령을 내렸다. 미군은 국군이 북한을 완전 점령할 수 있게 전차와 공군과 해군을 지원해 주었으면 인민군 3만 명을 소탕하는 작전은 그리 어려운 문제가 아니었다. 미군이 38선을 넘자 모택동과 중공군은 미군이 만주까지 진격할 것을 두려워하여 압록강을 건넌 것이다. 결과적으로 미군은 낙동강에서 한국을 살려주었으나 미군의 북진 때문에 중공군의 한국전 참전으로 한국은 통일을 못하는 결과를 가져왔다.

인민군 8사단은 평양 부근에서 후퇴하여 국군의 진격을 막고 있었으나 패잔병은 소수에 불과하였으며, 희천과 초산으로 도망쳐 버렸다. 국군 6사단은 초산을, 8사단은 만포진을 향해 밤낮으로 전진을 계속하였다. 6사단장 김종오 준장은 7연대를 우측에서 초산을 향해 진격하였고, 2연대는 벽동을 향해 진격하였으며, 19연대를 예비대로 하였다.

국군 6사단 7연대는 희천을 거쳐 회목동에, 3대대는 희천을 거쳐 용현까지 도착하였다. 정찰을 나간 정보장교가 임부택 연대장에게

"태천 근방에 인민군이 많이 있다고 주민들이 이야기 합니다. 그리

고 수색대를 통해 적정을 알아본 결과 중공군이 많이 집결해 있다고
하며, 중공군이 이미 개입하였다고 합니다."

　라고 천금 같이 귀한 정보를 보고하여 임부택 연대장이 6사단 부사
단장에게 보고하였다. 그러나 송석하 부사단장은 "중공군은 대수로운
존재가 아니다. 지체 말고 전진을 계속하라!" 하며 중공군을 대수롭지
않게 무시하였다.

　10월 25일 국군 6사단 7연대는 추운 날씨에 첩첩산중인 풍장을 거쳐
고장에 도착하였다. 2연대는 운산 위 동림산에 진격하고 있었다. 6사
단 2연대 선발대가 동림산을 끼고 진격하던 중 동림산에 엄청나게 많
은 군인들이 있는 것을 보았다. 그런데 그 수가 너무 많은 것과 옷 모
양이 인민군과는 전혀 달라 중공군이라는 것을 금방 알 수 있어 상부
에 보고하였으나 상부에서는 "중공군 그 까짓 것들 걱정하지 말라!" 하
고 "계속 전진하라!" 하며 또 중공군을 바보 취급하였다.

　10월 26일 6사단 7연대 1대대 1중대가 인민군 패잔병의 저항을 물
리치고 초산에 도착하여 이대용 중대장은 태극기를 꽂고 감격하여 "만
세!"를 불렀다. 그리고 장병들은 "이제는 통일이 되었다!"고 감격의 눈
물을 흘렸다. 국군 6사단 7연대가 압록강에 도착하였다는 뉴스는 전
세계 민주국가, 특히 한국과 미국의 국민은 감격하였고, 맥아더 장군
의 말과 같이 추수감사절까지 전쟁은 끝날 것으로 누구도 의심하지 않
았다. 국군 7연대 1대대 장병들은 꿈에도 그리던 초산에서 통일의 꿈
을 안고 첫날밤을 잤다. 그리고 27일에는 아침 일찍 동쪽에서 떠오르
는 태양을 보았고, 압록강에 한가로이 물고기를 잡으러 가기도 했다.
그들은 확실히 통일이 되었다는 것을 실감하였다.

　6사단 2연대는 운산 북쪽 온정리 북방 7킬로를 탈환하고 벽동을 향
해 진격 중이었다. 국군 1사단은 운산을 탈환하고 북진 중에 있었고, 7
사단은 개천에 있었다. 중공군의 12만 대군이 서부전선의 국군 3개 사
단을 포위 섬멸하기 위하여 깊은 산속에서 움직이고 있었다.

50년 10월 25일 새벽 2시, 중공군 40군 118사단 사령부에서는 「정면에 적을 발견하였음.」하고 보고되었다. 이 내용은 군단과 병단까지 즉시 보고되어 「이제 싸움이 시작되었다.」고 중공군은 초긴장하였다. 적이 발견되었다는 보고를 받은 병단 사령부에서 「위치가 어딘가?」하고 확인하여왔다.

「운산 북쪽 온정리와 북진 사이입니다. 적은 국군 6사단인 것 같습니다.」

「국군이면 더 깊숙이 산악지역으로 끌어들여 우리들의 포위망에 올 때까지 그냥 두어라.」

병단 사령부에서는 적이 국군이라는 보고를 받고 포위망 깊숙이 들어올 때까지 그냥 두라고 명령하였다. 그리고 40군 120사단으로 하여금 운산 북쪽에서 국군을 기다리게 하였다.


## 3. 50년 10월 29일 압록강 초산에서
### 국군 7연대 중공군에 의해 포위됨

중공군은 초산을 점령한 국군 6사단 7연대를 포위하기 위하여 온정에서 국군 7연대의 퇴로를 차단하고 기다리고 있었다. 그런데 국군은 중공군이 산악지대에 포진해 있는 것을 전혀 모르고 있었을 뿐만 아니라, 이미 국군과 미군은 중공군에 노출되어 있었다.

중공군사령부가 있는 대유동 탄광에서는 팽덕회 사령관, 등화, 박일우, 참모장 해패연, 한선초 등 지도부가 모여 열심히 작전을 세우고 있었다.

10월 27일 팽덕회는 먼저 국군 6사단과 8사단을 공격하기 위하여 중공군 3개 사단을 동원해 공격하게 하였다. 이를 위해 39군을 운산 북쪽에 배치하여 국군 1사단의 북진을 막고 66군으로 하여금 미 24사단과 영 27여단의 북진을 저지하게 하였다.

황해도 김천 출신의 1중대장 이대용 대위는 초산을 점령한 후 압록강 신도장에 달려가서 태극기를 꼽고 「만세!」를 불렀다. 이 대위는 뱃사공을 만나 「수고하십니다!」하고 인사를 하자 이 뱃사공은 이 대위에게 「중공군 5명이 지나가면서 만포에는 10월 17일부터 3일간 야음을 이용하여 압록강을 건너 수만 명이 집결하였으며, 김일성은 강계에 있다고 합니다.」하고 알려주었다. 이 말을 들은 이 대위는 '중공군이 많이 들어와 있구나.' 생각하고 왠지 불안하였다. 그는 수통 두 개에 압록강 물을 담아 하나는 이승만 대통령에게 하나는 육본에 선물로 보내려고 사병에게 보관시켰다.

국군 6사단 7연대 1대대는 꿈에도 그리던 초산에서 하루 밤을 자고 27일 날이 새자 「이제 꿈에 그리던 통일이 되고 전쟁도 끝났구나.」하고 들뜬 마음으로 아침을 맞이하였다. 공수된다고 하던 군수품을 기다리고 있던 1대대 장병들은 29일 새벽 「7연대는 고장으로 이동하라.」는 명령을 받았다. 이 명령을 받은 1대대 장병들은 「왜 후퇴하라고 하지? 이상한데!」하며 후퇴명령에 마음이 불안하였다.

희천, 고장, 초산의 길은 첩첩산중이며 도로가 좁고 고개가 많고 꼬불꼬불하고 눈이 와서 육로로는 도저히 군수품을 운반할 수 없어 공수한다고 하였으나 날씨 관계로 공수도 하지 못하였다. 그런데 오히려 고장으로 철수하라고 하니 조금 이상하였다.

이미 6사단 2연대는 25일부터 온정리 부근에서 중공군과 격전을 벌이고 있었다. 26일에는 포위되어 사투를 벌이고 있었고, 이를 돕기 위해 희천에 있는 19연대가 증원 차 진격하자 19연대도 중공군에 저지되면서 포위된 상황이었다. 6사단 송석하 부사단장은 7연대를 빠른 시간 내에 희천까지 철수시키려 하고 있었다. 그렇지 않으면 7연대 퇴로가 차단되어 포위 전멸될 가능성이 있어서였다. 송석하 부사단장은 마음이 급하였다.

중공군 사령부에서는 정보장교가 팽덕회 사령관에게「국군 1사단은 운산에 있고, 8사단은 희천에, 6사단 7연대는 초산에서 고장 쪽으로 이동하고 있는 것으로 보아 국군은 더 이상 북진을 계속하지 않고 멈추고 있음.」하고 보고하였다. 이때 모택동으로부터 팽덕회에게 전보로 작전지시가 내려왔다.

《이번 공격의 관건은 초산에 진격한 국군 6사단 7연대를 포위 섬멸하는데 있다. 7연대가 위기에 처하면 1, 6, 8사단이 증원해 올 때 이들을 덮칠 것. 병력을 분산시키지 말고 집중해서 공격할 것.》

이처럼 모택동은 계속해서 팽덕회에게 작전 지시를 하고 있으나 이승만과 국방부장관 신성모는 미국만 의지하고 전투 상황을 보고 받지도 않고 어떻게 하라는 작전지시를 내린 일이 없다.

팽덕회 사령관은 강계에 있는 38군 양홍초에게「즉시 희천으로 이동하여 국방군의 퇴로를 차단하라!」고 명령하였다. 그리고 118사단과 148사단에 고장에 있는 국군 7연대를 포위하라고 명령하였다. 115사단과 66군을 통하여 미 24사단이 태천에서 구성 쪽으로 진격하는 것을 막고 국군 1사단을 포위하라고 명령하였다.

10월 29일 국군 6사단 사령부가 있는 구장동에서 송석하 부사단장은 중공군이 있는 것을 아직도 모르고 있었다. 7연대는 군수품 보급이 지연되어 고장에 그대로 있었고, 2연대는 중공군에 포위되어 온정에서 태평으로 포위망을 뚫고 도망치느라 사투를 벌이고 있었다. 19연대는 중공군에 의해 포위되어 증원이 저지당하고 있었다.

국군 7연대장 임부택 대령도 첩첩산중 고장에서 보급이 끊겨 오도 가도 못 하고 머물러 있게 되자 불안하였다. 임 연대장은「수색대장은 풍장까지 수색을 하라.」고 명령하였다. 풍장은 고장 남쪽 16킬로 지점에 있는 곳이었다.

29일 아침 8시 고장을 출발한 수색대는 낮 12시에 풍장에 도착하였으나 중공군이나 인민군은 전혀 보이지 않았다.

29일 오후 1시경 수송기 4대가 고장에 나타나 휘발유 45드럼, 야포탄 200발을 공수해 주었다. 임부택 연대장은 초산에 있는 1대대에 연료를 수송해 주면서 「29일 새벽 고장으로 이동하라.」하고 명령하였다. 이 명령에 따라 1대대는 자정에 고장에 도착하였고, 2대대도 고장에 집결하여 경계태세를 강화하였다.

수색대가 밤 11시경에 풍장 남쪽 2킬로 지점을 갔을 때 적으로부터 집중공격을 받았다. 확인한 결과 이들은 중공군이 틀림없었고, 1개 중대 정도의 병력이었다. 밤 12시 수색대는 중공군을 물리쳤다. 국군은 중공군과의 처음 접전이었다. 그러자 장병들은 중공군을 "별 것 아니구만."하고 깔보게 되었다. 수색대는 6킬로까지 전진하였다.

송석하 부사단장은 즉시 19연대로 하여금 7연대를 엄호하려고 하였으나 19연대도 중공군의 포위망에 걸려 허우적거리고 있었다.

중공군은 풍장 남쪽 10킬로까지 내려와 7연대를 포위하고 있었다. 그러나 임부택 연대장은 중공군이 남쪽에서 기다리고 있는 것을 전혀 모르고 있었다.

10월 30일 아침 7시 임부택 연대장은 항공지원을 받으며 2대대를 앞세우고 3대대, 연대본부, 1대대가 후미가 되어 100대 차량으로 고장을 출발하여 풍장으로 남하하고 있었다. 임부택 연대장이 고장을 출발한 지 한 시간이 지난 아침 8시 「귀 연대는 위험한 상태에 빠졌으므로 최선을 다하여 철수에 성공하기 바람.」이라는 송석하 부사단장으로부터 무전을 받았다. 이 전보를 받은 임 연대장은 등골이 오싹하였다. 대한민국 국군 중에서 최강인 국군 6사단 7연대가 점점 위기에 몰리고 있었다. 아침 9시, 7연대 2대대의 선두부대가 풍장 남쪽 2킬로 지점을 통과하고 있었다. 연대의 긴 행군대열이 도로를 메우고 끝이 보이지 않았다. 중공군은 어제 밤에 고장에 있는 국군을 공격하려 했으나 뭉쳐서 방어할 때보다 후퇴할 때 길게 늘어서 움직이는 국군을 중간에서 토막 내어 공격하는 것이 효과적이라고 판단하고 도로의 양쪽 산에서 매복하였다가 7연대 2대대가 지나가자 일제히 공격하였다.

국군은 중공군의 기습을 받고 중간 중간 토막이 나면서 맹타를 당하여 순식간에 혼란에 빠졌다. 2대대장 김종수 중령은 「하차하여 반격하랏!」 하고 고함을 쳤다. 이때 미 전투기 F-51 4대가 나타나 중공군을 집중공격하자 중공군은 삽시간에 흩어졌다. 그러자 김종수 중령은 「이때를 놓치지 말고 공격하랏!」하고 고함을 지르자 2대대는 중공군의 추격에 나섰다. 중공군은 517고지와 661고지에서 국군을 향해 박격포를 쏘며 남하를 저지하고 있었다.

2대대장으로부터 보고받은 임부택 연대장은 깜짝 놀랐다. 연대 주력이 풍장에 있었다. 풍장은 첩첩산중이라 도로를 따라 남하할 수밖에 다른 방법이 없었다. 임부택 연대장은 진퇴유곡에 빠져 있는 것 같았다.

이때 낮 12시경 「휴대할 수 있는 전투 장비를 제외한 모든 것을 파괴소각하고 만난을 극복하고 회목동으로 집결하라.」는 송석하 부사단장의 전보명령을 받았다.

「도대체 중공군이 이렇게 많이 올 때까지 육본에서는 무엇을 하고 있었단 말이야?」

전보를 받은 임 연대장은 화가 나서 견딜 수 없었다.

임 연대장은 분통이 터져 온 몸이 부들부들 떨렸다. 그러나 그는 곧 명령을 내렸다.

「각 부대는 주간 이동을 중지하고 내일 새벽에 이동을 한다. 연대의 주 장비를 파괴하고 산길을 통해 남하한다.」

연대는 그 많은 차량과 중포를 파기하고 밤 8시 2대대의 엄호를 받으며 3대대, 1대대 순으로 풍장을 출발하여 풍장에서 동북방향 8킬로 지점의 창동으로 이동하였다. 창동 부근에 3대대가 도착하자마자 중공군의 기습을 받았다. 중공군은 국군을 향해 수류탄으로 집중 공격하였다. 그러자 임 연대장은 「풍장으로 후퇴하라!」고 명령을 내려 연대는 다시 풍장으로 되돌아가고 있었다. 임 연대장은 한숨이 저절로 나왔고 어떻게 할 방법이 없었다. 잘못하면 전멸 위기에 처하게 되는 것이 아닌가 하고 불안하여 견딜 수 없었다.

10월 30일 밤 12시가 지나자 중공군은 나팔과 피리를 불어 신호를 하고 북과 꽹과리를 쳐서 국군의 넋을 빼놓고 있었다. 한신이 항우를 전멸시킬 때의 작전을 그대로 쓰고 있었다. 그렇지 않아도 국군은 초긴장하여 산 속에서 잠을 이루지 못하였고, 더구나 추위에 떨면서 날이 새기를 초조하게 기다리고 있는데, 자정이 지나자 피리소리, 북소리, 꽹과리 소리를 듣고는 질겁하지 않은 장병이 없었다.

중공군은 3대대와 2대대를 순식간에 포위하고 공격해 왔다. 중공군은 새벽 2시까지 공격해 왔다. 풍장은 중공군의 좋은 공격 목표가 되었다. 국군도 사력을 다해 방어를 하고 있었으나 밤이라 보이지도 않고 겹겹이 중공군이 포위를 하여 포위망을 뚫을 수가 없었다.

중공군과 육박전이 벌여졌다, 결국 풍장이 돌파되고 말았다. 중공군은 7연대를 산산조각 내어 각개 격파시키고 있었다. 용감한 7연대 장병들은 비참하게 죽고 있었다.

3대대장 조한섭 중령이 포로가 되었고, 7연대 1중대는 200명의 장병이 다 죽고 60명만 남을 정도로 참패당하고 있었다. 연대 작전주임 조윤재 소령이 포로가 되었다.

임부택 연대장은 각 대대에「각 부대는 전력을 다하여 적진을 각개 돌파하고 구장동으로 집결하라!」고 명령을 내렸다. 풍장에서 구장까지는 60킬로로 먼 길은 아니나 1,000미터의 고지가 수두룩하고, 고지마다 중공군이 박격포를 걸어놓고 국군의 후퇴를 막고 있었다.

7연대는 대대별로 분산 적유령산맥과 강남산맥으로 철수하기 시작하였다. 1대대는 아침 4시 극적으로 판하동에, 2대대는 연대본부와 같이 회목동으로, 3대대는 창동으로 분산 철수하였다. 임부택 연대장과 김종수 2대대장은 30일 오전 10시 회목동 북방 2킬로 지점에 도착, 공수로 약간의 보급을 받고 회목동을 피하여 남쪽으로만 도망쳐 희천에 도착하여 산 아래를 내려다보니 온통 중공군뿐이었다. 이 후로는 중대 소대별로 분산하여 묘향산의 험한 산길을 통하여 남쪽으로 도망쳤다.

임 연대장은 23일 동안 험준한 산길 130㎞를 걸어서 청천강 남쪽 북창의 8사단 21연대에 기적적으로 도착하였다. 그들은 아군을 만나자 "이제는 살았구나!' 하며 오직 "밥! 밥! 밥!' 하였다.

50년 11월 8일 순천에 있는 2군단 사령부에 오후 6시 도착하였다가 11월 9일 6사단 사령부에 도착하니 군악대가 환영가를 불러주었고 전 장병들이 박수로 환영해 주었다. 이들은 예를 하고 6사단장 장도영 준장에게 도착신고를 하였다.

7연대 부연대장 최영수 중령, 2대대장 김종수 중령, 3대대 조한섭 소령이 포로가 되었고, 1대대장 김용배 중령은 포위망을 뚫는데 성공하였다. 7연대 중대장 12명 중 6명만 살아서 나왔고, 그중에서도 이대용 중대장만 군복을 입고 부하와 같이 포위망을 뚫었다.

7연대 3,552명 중 살아서 온 장병은 878명이며, 죽거나 포로가 된 자는 2,677명으로 90% 이상이 희생되어 7연대는 중공군에 아예 박살이 나 버렸다. 용감한 자는 먼저 죽는다는 말이 실감났다.

7연대 작전주임 조윤재 소령은 포로가 되어 북한 내무서원에게 무수히 구타를 당한 후 칼에 찔려 죽었다는 소식을 듣고 목이 메어 울지 않은 장병이 없었다. 용감한 심일 소위도 여기에서 전사하였다.


## 4. 50년 10월 26일 온정리에서
### 국군 2연대 중공군에 의해 포위됨

국군 6사단 2연대는 덕천에서 묘향산을 끼고 운산과 희천을 향해 진격하였다.

김종오 6사단장은 묘향산에서 인민군 보급차 노획을 확인하다가 부상을 당하여 후송되어 송석하 부사단장이 사단장 직무대리를 하고 있었으나 곧 장도영 대령이 사단장이 되었다.

10월 24일 오전 8시, 국군 6사단 2연대는 구장동에서 태평을 지나 온정을 향해 진격 중이었다.

선두 부대인 1대대가 오후 4시경 온정리 부근에 도착했을 때 2개 중대 정도의 인민군으로부터 공격을 받았으나 즉시 격퇴하고 오후 7시 반경 온정에 도착하였다.

10월 25일 아침 9시, 2연대는 2대대를 선두로 하여 벽동을 향해 차량으로 진격하고 있었다. 낮 12시경 3대대가 선두부대가 되어 온정리 북방 7㎞ 지점인 장동 부근에 도착하였다. 이때 중공군은 도로 양쪽의 고지를 점령하고 매복하고 있다가 국군이 도로를 따라 진격하자 1개 사단 정도의 병력이 전 화력을 동원하여 국군 3대대를 향해 집중 공격하였다.

3대대장은 장병들에게 "하차하여 적을 공격하라!' 하고 명령을 내려 장병들은 즉시 차에서 내려 대응하였으나 기습을 받아서 희생자가 많아지고 있었다. 3대대는 전진을 못하고 사상자만 내고 온정으로 후퇴하였다.

2대대도 중공군의 공격을 받고 온정리로 후퇴하였다. 1대대도 기습을 받고 격전을 하다 견디지 못하고 온정리로 후퇴하였다. 온정리로 후퇴한 2연대는 차량과 보급품을 두고 도망쳐 대부분 군수품을 상실하고 말았다. 2연대 장교들은 "인민군에 이렇게 강한 부대가 있나?' 하고 이상히 생각하고 확인한 결과 중공군이라는 것을 알았다. 장병들은 자기들이 싸운 군대가 중공군이라는 사실을 알고 걱정을 하였다.

중공군에 격퇴 당하였다는 보고를 받은 송석하 부사단장은 즉시 희천에 예비대로 있는 19연대로 하여금 "2연대를 지원하라!' 고 명령하였다. 19연대는 온정에 있는 2연대를 돕기 위하여 희천을 출발하였다.

10월 26일 새벽 4시, 중공군은 온정리에 있는 2연대를 포위해 놓고 함성을 지르며 공격해왔다. 엄청난 수의 중공군이 일시에 벌떼같이 공격해오자 국군은 점령하고 있던 고지가 위험해지고 온정중학교에 주둔한 3대대가 기습을 받고 한밤중에 혼란에 빠졌다. 2연대는 중공군과 한밤중에 육박전이 벌어졌다. 국군은 많은 희생자를 내고 견디지 못하고 태평과 희천으로 도망쳤다.

연대가 후퇴하자 490고지에서 방어하고 있는 2대대가 고립되어 중공군의 사면공격을 받았다. 그렇게 되자 2대대장은 "운산으로 후퇴하라"하고 명령을 내려 장병들은 포위망을 뚫고 도망치느라 많은 희생자를 내었다.

10월 27일 국군 2연대는 태평에 집결하였다. 28일에는 소강상태였고, 재편성에 정신이 없었다.

10월 29일 새벽 2시, 19연대가 2연대를 돕기 위해 온정 부근까지 접근하다 중공군의 기습을 받고 혼란에 빠졌다. 중공군은 함성을 지르며 나팔과 북과 꽹과리를 치며 주변을 진동시켜 국군의 혼을 뺐다. 중공군과 국군은 육박전이 벌어졌다. 19연대는 중공군의 포위망을 뚫느라 사력을 다하고 있었다.

19연대의 보고를 받은 송석하 부사단장은 「19연대는 구장 쪽으로 철수하라!」고 명령하였다. 19연대는 철수하려 하였으나 중공군에 의해 2중 3중으로 포위되어 포위망을 뚫을 수가 없었다. 8사단 10연대 3대대가 증원 차 오다가 중공군의 기습을 받고 10연대 3대대도 혼란에 빠졌다. 이 전투로 19연대장 박광혁 대령이 전사하였고, 박철 대대장은 행방불명되었다.

19연대는 뿔뿔이 흩어져 긴급하게 도망쳤다. 연대 작전주임 박정인 대위는 120일 만에 묘향산을 지나 원산을 경유, 51년 3월 14일 청계천전투에서 미군에 의해 극적으로 구출되었다.(전 국방부 전사편찬위원장)

2연대와 19연대는 중공군에 참패를 당하여 많은 장병들이 희생한 가운데 구장과 개천으로 도망쳤다.

10월 30일 국군 2연대는 개천에 집결하여 재편성을 해보니 중공군의 새끼줄 전법에 걸려 다 죽고 겨우 1개 대대 정도밖에 되지 않았다.

「연대장은 차량과 중포와 군수품을 버렸을 뿐만 아니라 많은 장병들을 희생시켰으며 패전하였으니 그 책임을 면할 길이 없다. 연대장은 총살감이다.」

송석하 부사단장은 패전의 책임을 물어 함병선 2연대장을 총살하겠다고 고함을 쳤다.

「아닙니다! 중공군이 개입하여 연대가 완전 포위되어 포위망을 뚫을 수가 없었습니다.」

「무슨 말이 그렇게 많아? 중공군이라니? 무슨 엉뚱한 변명이야?」

송석하 부사단장은 중공군과 싸움을 하고도 중공군 개입을 인정하지 않고 고함을 쳤다. 이때 2연대 헌병대장 최영철 소령이 중공군 포로를 데리고 사령부에 도착하였다. 그는 사령부 안이 살벌한 이유를 알고 송석하 부사단장에게 중공군이 참전한 것을 설득시켰다.

「저도 중공군에 포로가 되어 중공군 이지의 덕분에 겨우 몸만 빠져나왔습니다!」

송석하 부사단장은 최영철 소령의 말을 듣고서야 화가 가라앉은 것 같았다. 결국 함병선 연대장은 최영철 소령 덕분에 처벌을 면할 수 있었다. 이때까지 송석하 부사단장은 중공군이 참전한 것을 믿으려하지 않았다.

국군 6사단은 중공군의 공격을 받고 며칠도 견디지 못하고 이렇게 붕괴되고 말았다.

「중공군의 공격으로 우리 6사단이 참패를 당하고 많은 희생을 치르고 있습니다.」

6사단의 각 연대장들이 2군단장 유재홍 장군에게 보고하였다. 이 보고를 받은 유재홍 장군은 「있을 수 있는 일이다!」하고 즉시 육본에 현재의 상황을 보고하였다. 그런데 정일권 총장은 「중공군이 개입한 징후는 인정할 수 없다. 믿을 수 없는 일이다.」라고 군단장의 보고를 한 마디로 묵살하였다.

현재 6사단은 초산과 벽동을 향하여, 8사단은 강계 만포진을 향하여, 1사단은 삭주를 향하여 진격 중 중공군의 공격을 받고 3개 사단이 치열한 격전 중에 있었다. 그중 일부는 포위되어 사투를 벌이고 있는데도 정일권 총장은 「그럴 리 없다.」라고 잠꼬대 같은 소리만 하고 있었다.

「운산 방면에는 중공군이 최소한 4개 사단이 집결해 있습니다.」

6사단 각 연대장들은 계속 유재홍 군단장에게 보고하였다. 이 보고를 받은 유재홍 군단장은 즉시 희천 부근으로 급행하여 전황을 살폈다.

「국군 2군단 정면에 최소한 중공군 6개 사단이 집결해 있다. 이것은 보통 일이 아니다.」

전황을 살핀 유재홍 군단장은 국군 2군단이 포위 직전에 있는 것을 파악하고 걱정을 하였다. 그는 즉시 워커 8군사령관에 직접 보고를 하였다. 그러자 워커 장군은 깜짝 놀라 맥아더 장군에게 보고하였다. 중공군을 참패시키고 한반도를 통일시킬 수 있는 천금보다 귀한 정보를 정일권과 맥아더는 한 마디로 묵살하고 「빨리 진격하라. 중공군의 개입은 고려할 수 없다.」라고 잠꼬대 같은 소리만 되풀이하면서 오히려 워커의 보고를 듣고 꾸짖었다. 이 정보 묵살이 맥아더 장군 북진의 참패 원인이 되었고, 한반도 통일의 꿈이 산산조각 나고 말았다. 정일권에게 책임을 반드시 물어야 했다.

## 5. 50년 10월 27일 운산에서 국군 1사단 중공군에 참패

운산 북쪽 대유동 중공군 사령부에서는 38군이 강계에서 즉시 남하하여 희천을 점령한 후 국군 1사단, 6사단, 8사단의 퇴로를 차단하고 39군과 40군으로 정면공격을 하여 포위하려 하였다. 그러나 희천에서 강계 만포진으로 피난 가는 북한 주민들이 많아 도로가 꽉 막혀 피난민의 행렬과 국군 7사단의 방어를 뚫고 38군이 강계에서 희천까지 내려올 수 없어 팽덕회는 발을 동동 굴렀다. 그는 「양홍초, 양홍초, 이 자식이 이렇게 좋은 기회를 놓치다니⋯⋯」하며 불같이 화를 냈다.

「38군은 제 시간에 희천에 도착할 수 없으니 39군과 40군으로 국군 1사단과 서부전선의 미 24사단 영 27여단을 치셔야 합니다.」

팽덕회가 화를 내며 안절부절 하자 참모들이 팽덕회에게 위와 같은 작전을 건의하였다. 팽덕회는 그 작전을 받아들여 지휘관들과 참모들에게 작전명령을 내렸다.

「39군과 40군은 국군 8사단, 7사단, 1사단을 먼저 치고 그 다음 미 24사단, 영 27여단을 친다. 미군과 국군의 병력은 약 5만, 우리는 12만 정도로 두 배가 넘는다. 작전은 산악으로 적을 끌어들여 접근전을 하여 현대무기를 사용하지 못하게 한다. 그리고 밤에 공격하여 아침에 마무리를 짓는다. 또 모든 통신을 작전 전에 절단하고 적의 측면을 돌아 앞과 뒤, 좌우에서 동시에 공격하라!」

팽덕회로부터 이와 같은 작전을 보고받은 모택동은 팽덕회에게 「이번 공세에서 가장 중요한 것은 퇴로를 철저히 끊고 쳐라. 그리고 부대마다 각개 격파하라.」고 작전 지시를 하였다.

「38군은 희천, 구장, 군우리, 안주 방면으로 진격하여 유엔군의 퇴로를 끊는다. 42군은 덕천으로 남진하여 유엔군의 지원군을 막는다. 40군은 정면을 공격한다. 39군은 운산의 국군1사단 정면을 공격한다. 66군은 구성에서 미24사단을 공격한다. 50군은 영27여단을 공격한다.」

팽덕회는 국군과 미군의 움직임을 손금 보듯이 파악한 후 지형을 최대한 이용하여 일시에 서부전선에서 국군과 미군에게 강타를 하기 위하여 세밀한 작전을 세워 지시하였다.

미 1군단 소속 미 24사단과 영 27여단은 박천 북방에서 신의주를 향해 진격 중이었고, 국군 1사단은 운산과 삭주를 향해 진격 중이었다.

10월 25일 새벽, 국군 1사단 15연대 3대대가 선두부대가 되어 운산 읍내에 조심조심 들어가고 있었다.

국군 15연대 3대대는 운산에서 아침을 먹고 미 전차 60대가 지원 나오자 전차를 앞세우고 진격을 계속하였다. 운산에서 출발하여 한 10리쯤 북상했을 때였다. 앞서가던 첨병이 「적이닷!」하며 고함을 질렀다. 그와 동시에 중공군이 도로 양쪽의 높지 않은 산에 매복하고 있다가 국군을 향하여 박격포, 기관총, 수류탄 등을 사정없이 퍼부었다. 국군 15연대 3대대는 정신이 없었다. 그들은 평양 입성 후 가장 강력한 공격을 받았다.

대대장은 연대장에게 「적은 지금까지 보지 못한 강력한 부대이며, 조직적이고 화망도 잘 구성되어 있는 강력한 부대입니다.」라고 보고하였다. 3대대의 보고를 받은 조재미 연대장은(4.19 때 진압사령관) 3대대에 즉시 후퇴하라고 후퇴명령을 내렸다. 그는 그 강력한 부대란 것이 혹시 '중공군이 아닐까? 하는 걱정이 되었기 때문이었다.

3대대가 도로 양쪽의 산으로 올라가 적과 싸우면서 살펴보니 고지마다 숫자를 셀 수 없을 정도로 많은 적이 점령하고 있었다. 3대대가 부대를 정비하고 정신을 차리고 있을 때 연대장으로부터 「북상하라.」는 명령을 받았다. 3대대장은 "언제는 후퇴하라 하더니 이제는 또 전진하라는 거야?" 하고 불평을 하였지만 3대대는 연대장의 명령에 따라 북진하여 운산 북쪽 20리쯤인 북진광산에 오후 3시쯤 도착하였다. 3대대는 연대 예비대가 되고 1대대가 선두부대가 되어 계속 북상하였다.

해가 떨어지자 산악지대는 금방 어두워졌다. 조재미 연대장은 아무래도 불안하여 일단 부대를 후퇴시켰다. 이때 중공군의 집중공격을 받았다. 중공군은 나팔을 불고 북을 쳐 국군을 공포에 떨게 한 후 공격해 왔다. 국군 15연대는 분산 후퇴하여 밤낮으로 도망쳐 26일 오후 아예 박천까지 도망쳤다.

국군이 후퇴하던 중 중공군 한 명을 잡았다. 이 중공군 포로는「중공군은 이미 대군이 운산 근방에 있어 국군의 북진을 기다리고 있습니다.」하고 귀한 정보를 제공해 주었다. 중공군 포로로 인하여「중공군이 와 있다.」고 떠돌던 말이 사실로 확인되었고, 장병들은 이 소식을 듣고 걱정을 태산같이 하였다.

백선엽 사단장은 포로를 직접 심문하고 영변 농업학교로 밀번 군단장을 오게 하여 포로를 직접 보고 심문하게 하였다. 직접 포로를 심문한 밀번은 운산 근방에 중공군 대군이 있다는 포로의 말을 듣고 미8군 사령관 워커를 찾아가 직접 보고하였다. 워커의 보고를 받은 맥아더 장군은 또 중공군 대군이 있다는 보고를 묵살하고「그럴 리가 없다. 한·만 국경을 향해 진격하라.」는 잠꼬대 같은 명령만 내렸다.

맥아더 장군이 "중공군의 개입" 보고를 묵살하고 북진명령만 내리자「적을 모르고 싸우면 백전백패인데…」하며 백 사단장과 그의 참모들은 걱정을 하였다. 백 장군과 참모들은 중공군이 얼마나 있고, 어디에 있으며, 무기는 무엇을 갖고 있는지 궁금하였다. 국군과 미군은 앞을 보지 못하는 장님이 되어 적과 싸운다고 전진하고 있을 때 중공군은 이러한 장님을 사정없이 두들겨 패고 있었다.

10월 26일 북한의 운산 근방의 산악지역은 몹시도 추웠다. 더구나 장병들은 낙동강에서 운산까지 하루도 쉬지 않고 밤낮으로 걸어와서 지칠 대로 지친 상태였다. 그리고 부산이나 인천에서의 보급이 너무 길어 보급품 수송이 원활하지 못해 추위에 떨고 있었다. 아침 7시 12연대는 미군 전차 10대를 지원받아 전진을 계속하였다.

중공군은 국군을 보내고 뒤에서 보급품 수송을 차단하였다. 12연대는 금방 연료가 떨어져 위기에 몰렸다. 그러자 사단에서는 즉시 11연대로 하여금 구출하려 하였으나 11연대까지 위기에 처하게 되었다.

10월 27일 오전 11시 미 공군의 10대의 수송기가 미 6전차대대와 10 고사포부대에 연료를 공급해주어 위기를 모면하였다.

11연대도 운산에서 용산동까지 보급로를 타개하느라 사투를 벌이고 있었다. 15연대는 중공군 2명을 포로로 잡았다. 이들을 심문한 결과 「중공 정규군의 대부대가 운산 근방에 잠복하고 있다.」고 하였다. 15연대는 확실히 중공군 대부대가 있다고 판단하고 백선엽 사단장에게 보고하였다. 그리고 백 사단장은 밀번과 워커 장군에게 즉시 보고하였으나 맥아더 장군은 「중공군이 나타난 것은 사실이나 이는 정규편제의 부대가 아니라 개인적인 지원병인 의용군으로 판단된다. 재만 한인이 중공군의 훈령을 받고 투입된 것이 아닌가 판단된다.」라고 하면서 중공군 참전을 믿으려하지 않았다. 그리고 정일권 총장은 중공군 개입에 대해 만주나 압록강 11개다리에 첩보대를 보내 정보를 수집해야 함에도 불구하고, 첩보활동은 그만두고 국군 6사단 7연대가 포위되어 전멸위기에 처하였는데도, 이를 적극적으로 확인하여 워커나 맥아더 장군을 설득시켜 중공군에 대한 대책을 세우도록 해야 하는데 전혀 그러지 않았다. 이런 무능한 인간 가지고는 통일이될 수 없다.

국군 1사단의 진격이 부진하자 워커는 「빨리 삭주까지 진격하지 않고 왜 꾸물대는가? 미군이 직접 중공군을 확인해야 하겠다.」하며 예비부대인 미 제1기병사단을 이곳에 투입시켜 빨리 압록강까지 진격하도록 명령하였다. 미 제1기병사단 병사들은 전쟁이 끝나고 동경으로 개선할 준비를 하느라 들떠 있는데 갑자기 출동명령을 내리자 어리둥절하였다.

케이 기병사단장은 8연대장에게 「한국군 같이 꾸물대지 말고 과감하게 진격하라!」고 명령하였다.

10월 29일 국군 15연대는 포병의 지원과 미 공군의 지원을 받으며 진격하려 하였으나 공격의 진전이 없었다.

태천에서 미 24사단은 심한 공격을 받고 있었다. 국군 1사단은 너무 깊숙이 들어가 있어 전진을 계속하는 것은 위험한 일이었으나 워커 장군의 진격명령 때문에 어쩔 수 없었다.

미 기병사단 8연대가 용산동에 도착하여 국군 1사단 장병들은 용기가 생겼다.

10월 30일 국군 15연대는 아침부터 중공군과 소규모 싸움을 하여 전진의 진척이 없었다.

미 기병사단 8연대도 중공군의 공격을 받았다. 공격의 방법에서 인민군과 차이가 나자 케이 소장은 「이것은 절대 인민군의 공격방법이 아니다. 틀림없이 중공군이 개입한 것이다.」고 판단하고 밀번 군단장에게 중공군의 개입을 즉시 보고하였다. 그러나 밀번 군단장은 「국군 1사단은 온정에서 초산을 공격하고, 미 기병사단은 온정에서 삭주를 향해 공격하라.」하고 공격지점을 정해주었다.

10월 31일 국군 1사단 12연대는 아침 6시부터 전차를 앞세워 진격을 시작하였다. 12연대, 15연대, 11연대 등 1사단은 미 기병사단과 진지를 교대하고 전진을 계속하였으나 중공군의 저지로 큰 진전이 없었다. 중공군은 미 공군과 포병대가 관측을 하지 못하게 하기 위하여 산에 불을 놓았다. 그리고 중공군 39군은 미 기병사단과 국군 1사단을 포위하기 위하여 바쁘게 움직였다.

11월 1일 운산 북쪽은 첩첩산중으로 좁고 꼬불꼬불한 도로여서 중공군이 공격하기는 아주 좋았으나 국군이 진격하기에는 매우 힘든 곳이었다. 전차나 차량이 고장 나면 전진과 후퇴를 못하는 좁은 도로에다, 도로 양쪽은 가파른 산이어서 잘못하면 전멸 위기에 처할 수 있는 지형이었다.

## 6. 50년 10월 30일 미 기병사단 8연대 중공군에 참패함.

중공군 39군과 40군의 116사단은 운산 북쪽 산악지역에서, 115사단은 서쪽에서, 117사단은 운산 남쪽 상초동에서 오후 5시 미 기병사단 8연대와 국군 15연대를 포위하고 일제히 북을 치고 꽹과리를 쳐 공포에 떨게 한 후 접근 전으로 공격해왔다. 중공군은 전투기도 전차도 중포도 없이 오직 소총과 박격포와 수류탄으로 공격해왔다. 미군은 중공군이 접근전을 하기 때문에 전투기도, 중포도, 전차도 쓸 수 없는 괴상한 전투를 해야 했다. 곧 어둠이 밀려오자 천하무적이라고 하는 미 기병사단 8연대 병사들의 눈에는 적이 보이지 않는데, 적은 미군의 위치를 어떻게 알고 계속 공격해왔다. 밤이 새도록 미 8연대와 국군 15연대는 도깨비에게 홀린 듯 두들겨 맞았다. 그리고 차량과 중포와 각종 군수품을 고스란히 중공군에게 바치고 몸만 운산에서 도망치는 것도 기적이었다.

날이 새자 운산은 중공군이 점령하였다. 전장(戰場)에서 보이는 것은 미군과 국군의 시체와 부상병들과 군수품이요, 검은 연기와 화약 냄새뿐이었다. 중공군은 여세를 몰아 남면에서 미 8연대를 완전 섬멸하기 위하여 전력을 다하였다. 미 8연대는 공군지원과 전차 지원을 받고 있었으나 중공군의 찰떡같이 붙어 있는 접근 전에 휘말려 속수무책이었다. 더구나 중공군이 산에 불을 질러 연기 때문에 포병이나 항공기에서 관측을 못하고 있으며, 보병들에게는 심리적 불안감을 갖게 하였다. 미군의 현대무기는 접근전(接近戰)에 속수무책이었다. 미군은 200년 동안 수많은 전투를 해보았지만 전차가 소총에게 지는 전투는 처음이었다. 맥아더 장군이 자랑하던 항공기는 비가 오는 날과 밤과 산불과 접근 전에는 꼼짝 못하였다.

이날 하루에 미 8연대는 350여 명이 전사했으며, 3대대장 올몬드 소령과 군목 카파운 대위 등 250여 명이 부상을 당하였다. 3대대는 800여 명 중 600여명의 사상자를 내게 되었다. 그런데 산 자들은 상황이 너무나 급박하여 부상자들을 데리고 도망칠 수 없었다. 결국 부상자들은 모두 포로가 되었고, 올몬드 소령은 끝내 사망하고 말았다.

미군 3대대는 200여 명이 살아서 극적으로 운산을 빠져 나왔으나, 영변 부근에서 이들마저 사살되거나 포로가 되어 미 기병 8연대 3대대는 거의 전멸되었고, 대대장과 참모들과 중대장 5명, 군의관 2명, 군목 1명, 155밀리 곡사포 12문, 전차 9대도 잃었다.

미 5연대 2대대가 증원 차 오고 있었다. 그런데 중공군은 반드시 미군 증원부대가 올 것을 예상하고 고지에서 매복하고 기다리고 있었다. 미 5연대 2대대는 중공군의 박격포 공격을 받고 삽시간에 혼란에 빠져 포위망을 뚫느라 사투를 벌였다. 그들은 꼭 도깨비에 홀린 것 같았다. 증원 차 온 미 5연대도 중공군에 무참하게 얻어맞고 연대장 존슨 중령이 전사하였다. 이것이 중국 삼국지 제갈량의 전법이다. 중공군은 미군을 격파하자 자신감을 갖고 사기가 충천하였다. 「이번 작전의 핵심적인 관건은 38군 전 병력이 신속하게 움직여 군우리, 개천, 안주, 신안주 일대를 점령해야 함. 그래야 남북에 있는 상대의 연결고리를 끊고 증원하는 미 2사단을 차단하여 확실하게 승리할 수 있음.」

모택동은 이렇게 매일 팽덕회에게 작전지시를 하였다. 모택동은 확실히 손자병법에 능통한 전략가였다. 그러기에 그는 장개석 국부군을 대만으로 몰아내고 천하를 통일한 것이다. 작전에서 맥아더 장군이나 정일권이나 이승만, 신성모는 모택동의 머리를 따라갈 수가 없었다. 전쟁은 정보와 경험과 병법 전문가이고, 머리가 좋고 판단을 정확히 하여 실수가 없어야 승리하는 세계이다. 결국 전차로 무장한 세계 최강부대가 소총부대에 의해 묵사발이 되고 있는 것은 맥아더 장군이 모택동을 바보 취급한 오만 때문이었다.

밤이 되자 중공군은 북을 치고, 꽹과리를 치고, 함성을 지르며, 미군과 국군에게 달려들었다. 미 고사포부대는 78고사포대대 90밀리 18문, 9야포대 155밀리 18문, 2박격포대대 4.2인치 박격포 18문의 화력

을 가진 포부대인 데도 포 한 발 쏘지도 못하고 도망쳐야 했고, 제6전
차대대 전차 43대도 포 한 발 쏘아보지도 못하고 도망쳐야 했다. 미8
연대 기갑부대와 포병부대의 화력은 국군1사단의 화력과는 비교가 되
지 않았다.

국군 1사단과 미 기병사단은 중공군의 공격에 견디지 못하고 영변
으로 철수를 시작하였다.

11월 2일 국군 15연대는 전날과 같이 오늘도 하루 종일 중공군과
싸우고 있었다. 중공군은 국군 15연대를 포위하고 각개 격파시키고
있었다.

워커 장군은 도저히 견디지 못하고 11월 3일 미 1군단을 전 전선에
서 철수시키지 않으면 안 될 상황이었다. 국군 2군단도 도저히 견디지
못하고 철수하였다.

「즉각 모든 방법을 동원하여 도망치는 상대를 잡아 각개 격파하라!」

국군과 미군이 도망을 치자 팽덕회는 각개 격파 명령을 내려 중공군
은 도망치는 유엔군을 각개 격파시키려 하였다. 그러나 도망치는 자는
차를 타고 가고, ㅎㅎㅉㄴㅅ는 자는 걸어서 ㅎㅎㅉㄴㅅ게 되어 추격만은
못하였다.

15연대는 일부는 공격하고 일부는 방어하자 자연 부대가 분산되어
중공군이 각개 격파시키기에 좋았다. 15연대는 철수하지 않을 수 없었
다. 15연대는 많은 중화기와 통신자재를 버리고 영변을 향해 후퇴하였
다. 12연대도 영변으로 후퇴하였다. 국군1사단은 운산을 구경하고 도
망치는데 530여명이 전사 및 실종되었다.

11월 3일 미 24사단과 기병사단과 국군 1사단은 청천강을 건너 멀리
안주로 후퇴하였다.


## 7. 국군 7사단 개천 비호산에서 중공군 격퇴

중공군이 한국전에 참전하여 서부전선의 국군과 미군이 고전하고 있었다. 그래서 워커 장군은 국군 7사단을 국군 2군단에 배속시켜 희천과 개천 사이에서 중공군이 침입하지 못하게 막으라고 명령을 하였다.

10월 29일 7사단장 신상철 준장은 3연대와 8연대를 구장동으로 이동시켜 구장과 덕천 사이를 경계하게 하였다. 그리고 5연대를 개천으로 이동시켰고, 포병 18대대와 사령부를 개천으로 이동하였다.

11월 1일 아침 8시부터 구장과 덕천 사이를 점령하여 중공군 38군의 남하를 저지하려 하였다. 그러나 이미 중공군 38군이 이 지역을 점령하여 격전이 벌어졌다.

중공군 38군은 희천, 구장, 개천, 안주까지 점령하여 서부전선의 국군과 미군을 포위 섬멸할 작전이었다.

밤이 되자 나팔, 피리, 꽹과리, 북을 치며 2개 연대의 중공군이 구장 동북쪽 신흥리에 있는 3연대를 포위 공격해 왔다. 국군과 중공군은 2시간 동안 치열한 격전을 하였으나 3대대장 최창환 소령이 부상을 입어 3연대는 더 이상 견디지 못하고 영변 쪽으로 후퇴하였다.

8연대는 구장 남동쪽에서 1,190고지 용문산을 점령하기 위하여 진격하였다. 그러나 용문산은 이미 중공군이 점령하고 있었다. 용문산에서는 구장과 덕천과 개천까지 국군과 미군의 움직임을 잘 볼 수 있어 아군에게는 매우 불리하였다.

8연대는 낮에는 용문산을 점령하였으나 밤에는 견디지 못하고 원리로 후퇴하였다.

5연대는 아침 8시 덕천을 향하여 진격하다가 중공군 대병을 만나 1,032고지 원봉산을 점령하고 방어에 들어가 덕천과 개천의 도로를 차단하였다.

11월 2일 아침 일찍 신상철 사단장은 개천을 방어하는 데는 개천 동북쪽 6㎞ 지점에 있는 622m의 비호산 점령이 최우선인 것을 알고 3연대와 5연대로 하여금 비호산을 점령하게 하였다.

중공군은 대대규모로 8연대를 공격해왔으나 국군은 이를 잘 격퇴하였다. 3연대에도 중공군 대대규모가 공격해왔으나 잘 격퇴하였다.

11월 3일 새벽 3시, 중공군은 나팔과 꽹과리를 치며 1개 사단 정도의 병력으로 비호산을 향해 수류탄을 던지며 공격해왔다. 국군과 중공군은 격전이 벌어졌다.

5연대 정면으로 중공군이 개미떼처럼 공격해왔으나 5연대는 사력을 다해 중공군의 공격을 물리쳤다.

3연대 정면에 중공군 2개 연대가 공격해왔다. 중공군은 박격포를 쏘며 공격해와 3연대와 3시간 동안 격전이 벌어졌다. 국군과 중공군은 3회나 일진일퇴의 공방전을 벌이다가 결국 중공군이 견디지 못하고 공격을 포기하고 철수하였다.

11월 4일 오전 10시, 3연대는 8연대와 임무교대 하였다. 3연대와 8연대 대대장 이하 장병들에게 중공군의 공격을 잘 막아내어 훈장을 받았다.

11월 5일 중공군은 비호산을 점령하지 못하면 덕천과 개천을 점령할 수 없어 전력을 다해 국군 5연대 정면을 공격하였다. 이 공격으로 국군 5연대 일부가 무너지기 시작하였다. 기회를 포착한 중공군은 더욱 박차를 가해 개천으로 집중 공격하여 개천이 위험하였다. 그러나 국군 3연대가 이를 잘 막고 있었다.

중공군은 2개 연대의 규모로 덕천에서 개천도로를 따라 재차 공격하여 5연대와 사투를 벌였다. 안개가 자욱하게 끼어 50미터 앞을 볼 수 없는 상황이어서 국군 5연대는 항공기나 포병의 지원을 받지 못한 채 육박전이 벌어졌다. 결국 5연대가 밀려 개천으로 후퇴하여 비호산이 위기에 처하게 되었다.

8연대는 중공군의 공격을 잘 격퇴시키고 있었으나 결국 밀려 비호산에서 후퇴하였다. 중공군은 즉시 비호산을 점령하였다.

11월 5일 「전 지원군은 자정을 기해 공격을 멈추고 부대를 은폐하라.」는 팽덕회의 명령에 의해서 비호산을 점령한 중공군은 철수 명령을 받았다.

11월 6일 7사단 5연대는 8시부터 포병 지원을 받으며 중공군이 점령한 비호산을 공격하였다. 5연대는 비호산 주변의 고지를 하나씩 점령해 들어갔다.

8연대도 아침 일찍부터 공격을 시작하여 비호산을 공격하였다. 그러나 8연대가 비호산 정상에 가보니 중공군은 흔적도 없이 사라지고 없었다. 참으로 도깨비 같은 부대였다. 비호산 전투에서 국군 7사단은 중공군을 잘 막아 중공군 38군의 후방 포위를 막았다. 이 비호산 전투로 볼 때, 맥아더 장군이 중공군이 있을 것을 대비하여 차량으로 공격하지 않고 고지를 점령하여 진지를 구축하면서 공격하였다면 충분히 승산이 있었다는 증거가 된다. 그런데 차량으로 도로를 따라 구경삼아 전진하다 고지에서 중공군의 기습을 받아 이처럼 참패를 하였다.

11월 6일 중공군이 총퇴각하여 전장은 조용하였다. 중공군 38군은 희천, 구장, 개천, 안주까지 점령하여 유엔군의 퇴로를 막고 천천강 북쪽에서 섬멸하려던 작전 계획이었다. 그런데 피난민의 행렬과 국군 7사단 때문에 차질을 빚게 되었다. 그로 인해 1차 작전에 큰 성과를 거두지 못하였으나, 미 기병사단 8연대와 국군 6사단을 거의 붕괴시켰고, 유엔군을 청천강 이남으로 몰아내는데 성공하였다.

중공군이 미군과 국군의 병력 수에서는 배 이상 되나, 화력과 군수품에서는 비교가 되지 않을 정도로 약하였다. 그런데도 미군과 국군이 전투다운 전투도 해보지 못하고 참패한 것은, 미군과 국군이 중공군의 매복 유무를 가리면서 고지를 점령하면서 전진하는 것이 아니라, 도로를 따라 전진하다가 기습을 받았기 때문이었다. 그리고 중공군의 치밀한 작전에 말려들어 대패한 것이다.

## 8. 50년 11월 5일 중공군의 1차 작전 중지와 잠적 이유

1) 팽덕회는 11월 5일 24시를 기해 전 중공군에게 「지원군은 공격을 멈추고 부대를 은폐하라」는 명령을 내렸다.

11월 6일 중공군의 공격이 멈추자 12일 동안 밤낮을 가리지 않고 격전이 벌어진 전장은 조용하였다. 그리고 중공군은 흔적도 없이 전장에서 사라졌다.

맥아더 사령부의 정보참모 윌로비 장군은 중공군을 확인하려고 최전방까지 왔으나 중공군이 이미 잠적하고 난 후인지라 중공군의 그림자도 볼 수 없었다.

「중공군은 그림자도 없구만! 어떻게 된 거야?」

윌로비 장군이 군단장과 사단장들을 돌아보며 물었다. 그러자 이 물음에 사단장들은 한결같이 「확실히 우리는 중공군과 싸웠습니다.」라고 대답하였다. 그러나 윌로비는 「착각이다.」하며 믿으려하지 않았다. 이렇게 되자 군단장들과 사단장들은 겁쟁이 대접을 받는 것에 가슴이 답답하여 터질 듯하였다.

중공군이 전장에서 흔적도 없이 사라지자 미 장군들은 「중공군은 별 것이 아니다. 중공군의 공격은 정치적인 허풍이요, 위협이요, 공갈이었다.」하면서 얕보았다. 그리고 국군 수뇌부와 정치인들은 「수풍댐을 지키려한 것이다.」라는 억측을 하였다.

이번 전투로 국군 2군단의 총 피해는 15,800여 명의 사상자를 냈다. 그리고 미군 중에서 최강을 자랑하던 미 제1기병사단 8연대도 운산 정면에서 묵사발이 되어 600여 명의 사상자를 내고 손 한 번 쓰지 못하고 청천강 이남으로 도망쳤다. 미 5연대도 마찬가지였고, 국군 중에서 최강을 자랑하는 6사단, 8사단, 1사단도 묵사발이 되었다. 그리고 애써서 점령한 초산, 운산, 덕천까지 다 빼앗기고 국군 7연대와 임부택 연대장은 현재 생사조차 확인되지 않을 정도로 치명타를 입고 붕괴되었다. 그런데도 중공군이 있다, 없다, 보았다, 안 보았다, 참전을 했다, 안했다 하며 다투고 있었다. 지휘부는 참으로 한심하고 이해할 수 없는 싸움을 하고 있었다. 모두 도깨비한테 홀린 것 같아 정신들이 몽롱하였다. 미군은 지금까지 이런 전쟁을 하였다는 말은 들어보지도 못하였고 상상도 할 수 없었다. 중공군은 심리전에도 전문가들이었다.

2) 대유동 중공군 사령부에서는 사령관 팽덕회, 부사령관 등화, 한선초, 홍학지, 두평, 38군단장 양홍초, 39군단장 오신천, 40군단장 온옥성, 42군단장 오서림, 66군 정치위원 완자봉 그리고 사령부 참모들이 모였다. 이들은 1차 전투에서 들어난 문제점과 앞으로의 작전 연구에 몰두하였다. 양홍초만 뺀 참석자 전원은 만면에 웃음을 웃으며 서로 악수하며 격려하는 등 축제분위기였다. 조금 후 회의에 들어갔다. 그들은 우선 1차전에서의 문제점을 파악하고 있었다. 한 지휘관이 일어나 발언하였다.

「문제점은 미 공군의 집중공격으로 보급선이 차단당하여 각 부대는 식량과 탄약이 공급되지 않아 어느 부대는 5일 동안 아무 것도 먹지 못하여 아사 직전까지 가게 되어 작전에 차질이 있었습니다. 이러한 보급 문제를 해결하지 않는다면 전투는 더 이상 계속할 수 없다는 결론에 도달하였습니다. 그렇다고 미 공군을 이길 수 있는 공군력도 없으며, 또 참전해놓고 철수한다는 것도 안 되는 일이 아니겠습니까?」

「그럼 어떻게 하면 이 문제를 해결할 수 있겠습니까?」

팽덕회가 지휘관들을 둘러보며 진지하게 물었다.

여기에서 한 참모가 「10일 전투작전을 해야 합니다.」라고 건의하였다.

10일 전투작전이란 10일분의 식량과 탄약을 개인이 소지하고 밤낮으로 공격하여 목표를 달성한다는 작전이었다.

1차 12일 전투에서 승리한 중공군은 자신을 가졌고, 특히 미 기병사단 8연대를 묵사발을 만든데 대하여 더욱더 자신감을 갖고 2차 전투도 반드시 승리할 것으로 판단하여 대유동의 중공군사령부는 축제분위기였다. 그리고 그들은 중공군이 싸우다가 후퇴하였기 때문에 유엔군이 중공군을 과소평가하여 더욱더 추격해 올 것을 예상하였다.

팽덕회와 그의 참모들은 유엔군이 추격해오면 험한 산 깊숙이 끌어들여 동부의 9병단과 서부의 13병단으로 우선 전차가 없어 화력이 약한 국군을 붕괴시켜 구멍을 낸 다음 미군을 후방에서 공격하여 붕괴시킨다는 작전을 구상하고 있었다. 중공군의 작전은 땅을 점령하는 작전이 아니라 사람을 점령하는 작전이었다.

3) 팽덕회는 국군과 미군이 공격해 오기를 기다리면서 병력과 식량과 탄약 공급에 전력을 다하며 미군의 동태를 살피고 있었다.

① 미군이 핵무기를 사용할 것인가? 사용하지 않을 것인가?

② 미군이 어떤 전술로 나올 것인가? 그리고 중공군의 개입으로 미군이 북경이나 만주에 폭격을 할 것인가? 하지 않을 것인가? 압록강을 건너 만주로 진격할 것인가? 진격하지 않을 것인가? 팽덕회는 10여 일이 지나도 미군이 압록강을 건너지도 않고 만주에 대하여 아무런 폭격을 해오지 않자 압록강 이하에서만 작전을 끝내는 한정된 전쟁이 아닌가 하고 조심스럽게 판단하고 있었다.

③ 흔적도 없이 사라져 국군과 미군을 방심하게 하였다.

④ 추위가 계속되어 국군과 미군의 군수품 이동과 부대 이동에 지장이 오도록 기다렸다.

⑤ 북한의 험준한 산 속 깊이 국군과 미군을 끌어들여 전차와 포병을 분산시키고 무전 사용에 지장을 주게 하고 있었다. 북한의 산악지역은 전차와 큰 트럭과 105밀리 곡사포가 들어가기 어려울 정도로 도

로가 좁았다.

⑥ 중공군의 보급을 보충하기 위하여 준비하고 있었다.

팽덕회와 참모들은 미군의 전력을 무시하지 않았다. 인민군이 남진하자 동해안 미 해군의 함포사격과 왜관전투 때 미 공군 폭격기의 엄청난 출격을 보았고, 인천 상륙의 위력을 잘 알고 있었다. 이렇게 미군의 전력은 완전 노출되었다. 그리고 중공군은 미군의 약점도 잘 파악하고 있었다.

미군의 보 · 전 · 포 협동작전은 아주 우수하였다. 미군의 화력은 엄청나게 강하고 특히 기갑부대와 포병이 우수하며, 미 공군은 중공군 수송력을 크게 저지하였다. 미군 수송망은 훌륭하고, 보병의 화력도 우세할뿐더러 종심이 깊었다.

그러나 미군은 후방이 차단되었을 때에는 아주 취약하다. 중장비는 거의 그 자리에 버리고 간다. 보병도 약하며, 죽음을 두려워하여 공격이나 방어에 있어 용기가 없다. 그들은 항공기와 전차와 야포등 무기에 너무 의존하고 있다. 전진하다가도 총소리만 들리면 기겁을 하고 계속 전진하려고 하지 않는다. 주간 전투에는 강하나 야간전투와 접근전에는 숙달되어 있지 않다. 미군은 선두가 격파 당하면 무질서해지고, 포 지원이 없으면 보병은 완전히 사기가 저하되고 만다. 운산에서의 예를 보면 후방만 차단당하면 속수무책이었다. 그리고 자동차 등의 수송수단이 없어지기만 하면 완전히 전투 의욕을 상실하고 만다.

4) 미군의 이런 강약점을 감안하여 다음과 같은 작전지도를 하였다.

① 조 · 중부대로서 신속하게 적의 후방을 향해 우회하여 후방을 차단하고 주력으로 전면을 공격한다.

② 전차와 포병의 화력 때문에 도로와 평탄한 지형은 반드시 피하고, 야간전투 및 산악전투를 위주로 하여 소부대간의 연락을 유지할 것이며, 소규모의 수색대가 나팔을 불며 공격하면 주력은 즉시 이에

호응한다.

팽덕회는 미군의 허점을 최대한 이용하여 그의 참모들과 같이 대유동 탄광사령부에서 작전을 세웠다.

① 동부전선에는 송시륜이 이끄는 9병단 제20군, 26군, 27군 등 3개 군으로 공격케한다.

② 미 제1군단과 9군단의 서부전선과 10군단의 동부전선 사이에는 80㎞ 가까이 공백이 있다. 이 틈을 이용하여 38군, 40군, 42군을 남하시켜 덕천 영변의 국군 뒤에서 퇴로를 차단하고 포위한다. 38군 112사단으로 하여금 미끼노릇을 하여 국군과 미군을 한만 국경 깊숙이 끌어들인다.

③ 39군과 66군은 태천과 구성에서 공격하고, 50군은 서해안에서 미군의 상륙을 저지 한다.

④ 작전은 주로 야간에만 하며 전투는 접근전과 백병전을 한다.

⑤ 서부전선은 대관동, 온정, 묘향산, 평남진까지 미군을 끌어들이고, 동부전선은 구진리, 장진호까지 끌어들여 기습 공격한 후 각개 격파시킨다.

⑥ 동부전선은 영흥에 있는 유엔군을 집중 포위하여 공격하고, 서부전선은 3개 군을 동원해 덕천에서 출발해 순천과 숙천에서 유엔군을 공격하면 미군은 놀랄 것이다.이번 2차 작전에서 평양 원산까지 밀고 내려가야 한다.

⑦ 42군 125사단과 인민군 1개 연대와 합동으로 유격대를 편성하여 유엔군 후방인 맹산, 양덕, 성천 지역까지 침투시켜 후방을 교란시킨다.

⑧ 인민군 패잔병들을 모아 철원평야지대에서 후방을 교란하게 한다.

유엔군 총 병력 23만 명, 전투기 1,200대, 전차 630대,

중공군 총 병력 40만 명, 병력에서는 1.7배이나 중공군은 유엔군에 화력과 물량 면에서는 비교가 되지 않을 정도로 열세이다. 이들은 제2차 작전에 자신감을 갖고 만면에 웃음이 꽉 차 있었다. 그들은 춘추전국시대의 손자병법과 한신 장군의 병법을 많이 참고하고 있었다.

팽덕회는 화력이 약한 대신 인원을 증강시켜 한 번에 움켜잡기 위해 병력을 계속 증강시켰다. 그리고 병사들을 충분히 쉬게 하고 잘 먹이고 잘 입혀 피로를 완전히 회복시켜 원기 왕성하게 하였다. 옷은 따뜻한 누비옷을 입혔고, 신은 부드러운 가죽 구두를 신겼다. 전쟁을 앞두고 팽덕회는 병사들에게 최대로 대접하여 병사들의 전투의욕은 최상이었다.

팽덕회는 모든 전쟁 준비를 끝내고 실컷 쉬고 있다가 거의 한 세대 동안 전투현장에서 경험한 병법으로 호랑이가 전력을 다해 토끼를 움켜잡듯 도깨비전법과 눈사태전법과 새끼줄전법으로 국군과 미군을 포위 섬멸하기 위하여 국군과 미군의 공격을 기다리고 있었다. 전사들은 쉬면서 독서도 하고 장기도 두면서 대륙적인 기질을 가지고 느긋하게 기다렸다.

중공군의 무장은 5명꼴로 소총 한 자루씩을 소지하였고, 수류탄은 개인마다 5개 이상 소지하였다. 박격포가 주 무기였고, 등에는 실탄과 미숫가루를 메고 다녔다. 전투부대 뒤에는 식량부대와 실탄부대가 뒤따랐다. 식량과 실탄부대는 주로 노무자였고, 소와 말 그리고 달구지 부대였다. 중공군 소총부대에는 장개석 부대인 국부군에서 투항하여 온 자들이 많이 있어 이들을 소모시켜 화근을 없애는 것도 중요하였다.

5) 국군과 미군은 「중공군을 보았다, 안 보았다, 있다, 없다, 국경너머로 갔다, 안 갔다.」하고 서로 언쟁만 하고 전쟁에서 가장 중요하고

생명과 같이 귀중한 중공군에 대한 정보활동과 작전을 세우지 않고 있었다. 또 「중공군은 더 이상 전투를 하지 않을 것이다. 국군과 미군이 수풍댐에 접근하니 이를 막으려고 동부전선에는 중공군이 나타나지 않고 서부전선에만 나타났다가 보급이 두절되어 전투에 한계가 오자 도망친 허약한 부대다.」는 등 별의별 추측을 하였지만 정답을 얻지 못하였다.

맥아더 장군은 혜산진과 청진 근방에는 중공군이 나타난 흔적이 전혀 없었고, 운산 희천근방에만 나타났다가 흔적도 없이 사라지자 「정치적인 위협일 것이다.」라고 모택동을 여전히 바보취급을 하고 있었다. 맥아더 장군은 「중공군이 예상한대로 6만여 명 정도가 참전하였다가 도망친 것이다.」하고 중공군의 대부대가 북한 땅에서 잠복하고 있는 것을 믿으려하지 않았다.

12만 명의 중공군이 북한 땅에서 국군 7연대와 미군 8연대를 비참하게 참패를 시켰는데도 중공군이 있는 지, 없는 지, 몇 명이 있는 지, 무기는 어떤 것을 가지고 있는지 모르고 있었다. 참으로 한심한 정일권과 맥아더였다. 그리고 맥아더 장군은 중공군에 대한 정보를 항공에만 의지하고 첩보원을 통해서는 않고 있었다. 미국의 CIC나 FBI의 첩보만을 세계적이라고 떠드는 것은 모두 허풍이었다.(박헌영이 미국의 간첩이었다면 이때 박헌영이 맥아더에게 중공군의 참전 정보를 제공해 주었으면 미군은 이토록 참패하지는 않았다. 그러므로 김일성이 주장한대로 박헌영은 미국의 간첩이 절대 아니었다.)

맥아더 장군과 정일권은 병법의 기본적인 것도 준비하지 않고 있었다. 맥아더 장군이나 정일권은 중공군이 흔적을 감춘 11월 6일에서 25일까지 천금같이 귀한 20일 동안 아무런 대책을 세우지 않고 「중공군이 나타나지 않으면 좋겠다.」라는 한심한 마음만 가지고 시간을 보내고 있었다. 중공군은 천사가 아니었다.

## 9. 50년 11월 맥아더 장군 이때 대승할 수 있었다.

50년 11월 6일 중공군은 식량과 탄약이 떨어져 더 싸울 수가 없어 팽덕회는 「중공군과 인민군은 전투를 중지하라!」고 명령하였다. 이 명령에 따라 풍장에서 국군 7연대, 온정에서 2연대, 19연대, 운산에서 미 8연대를 참패시킨 중공군과 인민군은 전장에서 흔적도 없이 사라졌다. 그러자 워커는 하도 이상하여 미 24사단과 기병 1사단, 영 27여단을 청천강 이북으로 북진시켜 보았으나 중공군은 공격하지 않았을 뿐만 아니라 흔적도 없었다. 워커는 그 길로 압록강까지 북진하고 싶었으나 맥아더의 명령이 없어 더 이상 북진하지 않았다. 그는 천금같이 귀중한 20일 동안 아무런 작전 준비도 없이 먹고 자고 놀면서 세월만 보내자니 안타까웠다.

이때 쉬지 말고 국군과 미군은 신의주, 초산, 만포진까지 북진하여 중공군을 북한 땅에서 만주로 몰아내고, 압록강의 11개다리를 공병대에 의해 폭파하고 중공군이 압록을 넘지 못하게 했어야 했다. 그리고 만주의 중공군 집결지와 보급기지와 북경에 대해 하루에 폭격기 1,000대씩 출격하여 며칠 동안 융단폭격을 한 후 「중공군이 한국전에 참전하면 북경과 중공 전 지역은 초토화 할 것이다. 그리고 원자폭탄을 쓸지도 모른다.」라고 위협하였다면, 모택동은 감히 2차로 중공군을 한반도에 보내 전쟁을 계속할 엄두도 내지 못하고 식량과 탄약이 떨어진 중공군 20만 명은 도저히 견디지 못하고 만주를 향해 압록강을 건너갔을 것이다. 그러면 맥아더는 대승하여 한국은 통일이 되었고 맥아더 장군은 영원히 영웅이 되었을 것이다.

그러나 맥아더 장군은 중공군의 전략이나, 앞으로 계획이나, 중공군에 대해 생명같이 귀한 정보가 전혀 없어 그 좋은 무기를 가지고도 20일 동안 허송세월을 보내면서 중공군 20만의 재차 침입에 대해 전혀 몰라 준비를 하지 않았다. 그로인해 한국을 통일할 수 있는 절호의 기회를 놓치고 말았다. 그 이유는 "모택동이 감히 소총 한 자루씩만 가지고 전차도, 곡사포도, 비행기도 없이 미군을 상대해서 싸운단 말인가?"하고 모택동을 바보 취급하는 맥아더의 오만한 선입관념 때문이다. 인간은 고정관념을 버려야 성공한다. 한 사람에 의해서 국가의 운명이 좌우되다니 한국이 너무 비참하였다.

맥아더 장군은 나이가 너무 많았고, 정일권은 사대주의 근성에 무능하여 한반도를 통일할 수 있는 인물이 되지 못했다. 이범석 장군이 국방부장관을 하고, 김홍일 장군이 참모총장이 되고 워커 장군이나 리지웨이 장군이 유엔군 사령관이 되었으면 한국은 통일할 수 있었다.

# 제26장

유엔군 11월 24일 종전
총진격 6일 만인
11월 29일 총퇴각
(맥아더 장군의 참패)

# 제26장 유엔군 11월 24일 종전 총진격 6일 만인 11월 29일 총퇴각 (맥아더 장군의 참패)

## 1. 11월 24일 맥아더 장군의 종전 총진격 명령

미 8군사령관 워커 중장은 미 기병1사단 8연대의 수많은 병사들의 처참한 죽음에 대해 통곡을 하였다. 워커 장군은 맥아더 장군에게 「중공군의 대병이 북한 땅에 들어와 유엔군을 위협하고 있다.」하며 여러 차례 보고하면서 그 대책을 세워야 한다고 간청하였다. 그러나 그 때마다 맥아더 장군은 「그럴 리 없다. 중공군이 감히 미군을 상대하다니.」하며 한 마디로 묵살하자 그는 분통이 터져 견딜 수 없었다. 맥아더는 인천 상륙작전 성공에 도취되어 영웅대접을 해주니 그의 오만은 극에 달하였다. 이럴 때마다 워커는 속이 타 견딜 수 없었다. 맥아더는 모택동을 너무 무시하였다. 하기야 소련 고문관들도 「중공군이 전차도, 중포도, 항공기도 없이 소총과 수류탄만 가지고 어떻게 현대 무기로 장비한 세계 최강 미군을 이긴단 말이야?」하며 중공군을 과소평가하고 있는데 맥아더 장군이야 더 말할 게 있겠는가! 현대 무기를 상대하여 소총과 수류탄과 박격포만 가지고 전장에 나선다는 것은 누구도 상상도 못하는 바보짓이었다. 그러나 중공군은 이러한 무기를 가지고 운산에서 세계 최강을 자랑하며 현대 무기로 무장한 미 기병1사단 8연대를 박살낸 것이 사실이었다. 그래서 워커는 발을 구르며 맥아더를 이해시키려 해도 맥아더는 워커의 말을 듣지 않았고, "왜 이리 겁이 많은가?" 하고 나무랬다. 이럴 때마다 워커는 속이 타 견딜 수 없었다.

합참의장 브레들리 원수도 중공군 개입의 확실한 증거의 보고를 받았음에도 「연대급 정도가 압록강을 건넜을 것이다.」라고 하였고, 콜린스 참모총장도 「중공군 개입은 겉치레일 것이다.」라고 하며 중공군을 바보 취급을 하였다.

맥아더 사령부 정보처에서는 중공군 개입 숫자를 11월 3일 현재 16,500명~30,000명 정도, 11월 7일 34,500여 명, 11월 9일 64,200여 명으로 판단하여 과소평가 하였다.

미 정보기관은 북한의 피난민이나 북한인들이 중공군 개입에 대한 첩보를 수없이 제공해 주어도 이것을 확인하려 하지도 않고 또한 믿으려 하지도 않았다. 그것은 「소총 한 자루도 제대로 갖추지 않은 군대가 감히 전차로 무장한 미군을 상대하다니.」하는 오만과 선입관념 때문이었다. 결국 다 이긴 전쟁, 추수감사절까지 끝낼 전쟁을 맥아더는 중공군을 무시, 생명같이 귀중한 정보를 무시하여 결국 수많은 병사들을 죽게 하고 있었다.

맥아더 장군은 만일을 대비하여 인천상륙 후 즉시 압록강에 걸쳐 있는 11개 다리를 폭파하여 중공군이 참전하지 못하게 하고, 10월 1일 밀고 올라갔어야 했다. 그리고 10월 28일 백선엽 1사단장이 중공군 개입을 보고했을 때 즉시 이에 대한 대책을 세워야 했었다. 이때만 해도 압록강에 걸쳐 있는 11개 다리 즉 신의주, 삭주, 만포, 위화도 청성, 혜산, 그리고 물밑다리 등에 걸쳐 있는 다리를 즉시 폭파하고, 강둑에 정보원을 배치하여 중공군이 밤에 강을 건너는 여부를 확인하면 되었다. 맥아더 장군은 뒷북을 치듯 뒤늦게 「압록강 다리를 폭격하겠다.」하고 합참본부에 건의하면서 중공군이 압록강을 건너는 것을 막으려 하였다. 그러나 맥아더 장군이 압록강 다리를 폭파하겠다고 건의하자 미국의 합참본부에서는 「폭파 시 만주 오폭 가능성이 있다.」고 판단하고 부정적이었고, 더욱더 영국과는 협의 없이는 폭파하지 않겠다고 약속까지 한 상태였다. 애치슨은 트루먼 대통령에게 「폭파를 연기해야 합니다.」라고 건의하여 폭파 1시간 20분 전에 맥아더 사령부에 「폭파를 중지하시요.」하고 전달하였다.

압록강교 폭파를 중지하라는 지시를 받은 맥아더 장군은 화를 내며 즉시 합참본부에 항의를 하였다.

① 「막대한 병원과 군수물자가 압록강의 교량을 건너 만주로부터 쏟아져 들어오고 있다. 이 때문에 아군은 괴멸의 큰 위협에 직면하고 있다. 이것을 막을 유일한 방법은 우리 공군의 파괴력을 최대한으로 사용해서 이들 교량을 파괴하고 적의 진출을 지원하고 있는 북한 내의 모든 시설을 제압하는 것뿐이다. 이것을 연기할수록 미군과 그 밖의 유엔군의 값비싼 피의 대가를 지불해야 한다. 합참본부에서 가하고 있는 제약의 결과 생기는 물리적 및 심리적 재난은 얼마를 강조하더라도 부족함이 없다. 이 문제를 즉시 대통령에게 회부하여 검토해 주기 바란다.」고 재차 압록강 다리 폭파를 건의하였다.

② 맥아더 장군은 11월 4일 합참본부의 문의에 대해 「중공군의 전면개입 가능성을 생각할 수 있지만 전면개입을 지금 확인할 만한 충분한 증거를 입수하지 못했다.」고 회답하였다.

③ 11월 5일 맥아더 장군은 유엔 안보리이사회에 「유엔군은 현재 중공군과 교전하고 있다.」라고 특별보고를 하여 중공군이 북한 땅에 들어와서 싸우고 있다고 보고하였다.

④ 11월 6일 맥아더 장군은 「북경정권은 역사적 기록에 남을 국제적 무법행위를 저질렀다.」하고 비난하여 중공군이 북한 땅에 들어온 것을 알고 있는 것 같았다. 그리고 합참에 항의할 때는 「압록강교를 폭파하지 않으면 아군은 괴멸의 큰 위협에 직면하고 있다.」고 하여 맥아더는 중공군 대군이 한국전에 개입한 것을 알고 있는 것 같았다. 그러자 트루먼 대통령은 맥아더 장군이 중공군이 북한에 들어왔다는 것인지 들어오지 않았다는 것인지 갈피

를 잡지 못하였다. 그로 인해 트루먼과 맥아더 장군의 사이는 점점 멀어져 갔고, 이제는 맥아더 장군을 믿으려 하지 않고 있었다. 그러나 트루먼 대통령과 합참본부는 맥아더 장군의 건의를 받아들여 11월 8일부터 압록강 다리 폭파를 허가해 주었다.

맥아더 장군은 11월 8일부터 B-29 폭격기 90대를 전투기 200여 대가 엄호한 가운데 압록강의 11개다리에 소이탄 584톤을 투하하였으나 실패하고 말았다. 그것은 이미 만주 땅에 중공군으로 가장한 소련 공군 MIG-15 전투기가 다리 폭파를 방해하고 있었고, 고사포부대가 공격을 하고 있었으며, 북한과 중공과의 국경이 압록강 다리 중간이어서 압록강 다리 남쪽만 공격해서 폭파하기가 어렵기 때문이었다. 그리고 날이 갈수록 추위가 더하여 압록강이 꽁꽁 얼어붙어 다리를 폭파한다 해도 얼어붙은 강 위로 중공군이 북한으로 대거 밀려들어오기 때문에 다리 폭파의 필요성을 잃게 되었다. 그러나 신의주의 압록강철교와 육교를 폭파하여 군수물자가 북한 땅에 들어오는 것을 막았어야 했는데, 12월 5일 다리 폭파를 포기하게 되어 맥아더 장군의 공신력이 떨어졌다.

맥아더 장군은 트루먼에게「MIG 출격을 제어하기 위해 만주를 폭격하겠다.」하고 건의하자 이제야 만주를 폭격하겠다는 맥아더의 작전을 신뢰할 수 없어 그는 중공과 소련과의 확전을 우려하여 거절하였다.

맥아더 장군이 만주에 폭격을 건의할 때는 중공군 20만 명 이상이 한국전에 개입한 후였다. 그리고 중공군은 추가로 계속 압록강을 건너오고 있었다. 그러므로 중공군 40만 명 이상이 한국전에 개입하였고, 계속 추가로 중공군이 개입하고 있다고 트루먼 대통령에게 보고하고 만주 폭격을 건의 했어야 트루먼 대통령이 허락을 했을 것이다. 맥아더 장군이 북한에 중공군이 6만 명 정도 있는 것 같다고 하였는데, 6만 명 때문에 군이 만주에 폭격을 할 필요는 없다는 것이 트루먼 대통령이 만주 폭격을 허락하지 않은 이유이다.

맥아더나 트루먼이나 중공군의 개입을 두려워하고 있었다. 중공군의 개입을 확실히 막는 방법은, 10월 3일 주은래가 인도 대사 사르다르 K.M 파니칼을 불러 「미군이나 유엔군이 38선을 넘어 온다면 중공은 북조선에 병력을 보낼 것이다. 그러나 남조선 군만이 38선을 넘어 온다면 우리는 행동을 취하지 않을 것이다.」라고 한 성명에 귀를 기울여 ① 미군은 38선에서 멈추고 10군단으로 양평, 원주, 평창, 강릉의 인민군 퇴로를 철저히 막고 ② 국군에게 전차를 지원하여 국군만 북진하게 하여 인민군 패잔병을 소탕하면서 ③ "중공군이 한국전에 참전하면 미군은 북진은 물론 만주와 북경에 대대적인 폭격을 할 것이다." 라고 경고하면서 중공군이 한국전에 참전하지 못하게 했으면 한반도는 통일되었다.

10월 15일 웨이크 섬에서 회담할 때 맥아더 장군은 트루먼 대통령의 중공군 개입에 대해 질문할 때 「중공군이 개입할 가능성은 없다. 그러나 혹시 모르니 준비는 항상 해야 한다.」고 트루먼 대통령에게 보고하여 트루먼 대통령이나 합참에서 만일에 대한 대책을 세우도록 했어야 했다. 그런데 딱 잘라 "중공군의 개입은 없다, 추수감사절까지 전쟁을 끝내겠다."고 보고하여 투르먼 대통령이나 합참에서 중공군 개입의 만일에 대한 대책을 전혀 준비하지 않고 북진하여, "추수감사절까지는 한국전쟁이 끝날 것이다. 연말에 미8군을 본토로 보낼 것이다."라고 미국 국민들에게 말한 트루먼 대통령이 미국 국민들에게 신뢰를 잃게 하고 세계 웃음거리가 되게 하였는데 트루먼 대통령이 맥아더를 신임하겠는가?

「그 많은 중공군이 어디로 숨어 발견되지 않을까?」하며 워커 장군은 고심하였다.

중공군은 미군이 반드시 공격해 올 것이라고 판단하고 최 정예부대인 112사단으로 하여금 미끼역할을 하여 미군을 약을 올리면서 산중

깊숙이 끌어들이려 하고 있었기에 흔적을 없이하였던 것이다. 그러나 맥아더 장군이나 합참본부는 「중공군은 공격의 한계에 도달하여 퇴각한 것이다.」라고 판단하였다. 맥아더 장군은 「중공군에게 일격만 가하면 승리를 자신한다.」고 확신하였다. 그래서 미 국무성은 압록강을 중심해서 20마일에 비무장지대를 설치할 것을 검토하고 있었다.

맥아더 장군은 「중공군이 재정비하기 전에 전쟁을 종결지어야 한다.」라고 강조하면서 11월 15일 총 추격을 실시하려 하였다. 그러나 미 8군의 기병사단과 국군 6사단의 상처가 너무 커 재편성을 아직도 못하였고, 일본으로 되돌려 보낸 군수품 보급이 지연되어 총진격을 할 수 있는 상황이 아니었다. 그리고 미 9군단이 인민군 패잔병 소탕으로 인해 후방에서 아직 도착하지 않아 병력이 부족하여 전진도 할 수 없었다. 9군단 예하 미 25사단이 11월 22일 청천강 근처에 도착하였다.

11월 21일 미 7사단 17연대는 혜산진을 점령하였다. 10군단장 알몬드 소장은 혜산진 점령을 맥아더 장군에게 보고하자 맥아더 장군은 기분이 좋았다. 그리고 알몬드에게 승전 축전을 보냈다.

'그러면 그렇지. 중공군이 무슨 힘으로 감히 미군에게 해보겠다는 것이야? 하고 중얼거리며 '성탄절까지는 전쟁을 끝내야지' 하고 생각하였다.

11월 23일 국군 3사단 22연대는 함경북도 백암에 진격하였고, 수도사단은 청진으로 진격하였으나 중공군은 그림자도 보이지 않았다.

11월 20일 맥아더 사령부 정보참모 윌로비 장군은 맥아더 장군에게 「북한에 있는 중공군은 70,000명 정도입니다.」라고 보고하였다. 맥아더는 「신의주, 삭주, 초산, 만포진까지만 진격하면 한국전은 끝난다.」고 판단하고 성탄절까지는 한국전을 끝낼 수 있다고 확신을 가졌다. 맥아더는 중국 사람들이 삼국지를 즐겨 읽는 것을 잘 모르고 있는 것 같았다.

중공군은 1차 작전 때 20만이 넘게 압록강을 건넜고, 11월 5일부터

2차 작전인 11월 25일까지 20만이 넘게 압록강을 건너 합 40만이 건넜는데도 중공군이 7만 정도라고 하니 11월 5일부터 11월 25일까지 20일 동안 정일권과 맥아더 사령관은 허수아비 노릇을 하고 있었다. 맥아더 장군과 정일권 총장이 허수아비노릇을 하고 있으면 1사단장, 6사단장, 7사단장, 8사단장과 군단장들과 국군 정보국에서 수색대를 보내 중공군에 대해 적극적인 자세로 파악을 해야 하는데 이상 전방사단장들이나 군단장이나 육본 정보국에서는 첩보대원을 보내 첩보를 수집한 흔적이 없었다. 참으로 한심한 사대주의 장군들이었다. 사대주의 사상은 국가를 망친다. 그래서 사대주의가 무서운 적이다.

11월 24일 맥아더 장군은 종전 총진격 명령을 내리고 참모들과 기자들을 데리고 청천강변의 미 8군 전방사령부에 도착 전장을 시찰하였다.

맥아더 장군은 유엔군 장병들에게 「한국전쟁을 종결시키기 위한 유엔군 공세는 이제 최종단계에 접어들고 있다. 유엔군의 강대한 가위형의 포위군은 오늘 예정대로 행동을 개시하였다. 미 공군은 전력을 다해 적 후방지역의 수송을 완전히 저지하고 있다. 적의 방어선을 넘어 압록강 국경 전역에 걸쳐 감행한 공중 정찰기에 의하면 적의 군사 활동의 징조는 거의 발견되지 않았다. 아군의 우익인 10군단과 좌익인 8군도 다 같이 진격을 계속하고 있다, 아군 피해는 극히 경미하다. 병참이나 보급 상태도 공격작전이 유지될 수 있도록 충분히 조정되어 있다. 우리의 사명은 정의에 입각한 것이며, 우리의 과업을 조속히 완료할 수 있다는 전망은 모든 유엔군 장병의 사기에 그대로 반영되고 있다.」라고 성명을 발표하여 트루먼과 유엔 참전국 수상들을 기분 좋게 하였다.

그는 유엔 장병들에게 「승리는 눈앞에 있으며 여러분은 크리스마스 이전에 집으로 돌아가게 될 것을 확신한다.」라는 메시지를 발표하였다. 장병들에게 "중공군이 반격할지 모르니 압록강 북쪽으로 몰아내고 철저히 소탕해서 한국전을 끝내야 한다."라고 하여 장병들이 긴장을 하고 싸울 의지를 가지고 전진을 해야 하는데 "곧 전쟁이 끝난다."
고 맥아더 장군이 성명을 발표하자 전 병사들은 싸울 강한 의지가 없
이 흥분되어 집에 갈 것만 생각하고 전진하였던 것이다.

11월 24일 이 날은 추수감사절이었다. 미군 병사들은 뜨끈뜨끈한 칠
면조 고기로 점심을 하였다. 맥아더 장군의 메시지가 전 병사들에게
전달되자 병사들은 휘파람을 불며 너무 좋아하였다. 그러나 일부 병사
들은「형제국인 북한이 망하는데 중공과 소련은 뒷짐만 지고 구경만
하고 있을까? 공산주의자들은 얼간이가 아닌데.」하며 걱정도 하였다.

많은 장교들은「제발 중공군이 나타나지 않았으면 좋겠다.」고 희망
하고 있었으나 중공군이나 인민군은 천사일 수는 없었다. 전쟁은 적을
죽이든가, 아니면 내가 죽든가 아니면 포로가 되는 것뿐이었다.

트루먼과 합참의장은 맥아더의 종전 진격작전을 승인하였으나 중
공군과 정면대결을 염려하였다. 그래서 합참의장 브래들리 원수는 맥
아더에게,

「유엔 안에서는 귀하의 군대가 한만국경으로 향해 진격함으로써 중
공군과 대규모의 교전이 벌어진다면 전면전쟁이 일어날지 모른다는
우려가 증대하고 있다. 유엔의 일부 우방은 귀하의 군대와 한만국경
사이에 비무장지대를 설정하고 그것으로써 유엔이 만주에 대해 군사
행동을 취하지 않을까 하는 중공의 의심을 덜어주자는 생각을 갖고 있
다. 국방부장관, 합참본부 그리고 그 밖의 정부고관들 회의에서 일치
된 정치 및 군사적 견해는 다음과 같다. 귀하의 임무에는 아무런 변동
을 가하지 않지만 통일 한국의 수립을 가능케 하는 행동노선을 책정하
고 동시에 중공의 이 이상의 전면적 개입 위험을 줄이기 위해 정부 고
위층에서 즉각 행동을 취해야 한다고 생각한다. 이런 견지에서 합참본
부는 압록강 연안지역에는 한국군만 진격케 하고, 여타 유엔군은 국경
및 남쪽에 정지하고 동북부에서는 청진까지만 점령할 것을 제안하는
바이다.」라고 하였다.

맥아더 장군은 브레들리 원수의 제안에 반대하면서「군사적 필요상 모든 유엔군이 국경까지 진격해야 한다.」하고 회답하였다.

## 2. 팽덕회, 맥아더의 종전 총진격을 그물망 작전으로 기다리고 있음.

팽덕회는 38군, 39군, 40군, 42군, 50군, 66군 합 6개 군, 18개 사단으로 서부전선인 선천, 구성, 태천, 영변, 덕천을 향하여 숨을 죽이며 병력을 밤마다 이동시켜 미1군단, 9군단과 국군 2군단을 포위하고 있었다. 이들은 포위를 끝내고 호 속에서 나뭇잎과 담요 등으로 추위를 이기며 국군과 미군이 공격해 오기를 기다리고 있었다.

▲ 북한지도

동부전선에서는 20군, 26군, 27군 등 3개 군 9개 사단이 장진호를 중심으로 미 해병사단과 7사단을 포위하기 위하여 이동을 마치고 숨을 죽이고 호 속에서 국군과 미군의 공격을 기다리고 있었다.

국군과 미군 23만 명, 중공군과 인민군 43만 명의 싸움이 북한의 산악지역에서 곧 시작될 순간이었다. 병력은 중공군이 2배가 많으나 미군은 항공권과 전차가 있어 화력에서는 중공군과 미군은 비교가 되지 않기 때문에 중공군이

승리한다고 장담할 수는 없었다. 국군과 미군이 작전만 잘 세운다면 대승할 수 있는 기회는 아직도 있었다. 그러나 미군은 중공군이 있는 것을 전혀 몰랐고, 또한 그에 대한 작전과 마음가짐이 없었다.

그러나 팽덕회는 국군과 미군의 후방에서 공격하기 위하여 38군을 미 1군단과 10군단 사이의 틈을 이용 산악을 통하여 덕천까지 침투시켜 미군 후방으로 이동을 끝마치고 미군의 공격을 기다리고 있었다. 42군은 은밀하게 영변으로 이동시켰고, 40군은 숨을 죽이며 희천으로 이동시켜 매복시켰다. 선천에서부터 희천과 덕천까지 중공군이 포진하여 자루형태를 만들어놓고 국군과 미군이 자루 속에 들어오면 덕천의 38군으로 하여금 순천과 숙천으로 이동시켜 자루 속에 들어가 있는 국군과 미군을 자루 입구를 꼭 막아놓고 두들겨 팰 작전이었다. 이를 팽덕회의 자루작전이라고 한다.

맥아더 장군은 중공군의 이런 작전을 전혀 모른 채 미 제1군단과 9군단, 국군 2군단 합 8개 사단, 3개 여단, 1개 공수여단 13만 명에게 11월 24일 아침 8시 일제히 중공군 20만이 포진하고 있는 죽음의 자루 속을 향해 종전 진격명령을 내렸다.

동부전선의 미 10군단 예하 미 해병1사단과 미 7사단, 국군 3사단, 수도사단 합 5개 사단에게도 일제히 중공군이 펼쳐놓은 죽음의 자루 속을 향해 종전 총진격명령을 내렸다.

산속에서 기다리고 있던 중공군 관측병들은 국군과 미군이 공격하자 일제히「국군과 미군의 공격이 시작되었다.」고 그들의 사령부로 신호를 보냈다. 그러자 산속에서 추위에 떨면서 숨어 있던 전 중공군이 바쁘게 움직이기 시작하였고 부대는 긴장감이 돌았다.

「24일과 25일 계속 자루 속으로 들어오도록 기다려야 한다. 25일 밤 10시에 자루 입구를 막고 공격한다. 공격전에 모든 통신망을 차단하고 부대와 부대 사이의 연락망을 우선 차단한다. 그리고 밤을 이용 기습 각개 격파한다.」

대유동 중공군 사령부에서는 지휘관들에게 요란하게 무전을 치고 있었다.

팽덕회는 38군 양홍초에게 지난 번 실수에 대해 호되게 질책을 한 다음 「이번에는 절대 실수 없도록 하라!」하고 명령하였다.

38군은 제4야전군 중에서도 가장 싸움을 잘하였는데, 팽덕회는 1차 전 때 국군과 미군의 퇴로를 차단하려다 피난민 때문에 실수를 한 군 단장 양홍초를 혼낸 후 이번만은 덕천에서 순천과 숙천으로 신속히 이 동하여 미군과 국군의 퇴로를 차단하도록 특별히 명령하였다. 양홍초 도 3개 사단장을 불러놓고 호되게 질책을 한 후 「이번 작전의 승패는 우리에게 달려 있다. 이번만은 성공해야 한다.」고 다짐을 두었다.

양홍초는 113사단과 114사단을 동원하여 삼소리를 향해 진군하게 하였다. 삼소리 점령은 113사단이 맡기로 하여 113사단은 덕천에서 삼 소리를 향해 25일부터 밤낮으로 공격하게 하였다. 그들은 미숫가루를 먹으며 72㎞를 강행군하여 삼소리와 용원을 점령하여 유엔군의 퇴로 를 차단하기 위해 전력을 다하고 있었다.

## 3. 50년 11월 26일 영원에서 국군 8사단 중공군에 참패

11월 22일 국군 2군단 소속 8사단은 영원지구에서, 7사단은 덕천지 구에서 희천을 향해 진격준비를 하고 있었다. 6사단은 상처가 커 예비 사단이 되었다.

팽덕회는 인민군 2군단을 중심으로 중공군을 보강하여 제2전선부 대를 새로 편성하였다. 이 새로 편성된 부대는 미 8군의 후방을 교란 할 목적으로 미 8군과 10군단 경계 사이 80㎞ 가까이 틈이 생긴 곳으 로 산길을 따라 아무런 저항 없이 11월 20일 영원, 맹산을 지나 양덕까 지 미군과 국군의 후방에 도착하여 진지를 구축하고 있었다.

중공군 42군은 국군 8사단을 포위하기 위하여 영원 정면에서 모든 준비를 끝내고 국군이 북진하여 포위망에 들어오기를 기다리고 있었다. 서부전선의 미 24사단은 정주, 국군 1사단은 태천, 미 9군단의 2사단은 구장동, 25사단은 운산, 국군 2군단 7사단은 덕천, 8사단은 영원에서 총 진격하자 서부전선은 순식간에 천지가 진동하였다. 전쟁은 금방 끝나고 통일이 되는 것 같았다.

11월 24일 아침 8시 「국군과 유엔군은 현 전선에서 공격을 개시하여 적진을 분쇄하고 계속 한만 국경까지 진출하라!」는 종전작명에 따라 국군 8사단은 희천, 강계, 만포진을 향해 힘차게 전진하였다.

국군 8사단 10연대는 신기봉을 점령하기 위하여 진격 중이었다. 이때 1개 중대 정도의 적의 저항을 받았으나 곧 격퇴시켰다. 이로 인해 국군 8사단의 움직임은 적에 노출되었다. 21연대는 1,105미터의 백암산을 점령하기 위하여 공격을 계속하였다. 적도 대대 규모가 매복하였다가 공격해와 격전이 벌어졌으나 날이 저물어 싸움이 중단되었다.

대체적으로 24일 공격 첫 날 전 전선에는 중공군의 큰 저항은 없었다. 그러나 전 전선에서 유엔군이 공격하자 중공군은 유엔군의 진격부대를 파악하고 이에 대한 작전을 세우고 있었다.

11월 25일 국군 8사단은 아침부터 미 공군과 사단 포병대의 지원을 받으며 힘차게 공격을 시작하였다. 8사단의 공격은 목표물을 알고 공격하는 것이 아니라 산중에 있는 적에게 위협을 주기 위한 공포사격이었다. 즉 적이 있으면 도망치라는 것이었다.

8사단은 첩첩산중으로 진격을 계속하였으나 적도 계속 증강되어 저항이 점점 거세지고 적의 공격으로 전선이 무너지는 곳도 있었다. 8사단 정면에는 적이 계속 증강되고 있었다. 8사단장 이성가 준장은 아무래도 심상치 않아 각 연대에 「전진을 중단하고 현 전선에서 진지를 튼튼하게 구축하고 방어에 전념하라.」하고 명령하였다.

11월 26일 새벽 4시, 중공군은 국군 7사단을 급습하여 7사단 8연대가 무너지면서 중공군은 8사단 후방인 맹산을 점령하여 8사단 후방을 점령하고 순식간에 포위해 버렸다. 이성가 8사단장은 깜짝 놀라「각 연대는 즉시 철수하여 맹산을 방어하라.」고 명령을 내리자 전방에서 싸우고 있던 10연대, 16연대, 21연대에 삽시간에 혼란에 빠졌다. 맹산이 중공군에 점령되었다는 소식을 들은 지휘관들은 눈앞이 캄캄하였다. 공격 하루 만에 국군 8사단 10연대는 맹산 북쪽 24㎞ 지점 대동강 상류에서, 16연대는 맹산 동쪽 11㎞ 지점 형제봉과 서림 사이에서, 21연대는 맹산 동북쪽 28㎞ 지점으로 후퇴하여 방어를 하였다.

중공군은 접근전을 시도하여 육박전이 벌어졌다. 중공군은 영원을 점령, 8사단을 이중으로 포위하려고 애를 쓰고 있었다. 새벽 2시, 중공군은 나팔을 불고 북을 치며 국군 21연대를 포위한 후 수류탄을 던지고 벌떼같이 달려들며 공격하자 국군은 많은 피해를 입고 있었다. 개전 이래 잘 싸웠던 21연대가 중공군의 공격을 받고 심히 어려움을 당하고 있었다. 21연대와 중공군은 날이 샐 때까지 그칠 줄 모르고 밤새도록 싸웠고, 21연대는 포위망을 뚫느라 사투를 벌였다.

국군 10연대도 새벽 2시부터 중공군의 집중공격을 받았고, 새벽 4시에는 더욱더 치열한 공격을 받았다. 중공군은 나팔과 피리를 불고 북과 꽹과리를 치며 국군을 공격하였다. 국군은 넋이 빠질 지경이었다. 동서남북에서 들려오는 나팔소리에 의해 부대가 완전히 포위된 것 같아 싸우기도 전에 장병들은 우왕좌왕하고 지휘관들은 어떻게 해야 할지 당황하였다. "피리소리는 죽음을 재촉하는 소리 같았다"고 19연대 부연대장 김인철 중령은 증언하고 있다. 한신의 피리와 노래 소리에 항우도 싸우지도 못하고 대패하였는데 국군과 미군이 항우같이 싸우지도 못하고 참패하고 있었다. 중공군은 싸움을 하는 것인지 풍물놀이를 하는 것인지 전쟁을 즐기는 것인지 알 수가 없었다.

중공군은 살금살금 기어와 부대 간의 연결된 전화선을 절단하고 연락병이 올만한 길목을 차단하고 있어 각 부대마다 연락이 되지 않아 연대에서는 각 예하 부대의 상황을 알 수가 없었다.

용감한 10연대 장병들은 앞에서 얼씬거리는 중공군과 육박전을 하느라 사투를 벌이고 있었다. 결국 10연대도 포위망을 뚫느라 정신이 없었다.

「중공군이 겁을 먹고 만주로 도망쳤다고 떠들어대더니 이게 뭐야? 11월 초순 중공군이 전장에서 싹없어졌으나 후방에서는 치안대와 보급부대를 습격하여 국군 후방에 중공군이 침투하고 있다고 할 때 맥아더와 정일권은 '중공군 낙오병의 짓' 이다 하고 무시한 처사가 오늘의 뜨거운 맛을 보고 있는 것이 아닌가?」 후퇴하는 장병들은 맥아더와 정일권을 한없이 원망하였다.

※ 이성가 8사단장은 패전의 책임을 물어 군 법정에 섰다. 판사가 "패전의 책임을 져야 한다."고 할 때 이성가 사단장도 어떻게 2일 만에 사단이 붕괴되었는지 알 수 없어 입을 꼭 다물고 아무 말도 하지 않아 사형이 선고되었다. 그 후 감형되어 집행유예로 풀려 군단장까지 승진하고 대장 승진을 못하였지만 그는 그때 하도 어이가 없어 말을 하지 않은 것으로 알고 있다. 그는 8사단이 이토록 참패한 이유를 40년이 지난 후 중공군 부사령관 홍학지가 쓴 [항미 원조전쟁]에서 알게 되었다. 저자도 홍학지의 [항미 원조전쟁]을 참조하였다.


## 4. 덕천에서 국군 7사단 중공군에 참패


11월 24일 아침 8시 국군 7사단은 맥아더 장군의 종전 총진격명령에 따라 한만군경을 향해 전진하였다. 공중에는 미 5공군이 엄호를 하였고, 포병대의 요란한 지원사격을 받으며 진격하고 있었다.

국군 7사단은 덕천에서 희천을 향해 진격하려 하였다. 이때 중공군은 국군의 공격을 기다리고 있다가 국군 7사단 3연대가 3Km 정도 진격하자 중공군 38군이 강력히 저항하여 국군은 더 이상 전진하지 못하였다. 이렇듯 국군은 3km 전방에 있는 적도 모르고 전진하였다.

11월 25일 아침 일찍부터 국군 7사단은 공격을 시작하였다. 중공군도 좌측의 미 2사단과 국군 7사단의 연결을 자르고 저항하기 시작하였다. 중공군은 2개 대대 정도로 저항을 하여 국군을 유인하면서 전력을 파악하고 있었다. 국군 7사단이 전진이 순조롭지 못하자 유재흥 군단장은 6사단 2연대로 하여금 7사단을 증원하게 하였다.

우측의 8사단도 중공군과 격전 중이었고, 좌측의 미 2사단도 중공군과 격전 중이었다. 전 전선에 걸쳐 중공군은 저항하고 있었다.

11월 25일 중공군은 1개 사단 규모로 국군 7사단 8연대를 포위하기 위하여 전날 저녁부터 은밀히 움직이기 시작하였다. 새벽 2시가 되자 중공군은 38군으로 국군 8연대를 덮쳐 백병전을 벌였다. 그러자 국군은 항공기도, 전차도, 중포도, 전혀 쓰지 못하고 소총만 가지고 싸움을 해야 했다. 8연대는 중공군의 공격을 2시간도 견디지 못하고 포위가 되어 포위망을 뚫느라 사력을 다하고 있었다. 결국 국군은 공격 2일 만에 덕천으로 철수하고 말았다. 7사단 3연대도 구장동에서 공격을 받고 몇 시간도 견디지 못하였다. 3연대는 포위망을 뚫고 인접부대인 미 2사단 38연대에 의해 겨우 살아났다.

국군 7사단 사령부가 있는 덕천을 중공군이 밀고 내려오자 7사단 사령부도 큰 혼란에 빠졌다. 신상철 사단장은 정신을 차릴 수가 없었다. 신상철 사단장은 5연대로 하여금 덕천을 탈환한 다음 8연대 18포병대 순으로 후퇴하려 하였으나 7사단 후방이 중공군에 의해 차단되자 7사단은 완전히 포위되어 공격 2일 만에 붕괴직전 북창을 거쳐 순천으로 분산되어 다급하게 도망쳤다. 덕천을 중공군이 포위하자 덕천 위에서 싸우고 있던 8사단이 자동 포위가 되어 2군단은 2일 만에 위기에 처하였다.

중공군은 국군이 정신없이 도망치자 부대를 토막토막 잘라 죽이고 있었다. 국군은 엄청난 희생을 당하며 분산 도망쳐야 했다. 8사단과 7사단은 모든 차량과 군수품과 중화기를 몽땅 중공군에게 바쳤다. 더구나 18포병대에는 연락도 하지 않고 도망쳐버려 중공군이 18포병대를 포위하기 직전 포병들은 105곡사포 12문을 버리고 도망쳐야 했다.

7사단 사령부가 있는 덕천에는 6사단, 7사단, 8사단 등 3개 사단 패잔병들이 몰려들어 크게 혼잡하였다. 지휘 계통을 잃고 무질서하게 후퇴하는 장병들은 사기가 떨어져 우왕좌왕하여 통솔할 수 없었다. 여기에는 후퇴한 8사단 10연대장 고근홍 대령, 7사단 5연대장 박승일 대령, 6사단 2연대장 김봉철 대령 등도 있었다. 여기에서 통합지휘자를 뽑았는데 선임자인 10연대장 고근홍 대령이 4개 연대를 지휘하기로 하였다. 그러나 부대를 재편성하지 못하여 혼란에 빠져 지휘계통을 상실하여 장병들을 지휘할 수가 없었다.

중공군은 아침 10시부터 덕천에 모여 있는 국군을 포위하고 공격하기 시작하였다. 중공군은 야산에서 박격포로 하루 종일 퍼붓고 덕천을 공격해왔다. 장병들은 북창과 맹산으로또 급히 도망을 쳤다. 그러나 엄청난 장병들이 중공군에 포로가 되었다. 여기에서 그 동안 잘 싸워온 8사단 10연대장 고근홍 연대장이 포로가 되어 장병들의 마음을 아프게 하였다. 「산을 타고 맹산, 원산 쪽으로 가다 오대산 줄기를 따라 빠져나가야 산다.」

5연대장 박승일 대령은 장병들을 데리고 도망을 치고 있었다. 낙동강에서 싸우다가 인민군이 태백산 줄기를 따라 북으로 도망쳤듯이 이제는 국군이 아호비령산맥을 따라 남으로 도망치려 하고 있었다.

장병들은 추운 겨울, 얼음이 얼어 서걱거리는 강을 옷을 입은 채로 건넜다. 그들은 차가운 물이 옷 속에 스며들자 온 몸이 사시나무 떨 듯 떨려 입을 다물려 해도 다물어지지 않았다. 그런데 이때 중공군의 집중공격을 받았다. 장병들은 허기와 추위에 떨며 산 속에서 잠을 자며 도망쳐야 했다. 동쪽에서는 아무 일이 없는 듯 해가 떠오르자 밤이 새도록 덜덜 떨고 있었던 장병들은 그렇게 반가울 수 없었다. 그런데 중공군은 이렇게 국군이 추위에 떨고 있는 곳을 포위하여 공격하였다.

「포로는 국군으로서 치욕이지만 생명은 귀중한 것이다. 후일을 기약하고 일단은 손을 들고 포로가 된 다음 기회를 보아서 탈출하자!」

5연대장 박승일 대령과 장병들은 모두 손을 들었다. 이렇게 되어 덕천에서만 국군은 3천여 명이 포로가 되었다. 이들은 하루에 한 끼의 식사를 하는데 그것도 강냉이 100개 정도였다. 이들은 무장이 해제되어 북으로 끌려가고 있었다. 북풍의 찬바람은 살을 오려내는 듯했다. 덕천에서 포로가 된 국군 3,000여 명은 밤마다 걸어서 온정에 도착하니 이곳에 국군 2군단에서 포로가 된 10,000여 명이 있었다.

「저렇게 많은 국군이 포로가 되다니!」

▲ 국군 포로

국군은 많은 장병들이 포로가 된 것에 서로가 놀라 벌린 입을 다물 수 없었다.

중공군은 온정에서 인민군에 포로를 인계하였다. 인민군은 포로를 초산으로 끌고 가면서 부상자나 허약자는 가차 없이 죽여 버렸다. 국군 포로들은 허기와 추위를 참기가 죽는 것보다 더한 고통이었다. 낙동강에서 인민군이 포로가 되었듯이 이제는 청천강에서 국군이 포로가 되었다.

6, 7, 8사단의 3개 사단이 2일 만에 중공군에 의해 대패하였다. 그렇

다고 중공군의 무기가 국군보다 좋은 것도 아니고, 병력 숫자가 많은 것도 아니었다. 다만 중공군은 국군의 움직임을 정확히 알고 기습한 것이었고, 국군과 미군은 중공군을 전혀 모르고 진격하다 한 방에 당해버린 것이다.

국군 7사단도 8연대가 무너지면서 3연대가 무너지고, 눈사태 같이 사단이 연쇄적으로 무너져 순천으로 도망치게 되자, 8사단도 자동으로 무너지고 미군도 자동으로 무너지면서 서부전선이 순식간에 무너지고 있었다. 이것을 눈사태전법이라고 한다. 모택동과 팽덕회의 작전은 기가 막힐 정도다. 10월 27일 국군 2군단 예비대인 6사단 2연대가 철수하는 8사단을 돕기 위해 출동하였다. 그러나 이미 때가 늦어 효과를 거둘 수가 없었다. 국군 16연대는 북창 밑 가창까지 겨우 도망쳤다. 21연대도 온 힘을 다해 달려들어 포위망을 뚫고 가창으로 후퇴하였다. 10연대도 분산되어 사투를 벌이면서 가창으로 집결하였다.

중공군 38군은 덕천을 점령하고 순천으로 진격, 순천 북쪽 미 1군단과 9군단의 퇴로를 순식간에 차단하였다. 그리하여 미 1군단이 자동 포위가 되어 버렸다. 12월 2일 국군 7사단이 중공군 38군을 저지하지 못하고 평양 밑의 승호리까지 도망쳤다. 그러자 개천 근방에서 싸우고 있는 미 1군단과 9군단의 퇴로가 완전히 차단될 위기에 처하게 되었다.

7사단장 신상철 준장은 패전의 책임을 물어 파면 당하였는데, 그는 어떻게 2일 만에 사단이 붕괴되었는지 모르고 있다가 그도 먼 훗날 알게 되었다.


## 5. 50년 11월 25일 미 9군단 개천에서 중공군에 참패

미 9군단은 10월 5일 진주에 있던 미 2사단과 25사단을 중심으로 신설하였다. 임무는 인민군 패잔병 소탕이었다. 유엔군이 한만국경까지 진격하기 위하여 후방에 있는 9군단을 북상시켰다.

11월 22일 미 9군단은 사령부를 순천에 두고 2사단을 군우리에, 25사단은 청천강에 배치하였다. 맥아더 장군은 '적의 조직과 저항력의 완비가 이룩되기 전에 한만국경선으로 진격함으로서 조기에 한국전쟁을 종결지을 수 있을 것' 이라고 판단하고 유엔군의 북진을 서둘렀다. 미 2사단은 군단 우측의 온정을 거쳐 초산을 점령하고, 미 25사단은 군단의 좌측을 맞아 벽동을 점령하라고 명령하였다.

11월 24일 「유엔군은 한·만 국경을 향해 무제한 종전 총진격하라!」는 명령에 따라 9군단은 아침 8시 한·만 국경을 향해 종전 진격하였다. 맥아더 장군은 미 5공군사령관 메이어 중장과 작전부장 우나이트 준장, 정보참모 월로비 소장, 민정국장 우인트데이 소장 등과 동경주재 기자들과 함께 동경에서 비행기로 신안주 비행장에 도착하여 8군사령부를 방문하였다. 그리고 워커 중장의 안내로 미 1군단과 9군단, 미 24사단 등을 순방하였다. 「운산 지역의 적정이 예상보다 강하며 쉽게 돌파하기 어려울 것 같습니다.」

1군단장 밀번 소장이 중공군의 대군이 있음을 맥아더 장군에게 보고하여 이에 대한 대책을 건의하였다. 그러자 맥아더 장군은 천금 같이 귀한 정보의 건의를 받아들이지 않고 불쾌한 표정으로 「작전개시 단계에서 지휘관이 곤란한 점만을 강조하는 것은 이해하기 어렵다. 나는 나의 군력에서 미 육군에 승리 기록만을 바쳐왔다.」하고 말하며 용기를 내게 하였다.

이어서 비행기를 타고 신안주에서 압록강까지 순시를 하면서 「이번 작전은 전쟁을 종식시키기 위한 반격작전이다.」라고 비행기 안에서 성명을 발표하였다. 그리고 「병사들은 성탄절까지는 집에 갈 수 있을 것이다.」라고 전 병사들에게 메시지를 발표하였다. 그러자 미 병사들은 전쟁을 빨리 끝내고 성탄절에는 집에 가기 위해 선물을 준비하여 선물꾸러미를 가지고 전쟁터에 갔다. 그리고 차량으로 구경삼아 올라가기만 하면 되는 것으로 생각하였다. 그들은 전쟁이 성탄절까지는 끝날 것으로 판단하고 싸우려는 의지는 현저하게 줄어들고 들떠 있는 상태였다.

9군단이 진격하기 위한 탱크 소리, 차량소리는 천지를 진동시켰고, 부대의 길이는 끝이 보이지 않을 정도로 장관을 이루었다.

중공군은 11월 6일부터 제2차 작전을 준비하여 완료해 놓고 추운 진지 속에서 기다리느라 지루했는데 미군이 공격하는 소리가 천지를 진동시키고 끝이 보이지 않는 진격 행렬이 이어지자 중공군은 '이제 공격의 때가 왔구나!' 하고 진지 속에서 기어 나와 미군의 차량행렬을 구경하였다. 진지 속에서 떨고 있었던 중공군은 미군 차량 후미의 군수품에 더 군침을 삼키고 있었다. 43만의 인민군과 중공군에는 즉시 비상이 걸렸고, 호랑이가 먹을 것을 향해 전력을 다하듯 43만이 미군과 국군을 덮치기 위하여 하나같이 일사분란하게 움직이고 있었다.

미 2사단 38연대는 사단 우일선, 23연대는 중앙에, 9연대는 좌일선에 구장동에서 운산 옆 온정을 향해 진격하고 있었다.

군단 좌측의 미 25사단은 35연대, 27연대, 24연대를 병열해서 운산을 향해 진격하고 있었다. 미 2사단과 25사단의 차량 진격행렬은 과히 세계 최강이었고, 군우리가 진동하였다. 하루 종일 차량으로 진격해도 중공군이나 인민군은 그림자도 보이지 않았다.

미군은 1차 작전 때 기병사단이 중공군에 혼이 난 이야기를 듣고 긴장하면서 올라갔지만 중공군은 그림자도 보이지 않자 중공군이 다 도망친 것으로 생각하고 있었다. 그리고 군단에서도 중공군에 대한 정보를 전혀 제공해 주지 않았다.

11월 25일 아침 일찍부터 미군은 장관을 이루며 북진을 계속하였다. 어제와 같이 중공군은 그림자도 보이지 않았다. 그러자 미군들 사이에서는 「진짜 중공군이 싹 도망쳤구나.」하며 좋아하였다 미 2사단은 희천을, 미 25사단은 운산을 향해 혹한 속에 전진을 계속하였다.

미 2사단 9연대는 사단의 좌일선에서 선두부대가 되어 희천 북쪽 5km 지점의 219고지 근방을 지나고 있었다. 미 25사단 35연대는 선두부대가 되어 운산에서 도로를 따라 북진하였다.

아침 9시부터 미 9군단은 동시에 중공군의 저항을 받았다. 낮 12시경에 미 2사단은 일단 희천 남쪽 2km까지 후퇴하였다. 미 25사단도 운산 남쪽 3km 지점까지 후퇴하여 야영을 하였다. 밤이 되자 중공군은 달빛 아래서 처량하게 나팔과 피리를 불어댔다. 잠을 자던 미군 병사들은 지금까지 살아오면서 들어보지 못한 이상한 악기 소리가 전후방 없이 동서남북에서 동시에 들려오자 등골이 오싹하며 소름이 쭉 끼쳤다.

중공군 40군은 희천의 미 2사단을, 39군은 운산의 미 25사단을 포위하기 위하여 높은 산 호 속에서 추운 겨울에 나뭇잎을 깔고 숨어 있다가 미군이 잠을 자고 있을 때 도로 양쪽으로 기어 나와「각개 격파하라!」는 명령과 함께 순식간에 도로에서 야영하는 미군에 사정없이 수류탄을 던졌다. 미군은 중공군이 동서남북에서 수류탄을 던지자 정신을 차릴 수 없었다. 미군은 전차도, 곡사포도, 전투기도 손 한 번 쓰지 못하고 그 좋은 무기를 가지고 중공군에 당하였고, 중공군은 미군의 긴 행렬을 토막 내며 두들겨 팼다. 미군의 사단, 연대, 대대의 통신이 두절되고 연락이 끊겨 각 부대가 어떤 상황인지 알 수 없었다. 중공군은 산에서 밑으로 내려다보며 공격하고, 미군은 밑에서 위로 올려다보며 공격을 한 데다, 밤이라서 잘 보이지 않아 허공에 총질을 하였다. 이러한 미군을 중공군은 계속 박격포로 공격하였다. 미군은 이미 후방의 포병대가 중공군의 소총부대에 의해 유린되어 그 좋은 무기들은 무용지물이 되었고, 전차도 중공군의 계속된 박격포 공격에 질겁하고 있었다. 미군은 전진도 후퇴도 할 수 없는 포위망에 걸려 군단이 순식간에 전멸 위기에 처하였다.

중공군과 미군은 육박전이 벌어졌다. 첩첩산중이라 미군은 하늘 외에는 도망칠 곳도 없었다. 미군 병사들은 순식간에 혼란에 빠져 병사들이 계속 죽어가고 있었으나 지휘관들은 어떻게 할 방법이 없었다.

11월 26일 날이 새자 그 많던 중공군이 사라졌다. 전장은 연기와 화약 냄새와 미 병사들의 처참한 시체들과 부상자들의 고통에 찬 신음소리 뿐이었다.

미 2사단 9연대 3대대는 절반의 병사들이 죽었다. 1개 중대 130명 중 살아서 움직이는 병사는 35명 정도였다. 2대대는 완전히 고립되어 살아남을 길이 없어 병사들은 공포에 떨었다. 살아남은 자들은 장교 9명, 사병 200여 명 정도였다.

기병사단 8연대가 운산에서 처절하게 당하였듯, 2사단 9연대는 희천에서 당하고 구장동으로 도망치려 하고 있었다.

미 1군단은 태천과 정주까지 진격하였으나 아직까지 중공군의 공격이 없었다. 중공군은 정주와 태천에 있는 미 1군단을 가만히 두고 국군 2군단을 먼저 붕괴시키기고, 후방에서 미 9군단을 자동 포위하여 섬멸한 후, 차례로 미 1군단을 섬멸할 작전이었다.

중공군은 일단 잠적하였다. 소규모로 미군을 공격하여 일단 미군을 붙잡아 놓고 있었다. 그러나 미군은 지난밤에 당한 충격은 곧 잊어버린 듯이 「중공군이 우리가 무서워서 이제는 도망쳤다.」하고 또 떠들고 있었다. 미군은 아직도 중공군의 병력규모를 파악하지 못하고 있었으며, 그 많던 중공군이 어디로 숨었는지도 모르고 멍청히 있었다. 중공군은 도깨비부대 같았다. 미군은 중공군의 정체를 알아서 공격하던가 아니면 빠른 시간 내에 포위망을 뚫고 도망치던가 해야 히는데, 중공군이 포위망을 좁혀오는 것도 모르고 26일 하루를 머뭇거리고 있었다.

26일 밤이 되자 중공군은 미군에게 벌떼같이 달려들어 육박전이 벌어졌다. 미군은 곳곳에서 무너지고 혼란에 빠졌다.

11월 27일 새벽에도, 낮에도, 중공군은 계속 육박전으로 공격해 와 미군은 찰떡같이 들어붙는 중공군을 물리치느라 정신이 없었다. 중공군의 공격은 밤까지 계속되었다. 중공군은 낮에는 적은 병력으로 육박전을 벌이며 미군을 붙잡아놓고, 밤에는 대군으로 강타하였다. 그러므로 미군은 전차도, 항공기도, 야포도 사용할 수 없는 괴상한 싸움에 말려들어 허우적거리고 있었다. 27일도 미군은 어떠한 조치를 취하지 못하고 중공군에 계속 얻어터지고 있었다.

중공군은 맹산과 덕천을 점령하고 미 1군단과 9군단의 퇴로를 차단하기 위하여 중공군 38군 113사단이 개천 밑 삼소리를 점령하여 미군을 포위하려 하자 이때서야 워커는 깜짝 놀랐다.

「미 1군단은 청천강 남쪽 신안주 부근으로 즉시 후퇴하라!」는 워커의 명령에 정주와 태천에 있던 미 24사단과 운산의 국군 1사단은 후퇴하느라 정신이 없었다. 또 워커는 「9군단은 군우리 안주부근으로 후퇴하라!」고 명령하였고, 「미 1기병사단은 북창과 순천 선을 확보하여 미 8군의 우측을 엄호하라!」고 명령하였다. 11월 28일 밤 10시, 워커와 알몬드와 극동사령부 참모들이 동경 극동사령부에 모여 작전회의를 하였다. 워커는 이 자리에서 「중공군의 병력은 적어도 20만이 넘을 것 같습니다.」라고 하면서 현재의 전황을 상세히 보고하였다. 그러자 맥아더 장군은 이제야 중공군의 정체를 알고 「중공군 정예부대가 대리침략을 하고 있다.」고 워싱턴에 보고하였다.

이 보고를 받은 합참본부와 트루먼은 크게 당황하였다. 그들은 「중공군 대군이 압록강을 넘었는데도 맥아더는 몰랐단 말이요?」하며 맥아더의 말을 믿으려 하지 않았다.

맥아더 장군은 「유엔군은 평양과 원산을 연한 적을 방어선으로 설정하여 우선 전열을 정비한 다음 다시 반격 계획을 마련한다.」라는 성명을 발표하였으나 아직도 중공군의 확실한 정체를 모르고 있었고, 이러한 맥아더 장군의 성명에 귀를 기울이는 사람은 이제는 아무도 없었다. 그러나 전방에서 수시로 들려오는 보고는 맥아더 장군이 발표한 성명처럼 그렇게 할 여유가 없었다.

맥아더 장군은 이때서야「미 8군은 중공군의 포위망을 벗어나는 데 까지 철수하고, 10군단은 함흥과 흥남에서 철수한다.」「10군단의 해상 철수를 위해 미 제90공격함대가 동원하라.」「일본 대만 부근에 있는 모든 전함을 흥남으로 집합하라.」하고 숨 가쁘게 명령을 내리고 29일 새벽 1시30분 회의를 마쳤다.

싸움이 불리하고 긴박해지자 미군 장군들은「맥아더 사령부가 동경이 아니라 부산 정도에 있어야 했고, 초를 다투는 전방의 부대 지휘를 하는 워커와 알몬드를 동경까지 불러 부대를 지휘하지 못하게 한 맥아더의 처사는 크게 잘못되었다.」하고 불평을 하고 있었다.

또 한국군 장교들은「이렇게 많은 중공군이 한국전에 개입하였는데도 정일권과 정보국장은 무엇을 하고 있었단 말이요?」하고 정일권 총장이 미군만 의지하는 사대주의에 분노하였다.

중공군은 국군 2군단을 붕괴시켜 덕천을 점령하고 미군의 후퇴를 차단하기 위하여 113사단이 밤낮을 가리지 않고 2일 만에 75㎞를 행군하여 개천 후방 용원 밑 삼소리에 도착하여 미군 후방에서 미군의 후퇴 길을 막자 미 9군단은 기절할 지경이었다. 중공군 38군과 50군 주력은 덕천을 점령하고 북창을 통해 순천으로 진격, 미1군단과 9군단의 후퇴 길을 완전히 막으려고 움직이고 있었다.

미 기병사단과 터키여단은 국군 2군단을 돕다가 자기들이 포위될 것 같으니 전력을 다해 순천으로 도망쳤다.

중공군 125사단은 저항 없이 산길을 따라 평양 밑 곡산까지 침투하여 국군과 미군의 퇴로를 2중으로 차단하여 원거리에서 포위 섬멸하려 하자 국군과 미군은 혼란에 빠졌다.

인민군 2군단으로 새로 편성한 제2전선부대는 평강 금화까지 내려가 후방에서 보급선을 차단하고 3중으로 포위망을 구축하고 있었다. 유엔군 주력부대는 평양 북쪽 청천강에 있는데, 중공군과 인민군은 평양 남쪽 양덕, 곡산, 평강, 금화에서 공격을 시작하니 맥아더 장군은 정신을 차릴 수 없었다. 국군과 미군이 완전히 2중 3중으로 포위된 것을 맥아더는 이제야 알게 되었다. 맥아더 장군과 참모들은 당황하여 무엇을 어떻게 해야 할지 몰라 허둥대고 있었다. 이제는 한·만 국경까지 진격하여 한반도를 통일시키는 것은 그만두고 미군을 살려서 후퇴시키는 것만도 큰일이었다. 맥아더 장군은 평생을 전선에서 보내며 싸움을 하였지만 이런 전쟁은 처음이었고, 도저히 이해할 수 없었다.

「중공군이 곡산까지 왔는데도 미 공군 촬영기가 중공군의 이동을 왜 촬영하지 못하였을까?」 하고 맥아더는 공중촬영의 한계점에 탄식을 하였다.

10월 29일 아침 맥아더는「유엔군이 북한 인민군을 섬멸하고 10월 하순에 압록강에 도착했을 때 중공군은 일시적으로 아군과 접촉을 끊고 장차 기용공격을 전개하려고 압도적인 병력을 축적하였다. 중공군의 궁극적 목적이 한국 안에 유엔군을 단번에 전멸시킬 결정적인 손을 쓰는데 있다는 것은 이제 의심할 여지가 없다. 그러나 그들의 이런 계획은 유엔군이 총 진격공세를 개시하여 적과 예정보다도 앞서 교전했기 때문에 탄로되고 말았다. 중공군은 선전포고 없는 전쟁이 갖는 이점을 지니고 있으나 이에 대항하는 우리 병력은 충분치 않다. 그 결과로 현재 새로운 정세가 빚어지고 있으며 앞으로 이 사태에서 발생될 문제는 현지 사령관으로서 결정할 수 없는 세계적인 성격을 지니게 될 것이 예상된다. 이제부터의 문제는 유엔의 여러 기구와 세계의 여러 나라 정부가 해결해야 한다. 당 사령부는 가능한 노력을 다했지만 당면한 전세는 이미 당 사령부만의 힘으로서는 처리할 수 없게 되었다. 우리들은 이제 중공 전체가 지닌 무한한 힘에다 소련의 보급면의 원조까지 곁들인 적과 대항하고 있다. 이에 대처하는 나의 전략은 공세에서 수세로 옮기며 유동하는 전황에 따라 적당히 국지적인 수를 쓰는 것이다.」하고 성명을 발표하였다.

이 성명으로 인하여 미국과 전 세계 그리고 한국 국민들은 깜짝 놀

랐다. 애치슨 미 국무장관은 「저런 무책임한 사람이 있단 말인가?」하
며 맥아더를 해임시키자고 하였다. 한국 국민들은 실망이 너무 컸다.

이날 맥아더 장군은 「중공군의 대거 남침으로 한국전쟁의 조기 종결
을 바라기는 힘들다. 유엔군은 총 후퇴하라!」하고 종전 총진격 6일 만
에 어처구니없게 후퇴명령을 내렸다.

맥아더 장군의 이 후퇴명령은 북한 주민들에게도 충격을 주었다. 그
들은 "설마 미군이 중공군한테 패하겠는가?" 하고 생각하였는데 설마
가 현실이 되어 맥아더 장군의 명령으로 미군이 후퇴하는 것을 보고
어떻게 해야 좋을지 몰라 발을 동동 굴렀다. 이때부터 북한 주민들은
"가다 죽어도 피난을 가자." 하고 피난을 떠나니 길마다 피난민으로 꽉
차서 작전을 할 수 없었다. 북한 주민들은 맥아더 장군과 이승만과 정
일권을 한없이 원망하면서 추위와 굶주림과 싸우면서 남쪽으로 피난
을 하여 이산가족이 되었다.

## 6. 50년 11월 29일 미 2사단 삼소리에서 중공군에게 처절하게 참패함

중공군은 유엔군 우측인 국군 7사단과 8사단을 붕괴시키고 이제는
희천 밑에 있는 미 2사단을 붕괴시키려고 집중으로 공격하였다. 중공
군은 밤낮으로 쉬지 않고 후퇴하는 미 2사단을 공격하여 부대를 토막
내어 죽이고 있었다. 미 2사단의 병사들은 계곡에서 어찌할 줄 모르며
헤매었다. 이들은 절반정도의 병사들이 죽거나 부상당했거나 포로가
되었다. 미 병사들이 살아서 구장과 개천을 지나 수백 리 길인 순천까
지 간다는 것은 꿈같은 일이었다. 1개 대대의 생존자들은 평균 250여
명이었고, 1개 중대의 생존자는 35명 정도 되었다.

순천으로 후퇴하라는 군단장의 명령을 받은 미 2사단장 케이저 소

장은 후퇴하는 것도 큰일이라는 것을 깨달았다. 그래도 많은 희생가운데 기적같이 구장과 개천 밑까지 도착하여 순천으로 가는 것이 희망이 보였다.

11월 29일 아침 7시 30분, 피투성이가 된 터키 병사 한 명이 2사단 사령부에 도착하여 「지난밤에 순천을 출발하여 순천 개천도로를 북상 중이던 보급중대가 이날 아침에 청용점에서 적의 공격을 받아 모두 전사하였습니다.」라고 보고하였다. 이 보고를 받은 사단장은 눈앞이 캄캄하였다. '그러면 순천에도 적이 나타났단 말인가? 하고 생각한 사단장은 다리에 힘이 빠지고 등에 식은땀이 났다. 그것은 청용점과 순천은 미 2사단 후방이었기 때문이었다. 미 2사단은 앞과 뒤에서 공격을 받고 있었다.

순천을 가려면 삼소리를 거치는 길과 신안주를 거쳐 숙천을 지나가는 두 길이 있으나 숙천으로 가는 길은 미 1군단과 25사단이 이곳으로 후퇴하기 때문에 길이 좁아 대 혼란이 예상됨으로 갈 수가 없어 삼소리를 거쳐 순천으로 가야 했다. 그러나 삼소리는 중공군 38군 113사단이 3일 밤낮을 걸어서 점령하여 미군의 후퇴를 막고 있었다.

사단장은 헌병 1개 분대를 청용점에 급파하여 적정을 살피고 오게 하였으나 중공군은 미군 수색대가 올 것을 예상하고 기다렸다가 이들을 덮쳤다. 그런 줄 모르는 미군은 수색대를 아무리 기다려도 소식이 없자 케이저 사단장은 초조하였다. 그래서 「전차 1개 소대로 적정을 살피고 오라.」고 다시 명령을 내렸다.

낮 12시경 전차 4대가 청용점으로 적정을 살피러 갔다. 그런데 중공군은 이 전차 4대마저도 덮쳐버렸다.

미군은 전차도 적정을 살피러 간 후 아무리 기다려도 소식이 없자 사단장은 더욱더 불안하였다. 그런데다 2사단의 각 연대와 대대가 어떻게 되었는지 통신이 두절되어 전황 파악도 어려웠다. 사단장은 '이대로 전멸되는가? 하며 자기도 '미 24사단장 딘 소장 같이 포로가 되는 것이 아닌가! 하고 불안하였다. 그는 다시 「정찰중대는 즉시 가서 청용점의 적정을 파악하라.」하고 명령을 내렸다. 그러나 정찰중대도 적정을 살피러 가다가 무명고지에서 중공군의 공격을 받아 적정을 살필 수가 없었다. 그러자 불같이 화가 난 사단장이 「C중대는 즉시 전차소대를 지원하라.」고 명령을 내려 C중대는 전차소대를 앞세우고 무명고지를 향해 달렸다. 중공군은 이들도 덮쳐 겨우 35명만 살아서 되돌아오고 나머지는 전멸되었다.

해는 떨어지고 후방은 차단되고 정면은 중공군이 진을 치고 있어 미 2사단장 케이저 소장은 정신을 차릴 수 없고 부대를 지휘할 방법을 찾을 수 없었다. 그는 가까스로 머리를 정리하여 「국군 3연대와 터키여단 그리고 미 9연대는 청용점의 적을 격파하고 사단의 후퇴 길을 열어라.」하고 명령을 내렸다. 그리고 이어서 「철수로가 개척되면 순천으로 집결한 후 38연대와 예하 부대도 후퇴한다. 그리고 23연대는 사단 후미를 엄호하라.」하고 명령하였다. 미 2사단은 청용점의 적정을 확실히 모르는 가운데 미 9연대가 선두부대가 되어 달이 떠오르는 밤중에 장사진을 이루며 후퇴하기 시작하였다. 낮이 아닌 밤에 미군이 후퇴하니 중공군은 공격하기가 아주 좋았다.

중공군은 장사진을 이루고 순천으로 후퇴하는 미 2사단 9연대를 공격하기 시작하였다. 그들은 나팔을 불며 북을 치고 꽹과리를 치며 달빛이 비치는 계곡을 통과하는 미군의 얼을 빼놓았다. 그리고 그들은 이내 백병전을 벌였다.

중공군이 공격하자 미군은 그 좋은 무기와 화력을 가지고도 어떻게 해볼 수가 없었다. 각종 화력으로 공격하였으나 잠깐 사이 나타났다가 공격하고 눈 깜짝할 사이 사라지는 중공군을 당해낼 도리가 없었다. 미군은 달을 향해 총질만 해대는 꼴이 되었다. 미군의 시체는 도로를 덮었고, 장비와 군수품도 도로를 메웠다. 연대가 살아서 도망친 병사는 불과 200여 명으로 미 9연대, 38연대, 국군 3연대, 터키여단은 참패를 당하고 처량한 달밤에 비참하게 도망쳐야 했다. 11월 30일 시베리아에서 불어오는 혹한 바람은 살이 찢어질 듯 차가웠고, 귀가 떨어져 나갈 듯 추웠다. 이 추위보다도 중공군이 밤낮없이 숨 쉴 사이도 주지 않고 공격해 오는 것이 더 견딜 수 없었다. 맥아더 장군이 자랑하는 미 공군도 위력을 발휘하지 못하고, 전차와 각종 현대무기도 중공군에게는 무용지물이었다. 오직 소총으로 육박전을 해서 중공군을 떼어내고 도망쳐야 했는데, 중공군은 한 놈은 붙잡고 한 놈은 내리치기 때문에 수가 적은 국군과 미군은 이 방법에 속수무책 이었다.

▲ 미군 포로

맥아더나 워커나 밀번 등 미군 장군들은 이런 전쟁은 처음 경험하는 것으로, 작전도 없고, 전진 후퇴도 없고, 명령도 내릴 수 없는 해괴한 중공군의 싸움에 말려들어 어떻게 해볼 방법이 없었다. 그들은 유치한 싸움에 말려들어 북한 땅에서 허우적거리고 있었다. 미군은 오직 도망치는 방법 외에는 다른 작전이 없었다.

미 1군단도 숙천으로 도망치느라 정신없었고, 용맹을 자랑하던 기병사단도 숙천으로 도망치느라 사력을 다하고 있었다. 미군과 국군과 피난민으로 도로마다 계곡마다 초만원을 이루었고, 발 디딜 틈이 없을 정도로 혼잡하였다. 중공군은 이것을 노리고 있었다. 중공군은 후퇴하는 국군과 미군과 피난민들에게 인정사정 볼 것 없이 박격포를 쏘아대고 있었다. 국군과 미군은 처절하게 죽어갔다.

미 2사단 9연대는 11월 30일 아침 6시 전차 1개 소대로 하여금 후퇴할 수 있는 적정을 살피게 하였다. 적정을 살피러 간 전차소대장이 갈현고개에서 「현지 상황은 이상이 없다.」고 보고해오자 9연대 병사들은 만세를 부르며 좋아하였다. 그러나 조금 지난 후 중공군은 미 9연대에 벌떼같이 달려들어 미군은 쓰러져 갔다. 이제는 그 많던 실탄마저 떨어졌다. 미 2사단의 퇴로를 개척하기 위하여 증원 나온 영 29여단도 갈현고개에서 중공군의 공격을 받고 큰 혼란에 빠졌다. 이날은 눈보라가 몰아쳐 미 전투기가 뜨지 못하자 중공군은 제 세상을 만난 듯 공격하였다.

미 2사단이 전진도 후퇴도 못하는 사이에 중공군은 쉴 새 없이 미군 병사들을 죽이고 있었다. 중공군은 포 부대를 공격하여 포를 쓰지 못하게 해놓고, 약한 부대를 먼저 공격하여 토막 낸 후, 중간 중간의 대열을 잘라 공격하니 미군은 이 작전을 도저히 방어하지 못하였다. 이제는 미 2사단 사령부가 중공군의 공격을 받고 병사들이 죽어갔다.

11월 30일 오전 10시 국군 3연대, 미 9연대, 터키여단은 선발대가 되어 후퇴로를 개척하고 있었고, 38연대 사단 수색중대, 사단사령부 통신 중대, 포병사령부 공병대대 순으로 철수하고, 23연대 제15곡사포대대, 제72전차대대, 제82대공포 대대는 후미에서 오고 있었다.

낮 12시, 2사단장 케이저 소장은 직접 38연대를 앞세우고 청용점으로 후퇴를 재촉하였다. 이때 중공군은 도로에 장애물을 설치해 놓고 끝이 보이지 않는 미군의 후퇴행렬을 보고 군침을 삼키고 있었다. 미군 선두부대 차량이 도로의 장애물 때문에 정지하자 뒤따라오던 차량들도 모두 총총히 정지하였다. 이때였다. 도로 양쪽의 능선에서 중공군이 박격포와 기관총으로 미군을 집중 공격해 왔다. 중공군의 주 무기는 박격포였고 중공군은 박격포 전문가들이었다. 중공군은 가벼운 박격포만 가지고 이동하기 때문에 고지와 고지의 부대이동이 쉬워 미군과 국군을 포위하는데 기동력이 있었다. 중공군은 도로에 끝없이 늘어서 있는 미군 부대 중간 중간을 끊었다. 그리고 후미 차량이 도망갈 것을 대비하여 거기에도 장애물을 즉시 해 놓고 박격포를 퍼부었다.

미군은 차량과 야포와 군수품을 버리고 순천 쪽으로 도망쳤다. 그러나 2중 3중으로 포위한 중공군의 사격을 피하여 살아서 도망친 병사는 그리 많지 않았다. 미 2사단이 천신만고 끝에 순천에 도착하여 부대를 정비하여 병력을 확인해보니 4,000여 명이 죽거나 부상을 당하거나 포로가 되는 처참한 참패를 당하였고, 미 9연대는 완전히 박살났다.

미 2사단 장병들의 죽음의 소식을 뉴스로 전해들은 미국 국민들은 「맥아더가 미군 병사들을 중공군에 의해 다 죽인다!」고 맥아더 장군을 원망하며 "맥아더는 너무 늙어 오만하다"고 하며 그를 일선에서 물러나게 해야 한다고 규탄하였다. 인천 상륙작전에 성공하였던 맥아더 장군의 명성은 하루아침에 북풍 찬바람에 날리고 있었다.

트루먼 대통령은 화가 머리끝까지 나서 「한국을 포기하지 않을 것이다. 필요하다면 원자폭탄도 불사하겠다.」고 성명을 발표하였다. 그는 만주와 북경에 원자폭탄을 던져 보복하고 싶었다. 그러자 트루먼의 원자폭탄 불사 발언에 영국과 소련이 깜짝 놀라 트루먼의 화를 가라앉히느라 애를 먹었다. 원자폭탄을 사용한다는 뉴스가 나가자 북한 주민들은 혹시나 하고 더욱 피난을 서둘렀다. 팽덕회는 미군을 전면에서 공격하는 척하면서 후방에서 공격하되 어느 한 부분만을 집중 공격하여 전체가 붕괴되는 작전을 세워 이 작전에 재미를 보고 있었다.

12월 2일 중공군이 실탄이 떨어져 공격이 뜸해진 틈을 타 국군과 미군은 양덕, 성천, 순천, 숙천 선까지 후퇴하여 일단 정신을 차렸다. 이렇게 정신이 들자 미군은 「이것들이 미군이 무서워서 도망쳤나?」하는 어처구니없는 생각을 또 하였다.

12월 3일 중공군은 군수품의 보급을 받고 다시 벌떼같이 미군을 공격해 왔다. (미2사단은 한국전쟁 휴전 후 동두천에 주둔하여 현재에 이르고 있다.)

## 7. 50년 11월 29일 국군 1사단 태천과 박천에서 후퇴

11월 6일 중공군 1차 전투에서 국군 1사단은 운산에서 신안주까지 후퇴하여 부대를 정비하고 있었다. 영 27여단은 박천까지 진출하였고, 미 24사단은 용산동까지 진출하였다.

국군 1사단 15연대는 박천까지 슬금슬금 올라가 보았으나 중공군이 보이지 않자 약간 안도의 숨을 쉬며 「중공군 이 자식들 지난 번 싸움은 수풍댐을 보호하려고 한 것이었나 보군.」하고 한 마디씩 하며 얼마 전 싸움의 악몽을 잊으려 하였다.

11월 24일 날씨는 추웠고, 하늘은 유리알처럼 푸르고 맑았다.

아침 8시 「유엔군은 종전 진격하라!」는 맥아더의 명령이 내려져 국군 1사단 11연대가 선두부대가 되어 박천에서 진격하였다. 연대장 김동빈 대령은 지난 번 중공군한테 너무 혼이 나서 수색대원들에게 엄하게 수색을 하게하고 조심스럽게 북진을 계속하였다. 전진도중 적 1개 대대정도가 저항하다 물러가고, 또 저항하다 후퇴하곤 하며 약을 올렸다. 이때 국군은 중공군에 이미 노출되었는데 그것을 알지 못하고 국군은 큰 저항을 받지 않고 오후 6시 태천 밑까지 전진하자 장병들은 「중공군이 만주 쪽으로 모두 도망친 것 같은데.」하며 불안하고 긴장되었던 마음들이 풀리기 시작하였다. 장병들은 이대로 가면 일 주일 안에 삭주까지 갈 것 같았고, 전쟁도 끝나고 통일이 되어 성탄절에는 집에 가서 푸짐한 전쟁이야기를 할 것 같았다.

11월 25일 아침부터 국군은 전진을 계속하였다. 오후 5시가 되자 적으로부터 1개 연대 규모의 저항을 받았으나 곧 격퇴시켰다.

국군 1사단 11연대는 옆의 미 25사단 35연대가 전진이 부진하여 전선의 균형을 이루기 위하여 현 전선에서 경계근무를 하였다.

11월 26일 국군 11연대는 미군의 35연대가 전선의 균형을 이룰 때까지 기다리면서 태천 탈환을 위해 준비하고 있었다. 이러는 가운데

적 1개 연대 정도가 국군 11연대를 계속 괴롭히고 있었으나 잘 격퇴하고 있었다. 11월 27일 11연대 일부가 새벽 2시부터 적의 공격을 받았으나 잘 격퇴하였다. 국군 12연대, 15연대 등 국군 1사단은 적과 접전은 있어도 크게 격돌하지는 않았다.

11월 28일 새벽 3시 15연대 정면 용산동 북방1㎞ 지점에서 나팔과 피리를 불고 북과 꽹과리를 치면서 중공군 1개 사단 정도가 15연대를 포위공격하고 있었다. 중공군과 국군은 육박전이 벌어졌고, 후방 보급로가 차단되어 싸움에 불리하였다. 15연대는 도저히 견디지 못하고 포위망을 뚫고 도망치려 사투를 벌이고 있었다.

11연대도 포위되어 견디지 못하고 포위망을 뚫고 겨우 후퇴하였다. 그런데 이 무렵 맥아더 장군은 「유엔군은 후퇴하라!」는 명령을 내렸다. 맥아더 장군의 후퇴명령에 따라 백선엽 1사단장은 「국군 1사단은 박천으로 철수하라. 12연대가 먼저 철수한 다음 11연대와 15연대를 엄호하라.」하고 명령을 내렸다.

12연대가 박천으로 안전하게 이동을 끝냈다.

11월 29일 아침 6시 서둘러서 15연대는 후퇴를 시작하여 10시 반까지 박천으로 이동을 끝냈다.

11연대도 아침 6시부터 서둘러 후퇴하여 박천으로 이동을 끝냈다.

11월 30일 11연대는 안주 12연대와 15연대는 신안주로 후퇴하였다.

12월 1일 국군 1사단은 숙천 일대로 후퇴하였다. 미 9군단과 함께 평양방어 임무를 맡았으나 우측의 국군 2군단이 무너지자 12월 4일 평양을 포기하고 멀리멀리 38선 이남으로 도망쳤다.


## 8. 맥아더 장군의 50년 11월 29일 공격 6일 만에 총 후퇴명령으로 12월 4일 평양과 12월 15일 38선 이남으로 철수

국군과 미군은 평양을 방어하기 위하여 국군 1사단은 숙천, 미 25사단은 숙천과 개천 사이, 국군 6사단은 순천과 신창사이, 미 기병사단은 신창과 성천 사이에 배치하였다. 그리고 미 24사단은 평양 남동쪽 강동, 미 2사단과 국군 2군단은 자산과 삼등에서 재편 중이었다.

▲ 대동강다리를 건너고 있는
북한 피난민들

12월 3일 병력과 탄약과 군수품을 보충 받은 중공군은 평양 공격의 핵심 지역인 평양 동북쪽 성천을 공격하여 점령하였고, 평양 바로 위쪽 승호와 평양 밑 사리원 우측 신계, 평양 후방 이천까지 점령하여 해주까지 연결, 국군과 미군을 원거리에서 포위하려 하고 있었다. 맥아더 장군과 워커 장군은 평양을 방어하는 것은 그만두고 살아서 도망치는 것이 큰 문제였다. 12월 4일 미 8군 전방지휘소를 서울로 옮기고 유엔군은 총 후퇴하라고 명령하였다. 국군 1사단이 엄호부대가 되어 평양을 마지막 지키고, 미군과 국군은 평양을 도망쳤다.

45일만의 일이었다. 맥아더 장군은 "38선까지 총퇴각하라"고 명령하였다.

맥아더 장군은 "현 정세는 전혀 새로운 상황에서 새로운 전쟁을 한다는 기초적인 백지상태로 돌아가 판단할 필요가 있다."라고 합참본부에 보고하였다. 이 보고를 받은 트루먼 대통령은 즉시 국가안보회의를 소집하여 "맥아더가 원하는 대로 만주 폭격을 허락할 것인가?"라고 안건을 제시하자 모두 반대하였다. 그리고 "이미 시기가 늦었다."고 하면서 소련 공군이 중공군으로 가장하여 만주에서 작전을 하고 있어 결국 중공뿐만 아니라 소련과 전면전을 해야 하는데 이는 현재로서는 전혀 준비가 되어 있지 않다는 내용이었다. 미국의 언론은 "진주만 피습 이래 가장 큰 참패다."하고 대서특필 하여 미국 국민들은 침통하였다. 그리고 미국 국민들은 맥아더 장군을 파면하라고 아우성을 치면서 "한국은 한 푼의 가치도 없다. 즉시 미군을 한국에서 철수시켜야 한다."고 하였다. 미 참모총장 콜린스 대장도 맥아더 장군의 무능에 고함을 질렀다.

12월 13일 유엔 정치 안정보장이사회에서는 휴전 건의안을 통과시켰다. 이를 미국은 지지하였으나 중공은 "항복한다는 조건이 붙지 않는 한 어떠한 평화협상도 않는다."라고 거절하였다. 미군의 자존심이 묵사발이 되고 있었다.

12월 15일 미군과 국군은 38선을 넘어 서울로 도망쳤다.

12월 21일 이승만은 미군과 국군이 38선을 넘고, 유엔에서 휴전안이 결의되고, 미군이 한국에서 떠나려 하자 "국민방위군 설치법"을 국회에서 통과 시켰다. 그 골자는 "17세-40세까지 50만 명을 동원하여 중공군과 싸우겠다."하는 것이었다. 이렇게 맥아더에게 싸울 의사를 보이자 맥아더는 "지휘 능력 결여로 정규군 외의 무장은 의문시 된다."고 하면서 난색을 표시하였다.

맥아더의 난색대로, 방위군사령관 김윤근은 50만 명의 장정들을 서울에서부터 모집하여 진주에서 교육시킨다고 끌고 가면서, 먹을 것과 피복비 등을 횡령 착복하여, 20만 명이 굶어 죽던가 아니면 먹지 못해 병들어 죽게 하였다. 이 책임을 물어 김윤근 사령관과 부사령관 윤익헌 대령, 재무실장 강석한, 조달과장 박창원, 보급과장 박기환이 사형되었고, 국방부장관 신성모, 육군참모총장 정일권, 작전국장 장창국이 해임되었다. 내무부장관 조병옥, 법무부장관 김준연이 해임되었고, 이시영 부통령은 "부통령에 앉아 있는 것이 부끄럽다."하면서 자진 사임하였으며, 국민방위군은 해체되었다.

▲ 철수하는 국군과 미군

전방에서는 신성모 국방부 장관과 정일권 참모총장의 무능 때문에 통일의 꿈이 사라지고 장병들이 죽어가고 있고, 후방에서는 부패 때문에 국민방위군 20만이 굶어 죽어가고 있어 한반도가 통일된다는 것은 꿈같은 이야기로, 적화되지 않는 것만 해도 천만 다행으로 생각해야 했다.(그런데 지금도 군수비리가 개선되지 않고 있다. 정직하지 못한 군대는 절대 적과 싸워 이길 수 없으며 정직하지 못한 국민과 정부는 망하지 않을 수 없다. 장개석의 참패도, 월남의 패망도 모두 부정부패 때문이다.)

12월 3일 맥아더 장군이 "유엔군은 12월 4일 평양을 포기하고 후퇴한다." 하고 성명을 발표하자 북한 주민들은 "이렇게 후퇴하려면 오지를 말지." 하면서 대성통곡하였다. 대동강 다리가 파괴되어 북한 주민들은 피난을 할 수 없었다. 그래도 대동강 다리를 겨우 이어놓아 피난을 하고 있는데 사리원에 오자 미군 헌병과 국군 헌병이 미군 후퇴 때문에 길을 막고 피난을 못 가게 하면서 해주로 돌아가라는 것이었다.(이때 미군의 사리원 사건이 벌어졌다.) 그래서 일부는 돌아가다 죽고, 일부는 해주, 연안, 백천을 거쳐 서울에 도착한 피난민들이 100만 명 정도였다. 북한의 노인, 병약자, 평양 북쪽을 제외하고는 거의 피난을 한 셈이었다. 중공군은 총 한 방 쏘지 않고 만세를 부르며 평양을 점령하였다. 팽덕회는 113사단장과 38군단장 양홍초에게 "이번 활동을 높이 평가한다."고 하면서 삼소리에서 미 2사단을 결정적으로 대패시켜 2차 작전을 성공리에 마친 것에 대해 축하전보를 보냈다.

미군은 중공군 2차 작전에서 1,500대의 차량, 중포 보급품을 손 한 번 써보지 못하고 중공군에게 바쳤다. 중공군은 미군에게서 노획한 중화기로 전력이 향상되었다.

12월 20일 38선 이남으로 얼이 빠져 도망친 미군과 국군이 정신을 차리고 38선에서 방어준비를 하였다.

문산 국군 1사단, 미 25사단, 터키여단, 고랑포 미 24사단, 영 27여단, 의정부 북쪽 국군 6사단, 국군 2사단, 5사단, 8사단, 춘천방면 국군 3사단, 7사단, 원대리와 관대리 국군 수도사단, 9사단, 양양과 서림 등에 배치하였다. 미 기병사단은 의정부, 미 3사단은 평택, 미 2사단은 원주, 7사단은 대구, 미 해병사단은 마산에서 재편성을 하면서 여차하면 일본으로 철수할 계획으로 미군은 후방에 배치하였다.

국군14만, 미군 10만, 기타 1만 계 25만 명, 비전투요원 115,000여명 총계 365,000여 명. 중공군 40만 명, 인민군 167,000여 명, 계 57만여명으로 중공군은 제3차 작전을 하기 위해 움직이고 있었다.

미8군 사령관 워커 중장이 12월 23일 의정부에서 교통사고로 사망하자 리지웨이 중장이 12월 26일 워커 중장의 후임으로 부임하였다.

※ 강정구의 한국 현대사 219쪽에 보면 "인위적으로 월남인을 양성하여 이산가족을 볼모로 선전전을 꾀하였다"고 대한민국 국민으로서는 있을 수 없는 허위주장을 하고 있다.

## 9. 동부전선 미 10군단 철수

### 1) 국군 수도사단과 3사단 철수
11월 25일 수도사단은 청진에서 회령 웅기까지 진격하여 두만강을 바라보고 있었고, 국군 3사단은 길주와 백암에 있었다. 11월 30일 1군단 지휘소는 성진에, 수도사단은 청진에, 3사단은 길주에 있었다.

중공군이 서부전선과 장진호 부근에서 국군과 미군을 포위 공격하자 국군과 미군은 더 이상 견디지 못하여 11월 29일 맥아더 장군은 총후퇴명령을 내렸다.

「이제 후퇴하면 통일은 영영 멀어지고 지금보다 수많은 피를 흘려야 한다. 혜산진과 두만강까지 왔는데 후퇴라니? 차라리 후퇴할 바에는 38선에서 멈추지 여기까지 왔다가 후퇴하면 얼마나 많은 인명과 재산 피해를 보아야 한다는 말이야? 참으로 통곡할 일이야!」

장병들은 맥아더 장군의 후퇴명령에 대성통곡을 하였다.

「북진하여 통일된다고 북한 주민들이 얼마나 크게 환영해 주었는가! 중공군이 온다 해도 미군을 절대 이기지 못한다고 하였는데, 이러한 북한 주민들을 이제 또 김일성의 손아귀에 붙잡히게 하고 우리만 어떻게 간단 말인가? 그렇게는 절대 안 돼!」하고 지휘관들도 절규하였다.

북한 출신이 많은 국군은 통일이 되면 고향에서 부모님을 만나 자랑하며 살려고 하였는데 후퇴명령을 받고는 기가 막혀 말이 나오지 않았다. 이들은 자포자기 상태에 빠지고 말았다. 그러나 명령이요, 철수를 하지 않게 되면 퇴로가 차단되어 위기가 올지 몰라 국군 1군단은 후퇴하지 않을 수 없었다.

12월 1일 국군 3사단 23연대는 후퇴명령에 따라 나남에서 수도사단의 철수를 엄호하면서 길주로 후퇴하였다. 22연대는 혜산진을 탈환, 압록강을 보며 경계하고 있을 때 후퇴명령에 따라 백암을 거쳐 길주로 후퇴하기 시작하였다.

수도사단 기갑연대는 나진을 탈환하려고 선봉은 수색하다가 후퇴명령을 받고 청진을 거쳐 흥남으로 철수하고 있었다. 18연대는 부령에서, 1연대는 청진에서 흥남으로 후퇴하기 시작하였다.

12월 2일 수도사단은 살이 찢어질듯 한 추운 날씨에 길주를 향하여 계속 후퇴하였고, 국군 3사단 22, 23연대도 길주를 향해 후퇴하고 있었다. 26연대는 북청, 풍산, 삼수에서 후퇴하고 있었다. 장병들은 다시 못 올 함경도의 땅을 뒤로하고 떠날 때는 참으로 참담하였다.

12월 4일 국군 3사단 22연대와 23연대는 길주로 후퇴를 완료하였다. 26연대는 풍산에서 북청으로 철수를 완료하였다. 수도사단도 길주와 성진으로 후퇴가 완료되었다.

"왜 이렇게 죽자 살자 도망만 치는 거야? 이렇게 도망만 칠 바에야 아예 38선에서 멈추고 북진을 말던가 하지, 혜산진 회령까지 가서 구경하고 이렇게 도망치려면 무엇 때문에 북진을 했단 말이야? 중공군이 올 것을 그렇게도 몰랐단 말이야?" 장병들은 정일권을 한없이 원망하였다.

"국군이 후퇴한다."는 소문이 퍼지자 함경도 주민들은 무작정 집을 나서서 피난길에 들어섰다.

「가다 죽어도 공산당 밑에서는 살 수 없다.」하면서 북한 주민들이 집을 떠나 피난민이 계속 늘며 길을 메우자 국군은 큰 문제였다.

12월 5일 국군 수도사단과 3사단은 성진으로 후퇴하였다.

6일 수도사단 지휘부는 성진항에서 미 해군 LST에 승선을 완료하였다. 기갑연대는 홍원, 1연대는 흥남까지 후퇴하였다. 국군 3사단도 흥남으로 집결하였다.

7일 국군 3사단은 인민군의 공격을 받고 있었다.

9일 오후 3시 국군 3사단은 흥남항에서 미 해군LST로 처음으로 부산을 향해 해상후퇴를 하고 있었다. 국군 수도사단 18연대도 흥남 항을 떠나 부산을 향해 해상후퇴를 하고 있었다. 수많은 피난민들이 국군의 뒤를 따라 흥남으로 모여들었다. 국군은 피난민 일부를 부산과 거제도로 철수시키고 있었다.

12월 12일 수도사단 1연대와 기갑연대는 흥남 뒷산에서 해상 철수부대를 엄호하고 있었다. 국군 3사단은 부산과 포항 부근의 구룡포에 도착하였다. 12월 13일 수도사단 지휘부와 참모부서는 묵호항을 향해 흥남 항을 떠나고 있었다.

### 2) 미 10군단의 위기

11월 5일 중공군 제3야전군 9병단 소속 20군과 26군, 27군이 미 10 군단을 포위 섬멸하기 위하여 압록강을 건너 장진호 근방으로 숨어들어오고 있었다.

중공군은 11월 중순부터 영하 30도가 넘는 혹독한 추위와 눈이 내리는 날씨에도 불구하고 행군을 하였다. 미 항공기의 공격 때문에 낮에는 추운데서 잠을 자고 밤에만 걸었다. 그들은 압록강에서부터 산 속으로 걸어서 14일 만인 11월 20일 장진호 근방에 도착하였다. 보병이 쉬지 않고 행군을 하자 보급 부대와 포병부대가 뒤따르지 못하고 있었다. 그런데 맥아더 장군과 미군은 이러한 중공군의 행군에 대해 꿈에도 생각을 못하고 있었다. 중공군 병단사령관 송시륜, 부사령관 도용, 참모장 담건 등은 미 10군단을 포위 섬멸하기 위하여 작전을 세우는데 연일 골몰하고 있었다. 중공군은 산악지대를 행군하느라 중포를 가지고 오지 못하고 소총과 기관총 · 박격포뿐이며, 부식 공급이 문제인 것을 잘 알고 있었다. 송시륜은 미 10군단의 전력을 세밀히 분석하여 여기에 맞는 작전을 세웠다. 송시륜은 유담리와 덕동에 3개 사단으로 미 해병 2개 연대를 포위하게 하였다. 그리고 신흥리, 하갈우리, 고토리에 각각 1개 사단으로 미 1개 대대를 포위하게 하였다.

89사단으로 유담리 서북고지를, 79사단으로 동북고지를 점령하여 공격케 하고, 59사단으로 퇴로를 차단하고 동시에 공격하여 미 해병 1사단을 토막 내어 완전 섬멸한 다음, 여세를 몰아 흥남을 점령, 미 10 군단의 퇴로를 차단하고 섬멸할 작전계획을 세우고, 미 10군단이 공격해 오기를 기다리고 있었다.

미 해병1사단장 스미스 소장은 11월 24일 맥아더 장군의 종전 추격명령에 따라 만포진을 향해 예하부대에 진격명령을 내렸다. 명령 내용은 「11월 27일 아침 8시 미 해병 1사단 5연대는 용림동을 점령한 후 서진하라. 7연대는 유담리를 점령하고 신흥리 간의 보급로를 확보하라. 1연대는 사단의 예비대가 되어 진흥리, 고토리, 하갈우리에서 사단의 후방지역을 엄호하라. 포병11연대는 주력으로 유담리에 진지를 점령하고 사단을 지원하라.」였다.

미 해병사단 5연대와 7연대는 장진호 좌측에서 공격준비를 하였다. 1연대는 1대대 진흥리, 2대대 고토리, 3대대는 하갈우리에서 사단을 엄호하고 있었다. 사단사령부와 영 제41특공대 및 지원부대는 고토리에서 하갈우리로 이동 중에 있었다.

### 3) 장진호 미 해병대의 철수

11월 27일 아침 8시 미 해병7연대장 리제버그 대령은 각 대대에 진격명령을 내려 제2대대를 선두로 진격을 계속하였다. 선두에 선 병사가 중공군을 발견하였을 때는 중공군은 이미 미군 부대를 포위하고 기다렸다는 듯 공격하였다. 중공군은 미군의 움직임을 손금 보듯 보고 미군이 진격하는 것에 따라 작전을 세우고 있었다. 미 해병의 진격에 따라 중공군은 미 해병사단을 완전히 포위하고 섬멸하기 위하여 산 속에서 움직이는 소리를 죽이며 살금살금 기어 나오고 있었다. 미 5연대는 낮 12시에 유담리에서 북진을 서둘렀고, 미 7연대는 하갈우리와 유담리 사이의 덕동으로 진격하였다.

11월 27일 오후 6시 30분, 공격준비가 완료된 송시륜은 「미 해병을 포위 섬멸하라!」고 명령하여 중공군 27군과 20군은 장진호 좌측의 유담리, 우측의 신흥리, 그 밑의 하갈우리 더 밑의 고토리, 두창리 등의 미군부대를 전후방 없이 사면에서 포위해 들어갔다.

해가 지자 온도는 영하 30도로 떨어져 피부를 밖으로 내놓을 수 없을 정도로 매서웠다. 미 해병들은 개인호를 파고 호 속에서 추위에 떨면서 밤이 빨리 지나가기를 고대하고 있었다.

중공군이 미군의 움직임을 파악하고 오후 6시 30분부터 추위에 떨고 있는 미군을 덮쳤다. 밤 9시 미군들은 추위와 긴장으로 떨려오는 몸을 가까스로 추스르며 잠을 청하고 있는데 어디선가 부는 처량한 피리소리가 들렸다. 계곡에서 구슬프게 불어대는 피리 소리는 미 병사들을 소름끼치게 하였다. 조금 있으니 나팔소리가 처량하게 들려왔다. 한밤중 높은 산 계곡에서 들려오는 처음 들어보는 피리 소리와 나팔소리에 미군들은 머리털이 곤두서며 금방이라도 옆에서 중공군이 나타나 칼로 옆구리를 찌를 것 같아 불안하여 견딜 수 없었다. 피리와 나팔과 징과 꽹과리는 계곡마다 동서남북 전후방에서 메아리쳐오기 때문에 미군 병사들은 중공군에 포위된 것 같아서 호 속에서 두려움에 떨고 있었다.

중공군 79사단은 북쪽 능선에서, 89사단은 서쪽 능선에서, 59사단은 덕동 1연대를, 1개 사단이 미 1개 연대를 포위하여 섬멸하기 위하여 살금살금 접근해 왔다.

밤 9시가 지나자 중공군 3개 사단은 피리소리에 맞춰 일시에 함성을 지르며 미 해병 2개 연대를 덮쳤다. 미군은 전투기도 쓸 수가 없고, 전차도, 곡사포도 쓸 수가 없었다. 미군은 조명탄을 수없이 쏘아 올려 대낮같이 밝았다. 그런데도 중공군은 미군에게 달려들어 소총을 쏘고, 수류탄을 던지고, 대검으로 찌르며 육박전을 벌렸다.

서쪽능선의 미 5연대 일부가 무너지기 시작했다. 미 7연대 일부도 무너지고 있었다. H중대는 뉴우톤 중위 외에는 모두 전사하거나 부상을 당할 정도로 피해를 입었다. 미군은 조명탄을 쏘아 올려 대낮같이 밝힌 후에 박격포를 수없이 쏘아댔다. 중공군은 미군이 죽이고 죽여도 끝도 없이 공격해 왔다. 잠깐 사이 중공군의 시체는 산을 덮었다. 중공군의 공격에 북부와 서부능선에서 미 해병은 무너지기 시작하였고, 피해도 엄청났다.

미군 7연대 E중대 176명 중 120명이 사상을 당하였다. 증원 나온 5연대 A, C 중대도 82명의 사상자를 낼 정도였다. 부상자들은 수송도중 얼어서 죽기도 하였다.

▲ 퇴각로

날이 새자 전장은 잠시 조용하였다. 미군 진지 앞은 중공군의 시체가 즐비하였지만, 미군의 병사들도 수없이 죽어 있었고, 부상자들의 신음소리는 혹한의 날씨보다 더 듣기 어려워 전쟁의 참혹함을 보여주고 있었다. 미군들이 생각하기에는 중공군은 꼭 도깨비 부대 같고, 귀신같았다. 지난밤의 싸움은 꼭 꿈을 꾼 것 같았다.

11월 28일 중요한 고지인 유담리를 점령한 중공군은 진지를 잘 구축하고, 고지에서 박격포로 미 해병대를 향해 쏘아대니 미 해병은 더 이상 진격하기 어려웠다.

미 해병 1사단장 스미스 소장은 2개 연대장의 건의에 따라 공격 하루만에 「진격을 중단하고 유담리를 방어하라.」고 명령을 내려야 했다. 이러한 명령은 해병대로서는 참을 수 없는 수치였다. 그리고 유담리와 하갈우리의 후방을 중공군이 점령하여 유담리 미 5연대와 7연대의 보급을 차단하고 포위 섬멸작전에 들어가서 스미스 사단장은 등골이 오싹하였다.

스미스 사단장은 7연대에 보급로를 개척하라는 명령을 내렸다. 7연대장은 1대대에 공격명령을 내려 1대대는 5시간 동안 사투를 벌여 겨우 보급로를 뚫었다. 그러나 미군의 피해는 갈수록 증가하였다. 그런데 중공군은 병력을 더욱더 보강하여 미 1대대를 포위하려 하였다. 덕동의 1연대 일부는 중공군에 의해 보급이 차단되어 항공기로 보급을 지원해 주어야 할 형편이 되었다.

11월 29일 7연대장 리젠버그 대령은 「덕동의 퇴로를 개척하고 F중대를 구출하라.」고 모리스 특공대장에게 명령하였다. 모리스 특공대는 유담리에서 퇴로를 뚫기 위하여 덕동을 향해 남진해 들어갔다. 4·5Km 정도 남진하였을 때 항공관측병으로부터 「전방에 중공군 대부대가 있음.」이라는 전문통지를 받았다. 리젠비그 연대장은 「특공대는 즉시 유담리로 복귀하라.」고 지시하여, 모리스 특공대는 덕동의 퇴로를 뚫지도 못하고, 덕동의 F중대를 구하지도 못하였다.

해가 떨어지자 기온은 영하 30도 이상 떨어지고 첩첩산중 칠흑같이 어두운 곳에서 한밤을 새울 것이 F중대 병사들은 끔찍하였다. 그들은 지난밤의 악몽이 되살아났다. 그들이 살아서 성탄절까지 집으로 간다는 것은 하나님이 돕지 않는 한 불가능하게 생각되니 더욱더 불안하였다. 눈은 허벅지까지 쌓여 움직일 때마다 힘이 들었다.

F중대장 바버 대위는 중대원들에게 「지원부대가 올 것이니 염려하지 말라. 오늘 저녁 전투준비에 만전을 기하라.」고 명령하였으나 병사들의 불안은 밤과 같이 더욱 깊어지고 있었다.

30일 새벽 2시, 「F중대 너희들은 완전히 포위되었다. 나는 1연대에 있던 중위다. 중공군은 너희들에게 따뜻한 옷과 좋은 대우를 해줄 것이다. 항복하라!」는 확성기 소리가 들렸다. 이 방송은 중공군이 미군 포로를 이용하여 미군에게 항복하라고 한 것이었다. 이 방송으로 인하여 미군 병사들은 더욱 불안에 떨었다.

「조명탄을 쏘고 즉시 공격하라!」

빙송을 들은 F중대 바버 중대장은 병사들에게 공격을 명령하였다. 즉시 조명탄을 쏘아 올리자 한밤중의 산중이 대낮같이 밝아졌다. 그리고 중공군과 F중대 사이에 치열한 격전이 벌어졌다. 전투는 날이 샐 때까지 F중대는 중공군의 공격을 잘 방어하고 있었다. 어둠이 걷혀가자 중공군은 미 전투기가 무서워 물러가야 했다.

11월 28일 미 해병 스미스 소장은 「하갈우리의 보급로를 확보하라!」

고 1연대장 풀러 대령에게 명령하였다. 1연대장은 영 41특공대와 3대대 G중대와 7사단 31연대 1대대 B중대 등 혼성부대를 편성하여 영 41특공대장 드레이델 중령에게 지휘하게 하였다.

11월 29일 맥아더 장군은 유엔군에게 총 후퇴명령을 내렸다. 미 해병은 후퇴를 하려해도 퇴로가 막혀 큰 문제였다. 고토리도 중공군의 집중공격을 받아 진지가 무너지고 많은 희생자를 내고 있었다. 그런데 그것보다도 급한 것은 하갈우리까지 보급로를 확보하는 것이었다.

이날 아침 10시 특공부대는 고토리에서 하갈우리를 향해 북진하였다. 특공부대는 922명으로 차량 141대, 전차 29대로 고토리에서 하갈우리 21㎞의 보급로를 확보하기 위하여 전진하였다. 이들의 행렬은 장관이었다.

특공부대가 고토리에서 6㎞ 정도 전진하였을 때, 헤아릴 수 없이 많은 중공군이 특공부대에 달려들어 혈전이 벌어졌다. 해가 떨어지자 날씨는 영하30도까지 내려가고 중공군은 제 세상을 만난 듯 더욱 세차게 공격해왔다. 특공부대의 긴 행렬은 전과 후, 중간이 잘려지고, 중간에서 또 잘려져 네 토막이 나면서 각개 격파되고 있었다. 사단본부를 호위하는 중대 130명은 사투를 벌이고 있었다. 밤 9시가 되자 후미 전차 12대는 특공부대를 엄호하지 못하고 아예 고토리로 후퇴하였다. 이렇게 되자 사단본부를 방어하는 중대는 더욱 어려워졌다. 새벽 2시, 사단본부를 방어하고 있는 중대는 수류탄마저 모두 떨어졌고, 75밀리 박격포대원들은 전원 전사하였다. 새벽 4시 30분 중공군은 포로가 된 미군을 앞세워「항복하라!」고 고함을 치고 있었다. 중대장 브레린 소령은 130명의 부대원이 40명밖에 남지 않았고, 실탄도 바닥난 것을 확인하였다. 그도 부상을 당하여 더 이상 부대를 지휘하기가 어려웠다. 그는 이대로 몇 시간이 지나면 40명 전원이 전멸될 것이라고 생각하니 비통하였다. 그는 진지를 더욱 튼튼히 지키면서 어차피 죽을 바에는 항복을 하되 시간을 끌면서 다른 부대가 빠른 시간 내에 포위망에서 빠져

나가도록 계획을 세웠다. 그는 중공군과 협상을 하였다.

「중상자들을 후송해주면 항복하겠다!」

「좋습니다!」

중공군과 협상을 하면서 포로가 되는 사이 사단의 정훈부대와 수송 부대가 후퇴하는데 성공하였고, 나머지 부대도 겨우 하갈우리에 도착하였다. 이 전투에서 미군의 손실은 전사 및 실종 162명, 부상 159명, 차량 손실 75대였다.

「항복이라니? 미 해병대에도 항복이 있는가? 장진호에서 미 해병의 전통은 묵사발 되고 있다!」 패전하여 항복하였다는 소식을 들은 해병들은 가슴을 치며 통분하였다.

장진호의 추위는 영하 30도가 넘어 밤에는 쇳덩어리까지 얼어붙었다. C-레이션과 수통까지 얼어붙어 물도 음식도 먹을 수가 없었고, 손가락으로 방아쇠를 당길 수 없었다. 곡사포는 한 번 쏘면 포신이 즉시 제 위치로 와야 하는데 천천히 내려와 쏘는 속도가 느렸다. 전차와 차량도 시동을 꺼놓고 2시간이 지나면 기계의 기름이 얼어붙어 작동이 안 되어 시동을 걸어놓으니 중공군들은 차량 시동소리를 듣고 기어들었다. 산과 도로는 꽁꽁 얼어붙었고, 도로는 빙판이었다. 그래서 차량은 바퀴에 체인을 감지 않고는 움직일 수 없어 어려움이 많았고, 눈이 허벅지까지 쌓여 쉽게 움직일 수 없었다. 그래서 병사들은 호 파는 것을 포기하여 희생이 컸다. 그들은 산에서 쭈그리고 앉아서 밤을 새우다가 중공군에 죽던가 아니면 동상에 걸렸다. 거기에서 죽지 않고 동상에 걸리지 않은 병사는 기적이었다. 부상자들은 조금만 땅에 누워 있으면 동사하였고, 모든 의약품은 얼어붙어 사용하기가 불편하였으며, 주사바늘은 사용할 수 없었다. 지옥의 전쟁이었다.

미군보다 보급이 훨씬 뒤떨어진 중공군은 미군에 의해 죽는 수보다 밤에 얼어 죽는 전사가 훨씬 많았다. 그들은 진지나 호 속에 있다가 저체온 증으로 죽어갔다. 미군이 공격해도 추위에 몸이 얼어 잘 움직이지 못해 저항을 못하고 죽어 중공군의 전사자는 헤아릴 수 없었다. 중공군은 따뜻한 곳에서 밥 한 끼 먹고 죽는 것이 소원이어서 아예 손을 들고 미군의 뒤를 따라갔다. 이러한 상황에서 미군에게 다행인 것은 장진호가 얼음이 꽁꽁 얼어 헬리콥터가 장진호에 착륙할 수 있었다는 것이다.

11월 30일 전황을 보고 받은 알몬드 소장은 즉시 하갈우리 미 해병대 사령부로 해병사단장 스미스 소장과 미 7사단장 마르 소장을 불렀다.

「서부전선에서는 맥아더 사령관이 어제 후퇴명령을 내렸소. 전황이 이럴진대 우리만 북진할 수 없습니다. 그리고 3일 동안 우리도 전투를 해보니 전진하기가 어렵습니다. 그러니 장진호 부근의 모든 부대는 함흥을 거쳐 흥남으로 후퇴시키시오. 후퇴에 지장을 주는 모든 장비는 파기하시오. 보급로가 차단되었는데, 이제부터 모든 보급은 항공기를 통해 할 것입니다.」

10군단장 알몬드 소장은 명령을 내리고 회의를 끝냈다.

즉시 스미스 해병대 사단장은 「5연대와 7연대는 포위망을 뚫고 하갈우리로 후퇴하라! 그리고 고토리에서 포위망을 뚫고 함흥으로 후퇴하라!」하고 명령을 내렸다. 명령을 받은 각 연대 병사들은 「미 해병대가 공격 3일 만에 전진도 못하고, 후퇴도 못하고, 장비는 파기하고, 포위망을 뚫고, 함흥으로 철수하라니 이런 전투가 어디 있는가! 이런 전투라면 차라리 첩첩산중까지 오지 말고 함흥에 있지, 왜 여기까지 우리들을 끌고 왔느냐 말이야. 맥아더가 성탄절 때까지 집으로 보낸다고 큰소리치더니 이제는 살아서 가기도 힘들겠다!」하며 맥아더를 원망하였다. 그들은 불안하여 견디기 어려웠다.

국내와 미국의 언론은 연일 미 해병대가 완전 포위되었다고 대서특필하여 세계 뉴스의 초점이 되었다. 맥아더는 연일 망신을 당하고 있었다.

　11월 30일 스미스 소장은 7연대와 5연대에 「남쪽의 포위망을 뚫어라!」는 명령을 내렸다. 이 명령에 의해 7연대장 리첸버그 대령과 5연대장 머리 중령은 치밀한 작전계획을 세웠다.

　「현재 중공군은 우리가 도로만 따라 차량으로 후퇴할 것으로 생각하고 고지에서 우리를 공격하기 위하여 모든 준비를 끝내고 기다리고 있을 것이오. 그리고 우리가 주간에만 싸우고 야간에는 싸우지 않는다는 것을 알고 경계가 소홀할 것이오. 우리는 이 두 가지를 역이용하여 밤에 공격하되 그것도 고지를 공격할까 하는데 머리 중령의 생각은 어떻소?」

　「그것 좋은 생각입니다! 그렇게 하지요!」

　리첸버그 대령은 7연대 1대대장 데이비스 중령에게 「중공군 놈들이 능선을 다니며 우리를 공격하는데 세계 최강이라고 자부하는 우리 해병이 그것을 못 막으면 말이 되는가? 1대대장은 지금 즉시 고지를 점령하라!」하고 명령을 하였다.

　데이비스 중령은 기꺼이 대답하고 야간공격에 들어갔다. 그는 「너희들이 낮의 전투로 피곤하고 지친 줄 안다. 그리고 너희들 몸에는 땀이 나 있다. 만약 이대로 잠을 잔다면 우리는 중공군에 의해서 죽는 것이 아니라 동장군에 의해서 전멸되게 된다. 그러므로 우리는 살기 위해서 쉬지 말고 고지에서 고지를 점령 이동해야 한다. 알겠는가?」하고 해병들에게 훈시를 하며 동시에 명령을 내려 미 해병은 밤중에 고지를 공격하였다. 고지에 있던 중공군들은 밤중에 생각지도 못한 미군의 공격을 받고 당황하여 제대로 싸움도 못하고 도망쳤다. 중공군들은 너무 추워서 고지를 방어할 수가 없었다. 그래서 데이비스 중령은 새벽에 중공군에 의해 4일 동안이나 포위되어 고전하고 있던 바버 중대를 구출하고 포위망을 뚫는데 성공하였다.

　5연대 3대대도 밤중에 공격하여 바버 중대 뒤쪽과 좌우에서 격전을 벌이며 포위망을 뚫고 있었다.

▲ 미 해병대 후퇴

데이비스 중령은 계속하여 고지에서 고지로 이동하며 중공군의 배후를 공격하여 포위망을 뚫어 유담리에 있는 해병대가 하갈우리로 후퇴할 길을 만들어 주었다. 그리고 중공군이 포위망을 압축하지 못하게 견제하여, 도로를 따라 후퇴하는 해병을 보호해 줄 수 있었다.

　홍남항에서는 미 해병 제1비행대대와 항공모함 필립핀시호와 레이데호의 함재기들과 폭격기들이 주야로 쉴 새 없이 중공군을 공격하였다. 중공군은 이 함재기와 폭격기들의 폭격으로 인하여 미군을 포위를 해놓고도 포위망을 좁힐 수가 없었다. 만일 미 함재기가 엄호하지 않았다면 미 해병대는 중공군의 포위망을 뚫을 수 없었다.

　11월 30일 미 해병 5연대와 7연대는 유담리에서 후퇴하기 시작하였다. 중공군의 공격을 사전에 막기 위하여 도로를 따라 차량으로 후퇴하지 않고 도로 양쪽의 산을 타고 후퇴하면서 포병들과 부상자와 중요한 보급품만 차량으로 도로를 따라 후퇴하고 있었다. 이들은 전사한 전우의 시체를 함흥으로 가지고 가면서 오열하며 장진호를 떠났다. 정찰기는 후퇴하는 미 해병대 머리 위에서 중공군이 나타나면 즉시 알려주어 공격하게 하였는데, 그런 틈에도 중공군은 공격하였다. 더구나 밤이면 더욱 공격이 심하여 병사들은밤만 되면 지옥을 헤매면서 해가 뜨는 것을 목이 타게 기다렸다. 미 해병은 중공군과 동장군과 싸우면서 후퇴하고 있었다.

「사령관님, 미 해병대의 움직임이 이상합니다. 차량의 이동이 빈번하고 하갈우리의 비행장을 보수하고 헬기가 수없이 날아와 환자를 수송하고, 군수물자를 파괴하고 있습니다.」

중공군 관측병들이 정보참모에게 보고하자 그는 즉시 9병단 사령관 송시륜에게 보고하였다. 이 보고를 받은 송시륜은 기쁨에 차서「드디어 미 해병대가 후퇴하고 있다!」하고 만족하였다. 참모들도 만세를 불렀다.「미 해병대가 유담리에서 후퇴할 때 이를 섬멸하고, 하갈우리와 황초령에서 완전 섬멸한다.」

송시륜은 참모들과 군단장들에게 명령하였다.

「성탄절까지 전쟁을 끝내고 집으로 돌아간다고? 그렇게는 안 되겠지! 이번 기회에 미군에서 제일 강한 무적의 해병이라는 부대를 완전히 섬멸하여 미군이 종이호랑이 인 것을 세상에 알리자!」

송시륜의 말이 끝나자 참모들과 군단장들은 일제히 손뼉을 치며 함성을 질렀다. 중공군은 사기가 충천하였다.

12월 1일 아침 8시, 미 5연대 2대대는 1,276미터의 고지를, 7연대 3대대는 1,542미터의 고지를 혈투 끝에 점령하면서 후퇴를 하고 있었다. 고지를 탈환하면서 5연대 3대대의 중대들은 20여명만 남고 전멸하였고, 어떤 중대는 반이 전사하였다. 미 해병은 밤이 새도록 혈투를 벌이며 고지를 하나씩 하나씩 점령하면서 남쪽으로 만 내려갔다.

12월 2일 날이 새면서 7연대 1대대는 덕동에서 포위되었던 F중대를 구출하는데 성공하였다. F중대는 진지를 잘 구축하여 밤낮없이 5일 동안 중공군의 공격을 잘 방어해 왔다. F중내는 26명이 전사하고 3명이 실종되고 89명이 부상을 당했으며, 7명의 장교 중 5명이 부상을 당하였으나 30여 명이 끝까지 덕동고개를 방어하여 후퇴 길을 열어놓았다. F중대 미 해병대는 5일 동안 벌떼같이 달려드는 중공군을 끝까지 막아 전 세계에 미 해병대의 명성을 날렸다. 역시 해병은 해병이었다. F중대장 바버 대위는 미군의 자존심을 살려주었다고 미군의 최고 명예훈장을 받았다. 명예훈장은 대통령이 직접 수여하고, 종신연금이 나오며, 자녀들은 무시험으로 미국의 각 군 사관학교에 입학시킬 수 있고, 정부가 운영하는 교통과 항공기도 무료 혜택을 받는 미국의 최고 훈장이었다.

12월 3일 밤새 내린 눈으로 온 천지가 하얗게 변하였다. 미 해병5연대 3대대는 선두부대가 되어 끈질기게 공격하는 중공군을 격파하였다. 현재까지 3대대 병사 437명 중 생존자 194명으로, 243명의 병력손실을 볼 정도로 혈투를 벌였다.

7연대 1대대도 선두부대가 되어 수많은 희생가운데 덕동의 퇴로를 뚫는데 성공하였다.

12월 4일 전날 미 해병이 뚫어놓은 덕동고개의 퇴로로 모든 부대는 유담리에서 하갈우리에 도착하였다. 사투를 하다 다시 만나게 된 해병들은 서로 얼싸안고 울었다.

하갈우리에 도착한 미 해병들은 미리 준비한 천막 속에 들어갔다. 그들은 천막 속에서 뜨거운 커피와 식사를 하니 천국 같았다. 유담리에서 하갈우리까지 21km를 후퇴하면서 미 해병대가 입은 손실은 전사 164명, 실종 55명, 부상 921명 계 1,140명이었고, 동상자는 1,194명이었다. 미 해병이 하갈우리까지는 도착하였지만 앞으로 고토리, 진흥리, 황초령을 넘어 함흥까지는 80리가 남아 있어 몇 명이 살아서 함흥까지 갈지 걱정이 태산이었다. 역사 이래 없는 해병대의 고전이었고, 미래가 보이지 않았다.

하갈우리는 해발 1,400미터에 있으며, 첩첩산중으로 둘러싸인 군청이 있는 읍이었다. 여기에는 특별히 임시 활주로가 있어 미군의 보급수송에 큰 역할을 하고 있는 군사 요충지로, 미 10군단 보급기지였다. 주민은 약 1,500여 명이었는데 이곳에 갑자기 미 해병 1,000여 명과 차량 천여 대가 몰려들며 세계 뉴스의 초점이 되었다.

미 해병들이 추위를 이기기 위해 난로를 피우고 있어 난로의 연통이

숲을 이루고 있었다. 헬리콥터와 수송기는 부상자를 실어 나르느라 쉴 새 없이 뜨고 내렸고, 하늘에서는 보급품을 매단 낙하산이 쉴 새 없이 떨어지고 있었다. 산 속에서 추위와 굶주림에 떨고 있던 중공군들은 이 광경을 보면서 「과연 미국은 미국이다!」하며 부러워하였다.

북경 방송은 연일 「미 해병대의 섬멸은 시간문제다.」라고 떠들어 대고 있었다.

맥아더 장군은 극동사령부 공군사령관 터너 소장을 하갈우리에 급파하여 스미스 사단장을 만나게 하였다.

터너가 스미스를 만나 「전 병력을 공수로 철수시키자.」하고 제의를 하였다.

「공수를 할 경우 중공군의 방어가 어려우며 마지막 엄호부대와 수송기는 전멸하기가 쉽다. 그리고 중장비와 막대한 군수품을 고스란히 중공군에게 넘겨주게 된다. 그리고 고토리를 방어하고 있는 1개 대대를 구출하기가 어렵다.」 스미스는 한 마디로 거절하며 해병대 기질을 보였다. 그는 또 「우리는 지독한 일본군도 참패시켰는데, 일본군한테 쩔쩔매던 중공군한테 몰려 비행기로 도망쳤다하면 나의 평생에 오점을 남기게 된다. 또한 12월 4일 서부전선에서는 미군이 평양을 포기하고 정신없이 도망쳐 미군의 자존심에 먹칠을 하였는데, 해병대까지 비행기로 도망치면 세계의 웃음거리가 아니겠는가?」하자 터너는 스미스에게 공수 철수를 건의한 것이 부끄러웠다.

장진호 동쪽에서 북진을 시도했던 미 7사단의 31연대, 32연대, 57야전포 대대가 중공군의 공격을 받고 포위되어 포위망을 뚫느라 사투를 벌이고 있었다. 연대장을 비롯하여 500여 명의 사상자가 속출하였고, 퇴로가 차단당하여 보급도 어려워 위기에 처하였다.

7사단 31연대 1대대장 훼스 중령은 선두부대가 되어 퇴로를 뚫기 위하여 사투 끝에 하갈우리 근처까지 남진하는데 성공하였다. 그러나 대대장이 부상당하여 대대를 지휘할 수 없자 부대는 분산되어 겨우 하갈우리에 도착하여 7사단의 후퇴로를 뚫게 되었다.

7사단은 이 전투에서 385명이 전사하고, 1,450여 명이 실종될 정도로 큰 피해를 입었다.

알몬드 10군단장은 미 해병사단 스미스 소장에게 「지금 즉시 부상자를 헬리콥터와 수송기를 이용 후송하시오. 그리고 부상자를 후송하는데 지장을 주지 않는 범위 내에서 모든 장비를 후송하시오.」하고 명령하였다. 스미스 소장의 마음 같아서는 지금 즉시 하갈우리를 떠나 후퇴하고 싶으나 각 부대는 격렬한 전투로 인해 기진맥진하여 쉬는 것이 더 급하였다. 그리고 부대장들이 쉬었다 가자고 간곡히 건의하여 들어주지 않을 수 없었다. 그래서 하갈우리에서의 출발은 12월 6일로 결정하고 2일간 쉬면서 재편성을 하도록 명령하였다. 해병사단의 부사단장과 G-1 G-4 등 보좌관들이 부상을 당하여 공석중이라 사단에서는 참모가 없어 어려움이 많았다.

12월 5일까지 부상자 4,312명과 전사자 137명이 공수되었다. 그리고 불필요한 물자는 공수되었고, 중요한 장비 또한 함흥으로 공수되었으며, 후퇴에 지장을 주는 것은 모두 파기하였다. 함경도 산골의 하갈우리는 전 세계에서 가장 요란한 지역이 되었다.

중공군은 수많은 헬리콥터가 하늘을 가리며 떠다니는 것을 보고 미군이 본격적으로 철수한다는 것을 알게 되었다. 중공군은 미군의 헬리콥터를 훤히 보면서도 공격을 못하는 것이 안타까웠고, 전투기가 없어 밤중에 다 잡은 미군을 낮에는 놓치는 것에 대해 탄식을 하였다. 그리고 미군의 장비와 물량의 많음에 기절을 할 지경이었고, 그것들에 군침을 흘렸다. 미 수송기가 보급품을 투하하다 바람에 날려 중공군 진영에 떨어지면 그것을 서로 주우려 다툼을 하였다. 그 보급품을 열어보면, 전쟁 때 먹는 음식이 아니라 평화 시에 먹는 과자, 통조림, 커피, 껌, 휴지, 담배, 성냥 등 중공군은 보고 듣지도 못한 물품들에 입을 벌리고 다물 줄을 몰랐다. 중공군은 눈을 녹여 찬물에 매일 미숫가루를 먹고 반찬으로는 솔잎을 먹고 있기 때문이었다.

중공군은 철수하는 미군을 완전 섬멸하기 위하여 포위망을 좁히면서 58, 59, 60, 76, 79, 80, 89사단이 하갈우리 고토리, 진흥리, 황초령으로 이동하여 퇴로를 차단하고 각개 격파시키기 위해 전력을 다하였다.

미 해병사단장 스미스 소장이 중공군의 포위망을 뚫고 도망치기 위하여 도로 양쪽 700미터까지는 해병이 엄호하고 그 이상은 포병이 엄호하고 그 이상 5㎞까지는 항공기와 해군의 함포 사격으로 엄호하도록 작전을 세워 중공군을 아예 얼씬도 못하게 하였다.

중공군은 야간 접근전으로, 미군은 화력전으로 서로가 섬멸전을 노리고 있었다. 현대무기의 기계론과 모택동의 유무기론의 한 판 싸움이었다. 스미스 소장은 밤이 걱정되었으나 날씨가 워낙 추위 중공군도 쌓인 눈과 추위에 잘 움직이지 못하는 것을 불행 중 다행으로 여겼다. 미군은 동장군은 이길 수 있기 때문이다. 미군은 뜨거운 물을 고지에 있는 미 해병대에 헬리콥터로 계속 공급해 주어 수통을 안고 있으니 추위를 이기고 뜨거운 물을 먹으니 저체온 증으로 죽는 일이 없었다. (몸의 온도가 30°c 이하가 계속되면 저체온 증으로 죽는다.)

4) 하갈우리 미 해병대의 후퇴

12월 6일 새벽 4시30분, 미 해병7연대가 선두부대가 되어 남진하기 시작하였다. 뒤를 이어 7사단 31연대도 남진을 시작하였다. 하갈우리를 출발하여 2㎞ 정도 갔을 때였다. 첨병이 「중공군이닷!」하고 외쳤다. 미군은 즉시 전투태세를 갖추고 중공군을 맞아 격전이 벌어졌다. 중공군은 「죽어도 못 간다.」하고 미군은 「죽어도 가겠다.」는 싸움이었다.

밤 10시 하갈우리 남쪽 5㎞ 지점에 이르렀을 때는 중공군이 총공격을 하여 벌떼같이 달려들어 사투가 벌어졌다. 엄호하던 미 7사단 31연대도 지옥의 계곡에서 허우적거리고 있었다. 날이 샐 때까지 혈전이 벌어졌다. 미 해병대는 모든 포신이 녹아질 정도로 포탄을 퍼부었다. 중공군은 미 해병대의 화력에 수많은 전사들만 잃고 미 해병대의 가는 길을 막지 못하고 있었다. 스미스 소장은 중공군의 작전을 파악하여 여기에 대항하는 작전을 세워 싸웠다.

미 31연대 부연대장 드세트 중령이 부상하였고, 미 해병 7연대 3대대장 헤리스 중령이 전사하는 혈전을 벌이고 있었다. 헤리스 중령은 미 해병 제1비행사단장 헤리스 소장의 아들이었다. 수많은 죽음 끝에 미 해병은 죽음의 계곡을 지나 7일 아침 7시에 고토리에 도착하여 만세를 불렀다.

12월 6일 오후 4시 미 해병7연대가 앞장을 서고 수송 2개 대대가 뒤를 따라 고토리를 향해 남하하고 있었다. 2km 정도 남진하자 해가 떨어지고 있었다. 이때부터 중공군은 미 해병대에 벌떼같이 공격을 시작하였다.

「조명탄을 올려라!」

명령이 떨어지자 조명탄을 쏘아 올려 주위가 낮같이 밝아졌다. 1연대 3대대는 2시간동안 치열한 격전 끝에 중공군을 격퇴하였다. 그러나 격퇴되었던 중공군은 잠시 후 더욱 세차게 공격해 왔다.

12월 7일 새벽 1시30분 차량대열은 불길에 싸여 주위가 대낮같이 밝았고, 열기에 쌓였다. 포로를 인솔하는 헌병중대가 공격을 받아 중공군 포로 137명이 죽었다. 미군은 날이 새자 수많은 희생자를 내면서 죽음의 계곡을 빠져 나와 7일 10시에 기적같이 고토리에 도착하였다.

해병 7연대도 중공군의 엄청난 공격을 받고 있었다. 7일 새벽 3시 D중대 2소대장이 전사하고 부중대장이 부상을 당하였다. 중대장 스미스 대위도 전사하여 세이겔스 소위가 중대를 지휘하다 그마저 전사하였다. 그러자 지휘자가 없는 D중대는 흩어졌고, 살아서 고토리에 도착한 해병은 5명뿐이었다.

고토리에는 미 해병 1연대와 미 7사단 31연대가 먼저 와서 고토리를 방어하고 있었고, 사령부도 설치하고 후속부대를 엄호하고 있었다. 그런데 중공군은 미 해병 1연대에 집중 공격하여 하루에 미 해병 53명이 전사하였다. 중공군은 전후방이 없이 공격하여 스미스 소장을 정신없게 하였다.

마지막 부대인 미 해병 5연대가 아침부터 하갈우리에서 남진을 시작하였다. 공병부대는 일체의 시설과 군수물자와 탄약과 다리를 폭파하였다. 그러자 하갈우리는 연기와 불길이 하늘을 가렸다. 마지막부대는 중공군의 큰 저항 없이 고토리에 도착하였다. 미 해군 함재기 360대는 흥남 앞 해상에서 매일 출격하여 유담리, 하갈우리, 고토리, 진흥리, 황초령, 함흥을 이 잡듯이 뒤지고 다니면서 폭탄을 투하하여 중공군은 이 함재기 때문에 낮에는 얼씬도 할 수 없었다. 중공군은 함재기가 원수였다. 그리고 밤에는 눈과 추위가 원수였다. 그래서 미군을 포위해 놓고도 집중 공격을 못하여 미 해병을 놓치고 있었다.

미군이 하갈우리를 떠나가자 주민들은 「우리는 이제 여기에서 못산다. 가다가 길거리에서 죽어도 좋으니 남쪽으로 가자!」하며 보따리를 싸들고 미군의 뒤를 바짝 따라붙어 죽자 살자 함흥을 향해 걸었다.

미군은 하갈우리에서 고토리까지 15km를 빠져 나오면서 전사 103명, 실종 7명, 부상 506명의 손실을 보았다.

중공군은 산 속에서 미 해병을 포위해 놓고도 집중적으로 공격하지 못하였다. 그 이유는, 날씨가 영하30도가 되자 몸이 얼어 제대로 움직일 수가 없었고, 산 속에 숨어 있으면서 며칠 동안 찬 음식과 찬물을 먹으니 더욱 몸이 얼어붙어 움직일 수 없었다. 그리고 모든 소총과 박격포가 얼어서 정상적으로 활용할 수가 없었고, 손가락이 얼어 수류탄 안전핀을 뺄 수조차 없었기 때문이다.

전 세계의 신문 방송은 12월 7일 중공군과 미 해병대의 싸움 기사로 꽉 메워졌다. 8월에는 낙동강 전선이 무너지느냐? 무너지지 않느냐? 가 뉴스의 초점이었고, 9월은 인천 상륙작전이 성공하느냐? 못하느냐?

가 뉴스의 초점이었다. 이제는 미 해병대가 뉴스의 초점이 되면서 하갈우리의 후퇴는 미군 자존심이 걸려 있는 싸움이 되었다.

고토리에는 미 해병사단이 도착하자 큰 혼잡을 이루었다. 미 해병 차량만도 천 대가 넘어 장사진을 이루었고, 더구나 엔진이 얼까봐 시동을 걸어놓으니 그 소리 또한 장관이었다.

중공군은 미군이 유담리와 하갈우리를 미꾸라지같이 빠져나가자 "이렇게 하다가 함흥까지 빠져나가는 것이 아닌가!" 하고 당황하였다. 중공군은 60, 76, 77, 89사단이 고토리와 진흥리와 황초령을 장악하고 미 해병사단의 후퇴를 저지하고 있었다.

「도대체 중공군이 이렇게 많이 압록강을 건너 북한 땅에 들어왔고, 장진호 주변에 이렇게 많은 중공군이 처박혀 있는 것도 모르고 맥아더는 총 북진명령을 내리고, 성탄절까지는 전쟁을 끝내고 일본으로 돌아가게 한다고 하였으니…… 중공군의 움직임을 그렇게도 모르고 우리를 사지로 몰아넣고, 이제는 후퇴도 전진도 못하게 만든다니 한심한 장군이야!」

미군 장교들은 탄식을 하며 지옥의 계곡을 통과하여 함흥까지 간다는 것이 꿈만 같았다. 그들은 맥아더와 극동사령부 정보처와 미 중앙정보부의 무능이 심히 원망스러웠다.


5) 고토리 후퇴

스미스 해병사단장은 천신만고 끝에 고토리에 왔으나 진흥리까지 갈 일이 걱정이었다. 그것은 진흥리를 가려면 1,081고지를 점령해야 하고, 해발 1,200미터의 황초령을 넘어야 하며, 황초령을 지나 수문교 다리를 건너야 하는 등, 잘못하면 전진도 후퇴도 못하여 세계의 웃음거리가 될 것이기 때문이었다.

먼저 첫 번째 관문인 1,081고지를 점령하기 위하여 스미스 소장은 알몬드 군단장에게 우선 함흥에 있는 미 3사단 1개 연대를 진흥리에서 경계하고, 진흥리를 경계하고 있는 해병 1연대 1대대로 하여금 1,081 고지를 점령하게 해달라고 건의하여 알몬드 소장은 즉시 허락하고 행동에 들어갔다.

다음은 두 번째 관문인 수문교였다. 수문교는 장진호 저수지에서 내려오는 물을 여기에서 가두어 수력발전을 하는 댐으로 수문이 터지는 날이면 미 해병은 살아서는 한 명도 집으로 가기가 어려운 곳이었다. 그래서 중공군 송시륜은 여기에 사활을 걸고 중공군 60사단으로 하여금 철저히 공격하게 하였다. 분수점인 차지 탱크 위에 단차선의 교량이 걸쳐 있는데 이것이 수문교였다. 미 공병대가 도착하여 다리를 걸쳐놓을 때 중공군이 박격포로 이를 공격하여 파괴시키면 미군은 한 명도 살아서 갈 수 없는 일로서 그리 어려운 공격이 아니었다.

스미스 소장은 미 극동사령부에 도하용 조립교의 공수를 요청하였다. 극동사령부에서는 육군 185공병대대에 명령하였다. 185공병대대는 연포비행장에 8개의 다리를 조립한 조립교를 시험적으로 공수하여 12월 6일 투하했는데 모두 파괴되었다. 이렇게 되자 극동사령부에서는 초를 다투는 일인데 큰 고민거리였다. 그래서 전문기술자들과 대형 낙하산을 연포비행장으로 급송하였다. 그리고 문제점을 보완하여 연습을 한 후 12월 7일 낮 12시 8개의 도하용 조립교를 고토리에 낙하시켜 6개가 800미터 상공에서 미군지역에 안전하게 낙하되었다. 1개는 파괴되었고, 1개는 중공군 지역에 떨어졌다.

대형낙하산에 집채만 한 것들이 매달려 낙하되자 고지에서 이 광경을 바라보고 있던 중공군은 깜짝 놀랐다. 처음에는 폭탄이 아니면 군수물자로 알았으나 살펴보니 수문교를 놓을 물자인 것을 알고 벌린 입을 다물 수가 없었다.

「과연 대국은 대국이구나! 다리를 비행기로 수송하여 현장에 내려놓다니.」

중공군은 꿈에도 생각하지 못한 일이 미군에 의해서 눈앞에 전개되는 것을 보고 혀를 내둘렀다. 수문교 운반 성공은 미국의 국력을 전 세계에 보여주는 격이었다. 공병대는 수문교 작업에 들어갔다.

스미스 소장은 중환자 444명을 공수하여 수송을 끝내고 전사자 117명의 합동 장례를 치른 후 매장하였다. 그리고 병사들에게 「너희들은 살아서 가야 한다.」고 훈시를 한 다음 청소도 깨끗이 시키고 진흥리를 향해 출발준비를 끝냈다.

12월 8일 아침 스미스 사단장은 지휘관들에게 명령하였다.

「7연대가 황초령 북쪽을 점령하면 5연대는 이때 황초령의 정상을 점령하라! 이와 동시 1연대는 5연대의 후미가 되고, 진흥리에 있는 1연대 1대대가 1,081고지 후방에서 점령하여 미 해병을 엄호하고 마지막 부대가 된다. 공격 시 포병 및 항공기는 적극 해병을 지원하라. 공병대는 7연대의 엄호아래 수문교에 가교를 설치한다. 전차 40대는 최후미에서 부대를 엄호하라. 각 지휘관이 한 곳이라도 성공을 하지 못하면 15,000여 명의 미군의 생명이 위협을 받는다. 지휘관들은 각자 해병의 명예를 걸고 성공을 빈다. 하나님의 가호가 있기를 기원한다. 이상 출발!」

스미스 소장은 지휘관들에게 다짐을 두듯 명령을 내렸다.

아침 8시 미 해병과 기타부대 14,229명은 고토리를 출발하였다. 먼저 미 해병 7연대가 선발대가 되어 출발하자, 전 세계의 뉴스는 과연 미 해병이 황초령과 수문교를 통과하여 함흥까지 갈 수 있을 것인가, 아니면 중공군이 황초령과 수문교에서 미 해병을 완전히 섬멸할 것인가가 초점이었다. 미국과 한국 국민은 초긴장하여 시간마다 뉴스를 청취하였다. 전 세계의 뉴스 해설자들은 "중공군은 수 개의 사단으로 유담리와 하갈우리에서 미 해병 1개 사단의 후퇴를 저지하지 못한다. 그러므로 미 해병은 진흥리를 무사히 통과하여 모택동의 유격전은 미국의 현대무기를 이기지 못할 것이다." 라고 해설하며 모택동을 조롱하고 있었다.

송시륜은 미 해병이 철수하는 것을 보고 「수문교에서 만은 절대 놓치지 않겠다.」하고 벼르고 있었다. 송시륜은 60사단을 황초령을 지키게 하고 89사단을 진흥리 남쪽에서, 그리고 2개 사단으로 겹겹이 포위망을 구성하여 미 해병을 한 명도 살아서 가지 못하게 작전을 세웠다.

12월 8일 아침 영하30도의 살갗이 찢어질듯 한 추운 날씨와 시베리아에서 세차게 불어오는 바람을 맞으며 미 해병은 고토리를 출발하였다. 미 해병은 고토리와 진흥리에서 동시 공격을 하여 오히려 미 해병이 중공군을 놓고 남북에서 동시에 공격을 시작하였다. 미 해병은 「우리는 후퇴하지 않는다. 오직 중공군을 섬멸하며 이동할 뿐이다.」하며 자존심을 내세웠다.

미 해병 7연대가 선두부대가 되어 황초령 중간지점까지 공격하자 중공군도 벌떼같이 반격하였다. 미 해병의 야포와 항공기는 중공군의 머리 위에 소나기처럼 폭탄을 투하하였다. 중공군은 추위와 미군의 야포와 항공기의 공격으로 인해 움직일 수가 없었다.

미 해병 7연대는 중공군의 저지를 물리치고 고토리 남쪽 25km 지점의 중턱까지 점령하여 방어하고 있었다. 이어서 5연대가 선두가 되어 황초령 정상으로 진격하였다.

▲ 전사한 미군 병사들

황초령 정상은 1,200미터이며, 아흔 아홉 고개로 급경사를 이루고 있고, 깎아지른 듯 한 절벽은 보기만 하여도 현기증이 나는 고개였다.

낮 12시 미 해병 5연대는 이 고개 정상을 향해 전진하고 있었다. 금방이라도 산에서 돌을 굴려 모두 죽일 것만 같고 도로를 차단시킬 것만 같아 병사들은 등골이 오싹하고 머리털이 삐죽 솟았다. 미 해병5연대는 황초령을 엄호할 2개의 고지를 점령하는데 성공하였다. 미 해병은 황초령 고개를 넘을 수 있도록 안전하게 확보하는데 성공하여 황초령 고개에서 만세를 불렀다.

미 해병 1연대 1대대는 두 번째 어려움인 중공군이 점령하고 있는 1,081고지를 향해 뒤에서 공격하였다.

1대대장 슈맥크 중령이 「우리가 1,081고지를 점령하지 못하면 미 해병 1사단은 한 명도 함흥까지 빠져나가지 못하고 중공군에게 죽게 된다. 우리는 죽어서라도 이 고지를 점령해야 한다. 공격개시!」하고 명령을 내리자 1대대 해병들은 1,081고지를 향해 돌진하였다.

슈막크 중령은 낮에 공격하는 것보다도 새벽을 택하여 중공군의 허를 찌르기로 하고 12월 8일 공격하였다. 중공군은 "미군은 밤에는 전투를 못한다."고만 생각하고 경계를 소홀하였고, 고토리에 있는 미군이 공격해올 수는 있어도 남쪽에서, 즉 뒤에서 공격하리라고는 예상하지 못하고 뒤쪽인 남쪽 방어를 허술하게 하고 있었다. 그런데 슈막크 중령은 이 두 가지 약점을 이용하여 공격하였다.

영하 30도 인 데도 산을 오르느라 미 해병대는 땀을 뻘뻘 흘리며 거의 정상에 가까운 1,000미터까지 오는데 하루가 꼬박 걸려 8일 밤을 이곳에서 새워야 했다.

12월 9일 새벽 4시, 미 해병의 기습공격으로 1,081고지에서는 미 해병과 중공군의 백병전이 벌어졌다. 중공군은 몸이 얼어 움직이지 못하여 미군이 총을 쏘면 그대로 죽어가고 있었다. 결국 1,081고지는 미 해병이 쉽게 점령하고 만세를 불렀다.

「사단장님, 1,081고지를 점령하였습니다.」

「장하다! 우리 해병! 우리가 전원 통과할 때까지 고지를 잘 지켜라!

우리의 죽고 사는 문제는 너에게 달려 있다!」

「옛! 사단장님! 이 고지를 죽음으로 지키겠습니다!」

1,081고지를 점령하였다는 대대장의 보고를 받은 스미스 소장은 기뻤다. 미 해병은 이 고지를 점령하면서 47명의 사상자와 190명의 동상자가 발생하였다. 중공군은 고지를 방어하던 530명 전원 전사하였다.

스미스 소장은 두 가지 어려운 관문인 황초령과 1,081고지를 점령하여 기분이 좋았다.

'이제 수문교만 건너면 되겠다.' 생각한 그는 이 일도 잘 되리라 생각하였다.

12월 9일 아침, 미 해병 7연대 1대대가 수문교 일대를 점령하는데 성공하였다.

중공군은 11월 27일부터 공격을 시작하여 추운 산 속에서 10여 일 동안 있다 보니 전사들의 몸이 얼어서 미군을 향해 공격을 할 수가 없었다. 특히 먹을 것이 보급되지 않아 중공군 전사들은 배가 고파 싸울 수가 없었다. 호 속에는 얼어서 죽은 자와 동상에 걸려 움직이지 못하는 자들이 대부분이었다. 결국 중공군은 동장군을 이길 수 없었던 것이다. 그리고 살아서 공격하는 중공군은 미 해병의 야포와 전폭기가 쉴 새 없이 상공을 날아다니며 가차 없이 기관총과 네이팜탄을 퍼붓자 공격할 엄두도 내지 못하였다. 야포와 전폭기로 인하여 미 해병은 상대적으로 쉬운 전투를 하여 수문교를 점령하였다. 이날 미 항공기는 479회나 출격하였다.

7연대 1대대가 고토리에서 3.5㎞ 떨어진 수문교를 점령하였다는 보고를 받은 공병대장 파드릿 중령은 고토리에서 낮 12시에 공병대와 기술자와 부교를 싣고 가서 3시간 만에 수문교 가교를 설치하는데 성공하였다. 그리고 오후 6시부터 미 해병은 이 다리를 통과하기 시작하였다. 중공군은 수문교를 공격하지 못하였다.

이 소식을 들은 스미스 소장과 미 해병들은 만세를 부르며 「하나님

참으로 감사합니다.」하고 하나님께 감사드리는 것을 잊지 않았다.

1만5천 명의 미군과 천 대의 차량이 황초령 정상에 오르니 함흥시가지가 보였다. 그리고 수문교를 지나자 병사들은 「이제 우리는 살았다! 우리는 승리했다!」하며 서로 얼싸안고 울었다.

미 해병대가 수문교를 지나 진흥리에 도착하자 미 3사단 병사들이 열렬히 환영해 주었다. 새벽 3시 진흥리를 통과하는 부대는 끝이 보이지 않았다. 1,400대의 차량과 미 해병의 선발부대인 5연대와 미군의 행렬은 장관을 이루었다. 이 광경을 보고 있던 피난민들은 혀를 내두르며 「저런 힘을 가지고 있는 미군이 어째서 중공군을 이기지 못하고 도망치는가?」하며 도저히 이해할 수 없다고 고개를 저었다.

12월 11일 밤 9시, 미 해병 5연대는 천신만고 끝에 함흥에 도착하여 뜨거운 환영을 받았다. 오후 1시 후미의 미 해병은 진흥리를 통과, 함흥을 향해 이동하고 있었다.

이로써 세계 뉴스의 초점이 되었던 장진호 철수작전은 미 해병의 승리로 끝났다. 이 작전의 성공으로 서부전선에서 비참하게 중공군에 대패한 미군의 자존심을 찾았다. 그리고 전 세계의 뉴스 해설자들은 「역시 미국은 미국이고 해병은 해병이다.」라고 극찬해 주었다.

해병 1사단장 스미스 소장은 해병대의 전투실력으로는 11월말까지 강계를 거쳐 만포진까지 진격할 수 있었으나, 10월 27일 중공군 포로 말에 의하면 「중공군 대부대가 북쪽에 있다.」고 하여 그 말이 마음에 걸려 북진을 서두르지 않은 것이 오늘의 승리자가 되었다. 그러나 맥아더는 「중공군 그까짓 것들.」하며 모택동을 바보 취급하는 오만한 마음 때문에 처절한 패배를 당하였다.

스미스 소장은 '중공군보다 무서운 것은 동장군과 지형이다.' 판단하고 해병대라고 오만하여 함부로 달려들지 않고 조심하게 한 것이 부하들의 생명을 보호하였다. 만일 해병대라고 과시하며 오만한 마음으로 7사단이 혜산진을 탈환하듯 강계를 거쳐 만포진까지 북진하였다면 황초령을 넘은 미 해병 병사는 그리 많지 않았을 것이다. 지휘관은 판단력과 똑똑해야 된다는 중요성을 잘 보여준 전투였다.

미군은 고토리에서 진흥리까지 나오면서 미 해병 전사75명, 실종 16명, 부상 256명의 손실을 보아야 했다. 미 해병의 장진호 철수의 승리를 보아 미군은 국군에게 전차를 제공하여 국군 7사단이 중공군의 공격을 받았을 때 F중대와 같이 고지를 점령하고 진지를 구축 끝까지 지키고, 8사단도 죽음으로 진지를 구축하고 방어했으면 그토록 미군과 국군이 덕천에서 참패하지 않았을 것이며, 미군도 그토록 삼소리에서 참패하지는 않았을 것이다. 그러나 미군은 국군 6, 7, 8사단 등에게 전차를 한 대도 제공해주지 않아 모택동은 이것을 알고 화력에서 약한 국군 7사단을 붕괴시키면서 자동으로 8사단이 붕괴되면서 서부전선의 미군도 무너지게 되었다.

미군이 철수하자 피난민들은 미군의 뒤를 바짝 쫓아 따라갔다. 아이를 업고 가는 부인, 보따리를 이고 어린아이 손을 잡고 가는 부인, 지게에다 보따리를 얹고 지고 가는 남자, 피난민들은 죽자 살자 미군의 뒤를 바짝 쫓아 따라갔다. 미군은 다리를 폭파할 때 「오지 마시오! 오지 마시오!」하고 손 사례를 치며 외쳐댔지만 피난민들은 그 말이 귀에 들리지 않았다. 피난민들이 다리를 건널 때 미군 공병대는 폭파 스위치를 눌러 다리가 폭파되면서 다리 위에 있던 피난민들도 공중에 날렸다. 다리가 폭파되어 건널 수 없게 되자 집으로 돌아가는 사람들도 있고, "그래도 피난을 가야 산다!" 하고 생각하는 사람들은 개울을 건너 피난을 하였다. 그러나 발에 동상이 걸리고 추운 날씨에 허기져 미군이 먹다 남긴 음식을 얻어먹고 연명해야 했다. 이들은 천막도 없는 들판이나, 남의 집 헛간이나, 짐승이 자고 있는 곳에까지 가서 잠을 잤다. 이들은 흥남으로, 흥남으로 가고 있었다. 중공군과 인민군이 피난민 속에 끼어들어 정보를 수집하기 때문에, 미군은 피난민을 대

우할 수 없었다. 미군이 떠난 후에 중공군이 점령한 유담리, 하갈우리, 고토리, 진흥리를 미군 포병이 공격하자 주민들과 피난민들은 희생을 당해야 했다.

북한 정치부요원들은 「왜 피난을 가느냐?」하며 피난민들을 향해 피난하지 못하게 총질을 하였다. 그러자 피난민들은 「이래도 죽고 저래도 죽으니 차라리 가자!」하며 피난을 하였다. 진흥리에서부터는 평야지대라 미군이 차량으로 후퇴하자 피난민들은 따라갈 수가 없었다. 이때 북한 정치부 요원들이 피난을 저지하였다. 그래서 피난민들은 숨어서 산길을 따라 흥남으로 가야 했다. 천신만고 끝에 흥남에 도착한 피난민 중 수십 명만 흥남에서 부산에 도착하는 행운을 얻었고, 나머지는 죽거나 다시 집으로 돌아가야 했다.

송시륜은 미군이 부교를 공수하여 설치하리라고는 꿈에도 생각하지 못해 작전에 실패하였다. 1,081고지도 미군이 밤에, 더구나 뒤에서 공격하리라고는 꿈에도 생각하지 못하여 참패하였으며, 황초령을 넘으리라고는 전혀 예상하지 못하였다. 중공의 국력을 가지고는 동장군을 이길 수 없다는 것을 참패의 원인으로 분석하였다. 그의 참모들은 5만여 명에 달하는 동상자들을 보고 가슴을 쳤다. 중공군은 압록강을 건넌 후부터 24일 동안 산 속에 있다 보니 손발이 얼어 움직일 수가 없었다. 강추위에 총에 손을 대면 손이 철썩 들어붙어 떨어지지 않아 총을 쏠 수 없는 것도 참패의 원인이 되었다. 세계 무적의 히틀러 군대도 모스크바 35마일을 남겨두고 동장군을 이기지 못해 처절하게 패하였고, 나폴레옹 군대도 역시 모스크바에서 동장군만은 이기지 못하여 처절히 패하였으며, 송시륜도 장진호에서 동장군을 이기지 못하였다. 그러나 미 스미스 소장은 난로를 가지고 다니면서 막사 안에 불을 피워 병사들에게 잠을 자게 하고, 뜨거운 물을 수통에 제공하여 마시게도 하고 수통을 안고 잠을 자게 하여 동장군을 이겼다.

모택동의 유무기론 전법은 동장군한테는 맥을 추지 못하였지만 기계론은 승리한 것이 장진호 전투에서 확인되었다.

　6) 흥남 철수

　송시륜은 미 해병대를 포위해 놓고도 섬멸하지 못하고 미 해병이 함흥을 빠져나가려 하자 화가 머리끝까지 치밀었다. 그는 흥남에서 미 10군단이 집결하여 해상 철수할 것으로 판단하고 이때가 절호의 기회라고 판단하고 이번만은 놓치지 않으려고 세밀한 작전을 세웠다. 그리고 9군단 예하 10, 26, 27군으로 함흥과 흥남을 포위하였다. 여기에 인민군 3사단도 가세하였다.

　12월 9일 맥아더 장군은 알몬드 소장에게 「미 제10군단은 흥남에서 울산, 부산, 마산으로 해상 철수하여 부대를 집결시키고 미 8군사령관 지휘를 받으라!」고 명령하였다.

　10군단이 38선으로 북진할 때 8군사령부 휘하에 들어가야 하였는데, 처참하게 패전한 후 이제야 8군의 지휘를 받으라고 명령하였다. 알몬드 소장은 해상 철수 순서를 미1해병사단, 국군 수도사단, 미 7사단, 미 3사단으로 철수하도록 지휘관들에게 명령하였다.

　12월 14일 알몬드 소장은 흥남을 중심으로 하여 10㎞ 외곽에 주저항선의 진지를 견고하게 하였다. 동으로부터 국군 수도사단 1연대와 기갑연대가 진지를 구축해 놓고 있었다. 그리고 서쪽으로 이어지면서 미 3사단과 7사단이 진지를 구축하고 있었다.

　중공군 20군의 28, 29, 60사단, 27군의 79, 80, 81사단 등이 함흥 북쪽에서 일제히 박격포 공격을 시작하였다. 미군도 흥남 앞 바다에서 미 해군의 함포와 해군의 함재기와 전폭기, 미 3사단 7사단의 야포를 총동원하여 함흥 북쪽의 중공군이 있는 곳을 폭탄으로 덮어 버렸다.

　12월 11일 미 해병대는 천신만고 끝에 함흥에 도착하여 즉시 흥남으로 이동하였다. 살아서 흥남으로 철수한 미 해병은 장진호에서 전사한 해병들을 흥남 땅에 묻고 장례식을 거행하였다.

　「전우여! 이제 모든 것을 잊고 이국 땅 흥남에서 편히 쉬소서!」

전우를 이국땅에 묻는 해병들은 오열을 하였다. 장례식을 마친 미해병은 28척의 함정에 22,215명이 일시에 승선을 마치고 12월 15일 새벽 흥남 항을 떠났다.

중공군은 전날에도 많은 피해를 입었으나 이 날도 미 함재기와 함포사격과 미 3사단 7사단의 야포 공격으로 엄청난 피해를 입고 있었다. 이제야 미군의 화력이 효과를 내고 있었다. 그래도 중공군은 공격을 계속하였으나 소총과 기관총과 단거리 박격포 밖에 없어 사정거리가 미치지 못해 미군에게 얼씬도 못하였다.

송시륜은 함흥을 점령하여 흥남에 집결해 있는 미군과 국군에게 결정적인 타격을 주려고 하였으나, 미군의 엄청난 폭격으로 피해만 보고 함흥에 접근도 하지 못하고 가슴만 치고 있었다.

12월 16일 중공군은 인민군을 선두에 세우고 새벽부터 함흥을 점령하기 위해 총공격에 나섰다.

미군도 7함대와 90기동함대 등 모든 함대가 쉴 새 없이 함포를 쏘아대었고, 함재기는 중공군의 머리 위에서 우박같이 폭탄을 떨어뜨렸다. 또 미 3사단과 7사단의 모든 야포도 쉴 새 없이 쏘아대자 중공군은 미군의 화력에 기가 질려버렸다. 중공군은 미군의 국력과 현대무기가 어떤 것인가를 함흥에서 맛보고 있었다. 중공군이 즐겨 쓰는 야간전, 백병전, 접근전, 유무기전법도 함흥의 도시와 평야지대에서는 무용지물인 것을 알았다. 미군이 맥아더 장군의 오만 때문에 서부전선에서 중공군에 대패하여 여기까지 온 것이지, 맥아더 장군이 조금만 정보에 신경을 썼다면 중공군은 처절하게 참패할 뻔 하였다는 것을 알게 되었다. 중공군은 함흥에 접근조차 할 수 없었고, 밤중에 도둑같이 살금살금 기어와서 공격하고 있었으나 국군과 미군이 진지를 잘 구축하고 수많은 조명탄을 쏘아 올려 낮과 같이 밝아 야간공격도 백병전도 할 수가 없었다.

국군 수도사단 1연대와 기갑연대, 26연대가 밤을 이용하여 함흥에서 흥남으로 이동하여 자정까지 승선을 마쳤다.

12월 17일 새벽 국군 수도사단은 묵호항을 향해 흥남항을 떠났다.

미 3사단과 7사단이 함흥에서 중공군의 공격을 방어하면서, 7사단은 흥남으로 빠져나오며 승선준비를 해야 했기 때문에 보통 어려운 일이 아니었다.

알몬드 소장은 미 3사단이 전 지역을 방어하기 어렵기 때문에 평야지대로 빠지면서 중공군을 산 속에서 평야지대로 유인하였다. 그리고 미군의 육·해·공군의 화력이 중공군을 향해 집중적으로 총공격을 하자 중공군은 평야지대에서는 더욱 맥을 추지 못하였다. 특히 16인치와 8인치 함포사격과 곡사포 사정거리는 20km 포탄이 우박같이 떨어지고, 미 항공기가 머리 위에서 폭격하자 중공군의 박격포는 어린아이 장난감 같았다. 박격포 사정거리는 4km 정도였다.

「어쩌다가 오만한 맥아더 때문에 봉사 문고리 잡듯이 중공군이 미군을 몰아내었지, 저런 무기 가지고 미군을 감히 상대하다니 용기도 좋아!」

국군 통역장교들은 중공군이 맥을 추지 못하는 것을 보고 신났다.

12월 18일 전날 밤을 기하여 미 7사단은 함흥에서 흥남으로 일부 병력이 이동하여 새벽까지 승선을 마쳤고, 중요 군수품의 선적도 마쳤다.

12월 19일 함흥 서북쪽에 숨겨져 있는 중공군 탄약고를 미 함재기들이 공격하였다. 탄약이 연쇄적으로 터지는 소리는 말 그대로 천지를 진동시켰고, 불길과 연기가 하늘을 가렸다. 중공군은 탄약고가 폭발하여 전사들의 탄약이 떨어져도 바로 공급할 탄약이 없어 공격하는데 더욱 지장을 주었다.

12월 20일 지난밤에 미 7사단은 함흥에서 흥남 항으로 이동하여 승선을 마쳤다. 알몬드 소장과 군단 참모들도 흥남 항을 떠나기 위해 승선하였다.

12월 21일 새벽 미 7사단이 흥남 항을 떠났다. 이제 남은 병력은 미 3사단뿐이었다.

송시륜과 참모들은 자고 나니 그 많던 미군이 흥남 항을 빠져나가고 1개 사단만 있는 것에 놀라지 않을 수가 없었다. LST 한 척이 5,000명의 병력을 태우고 화물선 한 척이 12,000명의 병력을 싣고 떠나는 것을 보고 그들은 기절할 지경이었다. 그것은 1개 사단이 배 한 척에 타고 간다는 것은 말도 들어본 적도 없고, 본 적도 없고, 상상도 해본 일이 없기 때문이었다. 중공군은 얼이 빠져 있었다.

미군은 3사단만 함흥에서 흥남으로 이동 승선준비를 하고 있어 중공군의 공격에 철저히 대비해야 하였다. 미군은 순양함 2척, 구축함 7척, 로켓트 발사 함정 3척 등 해군과 공군이 총력을 기울여 미 3사단을 엄호하고 있었다. 그 동안 해군은 34,000발의 포탄과 12,080발의 로켓포와 미주리호에서 16인치, 8인치, 5인치 포를 쉴 새 없이 쏘아대 함흥과 흥남 일대의 모든 산에 폭탄을 깔아놓다시피 하였다. 그리하여 산들은 파헤쳐져 나무나 동물들이나 중공군의 흔적이 없어질 정도였다. 이렇게 되니 중공군은 흥남에 집결해 있는 미군을 보고도 미 공군과 해군의 화력 때문에 얼씬도 못하였다. 미군의 화력은 과연 세계적이었다.

12월 22일 10군단의 모든 포병과 장비의 선적이 끝났다. 미 7함대 소속 구축함 22척, 순양함 2척 공격모함 4척, 전함 1척 등 30여 척 등과 항공모함에서 출격하는 함재기들이 미 3사단을 보호하기 위하여 쉴 새 없이 포격을 가하자 중공군은 미 3사단에 얼씬도 못하였다.

「도대체 미군은 저런 화력을 가지고도 중공군한테 참패하여 비참하게 도망치다니. 미군을 도저히 이해할 수 없다.」

통역장교들은 미 해·공군의 화력에 기가 질려 버렸고, 미국 국력에 혀를 내둘렀다. 흥남 앞 바다의 미 해군은 장관을 이루었다.

12월 23일 알몬드 소장은 미 3사단이 해안선으로 이동하여 한 번에 동시에 승선하도록 명령하여 미 3사단 7연대, 15연대, 65연대가 동시에 해안으로 이동하여 승선할 준비를 하고 있었다. 그리고 10군단 포병대도 승선준비를 마쳤다. 함재기 항모는 흥남 주변을 폭탄으로 덮고 있어 그 때문에 중공군은 얼씬도 못하고 있었다.

혜산진, 백암, 삼수, 갑산, 회령, 청진 등 700리～1,000리 길에서「이제는 공산당 밑에서는 살 수 없다. 가다가 죽어도 남쪽으로 가야 한다.」하며 엄청난 수의 피난민들이 흥남으로 몰려들었다. 김백일 1군단장과 송요찬 수도사단장이 알몬드 군단장에게 피난민 철수를 애걸하다시피 사정하고 있었다. 미군은 25,000여 명의 피난민 수송 계획을 세우고 선박을 준비하고 있었는데 피난민이 10만 이상이 모이게 되자 수송할 선박이 부족하고 승선시킬 시간적 여유도 없어 미군은 크게 당황하였다.

12월 22일 오전, 함흥시 도청 광장에 전 직원이 집합하였다.

「지금 즉시 흥남으로 가서 피난하시오.」

「가족들을 데리고 가야지요!」

「지금 그럴 시간이 없습니다. 지금 가지 못하면 피난을 못합니다!」

도청직원들은 가족들에게 말 한 마디 못하고 흥남 부두로 가보니 피난민들로 꽉 차 있었다.

「언제 이렇게 피난민들이 몰려들었을까? 그래도 부모님과 가족에게 말이라도 하고 떠나야지!」

도청직원들의 일부는 함흥으로 달리다가 인민군이 있음을 보고 다시 흥남으로 돌아와 기적적으로 마지막 배에 승선할 수 있었다.

1군단 헌병 참모인 김득모 중령도 헌병들을 시켜 선박 200여 척을 동원하였다.

「남한 정부에서는 무엇을 하고 있는 거야? 선박을 준비하여 속초 근방에 대기하였다가 시간을 맞추어 흥남으로 이동시켜 피난민들을 피난시키는데 왜 도움을 주지 못하고 미군만 의지하고 있단 말이요? 그러면서 무슨 북진통일이야?」

피난민들은 이승만 남한 정부를 원망하였다.

「남한 정부가 그렇게 국민들에 대해 생각을 한다면 전쟁은 아예 일어나지도 않았을 것이요. 북진통일 한다고 큰소리만 치고 힘없는 자에게만 군림할 줄 아는 자기 출세밖에 모르는 친일반역자들의 세상이지, 백성을 생각하는 놈들이 어디 있어요?」

▲ 1950. 12.23. 흥남항에서 거제도로 피난하기 위해 배를 타려고 기다리는 북한 피난민 10만여 명

피난민들은 남쪽으로 가도 걱정이었다.

12월 24일 오전 8시, 알몬드 소장은 피난민을 버리고 갈 수 없어 최선을 다해 피난민을 승선시키라고 명령을 하였다. 전날부터 밤이 새도록 피난민들을 승선시키는 데 총력을 기울여 승선을 마쳤다. 그런데 아침 8시까지 모든 배가 승선을 마쳤는데도 부둣가에는 수만 명의 피난민들이 계속 몰려들어 배를 향해 「우리도 좀 태워주시오! 우리도 살려주시오!」하고 소리 지르며 발을 동동 굴렸다. 승선 시간이 11시였기 때문에 이미 동원된 배에는 더는 태울 수 없어 미군도 어쩔 수 없었다.

미 3사단 9,720여 명의 병사들이 7척의 함정에 동시에 승선하기 위하여 함정을 항구에 대고 있었다. 11시가 되자 몇 개 중대가 경계를 하고 미군은 동시에 함정에 승선하였다. 오후 2시, 경계하는 미군까지 전원 승선을 마쳤다. 미 빅토리아호는 7,600톤급인데 15,000여 명의 피난민을 승선시켜 배가 가라앉을 위험이 있을 정도였다. 한국 온양호는 2,799톤인데

17,000여명을 승선시켜 배가 가라앉기 전에 겨우 거제도에 도착하였으나 가족들이 서로 다른 배에 승선하여 수많은 이산가족을 낳았다.

피난민과 미군이 승선하는데 총 37척의 함선이 동원되어 한 많은 흥남항을 떠나려 하고 있었다. 피난민이 몰려드는 통에 미군은 귀중한 장비를 실었던 배에 장비 일부를 버리고 피난민을 태웠으나 몰려드는 피난민을 다 승선시킬 수는 없었다.

해안에는 400톤의 다이나마이트와 50만 발의 폭탄과 수천 드럼의 연료와 군장비와 식품이 있었다. 그런데 이것들을 피난민을 태우기 위하여 승선시킬 수 없어 그대로 방치하면 중공군이 사용하기 때문에 폭파시키기 위해 폭파장치를 하였다.

12월 24일 오후 2시 45분, 37척의 함정이 흥남 항을 떠나고 있었다. 흥남에서 미10군단이 철수할 때 한 명의 병사도 중공군에 죽지 않았다. 그리고 오후 5시 해안에 쌓아둔 장비들에 장치된 폭탄을 터트리고 해군이 함포사격을 하여 흥남항은 폭탄이 터지는 소리로 천지가 갈라지는 듯하였다. 불길과 시꺼먼 연기가 하늘을 가렸다. 터지는 폭탄으로 흥남은 갈 갈이 찢겨져 시가지가 보이지 않았다. 살겠다고 부둣가에 모여들었던 많은 피난민들이 폭탄이 터지며 많은 사람이 목숨을 잃었다. 겨우 폭탄을 피하거나 미처 흥남 항에 도착하지 않아 목숨을 부지한 피난민들은 하늘을 향해 통곡하며 발걸음을 다시 집으로 돌려야 했다. 어떤 사람들은 흥분하여 「차라리 죽어버리자!」하며 바다에 뛰어들어 죽는 사람들도 있었다.

10일간 북적대던 흥남 항은 불길과 연기만 남은 채 조용하였다. 이렇게 하여 성진 항에서 1만 5천명, 원산에서 3,500명 기타 합 10만 명

의 북한 주민이 피난을 하게 되었다.

배가 항구를 서서히 빠져 나오자 피난민들은 두고 온 가족들과 고향 생각에 목이 메었다. 배를 탄 사람들은 기적적으로 배를 타기는 하였으나 인원수가 너무 많아 움직일 수가 없었다. 화장실 갈 일이 문제였고, 식사 또한 큰 문제가 되었다. 육지에서 추운 날씨에 얼어 죽는 사람들이 많았는데 배에서도 바닷바람을 막을 장치가 되어 있지 않아 차가운 바닷바람에 얼어 죽는 자가 속출하였다. 목선을 빌어 탄 사람들은 너무 많은 사람들이 타 얼마 가지 못하고 그대로 가라앉아 버렸다. 그래도 어떻게 할 방법이 없었다. 북한에는 노인들과 장애자들과 어린이들만 남고 거의 피난하여 이들은 부산을 거쳐 거제도 피난민 수용소에서 6개월 동안 있어야 했다.

「미국의 국력과 중공의 국력은 비교가 되지 않았고, 군사력에서도 비교가 되지 않는다. 그런데 어째서 북한 땅에서 미군이 중공군한테 맥을 추지 못하고 처참하게 패하고 이렇게 도망쳐야 하는 지 이해할 수 없다.」

배 안에 있던 통역장교들은 한 마디씩 하고 있었다.

「오늘이 며칠인가?」

「오늘? 아! 오늘이 12월 24일이니 내일이 성탄절이 아닌가!」

미군 통역장교들은 이제야 내일이 성탄절이라는 것을 알게 되었다. 「전쟁을 끝내고 성탄절까지는 병사들이 일본으로 돌아갈 것이다.」하고 맥아더 장군은 큰소리를 쳤는데 전쟁을 끝내는 것은 그만두고 참패하여 도망치고 있는 날이었다.

미 해병대가 10월 26일 원산에 상륙하여 겨우 장진호까지 갔다 오는데 718명이 전사하였고, 192명이 실종되었으며, 3,508명이 부상을 당하여 총4,418명의 손실을 보았고, 10군단의 전사자와 동상과 이질 환자들은 7,313명이었다.

흥남에서 철수한 10군단 병력은 105,000여 명이며, 피난민은 98,000

여 명이었다. 차량 17,500대, 화물 35만 톤, 총 수송선은 112척이었고, 공수 비행기는 112대였다. 10만 대군이 큰 피해 없이 흥남에서 철수하는데 성공한 것은 10군단장 알몬드 소장과 90기동부대 사령관 도레이 소장의 헌신적인 협동이 있었기에 가능하였다. 이들은 서부전선과 달리 북한주민 10만 명의 피난민을 철수시켜 전 세계에서 극찬을 받았다. 특히 빅토리아호가 15,000여 명의 피난민을 구출하여 기네스북에 오를 정도로 극찬을 받았다.

중공군 송시륜의 9병단도 장진호 전투에서 50%의 병력손실을 보았고, 함흥 전투에서 30%의 병력 손실을 보았다. 5만 명 이상이 전사하여 재편성이 어려운 병단이 되었다. 특히 26군 병력 손실은 90%로 피해가 막심하였는데, 이것은 미군에 의한 피해보다 동장군에 의한 피해가 많았다.

9병단 전사자 50,000여 명, 부상자 7,500여 명, 나머지는 동상자들이었다. 이후 9병단이 전투 현장에 배치되기까지는 3개월 이상이 걸렸다. 51년 3월 4차 춘계공세 때에야 전투에 투입할 수 있었다.

미군은 중공군의 도깨비전법에 걸려 11월 28일 군우리 철수, 11월 30일 청천강, 12월 5일 평양, 12월 15일 38선, 51년 1월 4일 서울 평택까지 도망치고 아예 한국을 떠나려고 하였다. 총공격 20일 만에 그 많은 화력을 가지고도 싸움 한 번 제대로 해보지 못하고 평택까지 어처구니없이 도망쳤다. 이로 인해 북한 주민 300만이 필사적으로 월남하였고, 천만 이산가족을 낳게 하였다. 그리고 북한 주민의 흥남 철수의 비참상은 표현할 길이 없을 정도였다.

미국은 무기에 의존하여 패하였고, 중공군은 사람에 의존하여 싸워이겼으며, 국군은 미군만 의존하는 사대주의 사상에 통일의 꿈을 산산조각내고 말았다. 맥아더 장군의 오만한 마음으로 인하여 한국의 운명이 좌우되었고, 수많은 병사들의 운명도 좌우되었으며, 눈앞의 통일도 산산조각 나고 말았다. 정보 없는 싸움은 절대 이길 수 없다는 손자의 병법이 예나 지금이나 평범한 진리라는 것을 무시한 결과였고, 국군과 미군이 38선을 넘어 북진하다 다 이긴 전쟁을 엄청난 피해만 보고 도망쳐 제2의 38선의 분단이 고착되었다.


## 10. 51년 1월 4일 유엔군 서울 철수

미군과 국군이 평양을 포기하고 아예 38선 이남으로 쉽게 도망치자, 팽덕회는 오히려 당황하였다. 너무 빨리 차량으로 밤낮으로 도망쳐 중공군은 추격할 수가 없었다. 팽덕회는 벽동 밑의 대유동 사령부에서 평양 남쪽 성천군 군자리 탄광으로 사령부를 옮겼다.

팽덕회는 전사들이 밤낮 전투를 하느라 지쳐 있고, 보급이 어렵고 겨울이라 전투하기가 너무 어려워 51년 봄에 38선을 넘으려고 계획을 세우고 있었다. 그런데 미군이 너무 빨리 싸우지도 않고 도망치자 이번 기회에 미군을 한국 땅에서 몰아내는 것이 상책이라고 판단하고 뒤를 바짝 쫓았다.

「"....아군은 반드시 38선을 넘어 전진해야 함."」하고 모택동은 팽덕회에게 꾸물대지 말고 38선을 넘으라고 명령하였다. 팽덕회는 참모들을 모아놓고 작전회의를 할 때 "미군의 추격은 어렵습니다." 하고 참모들과 지휘관들이 모두 반대하고 있었다.

모택동은 팽덕회에게 「미군과 거리가 너무 멀어도 안 되며, 깊숙이 들어가도 안 된다. 38선을 넘어 적당한 선에서 멈출 것. 국군을 무력화시켜 미군을 고립시켜 미군이 철수하게 할 것.」이라고 명령을 내렸다.

12월 22일 팽덕회는 지휘관들을 소집하여 모택동의 작전지시를 하였다.

"서울 북쪽의 고랑포의 국군 1사단은 50군이, 문산의 미 25사단은 39

군이, 의정부 국군 6사단을 40군이, 포천 미 24사단은 38군이 공격하여 국군과 미군의 연결고리를 끊고 섬멸한다. 야간 공격을 하되 보름달 전에 공격하여 보름달에 절정을 이룬다. 3차 작전은 보름달 전인 12월 31일 밤 12시에 공격할 것이다. 준비에 만전을 기하기 바란다. 이상!'

인민군 제2전신은 최인 중장의 제2군단은 2, 9, 10, 12, 27, 31시단 패잔병으로 편성되어 총 병력 4만으로 소총과 수류탄과 박격포로 무장하였다. 그들은 춘천, 홍천, 양덕원, 평창, 단양, 영주까지 유격대가 연결되어 있었고, 51년 1월 인민군 10사단은 25, 27, 29연대를 지휘하여 5,000여명이 인제, 영양, 청송, 보현산, 51년 2월 대구를 목표로 대구 위 다부동 옆 가산까지 진출하였다. 51년 1월 이현상 부대도 오대산 태백산, 단양을 거쳐 속리산에 도착하였다. 태백산과 보현산에 숨어 있던 인민군 패잔병과도 연결되어 있었다. 그리고 이들은 지리산 인민군 패잔병과 연결하여 국군과 미군의 보급로를 차단하고 원거리에서 포위하려고 애를 쓰고 있었다.

50년 12월 20일 현재 중공군은 전장에서 흔적도 없이 사라져 맥아더 장군은 도대체 중공군에 대해 알 수가 없었다.

미 8군 참모장 알렌 소장은 중공군을 아무리 찾아도 그 많던 중공군의 흔적이 없어 12월 26일 "현 전선은 오직 죽음처럼 조용합니다."라고 보고하였다.

50년 12월 31일 석양에 200Km의 전 전선에서 중공군과 인민군의 포병대는 국군과 미군의 진지에 포탄을 우박같이 퍼부었다.

중공군 50군 주력은 50년 12월 31일 38선을 넘어 남진하였다. 그리고 51년 1월 1일 임진강에 도착하여 강을 건넜고, 2일에는 문산 동쪽에 도착하였다. 중공군 50군과 39군은 51년 1월 2일 낮 12시 고랑포에 있는 국군 1사단을 덮쳤다.

39군은 31일 오후 6시 임진강을 건너 1일 아침 동두천의 국군 6사단을 덮쳤다.

40군은 31일 오후 6시 30분 임진강을 건넌 후 51년 1월 1일 동트기 전에 동두천 서쪽의 안흥리에 도착하여 국군 6사단의 퇴로를 차단하였다. 38군은 31일 오후 6시 포천의 미 24사단 1개 연대를 덮쳤다.

42군은 31일 6시 30분 38선을 넘어 1월 1일 가평에 있는 국군 2사단을 덮쳤다.

66군은 31일 밤 8시 30분 춘천에서 방어하고 있는 국군 5사단을 덮쳤다.

인민군 5군단과 2군단 등 10개 사단이 춘천을 방어하고 있는 국군 8사단과 9사단, 국군 3사단을 덮쳤다.

국군 1사단은 고랑포와 적성에서 중공군의 집중 공격을 받고 견디지 못하고 법원리로 후퇴하였다.

문산 서쪽의 미 25사단은 김포, 인천, 수원 쪽으로 부리나케 도망쳤다. 영 29여단은 고양에서 퇴로가 차단되기 직전에 전차 11대를 버리고 도망쳤다. 이 부대는 2차 대전 때 노르망디 상륙에 참전한 몽고메리 부대였으나 대대장이 생포될 정도로 중공군에는 맥을 추지 못하였다. 또한 동두천 국군 6사단과 포천의 미 24사단은 덕정으로 후퇴하였다.

포천의 미 24사단은 다시 한강 부근으로 후퇴하였다.

춘천을 방어하던 국군은 홍천과 횡성으로 도망쳤다.

1월 2일 미 8군사령관 리지웨이 장군은 부임한 후 처음으로 중공군의 공격을 받아 그는 정신을 차릴 수 없었다. 그는 전군에 후퇴명령을 내렸다.

국군 1사단은 아예 한강을 건너 안양으로 후퇴하였고, 의정부 미 24사단과 국군 6사단은 많은 피해를 당하고 한강 이남으로 철수하였다.

1월 2일 한강에는 M4-M4M2 부교와 A2부교가 있었는데 A2부교를 철거하라는 명령을 받고 미 14 야전공병대대는 꽁꽁 얼어붙은 한강 얼음을 깨고 11시간 만에 부교를 철거하였다.

1월 3일 밤11시 M4-MA2부교마저 철거하였다.

1월 4일 서울시민은 부교가 철거되어 꽁꽁 얼어붙은 한강 얼음 위로 피난을 해야 했다. 2차 서울 후퇴 때는 1차 서울 후퇴 때와 평양 철수 때와는 달리 처음으로 국군은 서울 시민들에게 피난을 공고하였다. 한강에 얼음이 얼어 서울시민들은 피해는 적었으나 영하 10도 이상의 추운 겨울에 피난하느라 고생이 이만저만이 아니었다.

1월 3일 국군 1사단 12연대는 동작동, 노량진, 영등포 일대를 방어하고 있었고, 15연대는 12연대 좌측에서 방어하고 있었다. 중공군 수색대가 오류동에 나타나 국군과 미군의 정보를 수집하고 있었다.

▲ 1951. 1.4 서울역에서 피난하는 서울시민들

리지웨이 장군은 아군의 전선을 주문진, 홍천, 양평, 수원 선으로 후퇴시켰다. 미군은 아예 평택으로 도망쳤고, 미 기병사단은 안성, 미7사단은 제천으로 도망쳤다. 유엔군은 오직 도망치는 것이 작전이었다.

피난을 하느라 도로는 피난민과 군 차량으로 초만원을 이루었고, 남쪽으로 가는 길은 피난민과 군 차량으로 끝이 보이지 않았다.

추운 겨울 서울시민들은 또다시 피난을 하려고 하니 죽을 지경이었다. 그들의 입에서는 온통 국군과 이승만에 대한 원망뿐이었다.

1월 4일 국군은 서울에서 모두 빠져 나왔고, 피난민들도 서울을 떠나 서울은 유령도시 같았다.

국군 1사단 사령부를 수원으로 옮겼다. 백선엽 사단장은 작전협의 차 안양의 미 1군단사령부에 도착하여 밀번 군단장을 만났다. 그는 백 사단장에게 "백 장군, 최악의 경우 일본으로 후퇴한다."고 말하였다.

백선엽 장군은 밀번의 말을 듣고 깜짝 놀랐다. 미8군 전진지휘소를 대구로 이동하였다.

1월 4일 밤 중공군 50군과 39군, 인민군 1군단은 서울을 공격하고 조심스럽게 진입하였으나 시내에 국군은 전혀 없었다.

중공군은 총 한 방 쏘지 않고 평양을 점령하였듯이 서울을 점령하고 만세를 불렀다.

1월 5일 국군은 삼척, 원주, 장호원, 죽산, 안성, 평택까지 후퇴하였다. 미군이 방어를 하지 않고 후퇴만 하자 국군과 피난민들은 미군이 한반도를 떠나는 것이 아닌가 하고 유언비어가 퍼졌다.

인민군이 원주를 점령하면 큰일이었다. 그것은 원주에서 충주를 거쳐 대전으로 진격하여 서부전선에 있는 미군을 포위할 수 있기 때문이다. 원주에서 제천, 단양, 영주, 안동, 대구를 점령하면 국군과 미군은 도저히 중공군을 막을 수가 없었다. 리지웨이 장군은 등골이 오싹 하였다. 그는 즉시 미 2사단을 원주에, 미 7사단을 제천에 투입하여 인민군과 중공군의 공격을 저지하라고 명령하였다.

1월 4일 홍천을 인민군이 점령하였다. 그리고 1월 8일 인민군 2사단과 31사단은 미 2사단을 물리치고 원주를 점령하였다. 또한 인민유격대 김원팔 부대는 영주, 안동까지 남하하였고, 인민군 유격대와 9사단은 영월 밑 소백산 옆 남대리까지 남하하고 있었다.

리지웨이 장군은 이들의 남하를 막기 위해 원주에 미 2사단, 미 187 공수단, 미 해병1사단, 미 7사단, 국군 8사단, 2사단, 5사단, 3사단 등 국군과 미군 합 7개 사단을 51년 1월 12일 이동시켜 중앙선으로 남하하는 인민군을 저지하게 하였다. 그런데 유엔군 병력이 중앙선으로 몰려 서부전선에 병력이 없어 전선에 균형이 깨지고 있었다. 낙동강 전투에서와 같은 상황이 벌어지고 있었다. 인민군 패잔병으로 편성된 제2전선 4만여 명이 안동과 보현산과 지리산의 인민군 패잔병과 연결되어 합류한다면 국군과 미군은 보급로가 차단되고 포위되어 중공군의 공격을 도저히 저지할 수 없는 상황이었다. 한국과 유엔군은 그야말로 위기를 맞고 있었다.

1월 14일부터 국군이 정신을 차리고 국군 3사단이 선발부대가 되어 남대리의 인민군 을 공격하기 시작하여, 19일까지 6일 동안 국군과 미군 7개 사단이 남대리와 영월에 있는 인민군과 혈전을 벌였다. 이때 중공군이 멈추지 않고 밀고 내려와 남대리에서 싸우고 있는 인민군을 협조하였다면, 미군은 견디지 못하고 한국을 떠나려 하였다. 그러나 중공군은 이상하게도 남대리에서 싸우고 있는 인민군을 협조하지 않았다. 왜 그랬을까? 참으로 이상한 일이었다.

미군이 중공에 매일 얻어터지고 있다는 것이 전 세계에 뉴스 초점이 되어 연일 미국은 망신을 당하고 있었고, 맥아더나 미국 대통령 트루먼과 미 합참본부와 육군성은 얼이 빠져 있었다.


## 11. 51년 1월 8일 팽덕회 남진을 중지함

"사령관동지, 미군이 서울을 포기하고 철수하고 있습니다."
중공군 정보참모가 미군과 국군이 철수하는 정보를 입수하고 팽덕회에게 보고하였다. "오후 3시 현재 서울은 텅텅 빈 것 같습니다."
정보참모는 다시 구체적으로 "미군과 국군은 51년 1월 4일 오후 3시 서울에서 한강 이남으로 도망치고 서울은 유령의 도시가 되었습니다."라고 보고를 하자 팽덕회는 미군이 그렇게 빨리 맥없이 도망치리라고는 생각하지 못하고 있었다. 그는 미군의 무작정 철수를 이해할 수 없었다. "미군은 아예 수원까지 후퇴하고 있습니다."라고 불안하여 진격명령을 내리지 못하고 있을 때 팽덕회에게 정보참모는 또 다시 보고하였다. 그러자 팽덕회는 불안이 싹 가시고 자신감이 생겼다. 미군이 현대 무기와 많은 항공기와 전차를 가지고도 후퇴한 것이 작전상 후퇴가 아니라 중공군에 겁을 낸 것이라는 생각이 들었던 것이다. 이후로 팽덕회 사령부는 연일 축제분위기였다. 그리고 김일성도 흥분하였다.

미군이 중공군에 밀려 서울을 내줌으로 미군은 전 세계에서 망신을 당하였고, 미국 국민들은 침통해 하였다. 이승만과 남한 국민들은 피난하느라 정신이 없었고 불안하였다. 이와 반대로 북경 천안문 광장에는 중공군이 미군을 북조선 땅에서 몰아내고 서울까지 입성하였다고 하여 군중들이 밤을 새우며 서울 입성을 축하하며 열광하였다. 중공군의 서울 입성은 중공 인민들에게 일본을 패망시킨 최강 미군과 싸워서 이겼다는 용기와 자긍심을 주었던 것이다.

"사령관 동지, 미군이 평택까지 후퇴하고 있습니다."

팽덕회의 정보참모는 신이 나서 보고하였다. 팽덕회는 미군이 평택까지 내려갔다는 보고를 받고 자기도 모르는 사이에 "뭐?"하고 놀랐다. '평택까지? 평택까지란 말이지? 그렇다면 이대로 밀고 내려가면 미군은 한국에서 아예 떠나는 것이 아닐까? 아니다. 그렇지는 않을 것이다. 지금 평택까지 내려갔다고는 하지만 미군의 전력을 그렇게 만만히 보아서는 안 된다. 국방군의 전력 역시 그렇다!' 팽덕회는 조금만 더 기회를 보기로 하였다.

모택동은 미군의 주력부대가 큰 손실 없이, 청천강과 평양과 38선과 서울을 빠져나가자 분통을 터트리며 팽덕회를 질타하고 있었다.

"총 후퇴하는 적에게 재편성의 여유를 주지 말고 제3차 작전을 감행하라! 여기에는 정치적 의의가 크다!' 하며 세 차례에 걸쳐 미군을 한반도에서 몰아내라고 명령을 하였다.

팽덕회는 "미군은 김포공항과 인천항을 장악하고 있어 반격할 여지가 있다. 50군은 이를 즉시 점령하라."고 명령하였다. 그는 또한 "인민군 1개 사단만 서울을 방어하고 김포를 공격하라!'고 명령을 내려 중공군 50군과 인민군 1군단은 일제히 한강을 건너 김포와 인천과 수원을 향해 진격해 들어갔다.

인민군 1군단은 5일 김포를 점령하고, 1월 6일 중공군 50군은 7일 도망치는 미군과 영국군과 국군에게 피해를 주면서 바짝 추격하여 수원을 점령하였다. 8일에는 인천을 점령하였다.

42군과 66군은 소양강을 건너 4일 홍천을 점령하였고, 42군은 양덕원리를 점령하였다. 7일 지평리, 8일 양평, 여주, 이천을 점령하였다. 인민군 2군단과 5군단은 8일 원주을 점령하고 제천을 향해 진격 중이었다.

팽덕회 사령관은 "서울을 점령한 뒤에 지나치게 깊숙이 추격하는 것은 필요하지 않다. 우리는 후방의 병참보급이 뒤따르지 못하고 있다. 그래서 50군과 인민군으로 도망치는 미군과 국군을 추격하는 척하고 38군과 40군은 한강 북쪽에서 쉬도록 하라."하고 참모장과 군단장들에게 명령하였다.

팽덕회는 1월 8일 "이번 작전에서도 쉽게 이기기는 했어도 미 2사단 외 미군이 즉시 도망쳐 주력부대를 섬멸하여 무력화시키지 못하였는데, 미군의 주력이 큰 피해가 없이 도망쳐서 우리를 깊숙이 유인한 뒤 우리의 배후에서 또다시 상륙작전을 꾀하는 음모가 있을지 모른다. 그러므로 더 이상 미군을 추격하는 것은 유리하지 못하므로 추격을 정지하라."고 전군에 추격정지명령을 내렸다. 이렇게 되어 대한민국은 위기를 면하였다.

팽덕회의 추격정지명령이 내려지자 군단장들과 참모들이 "왜 추격을 중지하십니까? 지금 상대는 서울마저 포기하고 도망치고 있는데 왜 이런 절호의 기회에 계속 밀어붙여 끝을 내지 않고 있습니까?'하고 아우성이었다. 소련 측에서도 "3차 작전을 중지해서는 안 되며, 승기를 잡았으니 여세를 몰아 미군들을 조선반도에서 아예 몰아내야 합니다."하고 계속 항의가 빗발쳤다.

평양 주재 소련대사 라자예프는 "누가 전투에서 이기고도 적을 추격하지 않는가? 이런 작전을 지시하는 사령관은 도대체 누구인가?'하며 공개적으로 팽덕회에게 항의하였다. 김일성도 항의하였고, 스탈린도 마찬가지였다. 모택동도 계속 추격하라고 팽덕회에게 명령하고 있었다. 그러나 팽덕회는 "안 돼! 계속 추격은 결단코 안 돼! 현대무기를 갖고 있는 미군을 단숨에 부산 앞 바다로 빠뜨릴 수 없다."하며 한 마디로 거절하였다. 팽덕회는 흥남에서 미 10군단의 철수 때 미국의 국력을 보았기 때문이다.

1월 8일부터 서울, 고양, 동두천, 마석, 가평, 김화에 중공군 38, 39, 40군과 인민군 1군단을 분산시켜 휴식하게 하였다. 50군과 38군 112사단, 인민군 1군단 2개 사단, 42군 125사단으로 인천과 수원을 방어하게 하였다. 인민군 2군단과 5군단도 홍천과 횡성에서 분산시켜 휴식하게 하였다. 그러고는 "조선의 부대들은 현지에서 휴식을 취하고 탄약을 비축하는데 3개월 정도의 준비가 있어야 다시 전투를 할 수 있습니다."하고 모택동에게 보고하였다. 이 보고를 받은 모택동은 기가 막혔다. 이 내용을 안 김일성은 하늘이 낮다하고 길길이 뛰었다. 팽덕회는 참모들과 군단장들에게 "이번에는 잠시 쉬는 것이 아니라 진짜 푹 쉬는 거다!'하고 명령하였다. 그러자 "중공군은 서울에 구경 왔나?'하며 인민군의 불평은 하늘에 닿았다.

"도대체 인민군이나 중공군이나 서울만 오면 쉬고 있으니 그 이유가 뭐냐? 서울에 예쁜 처녀들이 많아서 정신이 나가버려 그러는 것이냐? 아니면 무엇이냐?'

인민군 군관들의 불평은 이만저만이 아니었다.

1월 10일 김일성은 도저히 참을 수 없어 조선 주재 중국대사관 무관시성문을 데리고 성천군 군자리에 있는 조·중 연합사령부를 찾아가 팽덕회를 만나자마자 "왜 계속 추격하지 않습니까?" 하고 항의하며 "즉시 추격하였으면 좋겠다." 고 간청하였다. 그러자 팽덕회는 "미군은 현대무기를 갖고 있고, 우리가 미군 주력을 괴멸시키지 못하였으며, 우리들의 병참보급이 우리들의 진격에 뒤따르지 못하고 있어 추격은 불가능하다." 고 한 마디로 거절하면서 "미군은 한반도를 버리고 떠날 군대가 아니다." 라고 하면서 이 선에서 휴전해야 한다고 암시하였다. 그러면서 "추격은 3개월 후 봄에 실시한다." 고 앞으로의 계획을 말하자 김일성은 도움 받는 입장에서 더 할 말이 없었다.

팽덕회가 1월 8일 추격 정지명령을 내리지 않고 중공군이 제천, 단양, 영주까지 산악지역으로 밀고 내려가면서 1월 14일부터 영주 위 남대리에서 싸우고 있는 인민군 4만 명과 협력하여 밀고 내려갔다면 국군과 미군은 싸움도 해보지 못하고 대구까지 후퇴하지 않을 수 없었을 것이며, 그리되면 대구 위 미군은 자동포위가 되기 때문에 미군은 한반도에서 철수하고 말았을 것이다. 1월 8일 팽덕회의 정지명령은 팽덕회의 판단 착오였다. 이때 미군은 한반도에서 철수하려고 한국인 공무원과 그 가족, 경찰과 그 가족 26만 명을 사모아 섬으로 철수시킬 계획도 세워놓고 있었다.

1월 16일 미 육군참모총장 콜린스 대장은 리지웨이 장군과 철수 협상을 하려고 한국에 도착하였다. 그러나 1월 8일부터 중공군이 공격해 오지 않자 이상하게 생각하여 철수계획은 보류되었다.

팽덕회는 한반도를 통일시켜 세계적인 영웅이 될 수 있는 절호의 기회에 그의 판단 잘못으로 스스로 포기하여 3년 동안 기나긴 싸움을 하여 수많은 전사들을 죽게 하였고, 38선을 고착시켜 현재에 이르게 하였다. 전쟁은 모험이나 팽덕회는 모험을 싫어하였다. 그는 후일 이 일에 대해 모택동으로부터 문책을 받았다.

# 제27장

## 미8군 사령관 리지웨이 장군
## 오산에서 반격

# 제27장 미8군 사령관 리지웨이 장군 오산에서 반격

12월 24일 맥아더 장군은 새로 부임하는 리지웨이 미8군사령관에게 "미 8군은 당신의 것이요! 당신이 가장 좋다고 생각하는 것이면 무엇이든지 마음대로 하시오!"라고 한국에서 미군 철수도 리지웨이 사령관 의견대로 하라는 뜻의 작전지시를 내렸다.

"리지웨이 장군이 미군을 한국에서 철수시키려고 왔다."라는 소문이 퍼졌다. 그래서 이승만이 무슨 행동을 할지 몰라 제일 먼저 이승만을 만나 "미군은 한국에서 떠나지 않습니다."하고 안심을 시켰다. 그러나 51년 1월 4일 서울을 버리고 미군이 평택까지 도망치자 이승만 대통령과 국군이나 국민들은 맥아더 장군도 리지웨이 사령관도 믿을 수 없다고 판단, 공포분위기가 조성되었고 유언비어가 퍼졌다.

## 1. 51년 1월 31일 미군 오산에서 반격

중공군 112사단은 이천, 장호원, 148사단은 오산, 114사단 광주, 50군은 수원, 149사단은 관악산, 인민군 17사단은 안양을 점령하고 있었다.

미 1군단은 평택, 안성, 9군단 장호원, 10군단 제천, 국군 3군단 영월, 1군단 삼척에서 중공군의 남진을 막고 있었다.

미 25사단은 평택, 3사단은 안성까지 내려와 10일 동안 쉬고 있었는데 중공군은 꼼짝하지 않고 있었다.

"사령관님! 영월과 소백산 밑 남대리에서 인민군과 유엔군 7개 사단과 전투를 할 때 중공군이 남대리까지 밀고 내려오면 유엔군은 큰 위기를 맞이할 것인데, 중공군은 인민군이 남대리에서 저렇게 혈전을 벌려도 전혀 돕지 않고 남진도 않고 있는 것으로 보아, 보급이 충분치 못하여 더 이상 남진을 못하는 것 같습니다."하고 참모들이 전황을 분석하여 보고하였다. 리지웨이 장군도 보고서를 정밀 검토한 결과 반격하면 승산이 있다고 판단하였다. 확실한 것은 영월 남쪽 남대리에서 인민군 2군단과 유엔군 7개 사단이 집중하여 혈전을 하고 있어 군사력 균형이 깨지고 있을 때, 인민군 2군단이 대패해도 중공군은 전혀 돕지 않고 있다는 점이었다. 중공군이 서부전선에서도 더 이상 남진하지 않고 있는 것으로 보아 팽덕회가 확실히 남진하지 않을 것으로 리지웨이 장군은 판단하였다. 중공군은 만주에서 현지까지 470㎞나 떨어져 있었다. 수송수단은 기차와 트럭과 우마차가 있는데, 철로와 트럭은 연일 미 공군의 공격으로 80%가 손실을 보고 있었다. 그래서 우마차로 산길을 따라 40만의 먹을 것과 탄약을 운반한다는 것은 보통 어려운 일이 아니었다.

리지웨이 장군은 1월 15일 적정을 수색하면서 중공군의 공격도 사전에 저지하고, 중공군에게 소모전을 하여 전력을 약화시키기 위해 전차를 앞세워 수색 공격을 해보았다. 하루 종일 공격해본 결과 중공군은 남진할 의사가 전혀 없다는 것과, 추위와 배고픔에 시달리고 있음이 확실하였다.

51년 1월 16일 한국전 시찰차 온 미 참모총장 콜린스 대장에게 리지웨이 장군은 이상과 같이 보고하였다. 이때 콜린스 대장은 "우리는 중공군을 과대평가하였다. 미 8군은 장래가 순조로울 것이며, 중공군은 유엔군을 한국 땅에서 내쫓을 만한 보급을 지원받을 수 없을 것이다."라고 성명을 발표하여 미국이나 한국 국민들이 이때부터 안심하였다.

1월 25일 아침 7시30분, 미 1군단과 9군단이 수원, 이천, 여주에서 일제히 수색정찰을 하였다. 수색대장의 보고는 "적은 남진할만한 능력이 없다. 반격하면 승산이 있다."고 하였다.

팽덕회는 혼자서 전 전선을 지휘할 수 없어 서부전선은 등화에게, 동부전선은 한선초에게 지휘하도록 임명하였다. 미군이 재편성 하려면 시간이 걸릴 것으로 팽덕회는 판단하였으나 수색활동을 하는 것으로 보아 반격이 곧 있을 것으로 판단, 즉시 4차 작전을 준비하고 있었다.


## 2. 팽덕회, 리지웨이 장군의 반격저지 실패

팽덕회는 리지웨이 장군이 곧 반격할 것으로 판단, 국군 3군단을 격파하고 미 10군단을 섬멸할 계획을 세웠다. 그리하여 중공군 13병단 40군을 양덕원리에, 19병단 60군을 홍천에, 13병단 39군은 지평리를, 그리고 38군은 서부전선의 미 1군단을, 동부전선에는 인민군 4군단이 공격하여, 2월 공세 승리로 미군의 반격을 저지하는 작전을 세우고 있었다.

리지웨이 장군도 반격을 하려고 하는데 그 많은 중공군이 도깨비같이 어디로 숨어버렸는지 보이지 않아 쉽게 반격할 수 없어 고민하고 있었다. 참으로 중공군은 알 수 없는 군대였다. 그래서 그는 미 10군단에 소속된 국군 8사단으로 하여금 미끼노릇을 하게 하여 중공군이 어떻게 나오는지, 그리고 중공군이 어디에 숨어 있는지 파악해 보려고 하였다.

국군 8사단장 최영희 준장은 덕전 전투에서 전차가 없어 후퇴한 것을 알게 되어 미군으로부터 처음으로 전차 1개 소대 4대를 제공받아 50포병대와 42인치 박격포 6문, 81밀리 32문, 60밀리 82문, 3.5인치 로켓포 165문, 2.36바주카포 34문, 75밀리 9문, 57밀리 무반동 총 27문 등 막강한 화력으로 11,300여 명의 장병들을 지휘하여 횡성에서 홍천을 향해 반격하였다. 국군 8사단은 북진 때 덕천에서 중공군에 참패를 당하여 후퇴를 하다 재편성하여 처음으로 반격에 나선 것이다.

인민군 5군단 소속 7사단과 12사단, 중공군 13병단 소속 40군과 66군은 82밀리 박격포 103문, 60밀리 38문, 대전차포 20문, 산포41문, 92밀리 보병포 29문, 화학 박격포 20문, 76밀리 자동포 24문, 로켓트포 72문, 120밀리 곡사포 27문, 122밀리 곡사포18문, 전사 96,000여 명을 동원하여, 국군 8사단을 덮쳐 전멸시켜 구멍을 낸 다음, 지평리 미 23연대를 박살내어 국군과 미군이 반격을 아예 못하게 하기 위하여 전력을 다하였다.

중공군 66군은 홍천 남쪽 삼현리에서, 40군은 양덕원리에서 횡성의 국군 8사단을 향해 공격준비를 하고 있었고, 39군은 덕수리에서 지평리에 있는 미2사단 23연대를 덮치려고 움직이고 있었다.

미 10군단장 알몬드 소장은 8사단장 최영희 장군에게 「귀 사단을 횡성에서 좌는 용두리, 우는 홍천을 공격목표로 3개 연대로 공격할 계획을 2일 내로 세우라!」고 지시하였다.

최영희 사단장은 「1개 연대를 예비대로 하고 2개 연대로 좌우에서 공격할 것입니다.」라고 작전을 설명하였다. 그러자 알몬드는「그것은 안 됩니다.」하고 반대하였다.

「적정을 모르는 상태에서 예비대까지 전원 무모한 공격은 어렵습니다.」

「안 됩니다!」

알몬드는 최영희 사단장이 다시 건의한 것을 거절하며 작전계획을 세운 것을 내놓으면서 연대의 공격위치까지 세밀히 선정해 주었다. 작전 계획서를 살펴본 최 사단장은「이 작전은 8사단이 잘못하면 전멸입니다.」하고 다시 건의하였다.

「안 되오. 이 작전대로 실시하시오!」

　　알몬드 소장의 명령에 최 사단장은 작전계획이 마음에 들지 않아도 꾹 참고 '도움 받는 입장에서 명령에 따라야지' 하고 생각하였으나 '한국의 사단장은 허수아비인가? 하는 수모를 참기가 어려웠다.

　　2월 7일 국군 8사단 16연대는 횡성에서 홍천을 향해 진격하다 신촌에 도착하였다.

　　16연대는 태봉산에서 인민군의 강력한 저항을 받고 고전했다. 이때 국군 8사단 10연대가 증원되어 고전을 면하였다.

　　21연대는 신촌 우측의 독재봉을 중심해서 차례로 점령하고, 930미터 오음산을 향해 진격하였다.

　　인민군도 삼마치리 고개를 국군에게 빼앗기면 홍천이 점령되어 바로 춘천이 위협받게 됨으로 인민군 7사단도 사력을 다해 삼마치리 고개를 지키고 있었다. 인민군과 국군은 이곳에서 일진일퇴의 공방전을 벌였다.

　　10연대는 인민군의 수색을 열심히 하고 있었다.

　　2월 8일 8사단장 최영희 준장은 「우리가 작년 11월부터 덕천에서 후퇴하여 여기까지 왔다. 여기에서 밀리면 미군이 우리를 돕겠는가? 인민군을 물리치고 춘천을 거쳐 38선까지 진격해야 한다.」하고 연대장들과 참모들에게 훈시를 한 후 인민군 7사단을 격파하라고 명령하였다.

　　그는 21연대로 하여금 오음산과 대삼마치를 공격케 하였다. 그러나 해발 500미터가 넘는 꼬불꼬불한 삼마치리 고개 양쪽의 고지에서 인민군이 쉴 새 없이 박격포 공격을 하여 삼마치리 고개를 도저히 점령할 수가 없었다. 그래서 인민군 수색을 끝낸 10연대는 21연대와 같이 삼마치리 고개를 넘기 위하여 도로 양쪽의 고지를 하나하나 격전 끝에 점령해 나갔다. 그런데 전선을 유지해야 하는데 우측인 국군 3군단 5사단이 따라오지 못하여 8사단이 너무 앞서게 되어 포로가 될 위험이 많았다. 그래도 알몬드 군단장은 계속 공격하라고 명령하였다.

2월 9일 인민군 7사단이 고전하자 예비사단인 12사단을 증원하여 방어하였고, 좌측으로 우회공격을 시도하고 있었다.

국군 8사단 21연대는 삼마치리 고개에서 오음산에 걸쳐 공격을 시도하였으나 인민군의 결사적인 저항으로 고전하고 있었다. 21연대는 모든 포를 동원하여 공격하고, 보병은 돌격을 시도하여 백병전을 하여 고지를 점령하려 하였으나 인민군은 결사적으로 방어하였다.

10연대와 16연대도 고지를 공격하고 있었으나 큰 성과를 보지 못하였다.

2월 10일 최영희 사단장은 사단 포병대에 총 발포명령을 내렸다. 그리고 미 항공기 지원을 요청하여 고지마다 폭격을 하고 보병이 돌격하였으나 인민군의 방어진지는 끄떡도 하지 않았다.

2월 11일 중공군 39군과 66군, 인민군 7사단과 12사단 일부 등 10만여 명이 국군 8사단을 포위 전멸시키려고 밤중에 이동하였다.

국군 8사단은 이 날도 공격을 하였으나 인민군의 진지를 넘지 못하였다.

2월 12일 중공군 66군 196사단, 197사단, 198사단 등 3개 사단은 삼현리에서 삼마치리 고개를 공격 중인 국군 8사단 21연대를 포위하였다. 또 중공군 40군의 118사단 과 119사단, 120사단 등 3개 사단은 양덕원리에서 출발하여 국군 8사단 16연대를 포위하였다. 중공군 전방 지휘자 한선초는 국군 8사단을 포위하여 전멸시킨 후, 원주, 제천까지 밀고 내려가 여주, 이천으로 이동하여 미군을 포위하고, 국군 3군단과 미군 10군단을 섬멸할 작전이었다.

새벽 2시, 중공군 66군의 3개 사단은 삼마치리 고개에서 진격 중인 국군 21연대에 모든 박격포를 동원 공격하였다.

중공군 3만 명은 능선과 계곡을 따라 벌떼같이 공격해왔다. 중공군은 수류탄을 들고 공격하여 순식간에 국군 21연대를 포위하였다. 곧 어둠 속에서 국군과 중공군은 한데 엉겨 붙어 육박전이 벌어졌다. 중공군을 죽이고 죽여도 끝이 없어 국군은 지쳐버렸다. 총열은 달구어졌고, 총알을 넣을 시간도 없었다. 어느 새 전장에는 국군은 보이지 않고 중공군뿐이었다. 국군 21연대는 도저히 견디지 못하고 포위망을 뚫어야 했다. 그러나 중공군은 국군의 퇴로마저 차단하였다.

21연대장 하갑천 대령은 앞이 캄캄하였다. 그는 전차를 앞세워 포위망을 뚫으려 필사적이었다. 그러나 중공군이 도로를 폭파하여 전차가 움직일 수 없었다.

아침 5시, 결국 연대장은「각 부대는 모든 장비를 파괴하고 횡성으로 집결하라!」고 명령하였다.

중공군 3만 명은 국군 8사단 10연대도 벌떼같이 공격하여 국군 10연대도 전멸직전이었다. 10연대장 권태순 대령은「부대별로 횡성으로 탈출하라!」하고 명령을 내렸다. 그리고 그는「포로가 되어 구차히 사는 것보다 차라리 죽겠다.」고 하며 권총을 그의 머리에 대고 방아쇠를 당겼다.

10연대 1대대장 박치옥 중령은 중공군의 만세공격에 죽자 살자 도망쳤다. 그는 일주일을 산에서 헤매다가 겨우 국군 6사단 장병들에 의해 구출되었다. 그러나 그는 덕천에서의 참패가 되살아나 괴로웠다.

8사단 16연대도 회안에서 중공군 40군 3개 사단 3만여 명의 공격을 받았다. 수류탄만 들고 만세공격으로 달려드는 중공군을 16연대 장병들은 도저히 해볼 수가 없었다. 16연대는 포위되어 밤이 새도록 중공군에 얻어터지다 날이 새어 보니 온통 시체뿐이었다. 중공군은 이재일 16연대장 천막까지 공격해 들어와 이재일 연대장은 결사적으로 포위망을 뚫고 도망쳐 3일 동안 산에서 헤매다가 겨우 구출되었다.

중공군은 2월 13일 오후 4시 횡성을 점령하였다. 8사단 패잔병들은 원주, 문막, 제천으로 철수하였다.

미 8군사령관 리지웨이 장군은 중공군 19병단의 공격을 저지하지 않으면 또 위기에 몰릴 것을 판단하였다. 그리고 중공군의 공격을 강력하게 반격하기 위하여 부대를 이동시켰다.

리지웨이 장군은 원주에 있는 미 7사단과 제187공수연대에게 횡성의 중공군을 공격하게 하였다.

이번 싸움에서 국군 8사단은 장교 323명, 장병 7,142명이 전사 및 실종하여 시체가 산을 이루었다. 8시단의 패전이 외부에 알려질까 봐 철저히 은폐하였다. 그리고 8사단 부사단장 윤춘근 대령, 참모장 이희권 중령, 하갑청 이재일 연대장이 보직에서 해임되었다. 8사단은 후방에서 재편을 해야 했다.

신성모 국방부장관과 김백일 군단장은 이번 8사단 패전에 대해 최영희 사단장을 문책하였으나 알몬드 10군단장은 「귀 사단 장병들의 영웅적인 전투에 찬사를 아끼지 않으며 귀하의 공로에 훈장을 상신해 놓고 있다.」라고 칭찬을 하여 어리둥절하였다. 그 후 최영희 8사단장은 미 은성훈장을 받았다.

알몬드는 훈장 수여식에서 「8사단의 용전분투로 유엔군 작전을 역전시키는데 결정적인 역할을 완수하였다.」라고 칭찬을 아끼지 않아 신성모와 김백일은 어리둥절하였다. 그 이유는 국군 8사단을 전 전선에서 돌출시키자 팽덕회는 "이게 웬 떡이냐?" 하고 덥석 물었다가 리지웨이 장군의 함정에 걸려들었던 것이다. 리지웨이 장군은 중공군 19병단이 압록강을 건너 한국전에 참전하였다는 첩보를 입수하였으나 중공군이 어디에 숨어 있는지 잠적하여 도저히 찾을 수 없어 반격하지 못하고 애태우며 고민 중에 있었는데 국군 8사단으로 하여금 중공군 19병단과 중공군 전체의 움직임과 작전을 파악하게 되어 반격할 수 있었기 때문이었다. 리지웨이 장군은 팽덕회보다 판단력이 좋고 머리가 좋았다. 전쟁은 머리싸움이요 기술이다. 머리가 나쁜 지휘관은 전쟁에서 살아남을 수 없고 부하만 죽이게 된다. 판단력과 머리가 좋은 사람이 대통령과 지도자나 군 장성이 되어야 통일ㄷ 하고, 국가가 발전한다. 이 전투로 팽덕회는 모택동에게 질타를 당하였다. 모택동과주은례는 판단과 머리가 좋은 사람이다.

## 3. 51년 2월 10일 양평 옆 지평리에서 미 23연대 대승

51년 2월 3일 미 2사단 23연대는 양평 옆 지평리에서 반격을 하기 위하여 적정을 수집하고 있었다. 팽덕회는 미 23연대가 돌출해 있어 공격하기가 용이하다고 판단하였고, 미 23연대를 박살내어 리지웨이가 반격하지 못하게 할 계획으로 등화가 직접 지평리 북쪽 민가에 사령부를 두고 지휘하였다. 2월 9일 중공군 39군 소속 115사단과 116사단, 117사단의 3만여 명이 미 23연대를 전멸시켜 미군의 반격을 저지하려 하였다.

리지웨이 장군은 1월 31일 전 전선에서 반격을 시도해서 38선까지만이라도 올라가려하고 있었다. 그런데 지평리 미 23연대가 중공군에 밀려 후퇴한다면 미군과 국군의 반격에 큰 영향을 줄 수 있어, 리지웨이 장군은 9군단장 모르 소장에게 어떠한 일이 있어도 지평리를 지키라고 명령하였다. 모르 소장은 23연대장 후리면 대령에게 단단히 명령하였다.

등화는 국군 8사단을 횡성에서 대파시켜 국군의 공격을 차단하고 미 23연대도 대파시켜 미군의 반격을 사전에 봉쇄하려고 하였다. 미군은 청천강에서부터 전투 한 번 하지 않고 죽자 살자 여기까지 도망쳤고, 또 2사단 23연대는 삼소리에서 중공군에 비참하게 얻어터졌는데 또 여기에서 패하여 도망친다면 세계의 웃음거리가 되고 전선은 반격도 못하고 또 무너질 형편이었다.

51년 2월 12일 밤을 이용하여 중공군 3개 사단은 지평리 미 23연대를 포위하고 있었다. 후리면 23연대장은 1대대는 207고지에, 2대대는 망미산 능선에, 3대대를 동쪽 212고지에, 불란서 군대는 서쪽 준지의

논과 양평으로 향하는 도로를 방어하게 하였다. 무기는 155밀리 곡사
포 6문, 105밀리 18문, 고사포 1개 중대, 전차 21대, 박격포 51문을 잘
배치하였다. 그리고 탄약이 부족하지 않게 준비한 후 호를 깊이 파서
야간공격에도 끄떡하지 않게 진지를 잘 준비하였다.

2월 12일 밤이 깊어지자 중공군 3만 여명이 공격해왔다. 미 23연대
는 모든 중화기를 동원하여 쉴 새 없이 공격하였다. 미군이 쏘아올린
조명탄은 천지를 대낮같이 밝혔다. 중공군의 박격포도 미군을 향해 퍼
부었다. 보병은 수류탄을 들고 개미떼 같이 미군을 향해 기어올랐다.
미군과 중공군은 밤이 새도록 죽이고 죽고 하였다. 미 포병대는 1문
당 250발씩 발사하였고, 중공군은 23연대에 300발 이상 박격포를 쏘
아댔다. 이 포격으로 후리면 연대장이 가벼운 부상을 당하였다.

2월 13일 해가 떠오르자 미군 폭격기가 나타나 중공군의 머리 위에
폭탄을 뿌리자 중공군은 개인호에 두더지같이 숨어버려 흔적도 찾을
수 없었다.

같은 날 해가 지고 밤이 깊어지자 중공군은 피리와 나팔을 구슬프게
분 다음, 징과 꽹과리를 혼란스럽게 쳐대어 미군 병사들의 정신을 빼
놓고 보병은 수류탄을 들고 벌떼공격을 해왔다. 중공군은 4면 전체에
구멍 내기가 어렵게 되자 미 2대대 G중대를 집중 공격하여 구멍 내기
작전에 들어갔다. 중공군은 '만세공격'을 하며 G중대를 공격하여 2월
14일 새벽 2시 백병전 끝에 새벽 3시 G중대원은 150명 중 한 명도 살
아남지 못하고 전멸당하여 구멍이 났다.

'만세공격'이란 자살특공대이다. 후리면 연대장은 즉시 2개 소대를
증파해서 구멍을 막게 하였다. 동쪽에서 해가 떠오르자 중공군은 물러
서야 했다.

리지웨이 장군은 후리면 연대장이 부상을 당했으면서도 후송하려
하지 않고 2일 째 끝까지 진지를 방어하고 있으며, G중대 전원이 전사
하였다는 보고를 받고 감탄하였다. 그는 장호원 미 5기갑연대에 즉시

미 23연대를 지원하라고 명령하여 5연대장 크롬베츠 대령이 23대의 전차를 몰고 지평리를 향하였다. 중공군은 미군의 지원부대가 올 것을 예상하고 지평리 못가서 곡수리 고개에서 매복하고 있다 미 전차가 나타나자 벌떼같이 전차를 공격하였다.

2월 14일 오후 3시 전차 23대는 160여 명의 보병을 전차 위에 태우고 이들로 전차를 엄호하게 하였는데, 곡수리 고개에 도착했을 때는 오후 5시였다. 그때까지 전차 1대가 파괴되고 전차 위에 있던 160명의 보병 중 145명이 죽고 15명만 살았다. 결사적인 싸움으로 결국 전차가 고개 정상에 오르는데 성공하였다.

곡수리 고개에 올라 지평리를 바라보고 5연대 병사들은 '만세'를 불렀다. 23연대 전차와 5연대 전차는 망미산에 숨어 있는 중공군에게 한없는 포격을 하였다. 중공군은 국군 6사단과 영국군 27여단이 지평리에 모여들자, 2월 15일 오후 5시 30분 지평리 23연대 공격을 포기하고 흔적도 없이 도망쳐 2월 15일 밤은 공격이 없었다.

## 4. 리지웨이 장군 중공군의 전략을 파악하고 반격 전략을 세움

51년 2월 16일 해가 떠올라 전장을 살펴보니 수천 구의 중공군 시체가 계곡을 덮고 있었다. 이렇게 되어 51년 2월 13~15일 3일 동안 중공군 3개 사단의 공격을 받았어도 미 23연대는 잘 방어하였다. 이번 전투로 리지웨이 장군은 중공군의 전략을 확실히 파악하게 되었다.

① 모택동과 팽덕회는 나폴레옹이 즐겨 썼던 내선위치 병법인 화력에서 약하고 전차가 없는 국군을 먼저 공격하여 구멍을 낸 다음, 구멍을 통해 미군의 후방에서포병을 공격하여 화력을 잠재운 다음, 후방에서 포위하는 척 요란하게 공포분위기를 조성 후, 접근

전과 야간전, 눈사태작전, 바람몰이작전을 해서 미군의 혼이 빠지게 하는 작전인 것과,

② 보급이 보충되지 않기 때문에 10일 작전을 하고, 보급을 보충받기 위해 숨어 있다가 며칠 후에 다시 공격하는 10일 작전인 것을 알았다.

③ 이번 지평리 전투에서도 국군 8사단을 대파시켜 구멍을 낸 다음, 미군 23연대지평리를 공격하였으나, 팽덕회의 이 작전이 처음으로 실패하여 리지웨이 장군이 알게 되었다.

④ 이후부터 리지웨이 장군은 10일 동안 싸우는 척하면서 진지를 잘 구축하여 방어하고 있다가 중공군의 보급이 떨어지게 한 다음, 9일째부터 반격을 하면 쉽게 중공군을 섬멸할 수 있다는 확신을 가졌다.

⑤ 국군 8사단이 패한 원인은 삼마치에서 진지를 구축하지 않고 공격 중에 처참하게 패하였으나 미 23연대는 지평리에서 진지를 구축하고 방어하여 중공군의 공격을 막았다는 것도 알게 되었다. 그래서 진지를 구축하고 방어하면 얼마든지 중공군의 만세 공격을 막을 수 있다는 자신감도 갖게 되었다.

⑥ 리지웨이 장군은 미군과 국군이 압록강을 향해 전진할 때 고지를 점령하면서 전진을 하였다면 중공군이 공격해도 방어할 수 있었는데, 국군과 미군은 중공군이 없다고 판단하고 도로를 따라 차량으로 북진을 하였고,

⑦ 11월 말까지 전쟁을 끝낸다고 맥아더 장군이 장병들에게 성명서를를 발표하여 장병들이 들떠 있는 상태에서 전진하였고, 고지에서 매복 중 중공군의 기습 공격을 받을 때 미군과 국군이 방어를 못하고 참패하였다는 것을 알게 되었다. 그리고 중공군이 고지를 이동할 때는 박격포만 가지고 있어 기동력이 있어 미군과 국군의 후방을 포위하여 공격이 가능하여 미군과 국군이 어려움

을 당했으나 고지가 없는 곳에서는 화력이 약하여 미군의 적수
가 되지 못한 것을 함흥전투를 통해서 파악하게 되었다.

리지웨이 미8군 사령관은 이러한 중공군의 작전을 분석, 지휘관과
참모들에게 중공군의 약점을 최대 이용하라고 교육을 철저하게 시키
고, 중공군은 도깨비부대라는 공포증을 불식시켰다.

리지웨이 장군과 지휘관들과 참모들은 소총과 수류탄과 박격포만
가지고 공격하는 중공군한테 대패하여 미군이 청천강에서 여기까지
도망친 것이 한없이 부끄러웠다. 이 모든 참패는 "맥아더 장군이 중공
군이 참전할 것을 예상하지 못하고 거기에 대해 준비를 전혀 하지 않
고 전진한 데 있었다. 그렇지 않았다면 대승하여 전쟁을 끝내고 맥아
더 장군은 영원히 전쟁의 영웅이 되었을 것이다." 하고 미8군 사령부
참모들은 분석, 애석하게 생각하였다. 특히 미 기병사단 8연대와 2사
단 9연대와 해병대 병사들의 처참한 죽음과 한반도를 통일시키지 못
하고 여기까지 온 것이 한없이 부끄러웠고 안타까워했다.

팽덕회는 미군 1개 연대를 중공군 3개 사단이 공격하다 대패한 중
공군의 약점을 리지웨이 장군이 파악하고 반드시 공격해 올 것이 더
욱더 불안하였다. 팽덕회가 그렇게도 주위에서 남진을 하라고 해도
남진을 하지 않은 이유는 수원, 평택, 천안, 대전은 평야이기 때문에
중공군이 숨을 곳이 없어 미 전투폭격기의 폭격에 몰살당할 수 있었
기 때문이었다.

리지웨이 장군은 팽덕회가 미 전폭기 때문에 겁이 나서 남진을 못한
것이라는 것을 지평리 전투를 통해 확실히 알게 되었다. 리지웨이 장
군은 중공군의 약점을 최대한 이용해서 반격하면 승리할 것을 확신하
고 반격을 명령하였다. 리지웨이 장군은 모택동이나 팽덕회의 판단력
과 머리보다 훨씬 좋았다. 리지웨이 장군이 유엔사령관이 되었으면 한

국은 통일되었을 것이다.


## 5. 51년 2월 21일 국군과 미군의 총 반격

미 해병사단은 원주의 중공군 66군을, 미 9군단은 이천과 양평에서, 국군 6사단과 영 27여단은 지평리에서, 10군단은 평창에서, 국군 3군단은 정선에서, 국군 1군단은 강릉에서, 미 1군단은 한강에서, 51년 2월 21일 오전 8시 총반격을 하였다.

3월 13일 미 25사단과 국군 1사단이 한강을 도강하여 퇴계원으로, 3사단은 서울 중심부를, 국군 1사단은 서울 서부지역에서 반격하였다.

미 3사단은 3월 15일 서울을 재탈환하고 중공군을 몰아냈다.

국군 1사단은 구파발과 금촌, 3월 23일에는 문산까지 중공군을 몰아냈다.

미 3사단은 3월 24일 의정부를 탈환하였다.

3월 27일 미 1군단은 포천, 동두천의 중공군을 강타하였다. 중공군은 제4차 공세와 5차 공세를 하였으나 국군과 미군은 이를 잘 방어하였다. 국군과 미군은 중공군의 4차와 5차의 공세로 인하여 중공군의 공격의 한계점을 확실하게 알게 되었다. 중공군은 공세에서 방어의 진지전으로 바꾸었다.

51년 5월 13일부터 작전이 시작되어 5월 26일 국군 6사단은 용문과 양평, 청평, 가평에서 중공군 제2군, 15군, 27군, 60군, 63군 등을 화천저수지 쪽으로 몰고 올라갔다. 국군 6사단은 중공군이 화천저수지 쪽으로 도망치는 퇴로를 차단하고 두들겨 팼다. 실탄과 식량이 떨어져 배가 고파 죽음 직전에 이른 비실거리는 중공군 5개 군 전사들을 죽이는 것은 식은 죽 먹기였다. 국군 1개 사단이 중공군 5개 군을 공격해서 두들겨 팬다는 것은 상상도 못할 일이었다. 이 전투에서 중공군은

29,156명이 죽고, 3,252명이 포로가 되었다. 국군 피해는 107명 전사, 494명 부상, 33명 실종이었다. 중공군 60군 소속 180사단은 가평 북배산에서 사단장 한 명만 살아서 도망치고 전멸하였다. 국군6사단은 초산에서 당한 것을 가평 북배산에서 보복하였다. 이승만 대통령은 전승 기념으로 화천저수지를 파로호라고 명명하였다. 중공군 50군은 처음으로 미군 포병대에 박살났고, 미군의 화력이 이제야 위력이 나타나기 시작하였다. 미군은 정신을 차리고 보니 중공군이 소총과 수류탄과 박격포만 가지고 어떻게 압록강에서 여기까지 밀고 왔는지 도저히 이해할 수 없었고, 자신들이 도깨비에게 홀린 듯 정신이 몽롱하여 도망쳐 온 것을 도저히 이해할 수 없었다.

51년 4월 중순 미군과 국군은 중공군을 일제히 38선 이북으로 몰아내 버렸다. 중공군은 보급이 뒤따르지 못하여 전사들이 아사상태에 들어가 도망도 칠 수 없을 정도로 비실거림으로 몰살당할 정도가 되어 팽덕회는 고민에 빠졌다.

4월 12일 미군과 국군은 38선 넘어 20km까지 밀어내고 철원, 평강, 양구, 화천, 간성까지 몰아냈다. 국군 1군단이 원산까지 북진하는 것은 어려운 일이 아닌데 회담장소가 된 판문점에서 발목이 잡혀 북진하지 못하였다. 그리고 트루먼은 38선 이북의 20km이상은 북진하지 못하게 하여 북진을 못하고 있었다.

3월 28일 1군단장 김백일 소장이 비행기 사고로 순직하였다. 후임에 백선엽 장군이 1군단장이 되었다.

51년 2월 8일 지리산에 숨어 있는 인민군 패잔병들이 남해여단을 창설, 영주·안동의 제2전선과 연결하여 국군과 미군을 포위하려 했고, 거창군 신원면 신원지서 경찰관 11명을 학살하였다. 그러자 후방에 있는 패잔병을 소탕하기 위해 육군 11사단을 창설하여 9연대, 13연대, 20연대로 하여금 지리산의 인민군 패잔병과 남해여단을 토벌하는 중에 11사단 9연대 3대대장 한동석 소령의 3대대 장병들은 2월 10일 신

원면 고정리 청수리부락 남자 109명, 여자와 어린아이 225명 합517명
을 학살하였다. 이를 조사하려고 가는 조사단을 계엄사 민사부장 김종
원이 이들을 방해한 거창사건이 발생하였다. 9연대는 제주 4.3폭동,
6.25 초전 포천에서 패배, 거창사건 등 가는 곳마다 말썽을 부렸는데
해체되지 않고 홍천에 주둔, 여단으로 승격되었다.

제28장

휴전회담

# 제28장 휴전회담

## 1. 맥아더 장군의 휴전회담 제의

3월 12일 서울을 수복하기 전 리지웨이 장군은 "만일 38선에서 휴전이 성립된다면 유엔군은 대승리 한 것이다."라고 담화문을 발표하여 한국인들을 깜짝 놀라게 하였다.

3월 24일 서울을 수복한 후 맥아더 장군은 "한국과 한국 국민을 이이상 희생시키는 것은 안 된다는 것이 중대한 관심이므로 본인은 유엔군 총 사령관의 권한 내에서 어떤 군사적 조치를 발견하기 위해 중공군의 총 사령관과 전선에서 언제든지 협의할 용의가 있다."라는 성명을 발표하였다. 이 성명이 전파를 타고 세계에 퍼지자 백악관과 국방성, 영국, 프랑스, 한국 등에서 일제히 항의가 빗발쳤고, 맥아더를 해임시키라고 아우성이었다.

## 2. 맥아더 장군의 해임

51년 3월 24일 맥아더 장군은 트루먼 대통령에게 전혀 상의도 없이 중공에 휴전 제의를 하자 트루먼은 "......그것은 육 해 공군 총 사령관으로 대통령인 내 명령에 대한 공공연한 반항이다. 또한 헌법에 명시한 대통령 권한에 대한 도전이며 유엔 정책을 모욕하는 것이다. 나는 이 이상 더 그의 불복종을 용서할 수 없다."라고 진노하였다. 트루먼은 에치슨 국무장관, 마셜 국방부장관, 브레들리 합참의장 해리먼 특사를 불러 "맥아더에 대해 어떻게 생각하느냐?"고 질문하자 "맥아더를 해임해야 한다."고 모두 찬성하여 트루먼 공보비서는 "맥아더를 그의 사령관 직에서 해임하고 리지웨이 중장을 그 후임으로 한다."라고 해임 발표를 하였다.

맥아더 장군은 수행원도 없이 부인과 둘이서만 동경의 극동사령부를 떠나야 했다. 그는 인천상륙작전의 영광과 청천강의 참패를 뒤로하고 조용히 역사의 일선에서 물러나야 했다. 북진 중 패전이 이토록 맥아더 장군의 퇴임을 초라하게 하였다.

## 3. 미국의 휴전회담 논의

51년 5월 17일 미 상원 에드윈.C 존스턴 의원은 "유엔 한국 교전국은 한국전쟁이 발효한 38선에서 휴전을 하도록 결의하자."고 제안 연설을 하였다. 5월 26일 캐나다 외상 피어슨은 "한국 침략자들이 전면 항복을 하지 않아도 좋으며 침략을 저지하는 목표 달성으로도 충분하다."고 연설하였다.

51년 6월 1일 유엔사무총장 트리그리니도 "이제 한국전쟁을 끝낼 시기가 왔다."라고 선언하였다. 51년 6월 2일 미 애치슨 국무장관은 "리 총장의 의견에 동의한다."하며 휴전에 동의하였다.

6월 7일 애치슨은 맥아더 청문회 때 "유엔군은 38선에서 휴전에 동의할 것이다."라고 답변하였다.

## 4. 소련의 휴전회담 제의

이상의 내용을 청취한 소련과 중공은 미군이 휴전을 원하고 있다는 것을 알게 되었다.

소련의 스탈린은 김일성이 38선만 넘어 서울을 점령하면 남조선 인민 20만이 봉기하여 남조선을 해방시킨다고 장담을 해서 무기를 지원해 주었다. 그런데 지금까지 민중봉기가 한 건도 없이 허풍만 치며 거짓 선동을 하고 압록강까지 도망친 것에 대해 불쾌하게 생각하고 있었다. 또 중공군이 미군과 싸워보겠다고 달려들었지만 미군의 물량공세에 견디지 못하고 있는 것을 잘 알고 있어, 잘못하면 대패하여 미군이 만주를 점령하면 소련 방어에 어려움이 있을 것으로 판단하고 휴전에 찬성하였다. 그러나 스탈린은 병이 들어 한국의 휴전문제를 마렌코프와 불가닌에게 지시하였다.

51년 5월말 현재 중공군은 70만 명이 한국전에 참전하고 있는데, 미 폭격기의 보급로 차단과 보급로가 길어 우마차로 70만 전사들의 보급을 보충할 수 없어 70만이 아사상태가 되었다. 미군이 평양이나 신의주 원산에서 상륙한다면 미군의 총에 맞아 죽는 것이 아니라 굶어서 죽을 전사가 많을 것이라고 판단, 모택동과 팽덕회는 매일 매일 불안한 나날을 보내면서 전투를 해나가고 있었다. 그러므로 미군의 휴전 제의는 그들에게 기쁜 소식이 아닐 수 없었다.

51년 6월 현재 국군 사망자 212,554명, 미군 사상자 78,000여 명, 중공군과 인민군 사망자 1,000,000명으로 참전 6개월 만에 중공군은 80만 명 가까이 사망하여 전쟁이 장기화 될 경우 중공 내에 큰 문제가 될 것을 모택동은 우려하였다.

51년 6월 23일 미국 CBS방송 뉴스 시간에 "한국에서 무력충돌을 해결할 수 있다. 진정 한국에서 유혈전쟁을 해결하고 싶은 용의가 있다면 첫 단계로 교전 당사자끼리 회담을 갖고 38선 선에서 쌍방 군대는 철수해야 한다."라고 소련 부외상 겸 유엔 소련대표 말리크가 성명을 발표하였다.

6월 25일 중공은 인민일보를 통하여 "만일 미국이 휴전을 희망한다면 한국 문제의 평화적 해결 문제에 관해 중·소의 기타 국가들이 점차 제안한 바 있는 합법적인 방법으로 즉각 동의해야 한다."라고 성명을 발표하였다.

6월 25일 트루먼 대통령은 "미국은 과거에도 늘 그랬듯이 이제 한국 문제의 평화적 해결에 참가할 용의가 있다."라고 성명을 발표하였다.

6월 30일 유엔군 사령관 리지웨이 장군이 중공군 사령관 팽덕회에게 "나는 귀하가 한국에서의 모든 군사 행동과 적대 행동을 중지하기 위해서 적절한 보장이 있는 휴전회담을 원한다는 것을 알았다. 덴마크 병원선 주트란디 를 원산 만에 정박시켜 선상에서 회담을 열기를 바란다."라고 제안하였다.

7월 1일 팽덕회와 김일성은 "덴마크 병원선보다 개성에서 7월 10일 ~15일 사이에 회담을 열자."라고 제의하였다. 7월 3일 리지웨이 장군은 "개성회담 제의를 동의한다. 7월 5일 이에 필요한 준비를 위해 연락장교 회담을 열자."고 제의하였다. 7월 4일 팽덕회는 "7월 8일 연락장교 회담을 하자."고 제의하였다. 이 제의에 리지웨이 장군은 동의하였다. 6월 26일 오후 4시 리지웨이 장군은 미 8군사령관 벤프리트 중장과 부사령관 콜러 장군, 무쵸 대사는 이승만 대통령을 찾아갔다.

"각하! 워싱턴의 지시에 따라 유엔군 측은 말리크의 휴전 제의를 받아들여 휴전 협상을 하겠습니다."하고 보고하였다. 이승만은 미국에서 상의 한 번 없이 휴전을 받아들이겠다고 하는 것에 기가 막혀서 말을 하지 않았다. 이것은 국군이 초전에 인민군의 공격을 막지 못하고 전시작전권을 맥아더에게 위임한 결과였다.

## 5. 한국 정부의 입장

6월 27일 이승만 대통령은 "인위적인 경계로 한국을 분할하는 것을 수반하는 소위 평화안을 남북은 물론하고 전 한국 국민이 절대 수락할 수 없는 것이다. 한국의 어느 부분이든 침략자의 수중에 남겨두는 제안은 이 나라에 대한 모욕이다. .......말리크의 제안은 이러한 조건에 응할 수 있는가? 만약 그렇다면 평화에 대해 어느 정도의 희망이 있다. 그러나 우리는 조속한 평화라는 허황한 약속에 속아 가지고 결국 더 크고 더 무서운 전쟁의 서곡이 되어버릴 어느 평화안도 수락하지 않음을 전 세계에 경고하는 것이다."라고 담화문을 발표하여 휴전회담을 정면으로 반대하고 나왔다. 그러나 세계나 미국은 반응이 없었다. 한국 국회에서 휴전 반대 결의안을 통과시켰다.


## 6. 비밀리에 북한과 미군 연락장교 만남

51년 7월 4일 개성에서 양측 연락장교가 만나고 있는데 한국 정부에는 전혀 알려주지 않아 알 수 없었다. 7월 10일 국군 정보국장 김종면 준장이 휴전에 대한 정보를 아무리 수집하려 해도 미군에서 극비에 진행하여 알 수가 없었다. 그래서 김 준장은 국방부장관 이기붕, 육군참모총장 이종찬, 해군참모총장 손원일, 공군 김정렬과 함께 미8군사령관 밴프리트 장군을 문산에서 만났다. 휴전회담에 관하여 알고 싶어서 왔으니 설명을 해주시든지, 아니면 한국 대표 백선엽 장군을 만나게 해 달라고 요구하였으나 한 마디로 거절당하였다. 총장들은 이구동성으로 천대를 받고 있는 것에 대해 탄식이 저절로 나왔다.

이러한 대접을 받지 않으려면 자국의 국방은 자국민이 책임져야 하는데 이승만 대통령은 인민군의 남침에 대해 전혀 준비하지 않고 선장 출신 신성모나 병기장교 출신 채병덕 같은 사상이 불순하고 똑똑하지 못한 자들을 국방부장관이나 참모총장으로 임명하여 개전 4일 만에 국군을 붕괴시킨 대가였다. 또 씨름꾼을 준장으로 발령, 국민방위군

사령관에 임명하여 국민방위군에 지급될 쌀을 팔아 착복해서 젊은이
들 20만이 굶어 죽거나 병이 들어 중공군을 막지 못하고 국민방위군이
해체되자 전 세계의 웃음거리 나라가 되었다. "한국은 도울 가치가 없
는 나라다"라고 무시를 당하여 개탄하게 한 것이 오늘의 이런 무시를
당하고 있는 것이다. 그러고도 모자라 이승만 대통령은 전사에 대해
아무 것도 모르는 무능한 이기붕을 또 국방부장관에 임명하였다. 참으
로 한심한 대통령이다.

7월 10일 김종면 정보국장은 백선엽 장군을 만나 지금까지 수모당
한 이야기를 하면서 회담 내용을 물었다. 백선엽 장군도 극비에 부치
라는 밴프리트 장군의 명령이라 말을 못하나 상의해서 연락할 테니 기
다리라고 해서 7월 11일 김종면 국장이 문산으로 가니 미군 대령이 현
재까지의 상황을 설명해 주었다. 김종면 국장은 이 내용을 기자회견을
하여 한국 국민에 알렸다.

7월 10일 유엔군 대표 조지 일행이 헬리콥터로 개성 봉래장에 도착
하였고, 북측 대표 남일은 먼저 와 있었다. 결국 의제를 놓고 서로 말
씨름만 하고 헤어졌다. 북한 측은 헤어지면서 "개성은 우리 땅이니 기
자들이 우리의 허락 없이는 올 수 없다."고 잘라 말하였다. 유엔 대표
차량에 흰 기를 꽂고 들어가자 북한 측 기자들이 "유엔이 백기를 들고
왔다."고 악선전을 하자 유엔 측 회담 대표들은 암담하였다.

7월 13일 회의 때 기자 20명을 데리고 가자 무장군인들이 "안 된다."
고 하면서 회담장 출입을 막아버렸다. 화가 난 유엔 측 회담 대표가 "만
일 다음부터 기자들 출입을 막는다면 우리는 회담을 중단시키고 끝까
지 싸우겠다."하고 고함을 치자 팽덕회와 김일성이 허락하여 그 다음부
터 기자들이 출입할 수 있었다. 그런데 전 세계 기자들은 다 참석하는
데 이제는 미군이 한국 기자들은 안 된다는 것이었다. 그러자 국방부
정훈국 휴전회담 공보장교 김현기 중위가 권총을 빼들고 "어째서 한국
기자는 안 된다는 말이요? 이렇게 무시당하는 세상에서 더 살고 싶지

않다"고 고함을 치면서 "몇 놈 죽이고 자살 하겠다"고 고함을 치자 리지웨이 장군이 깜짝 놀라 한국 기자 2명을 허락하였다. 이 광경을 본 한국 기자들은 탄식이 저절로 나왔다. 그래서 자주국방을 해야지 국방을 미국에 의지하는 것같이 어리석은 일은 없다고 탄식하였다.

2013년 342조원 예산 중 국방 예산이 34조원이나 보건복지부 예산은 100조원이다. 어찌 이럴 수 있는가? 이상희 국방부장관이 30조원을 증액하여 63조원을 가지고 최신무기인 F35와 호마호크미사일, 패트리어트3과 전자전 개발과 미국의 현대 무기를 구매하여 자주국방을 해야 한다고 정부에 건의하자 이명박 대통령은 이상희 국방부장관을 해임시켰다. 미군이 철수하면 한국은 한 달이 못되어 큰 어려움을 당할 것이다.

지금도 대한민국 정부는 미국만 의지하지 자주국방을 하려하지 않고 있다. 18대 대통령으로 선출된 박근혜 당선자도 보건복지부 예산만 증액하겠다고 하지 국방 예산을 증액하겠다는 말이 없고, 오히려 군 복무를 현재 21개월에서 18개월로 단축하였다. 6.25 때 그토록 어려움을 당하고도 60년이 지난 지금까지 정신을 차리지 못하는 한심한 나라이다.


## 7. 휴전회담의 어려운 문제와 합의

7월 15일 제3차 회의 때 "회의장 자체 경비에 회의장을 중심으로 반경 반마일을 회의장 지역으로 규정 한다."에 합의하였다. 그래서 미군이 개성을 공격도 폭격도 못하여 북한 땅이 되게 하였고, 국군은 간성에서 원산까지 북진할 수 있는 능력이 있는 데도 북진을 하지 못했다. 이것은 회담에서는 미국이 북한에 지고 있다는 내용이었다.

7월 25일 제10차 회의 때도 쌍방은 5개 항의 안건을 가지고 하루 종일 입씨름을 하는 남일에 대해서 신물이 났다. 7월 28일 12차 때는 8일 동안 앵무새같이 반복되는 북한 측의 말씨름에 대해서 진절머리가 났다.

8월 10일 남일은 회담장에 참석하여 조이 제독이 아무리 물어도 이제는 대답을 하지 않고 하루 종일 침묵을 하고 있어 조이 제독은 도저히 회담을 할 수 없었다. 호테스나 조이 제독은 남일이나 이상조가 수십 일을 말도 안 되는 안건 가지고 계속 되풀이 되는 입씨름을 하자 진절머리가 났다. 한국 측 대표 백선엽이 이형근 장군으로 교체되었으나 이는 한국 정부와 전혀 상의 없이 교체하였고, 한국 측 대표 의견을 듣는 것이 아니라 형식적인 대표였다. 이승만 대한민국 대통령은 허수아비였다.

10월 7일 김일성과 팽덕회는 개성의 봉래장이 아니라 판문점에서 하자고 제의하여 리지웨이 장군은 이것도 허락을 하여 북한은 회담장이 개성 밑 판문점으로 내려옴으로 개성을 확실하게 북한 땅으로 만들어 회담으로 개성을 공짜로 얻게 되었다.

11월 23일 35차 회의 자리에서,

1) 현 전선을 군사분계선으로 하고 양측은 2km씩 철수한다.
2) 휴전협정이 30일 내에 조인되면 이 동안에 전선에 변동이 있다 하더라도 분계선은 처음 정한 대로 한다.

이상을 양측은 처음으로 합의를 보았다.


## 8. 휴전회담 중 전투지역

51년 6월 양구의 도솔산 전투, 8월 금성전투, 양구 위 대우산 일명 피의능선 전투, 양구 펀치볼 전투, 향로봉 전투, 51년 9월 양구 위 백석산 단장의 능선 전투, 양구 위 까칠봉 김일성고지 전투를 할 때 미 7함대가 원산, 홍남을 집중공격을 하자 팽덕회는 미군이 다시 원산으로 상륙하지나 않을까 겁을 먹고 원산 주민들을 소개하였다. 국군 1군단은 간성을 거쳐 원산까지 북진할 전력을 갖고 있었으나 서부전선 판문점에서 발목이 잡혀 더 이상 북진을 하지 못하여 안타까웠다. 국군 1군단 장병들은 평양, 원산 선에서 만이라도 진격해놓고 휴전을 해도 해야 한다고 아우성이었다.

51년 11월 27일 제28차 휴전회담 본회의에서 시험휴전을 하였다. 이것은 중공군이 보급품을 보충할 수 없어 중공군 77만이 아사직전에 있어 보급품을 보충하기 위한 전략에 미군이 속아 시험휴전에 동의하였다. 이때 중공군은 미 폭격기가 공격을 하지 않자 전력을 다해 군수품을 신속하게 보급을 한 후 휴전회담에서 큰소리치며 52년 들어 다시 전쟁이 시작되었다. 52년 4월 금성 근방의 수도고지 전투, 10월 철원 북쪽 백마고지 전투, 김화 북쪽 저격능선 전투를 하였다. 그래도 판문점과 개성을 공격을 못해 자유로 북쪽 임진강이 남북 경계선이 되어 장단면을 공격하지 못하여 서울이 인민군의 곡사포 사정권에 들어가 서울이 최대 위험한 곳이 되게 하였다.

중공군은 보급로가 차단되는 것이 아닌가? 겁을 낼 정도로 중공군의 보급 차량은 미 폭격기에 의해 하루에 400여 대씩 파괴되어 중공군 군수품 보급에 한계가 왔다. 그리고 철도, 교량 등 무차별 공격으로 중공군 77만의 탄약과 먹을 것을 운반할 방법이 없었다. 중공군 전사들도 매일 미숫가루만 먹으니 속이 좋지 않고, 입이 트고, 체력을 견디지 못하였고, 현기증이 나면서 영양실조로 비실비실하였다. 중공군도 보급로 확보 때문에 미그기를 동원하여 미 전투기와 싸워보았다.

51년 9월 2일 평양 북쪽 상공에서 미 F-86 21대와 중공군 MIG-15 40대와의 공중전이 벌어졌다. 이때 중공기 4대가 격추되고 중공기는 도망쳤다.

51년 9월 10일 평양 근교에서 미 전투기 80대와 중공기 80대가 2차 전투가 벌어졌을 때 중공기 2대가 격추되면서 또 도망쳤다.

51년 9월 26일 평양 근교에서 미 전투기 101대와 중공기 155대가 태양을 가리며 공중전을 하여 천지를 진동시켰고, 중공기 14대가 격추되면서 중공기는 또 도망쳤다. 미 폭격기는 9월 한 달 동안 중공기 101대를 격추하고, 트럭 3,868대를 파괴하여 중공군은 위기에 몰리면서 미군의 군사력의 위력을 알게 되어 두려워하였다.

리지웨이 장군은 저런 연약한 군사력을 가진 중공군에 미군이 밀려 압록강에서 평택까지 도망친 것을 생각하면 도저히 참을 수 없었다. 희생자만 내고 승자도 패자도 없이 38선에서 휴전을 하려고 입씨름만 하고 있는 것을 보는 리지웨이 장군은 즉시 만주에 대대적인 폭격을 하고 밀고 올라가면 승산이 눈앞에 보여 그렇게 하고 싶지만, 미국의 분위기와 세계의 분위기가 휴전을 지지하고, 트루먼 대통령이 강력히 반대하여 리지웨이 장군도 어떻게 해볼 수가 없어 분통이 터져 견딜 수가 없었다.


## 9. 휴전회담과 포로문제

51년 12월 4일 휴전회담 분과위원회에서
1) 군사휴전위원회 구성.
2) 협정조인 24시간 안에 휴전발효.
3) 협정조인 72시간 안에 비무장지대 안에서 군대 철수
이상을 합의하였다.

미8군 법무부장 헨리 대령이 기자회견에서 "인민군과 중공군이 한국전 발발 이래 포로는 한국군 7,000여 명, 미군 6,270명, 타군 130명

이다."라고 중공군이 주장하였다고 하자 미 국민들과 한국 국민들은 발칵 뒤집어졌다.

51년 12월 18일 포로 명단 교환을 할 때 인민군이 제공한 국군 포로 7,142명, 미군 3,198명, 영국군 919명, 터키 234명, 필리핀 40명, 프랑스 10명, 타군 14명 계 11,559명을 제시하자 미군은 숫자가 너무 적은 것에 깜짝 놀라 미군은 이 숫자는 27%에 해당한다고 항의하자 남일은 대꾸도 하지 않았다. 평양 방송은 매일같이 유엔군 65,000명을 포로로 잡아 매일 이긴다고 방송을 해놓고 이제는 11,559명이라고 제시하였다. 조이 제독은 남일에게 53,500명의 포로를 죽인 것이 아니냐고 항

▲ 거제도 포로수용소의 공산포로들

의하였고, 중공군과 인민군 포로는 136,000명이고, 국군과 미군의 포로는 약 76,000명이었는데 11,559명이라고 하니 조이 제독은 이러한 회담을

하고 싶지 않았다. 남일은 "트루먼이 북한에 원자폭탄을 던지겠다고 공갈을 쳐 북한 주민 100만 명을 강제로 월남시켰으니 100만 명을 월북시키라"고 항의하여 미군 대표들은 기가 막혀 "상대하고 싶지 않아. 두 번 다시 만나고 싶지 않다. 만주에 원자폭탄을 던져 쑥밭을 만들어야 한다."하며 "이런 진절머리 나는 회담을 해서는 안 된다"고 하면서 회담장을 빠져나왔다.

유엔군 측 대표들은 거제도 포로수용소에 도착하여 포로 분류 심사

작업에 나섰다. 심사 작업이라 하지만 다만 포로들에게 「북으로 가겠는가? 안 가겠는가?」라고 묻는 것이었다. 미군들은 될 수만 있으면 공산포로 전원이 이북으로 가겠다고 대답하기를 원하였다. 그래서 될 수만 있으면 이북으로 가도록 설득하였다. 그래도 이북으로 가지 않겠다고 대답하는 포로들에게는 4가지 항을 질문하면서 마지막에는 「당신이 안 가겠다고 해도 유엔군 사령부에서 강제로 돌려보낸다면 어떻게 하겠는가?」하고 질문하였다. 이때 「나는 자살하겠다. 도망치겠다. 싸우다 죽겠다.」라고 대답하는 포로만 북송을 반대하는 명단에 넣었다. 조사 결과 포로 13만6천 명 중 7만3천명인 40%가 북송을 반대하여 유엔 측은 깜짝 놀랐고 이 문제로 인해 고민하였다.

4월 19일 유엔군 측은 조사결과를 공산 측에 제시하였다. 그러자 유엔 측의 조사결과를 본 공산 측에서는 「이것은 조작이다. 이렇게 많은 수가 거부할 리 없다!」하며 강력하게 항의하였다.

사사건건 입씨름이었다. 미군은 휴전회담을 하면 2개월 정도면 해결되리라 생각하였으나 두 해가 지나도 해결될 것 같지 않아 암담하고 답답하였다. 미군은 동양인과 공산주의자들의 거짓 주장에 치를 떨었다. 휴전회담은 52년 10월 8일까지 입씨름을 계속하다 결국 양측은 서로의 감정이 폭발하여 전투를 다시 시작하였다.

유엔군 수석대표인 조이 제독은 인민군 대표와 도저히 회담을 할 수 없어 사표를 내고 해리슨 중장이 유엔군 수석대표가 되었다.

「이 이상 말해 봤자 소용이 없고 입만 아플 뿐이다.」

해리슨 중장은 고함을 치고 자리에서 일어서며 「당신들과 회담하는 것은 어리석은 일이다.」하고 자리를 떠나려고 하였다. 그러자 남일이 급히 「잠깐만, 할 말이 있다.」하고 해리슨 중장을 불러 세우려 하였으나 해리슨 중장은 돌아보지도 않고 회담장을 나갔다.

북한의 78개 도시와 수풍댐에 미 공군이 쉴 사이 없이 융단폭격을 하여 전 지역을 초토화하였다. 하루에 B29 500대가 출격하여 북한 상공의 태양을 가리고 천지를 진동시키며 폭탄을 뿌렸다. 미군은 북한과 중공이 관리하는 수풍댐을 공격하여 중공이 휴전회담에 성의를 보이지 않을 시는 만주에 원자폭탄을 투하하겠다고 고함을 쳤다. 이로 인해 휴전회담은 중단되고 죽고 죽이는 싸움이 다시 시작되었다.

※ 북한의 핵문제를 6자 회담에 희망을 하고 있으나 시간만 지연될 뿐, 북한에 유리하게 진행되는 것이지 6자 회담의 희망은 없을 것이다. 그리고 북한은 핵을 절대 포기하지 않을 것이다. 남한 정부나 국민들은 금강산 관광과 쌀과 비료를 조건 없이 북한에 퍼주어도 북한은 남한을 정부로 인정하지 않고 남반부로 취급하고 미국의 식민지라고 협상도 하지 않고 있다. 북한은 남한에서 아무리 경제 지원을 한다고 해도 남한을 점령하려는 계획은 절대 포기하지 않을 것이다.

## 10. 한국 휴전문제를 이슈로 아이크 미국 대통령이 되다.

1945년 4월 12일 루즈벨트 대통령이 별세하자 부통령인 트루먼이 잔여 임기를 채우고 1949년 1월 12일 트루먼은 선거에 의해서 대통령에 취임하였다. 그는 52년 대통령선거에 다시 출마하여 대통령에 당선될 수도 있었으나 45년에서 52년까지 8년 동안 대통령 일을 보았다고 하여 그는 재출마를 하지 않겠다고 선언하였다.

트루먼은 대법원장 빈슨 씨를 민주당 후보가 되어주기를 간청하였으나 그는 사절하였다. 그래서 스티븐슨 지사를 지지하여 전당대회에서 후보가 되게 하였다.

트루먼은 1945년 7월 유럽주둔군 사령관인 아이젠하워 장군에게 「48년 대통령 선거에 민주당 후보가 되어 달라」고 요청하였으나 아이젠하워 장군은 「전혀 정치할 생각이 없다」하고 거절하였다.

공화당에서도 48년 대통령후보가 되어달라고 아이젠하워에게 사정을 하였으나 그는 한 마디로 거절하였다. 48년 선거에서 공화당은 민주당에 참패하였다. 그래서 52년 대통령 선거를 위해 공화당에서는 정성을 다해 아이젠하워에게 「대통령 후보가 되어 달라.」고 요청하였으나 그는 한 마디로 거절하였다. 그러나 공화당에서는 그대로 물러나지 않고 공화당 의원들이 줄을 서서 아이젠하워에게 「사명감을 가지고 후보가 되어 달라.」「애국하는 마음으로 후보가 되어 달라, 한국전쟁 문제를 해결해 달라.」하며 애원하자 한국전쟁을 해결하기 위해 아이젠하워는 어렵게 허락하여 52년 미 공화당 대통령 후보가 되었다.

이때의 미국 국민들은 한국에서 미국 젊은이들이 계속 죽어가자 「휴전하라! 포로를 교환하라! 한반도에서 미군을 철수하라!」외치며 데모를 하면서 트루먼 대통령에게 항의하여 민주당은 국민의 지지율이 하락하고 있었다.

아이젠하워는 미 국민들에게 「당선이 되면 한국전쟁을 명예롭게 종결하겠다. 그리고 한국에 가서 미군을 직접 만나보겠다.」라고 유세장에서 연설을 하자 미 국민들은 열광적으로 아이젠하워를 지지하였다. 이때 미 공화당의 공약은 「한국전쟁을 조속히 종결을 하겠다.」고 하여 미 국민들로 하여금 열광적인 환영을 받았다.

52년 11월 4일 대통령 투표에 의해 아이젠하워의 공화당이 20년 만에 민주당 후보를 누르고 34대 대통령에 당선되었다. 그는 대통령에 당선된 후 한국전에 대한 성명을 발표하였다.

《한국전에서 양측 포로는 즉시 석방되어야 한다. 그리고 공산 측에 돌아가기를 거부하는 포로는 본인 의사에 따라 석방시켜야 한다. 유엔 총회가 확고한 태도를 취해주기 바란다.》

아이젠하워는 이러한 성명을 발표함으로 휴전회담을 어떻게 하겠다는 뜻을 분명히 하였다.

1952년 11월 29일 한국 정부에는 알리지도 않고 아이젠하워는 차기 국방부장관, 법무부장관, 합참본부장, 미 태평양사령관, 공보관 기자 등 130명을 데리고 미국을 출발하여 12월 2일 저녁 8시 30분 김포에 도착하였다. 아이젠하워 일행은 미8군사령관 밴프리트와 리지웨이 장군 후임으로 부임한 클라크 대장의 영접을 받으며 미8군 사령부가 있는 동숭동 구 서울대학교로 직행하였다. 클라크 대장은 「공산주의자와 회담은 불가능하다. 오직 싸워서 이기는 길밖에 없다.」고 주장하면서 그는 「강력히 북진해야 한다.」고 하였다. 그는 아이젠하워가 오면 자기주장을 설명하면 받아들일 것이라고 생각하였다. 이유는 2차 세계대전 때 아이젠하워를 상관으로 모시고 있어서 잘 아는 처지이고 아이젠하워는 장군 출신이었기 때문이었다.

12월 3일 아이젠하워는 미군부대와 국군 1사단 그리고 수도사단을 시찰하였다. 아이젠하워는 3일간의 일정을 마치고 한국을 떠나기 전 이승만 대통령을 예방하였다.

12월 4일 아이젠하워는 한국을 떠나 그의 참모들과 앞으로의 문제를 토론한 후 귀국 성명을 발표하였다.

《지금과 같이 휴전회담장에서 공산주의자들이 입씨름을 한다면 만주 폭격은 물론 핵무기도 사용하여 빠른 시일 내에 한국전을 종식시키겠다.》

이 성명에 북한 측은 등골이 오싹하였다.


## 11. 스탈린의 죽음

52년 10월 8일 휴전회담이 중단된 지 5개월이 지났으나 무기한 연기되었고, 전선에서는 양쪽이 진지를 구축하여 교착상태에 빠져 있었다. 전쟁에 이기든지 지든지 휴전을 하든지 해야 하는데 진지 속에서 총만 쏘아대니 재수 없는 사람만 엄청나게 죽어가고 있어 한국 국민들이나 유엔 측에서는 안타까웠다.

일본은 2차 세계대전으로 경제가 파탄에 이르렀지만, 한국전쟁으로 말미암아 미국으로부터 1억3천만 달러의 탄약과 군 차량의 주문을 받게 되어 확실하게 경제가 성장하게 되었다. 53년 3월 5일 모스크바 방송에서 스탈린의 죽음을 발표하여 세계인들은 놀랐다.

소련의 스탈린이 죽고 아이젠하워가 미 대통령에 취임하여 한국전쟁의 휴전회담은 급속도로 무르 익어가고 있었다.


## 12. 거제도 포로수용소장 도드 준장 포로가 되다.

유엔 측의 포로수용소는 거제도, 봉암도, 제주도 세 곳에 135,000여명이 수용되어 있었다.

1952년 1월 반공 포로와 친공 포로로 나누어졌는데 남한에서 강제로 끌려간 의용군과 노무자 3만8천 명이 반공포로였다.

심사위원이 반공 포로와 친공 포로를 심사하자 친공 포로들은 수용소 안에서 만든 연장을 가지고 포로를 감시하고 있는 미27보병연대 1개 대대를 공격하였다. 이 사건으로 미군 1명이 사망하고 포로 수명이 사살되고 100여 명이 부상당하였다. 수용소에는 인공기가 펄럭이고 있었고, 반공포로 소윤철 외 370여 명을 죽여 포를 떠서 쓰레기로 위장하여 쓰레기통에 넣어 거제 앞바다에 버렸다. 52년 4월말 17개 수용소 중에 7개소의 포로를 아직도 심사하지 못하고 있었다.

52년 5월 7일 거제도의 친공 포로들은 폭동을 수습하러 들어간 포로수용소 소장 도드 준장을 인질로 잡고 협상에 들어갔다.

미 1군단 참모장 콜슨 준장이 새 소장으로 임명되었다.

6월 10일 미군은 섬 주민을 잠시 떠나게 하고 미 187공수부대가 포로수용소 안에 들어가 주모자들을 잡아 따로 분리하고 재편성을 못하게 하였다. 1시간 30분 만에 진압되었다. 이때 150여 명의 포로가 살상되었다. 52년 12월 봉암도에서 다시 폭동이 일어나 85명이 사망하고 100여 명이 부상당하였다.


### 13. 반공포로 석방

#### 1) 반공청년단 조직

50년 11월 부산 수영 제1포로수용소에서 전범자 심사가 있었다. 이때 포로수용소 치안은 남한 출신 의용군 중 영어를 잘 하는 사람들로 감찰대를 조직하여 유지하였다.

미군 전범 조사처 통역장교인 김선호 중위의 협력으로 포로가 아닌 자수자 120여 명에 의해 대한반공청년단이 조직되었다. 이들은 51년 초 부산에서 거제도 포로수용소로 이동되었다. 김선호 중위도 거제도로 이동되었다. 김선호 중위에 의해 거제도수용소 인민군 감찰대를 반공청년으로 모두 교체시켰다. 그리고 반공포로 규합에 나섰다.

52년 1월 반공청년단은 중앙단까지 조직하고 12개 수용소에서 12개 지부단장을 조직하여 3월 17일부터 19일까지 팬티만 입고 반공포로를 석방해 달라고 석방촉진 데모를 하였고, 수용소 목사들과 국군 경비 헌병들을 통해 이승만 대통령에게 호소문도 보냈다. 미군은 이 일로 인해 반공포로들에게 급식을 중단하였다.

반공청년단은 포로수용소 강신창 목사와 김선호 중위를 통해 혈서, 진정서, 탄원서를 이승만 대통령에게 보냈다. 그러자 이 대통령도

〈대한민국 정부가 포로수용소를 직접 관리하지 못하고 많은 애국 포로들을 고생시킴은 대단히 미안하게 생각한다. 멀지 않은 장래에 여러분의 소원이 성취될 것이니 참고 기다려 주시기 바란다.〉

라는 회신을 보내 와 반공청년단은 희망이 넘쳤다. 그러나 안타까운

것은 국군이 포로들을 관리하는 것이 아니라 미군이 포로들을 관리하여 대한민국 대통령도 마음대로 할 수 없다는 것이었다. 이승만 대통령은 휴전회담에도 아무런 권한이 없고, 반공포로에 대해서도 아무런 행사도 못하는 허수아비였다. 한국전 초전 채병덕의 간첩행위로 4일 만에 서울이 점령되고 6개 사단 44,000여 명이 죽거나 포도가 된 것은 물론, 이토록 주권행사를 못하게 하여 자국민을 보호하지 못하여 대한민국 정부는 있으나마나 하였다. 참으로 부끄러운 일이다.

52년 9월 17일까지 이렇게 반공포로가 뭉쳐 있어도 친공 포로에 비해 너무 수가 적어 370여 명이 친공 포로들에 의해 무참히 죽임을 당하고 시체는 포로 떠서 쓰레기로 위장되어 쓰레기통에 넣어 거제 앞바다에 버려졌고, 화장실 변기통에서 죽어가야 했다.

52년 포로 사상 심사를 한 결과 반공포로는 2만여 명에 이르렀다. 이때 좌·우의 심한 싸움으로 많은 포로가 죽었다. 미군은 반공포로들을 거제도에서 부산, 광주, 논산, 마산, 대구로 이감시켰다.

반공포로들은 한글, 성경, 영어, 사상 등 자체적으로 교육을 받았고, 뭉쳐 친공 포로들과 대항하고 있었다. 친공 포로 총 지휘자는 다부동에서 자수한 이학구 총좌였다. 미군은 이학구를 자수자로 처리해야 하는데 포로 취급을 하니 반기를 든 것이었다. 반공 포로들은 친공 포로들이 전쟁 도중 양민을 무참히 학살한 자 450명의 명단과 행적을 적어 미군 전범 조사처에 제공하기도 하였다.

보오컬 목사는 미국 북장로교회 소속 선교사로 1925년 처음으로 한국에 파송되었다. 그는 한국전쟁이 터지자 유엔군 군목이 되었다. 그는 51년 초 거제도에 포로수용소가 설치되어 한국인 목사 10여 명과 함께 수용소 목사가 되어 포로들에게 성경을 가르쳤다. 그 후 포로수용소에 70여 개의 천막교회가 세워졌다. 그는 성경학교를 세워 본격적으로 가르쳤는데, 51년 한 해 동안 2만여 명의 포로가 기독교인이 되었다. 그리고 7천여 명이 성경학교를 졸업하여 이들이 중심이 되어 반공청년단체를 조직하였고, 이들이 반공포로들이 되어 석방운동을 하였다.

이들은 "우리 다 같이 혈서로서 석방탄원서를 씁시다!"하고 〈우리는 공산주의자가 아니며 공산주의가 싫다! 우리는 처음부터 포로가 아니라 자수했고 우리는 민주주의를 적극 지지합니다. 우리를 포로 취급한 것이 잘못이다!〉라는 혈서를 써서 이들이 있는 근처는 피 냄새가 코를 찔러 가까이 갈 수 없었다. 반공포로 대표들은 이 혈서 쓴 것을 대통령과 장관, 국회의원들을 비밀로 찾아가 애절하게 호소하였다.

반공포로들의 애절한 호소에 감동을 받아 이승만 대통령과 장관, 국회의원, 국민 전체에 공감대가 형성되어 어떻게 하면 반공포로들을 석방시킬 수 있을까? 하고 연구하기 시작하였다. 참으로 기가 막힐 일이었다.

2) 반공포로 석방 동기

1952년 10월8일 휴전회담이 포로교환문제로 장기휴회로 들어갔다.

1953년 스탈린이 사망하자 3월 28일 김일성과 팽덕회는 "쌍방의 중상 병(중상당한 군인) 포로들을 우선적으로 송환하는 문제에 합의하여 양측 대표들은 사실상 한국전 휴전협정 초안 제53조의 인도적 원칙에 의거하여 합의에 도달하였다. … 쌍방에 억류되어 있는 중상 병 포로에게 제네바협정을 적용하여 교환하자는 귀측 제안에 우리는 전적으로 동의하는 바이다.… 이와 동시에 우리는 휴전회담 중이라도 부상포로를 교환하는 문제가 원만이 해결되면 포로에 관한 그 밖의 전반적인 문제도 따라서 해결될 것이며, 그렇게 함으로서 전 세계가 갈구하는 한국 휴전이 달성되리라 믿는 바이다. 그러므로 우리는 양측 휴전회담 대표들이 즉시 판문점에서 회담을 속개할 것을 제안하는 바이다."라는 클라크 장군의 제의에 동의하여 휴전회담의 어려운 문제가 해결될 가능성이 있었다.

53년 4월 6일 판문점에서 부상포로 명단이 교환되었다. 인민군과 중공군 부상병은 5,800여 명인데 비해 국군과 미군의 부상병은 600여 명을 제시하여 국군과 미군을 안타깝게 하였다.

4월 11일 양측은 부상병 교환협정에 서명하였다.

4월 20일부터 5월 3일까지 판문점에서 부상병 교환이 시작되었다. 중병환자와 남한 정부를 적극지지한 자는 제외하고, 부상병 중에도 약하고 중간적인 국군포로 471명과 유엔군 149명, 인민군 5,194명, 중공군 1,300여명의 포로가 교환되어 판문점을 통해 자유를 찾았다. 귀환 포로들은 "혹한의 북한 땅에서 배가 고파 견디지 못하고 수많은 장병들이 죽어가고 공산주의를 지지하라고 전기고문과 장작개비로 구타하는 등 고문하여 죽어가고 병이 심해졌습니다. 이 고문은 상상을 초월하였습니다."라고 기자회견을 하자 이 말을 듣고 울지 않은 국민들이 없었다.

"전쟁을 통해 죽고, 포로가 되어 죽고, 국민방위군 때 굶어서 죽고, 포로수용소에서 친공자들에게 죽고, 이 나라의 젊은이들은 참으로 불쌍한 나라에 태어났다. 이 나라는 정부가 있는가?" 하며 국민들은 탄식하였다. 53년 4월 26일 휴전회담이 6개월 만에 재개되어 포로 문제가 중점으로 토의되었으나 설전만 여전히 계속되었다.

53년 5월 22일 ~ 24일 미 국무장관 델러스는 "공산 측의 포로 문제에 대해 유엔 측의 제의를 거절할 경우 만주를 폭격하고 원자폭탄을 쓰지 않을 수 없다."라고 인도수상 네루에게 전하자 깜짝 놀란 네루는 이 말을 즉각 공산 측에 전달하였다. 이 소식이 외신을 타고 한국 정부와 국민들에게 알려지자 "아니, 그럴 수가!" 하며 깜짝 놀랐다.

53년 6월 8일 "①한국인 송환 반대 포로도 휴전 후 즉시 석방하지 않고 중립국 위원회에 넘긴다. ② 중립국 위원회의 결의는 전원 찬성 결의가 아니라 다수 찬성으로 결의한다. ③ 설득 기간은 3개월로 한다."에 양측은 합의 서명하였다.

3) 이승만 대통령의 반공포로 석방 명령

53년 5월 25일 유엔군 수석대표 해리슨 중장은 "반공포로를 중립국 이관에 동의한다."라고 하였다. 그러자 이승만 대통령과 반공포로들과 남한 출신 의용군 가족들은 반공포로가 강제로 중립국에 의해 북송 될 지도 모른다고 판단하고 걱정이 태산 같았다.

53년 6월 8일 "반공포로를 강제 북송한다."에 양측은 서명하였다. 이에 한국 국민들은 깜짝 놀라 전 국민이 휴전반대 시위를 하고 있었다.

53년 6월 10일 이승만 대통령은 백선엽 참모총장과 손원일 국방부 장관, 원용덕, 이한림, 김용배 외 17명 등 군 지휘관들을 소집하였다. 이승만 대통령은 이들에게 휴전과 포로문제를 걱정하는 말을 하면서 반공포로석방을 암시하였고, 참모총장에 대해서는 별도로 불러 언급하면서 "원용덕에게 숙제를 주었네. 잘 좀 도와주게!"라고 부탁을 해서 백선엽 참모총장은 그게 무슨 뜻인 줄 알고 있었다. 그리고 여기에 참석한 지휘관들도 경무대로 부른 이유를 잘 알고 있었다.

이승만 대통령은 내무부장관 진헌식 씨를 불렀다.

"내가 반공 애국 포로들을 석방해야 하겠는데 자네 의견은 어떤가?"

진 장관은 이승만 대통령의 뜻밖의 질문을 받고 당황하였다.

"그것은 아주 어려운 국제문제이므로 저로서는 답변해 드리기가 어렵습니다."

"내게 방안이 하나 있는데 자네도 이 문제를 잘 연구해 보게!"

진 장관의 말을 들은 이승만은 시큰둥하여 지시하였다. 그 후 대통령은 진 장관, 휴전회담 한국 대표 최덕신 장군, 헌병총사령관 원용덕을 불렀다.

"내가 애국포로들을 석방시키려 하니 이에 대한 방안을 연구해서 오늘 밤까지 보고해주게!"

이 대통령의 지시를 받은 이들은 즉시 갈홍기(친일파 목사) 공보처장실을 찾아갔다.

"막사에서 철조망을 넘을 때까지는 원 장군이 책임을 지고, 그 후 안내와 보호는 경찰이 책임을 져서 반공포로가 안전하게 석방되도록 해야 하겠습니다. 그리고 성명서 발표는 군 문제이니까 원 장군이 해 주시오!"

진현식 장관이 의견을 내놓자 모두 동의하였다.

한국 헌병총사령부는 육군의 편제에도 없는 이승만 대통령의 직속 특수부대였는데 사령관은 원용덕 장군이었다. 그러나 포로수용소 경비는 육군 헌병사령부 소속 헌병이 미군과 같이 공동경비를 하며 미군의 명령을 받고 있었다. 그러므로 포로수용소 경비헌병에게 원용덕은 명령을 내릴 수가 없었다.

이승만 대통령은 반공포로 석방에 대해서는 국방부장관이나 참모총장에게도 극비에 붙이게 하고 원용덕, 진현식 내무, 갈홍기 공보, 최덕신 장군에게만 의논하였고, 특히 원용덕에게 지시하였다. 원용덕은 석주암 육군 헌병사령관과 송효순 부사령관을 대구에서 서울로 불렀다.

"육군 헌병사령부는 수용소 경비헌병대장들을 지휘 반공 애국포로들을 석방시켜 주시오!"

"육군 지휘권이 유엔군 사령관에게 있는데 단독으로 그렇게 해서 되겠습니까?"

원용덕의 말에 깜짝 놀라며 석주암 사령관이 물었다.

"걱정하지 마시오! 대통령께서도 알고 계시는 일입니다!"

이 말을 들은 석주암은 걱정을 하며 대구로 내려갔다. 원용덕은 송효순을 설득하기 위하여 경무대로 데리고 갔다. 이승만은 원용덕이 송효순을 데리고 오자 송효순에게

"송 대령 책임지고 해 봐!" 하자 송효순은 감격하여 머리를 깊숙이 숙였다.

"예! 각하! 하겠습니다! 대신 문서로 명령을 작성해 주십시오!"

"알았어!"

이렇게 하여 원용덕은 헌총사(육군 헌병총사령부)의 차장, 과장 등 5명에게 극비사항의 행동지침 공문을 밀봉하여 각 수용소 경비대장들에게 전달하였다.

6월 11일 원용덕은 전국 포로수용소 경비헌병 부대장들을 헌총사로 소집하였다.

원용덕이 최대의 친절과 대접을 하자 경비헌병 부대장들은 어리둥절하였다.

"여기를 보시오! 이승만 각하께서 경비헌병은 반공포로 석방에 만전을 기하라고 쓰셨고, 여기 晩자가 있습니다. 만일 명령을 듣지 않으면 극형에 처할 것이오!"

원용덕의 말에 헌병들은 갑자기 한 대 얻어맞은 듯 정신이 아찔하였다. 경비헌병들은 원용덕이 직접 상관이 아니더라도 이승만 대통령의 명령이기 때문에 거역할 수 없었다. 그러나 정식명령 계통인 육군참모총장이나 헌병사령관의 명령이 아니기 때문에 갈등도 많았다.

6월 16일 저녁 원용덕은 헌총사 처장과 과장들을 동원하여 특별 공문을 밀봉하여 직접 소지 각 수용소 경비헌병대장들에게 "포로석방에 대해서는 만전을 기하라!"는 구체적인 내용이 적혀 있는 공문을 보냈다.

6월 17일 "각 수용소의 반공포로들을 석방하는데 적극 협조하라!"고 전통으로 명령하였다.

"6월 18일 자정을 기해 각 포로수용소 철망을 절단하고 새벽 2시 헌병들은 호주머니에 고춧가루와 모래를 넣어 두었다가 미군이 달려들면 미군의 얼굴에 그것을 뿌려 행동을 못하게 하라!"

이 명령에 의해 전국 포로수용소에서는 6월 18일 자정에 철조망을 끊기 시작하였다.

전국 포로수용소에서는 예정대로 준비가 잘 되어가고 있으나 영천과 부산, 거제, 부평은 전달이 잘 되지 않아 예정대로 작전이 진행되지 못하고 있었다. 국군 헌병들은 미군 헌병들에게 특별히 저녁에 파티를 열어주고 술을 권하여 만취시켜 정상적인 행동을 못하게 하였다. 그리고 "폭동이 예상된다."하면서 국군 경비헌병들에게 비상을 걸고 전원 내무반에 대기시켰다.

### 4) 반공포로 수용소 탈출
부산, 마산, 광주, 논산, 부평에는 반공포로 14,000여 명이 수용되어 있었다.

53년 6월 17일 반공포로 수용소의 분위기가 다른 날과는 달리 긴장감이 돌았다. 포로들은 수용소 철조망을 사이에 두고 삼삼오오 모여 있었는데 일부의 사람들은 손짓 발짓으로 대화를 하고 있었다.

한 사람이 앞 수용소 철조망 근처에 있는 사람을 향해 고개를 끄덕이며 손을 들어 보이더니 곧 자기 수용소 철조망 근처에 있던 사람들을 불러 모아 뭐라고 하니 그 사람들은 고개를 끄덕이더니 뿔뿔이 흩어졌다.

이날 저녁식사 시간이 되어 식사를 받기 위해 줄지어 선 반공포로들은 모두가 긴장하고 있었다. 이들은 배식을 하면 마음에 맞는 사람들과 어울려 떠들며 곧 식사를 하던 것과는 달리 절친한 사람들과 식사를 하더라도 말을 아끼고 조용히 조심하여 숟가락질을 하였다. 반공포로들의 저녁밥 속에는 "내일 새벽 1시를 기해 모종 조치가 있으니 자지 말고 대기하라!"는 쪽지가 밥 속에 있었다. 식사를 끝낸 포로들은 두 세 사람씩 모여 전해진 쪽지에 대해 궁금하다는 얼굴로 소곤거렸다.

취침시간이 되자 포로들은 옷을 입은 채 잠자리에 누워 도대체 '모종의 조치'란 무엇일까? 하고 긴장하고 있었다.

한편 각 수용소 대대장들과 중대장, 소대장들은 밤 12시가 되자 잠자리에서 슬그머니 일어나 모든 준비를 끝냈다. 53년 6월 18일 새벽 2시, 국군 헌병들은 반공포로 감방을 감시하는 미군 헌병들에게 다가가 가슴에 권총을 들이대며 낮은 소리로 소리쳤다.

"손들엇! 안 들면 죽여 버리겠다!"

국군 헌병들의 갑작스런 행동에 놀란 미군 헌병들은 두 손을 번쩍 들었다.

"왜 이러느냐? 총 가지고 장난하면 안 돼!"

"입 다물고 살고 싶으면 조용히 하라는 대로 해!"

국군 헌병들의 갑작스런 행동에 놀란 미군 헌병들은 당황하였다. 국군 헌병들은 미군이 손을 들고 당황해 하는 사이 감방 문을 열어 포로들을 나오게 한 후 미군 헌병들을 감방에 밀어 넣고 문을 잠그며 "포로들은 즉시 철조망 구멍을 통해 도망쳐라! 밖에서 경찰과 민간인들이 기다리고 있을 것이다. 암호는 '살자' '투사' 다. 빨리 탈출하라!" 하고 포로들에게 수용소 탈출을 재촉하였다. 그리고 포로들을 모두 탈출 시킨 후 국군 경비헌병들도 모두 도망쳐버렸다.

포로들은 잠자리에 누워 무슨 일이 일어나는 것일까 궁금해 하며 새벽 1시가 되기까지 며칠이 지나는 것처럼 기다리고 있는데 갑자기 수용소 문이 열리면서 "빨리 탈출하라!" 고 외치는 소리가 들리자 자기들도 모르게 벌떡 일어나 수용소 문을 나왔다. 그들은 이때 쪽지 속의 모종의 조치라는 것이 수용소 탈출이라는 것을 깨달았다.

포로들이 밖으로 나오니 철조망 근처에서 사람들이 움직이는 것이 보였다. 그들은 사람들이 움직이는 곳으로 내닫었다. 철조망은 이미 끊어 놓아 포로들은 그 구멍을 통해 쉽게 빠져 나올 수 있었다. 포로들이 철조망을 빠져 나가자 경찰과 헌병들과 민간인들이 기다리고 있다가 경찰서로 안내하여 도민증을 만들어주고 즉시 민간인 집에 데리고 가서 민간복을 입히고 한 가족같이 숨겼다. 그리고 다음 날 민간인들은 가족으로 숨긴 포로들을 데리고 논으로 가서 모내기를 하였다.

부평수용소는 헌총사 편제과장 최세경 소령이 6월 16일 저녁 술에 만취하여 부평수용소 경비대장에게 연락을 취하지 않아 수용소 탈출 계획을 전혀 모르고 있었다.

6월 18일 정오 라디오에서 "전국의 반공포로가 석방되었다."는 뉴스를 듣고 국민들과 탈출하지 못한 포로들은 깜짝 놀랐다. 이 뉴스를 듣고 부평수용소의 반공청년단장 최동성이 "우리도 탈출하자!"하고 각 막사에 연락을 하였으나 미군의 경계와 철조망이 절단되지 않아 엄두를 내지 못하고 있었다. 이때 헌병 중위가 "도대체 너희들은 뭣들하고 있느냐?"하며 포로들에게 탈출하려고 하지 않는다고 계속 질타하고 있었다. 그러자 경비병들은 가로등에 돌을 던져 모두 깨 수용소 주위를 어둡게 하여 포로들이 탈출하기 쉽게 하였다. 그런데 국군 헌병들의 움직임을 이상하게 여겼는지 미군들은 수용소를 경계하는 국군 헌병들을 모두 철수시키고 미 해병대로 교체하여 2중 3중으로 경계를 하였다.

6월 18일 밤 9시, 포로들이 수용소 막사에서 일제히 나와 철조망에 담요를 깔고 첫 번째 철조망을 무사히 넘었다. 두 번째 철조망을 넘으려 하니 미군이 최루탄을 발사하여 반공포로들은 눈을 뜰 수가 없었다. 그런데 뒤에서 빨리 철조망을 넘어가라고 재촉하여 가까스로 두 번째 철조망도 넘었다. 그러나 반공포로들이 세 번째 철조망을 넘으려 할 때 미 해병들이 총을 쏘아 선두는 철조망을 넘는데 성공하였으나 후미는 철조망을 넘을 수 없었다. 그리고 희생자가 속출하였다.

논산수용소에서는 2,600여 명이 탈출하지 못하고 또한 탈출하다 미군에게 붙잡힌 330명이 다시 수감되었다.

6월 18일 오후 헌총사 김문호 소령은 대구로 비래(泌來)하여 육군 헌병사 제1처장 김병삼 중령에게 나타났다.

"김 중령님! 대통령 각하께서 귀한 선물을 보내왔습니다."

김문호 소령의 말을 듣고 김병삼 중령은 너무 반가워하며 보자기를 열어보니 칼이 들어 있었다. 김 중령은 깜짝 놀라며 김 소령을 보고 물었다. "이게 무엇입니까?"

"영천 수용소 포로들을 속한 시일 내에 석방치 못하면 김문호, 김병삼 제2처장 조흥만 대령은 이 칼로 자결하라는 대통령 각하의 명령입니다!"

이 말을 들은 김병삼 중령은 식은땀을 흘렸다. 그는 즉시 영천수용소 대장에게 "어떠한 일이 있어도 18일 밤에 석방시켜라!" 하고 명령하였다.

영천수용소에서는 "반공포로가 18일 새벽 탈출할 것"이라는 정보가 새어 나가 대구에서 전차 5대가 출동하여 수용소를 포위하고 미군들은 국군 헌병들을 감시하였다. 이렇게 되어 18일 영천수용소는 반공포로가 한 명도 탈출하지 못하였다. 그러자 영천포로수용소 한국 헌병 대원 등에게 "3일 안에 포로들을 탈출시키지 못하면 국군 헌병은 전원 자결하라!"는 헌병총사 조사관이 명령하였다. 이 명령에 의해 국군 헌병들은 반공포로들을 석방시키기 위해서 치밀한 계획을 세웠으나 미군들이 눈치를 채고 부산에서 전차 25대를 증강하여 전차 30대가 영천 포로수용소를 철통같이 경비하였다. 그러자 한국 헌병들에게 또 다시 "6월 20일 밤 10시를 기하여 미 전차 1대에 국군 헌병 3명이 올라가 전차병들을 일제히 결박하고 수갑을 채워라. 그리고 철조망을 절단하여 포로들이 탈출할 수 있게 만전을 기하라."는 명령을 내렸다.

6월 20일 밤 10시 명령에 따라 국군 헌병들은 눈 깜짝할 사이 전차 30대의 전차병과 수용소를 경비하는 미 경비병들에게 달려들어 순식간에 결박하여 수갑을 채웠다. 그리고 전차병들에게 고춧가루를 뿌리자 전차병들은 발을 동동 구르며 "살려줘! 살려줘!" 하고 애원하였다. 한국의 고추가루는 보관하기 좋고 운반하기 좋다고 미군 헌병은 극찬을 하면서 미군의 최루가스에 비교되지 않을 정도로 매워서 지독하다고 입을 모았다. 이렇게 하여 영천 포로수용소에서는 환자를 제외하고 전원 포로수용소 탈출에 성공하였다.

53년 6월 18일 아침 6시, 원용덕 헌병총사령관이 "한인 애국포로 수용소 접수를 명하였다"고 중앙방송을 통하여 발표하였다.

53년 6월 18일 오전 8시 이승만 대통령은 "....내가 책임을 지고 반공한국인 포로를 오늘 석방시키라고 명령하였다."하고 성명을 발표하였다.

미군사령관은 "한국 경찰은 도망치고 있는 포로들을 모조리 잡아 다시 수용하라! 그리고 각 수용소 경비대장을 체포하라!"고 명령하였으나 경비대장들은 모두 도망치고 보이지 않았다. 아침이 되자 2만7천여 명의 반공포로가 탈출하여 포로수용소 막사가 텅텅 비었고, 8,000여명이 탈출하지 못하였으며, 이때 탈출하다 30여명이 사망하였다. 그리고 한국 헌병들도 도망치고 없으니 미군들은 난감하였다. 이 소식이 전파를 타고 세계에 알려지자 세계는 깜짝 놀라고 미국은 분개하였다. 미 헌병은 반공포로들을 잡으러 다니느라 정신이 없었다. 유엔군 사령관과 미8군사령관 등으로부터 육군참모총장 백선엽 장군에게 항의가 빗발쳤다.

반공포로들은 탈출에 성공하였으나 살 길이 막막하였다. 3년간의 전쟁으로 국가도 가난하고 국민들도 자기 먹고 살기가 어려워 남을 도울 형편이 못 되었다. 반공포로는 거의 많은 사람들이 군에 다시 입대하였고, 성경학교를 졸업한 고영근 목사 외 150여명은 목사나 신부가 되었다. 그리고 나머지는 머슴을 살든지 공장의 종업원이 되었는데 이것도 못하여 자살자가 속출하였다. 정치가들은 그러한 반공포로 일부를 조봉암 재판 대낮에 테러를 하게 하여 국민들로 하여금 반공포로를 규탄하며 멀리하게 하였다.

반공포로가 수용소를 탈출하자 특히 놀란 나라는 미국과 중공과 소련과 북한이었다. 이들은 며칠 안에 휴전이 성립될 것으로 알았는데 뜻하지 않은 사건이 벌어지자 당황하지 않을 수 없었다.

미국 아이젠하워 대통령은 콜린스 육군참모총장과 로버트슨 특사를 한국에 보내 이승만 대통령의 요구인 한미방위조약과 경제 원조를 약속하면서 휴전을 방해하지 않도록 약속을 받아내고 압력을 넣었다. 이승만은 6월 25일 탈출하지 못한 반공포로 8천여 명을 비무장지대에서 중립국 송환위원단에 인계할 것에 동의하였고, 인도군 1개 여단의 비무장지대 입국을 허용하였다.

## 14. 이승만 대통령의 휴전 반대

53년 4월 23일 전국에서 휴전반대 시위가 일어났고, 부산에서는 시위대가 미 대사관에 난입하는 사태까지 벌어져 미국을 당황하게 하였다.

진명여중 학생들은 외신기자단 앞에서 무릎을 꿇고 대성통곡하면서 〈북진통일〉〈휴전반대〉를 외치며 연일 데모를 하자 이 사건이 세계 뉴스의 초점이 되었다.

「정전 협정이 체결될 경우 한국군을 유엔군의 지휘 하에서 분리시킬 것을 준비 중이다.」(한국군 총지휘권 회수를 뜻함)라고 이승만은 미국 정부에 통보하였다.

이에 유엔군 사령관 클라크 대장은 「이승만이 끝까지 정전을 반대하면 체포하고 한국군이 유엔군의 명령에 불복할 경우 유엔군은 한국의 중요 도시를 점령하고 해·공군은 제제태세에 들어간다. 한국군과 시민들이 유엔군에 대해 노골적인 적대감정을 나타낼 경우 이승만을 제거하고 주동자를 체포한다. 이승만이 끝까지 휴전을 반대하면 이승만을 감금하고 장택상 국무총리로 하여금 새 정부를 세운다.」

라고 에버레디 작전을 4월 26일 참모총장 콜린스에게 보고하였다.

이승만은 아이젠하워 대통령에게「우리의 유일한 바람은 중공군의 철수이다. - 중략 - 우리 스스로 우리 자신의 운명을 결정한다. 우리는 아무에게도 우리를 위해 싸워달라고 부탁하지 않는다. 우리가 민주주의 국기에 도와달라고 의지한 것이 처음부터 잘못이다.」하는 공문을 보냈다. 이승만 대통령은 "차라리 죽는 게 낫지 어떻게 이대로 휴전을 하겠느냐?"고 절규하였다.

6.25 초전에 채병덕이 아니었으면 이처럼 비참한 수모는 당하지 않을 것인데 전쟁을 준비하지 않아 미군과 외국군을 끌어들여 주권행사를 못하여 자국민을 보호하지 못하는 불명예스런 대통령이 되었다.

※ 휴전된 지 53년이 지난 지금까지 미군만 의지하다 군단 훈련 한 번 못하는 한국군이었고, 전력도 미군만 의지하다 800km이상의 미사일 생산이나 방어준비가 거의 안 된 상태이다. 작전권이 미군에 있어 휴전된 지 53년이 지난 오늘까지도 휴전협정을 우리 마음대로 못하는 국가이다. 어떠한 일이 있어도 자주국방을 해야지, 북한 인민군을 막지 못하여 국방을 미국에 의지한다는 것은 참으로 한심한 국가이다. 그런데 2013년 342조원 예산 중 국방 예산이 34조원, 보건복지부 예산이 100조원이다. 미군이 철수하면 북한의 1,500기의 미사일과 사거리 200km방사포와 3만 명의 사이버 공격병들의 사이버 공격을 막을 준비가 전혀 되어 있지 않다. 이런 한심한 경제대국이 있는가!

51년 9월 피의 능선에서는 하루에도 수백 명씩 죽어 가는 치열한 전투를 하고 있을 때 이승만 대통령은 임시수도 부산에서 폭력으로 헌법을 개정하여 다시 대통령이 되고자 애를 쓰고 있었다. 헌법에 의하면 1952년 8월 15일로 대통령 임기가 끝난다. 대통령선거는 간접선거여서 국회의원이 대통령을 선출하게 되었다. 그 당시 국회의원 의석수는 국민당 39석, 민우회 25석, 자유당 93석, 무소속 18석으로 이중에 절대 다수가 이승만을 반대하기 때문에 다음에 이승만은 대통령이 될 수가 없었다. 그래서 이승만은 선거 방법을 간접선거에서 직접선거로 바꾸기 위하여 51년 11월 30일 헌법개정안을 국회에 상정하였다.

52년 1월 18일 헌법개정안은 찬성 18표, 반대 143표, 기권 1표로 압도적으로 부결되어 이승만의 재선은 불가능하였다. 그러자 이승만은 52년 5월 14일 개정안을 다시 국회에 상정하고 민족자결단, 백골단, 땃벌떼, 이정재 깡패들을 동원하여 5월 19일 국회를 해산하라고 어용데모를 시켰다. 52년 5월 23일 위의 깡패 단체들이 국회의사당을 포위하고 「반민족국회의원을 추방하라!」고 외치며 데모를 하였다. 이때 이승만은 이종찬 참모총장에게 「계엄령을 선포하고 국회의원을 체포하라!」고 지시하였다. 그러자 이종찬 참모총장이 「국회의원들이 무슨 잘못이 있어 체포합니까? 데모하는 깡패들만 잡아들이면 되는 것을 어떻게 계엄령을 선포합니까? 저는 못합니다!」하고 거절하고 참모총장직을 사임하였다.

이승만 대통령은 계엄사령관에 원용덕 소장을 임명하고 52년 5월 25일 0시를 기하여 영남지구에 계엄령을 선포하게 하였다. 그리고 원용덕으로 하여금 이승만을 반대하는 국회의원 서민호 외 50여 명을 헌병대에 억류시켰다. 이중 이기석 의원 외 12명을 국제공산당 비밀공작원과 관련이 있다고 매도하였다.

52년 7월 3일 헌법개정안은 공포분위기 속에서 통과되어 52년 8월 9일 직선제선거에 의해서 이승만이 다시 대통령이 되었다. 이 내용을 전 세계인들이 보면서 "한국 정부가 저렇게 썩었는데 한국을 돕기 위해서 젊은이들이 죽어야 하는가?" 하고 아우성을 하며 빨리 휴전을 해야 한다고 미국 정부에 압력을 넣었다. 국가나 사회에서 가장 무서운 적은 바로 부패이다. 이 부패가 지금까지 개선되지 않고 있어 좌파가 급성장하게 되어 대한민국이 위기에 처하였다. 이승만대통령은 6.25

패전과 미국의 막강한 군사력의 도움을 받고도 통일시키지 못한 책임을 지고 52년 8월 15일 대통령 자리에서 물러났어야 했다. 이승만 대통령은 나이 또한 너무 많았다.

6월 19일 팽덕회와 김일성은 즉각 「남조선 이승만 도당의 계획적 행동을 미연에 방지하지 못한 유엔군 측의 책임이 중대하다. 이승만 도당의 의도는 정전 방해에 있다.」하고 휴전회담 유엔군 대표에게 항의하였다. 팽덕회는 즉시 「정전협정은 반드시 연기되어야 한다. 국방군을 만 명 정도 섬멸해야 이승만이 정신을 차릴 것이다. 금화에서 북한강까지 국방군 4개 사단에 지원군 20병단과 9병단 소속 5개 군으로 공격하라.」고 각 병단장들에게 명령하였다.

53년 7월 13일 금성지구에서 폭우가 쏟아지는 밤을 이용하여 중공군 24군, 68군, 67군, 60군 및 54군 등 5개 군이 일시에 국군 6, 8, 3, 5, 9사단 수도사단 합 6개 사단 정면 35킬로를 덮쳤다. 7월 20일까지 7일 동안 전투가 계속되었다. 이번 전투에서 중공군 7만2천명이 부상을 당하고 2만5천여 명이 전사하였다. 국군의 피해는 29,629명의 사상자를 내었다. 반공포로 27,000명 보다 많은 수이다. 미군은 정전을 반대하는 이승만에 대한 반감으로 실탄 등 증원하는데 인색하여 국군은 엄청난 희생을 당한 후 후퇴하지 않으면 안 되었다.. 이 전투로 이승만의 정전반대 소리가 쑥 들어갔다.

8군사령관 테일러는 도미 유학하는 장군 14명에게 악수도 하지 않았고, 이용문 준장이 "국군은 탄약이 없다"고 기자회견을 했다고 미국 유학자 명단에서 삭제하였다. 미군에게 고분고분하고 말을 잘 들으면 출세하고 말을 듣지 않으면 국군에서 출세할 수 없었는데, 이런 분이 바로 이성가 장군이었다. 미국이 가장 싫어하는 인물로는 원용덕과 이승만 대통령이었다. 4.19 때 미국은 이승만의 입국을 받아주지 않아 하와이에서 세상을 떠나야 했다.

53년 7월 27일 오전 10시20분 판문점에서 유엔 수석대표 해리슨과 남일이 휴전협정에 조인하였다. 조인 후 12시간 후에 포성이 멈추고 휴전이 되었다. 장병들은 참호 속에서 기어 나와 만세를 불렀다. 그러나 전쟁 초기의 전우는 거의 볼 수가 없고 새로운 장병들이 부대를 이어가고 있었다. 3년 1개월 동안 하루도 쉬지 않고 싸움을 해야 했던 장병들은 이제는 포성이 멈추고 몸을 밖으로 내놓아도 총소리가 들리지 않으니 휴전이 실감났다.

## 15. 휴전조인식

53년 7월 27일 오전 10시 판문점에서 유엔군 대표 해리슨 중장과 공산 측 대표 남일 장군은 15분 만에 18통의 휴전합의 문서에 서명하였다. 그리고 후방에서 공산 측 최고 대표 김일성과 팽덕회와 유엔 측 최고 대표 클라크 대장이 서명함으로 휴전은 완전히 성립되었다. 그리고 이날 오후 10시부터 동에서 서까지 240km의 전 전선에 총성이 멈췄다. 전쟁 발발 3년 1개월 2일만의 일이었다.

한국군 대표 최덕신 장군은 현장에 참석하여 서명에 참여하지 못하고 구경만 해야 했고, 휴전협정 조인식 취재를 허락한 종군기자 105명 중 일본기자만 10명이 넘는데 한국 기자는 6명밖에 되지 않았다. 또 한 번 1945년 해방도 미군에 의해서, 인민군의 남침 저지도 미군에 의해서, 휴전도 미군에 의해서 진행되는 참으로 한심한 나라가 되었다. 북한은 현재도 남한을 협상의 대상으로 여기지 않고 북한의 일부인 남반부로 생각하고 있고, 6.25 한국전쟁을 남반부 인민해방전쟁이라고 부르고 있으며, 또한 전시 작전권이 미군에 있기 때문에 북한은 남한을 미국의 식민지 국가로 인정, 미국만 협상 대상국으로 인정하고 있다. 사대주의 근성이 신라 때부터 현재까지 내려오고 있다.

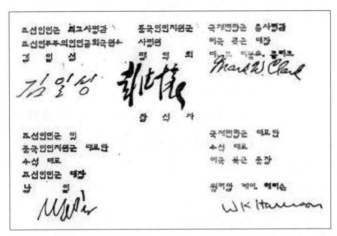

▲ 휴전합의 문서 서명에는 이승만 대통령이나 국군 대표 서명이 없다.

포로교환은 53년 8월 5일부터 9월 6일까지 판문점 돌아오지 않는 다리에서 포로교환이 실시되었다. 국군 7,800여 명, 미군 4,700여 명, 인민군 60,000여 명, 중공군 5,600여 명은 순조롭게 교환이 이루어져 미 24사단장 딘 장군과 7연대 2대대장 김종수 중령과 25연대 1대대장 임익순 소령 등이 돌아오지 않는 다리를 걸어오자 온 세계 사람들이 환영하였다. 그러나 덕천에서 포로가 된 8사단 10연대 고근홍 대령 외 510여 명의 국군 포로들은 지금까지 돌아오지 못하고 있어 가족들은 50년이 넘게 기다리고 있다. 그리고 포로 4만여 명 중 일부는 인민군에 편입시키고 일부는 북한과 소련에서 강제노동을 하게 하였다. 김일성, 박헌영, 김책, 김무정은 한국전 책임을 면할 길이 없으며, 그들로 인하여 한반도가 초토화되었고, 천만 이산가족을 낳아 한민족에게 치유될 수 없는 상처와 고통과 한을 남겼다.

다른 수용소에 수용되어 있는 포로 중에는 본국 송환을 거부하는 23,000여 명의 포로가 있어 양측에서는 이들이 골칫거리였다. 그래서 중립국인 인도군이 비무장지대에서 이들 포로들을 관리하면서 90일 동안 설득하기로 양측은 합의를 보았다. 반공포로들은 인도 군인을 죽여 껍질을 벗겨 철조망에 널어놓고 "우리는 북한으로 가지 않겠다."고 항의하여 세계인을 안타깝게 하였다. 그래서 국군은 53년 9월 1일부터 영관급 장교 6명을 선발하여 교육을 시켰다.

53년 9월 24일부터 인도군은 양측의 설득요원을 안내하여 양측에서는 포로들의 설득에 나섰다.

반공포로 인민군 7,890여 명, 중공군 1,407명이며, 친공 포로 국군 335명, 미군과 기타 34명이었다.

▲ 부상포로 교환

54년 1월 20일 오전 10시 40분, 설득에 들어간 지 120일 만에 반공포로 2만여 명이 비무장지대 남방한계선을 지나 '대한민국 만세!'를 부르며 남으로 내려와 자유를 찾았다. 친공 포로는 2,560여 명이 북으로 갔다. 그리고 중공군 중에서 중공으로 가기를 거부하는 자는 대만으로 이송하였다.

공산 측 포로 중에 북한도 남한도 거부한 주영복 외 70여 명은 인도로 보내어졌고, 이들은 3년 후에 브라질, 아르헨티나, 맥시코 등으로 자유를 찾아 떠났다. 이로서 한국전쟁은 승자도 패자도 없이 38선으로 분단이 되었고, 한반도가 초토화 되고 국제 전쟁터가 되어 수백만이 죽고 죽였던 전쟁은 이제 막을 내렸지만 언제 다시 전쟁이 일어날지 모르는 휴전상태가 되었다.

제29장

한국전쟁의 결과

# 제29장 한국전쟁의 결과

## 1. 한국전 피해와 전쟁 후 군사력 증강

　1) 한국전으로 인한 한반도의 국토가 초토화 되었고, 삼천만 국민들의 마음도 초토화 되었다. 떠나버린 미군을 끌어들여 현재에 이르고 있고, 중공군을 싸움터에 끌어들여 한반도를 국제전쟁터로 만들었다. 미군은 한국군의 전시작전권까지 쥐고 있어 국군의 작전이 미군에 의해 이루어지고 있고, 한국의 국방은 미군에 의존하게 되어 정치, 경제 등 막강한 영향력을 행사하고 있다.

　미군은 한국전에서 33,629명의 전사자와 103,284명의 부상자와 9명의 행방불명 등 총 136,922명의 인명 손실을 보았다. 미군은 한국에 주둔하면서 정치, 특히 선진경제, 과학, 문화 등 여러 가지 면에서 세계 첨단을 배우게 하여 한국이 발전하는데 큰 도움이 되었다.

　한국군은 237,686명 전사, 717,083명 부상, 43,572명의 행방불명 합 998,341명의 인명 손실을 보았다.

　한국 민간인은 학살 128,936명, 사망 244,663명, 납치 84,532명, 행방불명 303,212명, 의용군으로 끌려간 사람 400,000명 계 1,161,343명의 손실을 보았고, 부상자도 229,625명에 이르렀다. 그리고 천만 이산가족을 낳게 하였고, 전사한 24만 명의 부모들, 72만 명의 부상자들의 고통은 현재까지 계속되고 있다.

　6.25 때의 부상으로 지금까지 투병생활을 하는 분은 서울보훈병원 130명, 광주 70명, 부산 80여 명 총 280여 명이다.

　재산 피해는 200억 달러로 보고 있다.

북한은 인민군 52만 명, 중공군 90만 명의 인명손실을 보았고, 북한은 20만 명의 민간인 손실을 보아 한국전으로 북한과 남한의 총 인명손실은 약 500만 정도였다. 이 수는 남북한 전 국민의 1/5에 달한다.

2) 이러한 엄청난 희생을 치르면서도 통일을 이룩하지 못하고 제2의 38선이 다시 그어지고 분단이 고착화 되는 비참한 민족이 되었다. 경쟁이나 하듯 국군은 60만, 인민군은 116만(실제는 200만) 대군을 양성하고 군비를 확장하여 국가발전보다 전투력 향상에 국력을 쏟아 부어 경제력이 남한이 북한보다 낫다고 하지만 서로가 어려운 가운데 있다.

김일성은 인민군 6사단이 진주를 지나 진동까지 점령, 부산을 48km 남겨두고 작전실패로 처참하게 패전하여 만포진까지 도망친 것이 두고두고 한이 맺혔다. 그래서 6.25 한국전 때는 27일 작전 계획이었으나 지금은 오키나와에서 부산까지 미군 주력부대 상륙 기간을 6일로 계산하여 6일 작전계획을 세워놓고 있으나 현재는 3시간 안에 남조선 적화통일을 위해 군사력 증강에 전력을 다하고 있다.

3) 2003년 현재 인민군 육군 17개 군단 100만 3천명, 해군 54,000명, 공군 103,000명, 계 116만 명, 전차 3,800대, 장갑차 2,300여 대, 야포 12,000문, 헬기 320대, 해군수상 전투함 440척, 지원함 510척, 잠수함 40척, 공군 전투기 770대, 폭격기 80대, 지원기 520대, 특수병력 18만, 예비군 745만 명, 탄도미사일 BIC사정거리 600Km, 북한 동해안 여러 곳에 있는 사정거리 600-1,000Km인 신형 스커트미사일 600기가 준비되었고, 노동1호 사정거리 2,100Km, 함경북도 화대군 무수단리에 있는 대포동 2호 4,300Km, 대포동2 C호의 사정거리는 15,000Km로 미 본토까지 공격할 수 있는 위협적인 미사일이며, 광명호는 실험 중이다. 대포동2 C호는 미국을, 스커트미사일은 한국과 일본을 쑥밭으로 만들 수 있다. 항공기 미그17 80대, V-28 20대, 수륙 양용차 760대, 조

립식 S형 부교 2,200개, 기습상륙용 공기 부양정 130척이 있고 53년부터 핵개발을 연구해 17개를 보유하고 있으며, 2012. 12. 12 1만km 미사일도 성공하여 미국이 위협을 받고 있다.

인민군은 38선에 170밀리 자주포와 240밀리와 300밀리 방사포 합 5,100문, 300밀리 200km 사정거리 포 320문, 로켓포 54기, SAM20기 등 1,500기를 배치해놓고 언제든지 전후방에서 동시에 공격 3일 안에 전쟁을 끝낼 작전을 세우고 있다. 방사포에 화학탄을 장전하여 서울 주변과 전방 국군을 전멸시키고, 노동1호로 부산까지 남한의 원자로 22곳과 정유공장과 도시가스 공장을 공격하여 방사능에 의해서 전멸시키고, 화학탄 5,000톤으로 남한 4,800만을 전멸시키기 위한 준비를 끝냈다. 사이버 공격 병 3만 명을 양성하여 남한의 모든 컴퓨터를 마비시켜 대혼란을 일으키려 하는 것은 핵보다도 더 무서운 병기이다. 이란에서 U2 기가 떨어진 것은 미사일 공격이 아니라 전자공격이다. 북한의 사이버 공격 수준은 미 FBI 수준이다.

남한은 약점이 완전히 노출되어 있다. 남북한 군사력은 6.25 때보다 비교가 되지 않을 정도로 북한이 남한보다 우세하여 격차가 심하여 다시 공격할 위험이 많이 있다.


4) 국군은 방사포를 막을 무기가 없으며, 방사포 사정거리는 200킬로로 대전 육군본부와 수원까지 사정거리에 미치며, 노동1호 미사일이 북한에서 발사했을 경우 대전, 군산, 대구 이남에서는 패트리어트로 막기 어려우며 의정부, 서울, 수원 근방에서는 시간차 공격 때문에 막을 수 없는 것이 큰 문제이다. 국군의 순항 미사일은 1,000Km가 있으나 탄도미사일은 사정거리가 800Km 밖에 없다. 그래서 북한은 미국이나 일본이나 한국에 대해 큰소리를 치고 있다. 미군이 한반도에서 떠난다면 남한은 3일 안에 적화되고 만다. 그리고 친북 좌파가 정권을 잡아 한반도에 전쟁이 발생하면 우리는 작전을 수행할 수 없어 망하고

만다. 그래서 대통령 선출은 우리의 사활과 직결된다. 이것은 채병덕을 통해 우리는 체험하였다. 북한은 남한 적화를 절대 포기하지 않고 있으며, 어떻게 해서라도 미군을 몰아내고 적화하려고 2005년을 미군 추방 원년으로 삼고 있을 정도이다. 또 남조선 적화를 위해 북한 주민 300만이 굶어 죽고 30만 명이 탈북을 해도 핵무기와 미사일 생산에 전력을 다하고 있으며, 북한 주민은 참고 견디고 있다. 핵무기를 사용할 징후가 보이며 국군의 공군과 미사일 부대가 즉시 선제공격을 해서 북한의 미사일과 핵과 방사포를 파괴시켜야 우리가 산다.

북한은 남한 젊은이들과 지성인들과 작가들을 동원 반미 친북의 좌파를 양성하고 전대협과 한총련과 일부 전교조를 통해 주체사상으로 뭉치게 하고 6.15 공동선언(고려연방제)를 지지하게 하여 남한을 적화하려 하고 있다. 북한은 남한이 곧 적화될 것으로 알고 있다. 그러나 우리는 이런 것에 대해 문제를 제기하면 "흑백논리다, 색깔론이다, 구시대 유물이다, 수구 꼴통이다"하고 일축해 버리는 병에 걸린 것이 문제이고, 국민들도 좌파들의 쇠뇌공작에 마취되어 관심이 없는 것이 큰 문제이다.

5) 53년 7월 27일 휴전회담 후 한국 정부에서는 6.25 패전 책임을 신성모, 채병덕, 김백일, 윤춘근, 이상근, 양국진에게 물어야 하는데 이승만 대통령은 전혀 책임을 묻지 않았고, 채병덕은 하동에 기념비를 세우고 동작동 국군묘지 장군묘역에 묻혀 있다. 윤춘근은 소장까지 승진하였다. 이들은 책임을 지지 않았고, 누구도 문제를 제기하지 않고 50년의 세월이 흘렀다. 과거사 조사위원들은 이 문제를 확실하게 다루어야 할 때가 왔다고 보는데, 다른 것은 다 문제를 삼는데 이 문제는 다루지 않고 있다.

## 2. 일본의 경제부흥

일본은 50년 7월 75,000여 명의 경찰예비대를 창설하였고, 그 바탕 위에 자위대, 해상 보안청 등을 신설 증원하여 재무장하는 계기가 되었다. 그리고 직업군인들의 추방령을 해제하고 군사적으로 부활하는 계기가 되었고, 미·일 평화조약을 맺게 하였다.

6.25 한국전 동안 전쟁에 소요되는 군수품을 일본에서 생산하여 운반하였고, 공장 생산율이 47%까지 성장하였다. 미·일 협정 하에 천연자원과 현대적인 상업기술을 도입할 수 있도록 적극적으로 협력하여 해외시장 확대를 도와 패전으로 인한 불황이 한국전으로 인하여 경제대국이 되는 계기가 되었다.

박헌영과 남로당 좌파들이 친일파 숙청을 부르짖고 있었으나 제주 4.3폭동과 14연대 반란으로 친일파를 숙청하지 못하였다. 또한 6.25동란으로 한반도는 초토화되었고 일본만 경제대국이 되게 하였다.

## 3. 미국과 세계의 군사력 증강

미국은 반공 반소 분위기가 크게 고조되었고, 상비군을 크게 확대시켰으며, 국방예산이 크게 증액되었다. 공군의 전략사령부는 해외기지를 확대시켰고, 해군은 핵 운반함을 건조하였다. 미·소는 핵무기 경쟁을 하게 됨으로 미·소 냉전시대가 열렸다. 한국전으로 하여금 모택동은 세계적인 전략가로 지도력이 확실해졌고, 서구진영은 더욱더 단결하여 나토를 강화하였다.

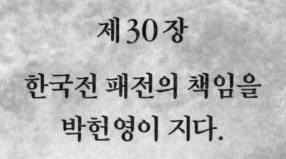

# 제30장

## 한국전 패전의 책임을
## 박헌영이 지다.

# 제30장 한국전 패전의 책임을 박헌영이 지다

## 1. 50년 11월 7일 만포진에서 김일성과 박헌영
### 패전 책임 문제로 다툼

50년 11월 김일성은 고산진에서 중공군이 연일 국군과 미군을 격파하고 있다는 소식에 고무되어 어쩔 줄 몰라 하고 있었다. 임시 수상청은 매일 축제분위기였다.

김일성도 신기한 것은「소총과 수류탄과 박격포만 가지고 현대무기로 무장한 미군을 어떻게 연일 대패시키고 있는가?」하는 점이었다.

김일성은 소련의 지원을 받아 육군만은 미군에 가까운 현대무기로 무장한 인민군이 진주, 영천 포항까지 점령하였다가 참패하고 초산까지 도망친 것이 가슴이 찢어지게 아팠다. 그는 몇 번이고 대승할 수 있는 좋은 기회가 있었으나 미 공군으로 말미암아 남조선을 점령하지 못한 것에 대해 미군이 철천지원수였다.

인민군이 대패하여 압록강과 두만강까지 후퇴하자 백전백승의 김일성 전설이 무너져 북한 인민들과 인민군들은 김일성에 대한 원망이 높아지고 있었다. 인민군 총사령관으로서 김일성만이 내릴 수 있는 후퇴명령도 내리지 않고 10월 15일 맨 먼저 평양에서 도망쳤다고 인민군 군관들이 노골적으로 불평하기 시작하였다.

김일성은 작전실패로 남조선을 해방시키지 못하고 인명과 재산상의 손해를 끼치고 북조선 전 지역을 잃었기 때문에 스탈린은 이 책임을 김일성에게 물을 지도 모른다는 생각에 고산진에서 한 달 동안 공포에 떨고 있었다. 그리고 일부 장성들이 반란을 일으켜 권좌에서 밀려날 지도 모르기 때문이기도 하였다. 이렇듯 김일성은 중공군의 참전 결정이 나기까지 9월 23일부터 10월 18일까지 25일 동안 두려움과 자포자기 상태에서 하루하루를 보내고 있었다. 김일성은 이름만 최고사령관이지 25일 동안 인민군을 제대로 지휘할 수 없었다.

중공군의 참진으로 전세가 역전이 되었으나 김일성은 중공이 김무정을 중심한 연안파를 앞세워 권좌에서 자기를 밀어내지나 않을까 하고 걱정을 하고 있었다. 그래서 김일성은 빠른 시일에 패전의 책임을 누구에게 뒤집어 씌워 관심을 그 쪽으로 돌리게 하고 자기는 벗어나야 했고, 문제인물들을 순식간에 해치우지 않으면 자기가 위험하다는 것을 파악하고 있었다.

50년 11월 7일 만포에서 10월 혁명 기념일로 모였다. 이때 김일성은 박헌영에게 「패전의 책임을 스탈린 원수에게 어떻게 보고할 작정이오?」라고 물었다.

「그것은 최고사령관 동지가 해야 할 일이지요!」

이 말을 들은 김일성은 약간 화가 나서 「50년 4월에 함께 스탈린을 만났을 때 인민군이 서울만 점령하면 남로당 20만이 봉기하여 남조선을 해방하는 것은 식은 죽 먹기입니다. 하고 대답하였는데 인민군이 진주 영천까지 가도 남로당의 봉기는 한 건도 없어 우리가 이토록 패전하였는데 이제 와서 무슨 말을 하는 것입니까?」하면서 김일성은 박헌영에게 속았다고 분노하고 있었다.

「그 전망은 잘못된 것이었다고 누차 이야기 한 것 아닙니까?」

「전술의 최대 실책은 서울방어 주력부대인 18사단을 낙동강 전선으로 투입하여 미군의 인천상륙을 막지 못한 것이며, 둘째는 미군의 인천상륙에 대한 정보부재로 대비하지 못한 것이며, 셋째는 노동당 정책이 전쟁 수행에 적응하지 못해서 패전해 놓고 이제 와서 남로당 20만을 운운합니까?」

박헌영이 참패의 책임은 인민군 18사단을 낙동강 전선으로 보내 미군의 인천상륙작전을 막지 못해서 패전하였다고 김일성이 패전의 책임을 져야 한다고 핵심을 정확히 찔렀다. 그러자 김일성이 벼락같이 일어나 고함을 질렀다.

「이 개자식이 이제 와서 무슨 개소리를 하는 거야?」

패전 책임 문제는 보통문제가 아닌 김일성이 죽느냐, 박헌영이 죽느냐 하는 문제였기에 화가 머리끝까지 난 김일성은 금방이라도 박헌영을 죽일 것 같았다.

「평양 방어사령관에게 후퇴명령을 내리지 않아 수많은 전사를 죽여놓고 어째서 화를 냅니까?」

박헌영이 조금도 굽히지 않고 패전의 책임을 김일성이 져야 된다는 식으로 하고 싶은 이야기를 다하자 김일성은 분을 참지 못하고 잉크병을 벽에 던지면서 한길은 뛰었다. 이 일로 김일성과 박헌영은 돌이킬 수 없는 감정이 생겼다. 김일성은 패전의 책임이 남로당이 봉기하지 않아서였다고 주장하고, 박헌영은 18사단을 낙동강으로 보내서 패전하였다고 주장하고 있으나 이 두 주장이 모두 맞는 말이었다.(북한 외무성부장 박길용 증언)

김일성은 잘못하면 자기의 신변에 위험이 올지 모른다고 판단하고 일단은 박헌영을 안심시킨 후 후일에 박헌영을 처리하는 것이 현명하다고 판단하였다. 그는 박헌영을 인민군 내의 당 정치사상 사업을 총괄하는 총 정치 국장에 임명하여 우선 달랬다. 또 김일성은 주요 명령을 박헌영과 공동 이름으로 내림으로 공동 책임자 역할을 하게 하여 박헌영을 안심시키면서 패전의 책임은 공동으로 있다는 것을 알려 박헌영의 입을 막고 있었다.

## 2. 김일성 패전 책임을 묻다.

50년 10월 1일 국군과 미군이 북진하여 19일 평양이 점령되면서 김일성이 평양을 버리고 후퇴하자 소련 군정사령부 정보책임자 레베제프 소장은 김일성에게 "조속히 중앙위원회 전원회의를 소집하여 패전의 책임자 처벌을 하시요"라고 하였다.

김무정은 중공군 팔로군 포병 창군자이며, 모택동과 같이 대장정에 참여한 자로 모택동과 친하였다. 1945년 8월 15일 전에는 김일성과 김무정의 계급 차이는 김무정이 월등하였다. 김무정이 김일성의 명령을 따른다는 것은 괴로운 일이었다. 김일성은 소련이 북한에 주둔하고 있기 때문에 권력을 유지하지만 중공군이 한국전에 개입한 이상 중공군은 김일성을 권좌에서 몰아내고 김무정을 권좌에 올릴 가능성이 있어 김일성은 김무정을 먼저 제거해야 했다. 그런데 김무정만 제거하면 문제가 되기 때문에 패전책임을 묻는 형식으로 몇 사람을 같이 숙청, 위장하기 위하여 전원회의가 모였다.

50년 12월 21일- 23일 평안북도 강계에서 개최된 제3차 전원회의에서 김일성은 패전의 책임을 물어 문화국장 김일과 임춘추는 당에서 제명하였고, 1사단장 최광을 직위해제 시키고 당으로부터 축출하였다. 김한중도 사단장직에서 해임되고, 허성택은 후방에서 폭동을 일으키지 않았다고 직위해제 시켰다. 김일성은 박헌영의 직계 허성택을 파면하면서 박헌영의 책임을 간접적으로 문제 삼고 있었다. 김열, 박광희 등도 질타 당하고 해임되었다. 그 후 김일성 직계인 김일, 최광, 임춘추, 김열 등은 복직되었다.

연안파 박일우가 조선인민군 대표로 연합사령부 부사령관으로 있었기 때문에 마음만 먹으면 김일성 제거는 그리 어렵지 않은 힘을 갖고 있었다. 김일성은 이것이 두려웠다.

김일성은 김무정을 2군단장과 평양방위사령관에서 해임시키고 건설대라는 죄수들 부대장이 되게 하여 모란봉극장 건설공사에 노동자로 종사하게 하였다. 그런데 김무정은 어느 날 변사체로 발견되었다.

김일성은 패전의 책임을 물어 김무정을 축출하였다. 그러나 평양시 가지가 허허벌판이 된 전쟁의 비참함과 인명의 희생과 이산가족이 된 사람들은 김무정 하나 만으로 가만히 있으려 하지 않고 김일성으로 하여금 패전의 책임을 감당하기 어려워 김일성은 또 누구에게 책임을 뒤집어씌워야 했다.

51년 1월 31일 6.25 초전 전선사령관과 동부지역 사령관을 역임한 김책은 패전 이유를 누구보다 잘 아는 장군으로 그가 입을 여는 날이면 김일성은 하루아침에 권좌에서 물러나야 했다. 김책은 김일성을 만나고 방공호 겸 숙사로 사용하고 있는 자기 숙소로 돌아온 후 변사체로 발견되었다. 그의 나이 46세, 그도 김무정처럼 한 많은 인생을 비참하게 마감하였다.

김일성 대변인은 「김책의 죽음은 탄산가스에 의한 자살이다.」라고 발표하였다. 그러나 김책이 자고 있는 방은 온돌방이며 전기난로를 쓰고 있어 탄산가스가 있을 수 없으며, 그의 부관들이 관리를 잘 하여 탄산가스가 나올 수 있도록 하지 않았고, 자살할 만큼 마음이 약하지 않다고 김책 측근들은 주장하였다. 혹자는 김책이 심장마비로 사망했다고도 한다. 김일성은 김책에 대해 김책공대와 김책거리를 만들어 주어 위장하였다.

그래도 김일성은 패전의 원망을 가라앉힐 수 없었다. 노동당원 60만 명 중에서 45만 명이 국군이 북진하자 당원증을 버리고 전향할 정도로 공산당을 싫어하였다. 국군이 점령한 지역은 노인과 어린이들을 빼고는 100만 정도가 남쪽으로 피난하여 마을에는 젊은 사람이 없었고, 원산에서 10만 명이 거제도로 피난 간 것에 대해서는 변명의 여지가 없었고, 이러한 이산가족들의 원망은 하늘에 사무쳤다. 북한의 전 지역이 초토화가 되자 농사를 지을 수 없어 먹을 것이 없어 국민들의 고통은 이루 말할 수 없어 전쟁을 시작한 것을 원망하였고, 진주까지 남진하고도 패전한 원망과 인천 방어의 허술함과 미군 개입에 대해 전혀 준비하지 않아 처참하게 패전한 것에 대해서는 장군들이 노골적으로 원망하고 있었다.

김일성은 패전의 원망을 깨끗이 씻기 위해서는 "인민군이 38선만 넘으면 남로당원 20만이 민중봉기를 일으켜 인민군이 부산도 가기 전에 남조선은 해방된다고 선동하였는데, 인민군이 진주까지 점령해도 남로당원의 봉기가 한 건도 없어 패전하였다. 우리는 박헌영에게 속았다."고 하면 누구나 충분히 이해할 수 있어 박헌영과 남로당에게 덮어 씌우는 것이 가장 효과적이라고 판단하였다. 그러나 그는 지금 남로당에 손을 댈 수가 없었다.

북한의 권력 분포는 소련계의 허가이, 연안계의 박일우, 남로당계의 박헌영, 빨치산계의 김일성이다. 현재 전쟁 중이어서 소련의 무기 지원과 중공의 인력지원 없이는 전쟁을 수행할 수 없으며, 남한에 있는 패잔병과 유격대를 총 지휘하려면 박헌영이 절대 필요하였다.

김일성은 앞으로 패전의 책임문제가 반드시 대두될 것을 대비, 패전의 책임에 대해 철저한 준비를 하고 있었다.

조·중 연합사령부에서 회의를 할 때는 부사령관 박일우가 참석하여 회의를 하였다. 그래서 인민군 최고사령관 김일성은 허수아비였다. 김일성의 권력은 위험하였다. 그러기 때문에 김일성에게 조금만 반기를 들 기세가 보이면 어떤 이유를 들어서라도 가차 없이 처단하여 권력을 유지하고 있었다.

## 3. 박헌영의 휴전 반대

박헌영은 남조선을 점령하여 자신의 정치적 기반을 회복하려 하였으나 미군의 인천상륙으로 뜻을 이루지 못하고 오히려 인민군이 후퇴하여 북한이 파국 직전에 있었으나 중공군이 서울을 점령하자 다시 그에게는 희망이 보였다.

그런데 51년 5월부터 휴전 이야기가 나오자 그는 휴전을 은근히 반대하며 팽덕회가 부산까지 밀고 내려가 주기를 바라고 있었다. 휴전이 되면 박헌영과 남로당의 정치 생명도 끝나는 것을 박헌영은 잘 알고 있었다. 그래서 박헌영은 지리산의 이현상과 남부군을 이용하여 부산을 위협하면서 중공군을 부산까지 유도하여 남조선과 끝까지 싸워 점령하려 하였다.

51년 5월 3일 노동당 중앙위원회 정치위원회에서는 월북한 남로당 간부나 젊은이들을 빨치산부대에 충당하여 빨치산을 조직하여 대남 사업을 박헌영과 이승엽에게 위임하기로 결의하였다. 빨치산과 지도자 양성을 위해 1천 명의 간부 양성소를 설치하기로 하였고, 대남 연락부도 설치하였다. 연락부장에는 최고사령부 유격지도 처장 배철이 임명되었고, 독립 제1지대 정치위원이었던 박승원이 부부장에 임명되었다.

51년 8월 31일 노동당 중앙위원회 정치위원회에서 94호 결정서를 결의하였다.

양성소는 금강 정치학원이라고 이름을 붙여 황해도 서흥군 율리면에서 51년 10월에 개원하였다. 원장에는 독립 제1지대장이었던 김웅빈이 임명되었다.

월북자나 남로당원들은 지역감정을 부추기며 「남조선에서 피 흘려 싸웠는데 북조선에서 우리를 이렇게 푸대접을 한단 말인가? 우리 모여 남으로 가자!」하니 금방 900여명이 모였다. 후에는 4,000여 명이 모였다.

52년 2월 금강학원 졸업생 300여 명을 황해도 연백지구에 보내 제1지대에서 제10지대까지 재건하여 대장에 맹종호가 임명되었다.

이승엽을 인민유격대 총사령관인 대남 공작책임자로 하여 남부군 약 2,500여명을 지휘하게 하고 황해도를 대남 혁명의 후방기지로 만들었다. 특히 개성시와 개풍군을 대남 혁명의 전진기지로 만들기 위해 지역을 장악하였다. 이렇게 되자 미군은 판문점에서 휴전회담 시 개성이 무장화 되는 것을 가지고 문제를 제기하여 중공과 북한은 입장이 곤란하였다.

김일성과 북로당 간부들은 박헌영의 세력이 날로 커지자 불안하였다. 그리고 김일성은 미군 전투기가 쉴 새 없이 폭격을 하자 견딜 수 없어 하루 속히 휴전을 원하고 있었다. 그러나 박헌영은 국군과 계속 싸우려 하고 있어 휴전에 장애가 될지 모른다고 우려하였다.

모택동은 전쟁을 계속하다가는 중국 경제에 치명타를 당할 것 같고, 스탈린도 박헌영이 인민군이 38선만 넘으면 남로당원 20만이 봉기하여 남조선은 인민군이 부산에 가기 전에 해방된다고 장담을 해서 무기를 지원하고 남침을 허락하였는데, 인민군이 남조선 점령은 그만두고 수많은 전차와 군수 물자와 인명 손실을 보았고, 한반도에서 떠나버린 미군이 남한에 상륙하게 되어 망신을 당하고 소련에 위협이 되고 있어 큰 손해를 보고 있었다. 그는 이제는 더 이상 군수물자를 북한에 대 줄 수 없어 빠른 시일 내에 휴전이 이루어지기를 바라고 있었다. 그런데 박헌영이 인민유격대를 조직하여 국군과 계속 싸우려 하자 스탈린과 모택동은 박헌영이 하는 일이 걱정되었다.

미국의 군사물자는 끝이 없어 얼마든지 싸울 수 있는 저력이 있고, 미군이 중공군의 약점을 알게 되어 불안하였다. 이승만도 연일 휴전 반대성명을 하고, 남조선 국민들이 휴전반대 데모를 계속하자 미군이 인천상륙 작전과 같이 북진과 상륙을 동시에 하면 어떻게 하나 하고 모택동과 스탈린은 잠을 이루지 못하였다. 특히 스탈린은 건강이 좋지 않았다. 모택동과 스탈린은 박헌영을 제거하지 않으면 혹시 우발적인 사건이 벌어질 지도 모른다고 판단하고 있었다. 그래서 스탈린은 "박헌영이 미군을 이롭게 하는 간첩이다."고 김일성에게 암시하였다. 김일성은 모택동과 스탈린의 이러한 마음을 파악하고 박헌영을 제거해도 되겠다고 판단하였다.

## 4. 김일성 남로당원 체포

52년 12월 15일 노동당 중앙위원회 제5차 전원회의가 열렸다. 이 회의에서 김일성은 「조선노동당의 조직적 사상적 강화는 우리 승리의 기초」라는 제목으로 보고하였다.

「당성을 강화하고 자유주의와 종파주의의 잔재와 투쟁해야 한다. - 중략- 과거의 혁명공적을 자랑하면서도 아무런 큰일을 하지 못하는 자, 친척, 동창생, 친구, 동향 자를 일에 집결시켜 남쪽 출신자와 북쪽 출신자의 차이에 사로잡히는 자들을 자유주의 발로이다 - 중략 - 종파주의 잔재들은 일찍이 자신의 그룹에 속해 있던 사람이면 혁명운동을 배반했다고 해도 등용하고, 당이나 정권 기관의 고위직을 올려놓기 위하여 서로 어두운 혁명적 과거를 은폐하고 칭찬하려 하고 있으며, 겉으로는 당과 중앙위원회의 정책을 지시하면서 실제로는 이것을 무시하고 당을 해치는 이중적인 활동으로 나타나고 있다 -중략- 인민민주주의 국가와 우리 형제당의 경험을 통해 분명한 바와 같이 만일 우리들이 종파주의의 잔재들과 투쟁하게 될 때 종파주의자는 결국 적의 스파이로 전락하고 말 것이다.」

박정애도 「우리 당에는 당중앙위원회와 김일성 동지의 지도 외에 다른 어떠한 지지도 없고 있을 수 없는 것이다.」라고 하였는데 이는 총정치부 부장인 박헌영이 김일성과 동등의 위치에 있을 수 없다는 내용이었다.

소련파 박창옥은 이 자리에서 이승엽의 죄상을 열거하면서 공격하기 시작하였다.

5차 전원회의가 끝나자 박헌영은 당직과 외상에서 물러나 부수상의 허수아비가 되었다.

김일성은 박금철에게 「박헌영과 남로당 간부들에 대해 철저히 조사하여 보고하라.」고 명령하였다. 박금철은 정보원들을 통해 백형복, 조용복, 설정식 등에 대해 뒷조사를 시작하였다. 그리고 최고 검사총장 이송운과 사회안전상 방학세에게도 남로당을 뒷조사하라고 지시하였다.

정보원들은 뒷조사 결과를 박금철에게 보고하였다.

「박헌영과 이승엽의 집과 사무실에서 남로당 간부들이 자주 모입니다. 이때 이들은 패전에 대해 김일성 동지가 져야 한다 하면서 여러 가지 불평을 하고 있으며, 미군이 다시 북진해오면 그때 기회를 보아 김일성을 제거하자는 말을 하고 있었습니다.」

이러한 보고를 받은 박금철은 깜짝 놀라 김일성에게 보고하였다. 김일성은 박금철의 보고를 듣고 하늘이 낮다하고 펄쩍 뛰었다.

「아니, 이거 왜 이러십니까?」

문화선전성 대외연락국 소속 양운항은 정보원에 의해 당 중앙 지하실로 끌려가면서 저항하였다. 그는 이곳에서 사회안전부원에게 호된 고문을 당하며 조사를 받았다.

「상해에서 박헌영의 반당 행위와 간첩행위를 말하란 말이야!」

조사원은 박헌영이 상해에서 좋아했던 윤레나 여자가 미국으로 건너간 후 박헌영의 부인 주세죽이 소련에서 사망하자 북한에 들어와 박헌영과 결혼한 것에 대해 자세히 묻고 있었다. 이 여자를 미국의 간첩이었다고 자백하라는 것이었다.

「안면은 있어도 박헌영에 대해서는 모른다.」

양운항이 진술을 거절하자 조사원은 15일 동안의 고문에 양운항은 견디지 못하고 안전요원이 부르는 대로 쓰고 도장을 찍었다. 그는 풀려나 집에 돌아와 「나는 이 세상에서 살 자격이 없다.」라는 유서를 남기고 자살하였다.

금강학원 원장 김응빈은 안전원들에 강제로 끌려가 양운항처럼 고문을 받았다. 조사원은 김응빈에게 「무장구테타 음모가 있었다고 시인만 하라」고 고문하였다. 그러나 김응빈은 끝까지 부인하였다. 그러나 「완전무장한 제1지대 대원들이 김응빈의 지시를 받고 대성산을 공격하는 것을 보았다.」라고 가짜 증언을 해준 오경택은 국기훈장 3급을 받고 최고 검사소 초급 당위원장이 되어 출세하였다.

53년 2월 15일 임화는 평양시단 전원회의에서 비판을 받았고, 곧이어 체포되어 고문에 의해 이승엽과 조일명 등이 김일성을 반대한다고 자백하였다.

53년 2월 16일 박창옥은 이승엽, 조일명, 임화, 박승원, 이강국, 배철, 윤순달, 이원조, 백형복, 조용복, 맹종호, 설정식 등 남로당 간부들을 체포하였다.

예심처장 소련계 주광후는 이들에게 「해방 전에 체포되어 전향한 후 일본의 간첩이었다가 해방 후에는 미군의 간첩이 되어 권력을 탈취할 음모를 하였지?」하며 혹독한 고문을 시작하였다. 항우장사라도 매타작 고문에 억지 자백을 하지 않을 수 없었다.

2월 말 박헌영도 체포되어 조사를 받았다. 박헌영의 체포는 스탈린과 모택동의 묵인 없이는 불가능한 일이었다.


## 5. 남로당의 최후

53년 제6차 전원회의에서 박정애는 소련계 허가이를 강도 높게 비판하였다.

박정애가 「허가이는 박헌영과 내통하는 것에 대해 자기비판을 하라!」하니 허가이는 하도 어이가 없어 자기비판을 하지 않았고, 정치위원회에서 자기비판을 요구하는 것을 그는 7월 2일 자살로 대신하였다.

　이제 김일성은 강적인 남로당 박헌영, 연안계 박일우, 김무정, 소련계 허가이를 제거함으로 권력을 한 손에 쥐고 개인숭배 유일사상의 대상자가 된 후 주체사상으로 위장하여 독재자가 되어 세습 왕조를 만들어가고 있었다.

　53년 8월 3일 휴전 후 평양의 최고재판소 특별군사재판이 열렸다. 소장 김익선 외 3인의 판사에 의해 재판이 시작되었다.

　검찰총장 이송운, 검찰부총장 김동학이 기소장을 읽어갔다. 기소장 내용은 ① 미국의 간첩 행위 ② 반혁명 모략행위 ③ 무장폭동 음모 행위, 이승엽의 서울 점령 시 잔악 행위 등이었다.

　8월 3일에서 8월 6일까지 피고인 심문 및 증인심문이 계속되었다.

　이승엽 : 당 중앙위원 비서(경기 출생)겸 사법상

　임　화 : 문화협의회 부위원장(경북안동) 시인

　　　　　　심한 고문에 의식을 잃어 재판정에 참석하지 못함.

　조일명 : 문화선전성 부상

　박승원 : 당중앙위원회 연락부 부부장

　이강국 : 인민위원회 외무국장

　배　철 : 당중앙위원회 연락부 부부장

　윤순달 : 당중앙위원회 연락부 부부장

　이원조 : 당중앙위원회 선전 선동부 부부장

　백형복 : 중앙분실장

　조용복 : 인민검열위원회 상급검열위원

　맹종호 : 북조선 인민군 유격대 제10지대장

　설정식 : 인민군 최고사령부 총 정치국 제7부부장

　박헌영은 아직 기소되지 않았다. 기소장의 죄목 5번째가 "무모한 폭동을 일으켜서 혁명 역량에 손실을 가져왔다."는 것이다. 이것은 제주 4.3폭동과 14연대 반란을 두고 한 내용이다. 그리고 "금강학원 제10지대 대원들이 군사훈련을 빙자하여 대성산 김일성 최고사령부를 습격하려고 하였다."는 반란죄이고, 다음은 "미국 첩보기관 CIC와 결탁하여 인민을 팔아버리려는 간첩이었다."는 것이다.

1950년 3월 27일 안영달과 조용복을 남조선에 침투시켜 김삼룡·이주하 동지를 남조선 치안국 사찰과 중앙분실장 백형복에게 체포당하게 하였고, 안영달이 김삼룡을 체포하게 한 것이 들통 날 것이 두려워 임종환에게 안영달을 살해하라는 지령을 내렸다는 말도 안 되는 죄를 뒤집어 씌웠다. 이들은 평양 교외 용성지구 토굴에서 죽음에 가까운 고문에 못 이겨 조사관이 쓰라는 대로 쓰고 서명을 하였다.

김익선 재판장은 이승엽, 임화, 조일명, 박승원, 이강국, 배철, 백형복, 조용복, 맹종호, 설정식 이상 10명에 사형을 선고하였고, 윤순달 60년, 이원조 33년의 선고를 하였다.

남로당 김점권, 김광수, 이위상, 안기성, 권오직, 김오성, 김기림, 우진환, 이종갑, 최용달, 구재수, 장시우, 주영하, 장순명, 김천수, 백금락 등이 계속 체포되어 숙청되었고, 주영하는 끝까지 자기주장을 하였으며, 김응빈은 잠적하는데 성공하였다. 박갑동은 정신이상자 노릇을 하여 일본으로 도망치는데 성공하여 남로당은 뿌리가 뽑히고 있었다.

이강국은 경성제대와 베르린대학 법학부를 나온 천재로서 김수임을 사랑하다 위조지폐사건으로 김수임의 도움으로 북으로 갔다. 김수임이 베어드 대령과 동거하면서 베어드를 통해 미 정보를 빼내 그에게 제공하였다고 간첩죄로 남한에서 사형선고를 받고 50년 6월 14일 사형집행 된 것을 그는 몰랐다. 김수임은 최후진술에서 "나는 공산주의를 모릅니다. 다만 이강국을 너무도 사랑해서 그의 요구를 들어준 것 뿐입니다." 라고 고백을 하면서 오제도 검사가 전향을 권하자 "국가에 반역을 하였는데 내가 더 살아 무엇 하겠습니까?" 하면서 죽어갔다.

50년 6월 30일 이강국은 서대문형무소에 갔다가 김수임의 사형이 집행되었다는 소식을 듣고 그는 하늘을 향해 통곡하였다. 그런데 공소장에 이강국의 죄명은 "이강국 애인 김수임을 베어드 대령에게 주어 미국 간첩에 충실하였고, 46년 9월 미 군정청이 조작한 체포령에 의하여 애국자의 가면을 쓰고 공회국 북반부에 잠입하여 간첩노릇을 하였다."고 상상도 못할 거짓말로 판결하였다. 이제는 그도 미국의 간첩이라는 누명을 쓰고 김일성에 의해 죽어야 했다.

김일성은 남로당 잔당을 3단계로 분류하여 숙청을 하였다

1종 : 이용가치가 있되 반동적 요소가 없는 자

2종 : 이용가치가 없되 반항의 요소가 없는 자

3종 : 이용가치도 없으며 영향력도 없는 자

박헌영에게 죄를 뒤집어씌우는데 영향력을 준 전 해방일보 사장 권오직은 이용당한 후 행방불명이 되었고, 이강국과 조일명도 박헌영이 미국의 간첩이라고 증언을 시킨 후 즉시 사형집행을 하였다. 이강국은 딸이 아버지가 미국의 간첩이었다고 규탄하는 처참한 말을 듣고 탄식하며 그는 죽어가야 했다.

안기성 : 생산 공동연합 부위원장 구속 중 병사

김오성 신의주 교원대학장, 김순남 작곡가, 이중업 남로당 군사부장은 총살, 남로당원을 남침에 이용한 후 이제는 필요 없자 5만 명 정도를 숙청하였고, 남로당원의 가족들도 모두 일정한 곳에 수용되어 중노동에 종사, 그들은 일생동안 감시를 당하며 수용소에서 살아야 했다. 김일성은 남로당원 숙청 후 30년이 지나서 남한의 통혁당 사건 때에 남로당원을 숙청한 것을 후회하게 된다.

남한 정부가 소탕하려고 애를 써도 못한 남로당원을 김일성은 뿌리를 뽑았다. 금강학원 인민유격대 4천 명이 남파되어 인민군 패잔병과 남부군과 지리산의 제4지대 이현상 부대와 합류하였으면 국군이 토벌하는데 엄청난 희생이 따랐겠으나, 김일성의 남로당 숙청으로 인민유

격대는 자동적으로 소멸되어서 국군의 피해가 적었고, 지리산의 이현상도 이렇게 되어 죽어갔다.

전쟁이 끝나자 김일성은 전쟁에 참여한 장군들이 김일성에게 패전의 책임에 대해 언제 반기를 들 지 모른다는 걱정을 하였다. 그리고 6.25 패전의 책임과 김일성 개인숭배에 대해 조금만 비판을 하면 고하를 막론하고 숙청하였다.

내무상 박일우, 박춘일 중장, 방호산 6사단장, 장평산 평양방위사령관, 이영호 3사단장 등 30여 명의 연안파 장성들을 숙청하였다. 방호산과 이영호는 김일성의 패전 이유를 김책 다음으로 잘 아는 장군이다.

참모장 유성철 중장, 최표덕 중장, 한일무 중장, 김일 소장, 박길남 소장, 장철 중장 등 소련파는 파면하여 소련으로 추방하였다.

최종학 상장, 김열 중장, 정학중 소장, 김철우 소장 등은 처형되었고, 남일 중장은 의문사를 하였으며, 김광협 대장, 김창봉 대장, 석산 상장 등은 숙청되었다.

김일성은 한국전에 참전한 장성 중 패전을 비판하고 개인숭배를 비판하면서 반란을 일으킬 만한 장성 70여 명을 숙청하여 반란의 싹을 뭉개버렸다. 그리고 독재자가 되어 유일사상의 주체사상을 신봉하게 하고 4월 15일 김일성을 태양이라고 하면서 생일을 태양절이라 하여 국가의 최대 명절을 만들어놓고, 김일성과 대를 이어 충성을 맹세하게 하는 등 개인숭배를 하게하고, 김일성 왕조를 만들어 김일성이 왕이 되었으며, 대를 이어 김정일이 왕이 되었고, 김정일의 아들 김정은이 대를 이어 왕이 되었다. 북한의 교과서는 "6.25는 미제가 침략하였고, 15개 추종 국가를 무찌르고 위대한 조국 해방전쟁을 승리로 이끌었다."고 상상도 못할 허위주장으로 김일성을 백전백승의 장군으로 우상시 하고 있다. 남한 정부를 "미제의 괴뢰도당" "역도" "정치특무 정치 매춘부"라고 기록하여 적개심을 품게 하고 있다. 김대중 정부를

"사대 매국정치를 그대로 답습하였다."고 규탄한 것으로 보아 김대중과 만난 것을 선전용으로 사용하고 있다. 북한은 사회주의 국가가 아니다. 김일성은 북한 주민들을 주체사상의 종교집단이 되게 하여 그의 권력에 탄탄대로를 만들었다. 공산주의 혁명은 인민을 위한 혁명이라고 명분을 내세우지만 실은 개인 권력욕을 채우기 위한 하나의 수단이며, 주체는 인민이 아니라 김일성이 대를 이어 주체가 되었다.

1970년대는 북한이 남한보다 잘 살았으나 군사력 증강과 1988년 세계청년대회 때 김일성 개인 우상화 선전에 달러를 다 써버려 현재 경제가 파탄지경에 이른 것이다. 그 증거로,

① 김일성에게 충성의 선물
② 주체사상 탑
③ 개선문
④ 인민대학습장
⑤ 김일성 경기장
⑥ 김일성 묘역
⑦ 평양의 무모한 건설
⑧ 김정일 별장 33개
⑨ 군사력 강화 등으로 1990년 경제가 파탄되었다. 동구라파 공산주의가 붕괴된 데도 원인이 있다.

1995년 3년의 고난의 행군기간에 300만 명이 굶어 죽어가고 있는데 김일성 무덤인 금수산기념궁전을 짓는데 무려 9억 달러를 썼다. 이 돈이면 고난의 행군기간 동안 굶어죽은 300만을 먹여 살릴 수 있었다.북한은 오직 김일성·김정일과 김정은 그의 추종세력 1,000여명만 잘 살기 위해서 국민들의 굶주림은 아랑곳하지 않는 집단이다.

역사비평사에서 강창일, 고은, 김중배, 김지하, 박명림, 박현채, 백기완, 서중석, 임헌영, 황석영, 박헌영 아들 헌경 외 수십 명을 동원해 이정 박헌영 전집 1권-9권을 출판하여 검토를 해보니, 박헌영은 미국

의 간첩이 아니었는데 미국의 간첩이 아니라고 반박한 내용이 없다. 그런데 '인간사'에서 박갑동이 박헌영에 대해 쓴 책에는 박헌영은 미국의 간첩이 아니라고 하였다. 왜 그랬을까? 강창일 외 수십 명은 북한 김일성이 박헌영을 미군 간첩이라고 뒤집어씌워 죽인 것을 인정하는 것이다. 즉 그들은 김일성을 믿는다고 보아야 할 것이다.

## 6. 박헌영과 이현상의 최후

### 1) 박헌영의 최후

김일성은 53년 2월 7일 이후 박헌영을 감금하였다.

53년 8월 5일부터 9일까지 4일 동안 노동당 중앙위원회 제6차 전원회의가 개회되었다.

여기서 김일성은 패전의 책임에 대해서 누구도 재론하지 못하게 하기 위해서「휴전은 우리들에게 있어서 커다란 승리이다.」하고 외쳤다. 그는 수많은 한민족의 희생과 한반도를 초토화 되게 만들어 놓고 제2의 38선의 분단도 커다란 승리라고 하였다. 그리고「미군의 완전 철수를 쟁취하고 조선 문제의 평화적 해결을 달성하기 위해 투쟁하자!」하고 위장 평화통일을 또 외쳤다.

김일성에 이어 박정애는「이승엽, 조일명, 임화, 박승원, 이강국 등이 간첩이었고, 이러한 종파분자 변절자 파괴 암해분자들이 박헌영과 뭉쳐 인민군의 발전을 저해하였다. 박헌영은 인민군이 38선만 넘으면 20만 당원이 봉기한다 하였지만 수백 명에 불과하였다. 이들은 항시 불평불만을 하였고, 반소 친미사상이 노골적이었다. 그들은 무장 쿠데타 음모를 진행하고 있었다. 이들은 박헌영의 심복이었다. 당과 국가를 배반한 박헌영을 당에서 제명하고 재판에 회부합시다!」하고 외치자 전원 만장일치로 결의하였다.

이젠 6.25 한국전쟁이 끝났으니 남로당과 박헌영과 참전 장성들은 필요 없다는 것이다.

55년 12월 3일 검찰총장 이송운은 박헌영을 죽음에 가까운 고문을 하고 조사를 한 후 기소하였다. 박헌영의 공소장 내용은 ① "해방이 되자 언더우드의 도움으로 조선공산당의 총비서에 선출되어 미국 점령군 사령관인 하지 중장에게 충성을 맹세하였고, 그의 지령을 받고 46년 10월 월북하여 정부기관에 간첩을 침투시켜 정치발전을 방해하였다." ② 반혁명 모략행위 ③ 무장폭동 음모행위 등등의 내용이었으며, "미군정의 46년 9월 5일 박헌영 체포령은 꾸며진 것이다."라는 터무니 없는 허위내용이었다.

55년 12월 15일 오전 10시, 사회안전성 회의실에서 박헌영의 재판이 시작되었다.

재판장은 최용건, 사회안전상 방학세였고, 배심원은 최고재판소 소장 김익선이었다.

재판장 최용건이 박헌영에게 심문하였다.

최:「공소장의 죄목을 모두 시인하는가?」.

박:「나는 시인할 수 없다.」하고 박헌영이 대답하였다.

최:「적의 간첩으로 전락된 걸 수치스럽게 생각하지 않는가?」

박:「당신네 마음대로 해놓고 무슨 간첩이란 말인가?」

이때 검찰총장 이송운이 책상을 치며 고함을 지르자 박헌영은 「죽여라, 어서 죽여!」하고는 이후로 더 이상 말을 하지 않았다.

이 재판은 12월 15일 오전 10시에 시작하여 오후 8시에 끝났다. 비공개로 10시간에 걸쳐 비밀재판을 하여 박헌영에게 사형이 선고되었다.

박헌영의 죄목은 "미 제국주의 고용간첩과 정부 전복음모"였다.

박헌영은 「김일성 제 놈이 남침해서 패전하니 남로당을 미국의 간첩으로 몰아 모두 죽이다니 천인공로 할 흉책이다. 하늘이 무섭지 않은

가? 어디 두고 보자! 역사의 날조자, 혁명의 찬탈자, 민족의 반역자, 인민의 원수 김일성을 타도하자!」하고 고함을 치며 재판소에서 강제로 끌려나왔고, 감옥에서도 매일 고함을 질러 골칫거리였다.

박헌영은 46년 9월 위조지폐사건이 아니면 월북할 사람이 아니었다. 그는 49년 3월 김일성, 전춘택, 장시우, 홍명희, 백남운, 김정주와 같이 소련을 방문하여 스탈린에게 군사 원조를 요청하였고, 50년 9월 중순 박헌영은 유성철, 이상조 등과 같이 북경을 방문하여 모택동 주석과 유소기, 주은래, 고강, 팽덕회, 엽검영 등이 모인 자리에서 군사원조와 파병을 요청하여 중공군의 한국전 개입에 크게 공헌하여 미군을 비참하게 북한 땅에서 몰아내고 다 죽어 가는 김일성을 살려 놓았다. 만일 박헌영이 미국의 간첩이었다면 이때 「중공군 대군이 한국전에 참전할 것이다. 맥아더는 이에 준비하시오」라는 정보를 맥아더에게 제공하였다면 맥아더 장군은 중공군을 북한 땅에서 몰아내고 한반도를 완전히 통일시켰다. 그러므로 박헌영은 절대 미군의 간첩이 아니었다.

박헌영은 46년 10월 대구 폭동, 48년 5.10선거 반대 2.7폭동, 48년 제주도 4.3폭동, 48년 10월 19일 14연대 반란사건, 대구 6연대 반란사건, 8연대 2개 대대 월북 그리고 6.25동란을 선동하여 해방 후 9년 동안 한반도를 온통 폭동의 도가니에 몰아넣어 9년 동안 한반도와 한민족에게 헤아릴 수 없이 많은 한을 남겼다.

남로당원들은 좋은 세상 만들겠다고 일생을 공산주의 혁명에 몸을 바쳐 고향을 등지고 투쟁하다 경북 보현산에서, 제주도 한라산에서, 지리산에서, 태백산에서 그리고 한반도 강산에서, 수많은 피를 흘리고, 이제는 자기가 모시는 대표 박헌영이 미국의 간첩이었다고 거짓 증언을 한 후 미국의 간첩이라는 불명예를 뒤집어쓰고 동무 김일성에 의해 비참한 일생을 마감해야 했다.

박헌영은 위조지폐사건이 두고두고 후회스러웠다. 박헌영은 위조지폐사건의 결과가 이렇게 되리라고는 꿈에도 생각하지 못하였다. 박헌영은 감옥에서 지나온 과거를 생각하니 통곡이 저절로 나왔다. 월북후 꼭 가보고 싶었던 서울과 고향 예산 사는 어머니가 보고 싶었으나한 번도 가보지 못하였고, 위조지폐사건으로 수감된 이관술은 전주 감옥에서, 박락종은 목포 감옥에서, 이현상은 지리산에서 죽었다는 소식을 듣고 가슴이 터졌고, 손발 같은 그 많은 남로당원이 다 죽고 이제는자기도 감옥에서 죽음을 기다리고 있는 것을 생각하면 통곡이 저절로나왔다. 손발같이 아끼던 이강국이 고문에 못이겨 자기를 미국의 간첩이었다고 증언한 후 총살당한 내용은 참기가 너무 어려웠다. 김일성은어제의 동지이었지만 지금은 원수가 되어 그의 손에 죽게 되었다. 이것이 공산주의 실체이다.(인간같이 믿을 수 없고 악하고 비참하고 허무한 것이 없다.)

### 2) 이현상의 최후

50년 6월25일 인민군이 38선을 넘어 남침하자 태백산, 보현산, 지리산에 있는 인민유격대 500여명은 만세를 부르며 곧 남한이 적화될 줄알고 환영하였고, 젊은이들은 인민유격대에 합세하였다. 지리산의 이현상 부대도 6.25 전에는 100여명이었던 인민유격대 대원이 50년 7월에는 500여명으로 증가하여 국군과 미군의 후방을 교란하였다.

50년 8월 10일 이현상 부대는 달성군 가창면의 미군 통신부대를 기습하였고, 8월 25일에는 창녕군 미군부대를 습격하였고, 9월 6일 창녕에서 인민군과 합세하였다.

경북도당 책임자 배철은 7월 27일 대구비행장 습격, 8월 31일 미군포진지를 습격하였다. 50년 9월 15일 현재 남한의 인민유격대는 5~8만 정도였으며, 이들은 인민군 후방에서 치안도 담당하였다.

50년 9월 15일 유엔군의 인천상륙에 의해 인민군이 후퇴하자 인민유격대도 인민군과 같이 후퇴하였으나 50년 10월 30일 인민군 패잔병과 후퇴하지 못한 인민유격대는 40,000여명이었다. 이들은 남한 후방의 위협적인 존재였다.

이현상 부대도 인민군과 같이 후퇴하여 함경남도 개마고원까지 후퇴하였다. 후퇴도중 북강원도 세포군 후평리에서 이승엽은 이현상에게 남부 6개 지방 유격대원들을 통합 지휘할 수 있는 권한과 "남한에서 제2전선을 형성하라"는 명령을 내렸다. 중공군이 한국전에 참전하여 국군이 후퇴하자 이들은 남한을 다시 적화시킬 수 있는 절호의 기회라고 희망을 가지고 이현상은 개마고원에서 3,000여명의 인민유격대 남부군을 인솔하여 금강산, 오대산, 태백산, 단양, 문경을 거쳐 51년 1월 속리산에 도착하여 51년 5월 27일 청주경찰서를 습격하여 많은 무기를 탈취하여 덕유산으로 들어갔다.

덕유산 송치골에서 남한 6개 도당 인민유격대 대표가 모여 이현상을 사령관으로, 부사령관 박영발, 조직위원 박영발, 김삼홍, 김선우, 조병하, 박찬봉 등으로 조직하였고, 이현상은 제2병단장 제5지구 당위원장이 되었으며, 인민유격대는 경상도의 가야산과 지리산으로 둘로 나누어 투쟁에 들어갔다. 호남은 제5지구대가 되었다. 이때 북로당계에서는 이현상이 북한 노동당으로부터 회의소집권이 없다고 반발, 전남도당위원장 박영발과 전북도당위원장 방준표는 이현상을 반대하여 이현상 부대에서 이탈하였고, 북로당 김일성은 남한의 인민유격대 남부군 사령관은 남도부(하준수)라고 명령하여 사실 남부군도 김일성계하고 박헌영계로 나누어 있었다. 그래서 이현상 부대는 14연대 반란 잔당인 김지회 부대뿐이었다. 7월 10일 휴전에 대한 협상을 하고 있다는 소식을 들었다.

51년 11월경 이현상의 남부군은 겨울을 날 준비를 위해 하동 평사리 근방에서 소 40마리와 쌀 수백 가마와 필요한 물품을 농민들에게 강요하여 이 물건들을 마을 사람들을 동원, 지리산 세석산장 근방의 아지트로 운반하고 있었다.(현재까지 세석산장에 남부군이 교육 받은 흔적이 남아 있다.) 순창 회문산 감아골에는 24시간 인공기가 걸려 있었다. 또한 이곳은 인민학교까지 운영하고 있는 해방구였고, 인민유격대 최대 요새여서 진압군도 함부로 공격하기 어려운 곳이었다.

　51년 11월 25일 정부는 후방이 안보에 심히 불안하여 국군 1사단과 8사단 서남지구 전투사령부와 4개 경찰연대 등 총합 4개 사단 규모로 '백 야전사령부'가 신설되어 백선엽 소장이 사령관이 되어 진압에 들어갔다. 부산을 제외한 대전 이남에 비상계엄령을 선포하고 남부군 토벌에 들어갔다. 52년 2월까지 회문산, 백운산, 조계산, 지리산, 덕유산의 남부군을 공격하여 7,000여명을 사살, 6,000여명을 생포하여 잔존 세력은 1,800여명이었고, 53년 9월에는 800여명뿐이었다.

　53년 4월 휴전이 임박했다는 소식과 남로당원 숙청 소식은 이현상과 남로당 유격대원들에게는 사형선고였다. 53년 4월 남로당 시인 임화가 체포되면서 이승엽, 배철 등 간부 등 10명도 체포되어 처형되고 있다는 소식은 이현상과 남로당 유격대원들에게는 절망적이었으며, 그들은 지리산 골짜기에서 탄식하고 있었다.

　53년 8월26일 북한 노동당 중앙당원 5명이 지리산 제5지구당이 있는 지리산 쌍계사 위 빗점골에 도착하여 "반당 반국가적 파괴 암해분자 종파분자인 박헌영, 이승엽 반역도당의 잔재와 영향을 근절 청산하기 위한 제반 대책에 대하여"라는 안건으로 조직위원회 회의가 소집되어 이현상을 비판하면서 "제5지구당 조직위원회는 박헌영, 이승엽 반역 도당들에 대한 결정적 대책을 적극적으로 지지 옹호하면서 제5지구당을 포함해 반역도당의 잔재와 영향을 철저히 근절 청산함에 수반 제5지구당의 조직적 사상적 총 정리를 53년 9월 10일까지 완료할 것을 이현상 동지에게 책임을 지운다."라고 결정 9호를 결의하였다. 이 결정에 의해 제5지구당도 해체되고 이현상 부대도 해체되어 다른 부대에 분산시켰고, 이현상은 평당원이 되었으며, 경호원 7명도 해제시켜 이현상은 홀로 있게 되었다.

이현상의 호위병인 김진영과 김은석이 포로가 되었는데 이들은 진압군에 위와 같은 내용과, 이현상은 화계장 쌍계사 4km 동북쪽 지점 빗점골에 은신해 있고, 곧 경남도당으로 이송될 것이라고 정보를 제공하였다.

53년 9월 17일 제2 전투경찰대장 차일혁은 빗점골을 완전히 포위하고 6개 지점에 경찰 수색대를 매복시켰다. 9월 17일 20시 경 인민유격대원 3~4명이 나타나 총격전이 벌어졌다. 인민유격대는 순식간에 도주하였다. 9월 18일 오전 11시 김용식 경사가 지휘하는 33명의 수색대는 차일혁 대장에게 "연대장님 어제 밤에 전투가 있었으나 공비들의 시체를 발견하지 못했는데 방금 일대를 수색하다 늙은 공비 시체를 발견하였습니다. 김진영과 김은석에 의하면 이현상이 틀림없다고 합니다. 이현상은 등에 총을 맞고 관통되어 엎드려 죽은 것으로 보아 상당히 가까운 거리에서 총을 맞은 것 같습니다."(빨치산 토벌대장 차일혁의 수기 중에서) 하고 보고하였다. 이렇게 이현상은 사망하였다. 그의 나이 52세였다. 이현상은 내부에 의해 등 뒤에서 처형했을 것이라고 이태 씨는 추정하였고, 차일혁 총경은 이현상의 장례를 잘 치러 주었다.

53년 12월 1일 14연대 반란군 출신 경남도당 유격대 사령관 이영회가 33명의 인민유격대를 이끌고 의령경찰서를 기습하여 서장을 죽이고 지리산으로 이동 중 산청군 신등면에서 진압군에 의해 사살되었다. 그의 나이 25세였다.

전북도당위원장 거제출신 방준표는 54년 1월 31일 덕유산의 아지트에서 사살되었고, 전남도당위원장 조병하는 54년 2월 6일 지리산에서 생포되어 군사법정에서 전향을 거절하여 사형이 집행되었다. 그는 함경북도 명천 출신으로 나이는 52세였다.

54년 2월 27일 전남도당 유격대 지휘자 김선우는 백운산 아지트에서 자살하였다. 이로써 1955년 3월까지 지리산 인민유격대는 완전히 소탕되었다.

경남 함양 출신 남도부(본명 하준수) 대남 유격대 사령관은 김달삼과 같이 영남 강원 일대에서 인민유격대를 지휘 투쟁하다 54년 1월15일 체포되어 사형선고를 받고 전향을 거부해 집행되었다. 그의 나이 34세였다. 김달삼도 경북 청도 신불산 전투에서 사살되었다.

이로서 남로당(조선공산당)은 남과 북에서 공격을 받아 완전히 뿌리가 뽑혔으나 약 20만 명의 뿌리가 아직도 남한에 남아 있다. 이들이 오늘 날 김종태, 도예종, 박현채 외 다수가 좌파의 지도자가 되었다.

### 3) 박헌영의 죽음

박헌영의 사건을 안 소련대사 이바노프가 "소련 정부 이름으로 박헌영의 처형 집행 연기를 고려해 볼 필요가 있다."고 건의할 때 김일성 대변인은 "우리는 이 문제에 관해서 당신들의 의견을 물은 적이 없다."라고 거절하자 소련 측에서는 당황하였다. 소련의 간섭을 받지 않으려고 연구한 것이 바로 주체사상이었고, 주체사상 핵심은 "혁명과 건설의 주인은 인민 대중이며 혁명과 건설을 추진하는 힘도 인민대중에게 있다"는 사상으로 자기 운명의 주인은 자기 자신이며, 자기 운명을 개척하는 힘도 자기 자신에게 있다는 사상이다. 주체사상에서 인간의 본질은 온갖 예속을 반대하고 주위를 자신에게 유리하게 변혁해내는 자주성을 본질로 한 사회적 존재이며, 사상 의식을 가진 능동적 존재이다. 이를 실현하기 위해 자연, 사회, 인간 전반에 걸쳐 낡은 것을 반대하고 새 것을 지향하는 활동을 수행하는데 여기서 무엇보다도 요구되는 것이 창조성이다.

주체사상 이론을 정립한 황장엽은 북을 탈출하여 한국에 도착, 북한

민주화동맹 대표로 자유북한방송을 하였다. 주체사상은 젊은이들을 현혹시키고 있다. 북한은 주체사상으로 뭉쳐 있는 종교집단이다. 그래서 쉽게 붕괴되지 않고 있다. 중국 정부에서 북한에 실용주의 개방을 권고해도 결국 주체사상 때문에 개방을 못하고 있으며, 선군정치로 인하여 150만 대군과 기계화군단, 미사일과 핵무기 개발로 경제적으로 성장을 못하고 위기를 맞고 있다.

56년 4월 조선노동당 3차 대회가 열리기 직전 소련의 브레즈네프 대표단장이 이 회의에 참석하기 위해 도착할 예정인데 소련의 간섭을 우려해서 소련의 대표단이 오기 전 56년 3월 박헌영을 대성산 임시사형장으로 끌고 갔다.

집행관이 박헌영에게 물었다.

「마지막 할 말은 없는가?」

「내가 미국의 간첩이라니 세상 사람이 다 웃겠다.」

「세상 사람들은 다 웃지 않아도 남조선 사람들은 좋아 웃을 것입니다. 남조선에는 이제 항쟁도 끝나고 조선반도는 전쟁도 끝났습니다. 앞으로는 조용한 세상이 올 것입니다. 당신이 죽어야 조선반도가 조용합니다.」

「……」

박헌영은 1948년 5.10선거에 참여하여 합법적으로 남한의 권력을 평화적으로 장악할 수 있는 좋은 기회와, 제주 4.3폭동이나 14연대 반란을 일으키지 않고 50년 6월 25일 인민군 남침 시 폭동을 일으켰으면 인민군은 남한을 완전히 점령할 수 있는 등 좋은 기회가 두 번 있었다. 그런데 박헌영은 앞을 내다보지 못하고 이성적으로 살지 않고 감정이 앞서 2.7폭동, 제주 4.3폭동, 14연대 반란, 서울 불바다 계획과 인민유격대 2,400여명 남파로 남로당원을 다 죽이고, 33만 명이 자수함으로, 엄청난 힘을 갖고도 인민군이 서울을 점령했을 때 잘못된 판단으로 좋은 기회를 살리지 못하고 이제 남로당과 함께 역사 속으로 사라지고 있었다.

집행관은 박헌영을 기둥에 묶어놓고 검은 천으로 박헌영의 눈을 가렸다.

「준비-」

「거총-」

「쏴!」

요란한 총소리가 대성산을 울렸다. 박헌영의 가슴에서 붉은 피가 솟아 박헌영의 온몸을 적셨다. 그의 나이 53세였다.

너희는 거하는 땅을 더럽히지 말라 피는 땅을 더럽히나니 피 흘림을 받은 땅은 이를 흘리게 한 자의 피가 아니면 속할 수 없느니라

- 민수기 35 : 33 -

# 제31장

## 북한은 남한 좌파들을 선동
## 남한을 점령하려 하고 있다

# 제31장 북한은 남한 좌파들을 선동 남한을 점령하려 하고 있다

## 1. 남로당의 부활(조선공산당 부활)

50. 6.25 인민군의 남침에 실패한 김일성은 휴전 후 7년 만에 이승만 정부가 학생들의 데모에 의해서 무너지는 것을 보고 충격을 받았다. 그리고 학생들의 데모로 남한 사회가 심히 혼란하고 학생들의 구호에 "가자 북으로, 오라 남으로" 하고 외치자 김일성은 이들을 조금만 도우면 남한이 공산화 될 것을 확신하였다. 그래서 김일성은 1961년 지하혁명당을 조직하라는 지령을 내리게 되고, 이 지령에 따라 북한노동당 통일선전부 소속의 대남선전조직인 한민전(한국 민족 민주전선 ,2005년 반제국주의 민족 민주전선, 반제민전으로 개칭)을 조직하였다.

1) 1965년 통혁당 조직(대표 김종태 - 박정희 정부 시대)
1961년 12월 18일 김일성은 간첩 월북자 김수영을 임자도에 침투시켜 김수상, 최영도, 정태욱, 정태연 등 남로당원을 포섭 월북시킨 후 간첩교육을 시켜 남한 지하당 조직을 준비하였다.
간첩 김수영은 대구 폭동에 가담하였던 김종태를 포섭, 1964년 3월 월북시켜 조선노동당에 입당시키고 간첩교육을 시킨 후 월남시켰다.
김종태는 1964년 6월 김질락과 이문규 등을 포섭, 청맥 잡지를 창간하고 청맥을 통하여 반미운동을 하였다.
김종태는 김일성으로부터 통혁당을 조직하라는 지령을 받고 1965

년 11월 서대문구 자기 집에서 김종태, 김질락, 이문규 등이 모여 통혁
당을 조직하였고, 187회 북한의 지령을 받고 운동하였다.

　김종태는 전국에 학사주점을 운영하여 좌파들을 모으고, 대화 장소
를 만들어 포섭하고, 주점 이익금을 활동비용으로 사용하였다.

　김종태는 경북 영천 출신으로 대구 폭동에 가담한 남로당원 이었고,
정태욱 윤상수 등은 6.25때 지리산 빨치산 출신이었다. 김종태는 4번
이나 북한에 가서 김일성을 만난 후 간첩교육을 받고 지령을 받아 남
한에서 활동하였다.

　통혁당의 목표는

　㉠ 윤보선과 좌익계 국회의원 후보자를 적극 지지할 것

　㉡ 좌파 법조인을 적극 지지할 것

　㉢ 1970년까지 결정적인 시기를 조성한 후 일제히 봉기하여 공산정
　　권을 수립할 것. 남조선 점령은 남조선 인민의 힘으로 할 것.

　㉣ 김일성 주체사상을 강령으로 하고 남한 젊은이와 학생들에게 교
　　육시킬 것

　㉤ 흩어져 있는 남한 남로당원을 결속시켜 행동할 것

　등이다.

　1968년 8월 수사 당국에 158명이 적발되어 모두 체포되었다. 통혁
당 지도부와 간부는 거의 남로당원 이었다.

　1968. 9. 28 김종태는 서대문 구치소에서 탈옥하려다 실패하고 1969
년 7월 10일 사형이 집행되었다. 북한에서는 최고의 훈장인 금성훈장
과 국기 1급과 해주사범대학을 김종태 사범대학으로 변경할 정도로
대우를 해주어 남한에서 김종태와 같이 공산화 하는데 전력을 다 하라
고 대우해 주었다.

　1969. 2. 11 최영도는 옥중에서 사망하였고,

　1968년 8.20 제주도 서귀포 남성리에서 14명의 북한군이 이문규
를 북으로 월북시키려하였으나 남한의 군인들이 공격하여 북한군

12명을 사살하고 2명을 생포하였으며, 이문규는 1969년 사형이 집행되었다.

김질락은 신영복에게 공산주의 학습을 시켰고,

신영복은 박성준(한명숙 남편)을 공산주의 학습을 시켜 신영복은 복역 중 1988년 가석방되었고, 1999년 성공회대 교수를 하였다.

박성준은 15년 형을 받고 13년 복역 중 1981년 가석방 되었고, 2006년 성공회대 교수가 되었다. 한명숙도 처벌을 받았고 노무현 정권 때 국무총리까지 하였다. 그래서 노무현 정부를 좌파정부라고 한다.

1946년 남로당은 60만 명이 넘는 당원을 확보하였고, 국민의 76% 지지를 받았으나 1949년 10월 33만 명이 전향하였고, 1950. 3 남로당 지도부 200여명이 전향하거나 체포되었으며, 6.25 때 많이 죽고, 또 5만여 명이 월북하였으나 김일성에 의해 숙청당하였고, 현재 남한에 10~15만 명이 있으나 남로당을 다시 규합할 수 있는 지도자가 없는 것에 김일성은 고민하였다. 그러나 통혁당이 남로당을 결속시켜 결정적인 때 봉기하게 하였다. 김일성이 박헌영과 남로당 간부들을 미국의 간첩으로 몰아 남로당을 숙청한 것은 결정적인 실수였다. 만일 남로당원 33만 명이 전향하지 않았다면 6.25 한국전 때 대한민국은 망하였고, 망하지 않았다 해도 지금 쯤 대한민국이 없어졌을 지도 모른다.

2) 1962년 인혁당 조직(대표 도예종 · 박현채)

1962년 1월 서울시 남대문구 후암동 우동읍의 집에서 남파간첩 김상한의 사회로 남로당 출신 도예종, 박현채, 김배영 등이 인혁당(인민혁명당)을 조직하였다. 이들은 조선노동당 강령과 규약을 토대로 인혁당 강령과 규약을 만들고 ① 미군철수 ② 남북 서신교환 ③ 남북 경제교류 ④ 연합통일 등을 목표로 창당하였다.

1962년 5월 김상한이 월북하였고, 1962년 10월 김영배도 일본을 경유하여 월북하여 자금을 북에 요청하였다. 이들은 사회 인사 50여명을 포섭 전국조직을 하였고, 각 분과도 조직하였다.

1964년 박정희와 김종필의 굴욕적인 한일회담을 반대하기 위하여 전국 대학생과 젊은이들을 선동하여 6.3사태를 일으켰다. 여기에 도예종, 박현채, 정도영 등이 주동하였고, 김덕용, 이명박, 김지하 등도 가담하여 3만여 명이 국회를 점령하고 한일회담 반대 농성을 하고 있었다.

1964년 7월 27일 도예종을 포함 7명이 체포되어 도예종 징역 3년, 박현채, 정도영, 김영광, 양춘우 등은 징역1년 집행유예 3년을 선고받았다.

1968년 도예종은 출소한 후 69년부터 다시 좌파들을 모으기 시작하였다.

1969년 10월 북한 무장간첩 한영식 등 19명이 서울대 · 고대 학생 간부들을 포섭, 3선 개헌반대를 명분으로 학원에 침투, 학생들을 선동하였다.

1973년 12월 도예종은 이수병과 김용원을 포섭, 서울지역의 민청학련을 지도하는 이철, 유인태, 안양로 등을 여정남에게 소개 유신반대 투쟁을 하도록 선동하였다. 이들은 유인물을 작성, 전국에 배포하고 1974년 4월 3일 학생들을 선동하여 유신반대 데모를 하였다.

1975년 4월 8일 도예종 이수병, 여정남, 서도원, 하재완, 송상진, 우홍선, 김용원 등을 사형 집행하였고, 1982년 12월 나머지는 석방하였다. 이를 '인혁당 재건위원회 사건' 이라고 하며, '민청학련사건' 이라고 하는 말썽 많은 사건이다.

석방된 전창일, 김한덕은 범민련 부의장, 나경일 범민련 대구 · 경북 연합부회장, 이태환 범민련 남측본부 상임위원, 이창복은 16대 국회의원이 되었다.

박현채( 1934~ 1995) 전남 화순에서 출생. 광주 서중학교시절 17세에 남로당 비밀 외곽조직 세포 총책으로 활동하였다. 그는 1950년 10

월부터 52년까지 백아산에서 빨치산 활동을 하다 복부관통상을 입고 하산하다 경찰에 체포되었다. 석방 후 전주고등학교에 편입하고, 1955년 서울대 상대 경제학과에 입학하였다. 그는 민족경제론을 집필하였다. 박현채는 남한 공산화를 역설하였다. 학생들과 젊은이들에게 많은 영향을 주었다.

3) 남민전(남조선 인민해방전선 대표 : 이재문) 사건
① 휴전된 지 7년만인 1960년 4월 19일 자유당 정부의 3.15부정선거에 항거하는 학생들의 혁명으로 이승만 정부가 무너졌다.
② 1961년 5월 16일 장면 총리와 육군참모총장 장도영의 무능과 배신으로 박정희의 군사정변이 성공하여 장면 정부가 무너졌다.
③ 1979년 10월 26일 중앙정보부장 김재규에 의해 박정희가 암살되어 18년간의 군부(유신) 독재가 끝나는 것 같았다.
④ 1979년 12월 12일 보안사령관 전두환 소장은 정승화 육군 참모총장을 불법으로 강제연행 하여 일등병으로 강등하고 구속하여 하나회 신군부가 먼저 군을 장악하였다.
⑤ 1980년 5월 17일 전두환은 게엄령을 확대해서 불법으로 국회를 해산하고 각 학교에 휴교령을 내리고 야당 인사를 불법으로 체포 구속 고문하였다.
⑥ 1980년 5월 18일 31사단과 20사단이 광주 시내를 포위하고, 7공수, 3공수, 11공수특전단이 광주시내 학생들과 젊은이들과 시민들을 막무가내로 165명을 죽이고 폭행을 하여 광주 5.18사건이 발생하였다.
⑦ 1980년 5월 31일 국보위가 조직되어 국회를 대신하였고, 위원장에 전두환이 취임하여 권력을 장악하였다.
⑧ 1980년 8월 21일 최규하 대통령을 밀어내고 1980년 8월 27일 체육관 투표에 의해서 전두환이 대통령이 되었다.

1964년 이재문은 인혁당 사건으로 1년 복역을 하다 출소하였다. 이 때부터 숨어서 남로당, 통혁당, 인혁당 사람들을 끌어 모았다.

1976년 2월 신향식과 김병권을 포섭하였다. 신향식은 남로당원으로 6.25 때 고흥인민위원회 검찰소 급사로 일하였다가 1968년 통혁당 사건으로 구속된 사람이다.

1976년 2월 29일 서울 중구 청계천로 3가 태성장 중화음식점에서 이재문, 신향식, 김병권 등이 모여 남민전을 조직하였다. 김병권은 남로당 출신이다. 이들의 목적은 박정희 유신독재 타도에 있었다. 이들은 박정희 유신타도 유인물 2000매를 작성하여 8회에 걸쳐 서울시내에서 살포하였다.

김남주는 자금 조달을 위해 1978년부터 1979년까지 동아그룹 최원석 회장, 럭키구룹 구자영 회장, 현대 정주영 회장의 집을 침입, 강도 행위를 하였다. 이들은 결정적일 때 무장봉기를 하기 위하여 총기와 폭탄도 준비하여 대한민국을 타도하고, 남조선 민족해방전선 기도 제작하여 중앙청에 게양하려고도 하였다. 이들은 주체사상으로 사상무장을 하였고, 남민전 중앙위원회 조직원 안용웅은 일본을 거쳐 조총련 도움으로 월북하여 김일성에게 신년 인사와 사업보고를 하였고, 김일성에게 3억 원 정도의 공작금을 요청하였다.

1978년 진보적 교사들을 포섭해 민주구국교원연맹을 조직, 후일 전교조를 조직하였고, 민주구국학생연맹을 조직, 전대협을 조직하였으며, 민주구국노동연맹을 조직하여 민주노총을 조직하고, 민주구국농민연맹을 조직하여 농민연맹을 조직하였다. 남민전은 남한의 좌익세력의 기초를 이루었다.

이들은 김일성과 박정희의 남북 7.4공동성명을 목표로 활동하였다. 남북 7.4 공동성명은

첫째 : 통일은 외세에 의존하거나 외세의 간섭을 받음 없이 해결해야 한다.

둘째 : 통일은 서로 상대방을 반대하는 무력행사에 의지하지 않고 평화적 방법으로 실현하여야 한다.

셋째 : 사상과 이념, 제도의 차이를 초월하여 우선 하나의 민족으로서 민족적 대 단결을 도모해야 한다.

를 목표로 하고 있었다. 즉 1항에서 미국을 배제하고 남북 간 통일을 이룩하고, 2항은 평화적으로, 3항은 한민족으로서 한민족 공조론을 주장하였다. 현재 통진당 등 좌파들 주장과 같다.

2002년 5월 11일 박근혜가 북한에 가서 김정일을 만나 김정일과 박근혜도 7.4 남북합의 이어받아 6.15 공동선언 이행하자고 강조하였다.

2012년 7월 11일 박근혜는 7.4 남북합의 이어받아 6.15 공동선언을 꼭 실현하겠다고 하였다.

1978년 김주섭이 교사 이수일과 함께 유인물을 제작 살포하여 경찰이 이들을 추적하고 있었다. 1978년 10.4 남민전 총책 이재문, 김남주, 차성환, 이문희, 김주섭, 이수일 등 84명이 체포되어 79명이 구속되었다.

2006년 노무현 정부에서는 남민전은 북한과 연계 및 추종활동을 부인하고 민주화운동으로 규정 관련자들을 모두 보상 지급하였다. 즉 남민전은 주체사상을 수용했다는 증거가 없다고 거짓주장을 하고 있다.

1981년 11월 이재문은 옥중에서 병사하고,

신향식은 1982년 사형이 집행되고,

김병권은 2005년 9월 사망하였다.

김남주는 1988년 12월 가석방 하였는데 그는 보수세력 200만 명을 죽여야 한다고 외친자이다. 그는 1994년 암으로 사망하였다.

이재오는 5년을 선고받았고, 새누리당 국회의원이 되었으며, 남민전은 유신독재를 항거한 민주화운동이라고 주장하고 있다.

안용웅은 2차 월북한 후 남한에서 남민전 관련자가 검거되자 현재까지 한국으로 귀환하지 않고 있다.

연세대 시위를 뒤에서 조종한 장신환 · 이성하 · 김치걸 등은 남민전 산하 민학련에서 활동하였다. 박정희와 전두환의 유신 군부독재가 이상과 같이 좌파를 양성하였다. 박정희의 7.4공동성명을 보면 공산당에서 전향하였지만 살기위해서 전향하였지 속까지 전향한 것은 아닌 것 같다.

4) 1987년 민혁당 사건(민족 민주 혁명당 대표: 김영환→전향)

1986년 11월 민족해방노동자당 사건으로 구속된 김영환이 2년 복역 후 1988. 12 출소하였다. 김영환은 하영옥과 같이 반제청년동맹 준비위원회를 1989년 3월 조직하고 있었다.

1989년 7월 김영환은 남파간첩 윤택림(북한 대외연락부 5과장)에게 포섭되어 1991년 5월 16일 강화도에서 잠수정을 타고 북한에 가서 김일성을 만나고 간첩교육을 받은 후 조선노동당에 가입 후 남한으로 왔다. 그는 6-7차례 북에 가서 간첩 교육을 받았다. 북한은 김영환이 남한에서 간첩활동을 할 수 있는 모든 것을 도왔다.

1990년 5월 28일 하영옥은 도봉산에서 조선노동당에 입당하였다.

1991년 5월 김영환은 말 지 기자 조유식을 데리고 강화군 양도면 건평리에서 북한 해주에 도착, 간첩 윤택림의 안내로 15일간 간첩 교육을 받았고, 김일성을 만났을 때 1,000명만 주체사상으로 뭉치면 남한을 공산화 할 수 있다고 특별한 사명을 받았다.

1992년 3월 16일 김영환이 북한에서 남한에 온 후 서울대 구내에서 하영옥과 같이 민혁당을 창당하였다. 민혁당 산하에 경기남부위원회, 영남위원회, 전북위원회 등을 조직하고, 시 단위까지 전국조직을 하였다. 그리고 학생, 노동자, 재야 통일, 청년, 여성 등을 조직하고 청년운동, 통일운동, 시민단체운동, 약 2,000여 명의 학생들을 종(縱)으로 점조직을 하여 학생운동을 하였다.(좌파들의 기본 조직)

1997년 7월 김영환은 북한의 실상을 보고 정부가 인민을 위한 것이 아니라 굶어죽게 하고 있다고 비판하고 민혁당 해체를 선언하였다. 그는 말 지 1998년 5월호에 "북한의 수령 론은 완전히 허구이자 거대한 사기극이다."라고 하였고, 6월호에 "김정일 정권 타도"를 외쳤다. 그가 이토록 김정일 타도를 외친 것은 북한에서 간첩교육을 받으면서 북한 인민이 너무나도 가난하게 사는 것을 보고 김일성 · 김정일에게 속았다고 외친 것이다.

1997년 7월 김영환는 하영옥 등 대표들에게 "북한 정부는 인민 편에 있는 게 아니라 인민 반대편이다" 고 하면서 민혁당 해체를 선언하였다. 그러나 하영옥은 심재춘을 접촉, 자기를 따를 것을 권고하여 그 조직은 지금까지 살아 있고, 여기에 이석기가 포함되어 있다.

말 지 기자 김경환은 1998년 10월 북한 간첩을 만나 활동비 300만원을 받았다.

1998년 10월 북한 간첩 원진우가 심재춘의 집에 숨어 있으면서 간첩 활동을 하고 있었다. 심재춘은 원진우에게 주민등록증도 발급해줄 정도였다.

하영옥은 총재가 되었고, 500만원을 심재춘에게 주어 1998년 12월 17일 원진우를 여수 앞바다에서 잠수정에 승선시켜 월북시키려다 해군이 이 잠수정을 발견 공격하여 침몰시켰다. 그리고 다음 해 3월에 잠수정을 건지고보니, 이상의 비밀문서가 잠수정 안에서 나와 모든 것을 알게 되었다.

민혁당은 북한에서 3억 원을 지원받아 1995년 지방자치단체 후보 6명과 1996년 국회의원 선거 후보들에게 500만원~ 1,000만원을 지원해 주었다.

1999년 3월 잠수정을 인양하여 그 안에 있던 비밀문서들을 보고 하영옥과 간첩 원진우 등이 관악구 일대에서 간첩 노릇을 한 것을 알게 되어 김영환, 조유식, 하영옥, 심재춘, 김경환, 간첩 진운방 등을 체포하였다.

박경순은 통합진보당 진보정책연구원 부위원장이며,

김창현은 울산 북구청장을 하였고,

이석기는 2012년 4월 11일 총선 비례대표 2번으로 국회의원이 되었고, 경기 남부 위원장을 하였다.

최진수는 2008년 영남위원장을 하였고,

이의엽은 2009년 부산지역 위원장과 통진당 간부이다.

5) 1990년 민중당 사건(김낙중 대표, 이재오 사무총장)

1990년 6월 서울 중구 명동 YMCA 회관에서 민중당 발기인 대회가 있었다. 여기 사회자는 간첩 이선실이었다.

북한 노동당 서열 22번째인 이선실(본명 이선화. 제주출신)이 민중당 공동대표 김낙중에게 총210만 달러(한화 약 16억원)를 주면서 공작하게 하였다. 김낙중은 이 돈으로 14대 총선에 출마한 장기표, 이우재 등 민중당 후보 18명에게 선거자금 7,900만원과 자신의 민중당 전국구 후보 등록비 4,300만원, 평화통일연구회 설립비 5,000만원, 청해실업대표 활동비 7,000만원, 부동산 매입 3억 3800만원, 사채놀이 1억 2천만 원, 은행 예금 7,000만 원 등으로 사용하였다. 권두영은 체포되어 조사를 받던 중 교도소 안에서 자살하였다. 장기표, 이재오 등 41명이 조사를 받았다. 이들은 1995년을 적화통일을 목표로 하고 있었다. 남한 조선노동당에 가입자는 95명이었다. 김낙중은 1972년 월북하려다 실패하여 7년 형을 받고 1980년 출소하였다. 그는 고려연방제 즉 6.15 공동선언을 통일방안으로 지지하였다.

1988년 북한 간첩 이종배를 만나 이들의 지령에 따라 심금섭 노중섭을 포섭하였다. 간첩 이홍배의 지령에 따라 김낙중은 이재오를 만나 민중당에 입당했고, 이재오가 이를 동의해서 공동대표가 되었다.

1990년 이선실은 민중당 창당 공작을 하였고, 이선실은 ㉠주한 민군 철수 ㉡ 보안법 철폐 ㉢ 안기부 해체 등을 목표로 민중당을 통해 공작하였다.

정태윤은 민중의당을 중심으로 활동, 이강철, 강구철, 권인숙, 권중희, 송경평, 유인혜, 정차순, 이봉원, 이행원 등이 민중당을 창당하여 이들은 보안법 철폐, 안기부·보안사·치안본부 대공분실 철폐, 군전시작전권 즉각 회수, 전두환의 민정당 폐퇴 등을 정강으로 결정, 추진하면서 보안법 외에는 거의 실현시켰다.

장기표, 조춘구, 이재오, 정태윤, 김문수(전향) 등이 민중당을 주도하여 국가보안법·안기부법 철폐와 연방제 통일방안을 정강으로 결정하였다.

오세철, 강내의, 김경식 등은 민중당에서 활동하다 당이 우경화하려 하자 이를 반대하고 탈당하였다.

김낙중, 장기표, 손병성은 북한 공작원 이선실의 공작금을 받고 체포되었다.

최윤은 정정추를 중심으로 활동하였다.

하기락은 사회당을 창당하려다 실패하였다.

백기완은 좌파 학생들의 추대를 받아 대통령 후보에 여러 번 출마하였다.

1991년 좌익으로 규정, 경찰의 추적을 받고 있는 사람이 3,700여명이었다. 이들은 전대협과 전민련에 속한 자들이 아니라 별도의 지하조직을 한 자들이다. 이중 대학생 2,600여명, 노동계 800여명, 종교 사회단체 300여명이었다. 이들은 사회주의 국가 건설이 목표였다. 이들이 전대협을 뒤에서 조종하고 있었다. 전대협, 전민련, 전교조 등에는 좌파세력이 1만 명 정도 되었다.

1992년 8월 25일 안기부는 이선실과 민중당원을 체포하였다.

김낙중 외 많은 사람이 구속되고 무기징역을 받았는데 1998년 8월 15일 김대중 대통령 특사로 석방되었다. 황인오는 사상을 전향하였다. 황인욱이 민주화운동자로 인정되었다. 민중당 대표를 지낸 이우재와 정태윤이 1994년 9월 보수정당인 민자당에 입당하였고, 이재오는 민중당 사무총장을 하였고, 한나라당원이 되어 국회의원도 하였고, 2012년 국회의원이 되었다.

### 6) 왕재산 사건(대표 김덕용)

1985년 김덕용 씨는 서울 노량진 횃불시위와 민정당사 폭력시위로 징역 1년, 집행유예 2년을 선고받았다.

1993년 8월 김덕용 씨는 김일성을 직접 만나 "남조선 혁명을 위한 지역 지도부를 구축하라"는 지령을 받고 남한에서 왕재산을 조직, 간첩활동을 하다 2011년 7월 구속되어 징역 9년을 선고받았다.

2008년 5월 김덕용 씨는 민주화 유공자가 되어 보상도 받았다.

김덕용 씨와 같이 징역 7년을 받은 임순택도 2003년 7월 민주화 유공자가 되어 보상금 1,400만원을 받았다. 그는 1987년 주사파 조직, 반미 구국학생동맹의 조직원으로 활동하다 징역 10개월을 선고 받았다.

1987년 구국 학생연맹사건 자이고, 1992년 간첩혐의로 징역 13년을 선고받은 황인욱이 2006년 민주화 유공자가 되었다.

이들은 북한에서 훈장을 받았는데, 대한민국에서도 대한민국을 전복해서 공산화 하려고 한 자들에게 잘했다고 민주화 유공자라고 보상을 해주었다.

민주화 유공자는 13,120명으로 4,881명에게 보상금 1114억 원을 지불하였다.

### 7) 1991년 중부지역당 사건(대표 황인오)

간첩 이선실은 제주 출신으로 남로당원이며, 6.25 때 월북하여 북한 서열 22위로 남파하여 남한 내 간첩들을 총 지휘하는 간첩이었다. 또한 이선실은 제일교포로 가장하여 한국에 입국하여 주민등록 신고까지 받아 1998년까지 남한에서 간첩활동을 하다가 2000년 82세로 죽었다.

1990년 7월 이선실은 관악구 신림4동 황인오의 집에서 황인오를 만났다. 그 후 이선실은 남파간첩 권중현을 황인오에게 소개하였다.

1990년 10월 17일 이선실은 황인오와 간첩 권중현, 김돈식과 함께 강화도 양도면 건평리에서 월북하여 해주 대남공작소에 도착 후 평양에 도착하였다. 그는 김일성 동상 앞에서 김일성 만세를 부른 후 1995년은 남한을 적화 하겠다고 건배를 하였다.

황인오는 북한으로부터 강원도, 충청도를 합쳐 중부지역당을 조직하라는 지령을 받고 조선노동당에 입당하고 충성 맹세서약도 하였다. 그는 공작금으로 500만 엔을 받고 주체사상 교양책자도 받았고, 6일 동안 간첩교육도 받았다.

1991년 7월 31일 강원도 삼척 호산해수욕장에서 황인오, 최호경, 은재형 등과 함께 중부지역당을 조직하고 강령과 규약은 한민전(한국 민족민주전선) 것을 그대로 사용하기로 하였다. 이들은 대를 이어 김정일에게 충성하자고 혈서로서 맹세문에 서약하였다.

맹세문 : 1. 나는 수령님께 무한히 충직한 수령님의 전사이다.

2. 나는 영생불멸의 주체사상으로 무장한 주체형의 혁명가이다.

이들은 김일성 기를 만들고 김일성과 김정일 초상화를 걸어놓고 입당식을 거행하였다.

1992년 8월 25일 안기부는 이선실을 체포 조사하던 중 김낙중, 심금섭, 노중선, 권두영을 체포하였다. 그리고 중부지역당 황인오 등 120명을 체포, 이중 65명을 검찰에 송치하였다. 이중에 이근희는 김대중 비서였다.

1997년 황인오는 사건 전말을 고백하였다.

8) 좌파들의 조직

1992년 1월 주태환 등 241명이 한국노동당을 조직하는데 5,000여명이 참여하였다.

1995년 9월 24일 노회찬과 김철수는 진보정치연합을 조직하였다.

1997년 8월 18일 권영길, 이창복, 천영세는 국민승리 21을 조직하였다. 여기에 4천여 명과 교수 전문가 160여명이 참여하였다. 이들은 국가보안법철폐와 안기부 폐지, 군복무 18개월 단축과 향토예비군 폐지, 진실규명위원회 설치를 목표로 하여 거의 실현하였다. 권영길이 대선 후보가 되어 선거를 통해 대한민국을 장악하려고 하였다.

1993년 4월 전국 대학 총학생회장과 단과대학 학생회장 등 1,600여 명이 모여 전대협 후신인 한총련을 조직하였다. 김재용이 회장이 되었다. 이들은 국가보안법과 95년을 통일 완수의(북한이 남한을 점령) 해로 목표를 세웠다. 김병산 등이 주도하였다. 이들은 전두환, 노태우 체포선봉대 3,000여명을 조직하여 연희동 도서관 앞에서 거리행진을 벌였다. 학생들은 5만여 명이 모여 전두환·노태우 등을 사법처리하기를 요구하였다. 김현준, 양동훈 등 90여명이 주동하였다.

1994년 7월 김일성이 죽자 한총련 26개 대학 총학생회에서 김일성 사망 조문 현수막을 대학 정문에 걸고 일부 대학은 분향소를 설치 조문까지 하였다. 한총련은 담화문에서 "민중들에게 통일을 기대하게 하였으나" "6.25 한국전쟁은 조국 해방전쟁" 운운하였다. 김일성의 남침으로 4일 만에 국군이 4만여 명이 죽거나 실종되었는데 이것이 통일에 기여하게 하였다는 것이다. 이들은 팩스와 이메일로 북한의 지령을 받고 있었다.

86년 건국대 사건 때 4일간 학생들이 시위를 해서 1,525명이 연행되었고, 1996년 연세대 사건 때는 9일간 5,848명의 학생들이 시위를 하였다. 이때 학생들의 데모는 경찰과의 전쟁을 방불케 하였다. 한총련 간부 30여명은 북한 김정일에게 보내는 "주체사상 중심으로 힘차게 투쟁하겠습니다."라고 충성편지를 보냈다. 이후부터 학생들과 국민들의 한총련 반대운동이 일어나 160여개 대학이 한총련을 탈퇴하였다. 한총련 학생들은 경찰 유지웅 상경과 근로자 이석을 폭행하여 죽였다. 이들은 학생 신분을 떠나 있었다.

1994년 7월 김일성이 죽자 범민련 남측 의장 강희남 이종린 안희만은 평양에 조문단을 파견하는데 협조할 것을 대한민국에 요청하였다. 이종린은 남로당 출신이다.

범민련 남측 본부 간부는 강희남, 전창일, 신창균, 김병권, 김영옥, 박석률, 주명순, 심정일, 이종린, 나창순, 민경우, 이천재 등이다.

1994년 7월 문익환, 박순경, 함세웅, 지선, 김현, 조성우, 강정구 등과 50여 개 단체 대표 300여명이 국민회의를 조직하였다. 건국 후 최대 규모였다.

준비위원장 이창복, 김찬국, 박형규, 변형윤, 이부영, 이우정, 김병호, 이길재 등 64명이 성명서를 발표하였다.

이창복, 권영길, 이효재, 김상근 등 20여명이 공동대표였다. 이들은 95년을 통일 원년으로 하였다(북한이 남한 점령의 해). 이들도 국가보안법 폐지를 주장하고 있었다.

1995년 11월 권영길, 양규헌, 권용목, 허영구 등 500여명이 참석한 가운데 민노총(전국 민주노동조합 총연맹)을 조직하였다. 이들은 국가보안법 폐지, 연방제 통일방안을 지지하였다. 단병호, 정해숙 등이 앞장섰다.

민노총 간부 50여명은 평양 대성구역에 있는 혁명열사묘를 참배하였다.

강정구, 이종린, 백기완 등 615명이 주한미군 철수 선포식을 추진하였고, 이석행 등은 촛불시위를 주도하였다. 주사파가 학생 · 노동 · 재야를 장악하였다.

9) 1993년 구국전위 사건(대표 안재구)

1981년 안재구는 대구교도소에서 간첩 임창하를 만나 교도소 안에서 조선노동당에 가입하였다. 북한에 있는 안용웅은 안재구의 동생이다.

남민전 중앙위원회 교양 선전 선동부장인 안재구는 10년 정도 수감 생활을 한 후 1988년 가석방되었다. 안재구는 경희대 강사로 학생을 가르치면서 주체사상의 우월성을 가르치고 있었다.

1991년 안재구는 간첩 백영민과 유용범에게 포섭되어 지령을 따랐다. 안재구는 전주교도소에서 알게 된 류낙진을 포섭하였다.

1991년 간첩 유용범은 안재구에게 1차 200만 엔, 2차 300만 엔의 공작금을 주었다. 안재구는 연락병으로 한양대 운동권 출신 정화려를 포섭하였다. 간첩 유용범은 정화려를 일본에서 간첩 교육을 시켰다.

1993년 1월 10일 안재구는 류낙진과 이범재 정화려 등 31명과 같이 구국전위를 조직하였다. 이들은 구국전위에 가입 서약하였다.

가입서약 : 1. 김일성 수령님께서 창시하시고 김일성 수령님께서 심화 발전시킨 현대 노동계급의 세계관이고 우리 혁명의 등불인 위대한 주체사상을 나의 세계관으로 나의 인생관으로 받아들인다.

창립선언문 : 1. 현시대의 노동계급의 혁명적 세계관인 영생불멸의 주체사상으로 향도되고 있는 조국의 남반부(남한) 우리의 민족 민주혁명은 겨레와 민족 생사운명을 책임진다. 중략

1993년 6월 안재구는 김진국에 현대그룹 노동자투쟁 배후에서 조종하게 하였다. 안재구는 이를 북한에 보고하였다.

안재구는 전대협 출신의 주체사상 운동가들을 포섭, 학생들을 장악 지도하는데 많은 노력을 기울였다.

안재구는 ① 주체사상에 대하여 ② 김일성 회고록 ③ 세기와 더불어 ④ 주체의 한국 변혁론 등을 가지고 철저히 사상교육을 시켰다. 북한은 전노협, 전농, 한총련, 전교조 등 남한 좌파단체 핵심 인물을 장악 지도하고 있었다.

류낙진은 1928년생이며 남원에서 태어나 1946년 남로당에 입당, 6.25 때 남원군 남로당 선전부에서 일하였다. 인민군이 낙동강전선에서 패하여 북으로 도망치자 류낙진은 순창 회문산에서 빨치산투쟁을 하다가 1952년 검거되어 군법회의에서 사형선고를 받았다가 다음에 5년 형을 받고 57년 출소하였다.

1971년 통혁당 사건으로 구속되었다가 1990년 전향서를 쓰고 19년 만에 석방되었다.

백운산 빨치산 유령비 건립사건에 가담하였다가 실패하고 수감되었다가 1999년 8월 15일 가석방되었다.

빨치산 출신 중학교 교사 류낙진은 2002년, 김형근은 2005년 빨치산 위령제 사건에 연루되기도 하였다. 류낙진은 2005년 4월 사망하였다.

1994년 안재구, 류낙진, 정화려 등 총 23명의 구국전위 가입자가 구속되었다.

1999년 8월 15일 안재구는 가석방된 후 지금도 좌익 활동을 계속 하고 있고, 안영민은 민족21에서 좌익 활동을 하고 있다.

장화려는 1998년 8월 15일 가석방되었다.

이범재는 구국전위 선전책으로 노무현 대통령 인수위원회 행정관으로 일하다 구속되었다.

1990년 10월 최일봉 박효근 등이 국제사회주의를 조직, 정치학교를 열어 270여명에게 혁명사상을 교육시켰다. 북한 공작원들은 남한에 간첩으로 내려와서 활동을 해도 좌파들은 경찰에 신고하지 않을 것이라는 확신을 가지고 활동하고 있다. 그리고 남한의 좌파들은 간첩들이 조금만 설득해도 바로 포섭되었다. 황장엽은 남한에 북한 간첩이 3~5만 정도라고 한다. 남한은 좌파천국, 간첩 천국이 되었다.

## 2. 좌파정부의 결과

1) 김대중이 대통령이 되어 좌파들은 햇빛을 보았다.

1998년 2월 좌파 김대중이 대통령이 되어 대한민국을 장악하였다. 김대중이 대통령이 된 데는 박철언이 김종필에게 김대중을 협조하게 해서 김대중을 지지하게 하였고, 이인제의 대통령후보 사퇴와 대통령 후보 이회창의 독선과 무능과 이종찬의 역할이 큰 도움이 되었다.

1998년 국민 21과 민주노총은 기초단체장 울산 북구청장 조승수, 울산 동구청장 김창현, 남해군수 김두관이 당선되었다. 광역의원 2명, 기초의원 18명이 당선되어 본격적으로 좌파가 선거를 통해 대한민국을 점령하기 위하여 대한민국의 정부에 직접 관여하게 되었다. 김두관은 노무현 정부의 초대 행정자치부 장관이 되었고, 현재 경남지사가 되었다. 그는 2012년 민주통합당 대통령후보가 되려고 애를 썼다.

1999년 8월 권영길 이갑용, 양연수, 이용득, 김귀식, 조승수, 조세희, 김진균, 배석현, 고영주(민주노총 사무총장), 단병호, 김남훈, 이선근, 김동춘, 류조하, 정영태, 김석연, 김윤환, 박순경, 이문옥, 이덕우, 이상범, 김록호, 태재준 등 2,000여명이 민노당 발기인이 되었다.

2000년 1월 3,000여명이 참석한 가운데 민노당(민주노동당)이 조직되었다. 대표 권영길, 부대표 노회찬 · 박순분 · 양경규, 사무총장 천영세가 선출되었다. 군복무기간을 18개월 단축, 예비군 민방위제 폐지, 국가보안법 폐지 등이 목표였고, 전국대학 총 학생회장단 115명이 지지하였다. 2002년 6월 지방선거에서 기초단체장 2명, 광역의원 11명, 기초의원 32명이 당선되어 제3당이 되었다. 유권자가 투표할 때 후보자에게 투표하고, 당에 투표하기 때문이었다. 정당 보조금도 1억 3,400만원을 받았다. 좌파가 선거를 통해 지방자치단체와 국회와 청와대를 점령 대한민국을 장악하였다.

1998년 3월 김대중이 대통령에 취임한 후 552만 명을 석방하고 8.15

특사로 한총련 학생 50여명도 석방시켰다. 이들 석방들 중 상당수가 반미 친북 좌파들이었는데 그 중 강희남과 진관이 있었다. 이들은 김대중으로 인해 햇빛을 보았고 계속 좌파운동을 할 수 있게 되었다. 김대중은 국가보안법을 개정하려다 국민들의 거센 반발에 실패하였다. 김대중은 평생 거짓말을 한 적이 없다고 거짓말을 한 분이다.

1998년 4월 전국 50개 대학 총학생회 간부 411명을 국가보안법 위반으로 구속하였고, 추가로 이석주 등 29명이 구속되었다.

1991년 전대협 대표 박성희와 성용승이 비밀리에 입북하였다. 1994년 9월 6일 한총련 최정남, 유세홍, 도종화 등 5명은 8월 19일 종로성당에서 기자회견을 하면서 "폭력적이고 친북 일변도로 치닫고 있는 한총련은 즉시 해체되거나 개혁되어야 한다. 통일을 앞당기겠다는 마음과 감상적인 통일론에 매몰되어 북한을 방문했다. 결과적으로 실정법을 어기고 북한과 한총련의 잘못된 통일운동에 도움을 준 데 대해 국민들에게 사죄한다."고 하여 국민들의 뜨거운 환영을 받았다.

각 대학 총학생회는 한총련을 탈퇴하기 시작하였다. 이들은 87년 신군부 독재자 전두환이 물러가자 학생들에게 데모하자는 명분이 없어진 것이다. 반미 · 친북 · 통일 문제만 가지고는 학생들을 선동할 수 없었고, 주체사상을 가지고는 선동할 수 없었다. 현재 한총련에 가입된 대학이 47개가 있으나 이들 한총련은 있으나마나한 존재이다. 현재 대학 총학생회는 한총련이 아닌 일반 학생이 거의 차지하고 있다. 그리고 학생들의 데모도 더 이상 없고 대학의 대자보도 친북색체는 2008년부터 거의 없어졌고 친북좌파사상에 대해 별 관심이 없어져 젊은이들은 북한에 대해 싫어하고 있다. 또한 전교조도 20대와 30대 초반은 지난해에 비해 전교조 가입교사가 줄어들고 있다. 20대와 30대는 중도성향이다. 이것으로 보아 전두환의 유신 군부독재가 학생들을 데모하게 하고, 좌파가 되도록 양성했다는 증거가 된다. 결과는 원인이 있기 때문이다. 결국 박정희나 전두환의 군부독재가 좌파를 양성한 결과이다.

2000년 6월 김대중이 북한을 방북, 김정일과 정상회담을 한 후 6.15 공동선언을 하였다. 이후 반미 친북 단체는 거리낄 것이 없이 활동을 하였다. 범민련과 한총련 등 20개 단체는 2000년 8월 12일 6.15 실천을 위한 대축전을 열었다. 비전향 장기수 북송 환영대회를 하였다. 나창순, 서원철, 이성우, 강형구, 박기수는 범민련에서 활동하고 있었다.

1999년 7월 전교조가 합법단체가 되었고,

1999년 11월 민주노총도 합법단체가 되었다.

1999년 김대중이 김정일과 정상회담을 하기 위해 북한에 가자 통일이 곧 되는 줄 알고 반미 친북 좌파들은 대환영을 하면서 맹렬히 활동하였다. 그러면서 국가보안법 폐지운동을 확산시켰다. 좌파 불교계에서 200여명, 천주교 정의구현사제단 등 120개 단체와 11월에는 51개 단체 3만여 명이 보안법폐지운동을 벌이고 있었다.

2000년 4월 강정구, 오종렬, 윤기복 등은 "장기수를 송환하라! 한국전쟁 전후 민간인 학살을 규명하라!" 하면서 조직을 하였다.

2000년 6월 단병호, 정광훈, 오종렬, 기은희, 최열, 박원순, 강정구, 안병욱, 황인성 등 300여명은 '민족의 평화와 통일을 위한 300인 선언'을 하였다. 그리고 미군 철수를 주변 4개국에 촉구하였다.

2000년 8월 전국연합 오종렬은 6.15 남북공동선언 실천을 위한 7천만 겨레 단일기(파랑색 한반도지도) 달기 범 운동을 하였다. 그리고 9월 충북 괴산군 군자산에서 '연방 통일조국 건설하자' 하며 9월 태제를 결의하였다.

2000년 10월 권오창, 윤한탁, 김승교 등이 6.15 남북공동선언 실천연대를 조직하였다. 2004년 실천연대 간부 한 사람이 중국 북경에서 북한 공작원을 만나 황장엽과 김영삼을 살해하고 반미투쟁을 강화하라는 지령을 받았다. 이들은 2008년 9월 강진구, 최한욱 등 4명은 구속, 김승교 등 4명은 이적단체 구성으로 불구속 기소되었다. 이때 우파와 좌파가 싸우기 시작하였다.

2001년 3월 15일 전국연합 범민련 남측본부 한총련 등 30개 단체가 모여 통일연대를 조직하였다. 전국연합 의장이 상임대표가 되었다. 이들은 "군비축소 및 군사훈련 반대, 국가보안법 철폐, 반미운동과 미국의 미사일 방어계획 중단"을 주장하고 있었다. 이들은 "우리민족끼리 자주적"으로 통일을 해야 한다는 '민족공조론'을 주장하면서 미국 배제가 6.15 공동선언의 실천 핵심이라고 주장하고 있다. 즉 한반도에서 미군을 철수시키고 북한이 남한을 점령하는 것이 6.15 공동선언 핵심이다.

2000년 10월 10일 북한 노동당 창건일에 전국연합, 민노당, 민노총 등 10개 단체 대표 277명과 백기완, 한완상, 이부영, 박순경, 홍근수, 개인 자격 9명 등 합 42명이 북한의 초청을 받고 정부에서 허가를 하여 방북하였다.

2001년 8월 15일 통일 대축전에 평양 조국통일 3대 헌장 앞에서 단장 박정일, 이돈명, 김종수, 오종렬, 임수경, 황석영, 한총련, 범민련, 통일연대 이수언 대변인, 김규철, 임동규, 문재룡, 김세창, 박종화, 전상봉 등 311명이 참석하였다. 강정구는 김일성 생가인 만경대를 찾아가 방명록에 "만경대 정신 이어받아 통일위업 이룩하자"는 글을 남겼고, "국가의 정통성은 북한이 가졌다."라고 한 자이다. 통일연대 명예대표 신창균이었다.

2002년 6월 윤재철, 한상렬, 김철 등 208명은 북한 금강산에서 6.15 공동선언 2주년 행사를 치렀다. 이들은 "우리민족끼리 힘을 합쳐 6.15 공동선언 실현하자" 즉 북한이 남한을 점령하게 하자는 것이 목표였다.

1998년 2월 김대중은 햇빛정책으로 정부는 국가 보안법 위반의 공안사건 수사에 소극적이었고, 경찰 대공 전문가 2,500명, 기무사 600명, 대공검사 40명을 감축하고 이종찬이 안기부 부장을 하면서 국가정보원 880명을 해고하여 공안기능을 마비시켜 좌파와 간첩의 천국을 만들었고, 노무현은 김승규 국정원장이 간첩 일심회 사건에서 청와대 직원도 조사하려 하자 사임시켰고, 국정원에서 간첩 잡는 부서를 아예 없애버렸다.

노무현은 대통령이 되어 국정원 보고를 아예 무시해버리려 보고를 받지 않으려 하였고, 국정원을 불필요한 기관이라고 할 정도였다. 그래서 도청사건과 과거사진상조사 등을 받게 하여 국정원을 범죄 집단으로 만들어 간첩을 잡지 못하게 하였다.

국가보안법 혐의로 기소된 사람은 2002년 148명, 노무현 정부 때인 2005년 30명, 2006년 28명, 이명박 정부 때인 2009년 39명으로 늘어났다.

91년부터 활동하던 원정화 간첩과 간첩 용의자 50여명, 좌익 세력 170여명에 대해 이명박 정부에서 조사하였다.

2) 2006년 일심회 사건(대표 장민호)

1987년 장민호는 미국에서 북한 간첩 김윤덕에게 포섭되었다. 김윤덕은 장민호에 주체사상전집 조선전사 등의 책을 통해 사상교육을 시켰다.

1987년 2월 장민호는 월북하여 조선노동당에 충성을 서약하고 간첩교육을 받았다. 그리고 남한에서 지하당을 조직하라는 지령을 받고 1994년 월남하여 지하당 조직을 위해 포섭 대상을 물색 중이었다. 장민호는 물색 중 손정묵을 포섭하였다.

민노당 서울시당 대의원이며 영어교재 전문가인 이정훈은 386세대이다. 그는 중국에서 북한공작원을 만나 공작금 2,000달러를 받았다.

이강진도 386세대 학생운동권 출신이다. 민노당 사무총장 최기영도 포섭되었다. 국회의원 비서관 박경식도 포섭하여 점차 세를 확장해 나갔다.

80년대 386 운동권은 우리 사회 중추가 되었으며, 그 수는 수십만이다. 이들은 간첩들이 조금만 설득을 하면 협력하고 있다. 장민호가 이들에게 통일사업을 해보자 할 때 모두 적극 참여한 것이다. 이들은 돌아가면서 중국에 가서 북한 공작원과 접선장소인 동욱화원에서 정보를 주고 받고 공작금도 받았다.

2002년 1월 장민호는 이강진, 이정훈, 손정묵 등과 함께 일심회를 조직하였다. 일심회 강령과 규약은 남민전 10대 강령을 이용하였다. 이들은 주체사상을 신봉하고, 남한에서 자주적 민주정부 수립 후 연방제통일(6.15 공동선언)을 완성하는 것이 목적이었다.

일심회 목적 : ① 민노당 내 장군님의 영도 체제 확립 ② 민노당 정강을 북한 원칙과 요구에 막게 개편 ③ 민노당 주도로 대규모 통일전선 건설시도 등으로 이는 이정훈과 최기영을 통해 시도하였다.

2006년 경기 동부연합은 북측의 대화 창구였다. 그리고 북한을 조국, 남한을 적으로 호칭하였다. 가입할 때 회원 전원에게 김정일에게 충성을 맹세하였다.

2005년 12월 6일 북한 노동당 대남공작기관 대외연락부(2009년 22국)는 경기 동부연합 실세인 이용대에게 민노당 정책위원회를 장악하라는 지령을 내렸다. 지령에 따라 이용대가 정책위원장이 되었다.

2006년 10월 24일 장민호, 이정훈, 손정묵, 최기영, 이진강 등을 체포 구속하였다. 통합진보당 당원이 20만 명이며, 지지자들이 200만 명이다. 이들은 대한민국을 타도하고 북한이 남한을 점령하는 것이 목표이다. 그래서 대한민국을 적으로 보기 때문에 애국가도 부르지 않고 행사 때 태극기도 게양하지 않고 있다. 통진당 내 혁신파는 태극기도 게양하고 애국가도 불러야 한다고 혁신안에 포함시킬 정도였다.

일심회를 조사할 때 이들은 묵비권을 하여 검사가 조사할 때와 재판할 때 애를 먹었고, 검사의 수사가 청와대로 좁혀가자 노무현은 국정원장 김승규를 해임시켜 조사를 못하고 사임하자 국정원 1차장 김만복이 국정원장이 되었다.

2007년 일심회 판결문에 통합진보당 비례대표 2번 이석기도 주체사상파 자민통이었다고 기록되었다. 2012. 4.11 총선에서 관악 을에서 당선된 이상규와 이석기는 민혁당 출신으로 서울 모임의 핵심이었다.

일심회 사건을 통해서 본 북한의 공작 내용은 지금까지와 달리 당을 새로 조직하는 것이 아니라 기존 정당에 파고들어가는 공작이며, 간첩이 남한에 와서 공작하는 것이 아니고, 중국에 접선장소를 만들어놓고 중국에서 만나 정보를 주고받고 공작을 하는 것과, 암호나 무전기를 통해 지령하는 것이 아니라, 이메일, 팩스, 트위터, 스마트폰을 통해 문자메시지로 직접 지령을 내리고 있어 공작이 새로워지고 있음을 알 수 있으며, 점점 공작을 차단하고 검거하기가 어려워지고 있음을 알 수 있다. 이러한 통진당에 국가에서 운영비로 1년에 130억 원이 넘게 지원하고 있다.

2011년 12월 한나라당 비상대책위원회를 구성하면서 비대위원장으로 김종인을 지명하였는데, 김종인은 1980년 국보위에 가담하였고, 민정당 국회의원을 하다가 당적을 바꿔 새천년민주당으로 출마하여 국회의원에 당선되었으며, 동화은행 비자금사건으로 형사처분을 받았고, 경제민주화를 외친 자이며, 박근혜 선거대책위원이 되었다.

새누리당 비상대책위원인 이상돈 중앙대 교수는 광우병 파동 때 "보수는 이제 마지막으로 패하였다"라고 하였고, 천안함 폭침 때는 북한 인민군의 폭침이 아니라 누수로 인한 사고로 보인다"라고 한 자이다.

2012년 1월 박근혜는 한나라당 비대위원장이 되어 정강을 개정하였는데, 주 내용은 중도노선이라고 하면서 좌 편향적이고, "북한의 자유민주 체제의 전환을 위해 노력한다."는 기존 내용을 싹 빼버리고 대북정책은 "원칙에 입각한 유연한 대북정책을 추진한다."로 고쳤다. 자유민주주의와 보수의 본질적 가치를 저버린 정강이었고, 박근혜는 7.4공동성명과 6.15 공동선언과 10.4 선언을 실현해야 한다 하고 있다.

박근혜 대통령 단선자 인수위원 부위원장 진영은 "우리 에게는 좌우가 없다"라고 주장한 자이고, 위원 최대석은 "6.15선언을 실천해야 한다"고 주장하였다. 그리고 윤병세는 좌파이다. 박근혜 대통령 당선자는 "정책에는 이념이 필요 없다."라고도 하였다.

※ ① 제주4.3사건은 진압군에 억울하게 죽은 사람이 있다. 이런 사람이 명예가 회복되고 정부에서 보상도 받아야 하는데, 좌파들이 4.3사건을 주도하여 경찰과 국군과 우익을 죽인 폭도들까지 제주4.3사건 희생자가 되게 하여 억울하게 죽은 사람들이 48년 당시나 현재도 억울하게 정부 혜택을 받지 못하고 있다.

② 5.18사건은 군부독재에 항거하는 사건이지만, 5.18 후에 좌파가 주도하기 때문에 좌파들이 사건을 일으킨 줄 알고 국민의 지지를 받지 못하고 있다.

③ 신군부 전두환 군부 독재를 타도하느라 많은 학생들이 퇴학을 당하고 감옥에 갔고, 의문에 죽었고, 분신자살을 하여 군부독재를 타도하여 민주화가 되었지만, 그들이 전대협 중심의 좌익이기 때문에 국민의 지지를 받지 못하였다. 다행한 것은 2010년 연평도 폭격사건과 천안함 피폭사건으로 젊은 층에서 북한을 반대하면서 안보의식이 강화된 것이 희망적이다.

3) 서해 교전사건

2002년 6월 29일 제2 연평해전 참수리호는 북한 해군이 도발할 징후가 있다고 상부에 보고했으나 국방부장관 김동신, 합참의장 이남신, 해군참모총장 장정길 그리고 대통령 김대중 등 상부는 이를 묵살하였다. 그리고 북한 해군 공격을 받아 국군 해군 6명이 전사하였다. 7월 1일 6명의 전사자 영결식에 김대중 대통령을 비롯하여 국방부장관 김

동신, 대통령 비서실장 박지원, 국무총리 이한동, 국정원장 신건 등이
참석하지 않아 홀대와 냉대를 당하였다.

북한은 2002년 월드컵을 방해하려고 계획적으로 우리 해군을 공격
해놓고 우발적이었다고 거짓말을 하였는데, 김대중 정부도 우발적이
라고 한 북한의 편을 들었다.

북한 인민군의 남침을 당하면 대한민국 국군은 위와 같이 김대중이
나 노무현 정부에서 한 것처럼 하게 되면 상부의 명령이 없어서 참패
하고 말 것이다. 그래서 좌파정부가 들어서면 1950년 6.25 한국전쟁
때 채병덕 참모총장이 6월 10일에는 군 인사이동과 군부대 이동, 군
차량과 중화기를 후송하였을 뿐만 아니라, 전방의 지휘관들로부터 숨
가쁜 인민군 남침 정보를 묵살하였고, 24일에는 사병들을 휴가와 외박
을 보내고, 6월 24일 밤 파티를 열어 군 수뇌부가 다음 날 새벽 2시까
지 술을 마셔 인민군이 남침해왔을 때 국군 작전이 마비되어 전쟁 초
반에 참패한 것처럼 대한민국은 망하고 말 것이다.


4) 노무현이 대통령이 되자 좌파들 세상이 되었다.

2003년 2월 좌파 노무현은 대통령에 취임하였다. 노무현이 대통령
이 되는 데는 이종찬과 이홍구의 설득으로 인한 정몽준의 대통령 후보
사퇴와 대통령 후보 이회창의 독선과 무능이 큰 도움이 되었다.

대통령이 되기 전 노무현은 주한미군 철수를 주장하였고, 6.15 연방
제를 지지하였으며, 보안법 철폐를 주장하였다. 그리고 대한민국 건국
세력을 분단세력으로 보고 있었고, 6.25 남침을 내전으로 보았고, 햇
볕정책 외에 대안이 없다고 주장하였으며, 대통령이 되어 제주4.3폭동
을 민중항쟁이라고 하면서 2회에 걸쳐 사과를 하였다. 김대중과 노무
현은 북한의 핵 개발을 자위용이라고 비호하고 북한의 인권문제는 침
묵한 좌파 대통령이 되어 대한민국을 장악하였다.

① 386세대 국정 장악

• 청와대 1급, 2급 비서관 37명 중 31명이 완전 좌파이다.

• 이광재 안희정 등이 386세대로서 노무현 측근 요직을 차지하였다.

• 청와대 핵심은 민청학련 출신이 차지하였다.

• 정무수석 유인태(정무수석 비서실에는 감옥을 갔다 온 자들이 5명이나 있다.)- 19대 국회의원

• 인사보좌관 정찬용,

• 중국 방문단장 이해찬(후에 총리 역임)- 19대, 20대 국회의원, 민주통합당 대표

• 국정 상황실장 이강철,

• 김재규, 이철,

• 김근태는 열린우리당 창당을 같이 주동 역할.

② 전대협 출신

이호철 - 민정 1비서관

윤태영 - 연설 담당 비서관

문용욱 - 청와대 제1 부속실장

천호선 - 기획 비서관

서갑원 - 의전 비서관

김만수 - 보도지원 비서관

박선원 - 안보전략 비서관

김은경 - 지속가능 발전위 비서관

서양호 - 대통령 직속 동북아시대위 자문위원

최인호 - 청와대 국내언론비서관

송인배 - 청와대 시민사회수석실 비서관

한주형 - 청와대 국민제안 비서관실 행정관

이승전 - 청와대 홍보기획 비서관실 행정관

양정철 - 홍보기획 비서관

③ 전국연합 출신

황인성 - 시민사회 비서관

전해철 - 민정수석 비서관


④ 주체사상파

우상호 - 열린우리당 국회의원 - 19대, 20대 국회의원, 더불어민주당 원내대표.

오영식 - 열린우리당 국회의원(전 강북 갑)-19대 국회의원

문용욱 - 청와대 제1 부속실장

이은희 - 청와대 제2 부속실장

김만수 - 청와대 대변인

여택수 - 청와대 제1 부속실 행정관

정윤재 - 청와대 의전비서관

이상 이들은 전향을 하지 않고 국정을 운영하고 있었다. 이들은 청와대 만찬을 베푼 자리에서 운동권 노래를 합창할 정도였다. 이는 상상도 할 수 없는 일이다.

노무현 정부는 제주4.3사건 진상조사보고서를 가짜로 작성하였다. 그리고 제주4.3사건 희생자심사도 하지 않고 희생자로 신청만 하면 폭도이건 자연사이건 희생자로 결정하는 가짜희생자결정을 하여 대한민국 초대정부인 이승만 정부를 학살정부로 규탄하고 있다. 이는 인민공화국에서나 할 수 있는 일이다.

통합진보당에서는 우리나라 10대 재벌 해체를 주장하고 있으며, 민주통합당과 새누리당도 경제 민주화를 외쳐 사회주의 경제체제로 가자는 것이며, 민주통합당은 재벌출자총액 제한을 하자고 주장하고 있으며, 새누리당도 한다고 했다가 취소할 정도가 되었다.

대한민국은 완전 좌파가 장악, 북한이 남한을 점령하지 않은 것만도 천만 다행이었으나 대한민국의 모든 정보가 북에 넘겨졌다. 이명박 대

통령이 대통령에 당선되지 않았다면 대한민국은 완전히 좌파에서 회복할 수 없을 정도였다.

2003년 11월 노무현 계열의 김근태, 임채정, 이해찬, 장영달, 이재정 등 47명의 국회의원들과 유시민, 김원웅 등이 열린우리당을 창당하였다. 김원웅은 "양민학살, 제주4.3항쟁 가해자가 우리 사회 주류이다."라고 한 자이다.

2004년 4월 제17대 총선에서 열린우리당은 152석을 얻어 대거 국회에 진출하여 대한민국 국회를 장악하였다.

전대협 출신 10명 등 여야 합 386세대 55명이었다. 심재철, 고진화 (이상 한나라당), 김근태, 이인영, 오영식, 우상호, 정봉주, 우원식, 이화영, 우윤근 등이다.

개혁당 출신 김원웅, 유시민, 유기홍, 김형주, 이광철, 강기정, 김태년, 김재윤 등이다. 서갑원, 백원우 보좌관까지 합하면 100여명이 좌파 386 운동권 출신으로 좌파가 청와대와 국회를 장악하였다. 17대 18대 국회에서는 좌 · 우가 끝없이 싸우고 있어 국민들을 좌절시키고 있다.

⑤ 열린우리당

386 세대 - 민병두, 신계륜, 김영춘, 강기정, 이화영, 이광재
(이상 DD파), 최재천.

전대협 출신 - 이인영, 오영식, 임종석, 우상호, 김태연, 백원우
(청와대 행정관) 최재성, 이철우, 정청래 등이다.

⑥ 전민련 출신 - 정봉주

⑦ 국정원장 - 김만복

⑧ 노무현은 일국의 대통령이 자살을 하였다. 그는 부끄러운 대한민국이 되게 하였는데도 그를 추모하는 자가 너무 많다! 노무현 추모자 중 문재인이 18대 대통령에 출마하였으나 낙선되었다. 그러나 1,460

만 표를 얻었다. 이는 보통문제가 아니다.

    이상의 좌파들은 북한이 남한을 점령하도록 대한민국의 각계 각 층에서 열심을 다하는 자들이다. 주한 미군이 없었다면 1990년경에 북한이 남한을 점령했을 것이다. 남한 사람들은 현 시국이 이러한 형편인데도 모르고 산다.

    1990년경에 공산주의 종주국 소련과 폴란드 · 헝가리 · 동베를린 등이 공산정부 72년 만에 붕괴되었다. 그런데 전 세계에서 남한의 좌파들만 사회주의를 찬양, 대한민국을 타도하고 북한이 대한민국을 점령하도록 협력 소망하고 있다.


    8) 좌파 교수들의 명단

    강정구 : 전 동국대 교수

    강창일 : 배제대 교수, 제주4.3사건 진상조사보고서 작성기획단
              간사, 국회의원.

    박명림 : 연세대 교수      최장집 : 고려대 교수

    강만길 : 상지대학교 총장 및 제주4.3사건 진상규명 및 희생자
              명예회복위원회 위원

    김근식 : 북한 대학원 대학교 교수(언론에 자주 나옴)

    김세균 : 서울대 교수      김수행 : 전 서울대 교수

    서중석 : 성균관대 교수 및 제주4.3사건 진상규명 및 희생자 명예
              회복위원회 위원

    신영복 : 성공회대 석좌교수    이영희 : 전 한양대 교수

    오세철 : 연세대 명예교수    이장희 : 외국어대 교수

    이철기 : 동국대 교수       장상환 : 경상대 교수

    정해구 : 성공회대 교수     이이화 : 석좌교수

    조 국 : 서울대 교수       한홍구 · 박성준 : 성공회대 교수

고창훈 : 제주대 교수        이종석 : 교수

백낙청 : 서울대 교수        손호철 : 서강대 교수

위의 백낙청 교수는 '2013년 체제 만들기' 라는 저서에서 1987년 민주화운동을 통해 만들어진 87체제의 후속편으로 ① 평화체제 ② 복지국가 ③ 공정 공평사회를 설정하고 있고, ① 북한의 김정은과 손을 잡는 남북연합 ② 헌법을 뛰어 넘는 민중자치 등의 체제를 이루어야 한다고 주장하고 있다. 만일 2012년 총선과 대선에서 좌파가 압승하면 위의 내용을 실현시키려 하여 이는 보통 문제가 아니었다.

이상의 교수들 외 좌파 성향의 교수들은 전국에 650명 정도이나 이들과 전교조 교사들이 대학과 초 · 중 · 고등학교를 장악, 이상의 현대사와 금성출판사 교과서의 왜곡된 한국 현대사 내용을 초 · 중 · 고 · 대학생들에게 가르쳐 74%(1년에 40만 명)의 학생들에게 '우리의 적은 미국이다' 라는 반미 친북 좌파사상을 갖게 하고 있다.


※ 금성출판사는 대한민국을 연방제 적화통일을 하기 위해 허위 및 좌편향적인 교과서를 발행하여 전교조 교사들을 통해 학생들을 반미 친북 좌파로 양성하고 있었다. 전교조 교사들과 좌파 교수들은 전 국민이 반대운동을 해서 학교를 떠나게 해야 한다. 이들에게 학생들을 가르치게 해서는 절대 안 된다. 이들을 그냥 둔다면 대한민국은 좌파들이 총선, 대선, 지방선거를 장악하여 합법적으로 대한민국을 점령, 대한민국은 공산화가 될 것이다.


9) 좌파 성향의 판사 명단(2010년 현재)

좌파 성향 판사들의 모임인 우리법연구회는 1988년 조직되어 110여 명의 회원이 있었으나 현재는 60여명이다.

회장 : 오재성 부장판사(수원지방법원 성남지원)

부회장 : 문형배 부장판사(부산지법)

간사 : 박용우(서울고법판사)

부장판사 : 이홍구(부산지법) 김경호(수원지법)

최은배(인천지법) 박정수(인천지법 부천지원)

이정렬(울산지법) 사봉관 유승룡 이용구

평판사 : 박용우 권창영 김병용 이승형 이옥형 권기철

홍승구(서울고법) 조영국(부산고법) 김용덕

박민정(특허법원) 문성호 박종환 서삼희 윤지숙

이순형(서울중앙지법) 김영식 최기상(서울행정법원)

이은혁(서울가정법원) 이종관(서울동부법원)

곽경평(서울남부지법) 변민선(서울북부지법)

문수생(서울서부지법) 장승혁(의정부지법)

박진웅 · 박찬우(의정부지법 고양지원)

유지원 · 이병희 · 임혜원(수원지법)

구민경 · 김영욱 · 서아람 · 송오섭(부산지법)

문종철 · 위지현 · 이봉수(부산지법 동부지원)

김희수 · 문홍주 · 최상수 · 홍예연(창원지법)

김봉원(창원지법 진주지원) 성기권(대전지법)

강경표(대전지법 홍성지원) 박상재(광주지법 목포지원)

이영호(전주지법) 박재우(전주지법 정읍지원)

김민기 · 최병철 · 한소영(대법원 재판연구관)

장철익(사법연구원) 정계선(헌법재판소 파견)

2011년 12. 8 인천지법 부장판사 최은배는 전교조 교사가 정치자금 법 위반으로 벌금형을 선고받았고, 인천시 교육청에서도 해임 또는 정직처분 받은 사건 판결에서 "이는 부당하다."고 판결을 하였다. 그리고 그는 미국과의 F.T.A가 통과되자 "뼛속까지 친미인 대통령과 통상 관료들이 서민과 나라 살림을 팔아먹었다."고 페이스북에 올린 좌파

판사였다. 창원지법 이정렬 민사1부 부장판사는 이명박 대통령을 "가카새끼 짬뽕"이라고 그의 페이스북에 올려 문제가 되었다.

사법시험 8조에 "3차 시험인 면접시험은 법조인으로서의 국가관 사명감 등을 평가한다."라고 명시하고 있다. 그러나 사시 38회가 합격한 1996년부터 2005년까지 면접시험에서 탈락자는 1명뿐으로 좌파성향의 문제가 되는 자의 탈락은 한 사람도 없다. 그 이유는, 사법연수원에서 국가관을 가르치면 구시대 사상검증이라고 난리가 나기 때문이라는 것이다.

2012년 1월 19일 서울중앙지법 형사 27부 김형두 판사(47세)는 상대후보를 돈으로 매수하여 교육감에 당선된 곽노현 서울시 교육감에게 벌금 3,000만 원을 선고하고, 매수를 당해 2억 원을 받은 박명기 교수에게는 징역 3년의 실형과 2억 원의 추징금을 선고하였다. 곽노현 교육감은 실형 선고를 피하여 대법원 확정판결 때까지 직무를 유지할 수 있게 되었다.

상대 후보를 돈으로 매수하여 사퇴시킨 곽 교육감은 3,000만원 벌금을, 매수당한 박명기 교수는 3년 징역에 추징금 2억 원을 선고한 것은 대한민국 국민 전체가 잘못되었다고 생각한다.

대검 공안부장 임정혁은 "재판부가 인정한 대로 만일 곽 교육감이 사전 합의(2010년 5월 5일 5억 원 제공 합의) 사실을 모른 채 작년 10월에야 알고 2억 원을 주었다 해도 마땅히 실형이 선고되어야 한다."고 하였다.

단일화 협상과는 무관한 돈 심부름을 한 강경선 교수에게는 2,000만원의 벌금을 선고하면서 후보단일화로 인해 당선된 곽 교육감에게 벌금 3,000만 원을 선고한 것은 그 자체로도 잘못된 판결이다.

## 3. 좌파가 대한민국을 장악하고 있다.

1) 2004년 4월 15일 17대 총선에서 민노당은 지역구 2석, 전국구 8석으로 제3당이 되었다.

지역구 - 권영길(창원 을), 조승수(울산 북)

비례대표 - 강기갑, 노회찬 등 8명이었다.

해방 후 좌파 박헌영, 여운형, 백남운, 조봉암 등이 좌파를 이끌어가는 지도자라면 군부독재시대의 김달호, 윤길중, 박기출, 고정운, 김철이었고, 그 후로 이우재, 이부영, 장기표 등이었으며, 현재는 백낙청, 김상근, 박재승이다.

민노당은 6만7천여 명의 당원을 확보하였다. 현재 당원은 20만 명, 지지자는 200만 명이다. 이들은 여전히 신무기도입 중단, 주한 미군 철수, 예비군 폐지, 서울대 해체, 공무원노조 정치활동 허용, 국가보안법 폐지, 사립학교법 개정 등을 목표로 투쟁하여 거의 실현하였다.

2005년 8월 북한의 사회민주당은 남한의 민노당 대표 김혜경 등 천영세, 심상정, 권영길, 최순영, 최규엽, 홍승하 등을 초청하였다. 이들은 북한을 방문, 김일성 생가 만경대를 방문했고, 평양 신미리에 있는 애국열사능에 참배, "당신들 애국의 마음을 깊이 새기겠다."고 방명록에 기록하였다. 여기 애국열사 능에는 제주4.3폭동 주동자 김달삼, 남로당 총책 김삼룡, 지리산 빨치산 대장 이현상의 묘가 있는 곳이다.

대한민국에서 가장 중요한 심판을 담당하는 법원 노조와 우리 법 연구회의 사조직인 일부 판사들, 그리고 국회의원 선거와 대통령 선거 지방선거를 관리하는 선관위 노조와, 대한민국의 기둥인 공무원 노조 등이 북한의 4대 혁명노선을 실천하는 민주노총에 가입하였다. 이것은 대한민국은 공산화가 되어가고 있다는 증거로 강기갑 1심에서 무죄 판결과 광우병 PD수첩 무죄 판결, 빨치산을 추모한 교사 무죄 판결과 경찰을 폭행한 자 구속신청을 기각한 사건 등은 이념 판결이라고 검사들과 여당과 국민들은 있을 수 없는 판결이라고 하는 것이 증거이며, '제주4.3사건 심사무효 확인소송'은 심사한 것을 법원에서 요구해도 제주도지사와 이명박 정부가 심사한 서류를 내놓지 않아 재판을 못할 정도이다.

2) 2010. 6. 2 지방자치단체선거에서 경남도지사 김두관, 충남도지사 안희정, 강원도지사 이광재, 전국 교육감 16명 중 6명이 좌파이며, 광역시장 16명 중 9명이 좌파이다. 전국 구청장·시장·군수도 거의 좌파가 장악하였고, 경기도지사 후보 유시민과 서울시장 후보 한명숙의 표가 많은 것은 대한민국이 공산화 되어가고 있다는 증거이다.

한명숙은 서울시 22개 구청 중에서 19개 구청에서 이기고 서초구와 강동구, 송파구에서 패함으로 오세훈 후보가 겨우 시장에 당선될 정도였고, 서울시의회는 민주당이 장악하여 오세훈 시장이 업무를 볼 수가 없을 정도이다. 이명박 대통령이나 서울시장이나 경기도지사가 국정을 운영할 수 없을 정도가 되었다. 교과부에서는 "2010년 7월 13일 학업성취도(일제고사)를 보아야 한다." 하는데 6곳의 좌파 교육감 지역의 학교는 안 봐도 된다 하며 학생 430여명이 일제고사 시험을 반대하면서 보지 않았으나 2011년 7월에는 187명으로 줄었고, 2012년에는 131명으로 줄었다. 좌파 선생이 학업성취도(일제고사)를 반대하는 이유는 전교조 선생이 가르치는 반만 꼴찌가 되면 전국 학부형들이 전교조 반대운동을 벌일 것이 두려워서이다.

2011년 4월 27일 실시된 서울시장 보궐선거에서 박원순이 되었다. 대한민국 부자 동네인 분당에서 민주당 후보가 당선되었다는 것은 대한민국이 끝나가고 있다는 증거이다.

3) 대표적 국내 좌익단체

현재 좌파단체는 약 1,800여개가 있다. 그 중 대표적인 좌파단체는 아래와 같다.

ⓐ 전교조(전국 교직원 노동조합) 약 60,000여명

ⓑ 민주노총(전국 민주노동조합 총연맹 59여만 명)

ⓒ 민노당(당원 67,000여명), 진보신당(07.12. 내선 약 71만 명 지지)

ⓓ 민주당 일부

ⓔ 참여연대(서울시장 박원순이 조직)

ⓕ 한총련(한국대학생총연합. 현재 47개 대학 가입)

ⓖ 민생민주국민회의

ⓗ 한국진보연대 전국 통일위원회(한상렬 상임고문은 북한 평양에서 천안함사건은 이명박 자작극이라 하면서 남한을 미국의 식민지라고 강도 높게 규탄하였다.)

ⓘ 한청(한국청년단체협의회)

ⓙ 전국통일위원회

ⓚ 전국연합 (민주주의 민족통일 전국연합)

ⓛ 평통사(평화와 통일을 여는 사람들)

ⓜ 실천연대(남북공동선언 실천연대)

ⓝ 한국민족예술인총연합

ⓞ 통일연대(6.15남북공동선언 실현과 한반도 평화를 위한 통일연대)

ⓟ 범민련(조국 통일 범민족연합)및 범청학년 남측 본부.

ⓠ 천주교 「정의구현사제단 및 기독교(KNCC 일부 등), 불교(「실천불교 전국승가회」, 「불교환경연대」 등)내 좌익」

ⓡ민중연대

ⓢ 전국농민회 총연맹

ⓣ 한국 민권문제 연구소

ⓤ 평화연구소

ⓥ 21세기 코리아 연구소 등

ⓦFTA법국본 등

ⓧ 「국제엠네스티(AI)」 한국지부

ⓨ 공무원노조와 법원노조, 선관위 노조 11만(공무원노조와 법원 노조가 민주노총에 가입)

ⓩ 역사문제연구소

현재 좌파 구성을 보면

① 김종태, 김질락, 도예종, 이재문, 박현채, 이일재, 이종린 등 남로 당 출신 좌파 1세대,

② 남로당 출신들에게서 사상교육을 받은 이인영, 우상호, 임종석, 송영길 등 386 전대협 출신 좌파 2세대,

③ 전교조에 의해서 좌파사상을 교육받은 20대 30대의 신세대 좌파 3세대로 구분 할 수 있다.

민주노동당, 국민참여당, 새 진보통합연대가 모여 통합진보당을 창 당하였는데 이들은 국민의례에서 애국가를 부르지 않고 태극기에 대 해 경례도 하지 않았는데, 2012년 6월 애국가와 태극기에 대해 경례를 하기로 당 혁신안에 넣기로 하였다고 한다. 그러나 통진당 내의 구당 권파인 이석기 등은 지금 부르는 국가(國歌)는 국가(國歌)가 아니고 아리랑이 국가라고 하였다. 즉 통진당 내의 구당권파는 대한민국을 인 정하지 않겠다는 것이다.

4) 좌파 성향의 인터넷 사이트 주소록

1. http://cafe.daum.net/antimb 이명박 탄핵을위한 범국민운동본부

2. http://cafe.daum.net/dhmgfighting 대한민국 바로세우기 국민서명운동본부

3. http://cafe.daum.net/nowar4 통일파랑새

1. http://www.minjok.com/index.php3  민족통신

2. http://www.jinbo.net/  '참세상'을 가장한 '김정일 수령세상' 추구

3. http://www.kdlp.org/  범주사파 연합 전선 민노당 공식홈페이지

4. http://www.nodong.org/ 민노총

5. http://chaju.org/615/index 극좌 자민통 미주연합

6. http://www.nadrk.org 민민전/

7. http://www.dprkorea.com/ 북한 싸이트와 그대로 직결시켜주는 조선인포뱅크

8. http://www.jabo.co.kr/  친김대중 친북지향 인터넷신문 대자보

9. http://copyle.jinbo.net/  pd계열 출신운영 좌경이론 제공싸이트

10. http://user.chollian.net/~marishin/ 국제공산주의 지향의 사회주의 이론 학습싸이트

11. http://www.dprk.com/ 김정일 답방기도 공식 추진 홈페이지 "인터넷남북통일"

12. http://cast.jinbo.net/ 80년대 좌익전력 386중심의 좌익방송국

13. http://sarangbang.or.kr/ 재일 북괴간첩단 전력 서준식이 운영 하는 '인권(?)'운동사랑방

14. http://www.pssp.org/index.php  pd(민중민주)계열의 좌경 운동 연대싸이트

15. http://strike.nodong.net/ 총파업주의로 대한민국 무력화기도 하는 민노당내 극좌분파 "총파업"

16. http://www.peacekorea.org/  '평화'를 가장한 '김정일 수령세상' 추구 '평화네트워크'

17. http://reltih.jinbo.net/ 주사파 출신이 운영하는 공산주의 학습 싸이트 '임승수의 사회주의 자료'

18. http://sp.or.kr/ 민노당과 더불어 정치계에 침투한 좌익 단체의

하나 '사회당'

19. http://cybernojo.or.kr/ 노동단체내 각파 연합전선 구축을 위한
    싸이트

20. http://hanchongryun.jinbo.net/ 청년 좌파의 대명사 "한총련"
    공식홈페이지

21. http://freedom.jinbo.net/main.html 국가보안법 무력화시도를
    대대적으로 추구하는 "국보법폐지 국민연대"

22. http://wab.or.kr/ 문화운동을 빙자한 좌경사상 전파 "왑"

23. http://www.pwc.or.kr/ 민노당마저 '의회주의'라 거부하는 좌익
    맹동주의집단 "노동자의 힘"

24. http://www.junnong.org/ 농민을 주요 포섭대상으로 하는 친북
    좌파 연합체 '전농 총연맹'

25. http://my.dreamwiz.com/smnh98/ 주체사상을 맹종하는 서울
    지역 노동운동 분파 "서민노회"싸이트

26. http://www.tongilnews.com/ 북한의 한민전 방송내용을
    그대로 답습하는 "통일뉴스"

27. http://eduhope.net/ 교육계의 친북좌익화의 대명사 "전교조"

28. http://tongil.jinbo.net/ 북괴 노동당 대남적화전략의 끄나풀
    "범민련"

29. http://www.lnp89.org/ 영상물로 공권력 무력화를 기도하는
    "노동자뉴스"

30. http://www.615tongilyoundai.org/ 김정일-김대중 양자의
    극악한 음모 합작품 6.15선언 추종싸이트

31. http://www.jmtl.or.kr/ 민노총 외곽조직 "전국회의"

32. http://minjung.or.kr/ 각 좌파 계열별 통합정보 공유싸이트

33. http://www.jatong.org/ 김정일 정권 지지 모임 "민자통"

34. http://altogether.jinbo.net/index.php 주한미군 철수 등 반미

운동 위주의 "다함께"

35. http://www.kdlpnews.org/ 민노당 홍보 기관지

36. http://www.digitalmal.com/ '설명이 필요없는' 좌파의 논리
    제공 "디지털말"

37. http://www.junnodae.org/intro/index.asp좌파노동운동관련
    사상교육대학 "사이버 노동대학"

38. http://kilsp.jinbo.net/ 이른바 한국좌파 운동의 이론제공
    싱크탱크 "한국노동이론정책연구소"

39. http://report.jinju.or.kr/educate 한 전교조 좌경교사의
    "일그러진 자화상"을 보여주는 "참교육이야기"

40. http://klsi.org/webzine/ 한국노동사회연구소

41. http://www.onekorea.org/ 김정일정권의 적화통일전략
    선전기관 "미주통일학연구소"

42. http://altuniv.jinbo.net/ "자치대학운동"으로 대학을 공산화의
    진지로 구축시키려는 모임

43. http://sociology.dongguk.ac.kr/kang/ "만경대 정신 이어받아"
    김정일 왕국을 꿈꾸는 동국대의 "강정구"

44. http://www.hanlabor.or.kr/ 한겨레신문이 운영하는
    "노동교육연구소"

45. http://ckps.jinbo.net/ 좌파정치학 지식인들의 학습연구모임

46. http://www.hanshin.ac.kr/~hiss/ 한신대 산하 사회과학 연구소

47. http://jinboedu.jinbo.net/ 좌경교육연구소

48. http://home.dreamx.net/byungkeej/ 신좌파 유로 코뮤니즘
    주의자 정병기의 홈페이지

49. http://networker.jinbo.net/ 정보네트워크 단속제거를 통한
    친북좌익사상 전파운동단체

50. http://www.sbook.co.kr/ 사회주의 관련 서적을 노동자에게

읽혀 세뇌시키는 모임 "작은책"

51. http://www.lcnet.org/ 문화부문에 역량을 집중시켜 사회
    전체의 좌경화를 도모하는 곳

52. http://www.songnlife.com/ 반미사회주의 가요 제공 싸이트
    "Song n Life"

53. http://jhh.to/ 80년대를 풍미한 ca/pd계열 잔존세력의 집합체
    "전학협" 공식싸이트

54. http://plsong.com/ 사회주의 혁명가요/민중가요 제공 "PLSong"

55. http://www.kuwu.or.kr/ 전국대학노동조합

56. http://media.nodong.org/ 전국언론노동조합

57. http://www.outpridekorea.com 좌파단체의 지원을 받는
    동성애자 단체 "동인련"

58. http://neo.urimodu.com 조선일보 무력화를 통한 언론계의
    친북화 시도 "우리모두"

59. http://www.professornet.org/main.htm 용공 교수 협의회

60. http://www.onekorea.net/ 주한미군철수 추진위원회


1. http://ndfsk.dyndns.org/ (북한 조국통일위원회 산하 한국민족
   민주전선)

2. http://www.kcrc.or.kr/ (민족화해협력범국민협의회)

3. http://www.korea-np.co.jp/korea/Default.htm
   (북한 조총련 발행 신문 조선신보)

4. http://www.chongryon.com/index-k.htm
   (북한조총련 공식 홈페이지)

5. http://www.kcna.co.jp/index2.htm
   (북한운영 조선중앙통신 홈페이지)

6. http://www.jpth.net/ (조평통-북조선 조국평화통일협회)

7. http://www.krbook.net/index-k.htm

   (북한 김일성 /김정일 찬양 서적 전문판매 싸이트)

8. http://www.tangun.co.jp/moviekr/default.htm

   (북조선 영화 소개 싸이트)

9. http://korea-htr.com/chuo/korean/index-ck.htm

   (재일 한통련-김대중 관련)

10. http://www.minjog21.com/

    (북괴잡지 민족대단결 제휴 '민족21')

11. http://unikorea.cool.ne.jp/ (통일코리아 21)

12. http://www.bommin.org/Kor/Kor01.htm

    (북괴 범민족연합 산하단체 총링크 싸이트)

13. http://www.onekorea.or.kr/ (자평통)

14. http://www.moon.or.kr/ (방북좌파목사 문익환 기념사업회)

15. http://www.615.or.kr/silchun/index.htm

    (김정일-김대중 공동음모선언 실천연대)

친북좌파성향이 극렬하게 드러나는 카페들과 게시된 글

http://cafe.daum.net/juche2002 (주체사상을 사랑하는 모임)

게시판 이외에 DAUM 내 개인카페 형식으로 있는 좌경카페들.

http://cafe.daum.net/spic (사회당 인천대 학생위원회)

http://cafe.daum.net/Marx (맑스연구-반주사파 정통맑스그룹으로 판단됨)

http://cafe.daum.net/hcyscy (한총련 합법화/국가보안법해체를 위한 카페)

사이버 민족방위사령부(회원 수 7,000여명)

이 카페에 장교 : 대령 1명, 중령 5명, 소령 5명, 대위 5명, 중위 5명, 소위 4명 계 25명, 원사 1명, 상사 2명, 하사 9명, 사병 36명 계 70명의 현역과 예비역이 회원에 가입 "어서 오십시오. 차분하게 조

선 민주주의 인민공화국 인민이 되는 날을 기다립니다." 라고 열광을 올리고 있다.

좌파 단체는 전국에 1,840개가 있으며, 좌파 인터넷 사이트는 240개이고, 네티즌이 35,000여명 있어 이들이 여론과 선거에 엄청난 영향을 주고 있다. 6.2지방자치단체선거와 2008년 소고기파동 허위사실, 천안함 허위사실 유포와 연평도 폭격사건이 그 증거이다.

해외 친북 사이트는 106개가 있다. 미국 : 46개, 일본 : 26개, 중국 : 17개이다. 북한에서는 트위터와 스마트폰에 문자메시지를 통해 북한의 4대 혁명노선을 선전하고 있다. 그런데 이를 막을 방법이 없어 큰 문제이다. 우파의 인터넷 점유율은 20%도 안 된다. 인터넷을 이대로 둔다면 대한민국은 자동으로 공산화 된다. 그래서 우리에게 가장 시급히 해결해야 할 문제는 전교조와 인터넷이다.

5) 북한의 위장 평화 전술을 앞장서서 선전하는 좌파들!

① 북한은 지금도 대한민국을 북한의 일부로 규정하여 남반부라 하지 국가로 인정하지 않고 있다. 따라서 휴전 문제나 핵 문제도 미국과 논의하겠다는 것이다. 지난 2008년 3월 10일 월드컵 예선전인 남북한 축구시합을 북한에서 열어야 함에도 불구하고 북한이 태극기와 애국가를 부르지 못한다고 하여 결국 중국 상해에서 열린 것도 북한의 이 같은 기본 입장에서 비롯된 것이다.

결국 북한의 자주평화, 민족공조론, 우리민족끼리 등은 위장선전에 불과하며, 평화협상, 평화통일도 선전을 위한 거짓 선동에 불과하다. 우파가 좌파 이야기를 하면 좌파들은 '색깔론' 이라고 하면서 "시대착오적이다" 라고 규탄하며 국민을 기만하고 있다.

앞에서 지적한 것처럼 북한은 주한 미군이 있기 때문에 무력으로 적화통일을 달성하는 것은 불가능하지만, 선거를 통해 지방자치단체와 국회와 청와대를 점령, 대한민국을 공산화 하려 하고 있다. 그리고 좌익 정권 10년 동안 해보니 가능성이 있다고 판단하고 있다.

북한의 대남 4대 혁명노선은 ⓐ 국가 보안법 철폐 ⓑ 주한미군 철수 ⓒ 평화협정 체결 ⓓ 6.15공동선언 실천(연방제 통일=적화통일)이다.

남한의 좌파들은 북한의 대남 4대 혁명노선을 적극 실천, 남한을 점령하게 하고 있으며, 북한의 목표인 낮은 단계 공산화는 국민의 40% 이상이 지지하여 달성하였다. 이제는 높은 단계 즉 남한을 완전히 공산화 하는 데 전력을 다하고 있다.

많은 사람들은 설마 대한민국이 망하고 북한이 남한을 점령할 수 있겠느냐 하지만 설마는 사실로 드러나고 있다. 6.25 전에도 설마 인민군이 남침하겠는가? 하였는데 남침하였고, 50. 6. 27일 의정부에서 인민군이 공격하는 대포소리가 서울까지 들리고, 피난민이 길을 메우며 내려오고 있었는데 '설마 인민군이 서울을 점령하겠는가?' 하고 27일 서울 시민들은 피난을 하지 않고(준비를 하지 않고) 잠을 자고 아침에 일어나보니 한강교가 폭파되고 국군과 경찰은 한 명도 없고 인민군이 서울을 점령하여 서울시민 150만이 포로가 되어 통곡했지만 그 때는 이미 늦어 있었다. 지금도 어느 때 자고나면 인민공화국시대가 곧 돌아올 것 같다. 대한민국은 겉만 대한민국이지 이상에서 본 바와 같이 사실상 절반 이상이 좌익으로 기울어져 완전 공산화 되는 것은 그리 어렵지 않게 진행되고 있다. 우익은 젊은이가 없고 고령들이고, 무관심하고 이기주의이며, 자기 출세밖에 모르며, 좌파와 싸우겠다는 중심세력이 없고, 국가나 사회가 너무 부패하여 해결할 방법이 없는 것이 문제다. 이제는 박근혜가 이끄는 새누리당까지 중도노선이라 주장하고, 7.4 공동선언과 6.15 공동선언을 존중되어야 한다고 하니 더 할 말이 없다. 그러나 좌익은 젊은이들이 많고 적극적이며 희생적이다. 70세 이상의 노인들이 사망하면 자동으로 대한민국은 공산화 되게 되었다.

박근혜 정부가 세월호 사건, 메로스 사건, 가습기 사건, 유승민 사건, 비박 친박 진박 등의 일들을 처리한 과정에서 너무 무능하고 독선적이고 소통이 없는 것을 보고 국민들이 완전히 돌아서 이번 총선에서 새누리당이 122석, 더불어민주당 123석, 국민의당이 38석을 얻었다. 대구에서 더불어민주당 김부겸이 당선되었고, 유승민 등 무소속이 3석, 경남에서 더불어민주당이 5석을 얻을 정도로 박근혜 정부를 국민들이 반대하고 있다. 부패 때문에 보수가 무너지고 있는 것이다.

② 북한 인민군이 남침한다면 2008년 6월 10일 소고기파동으로 좌파들이 촛불시위를 하듯, 전교조, 민주노총, 민노당, 좌파단체 1,800여 개 단체 회원들 100만여 명이 전국에서 폭동을 일으켜 고속도로를 점령하고 모든 기관을 마비시키면, 전방의 국군에게 군수품을 운송할 수 없고 협조가 없어 전투 한 번 해보지 못하고 국군은 내부의 적에 의해 참패할 것이다. 그리고 2004년 육군사관학교에 입교한 생도가운데 34%가 우리의 적은 미국이고, 논산훈련소에 입소한 장병 74%도 우리의 적은 미국이라고 주장하고 있어 인민군이 남침하면 국군이 과연 인민군을 막을 수 있을지 의문이다.

1999년 김대중은 국방정신교육원을 해체시켰고, 정훈감인 표명렬은 자기의 집안이 빨치산 집안이라고 자랑하면서 국군과 사관학교를 "잘못 태어난 사생아"라고 비방 매도할 정도였다.

육군의 정훈장교와 군목들이 군 장병의 정신사상을 교육할 때 이 점을 연구해서 우리의 적은 미군이 아니고 인민군이라는 내용을 역사적으로 연구해서 중대급 단위로 확실하게 사상을 심어주어야 한다. 사상이 투철하여야 인민군이 남침하면 조국을 위해 목숨 바쳐 싸울 것이다. 그러므로 국군 장병들의 사상교육은 전투 훈련보다 더 역점을 두어야 할 것이다. 그런데 정훈참모가 이러하니 더 무슨 말을 할 수 있을까! 또한 북한의 인민군도 경계해야 하지만 남한의 4대 혁명노선을 실현하는 좌파들이 더 위험한 존재이다. 어느 국가든지 외부의 적 때문에 망한 것이 아니라 내부의 적 때문에 망하였다. 현재 좌파들은 6.25 전 남로당원보다 훨씬 많고 강하다.

③ 북한 인민군은 남침명령만 기다리고 있고, 남한의 좌파들은 인민군의 남침을 두 손 모아 기다리고 있다. 앞으로 2017년도에 좌파에서 또다시 정권을 잡는다면 2차 연평해전 때와 같이 국군통수권자와 좌파 장군들이 국군에게 인민군 저지명령을 내리지 않으면 채병덕 참모총장의 간첩행위로 6.25 초전에 국군 44,000여명이 죽고 6개 사단이 붕괴되어 재기불능의 국군이 되었듯이 한순간에 국군은 참패하고 말 것이다.

2005년 맥아더장군 동상 철거운동을 주도했던 연방통추(우리 민족 연방제 통일추진위원회 대표 강희남) 지도부가 2010년 8월 4일 북한의 지령을 받고 연방제 통일을 위한 이적행위를 한 혐의로 상임위원장들이 구속되었고, 간부 12명이 불구속 입건되었다. 이들은 주한미군철수투쟁 연방제 통일(북한이 남한 점령 통일) 추진을 주장해왔다. 이들은 핵 개발을 찬양하면서 맥아더 장군 동상을 미 제국주의 상징으로 규정하고, 2005년 9월부터 5차례에 걸쳐 69일 동안 철거를 주장 농성 폭력시위를 하였고, 서울에서 "날강도 양귀는 물러가라."고 외치며 데모를 하였다. 미국 국회의원들과 국민들이 이것을 볼 때 어떻게 생각하겠는가?

우리는 어떠한 희생이 따른다 해도 ㉠ 좌파가 다시는 정권을 잡지 못하게 하는 것과 ㉡ 첨단무기를 구입하여 인민군의 공격을 방어하는 일과 ㉢ 미군이 한반도에서 철수할 것에 대비해야 하고 ㉣ 전교조와 인터넷 좌파 등을 뿌리 뽑아야 대한민국이 살고 우리 모두가 산다.

④ 국가의 생명은 정보이다. 그런데 김대중ㆍ노무현ㆍ김만복은 A4 용지 약 8만장 정도의 대한민국의 모든 정보를 북에 넘겨주었다. 대한민국이 붕괴되는 문제는 시간문제이다.

⑤ 서독은 공산주의 운동을 했든가 아니면 좌익 단체에 가입하게 되

면 국가 공무원이나 선생이나 기업체 등 어느 곳도 들어갈 수 없도록 법으로 규정하여 서독이 하나로 뭉쳐 동독을 흡수통일 하였다. 우리도 박정희나 전두환이 보안법에다 보충하여 좌파운동이나 단체에 가입하는 자는 공무원이나 선생이나 기업체에 들어갈 수 없게 하였으면 지금과 같은 좌파운동을 막을 수 있었다. 그러나 이들은 이런 법을 만들지 않아 오늘과 같은 결과를 낳게 하였다. 그리고 국가 예산의 20%를 국방예산으로 세워 그 중 10%인 30조 원을 가지고 매년 첨단무기를 구입, 북한 인민군의 남침 방어준비를 했어야 하는데, 첨단무기를 전혀 준비하지 않고 지금같이 북한 인민군의 공격에 대해 사대주의 사상에 젖어 인민군 방어를 미국만 의지하는 한심한 나라가 되어 인민군을 막을 수 없게 해놓았다.

6) 2012년 4월 11일 19대 총선에서 통합진보당이 13명이 당선되어 제3당이 되었다.(19대 국회 민혁당원 진출)
• 송호창(민주통합 45세 경기 과천 의왕) : 2008년 소고기파동 시위 때 강성발언 선동자
  • 이학연(남민전 소속 50세 군포) : 자유 무역협정 폐기와 재벌개혁 선동자
  • 은수미(48세) : 1990년 박노해, 박태웅, 사노맹결성, 국가보안법 철폐 선동가
  • 장하나 : 제주 해군기지 반대 선동자
  • 민병두(동대문 을)
  • 정청래(마포 을)
  • 김태년(성남 수정)
  • 김현미
이상 민주 통합당 좌파 강성파.

[통합진보당]

이상규(관악 을)

김선동(순천 곡성) : 주사파 자유무역협정 반대, 국회에서 최류탄 투척.

윤금순(비례1) : 주사파, 2005년 인천 맥아더동상 파괴를 주도한 자로 통일연대 공동대표.(국회의원 사퇴)

이석기(비례2) : 주사파, 경기 동부연합, 민혁당 경기 남부위원장.(구속)

김재연(비례3) : 경기 동부연합

정진우(비례4) : 전교조 위원장 출신

이석기, 김재연, 김미희, 이상규, 오병윤, 김선동 이들은 경기 동부연합 출신인 종북파로 19대 국회의원이 되었다. 이들은 북한의 지령을 받고 대한민국을 타도하고 북한 인민군이 남한을 점령하기 위해 투쟁하는 자들이며, 주체사상은 역사상 처음으로 사람의 본질에 대해 과학적인 해명을 주었다. 사회 정치적 생명체 론이라고 주장하는 자들이다.

• 통합진보당 구 당권파는 태극기에 대해 경례도 없고, 애국가도 부르지 않고 있다. 대한민국을 타도, 남한을 북한이 점령하도록 투쟁하는 자들이다.

※ 통합진보당 강령

① 주한미군 철수 ② 교사의 노동 3권 전면보장 ③ 재벌해체

7) 2012년 3월 10일 민주통합당 대표 한명숙과 통합진보당 대표 이정희와 총선 때 후보단일화와 19대 국회에서 양당이 추진하기로 한 공동정책 합의문

① 6.15 공동선언의 이행을 담보하는 입법조치 등을 통해 적극적인 남북 화해 협력을 추진한다.

② 일방적으로 강행하고 있는 제주 해군기지 군항 공사에 대해 깊은 우려와 분노를 표한다. 이에 우리는 즉각적인 공사 중단을 요구한다. 또한 우리는 19대 국회에서 공사 계획을 전면 재검토하고 필요한 경우 책임 규명을 위한 국정조사를 실시한다.

③ 국가보안법 폐지와 인권 탄압하는 반민주악법을 개폐한다.

④ 현 정권이 체결 비준한 한미 FTA의 시행에는 전면 반대한다.

⑤ 군 복무기간을 단축하고 양심에 따른 병역 복무자를 위한 대체 복무를 신설한다.

⑥ 헌법상 보장된 교사와 공무원의 정치활동을 보장하여 정당한 정치활동에서 배제되는 집단이 없어지도록 한다.

⑦ 경제 민주화나 보편적 복지의 실현을 기본방향으로 설정하고 국민이 함께 잘 사는 대한민국을 만들기 위해 다음 과제를 실시한다.

⑧ 우리는 공동정책 의제 실현을 위해 4.11 총선이후 민주 통합당과 통합진보당 시민사회(원탁회의)가 함께 참여하는 공동정책 추진과 이행 점검을 위한 상설기구를 구성하여 운영한다.


8) 이대로 가면 대한민국은 공산화 되지 않을 수 없다.

① "우리 민족끼리" 주장 뒤에는 대한민국을 공격할 핵과 미사일과 북한의 사이버 공격 병이 있다.

북한은 군사분계선(38선) 인근에 170밀리 자주포와 240밀리와 300밀리 방사포 등 5,100문을 배치해 놓았고, 300밀리 개량형 방사포(주체100포) 300문을 배치해 놓았다. 이 방사포에는 독가스(현재 북한은 세계 3위 규모의 5,000톤 보유)와 같은 화학무기를 장착할 수 있으며, 사정거리 200킬로로 수도권과 원주 수원 대전까지 도달할 수 있다. 또

한 북한은 25곳의 미사일 발사기지에 1,500기의 미사일을 운용하고 있는데, 이곳에서 미사일을 발사하면 서울에는 1-2분 만에, 부산과 목포는 7분 만에 도달할 수 있다고 한다. 전차는 4,100대, 전투기 875대, AN-2기 310대(낮게 떠서 비행하여 레이더에 걸리지 않음), 공기부양정 134대, 정규군 119만 명, 예비군 700만 명, 특수부대 18만 명, 사이버 공격병 3만여 명 등이 남한을 공격하기 위해서 김정은의 명령만 기다리고 있으며, 핵을 17개나 보유하고 있다.

② 북한은 미군이 철수하면 먼저 사이버 공격 병 3만 명이 미군과 국군 사령부를 공격하여 마비시켜 지휘를 못하게 한 후 1,500기의 미사일을 가지고 남한의 22개 원자력발전소와 군 주요시설을 공격하여 방사능을 유출시키고, 170밀리 자주포로 서울 근방의 5개 도시가스와 군 주요시설을 공격하고, 방사포로 전방에서부터 서울과 수원까지 독가스로 공격하여 남한을 초토화 시키고, 특수부대 18만 명이 국군 복장을 하고 남한 후방 3면의 공중과 해상으로 상륙하여 국군 반란군으로 위장 공격하여 후방을 혼란에 빠뜨리고, 전차 4,000여대와 보병 100만 명이 38선을 넘어 6일 안에 남한을 점령하려고 6일 작전의 모든 준비를 끝내놓고 있다. 현재는 12시간 안에 남한을 완전히 점령하겠다는 작전을 세워놓고 있다. 북한의 사이버 공격 실력은 미국의 FBI실력이며, 이런 전쟁을 전자전이라고 하는데 차기 전쟁의 가장 무서운 전쟁 무기가 될 것이다.

남한 좌파들은 "북한은 먹을 것이 없어 남한을 공격할 수 없어 북한은 곧 망한다"고 20년 동안 속아왔다. 그리고 북한은 그 안에 핵무기, 미사일, 방사포를 개발하였다. 그리고 "북한의 무기는 재래식이다" 하고, 정부 요인들도 같은 생각을 가진 분들도 있지만, 그것은 좌파들이 퍼트리는 거짓선동으로, 남한 사람들을 방심하게 하는 심리전이다. 북한은 3개월 동안 전쟁을 할 수 있는 기름 150만 베럴, 군량미 100만 톤, 탄약 170만 톤을 비축하여 모든 준비를 해놓고 있다. 북한은 김정일이 사망해도 붕괴되지 않았다. 북한의 사이버 공격으로 한국군의 곡사포, 전투기, 전투함이 대응을 못하고, 원자력발전소와 국가 기관과 금융망과 국군사령부를 공격, 남한의 모든 지휘력을 마비시키면 전쟁을 해보지도 못하고 남한은 참패할 가능성이 많다. 김정일은 김정은에게 300억 달러를 넘겨주어 남한 점령에 필요한 전쟁을 하고도 남을 것이라고 한다.

1998년 8월 11일 필컴퓨터 대표 김동호가 북한에 팬티엄급 PC 250대를 기증하였다. 그리고 2001년 소망교회 곽선희 목사는 통신 공학부를 신설하여 400억 원을 북한에 지원해 주었고, 김대중은 과학기술 특별보좌관인 박찬모에게 50명의 IT전문 교수를 북한에 보내 집중교육을 시킴으로 북한에서는 3만 명의 사이버부대를 창설하여 남한을 공격 한순간에 대한민국 전산망을 멈추게 하려하고 있다.

2012년 4월 28일과 5월 4일 북한이 해주에서 인천공항에 대해 GPS 전파 교란 공격으로 민항기, 어선, 여객선, 화물선, 선박 등에 피해를 보았다. 북한은 전자전으로 EMP를 개발하여 곧 실험을 할 것이라고 하는데 이것이 실전배치 되면 엄청난 파괴력을 나타낼 것이라고 한다. 즉 남한의 전기를 한순간에 멈추게 하여 모든 기능을 마비시킬 것이라고 한다.

국군은 북한 인민군의 위와 같은 무기를 방어할 무기가 없다. 6.25 때 국군은 전차와 대전차지뢰가 없어 4일 만에 서울이 점령되고, 6개 사단이 붕괴되고, 44,000여명의 국군이 죽거나 포로가 되어 국군이 재기할 수 없을 정도로 참패 하였듯이, 우리는 또 그때와 같은 전철을 밟으려 하고 있다.

③ 북한은 신의주 밑 동창리에 대륙간 탄도미사일 대포동 2호 발사기지를 준비하고 있고, 2012. 12. 12 1만km 대륙간 탄도미사일 발사에 성공하였고, 함경도 풍계리에서 우라늄 핵실험을 5차까지 하였다. 대륙간 탄도미사일(ICBM)에 핵탄두를 장착하여 미국 동부에 발사하여

성공하면 미국과 일본은 말할 것도 없고, 남한은 북한의 핵탄두를 막을 길이 없어 초토화될 가능성이 많다. 그래서 남한도 핵무기 개발을 해야 우리가 산다. 북한은 핵 종사자가 300명, 핵 관련자가 10만 명이다.

④ 이렇게 되면 북한은 미국과 핵탄두를 가지고 협상할 때 핵사찰을 받는 조건으로 ㉠ 미군은 한반도에서 철수할 것. 아니면 ㉡ 미·북 수교를 할 것 등을 조건으로 나올 것이다. 그러면 미국에서는 미·북 수교 협상을 할 가능성이 많다. 만일 미·북 수교가 되면 ㉠ 38선의 휴전협정을 평화협정으로 바꾸어야 하고, ㉡ 평화협정이 되면 작전권이 미군에서 한국군으로 이양되며, ㉢ 미군이 남한에 있어야 할 명분이 없어지고, 좌파들이 연일 미군철수를 외치며 데모를 하게 되면 미군이 남한에서 철수할 가능성이 많다. 그리고 미국 경제가 매우 어려워 외국 주둔군을 줄여 나가야 할 형편이다. ㉣ 그리고 2017년 대선에서 좌파가 정권을 잡는다면, 대한민국은 심히 어려워 질 것이다.

미국은 국가 부채가 16조가 넘어 16개 시가 부도 직전에 있고, 어느 시는 버스 운영을 못하여 학생들이 학교를 못 갈 정도이고, 우체국이 부도 직전이어서 집배원이 우편물 운반을 못할 정도이다. 그래서 미 정부에서는 10년 안에 국방부 예산을 5,000억(559조원)달러를 줄이는 예산이 국회를 통과하여 국방부 예산을 줄여야 한다. 미 국방예산 감축으로 한국군에 큰 영향을 주고 있다.

첫째, 38선 근방을 정찰하는 공중정보기 U2기를 2020년까지 운행하고 철수하는 일이며, 고공무인정찰기 글로벌호크를 2015년부터 38선 근방에 실전배치하려는 것도 수포가 되었다. 이 무인정찰기는 1대당 2,400억 원이다.

둘째, A-10의 생산량을 줄인다는 것이다. 한국에는 20대가 있는데 인민군의 전차가 38선을 넘을 경우 전차를 잡는 이 A-10기의 생산이 중단되어 더 이상 지원을 받을 수 없다.

셋째, 28,500여명의 주한미군 병력도 줄이지 않을 수 없게 되었다. 주한미군 운영비가 1년에 2조 원이다. 미국은 이를 부담하기 어렵다. 그런데 한국 정부는 여기에 대해 전혀 준비하지 않고 있다. 2013년 복지예산은 100조원인데 반해 국방예산은 34조 원이며, 국방계획은 국회의원들이 참석하지 않아 자동 무산되었다. 한미연합사가 해체되었을 때 지휘구조 개편과 새로운 연합작전체제를 이루어야 하는데 전혀 준비를 하지 못하고 있다.

⑤ 2013년 국가예산 342조원이다. 보건복지부 예산은 100원인데 국방예산은 34조원이다. 보건복지부 예산 100조 원에서 30조 원을 줄여 이 30조원을 국방예산에 증액하여 64조원을 가지고 공중조기정보기와 전술핵무기, 스텔스기, F35기 그리고 사거리 1,500km이상인 토마호크미사일, 크루즈미사일, 패트리어트3 등 각종 미사일 4,000기를 1년 30조 원, 5년 동안 150조 원을 가지고 구매하여 북한인민군의 공격을 방어할 수 있도록 준비해야 하고, 한국도 반드시 핵을 보유해야 우리가 산다. 이렇게 150조 원 이상을 가지고 첨단무기를 도입하지 않는다면, 미군이 남한에서 철수하면 북한 인민군의 남침과 남한의 좌파들의 데모로 인민군을 방어할 수 없어 국군은 싸움 한 번 해보지 못하고 6.25 때와 같이 남한은 망할 가능성이 많다.

한국의 미사일은 800Km밖에 없다. 적어도 1,000Km 탄도미사일은 있어야 하는데 미국이 중국과 일본은 허락해도 한국은 허락하지 않고 있다.

한국이 망한다고 해도 떠나버린 미군은 월남같이 한국을 돕지 않을 것이다. 이유는 미군 장교들은 박원순 서울시장이 앞장섰던 효순이 미순이 사건과 맥아더 장군 동상을 철거하려고 데모한 것을 너무도 잘 알고 있기 때문이다. 2011년 처음으로 남한은 공중조기경보기 1대를 구매하였고 앞으로 2대를 구매할 것이라고 하는데 나머지 2대는 어려운 것 같다. 또한 8조 5천억 원으로 최신항공기를 구매하고 5년 동안 2

조 5천억 원을 증액한다고 한다. 그런데 지금까지 실행에 옮기지도 않고 있고, 이 금액 가지고는 너무도 부족하다.

우리가 해야 할 일을 안 하고 2012년 6월 29일 한일정보보호협정을 하려다 여`야 국회의원과 국민들의 저항을 받고 연기하였다. 북한의 정보를 일본에 의지하려는 사대주의 근성에 젖어 이명박 정부에서 진행하려고 하였다.

⑥ 국군 공군의 F-5 전투기는 44년 된 기종으로 20여대가 있고, 노후종이 41%로 F-15 신형으로 교체하는데 한 대당 157억 원 정도가 필요한데 이 돈이 없어 F-5 기종으로 훈련하다 2000년부터 지금까지 25건의 사고에 조종사 29명이 순직하였다. 한국군 사이버 병은 500명 정도이나 북한은 3만 명이다. 이런 국방예산 가지고 어떻게 인민군의 공격을 막을 수 있겠는가! 세계 경제 10대 대국이 무슨 유익이 있겠는가! 이대로 가면 대한민국은 공산화 되지 않을 수 없다. 그런데도 박근혜 대통령 당선자도 국방예산을 늘려야 한다고는 않고 복지예산만 "더 늘리겠다." 하고 있고, 누구도 국방예산의 부족에 대해서 말하는 국회의원이나 정치가가 없다. 이상희 국방부장관이 국방예산 33조 원에서 30조 원을 더 늘려야 한다고 건의하였다가 이명박 정부에서 문책 사임하였다.

⑦ 그래서 북한과 좌파(진보)들은 한반도에서 미군을 철수시키려고 전력투구를 하고 있으며, 주한 미군철수 여론을 조성하기 위해 화해협력 무드를 조성하면서 남한 국민들이 북한에 대한 적대감이나 위기감을 갖지 않도록 대남심리전을 전개하고 있다.

이를 위해 햇빛정책으로 금강산과 개성 관광사업 및 개성공단을 시작하였고, 교류협력을 하자, 평화협정을 하자 하면서 '우리민족끼리'라는 민족 공조론을 내세워 남한 국민들을 현혹하고 있다. 대한민국은 사회주의로 기울어진지 이미 오래다.

북한이 남침하기 전 개성공단의 남한 사람들을 인질로 잡고 전쟁을 하게 되면 남한은 전쟁을 수행하기 어려워 개성공단의 남한 사람이 앞으로 문제가 될 가능성이 많아 철수시킨 것은 아주 잘한 것이다.

⑧ 그럼에도 불구하고 좌익정권 10년 동안 무려 8조원을 북한에 퍼주었고, 금강산사업 수익금 (현재까지 195만 명으로 1인당 20만원. 개성관광 1인당 10만원, 현재까지 9만 명. 무역 수익금 3,000억 원) 등을 퍼주어 다 죽어가던 북한을 살렸고, 북한은 이 막대한 돈으로 미사일과 핵을 개발하여 2009년 4월 5일 탄도미사일 발사 실험과 2차 핵실험과 2012년 탄도미사일 발사를 성공하는 등 북한의 군사력이 크게 강화되게 하였다. 몇 년 전까지만 하여도 장사정포가 1,100문에서 몇 년 사이에 5,100문으로 군사력을 강화하도록 남한에서는 북한을 도왔다. 그러고도 모자라 남한 좌파들은 계속 북한을 돕자고 하면서 이명박 대통령의 대북정책을 비판하였다. 그런데 이렇게 막대한 금액을 도와준 대가는 천안함 피폭사건과 연평도 폭격사건과 사이버 공격으로 돌아왔다. 북한의 2011년 신년사에서 "이 땅에서 전쟁의 불집이 터지면 핵참화밖에 가져올 것이 없다." 하였고, 2011년 11월 24일에는 "청와대를 폭파하겠다."라고 협박을 하였다. 이제는 절대 북한 김일성왕조 집단을 도와서는 안 된다.

⑨ 한국은 일본 침략에서 해방도 미군에 의해서, 6.25 인민군이 남침하였을 때도 미군에 의해서 인민군의 공격을 방어하였고, 60년 동안 북한 인민군을 방어해 주었는데 사대주의사상에 젖어 지금도 미군만 의지하는 한심한 나라가 되었다. 이제 우리도 국력이 세계 10위권 안에 들어갔다. 그러니 이제 미군 만 의지하지 말고 미군 철수를 대비하여 우리 국방은 우리가 해결해야 우리가 산다.

⑩ 세 번째는 대한민국의 부패다. 우리는 6.25 같은 동족상잔의 전쟁을 겪었으면서도 반성을 하지 않고, 그 때 당시의 부패처럼 현재도 부패가 극에 달하여 어떻게 해결할 방법이 없다. 부패는 결국에는 나라를 망하게 한다.

⑪ 해방 후에나 자유당 때나 장면 정부 때만 해도 지역감정은 없었다. 박정희 정부 때부터 시작된 지역감정은 전두환 때 극에 달하여 지금에 이르러서는 어떻게 해결할 방법이 없다. 결국 지역감정은 국가를 망하게 한다.

⑫ 보안법 폐지와 미군 철수를 주장하는 박원순 서울시장

박원순 서울시장은 좌파 시민단체인 참여연대를 조직, 사무총장이 되어 재벌들을 공격하여 재벌들은 박원순 변호사가 운영하는 아름다운재단에 후원금을 지원하였다. 그는 보안법 폐지, 미군 철수를 주장하였다.

제주4.3사건 진상조사보고서 작성기획단장 박원순 서울시장은 제주4.3사건 진상조사보고서를 가짜로 작성, 이승만 대통령과 국군과 경찰과 미군을 학살자로 만들어 대한민국 목을 친 자이다. 이런 사람이 어떻게 대한민국 서울시장이 될 수 있는가? 그 증거는,

㉠ 제주4.3사건 때 폭도사령관 이덕구가 대한민국에 선전포고한 것을 보고서에서 빼버렸고,

㉡ 제주4.3 폭도가 제주 주둔 국군을 공격하여 국군 14명(21명)이 전사함으로 국군이 폭도 토벌을 하게 된 동기를 빼버렸고,

㉢ 제주 9연대 좌파군인과 제주 좌파경찰과 공무원 등이 제주도를 적화하려 한 사실을 빼버렸다.

이상의 사건을 빼버리고 제주에 아무 잘못이 없은데 48년 11월 17일 계엄령을 선포하여 제주도를 초토화시켜 양민 13,000여 명을 학살하였다고 가짜보고서를 작성, 제주4.3사건은 폭동이 아니고 민중봉기라고 정의하여 젊은이들을 선동하고 있다. 박원순 서울시장은 가짜보고서를 작성한 책임을 지고 서울시장에서 물러나야 한다.

재벌들은 2001년부터 2010년까지 태평양 46억 원, 신한금융 9억 원, 포스코 8억 원, LG 8억 원, 현대모비스 8억 원, 교보생명 47억 원, 론스타 7억 6천만 원, 풀무원 12억 4천만 원, 한화 10억 원을 아름다운가게

에 후원하였다.

아름다운가게의 후원금은 2000년 1억 원, 2001년 13억 원, 2002년 21억 원, 2003년 123억 원, 2004년 92억 원, 2005년 110억 원, 2006년 102억 원, 2007년 138억 원, 2008년 129억 원, 2009년 112억 원, 2010년 81억 원 총 928억 원이다.(끝자리 숫자는 삭제함.)

재벌들이 좌파에게 엄청난 금액을 지원하고 있다. 어떻게 재벌들이 좌파에게 이토록 엄청난 금액을 지원해줄 수 있는가? 좌파들은 이 후원금으로 제주 해군기지와 한미자유무역협정 반대와 좌파시민단체를 도와 대한민국을 타도하려 하고 있다.

⑬ 19대 총선 네트워크에 참여한 1,000여개 좌파단체 중심세력은 ㉠ 참여연대 ㉡ 한국진보연대 ㉢ 민주노총 등 좌파단체들이다. 이들은 ㉠ 평택 미군기지 이전반대 ㉡ 한미자유무역 반대 ㉢ 미국산 쇠고기 수입 반대 ㉣ 제주 해군기지 반대 등 미국을 목숨 걸고 반대하는 단체들이다.

박원순 서울시장은 2000년 총선 시민연대에서 불법적인 국회의원 낙선운동을 해 대법원에서 벌금 50만원의 유죄판결을 받은 자이다. 좌파 총선시민연대는 낙선시킬 국회의원을 골라 집중 낙선운동을 하기 때문에 국회의원 출마자들도, 대선후보자들도, 재벌들도 이들의 눈치를 보기 때문에 대한민국이 좌로 기울어져 가고 있다.

이번 19대 국회의원 선거에서 박원순이 지원한 후보 12명이 당선되었다. 그리고 박원순은 2012년 6월 14일 6.15 공동선언 12주년 기념식을 후원하였다고 개회사도 하였다.

이러한 박원순을 안철수가 협조하여 서울시장이 되었다.

⑭ 2012. 4. 20 국회에서는 2015년 전시작전권 전환을 앞두고 11개월을 끌던 군 지휘구조 개편이 해당 국회의원 불참으로 무산되었다.

야당의원 : 신학용, 박상천, 정세균, 서종표, 안규백 등 5명이고,

자유선진당 : 심대평,　무소속 : 이진삼, 정미경

한나라당(새누리당) : 홍준표, 김학송, 송영선 등 3명이다.

참석자 : 새누리당의 원유철, 정의화, 유승민, 김동선, 김옥이, 김장수 등 6명이었으나 의결 정족수 부족으로 무산되어 북한 인민군이 남침하면 국군 전체의 지휘체제에 큰 문제가 발생, 적절하게 대응하기가 어려워졌다.

※ 북한에서는 남침 준비를 끝내고 있는데 남한에서는 국방에 대해서 이상과 같이 무관심하고 있다.

참 고 문 헌

# 참 고 문 헌

국방부 전사편찬위원회「한국전쟁사」서울: 동아출판사 1968년

페렌바크「실록 한국전쟁」안동림 역 서울: 문학사 1965년

중앙일보사「한국전쟁실록 민족의 증언」서울: 을유문화사 1976년

국방부 정훈국 전사편찬회 편「한국전란 2년지: 4284-4285년」

국방부 정훈국 1953년

육본 정보참모부「북괴 6.25 남침분석」서울: 보진제 1970년

합동참모부「한국전사」서울: 교학사 1984년

이영신「광복20년 1-8권」광복사 1987년

해방20년 편찬회「해방20년」세문사 1965년

싸이러 저「제3제국의 흥망」안동림 역, 서울: 양서각 1969년

안동림 · 강인덕「비록-제2차 세계대전」양서각 1970년

로버트 R 시몬스「한국내전」기광석 역, 서울: 도서출판 열사람 1988년

부루스 커밍스「한국전쟁의 기원」김자동 역, 서울: 일월서각 1986년

소진철「한국전쟁의 기원」원광대학교 출판부 1996년

부루스 커밍스「한국전쟁의 전개과정」차성수, 안동수 역,
　　서울 : 태암사 1989년

K.굽타 외「한국전쟁은 어떻게 시작되었나」전대화 역,
　　서울 : 신학문학사 1988년

김학준「한국전쟁」박영사 1989년

우학선「대전쟁」서울 : 명지출판사 1987년

신주백「1930년대 민족해방운동론 연구」새길 1989년

박성수「독립운동사 연구」서울: 창작과 비평사 1980년

안용현「한국전쟁 비사1-5」경인문화사 1992년

I.F. 스토운「비사 한국전쟁사」서울 : 신학문사 1988년

「북한 총람」 북한연구소 1983년(1945-1982), 1994년(1983-1993)

김동춘 편 「한국 현대사 연구1」 이성과 현실 1988년

스칼라피노 외 「한국 공산주의 운동사 I II III」 돌베게 1986-1987년

김준엽 · 김창순 「한국 공산주의 운동사」 청계연구소

이명영 「재만 한인 공산주의 운동연구」 성균관대 출판부 1975년

하수도 「유물론과 주체사상」 전혜원 역, 시린새벽 1988년

최창집 편 「한국 현대사」 열음사 1985년

박현채 외 「한국 현대사」 열음사 1986년

1.송건호 외, 2.박현채 외 「해방40년의 재인식1,2」
　돌베개 1985-1986년

대검찰청 조사국 「좌익사건 실록1-11」 대 검사국 1965년

「공비연혁」 육군본부 1971년

육군본부 편 「공비 토벌사」 육군본부 1954년

조경순 1949년 재판기록 : 국회도서관

박성환 「파도는 내일도 친다」 동아출판사 1965년

김봉현 · 김민주 「;4.3투쟁사」 문우사 1963년

고영민 「해방정국의 증언- 어느 혁명가의 수기」 사계절 1987년

고준석 「민족 통일투쟁과 조선혁명」 힘 1988년

오제도 「추격자의 증언」 희망출판사 1969년

박갑동 「통곡의 언덕에서」 서당 1991년

박명림 「한국전쟁의 발발과 기원 I II」 나남출판사 1996년

육사8기생회 「노병들의 증언」 군인공제회 제1인쇄사업소 1992년

육사5기생회 「육사 5기생회」 대동문화사 1990년

전쟁기념사업회 「한국전쟁사」 행림출판 1992년

육군사관학교 전사학과 「한국전쟁사」 일신사 1987년

유재흥 「격동의 세월」 을유문화사 1994년

한국전략문제연구소 「중공군의 한국전쟁사」 세경사 1991년

백선엽「군과 나」대륙연구소 출판사 1989년

주영복「내가 겪은 조선전쟁」고려원 1990년

정일권「정일권 회고록- 6.25비록 전쟁과 휴전」동아일보사 1986년

육철식「강동정치학원」행림출판사 1998년

장준익「북한 인민군대사」서문당 1991년

김점곤「한국전쟁과 노동당 전략」박영사 1983년

이한림「세기의 격랑」팔복원 1994년

송건호「해방전후사의 인식1」한길사 1989년

강만길「해방전후사의 인식2」한길사 1985년

박현채「해방전후사의 인식3」한길사 1987년

최창집「해방전후사의 인식4」한길사 1989년

김남식「이종석 외「해방전후사의 인식5」한길사 1989년

박명림 외「해방전후사의 인식1」한길사 1989년

제민일보 4.3취재반「4.3은 말한다1-5」전예원 1994년

정영진「폭풍의 10월」한길사 1991년

정해구「8;10월 인민항쟁 연구」열음사 1988년

아라리연구원편, 단행본 자료집「제주 민중항쟁 I II」소나무 1988년

독립운동사 편찬위원회「독립운동사1-10」독립운동사
   편찬위원회 1969-1978년

김석준「미군정시대의 국가와 행정」이화여자대학교 출판부 1996년

매듀 B. 리지웨이「한국전쟁」김재관 역, 정우사 1984년

짐.하우스만/정일화「한국 대통령을 움직인 미군대위」한국문원 1995년

한국 현대사 편찬위원회「한국 현대사」신구문화사 1969년

서중석「한국 현대 민족운동 연구」역사비평사 1971년

조선일보사「전환기의 내막」조선일보사출판국 1982년

W.버쳇「북한 현대사」신학문사 1988년

임영태「북한50년사 1-2」들녘 1999년

Joseph C. Goulden 「한국전쟁 비화」김병조 역, 청문각 2002년

이강훈 「무장 독립운동사」 서문당 1975년

박영석 「한민족 독립운동사 연구- 만주지역을 중심으로」
　일조각 1982년

김정명 「조선독립운동」 동경, 원서방 1967년

서대숙 「김일성」 청계연구소 1989년

조선노동당직속 당 역사연구소 「김일성선집」평양,
　조선로동당출판사 1960년

사회과학원 역사연구소 「조선전사」 과학백과사전 출판사
　1980-1981년

대한민국 국방부 「국방백서」 군인공제제1인쇄소 1988년

북한 학술서 「현대 조선역사」 일송정 1988년

사회과학원 역사연구소 「조선통사上下」 오월 1988년

허찬호 「조선인민의 정의의 조국 해방전사」 북한 사회과학원
　역사연구소

허동찬 「김일성평전(속)」북한연구소 1988년

임은 「김일성 왕조 비사」 한국양서 1982년

한설야 「영웅 김일성 장군」 평양 1946년

Nikita khrushchev /정홍진 역「후루시쵸프 회고록」
　한림출판사 1971년

김준엽 김창순 「한국 공산주의 운동사」 고려대학교 출판부
　1967-1976년

고봉기 외 「고봉기의 유서」도서출판 천마 1989년

김남식 「남로당 연구1」 돌베게 1984년

김남식 「남로당 연구2-3」 돌베게 1988년

박갑동 「박헌영」 인간사 1983년

유완식 · 김태서 「북한 30년사」 현대경제일보사 1975년

히라마 쓰시게오/황인모 역「중공과 한국전쟁」병학사 1989년

평송무웅「중공군과 한국전쟁」병학사

이명영「권력의 역사-조선노동당과 근대사-」종로서적 1983년

엽우몽/안몽필 역「검은눈:중국군 한국전쟁 참전비사」

행림출판사 1991년

임종국「친일 논설집」실천문학사 1987년

윤병석「독립군사」지식사업사 1990년

박성수「독립운동사연구」창작과비평 1980년

김창순·박성수「한국 독립전쟁사」삼광출판사 1989년

홍학지/홍인표 역「중국이 본 한국전쟁」고려원 1993년

좌좌목춘융「한국전쟁비사」병학사 1983년

육군본부 군사연구실;일본 육전사 연구 보급회편「한국전쟁1-10」
　명성출판사 1986년

러시아정부 제공「한국전 문서요약 1949-1953」1994년

박일우「조선 인민군과 중국 인민지원군의 공동작전」

조선노동당출판사 1951년

와다 하루끼「한국전쟁과 중국」백산서당 2001년

와다 하루끼/서동만 역「한국전쟁」창작과 비평사 1999년

김석준「미군정시대의 국가와 행정」이대출판부 1996년

장명순 저「북한 군사연구」서울 도서출판 팔복원 1999년

이장호 저「가상 한국전쟁」서울 두레박 1996년

바네트 저, 홍성표 역「미래전」서울 도서출판 연경문화사 2001년

남주홍 저「한반도의 전쟁과 평화」서울 학문사 1999년

장준익 저「북한 핵 미사일전쟁」서울 서문당 1999년

　월간조선 1992년 7월 호 : 조선일보사

7연대장 임부택 연대장과 같이 연구

7연대 1대대 1중대장 이대용 대위 인터뷰.

7연대 대전차중대 송종대 대위(케나다 소재) 인터뷰.

국군1사단장 백선엽 장군 인터뷰.

기갑연대 기마대대장 장철부 동생(김병원 중위)과 같이 연구.

육군본부 병적과 수시 인터뷰.

25연대장 대대장 대리 라희필 대위와 같이 연구.

김삼룡 사망 후 남로당 책임자 박갑동 인터뷰.

14연대 반란사건 조사계장 빈철현 대위와 같이 연구.

14연대 반란사건 조사과장 김안일 소령 인터뷰.

특별수사본부 오제도 검사와 같이 연구.

고원증 인터뷰(49년 육군 중령 법무감실 기록심사과장,
  법무부장관 역임)


익명을 요구한 여러분 인터뷰.